W0062082

Pfannenstiel

Guckenbühl

Großenhag

sstall

1861 Melchior Contour; Schrift & Schraffur; Röder Ausarbeitung.

Maßstab 1:2500

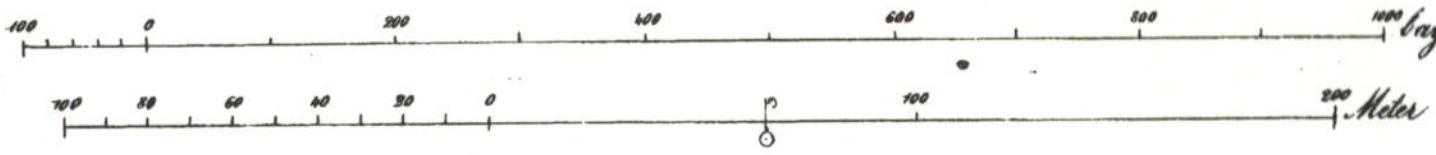

Anselm Reichhold OSB

Chronik von Scheyern

Von den ersten Anfängen bis zur Gegenwart

Herausgegeben von der Abtei Scheyern

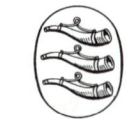

Anton H. Konrad Verlag

Einbandmotiv
Der Graf von Dachau überbringt den Scheyerer Benediktinern den aus
dem Heiligen Land mitgebrachten Kreuzpartikel. Emailmalerei am
Fuß des Kreuzreliquiars von 1738, mit Darstellung der Abtei nach
dem Vorbild der Vedute von Michael Wening

Frontispitz
Die Chronik des Conrad von Scheyern in der Ausgabe des Abtes Stephan Reitberger
von 1623. Titelblatt

Die Deutsche Bibliothek – CIP-Einheitsaufnahme

Chronik von Scheyern : von den ersten Anfängen bis zur
Gegenwart / hrsg. von der Abtei Scheyern. Anselm Reichhold. –
Weißenhorn : Konrad, 1998
   ISBN 3-87437-411-4

© 1998   Anton H. Konrad Verlag   89264 Weißenhorn
Herstellung   MZ-Verlagsdruckerei GmbH, Memmingen
ISBN   3-87437-411-4

Inhalt

Geleitwort	8
Vorwort	9
Frühgeschichte von Scheyern	13
Der Name Scheyern – Die Skiren	13
Herkunft der Schyren-Wittelsbacher	18
Ahnenreihe der Luitpoldinger und Babenberger	20
Frühgeschichtliche Überlieferungen	30
Die Anfänge des Klosters	48
Um Schutz und Freiheit der Kirche	48
Die Gräfin Haziga – Stifterin des Klosters	53
Die einzelnen Klostervögte	62
Die Äbte von Scheyern in der Zeit der Vögte	81
Propst Otto 1077 bis Ulrich IV. 1313	81
Die Hirsauer Reform in Scheyern	116
Scheyern als Hirsauer Reformkloster	116
Die Hirsauer Klosteranlage	117
Vergleich zwischen Hirsauer Anlagen von Alpirsbach	
und Scheyern	119
Tagesordnung in einem Hirsauer Kloster	123
Speisen und Getränke	124
Die Arbeit der Mönche – die Offizialen	125
Das Heilige Kreuz von Scheyern	127
Bedeutung des Kreuzes	127
Verehrung des Heiligen Kreuzes	128
Geschichte der Kreuzreliquie	129
Die Form des Scheyerer Kreuzes	130
Kreuzpartikel	130
Geschichte der Scheyerer Kreuzreliquie	134
Die Kreuzmonstranz	140
»Allgemeine Bildung«	143
Die wichtigsten Scheyerer Handschriften	143
Scheyern im späten Mittelalter – Abt Konrad Montanus 1313–1326	
bis Abt Johannes II. Turbeit 1505–1535	176
Die zeitgeschichtlichen Verhältnisse	176
Scheyern erhält die Niedere Gerichtsbarkeit	182
Krisenzeiten	186
Im Zeichen der Reformen	195

Pfarrei und Hofmark Scheyern   204
    Die Pfarrei Scheyern   204
    Kloster Scheyern als Gerichtsherr in der Hofmark   214
    Das Kloster als Grundherr   218
Besiedlung der Hofmark Scheyern   236
    Einleitung – Übersicht   236
    Das Kloster Scheyern als Eigentümer in der Hofmark Scheyern   242
Auswärtige Besitzungen   260
    Inkorporierte Pfarreien   260
    Die übrigen Besitzungen in der weiteren Umgebung   272
Gemeinde und Pfarrei Euernbach   277
    Geschichte von Euernbach   277
    Übersicht über die Häuserchronik   281
    Die Pfarrer und Ortsgeistlichen der Pfarrei Euernbach   289
    Pfarrkirche in Euernbach   289
    Schule in Euernbach   290
    Bürgermeister der Gemeinde Euernbach   290
Scheyern im Zeitalter der Reformation und Gegenreformation
Abt Andreas Gaishofer 1535–1547 bis Abt Gregor Kimpfler 1658–1693   291
    Die politischen Hintergründe   291
    Die Scheyerer Äbte   294
Scheyern im letzten Jahrhundert vor der Säkularisation
Von Abt Cölestin Baumann 1693–1708 bis Martin Jelmiller 1793–1803   319
    Politische Hintergründe   319
    Wirksamkeit der Bayerischen Benediktiner-Kongregation
      bis zur Aufhebung   320
    Die Scheyerer Äbte   325
Säkularisation und Wiedererrichtung 1803–1838   344
    Die wirtschaftlichen und politischen Hintergründe   344
    Die Aufhebung der Grundherrschaft – »Bauernbefreiung«   346
    Abbruch der Pfarrkirche St. Martin   348
    Die Klosterbibliothek und die Säkularisation   349
    Die Verwaltung der Klostergüter   350
    Das Konkordat   355
    Die Anfänge der Wiedererrichtung – König Ludwig I.   355
    Metten, Scheyern oder St. Stephan als Mutterkloster   357
    Die Erwerbung Scheyerns   358
    Die Errichtung der Propstei Scheyern   359
    Das geplante Mausoleum König Ludwigs I. in Scheyern   361
Das erste Jahrhundert nach der Wiedererrichtung   369
    Die politische und religiöse Lage   369
    Von Abt Rupert I. Leiß bis Abt Rupert III. Metzenleitner
    1838–1922   371

Widerstand gegen dämonische Mächte – Zeit der national-
    sozialistischen Herrschaft 1933–1945   380
    Die politische und religiöse Lage   380
    Die Ereignisse im Kloster Scheyern   388
    Das Kloster Scheyern in der Zeit des »Dritten Reiches«   396
Hoffnungsvolle Erneuerung – Wiederaufbau nach dem
    Zweiten Weltkrieg 1945–1997   424
    Politische Entwicklung   424
    Kirchliche Entwicklung   425
    Hoffnungsvolle Erneuerung in Scheyern   426
    Neuaufbau der Gemeinde Scheyern   433
    Lateinschule und Gymnasium Scheyern   442
    Lehrkräfte und Erzieher   446
    Prielhof und Scheyerer Forst   451
    Aus der Klosterchronik 1996/97   455
Rückblick   458
Verzeichnis der Äbte   460
Klosteranlage Scheyern   462
Quellen   464
Literatur   470
Verwendete Maße   475
Abkürzungen zum Register   477
Ortsregister   478
Personenregister   487
Sachregister   500
Bildnachweis   504

Zum Geleit

Das Umschlagbild zu dieser »Chronik von Scheyern« zeigt die Übergabe der Kreuzreliquie durch die Grafen von Scheyern-Dachau an die Mönche von Scheyern. Die Reliquie hat die Form des Jerusalemer Kreuzes, bei dem der obere Balken die Inschrift darstellt: Jesus von Nazareth König der Juden. Im Hintergrund ist das Kloster mit der ehemaligen Pfarrkirche St. Martin und die ganze Umgebung zu sehen. Nach den Worten des hl. Paulus ist das Kreuz den Juden ein Ärgernis, den Heiden eine Torheit, den Berufenen aber Gottes Kraft und Weisheit. Christus ist der König, der vom Kreuze aus die Weltgeschichte in Weisheit und Liebe lenkt.

Auch die Geschichte Scheyerns steht unter dem Zeichen des Kreuzes. Sie ist ein Abbild der Kirchengeschichte und der Geschichte des Landes Bayern und beginnt mit den Grafen von Scheyern, deren Nachfahren lange Zeit die Herrscher Bayerns sind. Um das Jahr 1119 übergeben sie ihre Burg den Benediktinermönchen, die daraus ein Kloster formen. Vor unseren Augen sehen wir das Spiel eines wechselvollen Geschehens, beginnend mit dem Mittelalter mit seinen Höhen und Tiefen, über die Säkularisation und Wiedererrichtung durch König Ludwig I., bis in die neuere Zeit. Das Kloster kann sich auch im Widerstand gegen die dämonischen Mächte der Nazi-Zeit behaupten. Die Gegenwart ist geprägt von einer hoffnungsvollen Erneuerung nach dem Zweiten Vatikanischen Konzil. Wesentlich einbezogen in das Geschehen sind die Familien und Anwesen der näheren Umgebung, mit der Pfarrei und Gemeinde Scheyern. Möge auch für diese Chronik der Wahlspruch des heiligen Benedikt Gültigkeit haben: Daß Gott in allem verherrlicht werde!

Vorwort

Eine Chronik deutet auf eine Ge-schichte hin. Das heißt, daß etwas bereits »ge-schehen« und damit vergangen ist. Trotzdem ist dieses »Ge-schehen« nicht völlig ins Nichts versunken. Es ruht nur verborgen, wie die Wurzeln eines Baumes, im Dunkel der Erde. Die Gegenwart zehrt von den Nahrungssäften, die von der Vergangenheit heraufströmen. Sprache, Kultur, Technik, Sitten, Gebräuche, die vielen Formen der menschlichen Verständigungsmittel, sind das Erbe, das uns die Vorfahren hinterlassen haben. Alle Ausdrucksweisen des menschlichen Lebens sind durch *Tradition* auf uns gekommen, d. h. durch Weitergabe. Leben kann niemals neu konstruiert werden, es kann nur durch Tradition erworben und erhalten bleiben. Darin liegt die Bedeutung der Kenntnis der Geschichte.

Auch die Taten des einzelnen Menschen leben weiter, nicht nur in der Erinnerung. Der Mensch kann auch für vergangene Taten verantwortlich gemacht werden. Er wird nach seinen Taten »gerichtet«. Denn alles ist aufgezeichnet im »Buch des Lebens«. Und die »Toten, die auferweckt sind, werden nach ihren Werken gerichtet, nach dem, was in den Büchern aufgeschrieben ist« (Offb 20,12).

So wird es verständlich, daß die Klöster sehr bald darangingen, nach dem Beispiel der Chroniken des Alten Testaments und der Apostelgeschichte, Chroniken ihrer Klöster anzufertigen. Sie waren davon überzeugt, daß vieles sich wiederholt und wir so daraus lernen können, daß andererseits aber vieles einmalig ist. Deshalb ist die Geschichte kein ewiger Kreislauf, sondern hat einen Anfang und ein Ende. Am Anfang schuf Gott Himmel und Erde und den Menschen nach seinem Ebenbild – und am Ende kommt das Weltgericht, mit einem neuen Himmel und einer neuen Erde.

Diese Chroniken der Klöster sind auch für die Profangeschichte von großer Bedeutung. Sie bilden einen großen Teil des geschichtlichen Quellenwerkes der »Monumenta Germaniae historica«, eines grundlegenden Werkes für die deutsche Geschichte.

Auch für das Kloster Scheyern hat sich um 1220 ein gewisser Chounrad – möglicherweise war es der damalige Abt Konrad von Luppburg selbst – darangemacht, eine Chronik zu schreiben, die nach ihm bis zur Aufhebung des Klosters, im Jahre 1803, lückenlos fortgesetzt wurde.

Der Titel des vorliegenden Werkes heißt bewußt »Chronik von Scheyern«. Damit wird angedeutet, daß die Chronik bereits vor der Gründung des Klosters beginnt, als noch die »Skiren« und die Grafen von Scheyern den Ort und die Umgebung beherrschten.

Schließlich hat die Chronik von Scheyern auch überregionale Bedeutung. In ihr sind auch die Gemeinde Scheyern und die weitverstreuten ehemaligen Besitzungen einbezogen, die bis ins Gebirge reichen. Scheyern ist die älteste Grablege der Wittelsbacher. Dadurch wird auch die enge Verknüpfung mit der Geschichte des Hauses Wittelsbach angedeutet. So ist es nicht verwunderlich, daß Scheyern eine Reihe bedeutender Chronisten hervorgebracht hat, die hier kurz vorgestellt sein sollen.

Chounrad von Scheyern um 1220
(Clm 1052, liber primae fundationis, Buch der ersten Grundausstattung)

Im ersten Teil seiner Chronik, im »Gründungsbuch«, werden die Anfänge des Klosters Bayrischzell und Fischbachau, der Umzug nach Eisenhofen bzw. auf den Petersberg und schließlich die letzte Verlegung nach Scheyern berichtet. Im zweiten Teil, im »Äbtekatalog«, werden der Reihe nach die Äbte aufgeführt.

Sieben unbekannte Chronisten bis 1610
(Clm 1052)

Dem Beispiel des Chounrad von Scheyern folgend hat um 1357 ein unbekannter Verfasser eine Fortsetzung des Äbtekataloges beigefügt. Diese wurde bis 1610 durch sechs unbekannte »Hände« ergänzt. Dieser bis jetzt wenig beachtete »Äbtekatalog« gewinnt dadurch an Bedeutung, daß er auch den nachfolgenden Chronisten als Vorlage diente.

Aventin 1477–1534
(Annales Schirenses, Akademie der Wissenschaften, München 1880, Bd. I, 1–24)

Aventin, der »Vater der bayerischen Geschichtsschreibung«, beginnt sein großes Geschichtswerk mit den »Annales Schirenses«, da er in dem damaligen Abt Johannes Turbeit einen großen Förderer seines Unternehmens findet. Im ersten Teil seiner Annalen beschreibt er die Geschichte der Grafen von Scheyern, der er dann im zweiten Teil einen Äbtekatalog beifügt, angefangen vom ersten Abt Erchimbold (1097) bis zum »noch regierenden Abt« Johannes Turbeit (1505–1535).

Caspar Bruschius † 1559
(Monasteriorum Germaniae Praecipuorum … Centuria prima, Ingolstadt 1551)

Bruschius gibt in seiner Zusammenstellung aller verfügbaren Chroniken der deutschen Klöster auf S. 185–189 für das Kloster Scheyern im wesentlichen den Text von Aventin wieder, den er durch die Äbte Andreas Gaishover († 1547) und Chrysostomus Hirschbeck († 1558) ergänzt.

Wigulius Hundt † 1588
(Metropolis Salisburgensis ..., Ingolstadt, David Sartor, 1582)

Wigulius Hund(t), zuletzt Hofratspräsident in München, bietet in seiner Metropolis Salisburgensis fast wörtlich den Text von Bruschius, der durch die Äbte Georg Neubeck († 1574) und Benedikt Prumer (1574–1610) fortgeführt wird.

Reitberger Stephan, Abt 1623
(Chronicon Originis et Fundationis Monasterii Scheirn, Ingolstadt 1623)

Im Gegensatz zu Hundt und Bruschius ist die Chronik von Reitberger wieder ein selbständiges Werk. Er schließt sich zwar äußerlich an die vorhandenen Vorlagen an, fügt aber dann »Nota«, d.h. kritische Bemerkungen und eine Fülle von Urkunden im Wortlaut bei, »damit der Leser sich selbst eine Meinung bilden könne«.

Georg Christian Joannis 1716
(Chronicon Schirense, Dulssecker, Straßburg, 1716)

Knapp hundert Jahre nach Reitberger erscheint nochmals eine umfassende Chronik von Georg Christian Joannis, gedruckt in Straßburg, die 256 Seiten zählt. Der Abschnitt der Chronik von Scheyern ist im Kern eine wortgetreue Abschrift der Chronik Reitbergers, ergänzt bis zum Abt Benedikt Meyding († 1722).

P. Joseph Resch, 1803, Chronik von Scheyern 1716–1803, Handschrift
Der letzte Teil der Chronik ist nur handschriftlich überliefert und fand sich erst 1982 in den Akten des P. Joseph Resch († 1815), der als »guter Hausgeist« in den verlassenen Räumen des Klosters sich auch nach der Säkularisation aufhielt. Seine Chronik setzt die Reihe der Äbte bis Martin Jelmüller († 1807) fort.

P. Laurentius Hanser, der sehr um die Erschließung der Quellen bemüht war, gibt in dem Büchlein »Scheyern einst und jetzt« (1927) einen »Geschichtlichen Überblick«. Im ersten Teil »Scheyern vor der Klostergründung« beschreibt er die Stifterfamilie und ihre Vorfahren. Dann macht er uns mit den »Scheyerer Sagen und Legenden« bekannt. Den Hauptteil widmet er der Chronik von Scheyern, angefangen von der Klostergründung bis zu Abt Rupert III. Metzenleitner († 1922). Er schließt sich an die Chroniken an, verarbeitet aber auch viele sonstige Urkunden.
Mit Hilfe der genannten Chronisten können wir uns in der vorliegenden »Chronik von Scheyern« auf ein lückenloses Quellenmaterial stützen. Um ein möglichst sachliches Bild zu bieten, werden die genannten Chroniken im Wortlaut angeführt und dann durch andere Quellen wie Urkunden, Nekrologe usw. ergänzt.

Zu besonderem Dank fühlt sich der Verfasser verpflichtet den vielen Mitbrü-
dern und anderen hilfreichen Mitmenschen, die wertvolle Vorarbeit und
Mitarbeit geleistet haben, so vor allem P. Bernhard Walcher, P. Beda Parzinger, P. Franz Gressierer und P. Raphael Oberkobler. Eine wertvolle Hilfe waren die »Traditionen« und »Urkunden« des Klosters Scheyern, bearbeitet von
Dr. Michael Stephan, ebenso die »Anfänge des Hauses Wittelsbach« von Dr.
Pankraz Fried. Ebenso gedankt sei auch den Herren Dr. Herbert Gleixner und
Reinhard Heiplik für die Mithilfe bei der Übersetzung der lateinisch ge-
schriebenen Chronik und schließlich Herrn Anton H. Konrad für die Übernahme des vorliegenden Werkes in seinen Verlag.
Diese Chronik möge uns anspornen, uns so zu verhalten, daß wir ein ehrenvolles Andenken hinterlassen.

Scheyern, 15. August 1998   P. Anselm Reichhold

Frühgeschichte von Scheyern

I Der Name Scheyern – Die Skiren

Nach allgemeiner Annahme kommt der *Name »Scheyern«* von dem germanischen Volksstamm der »Skiren«, der sich um 500 in diesem Raum niedergelassen hat. Die hervorstechendste Gestalt war der Skire Odoaker. Im Brockhauslexikon, Band XVI (1991 A. Chastagnol, Le sénat romain sous le règne d'Odoacre, 1966) lesen wir darüber:

»Odoaker, Odowakar, Otacher, germanischer Heerführer aus dem Stamm der *Skiren*, weströmischer Regent (seit 476), * um 430, † (ermordet) in Ravenna am 15. März 493; trat 469/70 in römischen Dienst und gehörte der kaiserlichen Leibwache in Ravenna an. Er setzte den letzten weströmischen Kaiser Romulus Augustulus ab und wurde von den germanischen Söldnern am 23. August 476 zum König ausgerufen.

Er erkannte die Oberhoheit des oströmischen Kaisers an und wurde vom römischen Senat unterstützt. Odoaker, der in Italien gerecht und milde regierte, erreichte 476/477 von den Wandalen die Abtretung Siziliens, gewann 481 Dalmatien wieder und vernichtete 487/488 das Reich der Rugier in Noricum. 489 unterlag er bei Verona dem Ostgotenkönig Theoderich dem Großen (Dietrich von Bern), wurde von diesem bis 493 in Ravenna belagert und nach der Übergabe der Stadt erschlagen.«

Damit wir diese Vorgänge besser verstehen, müssen wir etwas in der Geschichte zurückgehen. Es war die Zeit der sogenannten »Völkerwanderung«, die von den Hunnen ausgelöst wurde. Dadurch gerieten auch die gotischen Stämme in Bewegung, die sich am Schwarzen Meer niedergelassen hatten.

Die *Goten* saßen um Christi Geburt, zusammen mit den Skiren, an der unteren Weichsel und an der Ostsee. Seit dem 2. Jahrhundert erfolgte ein Abwanderungsprozeß zum Schwarzen Meer hin. Um 290 kam es zur Teilung: westlich des Dnjestr und Pruth bildeten sich die Westgoten und östlich davon die Ostgoten.

Durch den Hunnensturm veranlaßt, zogen die *Westgoten* zunächst nach Italien, dann nach Südfrankreich und schließlich nach Spanien. Dort fand ihr Reich beim Ansturm der Araber, im Jahre 711, ein Ende.

Die *Ostgoten* wurden vom oströmischen Kaiser Zeno veranlaßt, von Bulgarien nach Italien zu ziehen. Ihr bedeutendster König war Theoderich der Große (Dietrich von Bern). Nach seinem Tode (30. August 525) zerfiel die ostgotische Herrschaft allmählich.

Die *Skiren* sind ebenfalls ein ostgermanischer Stamm. Um Christi Geburt hatten sie ihren Sitz an der Weichselmündung. Zusammen mit den Goten wanderten sie zunächst in den südosteuropäischen Raum, an den Pruth in die spätere Moldau. Im 4. Jahrhundert treffen wir sie an der mittleren Donau.

Im 4./5. Jahrhundert gerieten sie, wie viele andere germanische Stämme, unter die Herrschaft der Hunnen. Nach Attilas Tod († 453) konnte sich ein Teil der Skiren unter dem Heerführer Odoaker selbständig machen, ein Teil, die »Angi-Skiren«, verblieb noch eine kurze Zeit den Hunnen dienstpflichtig. Möglicherweise waren es diese, die sich dann mit anderen bayerischen Stämmen dem König der Franken anschlossen. Sie wählten um 456 den Fürsten Adelger, einen »Sohn Haunwolfs des Scheirers«, zu ihrem Herzog.

Die *Hunnen* drangen unter Attila bis nach Gallien vor, wo sie 451 auf den »Katalaunischen Feldern« entscheidend geschlagen wurden. Nach dem Tode Attilas († 453) gingen die Hunnen in anderen Völkerschaften auf.

Nun zurück zu den *Skiren* unter ihrem König Odoaker: – Der Vater von Odoaker war Edika, einer der Heerführer Attilas. Odoakers Mutter gehörte dem Stamm der Skiren an, den alten Feinden der Ostgoten. Nach Attilas Tod wurde Edika König der Skiren an der mittleren Donau. In den Kämpfen gegen die Ostgoten fand Valamer, der Onkel von Theoderich, den Tod. In einer späteren Schlacht, 469, fiel auch Edika, und sein Reich ging unter.

Odoaker flüchtete mit den Überlebenden nach Italien und stellte sich in den Dienst des weströmischen Kaisers Anthemius. Hauptstadt des auf Italien und Dalmatien geschrumpften Westreiches war *Ravenna*. Dort schloß sich Odoaker dem Heermeister Rikimer an, der den Kaiser stürzte, aber bald selber starb. Nachfolger wurde der Heermeister Orestes. Dieser ließ seinen Sohn Romulus zum Kaiser ausrufen. Odoaker nützte eine Rebellion germanischer Krieger, besiegte und tötete Orestes und machte sich selbst, im Jahre 476, zum ersten germanischen König Italiens. Damit endete das weströmische Reich.

Odoaker übernahm die römische Reichsverwaltung und suchte diplomatische Anerkennung durch den oströmischen Kaiser Zeno. Dieser verweigerte ihm jedoch die Legitimation und suchte ihn zu beseitigen. Zu diesem Zwecke wandte sich Zeno an Theoderich und versprach ihm die Herrschaft über Italien, falls es ihm gelänge, Odoaker auszuschalten. Im August 490 siegte Theoderich an der Adda, und Odoaker mußte sich nach Ravenna zurückziehen. Dort begann nun die Entscheidungsschlacht, die als »Rabenschlacht« in die Heldensage einging. Die Belagerung dauerte fast drei Jahre. Dann vermittelte der Bischof von Ravenna einen Kompromiß. Die beiden Heerführer sollten künftig gemeinsam über Italien herrschen.

Theoderich nahm das Angebot an und marschierte in Ravenna ein. Darauf lud er seinen »Mit-Herrscher« Odoaker zu einem Gastmahl ein, überfiel den Ahnungslosen jählings und tötete ihn und die ganze Familie. Dies geschah am 15. März 493.

Nach dem Tode von Odoaker wanderten die Reste der Skiren aus. Einige haben sich vielleicht mit den Skiren wiedervereinigt, die um 456 den Adelger, »den Sohn Haunwolfs des Scheirers«, zu ihrem Herzog gewählt hatten.

Über die nachfolgenden Ereignisse berichtet Aventin (III, 1ff) sehr ausführlich. Er schildert die Eroberung des von den Römern besetzten Gebietes, beginnend mit der Einnahme von Regensburg, und der Aufteilung des Landes unter die einzelnen Stämme.

Als Nachfolger des Adelger wählten die Skiren im Jahre 493 den Herzog Dieth, der 511 starb. Dieser setzte im Jahre 508 über die Altmühl bei Dietfurt, um die Römer und Dietrich von Bern (Theoderich) zu bekämpfen.

Unter der Jahreszahl 508 schreibt Aventin: »Die *Schiren*, sehr alte Völker Germaniens, besetzen mit den Boiern unter ihrem Herzog *Theodo* (der in der Volkssprache Dieth genannt wird, wovon auch Dietfurt den Namen herleitet) Vindelicum, eine römische Provinz. Sie ändern den alten Namen und nennen sich Bayern. Von diesen haben viele Bezirke, Dörfer, Städte und Provinzen ihre Namen erhalten und haben sie auch jetzt noch inne. Davon leitet auch der größere Teil des Adels von Oberbayern und unsere Fürsten ihren Ursprung her.«

Da die Skiren der führende Herzogsstamm war, ist es verständlich, daß ihnen gerade das Gebiet um Regensburg zugesprochen wurde. Wenn Aventin schreibt, daß »viele Bezirke, Dörfer, Städte und Provinzen ihre Namen« von den bayerischen Stämmen, insbesondere von den Skiren, erhalten haben, finden wir dies im Raum von Regensburg bestätigt. Hier sind es über 40 Orte, die sich auf »Skir« zurückführen lassen; und am Ort »zu den Skiren«, dem heutigen »Scheyern«, hat sich eben dann die Führerschicht niedergelassen. Dies deckt sich auch mit den ältesten Überlieferungen.

Schon vor 160 Jahren hat der Geschichtsforscher Dr. Johann Ferdinand Huschberg darauf hingewiesen. In seinem Werk »Älteste Geschichte des durchlauchtigsten Hauses Scheiern – Wittelsbach« (München 1834) schreibt er (S. 40): »Wenn Namen von Ansiedlungen und Orten häufig in ihren Zusammensetzungen auf die primitiven Begründer hinweisen, so ist dieses bei dem Volke der Sciren auf eine ganz besondere Weise der Fall.«

Huschberg führt dann, außer unserem Scheyern, mehrere Orte im Raum um Regensburg an, die ursprünglich »Scira«, »Scirin« oder ähnlich hießen, so z.B. »Scierstat« in Regensburg; »Skira«, jetzt Scheiern, östlich von Abensberg; »Skirelinga«, jetzt Schierling; Schirnbrunn; Schirndorf, und viele andere.

In seiner Bayerischen Chronik schildert Aventin sehr ausführlich, wie Herzog Dieth I. (493–511) und sein Sohn Herzog Dieth II. (511–537) die Römer bezwangen und dann das Land aufteilten. Die Winden bekamen das Gebiet südlich des Gebirges, Tauern genannt, um die Drau, Sau, Mur, also Kärnten und Steiermark. Die Äbern und Haunen nahmen das Land unter der Enns, Herzogtum Österreich; unterhalb des Inns fiel das Land an die Haler und Steirer. Im Oberland des Inns wurden angesiedelt die *Scheirer*, Schernitzer, Gauthinger und die Beuren.

Im Buch VII (VII,1) bemerkt Aventin unter dem Titel »Von den Scheirn, dem ältesten fürstlichen Stamm und Geschlecht in Bairn«, daß es bereits zur Zeit des Kaisers Augustus einen König »Scheirer« gegeben haben soll, von dem auch Plinius und andere berichten. Dieser habe einen großen Volksstamm zurückgelassen, die »Scheirer« genannt. Daraus hätten die alten Bayern ihre Könige und Herzöge erwählt. Diese haben auch eine Burg gebaut, »Scheirn« genannt. »Diese ist jetzt eine Abtei nach dem Orden des hl. Benedikt, wo auch das Begräbnis der alten bayerischen Fürsten sich befindet.«

Von diesen Fürsten zweigen sich ab: »Die Landgrafen von Wittelsbach, Dachau, Valey; die Markgrafen von Cham, Vohburg, Andechs, Wolfratshausen, Hohenwart, Diessen, Isterreich, Sulzpach; die Herzöge von Meran, Dalmacien, Croatien, Reussen, Amertal; die Burggrafen von Regenspurg, Rietenburg, Nitenau, Stephaning, Abensberg, Ror, Kelhaim, Laber usw.«

Aventin, der ein genaues Quellenstudium betrieb, war also überzeugt, daß der Ort Scheyern der Stammsitz dieser vielen Verzweigungen ist.

Weiter schreibt Aventin (VII,1): »Der erste Landgraf von Scheirn ist Arnulph († 954), Herzog Arnulphs Sohn, von Kaiser Otto dem Ersten des Herzogtums Bairn entsetzt, hat Scheirn gebaut.«

Nach einer anderen Überlieferung (Sebastian Münster, Cosmographia, 1541, S. 631) hat bereits Kaiser Arnulf, um 888, die Burg in Scheyern errichtet: »Nach dem Tassilo haben Carls Kinder und Kindeskinder regiert in Bayern, bis Arnulf den Kaiser, der anno 888 oder um dieselbe Zeit baut in Bayern eine Burg mit nahem Schloß, die zwischen Ingolstadt und München liegt, jetzt ein Kloster...« Es mag beides stimmen, wenn man bedenkt, daß sich der Bau einer Burg viele Jahre hinzieht.

Huschberg beginnt im bereits genannten Buch seine Ausführungen mit »Die Schiren als Heermeister der Carolinger«. Als ersten »Schiren« nennt er »Luitpold I. Gaugraf an der Glan und Amber«, der 788 bis 837 regierte. Huschberg bemerkt dazu: Wenn man vom Besitzstand der Nachfahren auf ihn schließen kann, dann war er nicht nur an der Glonn und Amper begütert, sondern auch an der Donau, Ilm und Abens. Darum bezeichnet ihn Huschberg mit Recht als einen »Schiren«. Ihm folgen sein Sohn Graf Ernst I., Heermeister König Ludwigs des Deutschen, dessen Sohn Ernst II., Gaugraf im Nordgau, und Graf Luitpold II. Er regiert ab 890 und fällt in der Schlacht gegen die Ungarn, im Jahre 907.

Luitpolds Erstgeborener, Arnulf I., 907–937, gilt ebenfalls als ein Erbauer der Burg Scheyern. Während bis jetzt die »Luitpoldinger« nur indirekt als Grafen von Scheyern erscheinen, wird unser Herzog Arnulf I. ausdrücklich als »Graf von Schiren« bezeichnet.

Bereits zur Zeit Karls des Großen (742–814) wird ein Graf von Scheyern genannt. In der Chronik Aventins (IV,29) lesen wir: »In Sankt Jacobs Kloster hat gehaust der Burggraf von Regensburg, geboren aus dem Geschlecht der Grafen von Scheiren, Ratzenhofen und Abensberg.«

Für das Alter von Scheyern bzw. des Stammes der »Skiren« gibt es noch weitere Hinweise.

In den Traditionen von Freising (Tr Frs, 206, 804–806, Febr. 11) lesen wir unter der Jahreszahl »804–806«: Tato übergibt seinen Besitz in Willing (bei Bad Aibling). Unter den Zeugen treten auch die »Sciri«, die Skiren, auf.

Möglicherweise hatten damals schon, um 800, die Skiren Besitzungen in Willing. Daher konnte später, um 1078, die Gräfin Haziga, »aus dem edlen und alten Geschlecht der Fürsten von der Burg Scheyern entstammend« ... »den Zehent in Willingan und Eigengüter, die zu diesem Dorf gehörten«, den ersten Mönchen von Bayerischzell übergeben.

In einer Handschrift aus dem 13. Jahrhundert (Clm 17403, Mater verborum, S. 238) lesen wir: »Auf der Burg *Schyren* wohnten die Söhne und Nachkommen des Kaisers Arnulf viele Jahre lang. Sie hatten dort das Patronatsrecht inne über die Kirche, die vom seligen Bonifatius, dem Erzbischof von Mainz, zu Ehren der Gottesmutter geweiht wurde. Denn jenen Berg besaßen mehrere Fürsten, die nach ihm die *Schyren* genannt wurden.« Der hl. Bonifatius weilte um 746 in der Umgebung von Scheyern. Er hat auch die Kirche in Altomünster eingeweiht. Er starb 754. Es liegt also durchaus im Bereich der Möglichkeit, daß er auch nach Scheyern kam.

Zusammenfassend läßt sich sagen, daß die »Skiren« ein bedeutender germanischer Volksstamm sind, den wir um Christi Geburt an der Weichselmündung antreffen und der um die Mitte des 5. Jahrhunderts in Norditalien und an der mittleren Donau zu finden ist. Um 476 erscheint ein Teil von ihnen unter dem Heerführer Odoaker in Italien. Ein anderer Teil erwählte unter anderen bayerischen Geschlechtern um 456 als Herzog den Fürsten Adelger, einen »Sohn Haunwolfs des Scheirers«. Als dessen Nachfolger bestimmten sie im Jahre 493 dessen Sohn, den Herzog Dieth, setzten um 508 über die Altmühl nach Osten über und vertrieben die Römer. Die Skiren besiedelten hauptsächlich den Raum nördlich und südlich von Regensburg. Dies geschah also Anfang des 6. Jahrhunderts. Vermutlich ließen sich die Heerführer am Ort »zu den Skiren«, dem jetzigen Scheyern, nieder. Die »Skiren« können also auf eine 2000jährige Geschichte zurückblicken. Geschichtlich sicher faßbar sind die Skiren unter ihrem Heerführer Odoaker, der 493 von Theoderich getötet wurde.

Der Ort Scheyern selber dürfte Anfang des 6. Jahrhunderts gegründet worden sein. Dabei ist es durchaus möglich, daß die erste Siedlung »zu den Skiren« die jetzigen Orte »Scheyern«, »Mitterscheyern« und »Niederscheyern« umfaßte. Wahrscheinlich wurden zuerst die Einmündungen von Bächen und Flüssen, also in Mitterscheyern und in Niederscheyern, besiedelt. Die Burg Scheyern wurde dann später gebaut.

II Herkunft der Schyren-Wittelsbacher

Eine Frage anderer Art, als die nach der Herkunft des Namens »Scheyern« ist die nach dem Ursprung der Wittelsbacher. Aventin äußert zu Beginn seiner »Scheyerer Chronik« die Ansicht, daß »der Großteil des Adels und der Fürsten von Oberbayern von den Skiren ihren Ursprung herleiten. Nach dem heutigen Stand der Forschung sind die Anfänge des Hauses Wittelsbach noch nicht ganz geklärt. Daß diese Frage auch überregionale Bedeutung hat, dafür legt eine 1990 erschienene Abhandlung Zeugnis ab: »Zur Frühzeit der Babenberger in Bayern und Herkunft der Wittelsbacher«, von Hans Constantin Faußner. Er versucht darzulegen, daß die Wittelsbacher direkt von den Babenbergern und nur indirekt von den Luitpoldingern abstammen. Im Mittelpunkt seiner Ausführungen stehen die Grafen von Scheyern, insbesondere Graf Otto I. und seine Gemahlin Haziga.

Im 14. Jahrhundert glaubte man, wie es in der »Tabula perantiqua« (Reitberger, S. 229) zu lesen ist, daß die Grafen Arnold (Arnulf) und Wernher (Berthold) Söhne von Kaiser Arnulf gewesen seien. Tatsächlich waren sie aber Söhne des Markgrafen Luitpold. Kaiser Arnulf war jedoch ein enger Verwandter, der Sohn des Großonkels Kaiser Karlmann.

In der »Tabula perantiqua« lesen wir: »Carolomanno dem wardt Bayrn zu thail, also gewan Bayrn wider ein Herrn an Carolomanno. Carolomannus hett einen Sohn hieß Arnoldt / der wardt Keyser / unnd bauet von erst ein Burck gen Scheyrn unnd macht darauß ein Gefürste Graffschaft / derselbe Arnold hett deß Königs Tochter von Kriechen / genannt Agneß / bey der hett er zwen Söhn / Arnolden und Wernher / unnd die hetten zu Weib zwo Schwestern / deß Königs Töchter zu Ungarn / genannt Agnes und Beatrix / und die wurden getauft zu Scheyrn auff der Burg / wann die Ungern dannoch Haiden waren / unnd dieselben zwen Brüder thailten miteinander / da wardt Arnolden das Hertzogthumb zu Norgau / Wernher wardt die Graffschafft zu Scheyren unnd die Pfaltz bey dem Rhein…«

Johannes Aventinus (1477–1534), der Vater der Bayerischen Geschichtsschreibung, beginnt die eigentliche Geschichte von Scheyern mit dem Tode des Markgrafen Lipold (Luitpold), der im Jahre 907 im Kampf gegen die Ungarn gefallen ist. Dessen Söhne waren Arnulf (†937) und Berthold (†947). Beide waren auch Herzöge von Bayern. Von diesen erhielt Arnulf den Beinamen »Der Böse«, weil er in den Wirren der Ungarnstürme viele Klöster aufgehoben hat. Von ihm geht die Sage, daß ihn der Teufel nach seinem Tod in einen Weiher bei Scheyern, den »Teufelsweiher«, hineingeworfen hat. Tatsächlich ruht er in St. Emmeram in Regensburg.

Von Arnulf stammen eine Reihe bedeutender Persönlichkeiten ab.

Als erste ist zu nennen seine Tochter Judith (†nach 985), die mit dem Herzog Heinrich I. (†955) vermählt war. Sie ist die Stifterin des Klosters Niedermünster in Regensburg. Dieser Ehe entsproß auch Herzog Heinrich II. (†995). Von diesem wiederum stammen ab Herzog Heinrich IV., hernach Kaiser Heinrich II. (†1024) und Gisela, die Frau des Königs Stephan von Ungarn.

Ein weiterer Sohn des Herzogs Arnulf ist der Pfalzgraf Arnulf (†954), dessen Sohn ist Berthold von Reisensburg, der bei dem Ungarneinfall das deutsche Heer verraten hat. Dieser Berthold spielt eine entscheidende Rolle in der Frage der Abstammung der Wittelsbacher. Nach dem Historiker Bischof Otto von Freising soll er von den Ungarn getötet worden sein. Nach anderen habe er überlebt.

Bis in jüngste Zeit waren die meisten Historiker der Ansicht, daß die Wittelsbacher sich direkt von den Luitpoldingern herleiten, wie es auch Aventin in seiner Chronik tut.
Der Historiker Max Spindler schreibt dazu (II. 15): »Den Zeitgenossen des Herzogs Otto I., für die Bischof Otto von Freising als Kronzeuge gelten kann, war die Abstammung der Wittelsbacher von den Luitpoldingern eine Selbstverständlichkeit. Es besteht im Einklang mit Riezler keine Veranlassung, einen durch Herkunft und Bildung so hervorragenden Gewährsmann wie Bischof Otto in diesem Punkte zu mißtrauen und sein Zeugnis abzulehnen. – Die Abstammung von den Luitpoldingern darf daher, auch wenn sie nur chronikalisch bezeugt ist und ihr die urkundliche Verbürgtheit noch fehlt, als gesichert gelten.«
Auch Pankraz Fried, der sich damit ausführlich beschäftigt hat, schließt sich diesem Urteil an (Jubiläumsfestschrift, 1980, Band I/1, S. 29ff).
Bischof Otto von Freising (†1158) gilt als anerkannter Historiker. Er beklagt sich besonders über den Grafen Otto IV. (Pfalzgraf Otto I.), der zu seiner Zeit Vogt von Freising war (Stein-Ausgabe XVI, 463): »Die Barbaren (Ungarn) sollen, was jedoch unglaubwürdig erscheint, völlig vernichtet worden und bis auf sieben Überlebende alle umgekommen sein. Der Anstifter dieser schweren Heimsuchung soll ein bayerischer Graf von Scheyern gewesen sein. Aber er mußte seinen Treubruch büßen; denn da er die Ungarn unbedacht herangeführt und dadurch der Vernichtung preisgegeben hatte, wurde er von ihnen als Verräter getötet. Sein Land, so wird berichtet, wurde konfisziert, ein Teil wurde vom König an die Kirchen verteilt, ein Teil mit der Burg Scheyern wurde seinen Erben überlassen, aber von den Bischöfen ewige Zeit mit dem Bannfluch belegt.
Aus seinem Stamm sind bis heute zahlreiche Gewaltmenschen entsprossen. Aber der Pfalzgraf Otto, des treubrüchigen, unbotmäßigen Vaters sehr ähnlicher Sohn, übertrifft alle seine Vorfahren an Bösartigkeit und drangsaliert bis zum heutigen Tag unablässig die Kirche Gottes. So ist seltsamerweise fast die gesamte Nachkommenschaft, ich weiß nicht nach welchem göttlichen Ratschluß, in verkehrtem Sinn dahingegeben, so daß man in ihr keinen oder doch nur ganz wenige beiderlei Geschlechts, welches Ranges und Standes auch immer, findet, die sich nicht in offener Gewalttätigkeit austoben oder völlig verblendet, jedes kirchlichen und weltlichen Amtes unwürdig, sich dem Diebstahl und Straßenraub ergeben und ein elendes Bettlerdasein fristen.«
Hierzu ist noch zu vermerken, daß der Bischof Otto von Freising sich mit

dem Vogt, dem Pfalzgrafen Otto I. von Scheyern, teilweise ausgesöhnt hat. Der Bischof konnte die Vogteiherrschaft des Pfalzgrafen abschütteln.

Nach der »Scheyerer Chronik« (Chronicon Schyrense) hat Graf Berthold von Reisensburg (= Wernher) überlebt. Sie schreibt dazu (Mon Germ Hist, XVII, 621): »Einen weiteren Teil aber hatten die hervorragenden und höchstgestellten unter diesen Fürsten, die Grafen eines großen Namens, in Besitz, die nach dem gleichen Berg die Schyrener Fürsten hießen. Diese galten im ganzen Römischen Reich für die ersten und hervorragendsten, weil sie Leute von größter Klugheit und Tapferkeit waren. Unter diesen befand sich ein gewisser Graf Wernher, der zur Zeit des hl. Oudalrich die Ungarn nach Augsburg führte, um auf dem Lechfeld gegen den Kaiser Otto, den man Otto den Großen nannte, zu kämpfen, weil ihn dieser Kaiser geächtet, aus seinem Besitztum und aus der Heimat verbannt hatte. Diese wurden aber sowohl durch Gottes Fügung wie durch das Verdienst des hl. Oudalrich bis auf den letzten Mann vernichtet, und sieben ihrer Fürsten hängte man zu Regensburg. Der Graf selbst aber entging der Gefahr mit Hilfe des hl. Oudalrich, weil er diesen aus der Taufe gehoben hatte. Dessen Enkel war Graf Otto, der Sohn der Herrin Haziga, der später allein auf dieser Burg herrschte und vier Söhne hatte. Nachdem er den einzelnen ihren Anteil am Erbe zugeteilt hatte, pilgerte er zum Heiligen Grab und fand auf dem Weg der Pilgerschaft einen glücklichen Tod.«

Hier ist noch ein kleiner Blick zu werfen auf die Beziehungen der »Scheyerer Grafen« zu den Ebersbergern. Der Kühbacher Zweig der Ebersberger hatte gerade in dem Aichacher Raum Besitzungen, wo später die Wittelsbacher als Grundherren auftreten. Die Grafen von Scheyern-Wittelsbach sind daher als Besitznachfolger der Ebersberger Grafen anzusehen. Möglicherweise bestanden noch engere Beziehungen. Es ist nämlich auffallend, daß das »Zick-Zack-Bild« im Schyren-Wappen auch im Wappen von Kloster Ebersberg vorkommt. Wie noch gezeigt wird, werden diese Beziehungen am besten verständlich, wenn wir annehmen, daß der Gemahl der Gräfin Haziga ein Ebersberger war.

III Ahnenreihe der Luitpoldinger und Babenberger

A) Die Luitpoldinger (Nach P. Laurentius Hanser)

Seit Beginn des 10. Jahrhunderts tauchen die »Grafen von Scheyern« (Comites in Scheyrn, Comites Schyrenses) auf, von denen sich die Wittelsbacher ableiten. Ob diese die Nachfahren der »Scirun« sind, der »Skiren«, nach denen der Ort Scheyern benannt ist, oder erst später den Ort in ihren Besitz brachten und sich nach ihm nannten, steht nicht fest.

Wie heutzutage fast sämtliche fürstlichen Familien Europas miteinander verwandt und verschwägert sind, so mag dies auch vor einem Jahrtausend bereits mehr oder weniger der Fall gewesen sein. Aus den Stammtafeln werden enge Beziehungen sichtbar zu den Huosi, Welfen und Karolingern. P. Laurentius Hanser gibt eine mutmaßliche Stammtafel an, die im Zusammenhang mit dem Wittelsbacher-Jubiläum, im Jahre 1980, weitgehend bestätigt wurde. Neuere Untersuchungen (vor allem Faußner) weisen jedoch auf die Bedeutung der Babenberger hin.

1 **Luitpold I.** (zwischen 788 und 837) war in den Tagen Karls des Großen Gaugraf an der Glonn und Amper; sein Name begegnet uns in den Urkunden zwischen 788 und 837.

2 **Ernst I.** (Arnust) (†865), der Sohn Luitpolds I., war Heerführer König Ludwigs des Deutschen und Markgraf des Nordgaues.
Kinder: Reginswinda, Hildegard und Ernst II.
Reginswinda wurde als Kind von sieben Jahren auf der Burg Laufen am Nekkar von ihrer Wärterin ermordet und in den Fluß geworfen. Man verehrte sie bald als Märtyrerin, und Kaiser Heinrich II. verwandelte 1002 die Burg Laufen in ein Kloster. Hildegard heiratete König Karlmann (†880), der in der Stiftskirche von Altötting ruht. Ihre Ehe blieb kinderlos.
Dagegen entstammte aus der Verbindung Karlmanns mit Liutswinda von Kärnten, wahrscheinlich gleichfalls einer Enkelin Luitpolds I., Kaiser Arnulf (†899), dem eine Sage die erste Erbauung der Burg Scheyern zuschreibt.
Da während seiner Regierung die Ungarn zum erstenmal in Bayern einfielen, fing man allenthalben an, sich hinter Wall und Graben zu verschanzen, so gut es eben ging. Ähnliche Befestigungen mögen damals auch in Scheyern entstanden sein. Kaiser Arnulf wurde in der Abteikirche von St. Emmeram zu Regensburg beigesetzt.

3 **Ernst II.** (†889), gleich seinem Vater Ernst I. Markgraf im Nordgau und Heerführer.
Söhne: Luitpold II. und Herigold von Bogen.
Herigolds Enkel Herold war 940–967 Erzbischof von Salzburg. Ihm ließ Herzog Heinrich I. von Bayern 955 die Augen ausstechen.

4 **Luitpold II.** (†907) war in erster Ehe vermählt mit Adelheid von Sachsen, einer Schwester des deutschen Königs Heinrich I.
Söhne: die beiden Herzöge Arnulf I. und Berthold I.
Am 5. Juli 907, einem der schwärzesten Unglückstage der ganzen bayerischen Geschichte, fiel Markgraf Luitpold I. an der östlichen Landesgrenze im Kampf gegen die Ungarn. Erzbischof Theotmar von Salzburg, Bischof Udo von Freising, Bischof Zacharias von Säben, neunzehn Grafen und fast der ganze Heerbann blieben auf der Walstatt. Bayern wurde von den Ungarnhorden überschwemmt.

5   Arnulf I. (†937) und Berthold I. (†947)

Arnulf I. (†937), der Sohn Luitpolds II., ließ sich, da sein Verwandter, König Ludwig das Kind, vor den Ungarn an den Rhein geflohen war, zum bayerischen *Stammesherzog* ausrufen: »durch Fügung der göttlichen Vorsehung Herzog der Bayern und der angrenzenden Gebiete«.

Im Jahre 913 gelang es ihm bei Ötting am Inn, die Ungarn, welche 909 Freising und wohl auch die Scheyerer Gegend verwüstet hatten, so entscheidend zu schlagen, daß ihrer kaum dreißig entkamen.

Aber schon 914 oder 915 floh Arnulf vor dem 911 gewählten deutschen König Konrad I., welchen er niemals anerkannte, weil dieser die Selbständigkeit Bayerns nicht achtete, selber zu den Ungarn. Er fand bei denselben eine so gute Aufnahme, daß er die ungarische Prinzessin Agnes als zweite Gemahlin heimführte, während sein Bruder Berthold I. deren Schwester Beatrix ehelichte. Beide Fürstentöchter sollen in Scheyern getauft und getraut worden sein.

Aus der Ehe Arnulfs I. mit Agnes von Ungarn stammen Ludwig von Aiterhofen bei Straubing und Adelheid von Geisenhausen, die Mutter Bischof Heinrichs von Augsburg, der St. Ulrich nachfolgte.

Außerdem besaß Arnulf bereits Kinder aus seiner ersten Ehe mit Gerbirge: Eberhard, Arnulf II., Hermann und Judith, die Gemahlin Herzog Heinrichs I. von Bayern und Stifterin von Niedermünster in Regensburg, die Großmutter Kaiser Heinrich II., des Heiligen, und seiner heiligen Schwester Gisela, der Gemahlin des Königs Stephan des Heiligen von Ungarn.

Herzog Arnulf I. gilt als der Erbauer der *Burg Scheyern*. Möglich, daß die von Kaiser Arnulf I. (†899) angelegten Befestigungen, falls überhaupt solche existierten, dem Ansturm der Ungarn nicht standgehalten hatten. Nach anderer Überlieferung soll die Burg erst vom Pfalzgrafen Arnulf II. (†954), dem Sohne Herzog Arnulfs I., erbaut worden sein. Vielleicht sind alle drei Arnulfe in der Weise an der Gründung der Burg Scheyern beteiligt, daß der Kaiser auf dem heutigen Klosterberg einen ländlichen Herrensitz (villa) anlegte, der Herzog ihn mit Wall und Graben befestigte und der Pfalzgraf eine eigentliche Burg erbaute. Auffallend bleibt immerhin, daß nach den geschichtlichen Quellen die Schyren in ihren zahlreichen Fehden niemals auf ihrer »Stammburg« belagert wurden, sondern immer anderswo, z.B. in Regensburg, Kelheim und anderen festen Plätzen.

Herzog Arnulf I. starb am 14. Juli 937 und wurde bei St. Emmeram in Regensburg begraben, wo noch ein Denkstein seine Ruhestätte bezeichnet. Da er in den Ungarnstürmen zahlreiche Klöster säkularisierte, erhielt er von der Geschichtsschreibung den Beinamen »Arnulf der Böse«. Er soll nach der Sage im »Teufelsweiher« bei Scheyern ruhen.

Die Ehe des *Berthold I.* (†947), Herzog 937 bis 947, mit Beatrix scheint kinderlos geblieben zu sein. Dagegen schenkte ihm seine zweite Gemahlin Wiltrud, die Stifterin des Nonnenklosters Bergen, einen Sohn Hezilo (= kleiner Heinrich), den künftigen Herzog von Kärnten (976–989), welcher als *Heinrich III.* vorübergehend auch Bayern regierte (983 und 984).

Unter Berthold I. erfochten die Bayern mehrere Siege über die Ungarn. Berthold I. und Heinrich III. († 989) fanden ihre letzte Ruhestätte im Kloster Niederaltaich.

6   **Arnulf II.** († 954) erhielt nach dem Tode seines Vaters von Kaiser Otto I., welcher Berthold I. zum Herzog machte, die Würde eines *Pfalzgrafen*, nachdem sein älterer Bruder Eberhard, welcher sich gegen den Kaiser empört hatte, von diesem besiegt und in die Verbannung geschickt worden war. Als nach dem Tode Bertholds I. (947) der Kaiser das Herzogtum keinem Schyren mehr übertrug, sondern seinem eigenen zweiten Sohn Heinrich I., dem Gemahl Judiths, der Schwester Arnulfs II., fühlte Arnulf II. sich zurückgesetzt und empörte sich 953. Von Kaiser Otto I. und Herzog Heinrich I. in Regensburg dreimal vergeblich belagert, fiel er 954 bei einem Ausfall.

7   **Berthold II.** († nach 976?) von Reisensburg, der »Verräter«.
Die Söhne von Arnulf II.: Berthold II. und Babo I., hielten Regensburg noch bis Ostern 955, worauf sie sich dem Kaiser ergeben mußten.
Kaiser Otto I. verbannte Berthold II. nach Reisensburg an der Donau in Schwaben, vermutlich einer Besitzung der Schyren, und Babo I. auf die »Stammgüter seines Hauses« an der Ilm, Glonn und Amper.
Als wenige Monate später die Ungarn einfielen und Augsburg belagerten, verriet ihnen Berthold II. (auch Werner genannt), von Reisensburg herbeieilend, das Anrücken des deutschen Entsatzheeres. Nur der Fürsprache seines Taufpaten, des hl. Ulrich, hatte der Verräter es zu danken, daß er nach dem Siege Kaiser Ottos auf dem Lechfeld (10. August 955) mit dem Leben davonkam. Nach dem Historiker Bischof Otto von Freising wurde er jedoch von den Ungarn getötet.
Mit der Gräfin Kunigunde hatte er drei Kinder gezeugt: Berthold III., Askuin und Mathilde.
Mathilde heiratete den Burggrafen Babo von Regensburg.
Askuin beteiligte sich an dem Aufstand Herzog Heinrich II. des Zänkers wider Kaiser Otto II. Er verlor 978 seine Stammgüter in Kärnten, wurde von der Kirche gebannt und vom Kaiser geächtet und floh wahrscheinlich nach Ungarn.
Bertholds II. Bruder *Babo I.* war Schirmvogt des Hochstiftes Freising. Sein Sohn Udalschalk I. nannte sich nach der Burg Elsendorf an der Abens.
Bis hierher sind sich die Historiker einig. P. Laurentius Hanser schildert den weiteren geschichtlichen Ablauf dann folgendermaßen:
Berthold II. blieb auch nach seiner Begnadigung dem Kaiser abhold und benützte die ständigen Familienzwistigkeiten der sächsischen Dynastie, um sein eigenes Haus wieder emporzubringen.

8   **Berthold III.** († 982), der Sohn Bertholds II., folgte nicht dem Beispiel seines Vaters und Bruders, sondern hielt immer treu zum Kaiser Otto II., mit welchem er nach Italien zog und am 13. Juli 982 zugleich mit seinem Vetter,

dem Bischof Heinrich von Augsburg, im Kampfe wider die Sarazenen in Kalabrien fiel.

Von seiner Gemahlin Luitbirga hinterließ er drei Kinder: Otto I., Babo II. und Adelheid. Letztere wurde Äbtissin von Kühbach und führt in den Urkunden bereits den Titel einer Gräfin von Wittelsbach, was beweist, daß dieser Ort nicht erst 1115 entstanden sein kann, wenn auch vielleicht in diesem Jahre die dortige Burg neu gebaut wurde.

Von Babo II. stammen die kinderreichen Grafen von Abensberg. Unter Kaiser Heinrich II. sollen nicht weniger als 38 gelebt haben, 30 Brüder und 8 Schwestern aus mehreren Ehen.

2 Die Skiren siedeln um die Zeit Christi Geburt an der Weichselmündung, später am Pruth, dem heutigen Grenzfluß zwischen Rumänien und Moldawien; dann, im 5. Jahrh., an der Donau in Oberungarn, 476 unter Odoaker in Italien; zu Anfang des 6. Jahrhunderts im Raum östlich und südlich von Regensburg. Aus: Putzgers Historischer Schulatlas, Leipzig 1925

9 **Otto I.** († um 1037), der Sohn Bertholds III., war vermählt mit Tuta oder Juta, wahrscheinlich einer Schwester Bischof Gundekars von Eichstätt und saß als Graf von Kelsgau (Chelsgouve) auf der Burg zu Kelheim. Er scheint drei Söhne hinterlassen zu haben: Otto II. von Scheyern, den Gemahl Hazigas; Berthold IV. von Burgeck und Schauenburg; und Arnulf III. von Dachau, falls letzterer nicht ein Sohn Ottos II. war.

10 **Otto II.** († nach 22. III. 1078) ist der Stammvater der Stifterfamilie im engeren Sinn. Unter ihm starben 1045 die stammverwandten Grafen von Ebersberg und Sempt aus, eines der ältesten und berühmtesten Adelsgeschlechter Bayerns, dem die Klöster Ebersberg, Kühbach und Geisenfeld ihre Stiftung verdanken.
Der größere Teil des reichen Erbes fiel nun an die Grafen von Scheyern. Diese suchten aber auch noch in anderer Weise ihren Wohlstand zu heben, indem sie nach der raub- und fehdelustigen Gepflogenheit jener Zeit über schwächere Nachbarn herfielen.
Da unternahm der energische Bischof Gebhard von Eichstätt, welchem Kaiser Heinrich III. 1053–1055 für seine minderjährigen Söhne Heinrich und Konrad die Regierung Bayerns übertragen hatte, einen so verheerenden Kriegszug in das Gebiet der Scheyerer Störenfriede, daß diesen ihr Raubrittertum gründlich verleidet wurde. Der streitbare Kirchenfürst bestieg 1055 als Viktor II. den päpstlichen Stuhl, starb aber bereits 1057.
In Mon. Germ. SS. VI, 264 lesen wir über den genannten Kriegszug: Anonymus Haserensis: »Inter alia gloriosa gesta Schirenses, latrociniis ut hodie sunt deditissimos, in tantum devastavit, combussit ac contrivit, ut huius afflictionis tam perpes memoria quam quaerimonia penes eosdem sit«.
Ein Ungenannter von Herrieden: »Unter anderen ruhmreichen Taten hat er die Gebiete der Schiren, die den Raubzügen bis heute sehr ergeben sind, so verwüstet, verbrannt und geschlagen, daß die ständige Erinnerung an jene Niederlage wie eine Heimsuchung auf ihnen lastet«.
Dieser Graf Otto II. war in erster Ehe (vor 1050) verheiratet mit der Schwester des Grafen Meginhard von Reichersbeuren. Um 1050 vermählte er sich mit Haziga, die aus der Linie der Grafen von Sempt-Ebersberg stammte. Haziga war Witwe des Grafen Hermann von Kastel, der reiche Besitzungen im Wendelstein-Gebiet hatte. Mit ihr kam auch ein Teil des Erbes von Ebersberg an Scheyern. Nach dem Tode Ottos II. (vor 22. III. 1078) widmete sich Haziga, die nun zum zweiten Mal Witwe geworden war, ganz den Werken der Gottseligkeit und Nächstenliebe. So gründete sie 1077 das Kloster Bayerischzell, welches das Stammkloster von Scheyern werden sollte.

B) Die Babenberger

Soweit die Darlegungen von P. Laurentius Hanser. Nach den Untersuchungen von Hans Constantin Faußner vom Jahre 1990, der sehr viele neuere Quellen heranzieht, stammen die Schyren-Wittelsbacher direkt ab von den

Babenbergern und nur indirekt von den Luitpoldingern. Demnach ist dieser Berthold III. nicht ein Sohn des Verräters Berthold, sondern der von König Otto I. nach der großen Rebellion vom Jahre 953/955 eingesetzte Babenberger *Markgraf Berthold* (†980). Dessen Sohn war Markgraf Heinrich (†1017).

Damit wird auch Aventin bestätigt, der in seiner Chronik (V, c12, S.281) schreibt: »...Marchgraf Hainrich, so ein sun graf Berchtolden von Scheirn was, vermaint ein rechter erb zu Bairn zu sein.«

Bereits 1953 hatte K. Reindel in seiner »Stammtafel der Luitpoldinger« als wahrscheinliche Vorfahren des Grafen Otto von Scheyern (1045–1078) angegeben: Berthold, Markgraf im Nordgau (†980) – Heinrich Markgraf im Nordgau (†1017) – Heinrich I. Graf an der Pegnitz (um 1021–1043).

Faußner begründet weiterhin: Ein Sohn des Markgrafen Heinrich (†1017) war Landgraf Babo. Dessen Erbtochter war die Gräfin Haziga, die den Ebersberger Otto heiratete.

Damit ergibt sich folgende *Besitzerfolge* auf der Burg Scheyern:
Herzog Arnulf (†937)
Sohn Pfalzgraf Arnulf (†954)
Sohn Berthold von Reisensburg (†955)
   König Otto I. setzt ein:
Markgraf Berthold (†980)
Sohn Markgraf Friedrich (†1017)
Sohn Graf Babo
Erbtochter Haziga vermählt mit Otto, Graf von Scheyern

Daß die Gräfin *Haziga* die eigentliche Erbtochter von Scheyern war, wird bereits durch das »Chronicon Schyrense« nahegelegt. Dort wird mit großem Nachdruck hervorgehoben (Nr. 3), daß sie von Scheyern stammt:

»Hier wollen wir ... darauf bedacht sein, etwas über die Abkunft der vorgenannten *Haziga* einzuschieben. Dem edlen und alten Geschlecht der Fürsten von der Burg *Schyren* entstammend, edler aber noch, wie sich hernach zeigte, durch ihre Handlungsweise, war diese mit dem Grafen Hermann von Chastel verheiratet. Nach seinem Tod wurde sie einem gewissen Grafen Otto von Schyren zur Frau gegeben...«

Demnach wurde Graf Otto erst durch Einheiratung zum »Grafen von Schyren«. So wird es auch verständlich, daß die Gräfin Haziga bei der Übergabe von Gütern sehr selbstbewußt als die eigentliche Erbin auftritt.

Mütterlicherseits stammte sie ab von Herzog Eberhard (937/38), dem Sohn des Herzogs Arnulf (†937).

Auch die Bedeutung von *Graf Otto* findet eine plausible Erklärung. Er war Vogt des Hochstiftes Freising und entstammte der Babenberger Linie der »Ebersberger/Kühbacher«, die bereits seit etwa 950 dieses Amt innehatten. Einer seiner Vorfahren war Poppo, der mit der Ebersbergerin Willibirg verheiratet war (siehe Stammtafeln S. 27–29).

I Stammtafel der Luitpoldinger*

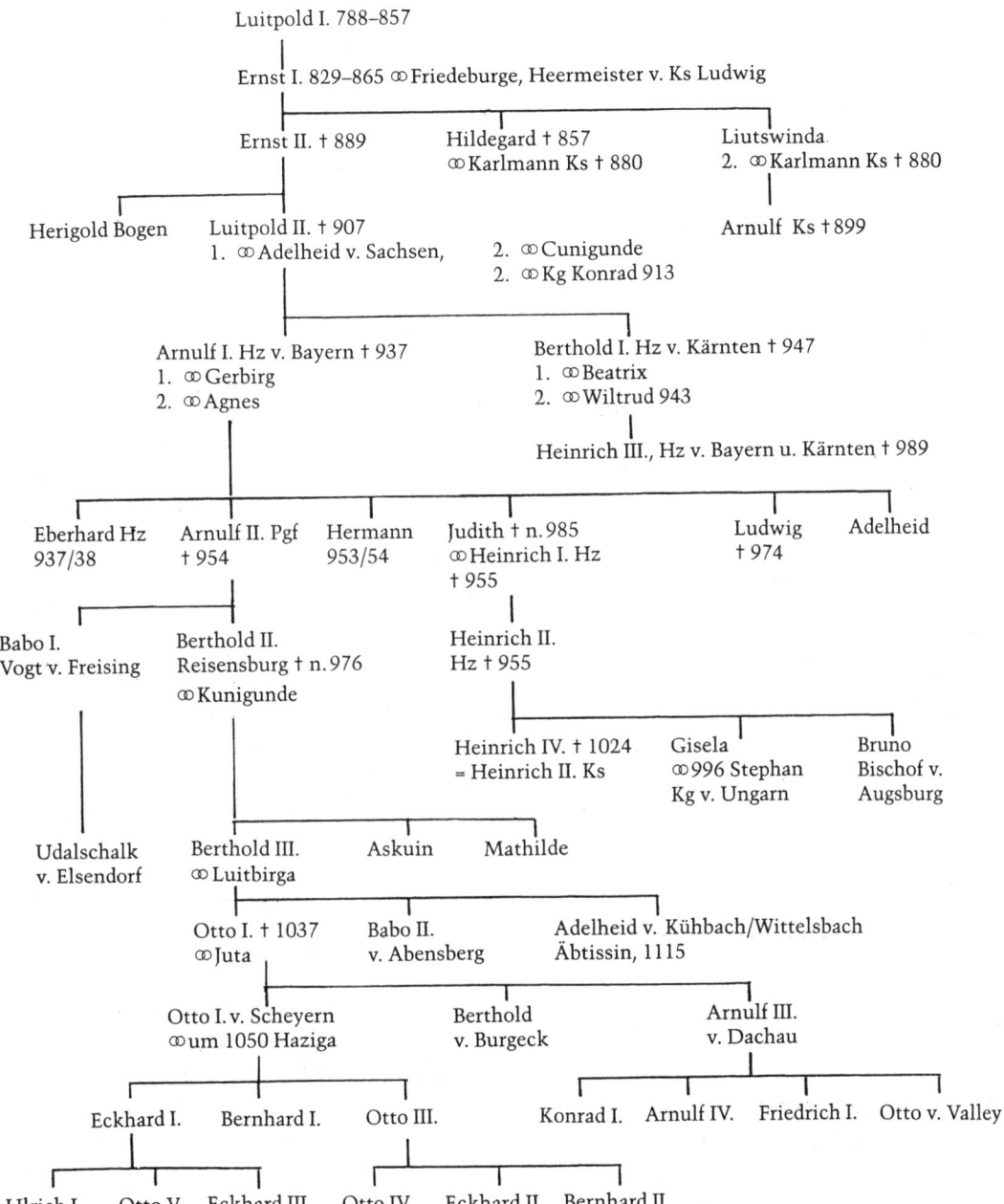

Luitpold I. 788–857

Ernst I. 829–865 ∞ Friedeburge, Heermeister v. Ks Ludwig

Ernst II. † 889   Hildegard † 857   Liutswinda
                   ∞ Karlmann Ks † 880   2. ∞ Karlmann Ks † 880

Herigold Bogen   Luitpold II. † 907   Arnulf Ks † 899
                  1. ∞ Adelheid v. Sachsen,   2. ∞ Cunigunde
                                               2. ∞ Kg Konrad 913

Arnulf I. Hz v. Bayern † 937   Berthold I. Hz v. Kärnten † 947
1. ∞ Gerbirg   1. ∞ Beatrix
2. ∞ Agnes   2. ∞ Wiltrud 943

                                Heinrich III., Hz v. Bayern u. Kärnten † 989

Eberhard Hz   Arnulf II. Pgf   Hermann   Judith † n.985   Ludwig   Adelheid
937/38   † 954   953/54   ∞ Heinrich I. Hz   † 974
                                            † 955

Babo I.   Berthold II.   Heinrich II.
Vogt v. Freising   Reisensburg † n.976   Hz † 955
               ∞ Kunigunde

                                Heinrich IV. † 1024   Gisela   Bruno
                                = Heinrich II. Ks   ∞ 996 Stephan   Bischof v.
                                                       Kg v. Ungarn   Augsburg

Udalschalk   Berthold III.   Askuin   Mathilde
v. Elsendorf   ∞ Luitbirga

               Otto I. † 1037   Babo II.   Adelheid v. Kühbach/Wittelsbach
               ∞ Juta   v. Abensberg   Äbtissin, 1115

               Otto I. v. Scheyern   Berthold   Arnulf III.
               ∞ um 1050 Haziga   v. Burgeck   v. Dachau

Eckhard I.   Bernhard I.   Otto III.   Konrad I.   Arnulf IV.   Friedrich I.   Otto v. Valley

Ulrich I.   Otto V.   Eckhard III.   Otto IV.   Eckhard II.   Bernhard II.

* nach P. Laurentius Hanser, Scheyern einst und jetzt

II Stammtafel der Luitpoldinger/Wittelsbacher*

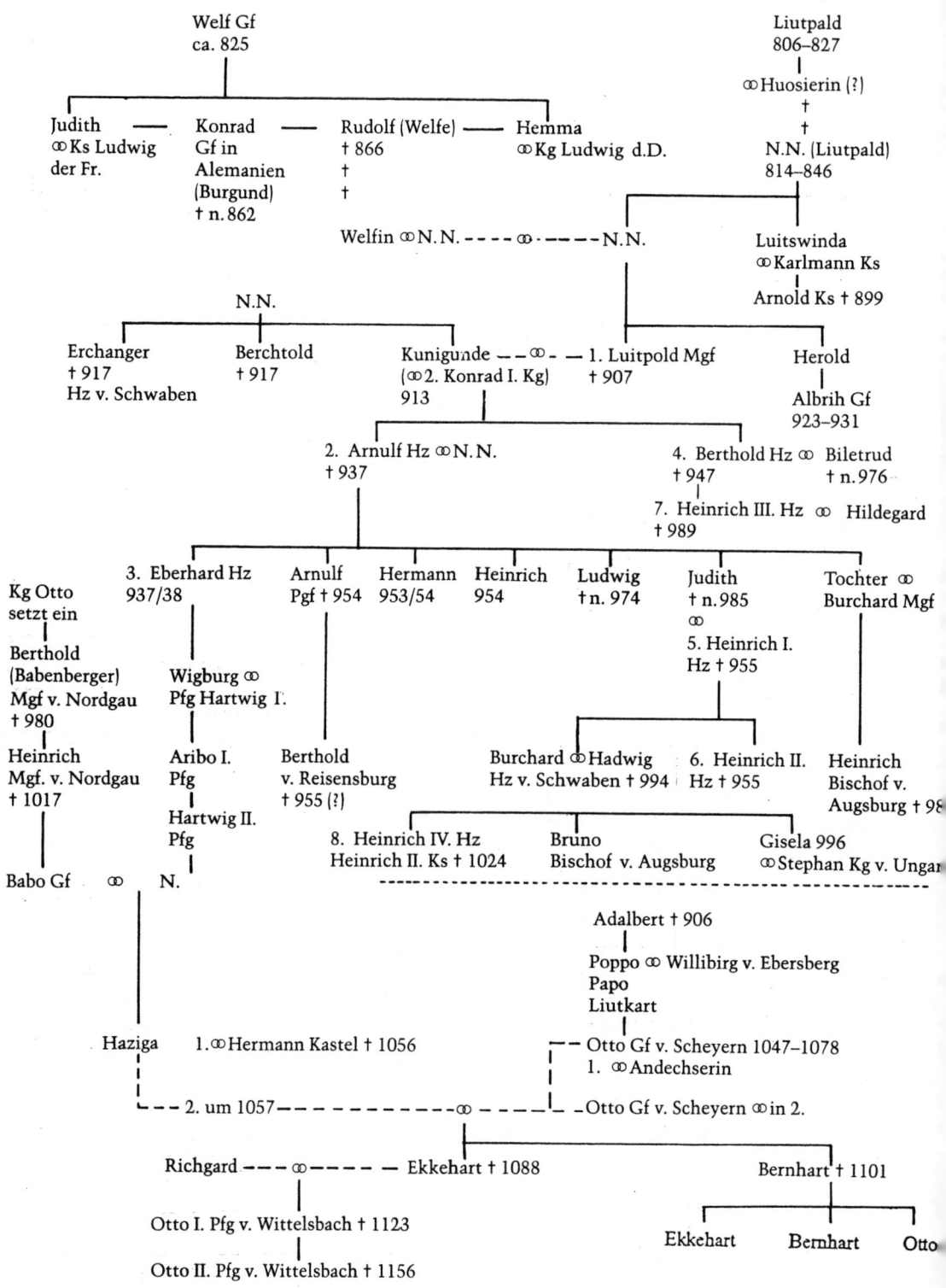

III Stammtafel der Grafen von Scheyern, Dachau und Wittelsbach *

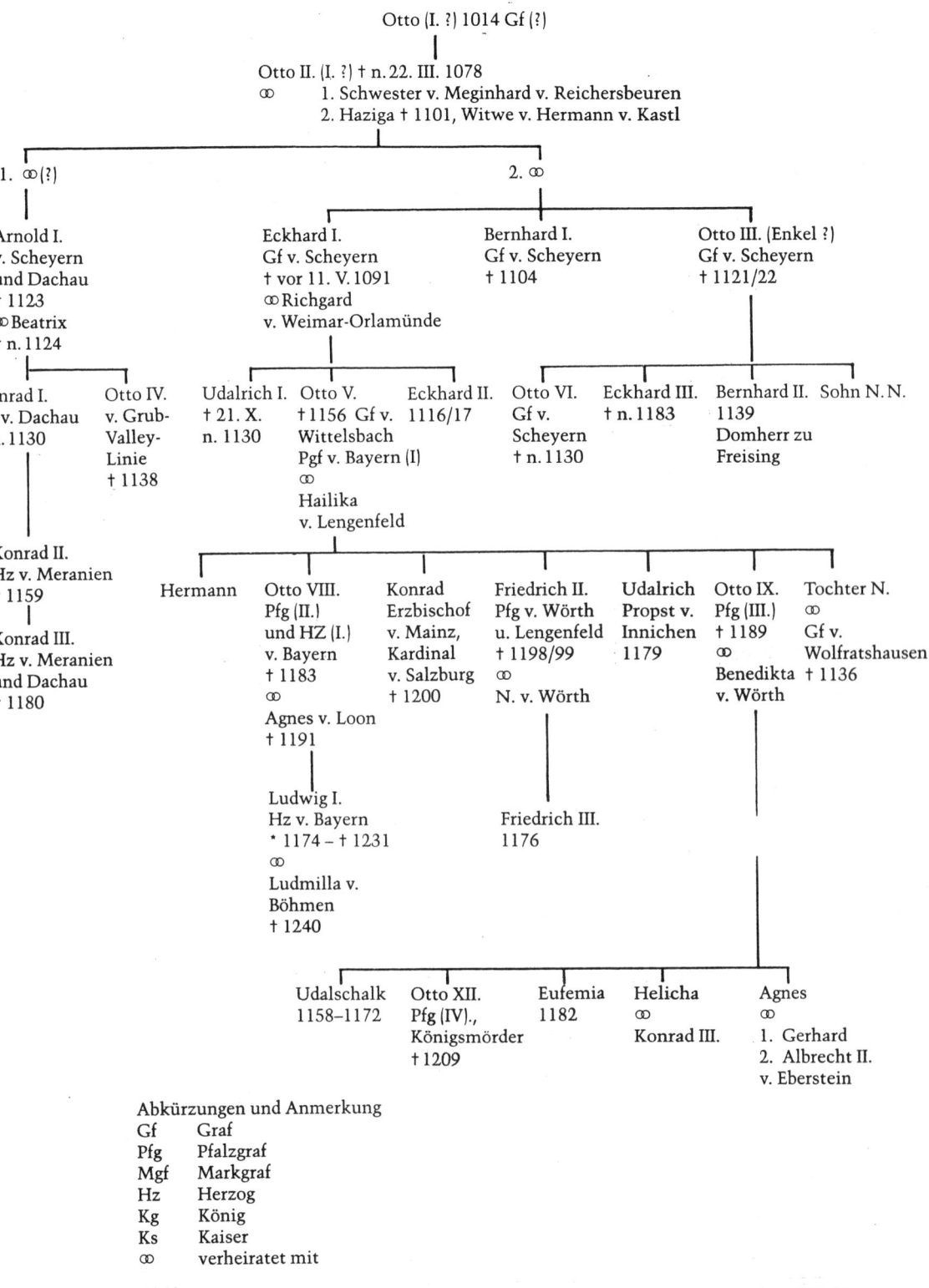

Otto (I. ?) 1014 Gf (?)

Otto II. (I. ?) † n. 22. III. 1078
∞ 1. Schwester v. Meginhard v. Reichersbeuren
2. Haziga † 1101, Witwe v. Hermann v. Kastl

1. ∞ (?)

2. ∞

Arnold I.
v. Scheyern
und Dachau
† 1123
∞ Beatrix
† n. 1124

Eckhard I.
Gf v. Scheyern
† vor 11. V. 1091
∞ Richgard
v. Weimar-Orlamünde

Bernhard I.
Gf v. Scheyern
† 1104

Otto III. (Enkel ?)
Gf v. Scheyern
† 1121/22

onrad I.
v. Dachau
n. 1130

Otto IV.
v. Grub-
Valley-
Linie
† 1138

Udalrich I.
† 21. X.
n. 1130

Otto V.
† 1156 Gf v.
Wittelsbach
Pgf v. Bayern (I)
∞
Hailika
v. Lengenfeld

Eckhard II.
1116/17

Otto VI.
Gf v.
Scheyern
† n. 1130

Eckhard III.
† n. 1183

Bernhard II.
1139
Domherr zu
Freising

Sohn N. N.

Konrad II.
Hz v. Meranien
† 1159

Konrad III.
Hz v. Meranien
und Dachau
† 1180

Hermann

Otto VIII.
Pfg (II.)
und HZ (I.)
v. Bayern
† 1183
∞
Agnes v. Loon
† 1191

Konrad
Erzbischof
v. Mainz,
Kardinal
v. Salzburg
† 1200

Friedrich II.
Pfg v. Wörth
u. Lengenfeld
† 1198/99
∞
N. v. Wörth

Udalrich
Propst v.
Innichen
1179

Otto IX.
Pfg (III.)
† 1189
∞
Benedikta
v. Wörth

Tochter N.
∞
Gf v.
Wolfratshausen
† 1136

Ludwig I.
Hz v. Bayern
* 1174 – † 1231
∞
Ludmilla v.
Böhmen
† 1240

Friedrich III.
1176

Udalschalk
1158–1172

Otto XII.
Pfg (IV).,
Königsmörder
† 1209

Eufemia
1182

Helicha
∞
Konrad III.

Agnes
∞
1. Gerhard
2. Albrecht II.
v. Eberstein

Abkürzungen und Anmerkung
Gf   Graf
Pfg   Pfalzgraf
Mgf   Markgraf
Hz   Herzog
Kg   König
Ks   Kaiser
∞   verheiratet mit

Zu II   1–8: ist die Reihenfolge der Herzöge

* nach K. Trotter

IV Frühgeschichtliche Überlieferungen

Scheyern ist älter als sichere Urkunden es belegen können. Alle Hinweise deuten auf ein hohes Alter. Leider fehlt die Geburtsurkunde. Aber alle Historiker, die sich mit der Geschichte von Scheyern näher befassen, setzen voraus, daß der Ort weit ins 8. wenn nicht gar 6. Jahrhundert zurückreicht. So setzt bereits Aventin einfach die Jahreszahl 508 fest, ohne sie näher zu begründen. Selbst bei Sagen und Legenden findet sich fast immer ein historischer Kern.

König Scheier – die Skiren

Aventin leitet in seiner »Bayerischen Chronik« den Namen *Scheyern* ab von einem König »Scheier oder Scheirer«, welcher »hundert Jar vor Christi Geburt bei uns regiert hat, davon etliche Römer meldung thun und nennen jn Scorio; hat hinder im gelassen ein alt groß ort, Geschlächt und beyrisch Volk und Herrschaft Scheyern genannt, von denen die Lateiner und Griechen schreiben, von denen auch hie ist die Gefürste freye Grafschaft und beyrisch Pfalz, so nun ein Kloster ist, Scheirn« (Aventin, Bayer. Chronik, I, 519, 524ff, 530, II, 348).
Mit Recht betont hier P. Laurentius Hanser, daß ein Zusammenhang mit dem Ort Scheyern und einem Sciro nicht mit Sicherheit nachzuweisen ist. Die nächstliegende Herleitung ist die von dem Volksstamm der *Skiren*, wie es die meisten Geschichtsschreiber annehmen, die sich damit näher befassen. Dies legt schon der ursprüngliche Name »ad Scirun« – zu den Skiren – nahe, was auf eine Mehrzahl von Personen hindeutet (siehe S. 15).

König Attila

Im Zusammenhang mit dem König der Skiren, Odoaker, steht wohl auch die Sage mit dem König *Attila*. Danach habe der Hunnenkönig Etzel oder Attila († 453) in Scheyern Hof gehalten und liege daselbst in einem dreifachen Sarge, der innerste von Gold, begraben.[1]
Zur Sage selber bemerkt P. Laurentius, daß sie im Widerspruch steht mit sicheren geschichtlichen Kenntnissen. Unter Attila drangen die Hunnen bis nach Gallien vor, wo sie 451 auf den ›Katalaunischen Feldern‹, zwischen Troyes und Chalons sur Marne, entscheidend geschlagen wurden. Kurz darauf starb Attila in Ungarn. Der Vater von Odoaker war Edika, einer der Heerführer Attilas. Odoakers Mutter gehörte dem Stamm der Skiren an. Nach Attilas Tod wurde Edika König der Skiren an der mittleren Donau. Vielleicht klingt in der Sage die Vermutung durch, daß nach dem Tod von Odoaker, im Jahre 493, sich Nachfahren seines Geschlechtes oder Attilas in Scheyern niedergelassen haben und dort auch begraben wurden.

[1] Abt Metzenleitner erwähnte einmal die Sage ohne genauere Quellenangabe.

Anfänge des Christentums

In der statistischen Beschreibung des Erzbistums München-Freising von Mayer-Westermayer III, 39, heißt es: »Das Christentum und die erste Kultur des Landes ging in dieser Gegend allem Anschein nach von den beiden Zellen, Finkenzell bei Gerolsbach und Zell bei Scheyern aus; nachdem sie in Verfall geraten waren, setzte das ehrwürdige Münster an der Ilm ihre große Mission fort.«

P. Laurentius schreibt dazu: »Tatsächlich knüpft sich an das steinerne Wasserbecken in der 1869 neugebauten Kapelle des Weilers Zell die Überlieferung, es stamme von einem alten Taufstein... Am 22. Juli 1851 entdeckte man bei Anlegung eines Ziegelstadels sieben menschliche Skelette, das Gesicht nach Osten gewendet, was auf Christen schließen läßt. Zu beachten bleibt aber immerhin, daß der nicht seltene Ortsname Zell nicht in allen Fällen der Zelle eines Eremiten oder gar eines Glaubensboten seinen Ursprung verdankt, sondern vielleicht ebenso oft dem Ökonomiegut (cella) eines Klosters. Man könnte in unserem Falle an das Benediktinerkloster Münchsmünster denken...«

P. Laurentius berücksichtigt hier nicht, daß die beiden Höfe von Zell bei Scheyern zur Dompropstei Freising gehörten. Ein Einfluß von Münchsmünster in unserer Gegend ist jedoch durchaus anzunehmen. Im »Buch der Übergaben« (Liber traditionum) des Klosters Münchsmünster werden – um 950 – »Ad Scirun« Eigenleute genannt. Hier ist mit »Ad Scirum« wohl Mitterscheyern und Niederscheyern gemeint. Das jetzige Dorf Scheyern bestand damals nur aus 3 oder 4 Anwesen und nannte sich »Hag«.

Ob die Missionstätigkeit des hl. Korbinian sich auch auf Scheyern erstreckte, ist nicht bekannt.

Graf Embrico von Scheuren in der Schlacht im Feilenforst (um 714–741)

In der Chronik der Truchsessen von Waldburg des Augsburger Domherrn Leonhard von Pappenheim, Memmingen, Valentin Mayer, 1777, findet sich auf S. 10 der Hinweis:

»Bei Sanct Emmeram zu Regensburg in einer alten Chronik wurde gefunden: Als Carl Martell der König das Land Bayern überzog, wurden diese nachgeschriebenen Grafen, Herren Ritter und Edlen am Feylenforst, nicht weit von Abensberg erschlagen: Grave Rath von Andechs, Grave Embrico von Scheuren, Grave Brauno von Hirsperg...«

Neuere Kommentare lehnen diesen Bericht als reine Sage ab, z.B.: F.L. Baumann in der Monatsschrift des Hist. Vereins von Oberbayern, 1898, S. 27. Indirekt ist jedoch diese Sage ein Hinweis, daß im allgemeinen Bewußtsein die Grafen von Scheyern als ein sehr altes Geschlecht galten.

Am 14. Juli 937 starb Herzog Arnulf, in der Geschichtsschreibung »der Böse« genannt, und wurde in St. Emmeram in Regensburg begraben, wo noch heute sein Grabmal zu finden ist, eine einfache Grabplatte mit der Aufschrift »Arnoldus dux« (Herzog Arnulf).

In der »Tabula perantiqua Schirensis« findet sich die Bemerkung: »Herzog Arnold verdarb Bistümer und Klöster und tat viel Übles. Sanct Ulrich hat ihn zwar aus der Taufe gehoben, aber die Taufe half an ihm nicht; er beging viele Übeltaten. Der gleiche mannhafte Arnold gab seine Tochter Adelheid dem Herzog von Sachsen zur Frau; und sie hatte von ihm bei seinem Tod drei Kinder: Heinrich, Bruno sowie eine Tochter namens Gisela. Hierauf starb Arnold zu Regensburg jämmerlich und wurde vom Teufel nach Scheyern ins Röhricht geführt...«

Hier ist zu bemerken, daß die Tochter des Herzogs Arnulf Judith hieß. Auch ist die Generation mit Heinrich II. dem Zänker (†995) übersprungen. Ob tatsächlich der hl. Ulrich den Herzog Arnulf aus der Taufe gehoben hat, ist unwahrscheinlich. Bemerkenswert ist die Sage, daß der Teufel den Herzog nach Scheyern ins Röhricht geführt habe. Der Weiher heißt heute noch der »Teufelsweiher«.

Auch *Aventin* erwähnt diese Sage: Er schreibt in den Annalen von Scheyern unter der Jahreszahl 937: »A. 937. Der gottselige Ulrich, Bischof von Augusta Rhetia, und andere fromme und rechtschaffene Männer beschuldigen den Arnulph offen des Sakrilegs und der Gottlosigkeit. Ganz klar künden sie für einen vorher bestimmten Tag den gegenwärtigen Untergang an, wenn er sich nicht besinne und vom Unterfangen zurücktrete. Während nun Arnulf die Drohungen solcher Art als eitle Schreckgespenster der Priester und übliche Fabeleien verlacht und verachtet, haucht er plötzlich an dem vorher bestimmten Tag seine widerspenstige Seele aus. Er wird zu Regensburg in der Kirche des heiligen Emeran begraben. An seinem Grab habe ich folgendes Distichon eingeschrieben gelesen:

> Als Lebender war ich mächtig, tat was ich wollte,
> Nun bin ich ein Nichts unter der Erde,
> so wird es jedem Menschen ergehen.

---

3   *Die frühen bayerischen Herrscher Arnulf Graf von Lengenfeld †891, Luitbald Graf von Lengenfeld †907, Arnulf dem Bösen †937, Pfalzgraf Arnulf †954 und Pfalzgraf Berthold †982, aus dem 1715 erschienenen Prachtwerk für Kurfürst Max Emanuel: Fortitudo Leonina utraque Fortuna Maximiliani Emanuelis ... Secundum Heroica Maiorum suorum Exempla Herculeis Laboribus Repraesentata Eidemque Post Felicissimum Suum Suorumque in Patriam Reditum Ab Universa Societatis Jesu per Superiorem Germaniam Provincia Dedicata (Löwengleiche Stärke in jeglicher schicksalhaften Herausforderung des Kurfürsten Max Emanuel ... nach den heroischen Beispielen seiner Ahnherrn in herkulischen Anstrengungen bewiesen und nach Seiner und der Seinigen glücklichen Rückkehr in die Heimat [aus den Türkenkriegen] dargebracht von der gesamten Oberdeutschen Provinz der Gesellschaft Jesu im Jahre 1715). Das Prachtwerk erhielt seine malerische Ausstattung durch Cosmas Damian Asam und durch Stiche zahlreicher Münchner und Augsburger Kupferstecher*

GLORIOSISS ET ANTIQUISS DOMUS BOIARICÆ
ORIGINARIÆ MAIORUM EFFIGIES A CAROLO MAGNO
USQUE AD OTHONEM MAGNUM WITELSPACHIUM

Es ist eine weitverbreitete Sage, daß der Leichnam [des Arnulf] von den Teufeln in den oberen Weiher bei Scheyern weggeführt wurde. Von diesen hat der Weiher bis heute den Namen erhalten und ist sprichwörtlich geworden...«

Exkommunikation der Scheyerer Grafen durch die heiligen Bischöfe Ulrich und Wolfgang

Bereits vorher war die Rede von Herzog Arnulf dem »Bösen«. Der Geschichtsschreiber *Aventin* bringt sehr ausführlich die tieferen Hintergründe. Er weiß auch zu berichten, daß nicht nur er, sondern auch andere Angehörige des Hauses zum schlechten Ruf beigetragen haben.

Auch *Konrad*, der Verfasser der Scheyerer Chronik, kann die Ereignisse nicht ganz umgehen. Er schreibt in seiner Chronik:

»Kehren wir jetzt wieder zum Thema zurück. Als nun der Herr Bruno seligen Angedenkens in Usinhoven voll religiösen Eifers und auf glückliche Art an der Spitze stand, entschied man, den Hauptsitz des Klosters nach Schyren zu verlegen, weil der Ort allzu ungünstig lag und es an Wasser mangelte [siehe Bulle Calixts II., Lateran, 26. März 1123].

Die Schyrener Fürsten nämlich hatten sich, wie ja oben dargestellt ist, viel Schlimmes gegen Gott zu Schulden kommen lassen, und daher waren sowohl sie wie auch die Burg Schyren mit all ihrem Zubehör vom hl. Oudalrich und vom hl. Wolfgang mit der Exkommunikation belegt worden.

Am Ende aber verzichteten ihre Nachkommen auf göttliche Eingebung hin einstimmig auf den Ort und das Erbe; denn die Gräfin Beatrix[2] und ihre Söhne, die Grafen Chounrad und Otto von Dachaw, übertrugen es ebenso wie Pfalzgraf Otto[3], seine Vettern Otto[4], Pernhard[5] und Ekkehard[6] und fünf andere Grafen[7] bei der Stiftung des Klosters Schyren zur Zeit des Papstes Kallist, des zweiten dieses Namens, durch die Hand ihres Eidhelfers an den Altar des hl. Apostelfürsten Petrus zu Rom, wobei sie viele Lehen und Güter großherzig dreingaben.«

Der Bericht des Aventin

»907. Das ungarische Volk [welches damals noch heidnisch und fern von der christlichen Frömmigkeit war, aber kurz zuvor aus Skytien herausgezogen war und sich in unseren Gebieten neue Besitzungen erstellt hat] hat Lipold, den Herzog der Bayern, vom Geschlecht der Franken, den Salzburger Erzbischof Theodomar, den Freisinger Bischof Oto und Zacharias, den Bischof von Säben [Brixen] in einer Schlacht geschlagen und niedergemetzelt.

Ich finde, daß dieser nach dem Kaiser Arnulf in Bayern regiert hat. Er hinter-

---

[2] Frau Arnolds I., Grafen von Dachau;
[3] Otto V., Pfalzgraf von Wittelsbach;
[4] Otto IV., Graf von Scheyern;
[5] Pernhard II. Graf von Scheyern;

[6] Ekkehard II., Graf von Scheyern;
[7] Dieses ist von Konrad unpassend zusammengestellt; die »fünf Grafen« sind bereits genannt.

ließ zwei Söhne, Arnulf und Berthold. Mehr habe ich, wenn ich nicht lügen will, nicht gelesen.«

Arnulf und Berthold verweigern dem Kaiser Konrad die Gefolgschaft

»911. Ludwig III., der Sohn der legitimen Frau des Kaisers Arnulf, scheidet ohne Kinder aus dem Leben. Mit ihm erlischt die Familie von Karl dem Großen bei den Deutschen. Es wird erkoren und als Kaiser gewählt Konrad I. Hesso, ein dem königlichen Geschlecht Fremder. Deshalb entziehen sich Herzog Arnulf und sein Bruder Berthold seiner Herrschaft und weigern sich ihm zu gehorchen.

Das gleiche tun auch mehrere andere, so Burchard, der Herzog der Schwaben, und Heinrich der Herrscher der Sachsen, der nach Konrad die Macht erlangte.«

»916. Am 21. September [XII Cal. Octobris] findet in Regensburg eine Versammlung der Fürsten und Bischöfe statt. Arnulf und sein Bruder Berthold werden durch den heiligen Schwur aller Priester mit diesen heiligen Worten verwünscht: Wenn Arnulf und Berthold das göttliche und menschliche Recht verachten und sich gegen ihren Herrn, den Kaiser Konrad, den gottesfürchtigsten und christlichsten Fürsten verschworen haben, sollen sie auf ewig des Verbrechens des Landesverrats und der Majestätsbeleidigung schuldig und mit schrecklichen Strafen behaftet werden. Kein Opfer soll die schreckliche Verwünschung auslöschen, kein Sündopfer soll sie tilgen. Mit dem Verräter Judas sollen sie in der Hölle mit der Folterung des ewigen Feuers unablässig gepeinigt werden. Arnulf wird mit seinem Bruder, der Frau und den Kindern aus Bayern vertrieben. Als Flüchtling versteckt er sich bei den Ungarn bis zum Tode von Konrad.«

Arnulfs Kampf gegen Kaiser Heinrich I.

»920. Als Arnulf vom Tod des Kaisers Konrad erfuhr, kehrt er mit den Seinen nach Bayern zurück. Auf den Rat von einigen Leuten plant er wieder neue Unternehmungen. Der Kaiser Heinrich I., ein Sachse, der dem Konrad auf den Thron gefolgt war, erhebt die Waffen gegen Bayern. Er unternimmt es, den Arnulf in Regensburg zu belagern und ihn aufs neue aus Bayern zu vertreiben. Aber mit Hilfe der Freunde kommt ein Friede zustande.

Unsere Kaiser haben zu jener Zeit alle geistlichen Vorsteher, alle Bischöfe, auch den Römischen Bischof bestellt und bestätigt [wie wir es im päpstlichen Recht und in den Dekreten der Väter, geschrieben in der Bestimmung LXIII, lesen]. Wenn ein Vorsteher aus dem Leben geschieden war, wurde der Krummstab [d.h. der Bischofstab] und der Ring auf den Hof zum Kaiser geschickt. Wem der Kaiser diese übergab, der wurde als Vorsteher des heiligen Ortes gehalten, und er war es auch.

Deshalb haben die berühmtesten und auch Fremde, angelockt durch diesen

Vogelfang über Gebühr den kaiserlichen Hof aufgesucht. Ohne jegliches Einkommen gehorchten sie in allem, über die Maßen, dem kaiserlichen Wort. Diese Vollmacht, die geistlichen Vorsteher zu bestimmen, übergab und übertrug der Kaiser Heinrich dem Arnulf. Arnulf aber hat seine Tochter Judith, oder Geuta, dem Heinrich, dem Sohn des Kaisers Heinrich, verlobt. Sein Bruder Berthold wird als Vorsteher der Präfektur Venustis, jetzt eine Grafschaft in Tirol, eingesetzt. Der Name der Bayern war nämlich damals sehr weit verbreitet. Es wurde im Osten von Ungarn, im Süden von Italien begrenzt. Es enthielt die Erzbistümer Enns und Salzburg und die Bistümer Eichstätt, Regensburg, Passau, Freising und Brixen.«

Arnulf mißbraucht die Klöster im Kampf gegen die Ungarn

»Die Ungarn waren in jener Zeit, wie ich schon sagte, noch heidnisch, und unternahmen häufig einen Einfall in die Gebiete der Bayern, und entvölkerten und verwüsteten das Gebiet mit Feuer, Schwert und Beutemacherei. Die Frauen und die Jungfrauen führten sie, an den Haaren zusammengebunden, mit den Kindern als Gefangene ab. Sie tranken das Blut der Getöteten, raubten die Kirchen aus und zündeten sie an. Jeder erwartete nur in sehr befestigten Orten die Ankunft der Ungarn.

Arnulf also, da er öfters von den Ungarn bedrängt wurde und da er nichts hatte, woher er den Soldaten den Sold geben konnte, beriet und beratschlagte sich mit den Vornehmen. Diese behaupteten ernstlich, daß die Mönche aus vielen Gründen so viel nicht nötig hätten.

Wenn dann irgendein Abt starb, übergab er das Kloster irgendeinem der Ersten zu treuen Händen, der den Mönchen nur das Nötigste für ihr Ordensleben an Lebensunterhalt und Kleidung gewährte. Was jedoch überflüssig erschien, nahm er für den Sold der Soldaten; so sind die Charaktereigenschaften und Sitten der Edlen. Auf diese Art und Weise wurden die meisten Klöster in größte Not und Hilflosigkeit gestürzt.«

Der plötzliche Tod des Herzogs Arnulf

»937.« Unter dieser Jahreszahl bringt Aventin den Bericht über den plötzlichen Tod des Herzogs Arnulf ›des Bösen‹ (siehe S. 32). Dann fügt er hinzu: Eberhard und seine Brüder bemächtigen sich sofort nach dem Tod des Vaters des Herzogtums Bayern. Sie verachten den Kaiser Otto den Großen, weigern sich, ihm zu gehorchen, und verschwören sich mit Ludwig dem König der Franken, und verbünden sich mit ihm. Auch der Bruder Heinrich, der Herzog Gisalbert von Lothringen, der Gemahl der Schwester Gerbirgis, und Eberhard, der Herrscher der Franken, hatten sich gegen Otto verschworen.

Es gibt einen Brief an jenen Herzog Eberhard von Bayern, des Papstes Leo VII., in welchem er ihm Gerhard, den Erzbischof von Lorsch, empfiehlt. Wie ich bereits gesagt habe, hat Heinrich, der Bruder des Kaisers, die Judith als Gemahlin heimgeführt.«

»938. Kaiser Otto der Große dringt mit einer bewaffneten Streitmacht in Bayern ein, nimmt den Herzog Eberhard gefangen und schickt ihn ins Exil. Seine beiden jüngeren Brüder Arnulf und Hermann degradiert er und versetzt sie in den Stand von Pfalzgrafen. Dies war damals die zweitnächste Würde nach dem Herzog.

Die Alten nannten diese: Präfekten für das Hauptquartier und für den Hof und Lehrmeister der Ritter; die Deutschen nennen sie für gewöhnlich Marschalken, das heißt die Vorsteher des Hauses und Hofes, und Landgrafen, das heißt Pfalzgrafen. Denn in der deutschen Sprache bedeutet ›sala‹ und ›palatium‹ den Hof.*

Der Kaiser Otto befiehlt, daß diese, nämlich Arnulf und Hermann, und ihre Nachkommen ›Vögte‹ seien, das heißt, damit ich deutsch-griechisch spreche, ›Herbeigerufene‹ und Patrone des Bistums Freising. Denn zu jener Zeit haben die Priester die Verwaltung und Sorge des Vermögens, weil sie dies geringschätzten und für nicht standesgemäß hielten, irgendeinem Grafen übertragen. Im Laufe der Zeit haben die Priester diese Art von Unterdrückung der Vögte und Patrone als eine ungewöhnliche Last zurückgewiesen und sich selber einen neuen Verwalter erkoren, den sie Propst nannten.

Dieser Arnulf hat den Berg von Scheyern mit Mauern umschlossen, und hat für sich und seine Nachkommen einen königlichen Sitz errichtet. Von da an wurden sie in Zukunft Scheyerer Grafen genannt.

Nachdem der Kaiser Otto so die Angelegenheiten in Bayern geregelt hatte, überträgt er Bayern dem Berthold, dem Bruder des verstorbenen Arnulf, des Oheims der Grafen von Scheyern, einem sehr heftigen Verteidiger seiner Anteile. Obwohl der obere Gisalbert von den Kaiserlichen im Rhein versenkt wurde, bietet er seine Schwester, dessen Witwe – mit Namen Gerbirga – oder die Tochter der Gerbirga, seine Nichte, dem Berthold zur Ehe an. Er gibt die freie Wahl, welche von beiden er lieber heiraten will, die Mutter oder die Tochter. Berthold erwählt die Tochter als die jüngere zur Frau. Die Mutter Gerbirga wird dem Ludwig, König der Franken, zur Ehe gegeben.«

Heinrich I. (†955), verheiratet mit Judith, wird Herzog von Bayern

»947. Berthold, der Herzog von Bayern, der Bruder des Herzogs Arnulf und Oheims des Grafen Arnulf von Scheyern, scheidet aus diesem Leben ohne Kinder. Der Kaiser Otto überträgt auf Bitten seiner Mutter, der seligen Mathild, das Herzogtum Bayern seinem Bruder Heinrich und dessen Gemahlin Judith, einer Tochter des Herzogs Arnulf und einer Schwester der Grafen von Scheyern. Diese war eine sehr schöne und außerordentlich kluge Frau, und hat das Kloster der heiligen Jungfrau in Nieder-Regensburg errichtet. Dort

---

* Aventin leitet »Merosalicos« (= Marschalk) ab von »maiores domus salaeque«; tatsächlich kommt Marschalk von »marah«-»schalk«; marah = Pferd (Mähre), schalk = Hausmeister, also »Marschalk« = Pferde-Betreuer.

wird ihr Grab gezeigt; aber man nennt sie in unserer Sprache Geuta. Sie ist die Großmutter des seligen Römischen Kaisers Heinrich II., der das Bistum Bamberg errichtet hat.«

Pfalzgraf Arnulf (II.) empört sich und wird getötet

»953. Der Kaiser Otto umschließt Mainz, den Zufluchtsort der Feinde, mit einem sehr engen Belagerungsring. Sein Bruder Heinrich, der Herzog der Bayern, kommt dem Kaiser zu Hilfe. Der Graf Arnulf von Scheyern, im Schmerz, weil man ihm das großväterliche und väterliche Herzogtum Bayern geraubt hat, ergreift die Gelegenheit und stachelt erneut die Bayern zum Abfall auf, er belagert die Stadt Regensburg und vertreibt seine Schwester Judith, die Gemahlin des Heinrich, mit ihren Kindern aus der Stadt. Seine Schätze verteilt er unter das Volk, damit er sich die Herzen des Pöbels gewinne, im Vertrauen auf die Unterstützung und Hilfe von Litholf, des Herzogs von Schwaben, des Sohnes des Kaisers Otto, der sich damals wegen der Schwiegermutter gegen den Vater verschworen hatte.

Gegen den heiligen Bischof Ulrich, einen heftigen Verteidiger der Partei Ottos, bewegt er ein Heer, nimmt die Stadt Augsburg im ersten Ansturm und erlaubt den Soldaten sie zu plündern, er führt die Schutztruppen des Ulrich gefangen fort und schließt den heiligen Ulrich in Menching durch eine Belagerung ein. Der Oheim Albert und Theobald, der Bruder von Ulrich, Grafen von Dillingen, bringen Hilfstruppen auf und eilen dem Belagerten zu Hilfe. Es entsteht ein grausamer Kampf, der Scheyrer Hermann, der Bruder des Arnulf, wird gefangen genommen, der Oheim des Ulrich, Albert, wird im Kampf getötet. Arnulf wird schließlich gezwungen, die Belagerung aufzulösen, und entflieht schändlich nach Regensburg und bittet den Litholf zu Gast. Der heilige Ulrich läßt den Oheim nach Augsburg bringen; in der Kirche der jungfräulichen Gottesmutter wird er vor dem Altar der heiligen Walburga begraben.

Als der Kaiser die Nachricht davon erhält, läßt er von der Belagerung von Mainz ab und zieht mit allen Truppen nach Bayern. In der Stadt Regensburg umschließt er den Sohn Litholph und den Arnulf mit Wall und Truppen, damit kein Ausgang offenstehe. Vergeblich ermüdet er die Stadt bis Weihnachten.

Er löst die Belagerung auf und begibt sich nach Sachsen, wo er Weihnachten feiert. In der Fastenzeit kehrt er wieder zur Belagerung der Stadt Regensburg mit stärkeren Truppen und mit größerer Macht zurück. Täglich entstehen vor den Toren der Stadt aufregende Kämpfe, bis schließlich vor dem Osttor der tapfer kämpfende Graf Arnulf von einem gewissen Gereon getötet wird. Als die Bayern das hören, ergeben sie sich, in der Seele erschüttert über den toten Arnulf, für den sie gekämpft hatten. Auch die Stadt Regensburg ergibt sich dem Otto, Litholph wird, durch Vermittlung des heiligen Ulrich und des Erzbischofs Albert von Lorsch, mit dem Vater Otto versöhnt. Heinrich wird wieder in das Herzogtum eingesetzt.«

»955. Die Ungarn dringen, unter Leitung und Veranlassung des Grafen Wernher, des Sohnes des getöteten Grafen Arnulf von Scheyern, mit unzähligen Truppen bis Augsburg vor und lagern sich auf dem Lechfeld. Sie drohen mit ihrer Masse alles zu verzehren. Otto der Große, der damals zur Zähmung der Slaven längere Zeit abwesend war, ist wider Erwarten der Feinde plötzlich anwesend. Er schließt die Ungarn von allen Seiten mit den deutschen Truppen ein, damit keine Möglichkeit zu entfliehen ist. Die Ungarn im Anblick dessen, daß sie von Wernher zum gegenwärtigen Tod herbeigeführt wurden, metzeln ihn als einen Verräter nieder. Am 10. August entbrennt eine fürchterliche Schlacht. Die Ungarn werden fast bis zu ihrem Untergang vernichtet. Zwei Könige, Lelius und Syrius, werden mit fünf Anführern zu Regensburg ans Kreuz geheftet. Der übrige Haufen wird gefangen in das Gebiet von Ebersberg geführt [dessen Graf Eberhard hat in diesem Krieg beste Hilfe geleistet] und lebend in einen Graben geworfen und mit Erde zugedeckt. Aus unseren Reihen fiel Konrad, der Schwiegersohn des Kaisers, und Herzog von Worms.

Die Ungarn, die zu Hause übrig geblieben waren, geraten in Verzweiflung, nachdem sie von der vernichtenden Niederlage der ihrigen gehört hatten, und befestigen sich mit Wall und Spitzhaken gegen uns in sumpfigen Örtlichkeiten. Sie faßten danach im Herzen den Entschluß, nicht wieder in unsere Gebiete einzufallen, wie sie es vorher öfter gewohnt waren.

Das Gebiet des Grafen von Scheyern wurde teilweise eingezogen, und an geheiligte Gotteshäuser verteilt, teilweise den Erben mit der Burg in Scheyern zurückgelassen. In den Gemeinschaften aller Priester ist sie verflucht. Deshalb bekräftigt der Bischof Otto von Freising, der von den Österreichischen Fürsten abstammt – und weil niemand es gleichmütig erträgt, daß er seiner Ehre beraubt wird –, daß diese sehr fruchtbar sei an Tyrannen, so daß ihre Bosheit sprichwörtlich wurde.

Konrad von Scheyern, ein sehr sorgfältiger Mann, und auch andere überliefern, daß der obige Wernher nicht getötet wurde, sondern mit Hilfe des heiligen Hylderich entflohen sei.

Man schreibt ihm zwei Söhne zu, Otto den Ersten und Eckhard den Ersten. Ich finde, daß zur Zeit des Freisinger Bischofs Abraham die Grafen Pabo und Otto Vögte waren. Es waren nämlich, wie wir schon vorher sagten, die Grafen von Scheyern Vögte der Bischöfe von Freising. Dieser Bischof Abraham ist im Jahre Christi 994 gestorben.

Jener Graf Otto I. von Scheyern war unter Gotschalk und Augilobert Patron in Freising. Seine Gemahlin war Tuta, die ihm drei Söhne gebar, Otto II., Chonrad Graf von Valey und Arnold, oder Arnulf, Graf von Dachau.«

(Soweit der Bericht von Aventin)

Es war bereits mehrfach die Rede von den wechselhaften Beziehungen der Grafen von Scheyern mit den Ungarn. Auch die »Tabula perantiqua«, eine um 1400 entstandene Chronik, berichtet mehrmals darüber. Sie schreibt: »Dieser Arnold [Arnulf der Böse] vermachte das Herzogtum Bayern dem Sohn seiner Tochter, dem Herzog Heinrich von Sachsen, gegen den Willen seines Bruders, des Grafen Wernher von Scheyern. Obiger Heinrich war Herzog von Bayern und Sachsen und wurde auch zum Kaiser gewählt. Er war ein ganz reiner, heiliger Mann und liegt im Dom zu Bamberg, seiner Stiftung, begraben. Derselbe Heinrich hatte einen Bruder Bruno, der war Bischof von Augsburg und ein ganz wüster Mann. Man muß sich merken, daß Kaiser Heinrich seine Schwester Gisela dem König Stephan von Ungarn vermählte und die Hochzeit auf der Burg Scheyern beim Grafen Wernher stattfand, wo König Stephan auch getauft wurde. Hierbei waren Kaiser Heinrich und viele Landesherrn, Grafen, freie Ritter sowie Knechte zugegen, und danach sandten Kaiser Heinrich und auch die Grafen von Scheyern den hl. Ulrich zusammen mit Frau Gisela nach Ungarn, wo alle zum Christentum bekehrt wurden.«

Hier ist zu berichtigen: Der genannte Heinrich war Herzog Heinrich IV. und der spätere Kaiser Heinrich II. Er war nicht der Sohn der Tochter des Herzogs Arnulf, sondern ein Urenkel, der beim Tode von Arnulf noch gar nicht gelebt hat. Auch war er nur Herzog von Bayern.
Gemeint ist wohl der Bischof Adalbert von Prag; Bischof Ulrich war schon längst tot. Die genannte »Verlobung« fand um das Jahr 996 statt. In einer neueren Untersuchung (P. Dr. Konrad Szántó, Das Leben der seligen Gisela, der ersten Königin von Ungarn, S. 42) schreibt der Verfasser: »Wenn auch die Ehe mit großer Wahrscheinlichkeit nicht hier [in Scheyern] sondern in Regensburg geschlossen wurde, kann als Grundlage für die Tradition angenommen werden, daß vielleicht unter Mithilfe des hl. Adalbert die Verlobung hier [in Scheyern] 995 oder zu Beginn 996 stattfand.«
Ungarn und Bayern grenzten damals noch unmittelbar aneinander, weil Österreich bis 1156 als Ostmark einen Teil des bayerischen Herzogtums bildete. Zwischen Ungarn und Scheyern bestanden, wie bereits mehrmals angedeutet, schon seit Beginn des 10. Jahrhunderts engere Beziehungen.
Ungarische Fürstentöchter wurden in Scheyern getauft und getraut, während Angehörige des Schyrenhauses in den politischen Stürmen jener Zeit wiederholt zu den Ungarn flüchteten und ihnen Dienste erwiesen, selbst mit Verrat des eigenen Kaisers, wie 955 auf dem Lechfeld.
Auch Stephans Gemahlin *Gisela*, gestorben im hohen Alter als Äbtissin von Niederburg in Passau, stammte durch ihre Großmutter Judith, die Tochter Herzog Arnulfs I., aus dem Geschlecht der Schyren. Im Einvernehmen mit ihrem Bruder Heinrich dem Heiligen (Herzog Heinrich IV.) machte sie ihre Einwilligung zur Ehe davon abhängig, daß Stephan sich zuvor taufen ließ. Bischof *Adalbert* von Prag (982–997), der Freund und Berater Kaiser Ottos III.,

wirkte 994 und 995 mit großem Erfolg als Glaubensbote in Ungarn. Es ist mehr als wahrscheinlich, daß damals auch der Thronerbe Stephan, dessen Mutter Sarolta Christin war, von ihm unterrichtet und wohl auch getauft wurde. Nach Deutschland kam St. Adalbert auf seinen vielen Reisen öfters, zum letzten Mal 996, ein Jahr vor seinem Martertod in Preußen.

Interessant ist, daß König Stephan nach dem Tode Heinrichs des Heiligen (1024) für seinen Sohn *St. Emmerich* (= Heinrich) wegen dessen Abstammung von der bayerischen Herzogstochter Gisela die Belehnung mit Bayern verlangte. Als sein Begehren auf dem Regensburger Reichstag abgewiesen wurde, fiel er wiederholt in Bayern ein. Der Rachezug des Kaisers Konrad II. nach Ungarn (1030) nahm den jämmerlichsten Verlauf.

Stephan besetzte Wien, bot aber 1031 unbesiegt die Hand zum Frieden, als sein einziger Sohn Emmerich an dem für seine Königskrönung bestimmten Tage im Alter von 24 Jahren gestorben war. Vater und Sohn wurden 1083 mitsammen von Gregor VII. heiliggesprochen. König Stephan selber starb 1038.

Die Schyren als Kreuzfahrer – Eckhard der Bundschuh

Die genannte ›Tabula perantiqua‹ weiß über Graf Eckhard von Scheyern zu berichten:

»Graf Ekhart von Scheyern führte um das Herzogtum Bayern Krieg, und die Ungarn zogen mit ihm drei Stunden weit gegen das Reich. Dann wurde abgemacht, daß er das Herzogtum wieder erhalten und mit König Heinrich II. zusammen mit all den Seinigen zum Heiligen Grab fahren solle. Graf Ekhart führte sie dabei ganz ausgezeichnet, und das ganze Heer des Königs gelangte nach Konstantinopel, wo man übereinkam, zu Fuß zu ziehen; so gaben sie die Pferde weg. Was Wunder. Gar zu lang wäre es aber, den Grafen Ekhart auf dem Weg zu beschreiben.

Er trug zwei Bundschuhe mit rotem Riemen; daran erkannte ihn das ganze Heer. Wenn er sich nachts irgendwo niederlegte, steckte man dort einen Bundschuh auf; da legten sich dann viele Leute hinzu. Als der König ihn den Bundschuh in ein Panier machen ließ, da tat er dies.

Hierauf zog das Heer meist dem Bundschuh nach. Auch das Heilige Grab wurde unter dem Zeichen des Bundschuhs gestürmt und gewonnen. Man hieß ihn auch nicht anders als ›Herzog Bundschuh‹, und zum Gedächtnis daran, daß Jerusalem zu Fuß gewonnen wurde, sollten er und die Seinen den Bundschuh führen. Hilf denen, die deiner Hilfe bedürfen.«

Für die Herkunft dieses Berichtes gibt es nur einige Hinweise, die jedoch historisch noch geklärt werden müßten. Beim Grabmal der Dachauer Grafen im Kreuzgang des Klosters Scheyern ist ein Bundschuh dargestellt. Das jetzige Wappen der Stadt Dachau hat nur einen Sporn, der möglicherweise der Rest eines Bundschuhs sein könnte. Auf den Bildern im unteren Konventgang des Klosters Scheyern sind die Mönche Eckhard † 1131 und Konrad von Dachau † 1158 ebenfalls mit einem Bundschuh im Wappen dargestellt. In der

Scheyerer Johanneskirche befindet sich an der Chorempore ein langes Ge-
mälde, das den Grafen Eckhard zeigt, wie er den Bundschuh als Banner hoch-
hält. Auch eines der farbigen Fürstenbilder ist diesem »Kriegshelden« gewidmet. Es trägt die Inschrift: »Eckhards kriegerische Tapferkeit zeichnete Konrad III. mit diesem Zeichen in Jerusalem aus.«

Historisch ist gesichert, daß die Scheyerer Grafen und Herzöge sich mehrfach an Kreuzzügen beteiligt haben.

Die Geschichte von Scheyern kennt drei Eckharde, einen Sohn und zwei Enkel der Stifterin Haziga. Für den 1147–1149 stattgefundenen Kreuzzug von
Konrad III. kann nur einer der beiden Enkel in Frage kommen, entweder der
Sohn Eckhards I., oder – was wahrscheinlicher ist – der Sohn Ottos III., welcher nach 1183 als Mönch in Scheyern starb.

Die Söhne Hazigas zogen ins Heilige Land. Den Kreuzzug Gottfrieds von
Bouillon (1096–1099) scheint keiner derselben mitgemacht zu haben. Wohl
aber waren Eckhard I. und Bernhard I. wahrscheinlich im Gefolge des Bayern-
herzogs Welf I., der 1101 den ersten deutschen Kreuzzug nach Palästina
führte und auf dem Heimwege am 8. November auf Cypern starb. Auch Eckhard I. sah die Heimat nicht wieder, sondern starb 1101 im Morgenlande,
Bernhard I. dagegen 1103 oder 1104. Hazigas dritter Sohn Otto III. (oder Enkel?) zog zwischen 1116 und 1122 ins Gelobte Land und starb gleichfalls auf
der Pilgerfahrt.

Am oben erwähnten Kreuzzug Konrads III. beteiligten sich unter Herzog
Welf VI. von Hazigas Enkeln der Pfalzgraf Otto V. und sein gleichnamiger
Sohn (VI.), der spätere Herzog Otto I. (1180–1183).

Dessen jüngere Brüder, die Pfalzgrafen Otto VII. und Friedrich II., der spätere
Chorherr von Indersdorf, und deren Vetter, Herzog Konrad III. von Dachau,
begleiteten 1172 den Bayernherzog Heinrich XII. den Löwen auf seiner glänzenden Wallfahrt nach Jerusalem, die mehr einem Heereszug glich, da Heinrich XII. allein schon an 500 Reiter im Gefolge hatte. Pfalzgraf Friedrich II.
war bereits 1167 in Gesellschaft Welfs VI. dahin gepilgert.

An dem Kreuzzuge Friedrich Barbarossas, 1189–1190, scheint sich infolge der
Unmündigkeit Herzog Ludwigs I. und der Unruhen im Lande kein Wittelsbacher beteiligt zu haben. Ludwigs I. Oheim und Vormund, Erzbischof Konrad
von Mainz und Salzburg, zog noch am Abend seines Lebens in den Orient und
starb kurz nach seiner Rückkehr.

Herzog Ludwig I. nahm 1215 das Kreuz und führte 1221 als Stellvertreter Kaiser Friedrichs II. von Tarent aus ein Kreuzheer nach Damiette. Auch der damalige Abt Konrad I. von Scheyern (1205–1225) nahm das Kreuz, ließ sich
aber durch seinen Metropoliten, den Erzbischof von Salzburg, wieder von seinem Gelübde entbinden.

Ludwig der Strenge, 1253–1294, erhielt vom Papst als Buße für die Ermordung seiner Gemahlin Maria von Brabant (1256), entweder ein Kloster zu
gründen oder mit angemessenen Streitkräften dem Heiligen Lande zu Hilfe
zu kommen. Er gründete das Kloster Fürstenfeld.

Auch der Erwerb des *Kreuzpartikels* steht im Zusammenhang mit den Kreuzzügen. Es werden bereits enge Beziehungen zwischen den Kanonikern von Jerusalem und den Grafen von Dachau vorausgesetzt. Jedenfalls wurde ein Kanoniker Konrad mit dem Kreuzpartikel nach »Europa« geschickt und kam auf diese Weise nach Dachau.

Dort wurde ihm der Partikel von Herzog Konrad II. von Dachau-Meranien entwendet und versteckt. Bei der oben erwähnten Kreuzfahrt des Herzogs Heinrich des Löwen, im Jahre 1172, beteiligte sich auch Konrad III., der Sohn des genannten Konrad II. Bei dieser Gelegenheit traf Konrad III. auch den Patriarchen Heraklius. Letzterer bat ihn um die Rückgabe der verschollenen Kreuzreliquie. Bald darauf – 1180 – starb jedoch Herzog Konrad III., und so kam die Reliquie mit seiner Leiche endgültig nach Scheyern. Möglicherweise war sie schon vorher zeitweise in Scheyern verborgen.

Der Teufel bei der Klostergründung

In der ›Tabula perantiqua‹ ist noch ein teilweise legendärer Bericht über die Klostergründung enthalten:

»Als all die Grafen und Herzöge teilten, erhielt einer den Teil auf dem Nordgau, einer kam nach Wittelsbach, einer nach Valley, einer nach Andechs und einer nach Vohburg. Sie waren damals zusammen Teilhaber der Burg zu Scheyern, nach der sie sich alle schreiben, aber das Haus wollte niemand ausbessern oder bauen.

4   *»Closter Scheyern«. Ansicht der Benediktinerabtei und der ehem. Pfarrkirche des Dorfes aus Anton Wilhelm Ertls illustriertem »Kurbayerischem Atlas« (18. Jahrhundert)*

Da schickte Herzog Otto von Bayern zu all diesen Fürsten, die Mitbesitzer waren, und kam mit ihnen überein, ein Kloster daraus zu machen; deshalb gab ein jeder seinen Teil Unserer Lieben Frau, nur Herzog Arnold vermachte seinen Teil dem Teufel, warf einen Handschuh in die Höhe und sprach: ›Seht hin, Herr Teufel. Das Meine soll euch gehören.‹ Hierauf kam der Teufel und führte den Handschuh hinweg, so daß ihn kein Mensch mehr gesehen hat.

Seht, da nahmen die Herren alle, voran Beatrix und ihre Kinder, Herzog Otto und seine Frau Agnes, Konrad und Otto von Dachau, Pfalzgraf Otto von Wittelsbach sowie die eigentlichen Scheyrer Otto, Ekhart und Bernhard den Bau in Angriff; ihrer fünfzehn also stifteten miteinander das Kloster in Scheyern zu Ehren Unserer Lieben Frau, und sie wählten dort für sich ein ewiges Begräbnis. Dies geschah im Jahr 1024 nach Christi Geburt.«

Mit Ausnahme einiger Unkorrektheiten stimmen die angeführten Geschlechter. Vohburg kam erst 1204 und Andechs 1248 an die Wittelsbacher. Aber in den Chroniken ist nichts berichtet von einem Streit unter den Gründern des Klosters. Die Sage mit dem Handschuh dürfte entstanden sein durch eine Verwechslung der im 12. Jahrhundert lebenden Dachauer Arnulf III. und Arnulf IV. mit Arnulf I., dem »Bösen« (†937). Arnulf III. schenkte dem Kloster einen Teil des Scheyerer Forstes. Von seinem Sohn Arnulf IV. weiß man nur, daß er noch als Jüngling um 1024 im Schleißheimer Forst ermordet wurde. Sein treuer Hund brachte eine Hand des Toten auf das Schloß nach Dachau; dies führte so zur Entdeckung des Verbrechens.

Auf diese Sage, verbunden mit der Ermordung von Arnulf IV., spielt eines der Fürstenbilder an, das den abweisenden Grafen (Arnold) und im Türrahmen einen Hund darstellt.

Der hl. Bonifatius weiht in Scheyern eine Kirche

Nach der Scheyerer Handschrift »Mater verborum«, um das Jahr 1241 (Clm 17403, f. 238), hat der hl. Bonifatius, »Erzbischof von Mainz«, in Scheyern eine Kirche zu Ehren der Gottesmutter geweiht. Danach hätte die Vorläuferkirche der Pfarrkirche St. Martin schon vor der Klostergründung bestanden. Der hl. Bonifatius weilte um 746 in Altomünster und in der Umgebung. Diese Einweihung läge also durchaus im Bereich des Möglichen.

Wie alt ist Scheyern?

Am Schluß dieser »Geschichtlichen Überlieferung« ergibt sich nochmals die Frage nach dem Alter von Scheyern. Als Ergänzung zu den Ausführungen auf S. 13ff sei noch folgendes vermerkt:

1. Der ursprüngliche Name »ad Scyrun« weist hin auf eine Gründung durch die Skiren, die Anfang des 6. Jahrhunderts sich im Raum südlich von Regensburg angesiedelt haben. Die nahe beieinanderliegenden drei Orte »Scheyern«: Mitterscheyern, Niederscheyern und Scheyern, bestätigen ein hohes

SCHEVRN.

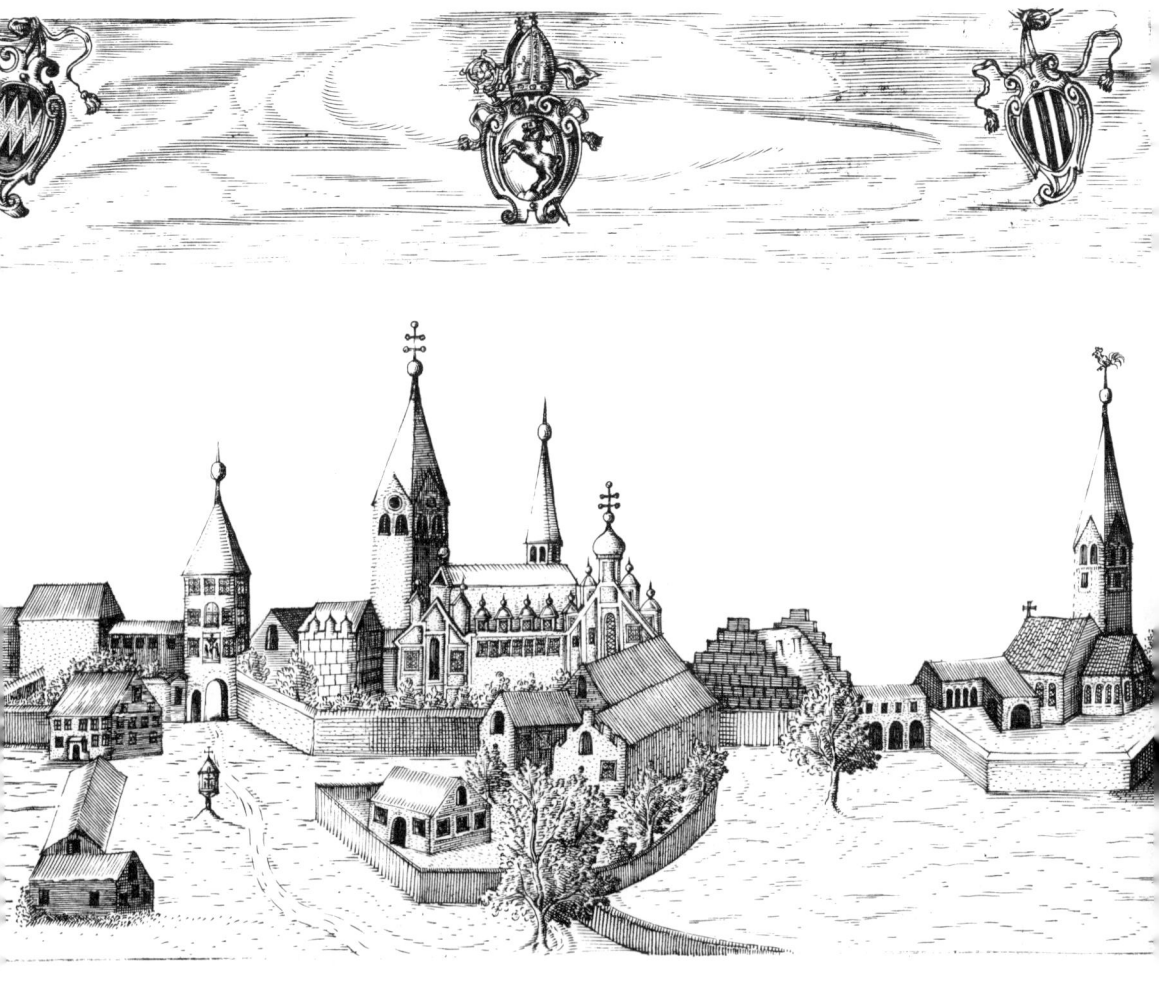

5 »Scheurn«. Das Kloster und seine einstige Pfarrkirche noch in gotischem Aussehen, gesto-
chen von einem Augsburger Stecher für das Sammelwerk des Benediktiners bei St. Ulrich
und Afra in Augsburg, P. Karl Stengel OSB: Monasteriologia, erschienen im Jahre 1619

Alter. Auch hat der Name keine Endung, was auf eine frühe Gründung weist.

2. Das Gebiet der jetzigen Pfarrei, früheren Hofmark, bzw. »Grafschaft« Scheyern, umfaßt fast lauter Ortschaften und Anwesen, die ehedem im Besitz der Schyren und ihrer Zweige waren, so z.B. Hauptstamm: »Nähernhag« (= Großenhag-Scheyern), Mitterscheyern, Schnatterbach; Ministeriale von Valley: Vieth; Dachauer Linie: Fernhag, Triefing; Berthold von Burgeck: Wolfsberg, Grainstetten. – Der Scheyerer Forst war ebenfalls Eigentum der einzelnen Linien der Schyren.

3. Das Gebiet der engeren »Grafschaft« Scheyern, der jetzigen Stamm-Pfarrei, besitzt nur eine einzige Kirche – außer Niederscheyern am Rande –, obwohl es sehr ausgedehnt ist. Im Vergleich zur Umgebung müßten auch in Vieth, Mitterscheyern, Triefing, Wolfsberg, Habertshausen und Winden sich Kirchen befinden. Dies deutet auf ein sehr altes geschlossenes kirchliches Gebiet hin, das älter ist als die Kirchen der Umgebung. Die Kirchen von Gerolsbach und Ilmmünster gehen auf die Mitte des 8. Jahrhunderts zurück.

4. Der Chronist Konrad und mit ihm alle anderen Chronisten berichten einfach: »Die *Schyrener* Fürsten hatten sich viel Schlimmes zuschulden kommen lassen, und daher waren sowohl der *Ort* wie auch die *Burg* Schyren vom hl. Ulrich und hl. Wolfgang mit der Exkommunikation belegt worden.« Scheyern galt als die »*Stammburg*«, obwohl die Übeltäter sich meist auswärts aufgehalten haben. Diese Stammburg muß also zur Zeit des Herzogs Arnulf (vor 937) schon lange bestanden haben. Darum bemerkt auch der Chronist Konrad, daß die Gräfin Haziga von dem »edlen und *alten* Geschlecht der Fürsten von der *Burg Schyren* stammt« (Chronik, Nr. 3).

5. Da die »Grafschaft« Scheyern ein sehr altes, religiös geschlossenes Gebiet ist, hatte die einzige Pfarrkirche eine besondere Bedeutung. Es ist also durchaus möglich, daß diese bereits vom hl. Bonifatius zu Ehren der Gottesmutter eingeweiht wurde. Dieser weilte um 746 in der Umgebung von Scheyern. Darum nennt auch Hilble im »Historischen Ortsnamenbuch« für den Landkreis Pfaffenhofen bei den »Erstnennungen« (S. 41) Scheyern mit der Jahreszahl »vor 754« als ersten Ort des Landkreises.

Abkürzungen und Anmerkung
Gf   Graf
Pfg   Pfalzgraf
Mgf   Markgraf
Hz   Herzog
Kg   König
Ks   Kaiser
∞   verheiratet mit

Zu IV   Diese Genealogie ist sehr umstritten (s. S. 18)

IV Stammtafel der Schyren-Wittelsbacher von Theodo (508) bis Otto V. der Große († 1183)*

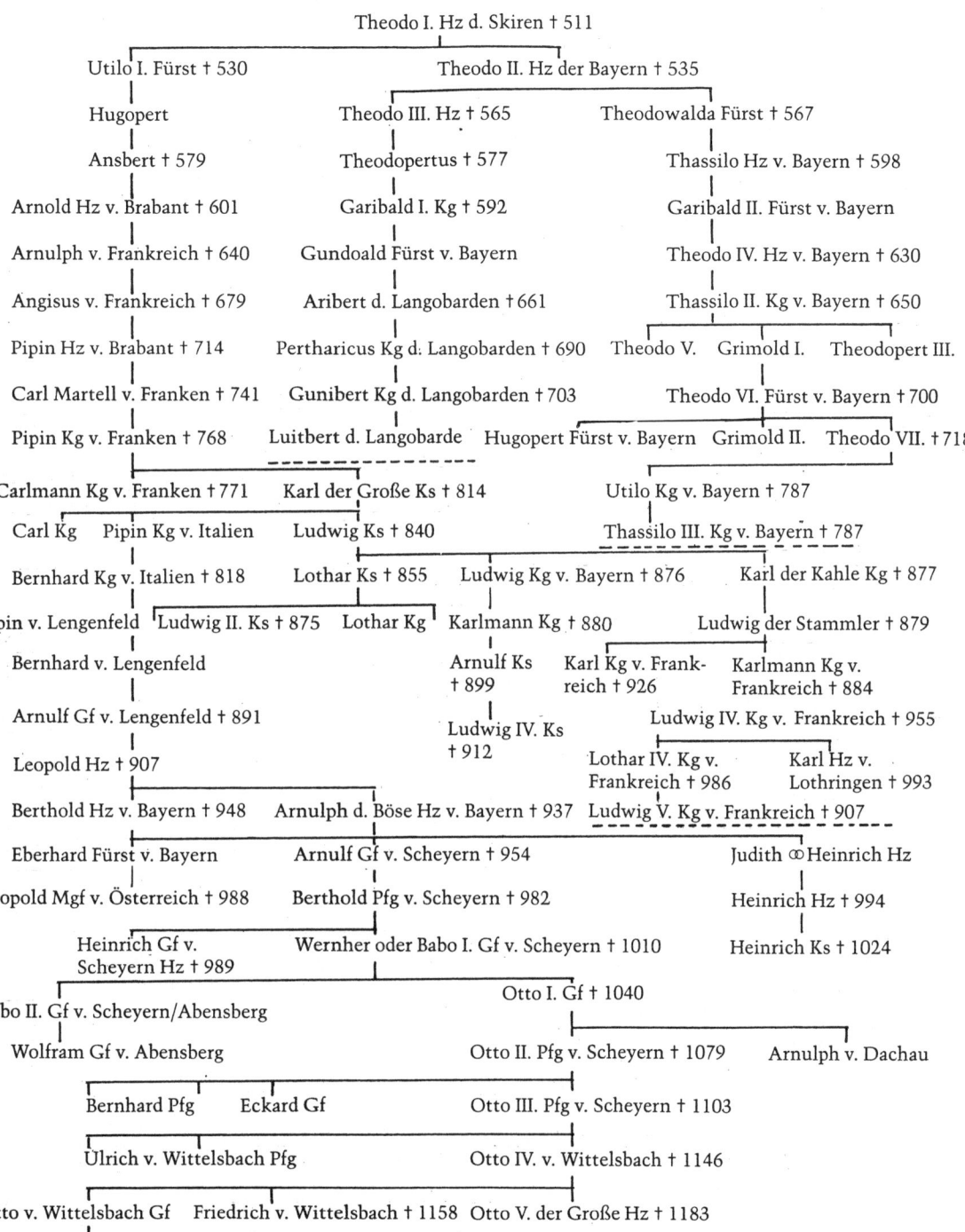

* nach Aventin, Auszug aus »Fortitudo leonina«, S. 234

Die Anfänge des Klosters

I   Um Schutz und Freiheit der Kirche

Als die Gräfin Haziga die Grundlagen des Klosters in Bayrischzell und dann in Fischbachau legte, hatte sie keine Ahnung, mit welchen Schwierigkeiten die ersten Äbte in Scheyern konfrontiert sein würden. Der Chronist berichtet zunächst in fast schwärmerischen Worten von den verheißungsvollen Anfängen in Bayrischzell und Fischbachau. Aber dann – beim Übergang über den Petersberg nach Scheyern – wird seine Sprache knapper und karger. Zwischen den Zeilen kann man seine Enttäuschung herauslesen. Denn ein Abt nach dem anderen wird abgesetzt. Um dies zu verstehen, müssen wir einen Blick auf die kirchenpolitische Bühne werfen.

Genau im gleichen Jahr, als die Gräfin Haziga die Einweihung der ersten Kirche in Bayrischzell erleben durfte, im Jahre 1077, trat Kaiser Heinrich IV. jenen sprichwörtlich gewordenen »Gang nach Canossa« an, wo er vom Papst von seinem Bann gelöst wurde. Wir würden den Zeitverhältnissen nicht gerecht werden, wenn wir hier nur »Machtkämpfe« zwischen Kaiser und Papst sehen würden. Denn jede Partei handelte aus ehrlicher Überzeugung, dem Wohl der Gemeinschaft bzw. der Kirche zu dienen.

Es ging letzten Endes um »*Schutz und Freiheit der Kirche*«. Der Kaiser bzw. die Vögte fühlten sich für den Schutz der Kirche verantwortlich. Umgekehrt hatten die Päpste bzw. die Äbte die Freiheit der Kirche vor Augen. Die Einrichtung eines Kirchenvogts war von Kaiser Karl dem Großen allen Bistümern und Abteien vorgeschrieben, blieb aber im wesentlichen auf das Deutsche Reich beschränkt. Der Vogt war ein Laie, der als kirchlicher Sachwalter amtierte und die weltlichen Angelegenheiten einer Kirche bzw. eines Klosters erledigte, sie vor Gericht vertrat, ihre Gerichtsbarkeit ausübte und sie gegen Angriffe verteidigte. Auch der Kaiser fühlte sich als Vogt der Gesamtkirche im ganzen Frankenreich für den Schutz der Kirche verantwortlich. Da die Vögte vielfach ihre Stellung zu eigener Bereicherung und Machterweiterung ausnützten, wozu die erbliche Vogtei der Stifterfamilien von Eigenklöstern willkommene Handhaben bot, wurde die Erblichkeit der Vogteiherrschaft von den Reformbewegungen von Cluny und Hirsau bekämpft.

6   »Haziga« und »Ottho«. Ehemaliges Stiftergrab in der Abteikirche Scheyern. Vom Ende des 14. Jahrhunderts bis um 1610 war das Hochgrab dort aufgestellt. Unter Maßwerk-Baldachinen stehen die Figuren der Stifter auf ihren Wappenschilden und halten das Kirchenmodell einer romanischen Basilika. Die Federzeichnung entstand um 1590, als Herzog Wilhelm V. nach noch erhaltenen wittelsbachischen Monumenten forschen ließ. München, Bayerisches Hauptstaatsarchiv

HAZIGA OTTO

Die Reform von Cluny, die von Frankreich ausging, fand im Deutschen Reich ihre konkrete Verwirklichung vor allem in der Reform von Hirsau. Wie kam es dazu? Die Ursachen wurden schon angedeutet. Ergänzend sei noch folgendes vermerkt:

Zu Beginn des Mittelalters hatten sich viele weltliche Fürsten große Verdienste um die Kirche erworben. Sie hatten Klöster gegründet und die Kirchen mit reichen Besitzungen ausgestattet. Ganz von selber bildete sich daher das Gewohnheitsrecht heraus, daß weltliche Fürsten Bischöfe und Äbte einsetzten. Solange fromme Herrscher dabei die kirchlichen Interessen und das »Heil der Seelen« im Auge behielten, war dieser Zustand noch erträglich. Da aber die Ämter auch an Ungeeignete vergeben wurden, unter rein weltlichen Gesichtspunkten, mußte es zum Streit kommen. Hier sind die Ursachen der Reformbestrebungen von Cluny und Hirsau zu sehen.

Abt Wilhelm (1069–1091) von Hirsau, dem wir bei der Gründung von Scheyern immer wieder begegnen, knüpfte an die Reform von Cluny an. Die Cluniazenser wollten die innere und äußere Freiheit eines Klosters erreichen: durch Bewilligung der *freien Abtwahl*, durch die *Exemption*, d.h. Unabhängigkeit von den Regionalbischöfen, und durch eine enge *Bindung an Rom*. Daher der stehende Ausdruck: »Libertas Romana« = Römische Freiheit.

Da die Cluniazenser, und ebenso die Hirsauer, keine völlige Trennung von der weltlichen Oberhoheit verlangten, sondern einen gemäßigten Kurs einschlugen, sah die Gräfin Haziga darin ein Ideal und unterstützte sie mit allen Kräften.

Viele Herrscher widersetzten sich jedoch diesen Reformbestrebungen. So kam es zum Investiturstreit (Investitur = Einkleidung), der zwar im Wormser Konkordat (1122) formell beendet wurde, sich aber dann auf anderer Ebene fortsetzte in einem langwierigen Streit um die rechte Abgrenzung der Zuständigkeitsbereiche von Kaiser und Papst.

Der Investiturstreit

Ein Vorspiel dieses Streites bildeten die Wirren in Rom unter Kaiser Heinrich III. (1039–1056). In den Synoden von Sutri und Rom mußte über das Schicksal von drei Päpsten entschieden werden, von denen jeder glaubte, rechtmäßig gewählt worden zu sein. Der Kaiser glaubte im Sinne der Kirche zu handeln, als er (1046) alle drei absetzte und den nachmaligen Papst Clemens II. als neuen Papst vorschlug.

Als Folge davon wurde 1059 ein Papstwahl-Dekret erlassen, das ein grund-

---

7   *Die Stifter und ihr Werk: Modell der Klosterkirche Zell bzw. Fischbachau und die Söhne des Stifterpaares Otto und Haziga bei der Bestätigung ihrer Stiftung durch Papst Paschalis II. Ausschnitt aus dem vierten der Fürstenbilder in der Kapitelskirche (vergl. Abb. 23)*

sätzliches Verbot der Laieninvestitur zum Inhalt hatte und den Kardinalbischöfen allein das Recht zuerkannte, einen Papst zu wählen.

Es kam erneut zum Streit, als Kaiser Heinrich IV. 1075 in Mailand einen Bischof einsetzte, was Papst Gregor VII. nicht anerkannte. Darauf setzte der Kaiser den Papst ab, worauf dieser auf der Fastensynode 1076 mit der Absetzung und Exkommunikation des Kaisers antwortete. Durch den »Gang nach Canossa« 1077 wurde zwar die Exkommunikation aufgehoben, aber die Einigung war nur von kurzer Dauer.

Erst unter Kaiser Heinrich V. (1106–1125) kam es zu einer Einigung im *Wormser Konkordat* (1122). Hier verzichtete der Kaiser auf die Investitur mit Ring und Stab. Dafür gestattete der Papst, daß in Deutschland die Wahl eines Bischofs in Gegenwart des Königs bzw. seines Abgesandten erfolgen dürfe. Auf diese Weise erhielt dieser maßgeblichen Einfluß auf die Bestellung des Bischofs. Auch durfte der gewählte Bischof vor der Weihe als weltlicher Herrscher mit dem Zepter belehnt werden.

Bei der Wahl eines Abtes wurden diese Regelungen in der Weise abgewendet, daß an Stelle des Königs der Vogt trat.

Um die Freiheit der Kirche

Zunächst schien nach dem Wormser Konkordat die Angelegenheit geregelt. Aber bereits 1159 gab eine päpstliche Doppelwahl Anlaß zu einem neuen Streit. Eine starke Kardinalspartei hatte sich für Alexander III. (1159–1181) entschieden, während die schwächere kaiserliche Partei an ihrem Viktor IV. festhielt. Schließlich kam es (1177) zur Aussöhnung zwischen Kaiser Friedrich I. und Papst Alexander III. Dieser Zwischenfall führte zu der Bestimmung, daß für eine gültige Papstwahl eine Zweidrittel-Mehrheit erforderlich sei.

Nach dem Tode des Kaisers Heinrich VI. (1197) kam es im weltlichen Bereich zu einer Doppelwahl. Es wurden Philipp von Schwaben (1198–1208), der Sohn von Kaiser Friedrich I., und Otto IV. von Braunschweig (1198–1215), der Sohn von Herzog Heinrich dem Löwen, gewählt. Diesmal trat der Papst als Schiedsrichter auf und entschied sich für den Welfen Otto, der aber nicht von allen Fürsten anerkannt wurde. Der schwierige Fall wurde dadurch geklärt, daß im Jahre 1208 König Philipp in Bamberg von dem Wittelsbacher Pfalzgrafen Otto XII. (IV.) aus persönlichen Gründen ermordet wurde.

In der Auseinandersetzung zwischen Kaiser und Papst, die sich noch lange hinzog, traten immer mehr politische Ziele in den Vordergrund. Der Papst verteidigte den Bestand des Kirchenstaates, um seine Freiheit zu sichern, während der Kaiser sich in Italien eine möglichst große Hausmacht erringen wollte.

Ein großer Lichtblick in dieser Zeit sind die großen Reformbewegungen, von denen bereits die Cluniazenser-Reform und, von ihr abhängig, die Hirsauer Reform genannt wurden. Es ging dabei nicht nur um die freie Investitur von kirchlichen Ämtern, sondern in erster Linie um eine tiefgreifende geistige Erneuerung, die in einer Vielzahl von Ordens- und Klostergründungen ihren sichtbaren Ausdruck fand.

Hier sind vor allem zu nennen die Zisterzienser (1098 von Robert von Molesmes gegründet), ein Reformorden der Benediktiner, und die Prämonstratenser (1121 vom hl. Norbert gegründet), ein Reformorden der Regulierten Chorherren. Die neuen Orden führten zu einer großen Welle der Begeisterung und Neubelebung der ganzen Kirche. Den größten Auftrieb erhielten die Zisterzienser unter Bernhard von Clairvaux († 1153), der zur einflußreichsten Gestalt des 12. Jahrhunderts wurde.

Als Gegengewicht gegen die drohende Verweltlichung des Papsttums entstanden die *Bettelorden*, die jedoch von den Päpsten selber eifrig gefördert wurden (Franz von Assisi † 1226, Dominikus † 1221). Besonders in Italien, aber auch in Deutschland fanden sie weite Verbreitung. In Bayern gehörten auch die Herzöge zu ihren wohlwollenden Gönnern.

II   Die Gräfin Haziga – Stifterin des Klosters

Wie bereits dargelegt, war es Aufgabe der Vögte, das Kloster in weltlichen Angelegenheiten zu vertreten und es gegen ungerechtfertigte Angriffe zu schützen. Aber die Scheyerer Klostervögte waren im allgemeinen sehr selbstherrliche Gestalten, die sich zwar als »Wohltäter« und »Stifter« des Klosters, aber zugleich als Herren fühlten. Dabei wollen wir ihnen durchaus den ehrlichen Willen zuerkennen, daß es ihnen um das Wohl des Klosters ging. Eine rühmliche Ausnahme bildete die erste Schutzherrin, die Gründerin Haziga.

Eine der hervorragendsten Gestalten in der Frühgeschichte der Wittelsbacher ist diese Gräfin Haziga. Woher sie stammt, darüber gehen die Ansichten auseinander. Jedenfalls war Ellenhard, Bischof von Pola, der 1077 auf Bitten von Haziga die Kirche von Bayrischzell weihte, ein Verwandter von ihr.

P. Laurentius Hanser meint, daß sie aus der Linie der Ebersberger hereingeheiratet hat. Dagegen bemerkt die »Scheyerer Chronik« ganz lapidar: »Haziga aus dem edlen und alten Geschlecht der Fürsten von der Burg Scheyern geboren«. Auch in den folgenden Berichten über die Anfänge des Klosters Scheyern tritt Haziga als die eigentliche Erbtochter von Scheyern auf. Es ist möglich, daß sie im Kloster Geisenfeld erzogen wurde, wo ihre Verwandten Willibirg und Gerbirg als Äbtissinnen lebten und starben. Sie mag auch längere Zeit auf dem von der Ilm umflossenen Wasserschloß Ainau bei Geisenfeld gewohnt haben, wo auch Ulrich von Aquileja und Ellenhard von Pola das Licht der Welt erblickt haben dürften.

»Haziga II. war um 1045 in erster Ehe vermählt mit dem Grafen Hermann von Kastl, weshalb die Scheyerer Legende sie zu einer Königstocher von Kastilien machte. Deren zweiter Sohn stiftete die Benediktinerabtei Kastl als Haus- und Eigenkloster.«

Nach Ansicht von K. Trotter entstammt dieser Ehe Arnold I. (†1123), der Begründer der Dachauer Linie, vermählt mit Beatrix (†1124). Dieser Graf Hermann von Kastl hatte Besitzungen am Wendelstein bzw. nahm verschiedene Gebiete nach damaligem Recht auf friedliche Weise in Besitz.

Nach dem Tode Hermanns heiratete Haziga den Grafen Otto II. (um 1050), dem sie zwei Söhne schenkte: Eckhard I. (†11. Mai 1091) Bernhard I. (†2. März 1104). Otto III. (†31. Oktober 1121/22) war vermutlich ein Enkel. Graf Otto II. taucht 1039/47 als Vogt von Freising und 1073 als Graf von Scheyern (comes ad Skyrun) auf.

Um 1078 oder 1080 zum zweiten Male Witwe geworden, widmete sich Haziga ganz den Werken der Gottseligkeit und Nächstenliebe. Sie starb am 1. August 1101 oder 1103 in Fischbachau und wurde zunächst dort begraben.

Über Sterbe- und Begräbnisort Hazigas schweigt der Chronist Konrad. Nach der Chronik des Abtes Hermann von Kastl (1322–1356) ruht sie in der dortigen Stiftskirche an der Seite ihres ersten Gemahls. Nach Aventin wurden die Gebeine im Jahre 1127 nach Scheyern übertragen, wo in der Stiftskirche ihr Grab gezeigt wird.

Bericht des Chronisten Konrad

Der Chronist Konrad schildert in beredten Worten die Rodung und Aneignung des Gebietes um den Wendelstein durch den Grafen Hermann von Kastl und dann die Gründung der klösterlichen Niederlassungen in »Innerzell« und Fischbachau:

[Besitznahme von Helingerswenga durch Graf Hermann]
»1. Ein edler Graf von Chastelin[1], namens Hermann, drang mit seinen Unfreien und Bauern von den ihm rechtmäßig eigenen Höfen zu Willingan[2] aus bei dem Ort Helingerswenga, der jetzt aber Innerzell[3] heißt, in das freie Waldland vor und nahm es für sich und seine Gemahlin, die Gräfin Haziga seligen Angedenkens, ohne jeden Widerspruch in Besitz – wie es Brauch war und ist, sich Gemeinschaftswald von rechtmäßig eigenen Hofstätten her anzuzeignen –, und er brachte das Waldgebiet vom Berg, der Chitinrein heißt, bis zu dem Chivirinis Ursprinch[4] genannten Platz in seine Rechtsgewalt. Dies geschah sowohl dem Volksrecht nach durch das Einkerben von Bäumen,

---

[1] Kastl, südwestlich von Amberg
[2] Willing, an der Mangfall (Gde. Bad Aibling)
[3] Margarethenzell, Bayrischzell (Lkr. Miesbach)
[4] Chitinrein, Hauptstück des Wendelsteins; Chivinis Ursprinch = Ursprung-Kiefersfelden

das Abbrennen von Feuern und den Bau von Häusern, als auch durch Ersitzen, das dreitägige Verweilen am selben Ort, was nach dem Erbrecht gebräuchlich ist, um das Erbe zu behaupten.

Nach einiger Zeit aber begaben sich die Unfreien und Bauern der vorerwähnten Herrschaft, wiederum von Willingan her, in das gleiche Waldland, nahmen es, wie vorher schon, nach gewohnter Förmlichkeit vom früher bezeichneten Berg Chitinrein bis zum Diezzentenpach[5] in Besitz und grenzten es für ihre Herrschaften ab. Von da an wurde von der gleichen Familie der Wald dann sorgfältig kultiviert und wohnbar gemacht. Dessen Siedler aber übernahmen von dem Priester Piligrim zu Willingan, dem sie lange Zeit unterstellt waren, die feierlichen Gebräuche des göttlichen Gesetzes und reichten ihm die Zehnten ihrer Arbeitserträge.

[Weihe der Kirche von Innerzell]

2. Solches geschah so lange, bis zwei überaus gottesfürchtige und vornehme Laienbrüder, Otto und Adelpreht, in die Gegend dieser neuen Rodung gelangten, als sie, wissend um die in der Einöde größeren Freiheit für Gott, dem Wort des Apostels gemäß[6], in der Einsamkeit umherirrten und in den Bergen und auf den Höhen das Heil ihrer Seelen suchten und bis sie bei einem längeren Verbleib an einer entlegenen Waldstelle zusammen mit den anderen, die ihr heiligmäßiges Beispiel schon angezogen hatte, eine Kirche errichteten. Nachdem diese auf Verlangen der Gräfin Haziga und auf Geheiß des Freisinger Oberhirten[7], der ehrwürdige Bischof Ellenhard von Pola[8] im Jahre 1077 der Geburt des Herrn geweiht hatte, gaben die Siedler von ihren Neubrüchen den Zehnten, die sie früher nach Willingan zahlten, nachher an diese Kirche.

Von dieser empfingen sie bis zum heutigen Tag die Sakramente des katholischen Glaubens, indem sie das Wort Gottes hörten und die Taufe, das Begräbnis und die übrigen diesen ähnlichen Handlungen erlangten.

[Herkunft der Gräfin Haziga]

3. Hier aber wollen wir, indem wir ein wenig vom Gang der Erzählung abschweifen, darauf bedacht sein, etwas über die Abkunft der vorgenannten Haziga einzuschieben. Dem edlen und alten Geschlecht der Fürsten von der Burg Schyren entstammend, edler aber noch, wie sich hernach zeigte, durch ihre Handlungsweise, war diese also mit dem Grafen Hermann von Chastel verheiratet[9]. Nach seinem Tod wurde sie einem Grafen Otto[10] von Schyren zur Frau gegeben und hatte von diesem drei Söhne: die Grafen Otto[11], Pern-

---

[5] Giessenbach, der in die Thierseer Achen mündet (?, nach Hundt)
[6] Hebr 11,38
[7] Ellenhard
[8] Heute Bistum Porec-Pola, in Istrien gelegen
[9] Die Abstammung Hazigas ist bis heute noch nicht ganz geklärt.
[10] Den zweiten; diese zählweise ist freilich nur eine von mehreren Möglichkeiten.
[11] Den ersten

hard[12] und Ekkard[13]. Heinrich[14] aber, der Patriarch von Aquileja, und der obenerwähnte Bischof von Pola, zwei Brüder, waren die Söhne der Mutterschwester von eben dieser Haziga. Nun wollen wir wieder zum Thema zurückkehren.

[Schenkungen der Gräfin Haziga – Übertragung von Bayrischzell an Hirsau]
4. Als nun die vorhin genannte Gräfin Haziga sah, wie die Brüder an dem nämlichen Ort sowohl der Zahl als ihrem Verdienst nach von Tag zu Tag im gotterfüllten Gehorsam zunahmen, faßte sie mehr und mehr Zuneigung zu der so vom Geist erfüllten Stätte und begann, diese wegen ihres Seelenheils häufiger aufzusuchen. Aus diesem Grund auch überwies sie mit Zustimmung und der Hand ihrer Söhne, nämlich Ekkehard, des Vogtes der Freisinger Kirche, und der Grafen Pernhard und Otto, folgendes in die Hände eines Edelmannes Amelbert, um es an ebendiese Kirche jenen Brüdern als Stiftung zugehen zu lassen:

eine Hofstatt zu Hegelingen[15] mit Zehent zu Willingan und Eigengütchen,
    die zu diesem Dorf gehörten;
eine Hofstätte zu Amindorf[16],
ein Gut, das sie im Cylaristal[17] hatte,
eine Hufe in Trunnis[18], einen Weinberg bei Pausanum[19],
und eine Hofstätte mit einer Hufe zu Grafingen[20].

Diese Übergabe an jene Kirche vollzog der genannte Amelbert, wobei folgende Zeugen anwesend waren: Gotscalch von Marhpach, Diemar von Starcholteshoven, Otto von Volchratisdorf, Walchun von Ovinstein, Gerolt von Perga, Ezzo von Sandolfeshusen, Hoholt von Winchilsazin, Ezzo von Munibresthoven, Erbo von Haginingan, Wicnant von Walishofen und Dietrich von Pelaheim[21].
Später aber, als sich die Zahl der Brüder erhöhte, übertrug die obenerwähnte Gräfin mit der Hand des genannten Testators Amelbert diesen Ort und die Kirche Helingeriswenga mit allen ihr beigegebenen Gütern an das Kloster St. Peter in Hirsawgie. Bedingung dabei war, daß dessen Abt künftig für jene Stätte durch den besten Gottesdienst seiner Brüder Sorge tragen sollte. Diese Forderung der monastischen Lebensweise verwirklichte hier zuletzt der selige Abt Willihelm auf fruchtbare Weise, indem er von seinem Kloster zwölf Mönche und ebensoviele Laien schickte, um die gleiche Regel, die sie in Hirsawgie[22] erlernt hatten, auch an diesem Ort zu beobachten.

[12] Den ersten
[13] Den ersten
[14] Heinrich, Augsburger Domherr
[15] Högling, westlich von Aibling
[16] Amersdorf (Gde. Erding)
[17] Zillertal
[18] Truns bei Castellbell an der Etsch
[19] Bozen in Tirol
[20] Grafing (Lkr. Pfaffenhofen)
[21] Der Reihe nach: Marbach, Starkertshofen, Volkersdorf, Haunstetten (?), Berg (welches?), Sandelshausen, Winklsass, Milbertshofen, Haging, Walchshofen, Pellheim
[22] Gründung unter dem Abt Wilhelm (1069–1091)

[Gräfin Haziga ertauscht vom Freisinger Bischof den Ort Fischbachau]

5. Diese Brüder setzten es, da sie wegen der schwierigen Wegverhältnisse und der rauhen Wälder die Lebensmittel nicht dorthin zu schaffen vermochten bei der Gräfin Haziga durch, daß sie selbst mit ihren Söhnen wegen der Widrigkeit dieses Platzes mit dem Bischof der Freisinger Kirche, Meginward[23], einen Tausch vornahm. Das tat sie auch.

Sie übertrug[24] nämlich an den Altar der hl. Maria und des hl. Korbinian ihre Güter, die sie bei Chitinreinishawa, bei Arnolsthowa und bei Wenga[25] besaß; und zwar tat sie dies unter dem Beifall Bischof Meginwards, unter Beifall auch und Unterstützung des Vogtes Ekkhard von Schyren, mit Zustimmung sowie der beifälligen Billigung der unten aufgeführten Diener dieser Kirche und mit deren gebräuchlichen, durch einen Schwur gegebenen Bekräftigung, daß dies zum Nutzen ihrer Kirche sei.

Zeugen: Hartwich von Richoltsdorf, Oudalrich von Harthuse[26], Eppo und sein Bruder Dietrich, Adalhart, Chuono und seine Brüder Penno und Erchembreth, During und sein Sohn Eberhart, Penno, Wolfkoz, Manegolt und sein Bruder Etich, Walchoun, Meginwart, Isingrim und Liuthrat. Andererseits gab dafür der vorgenannte Bischof der Gräfin jenes Gut in Vispach[27], das die Freisingische Kirche dort hatte, und das zwischen dem Rotinpach und Chlafintinpach und unterhalb Liuzzanach und Albwega[28] gelegen war.

Er gab es mit allen Nutzungsmöglichkeiten, Erträgen und Einkünften, kultivierten und unkultivierten, erforschten und noch zu erkundenden Gebieten, und zwar durch die Hand des Vogtes Ekkhard von Schyren. Um diesen Tausch dauerhafter auf ewig zu festigen, zog man folgende Zeugen am Ohr: Otto[29], den Grafen von Schyren, Gotschalch von Marichpach, Walchoun von Ovinstetin, Poppo von Winiden, Chounrat von Gaginenpach, Eppo von Sewan, Diemar von Starcholtshoven, Wernher von Prunn, Adalpreht von Pibirchar und Eppo, Ougo von Peleheim, Wernher von Strazpach und seinen Bruder Ozzi[30]. Dies nun wurde zu Gotingen[31] nach Brauch und Recht vollzogen.

[Erbauung einer Kirche zu Fischbachau 1087]

6. Infolgedessen überaus erfreut zögerte die vorgenannte Gräfin nicht, mit Erlaubnis und Zustimmung des Freisinger Bischofs Meginward an dem betreffenden Ort eine Kirche zu erbauen. Nachdem diese in kurzer Zeit fertig-

---

23 1078–1098
24 Siehe Meichelbeck, Hist. Fris. I/2, 524, Nr. 1252
25 Kloo (Gde. Bayrischzell), Arnhofen (Gde. Weyarn), und Weng (Gde. Bayrischzell)
26 Reichersdorf
27 Fischbachau (Lkr. Miesbach)
28 Rotinpach = Marbach oder Fennbach bei Rettenbeck, Chlafintinpach = Kloobach; Liuzzanach = Leizach; Alpweg soll die Gegend zwischen Wendelstein und Breitenstein sein.
29 Der dritte
30 Marbach, Haunstetten, Winden, Gachenbach, Seeon, Starkertshofen, Brunn, Biberkor, Pellheim, Strassbach
31 Götting an der Mangfall (Lkr. Rosenheim)

gestellt war, erreichte Haziga von letzterem Bischof, daß er sie zu Ehren der heiligen Gottesmutter Maria weihte. Dieser ehrwürdige Oberhirte begabte den Platz auch mit dem Privileg, es könne jeder, der es wünsche, dort das Begräbnis erlangen, und solches dürfe nicht in Rücksicht auf irgendeinen Kleriker oder Laien versagt werden. Die Weihe der Kirche erfolgte im Jahr 1087 nach der Geburt des Herrn auf Wunsch des Abtes Wilhelm.[32]

[Ein weiterer Gütertausch – Tausch des Zehnten]
7. Später aber, nach längerer Zeit, machte die vorgenannte Gräfin mit dem gleichen Bischof Meginward noch einen anderen Tausch. Sie gab nämlich mit der Zustimmung und der Hand ihrer Söhne, der Grafen Pernhard und Otto, den ihr zustehenden Zehnten von Chitinreinishouwa und Arnoltshouwa für den Zehent zu Vischpachawa, der zur Kirche Elichpach[33] gehörte. Der Vogt Ekkhard von Schyren zollte ihr dafür Lob und unterstützte sie dabei, während folgende Leute anwesend waren, die sowohl Lob spendeten wie auch der Sitte nach den Tausch der Zehnten bezeugten;
von den Klerikern waren dies: der Archidiakon Adelbero, der Propst Eppo von Sliersee[34], Wezilo, der Pfarr-Dekan, Adelbert, der Leutpriester von Elichpach, und der Kaplan Willibald; von den Adeligen: Sigboto von Wiare, Gotschalch von Marhpach, Gotschalch von Tiecha[35];
von der Familie: Hartwic von Richolfesdorf, Oudalrich von Harthusen, Eppo von Prunn, Penno von Isindorf, seine Brüder Chuono und Erchembert, Penno von Perichach, During und sein Sohn Eberhart, Adalhard und sein Sohn Engildi sowie Walchoun von Hasilpach[36].
Dies ereignete sich in Pienzenouwa.[37] Um diesem Tausch auf ewig Bestand zu verleihen, wurden folgende Zeugen am Ohr gezogen: Sigeboto, der Graf von Wiare, Gotschalch von Marchpach, Walchoun von Ovinstetten, Gerolt von Perga, Eppo von Sewan, Poppo von Winiden, Chounrat von Gaginpach und sein Bruder Amelpreth sowie Herebrant von Haga.[38]

[Erbauung des Klosters St. Martin in Fischbachau]
8. Da die schon oft genannte Haziga seligen Angedenkens sah, wie die Brüder im Herrn von Tag zu Tag mehr wurden und nach der Mönchsregel den Pfad des beschaulichen Lebens gingen, da sie die überaus große Enge der Behausungen der Diener Gottes bedachte und mit der Hilfe des Herrn das neue Werk in Angriff zu nehmen wünschte, dort auf Rat des ehrwürdigen Abtes Wilhelm vom Kloster Hirsau eine Abtei zu errichten, ließ sie kurz danach das

---

[32] von Hirsau
[33] E(l)bach (Gde. Fischbachau)
[34] Schliersee
[35] Weyarn, Marbach
[36] Reichersdorf, Harthausen, Brunn, Eixendorf, Appercha oder Hohenpercha, Haselbach
[37] Pienzenau, nördl. von Miesbach
[38] Haga = Haag

Kloster zu Ehren des hl. Martin[39] erbauen. Dies geschah im Jahr 1100 der Geburt des Herrn[40], zur Zeit des Papstes Paschalis, des zweiten dieses Namens, und zur Zeit Kaiser Heinrichs IV. Dann übersandte Abt Wilhelm seligen Angedenkens von seinem Kloster den edlen und, wie sich später zeigte, überaus gottesfürchtigen Erchimbold als Abt. Die Weihe dieses Klosters erfolgte im Jahr 1110[41] nach der Geburt des Herrn durch den ehrwürdigen Erzbischof Chounrad von Salzupurg.[42]

[Übertragung an den Heiligen Stuhl 1103]
9. Schon nach kurzem aber bemühte sich Abt Erchimbold zusammen mit der Gräfin Haziga, Vispach dem Römischen Stuhl zu übertragen, damit es mit Ausnahme allein des Römischen Stuhls keine Rücksicht auf irgendeine weltliche Herrschaft zu nehmen brauche. Man schickte also einen Boten nach Rom, erlangte die römische Bestätigung, überstellte Vispach in römischen Schutz und übergab es dem hl. Petrus zum Eigentum. Das Privileg des Papstes Paschalis II.[43] aber, das er Vispach verlieh, ist unten beschrieben. Geschehen ist dies im Jahr 1103 der Geburt des Herrn, im vierten Jahr des Pontifikats von Papst Paschalis.[44]

[Verlegung des Klosters Fischbachau auf die Burg Glaneck bei Eisenhofen]
10. Nach einiger Zeit freilich, nachdem die oben erwähnte Haziga seligen Angedenkens mit ihren Söhnen Ekkehard und Pernhard glücklich aus dem Elend dieser Welt geschieden war, als Erchimbold dem Ort und dem Kloster des hl. Martin mit entschlossener Leitung vorstand und er sah, wie die ihm überlassene Herde von Tag zu Tag anwuchs und immer mehr adelige Söhne ihm zur Erziehung unter der regelgemäßen Zucht anvertraut wurden, da bedachte er, daß der Ort Vispach für die mönchische Lebensweise nicht geeignet sei und man in vielen Dingen Beschwernis zu erdulden habe. Er nahm also nach Beratung mit angesehenen und bekannten Fürsten, dem Grafen Otto von der Burg Schyren, einem Sohn der schon oft genannten Haziga, und dem edlen Grafen Perichtold von Purgek[45], und mit deren Hilfe und Rat glücklich einen Ortswechsel in Angriff und entschied, das Kloster nach Usenhofen[46] an den Fluß Glana[47] zu verlegen.
(Soweit der Bericht der Chronik)

---

[39] in Fischbachau
[40] Über die Zeit irrt Konrad. Das Kloster wurde schon zu Lebzeiten des Abtes Wilhelm, der am 5. Juli 1091 starb, gegründet.
[41] Hundt legt die Weihe auf das Jahr 1106.
[42] Konrad I. von Salzburg, 1106–1147
[43] Gegeben zu Benevent, 21. November 1102
[44] Paschalis II. 1099–1118

[45] Berthold von Burgeck
[46] Eisenhofen an der Glonn
[47] ebd.

Es fällt auf, daß die Gräfin Haziga keine Bedenken hatte, die Stiftung zusammen mit dem Abt Erchimbold dem Römischen Stuhl zu übertragen, »damit sie mit Ausnahme allein des Römischen Stuhls keine Rücksicht auf irgendeine weltliche Herrschaft zu nehmen brauche... Man schickte also Boten nach Rom, erlangte die Römische Bestätigung, unterstellte Vischpach dem Römischen Schutz und übergab es dem hl. Petrus als Eigentum...«

Dies geschah im Jahre 1103. Um dieses Jahr ist auch die Gräfin Haziga »glücklich aus dem Elend dieser Welt geschieden«. Die Annalen berichten, daß die Gebeine der Gräfin und ihres Gemahls im Jahre 1127 nach Scheyern übertragen wurden, »nicht ohne den Glauben an ihre Heiligkeit«.

Wir dürfen annehmen, daß zwischen dem Vorsteher des Klosters, dem Abt Erchimbold und der Gräfin Haziga ein harmonisches Verhältnis bestand. Dennoch wird es auch dort einige Schwierigkeiten gegeben haben. Denn die Freiheit und Unabhängigkeit von der Stifterfamilie war ja eines der Hauptanliegen der Hirsauer Reform. So kann es nicht überraschen, daß nicht von Anfang an alle Ziele der Reform verwirklicht werden konnten. Durch den Geschichtsschreiber Aventin erfahren wir zum Beispiel:

»Die Verwaltung des Vermögens – so waren damals die Zeiten – besorgten Haziga und ihre Söhne. Die Sorge um die kirchlichen Angelegenheiten lag jedoch in den Händen des Abtes Wilhelm von Hirsau, bis 1097 Erchimbold die Leitung des Klosters übernahm.«

Es mag also manches Ringen gekostet haben, bis die Gräfin die neue Stiftung dem Römischen Stuhl übereignete, »damit sie mit Ausnahme allein des Römischen Stuhls keine Rücksicht auf irgendeine weltliche Herrschaft zu nehmen brauche«.

8 *»Die Bildnisse der Wittelsbacher Vorfahren des überaus ruhmreichen und so überaus alten Hauses Bayern von Karl dem Großen bis zu Otto dem Großen«:*
Werner Graf von Scheyern † 1010, Otto I. Graf von Scheyern † 1040, Otto II. Graf von Scheyern † 1079, Otto III. Graf von Scheyern † 1103, Otto IV. Graf von Scheyern † 1146, aus dem Prachtwerk »Fortitudo leonina« für den aus den Türkenkriegen heimgekehrten Max Emanuel von 1715 (vergl. Abb. 3, Seite 33)

GLORIOSISS.ET.ANTIQUISS.DOMUS.BOIARICÆ.
ORIGINARIÆ, MAIORUM EFFIGIES. A. CAROLO. MAGNO
USQUE AD OTHONEM MAGNUM WITELSPACHIUM

Die einzelnen Klostervögte[1]

1 Otto III. †31. Oktober 1120?

Schon bei der Verlegung des Klosters von Bayrischzell nach Fischbachau sind uns die Söhne und Enkel der Gräfin Haziga begegnet, die zu dieser Gründung ihre Zustimmung gaben. Bei der nochmaligen Verlagerung nach Eisenhofen war nurmehr Otto am Leben. Zusammen mit dem Grafen Berthold von Burgeck hatte er die Kirche auf dem Petersberg erbaut. Beim Chronisten Konrad können wir dabei folgendes erfahren:[2]

»Die beiden Grafen setzten klugerweise fest, daß diese Stelle mit all ihrem Besitz von diesem Tage an überhaupt keinem Joch und keiner Gewalt irgendeiner weltlichen Person mehr unterworfen werde, als nur allein der Herrschaft des Abtes. So statteten sie das Kloster mit aller Freiheit aus... Auch deren Bestätigung erlangten die vorgenannten Grafen und entsagten nachher für sich selbst vollständig allen Rechts und jeglichen Dienstanspruchs auf das Kloster und übertrugen Gott dem Herrn mit machtvoller Hand alle ihre Güter.«

Alles schien so in den Beziehungen zwischen der Stifterfamilie und dem Kloster ideal geregelt zu sein. Aber schon sehr bald kam es zum ersten schwerwiegenden Konflikt. Am 4. März 1111 war Abt Erchimbold gestorben. Als Nachfolger wurde der bisherige Prior Wolfhold[3] gewählt. Aus irgendeinem, nicht näher bekannten Grund mißfiel dem Klostervogt Otto diese Wahl und es gelang ihm auch schon sehr bald, den Abt zur Resignation zu bewegen, wahrscheinlich noch ehe dieser die Abtweihe empfangen hatte.

Dieser Vorgang ist bezeichnend für weitere ähnlicher Art. Die Vögte Scheyerns waren mit großer Eifersucht darauf bedacht, daß ihre Stiftung von Äbten verwaltet werde, die ihnen genehm waren. Wie groß dabei die Gefahr der

---

[1] Siehe vor allem: Hubensteiner, S. 86 ff; Spindler Bd. II, 37 ff; Schreiber Bd. I, 160 ff; Riezler, Bd. II, 100 ff und 172 ff; Hanser, Scheyern einst und jetzt, S. 51 ff.

[2] Chronicon Schyrense, in: Clm 1052, 14–24; und: Pankraz Fried, Anfänge des Hauses Wittelsbach.

[3] Zu Wolfhold, MGSS, IX, 569, 577 ff, XI 42, XII 463; 4. Kap. Die Äbte von Scheyern zur Zeit der Herrschaft der Vögte; Hanser, S. 144: eine Menge reicher Ordenskandidaten und Stiftungen aus Altbayern, die sonst wohl Eisenhofen-Scheyern zugeflossen wären, folgten Wolfhold nach dem fernen Admont, z.B. von Habertshausen, Kemmoden, Petershausen usw. Als der Edle Ulrich von Elsendorf 1125 von Benediktbeuern nach Admont übertrat, brachte er auch seine reichen Güter dahin, um welche Benediktbeuern noch 1161 prozessierte.

Fehleinschätzung war, zeigt bereits das erste Beispiel. Denn Wolfhold hat sich danach als Abt von Admont und »Generalvikar« des Erzbistums Salzburg aufs beste bewährt.

2 Otto V. (IV.) um 1120 bis 4. August 1156

Unter den Scheyerer Klostervögten ragt besonders Pfalzgraf Otto V. (IV.) als ein »Original« besonderer Art hervor. Wir dürfen ihm durchaus ehrliche Absichten zubilligen, als er um »des Seelenheiles willen« die Klöster Indersdorf und Ensdorf stiftete. Aber diese seine »Frömmigkeit« verband er mit urbayerischer Schläue und einer an Rücksichtslosigkeit grenzenden Härte, wenn es galt, bestimmte Ziele zu verfolgen, von deren Richtigkeit er überzeugt war. Seine Originalität unterstrich er schon dadurch, daß er endgültig seinen Sitz von Scheyern nach Wittelsbach verlegte und sich ab 1115 erstmals Graf von Wittelsbach nannte. Wegen seiner treuen Dienste gegenüber dem Kaiser, die er besonders bei dessen Italienzügen und bei der Gefangensetzung des Papstes Paschalis II. bewies, wurde er vom Kaiser sehr geschätzt. Mit großer Gelassenheit nahm er es in Kauf, daß ihm Papst Calixt II. (1119–1124), eben wegen dieser Mittäterschaft an der Gefangensetzung seines Vorgängers, als Sühne die Gründung des Chorherrenstiftes Indersdorf auferlegte. In diesem Kloster wollte er auch nach seinem Tode bestattet sein.

Seine »Frömmigkeit« konnte er durch weitere Tatsachen unter Beweis stellen. Sein Sohn Friedrich II. war sehr fromm. Er trat später sogar als Laienbruder in Indersdorf ein, wo er 1198 starb. Gute Freundschaft verband ihn auch mit dem heiligen Bischof Otto von Bamberg, mit dessen Hilfe er die Gründung von Ensdorf zum Abschluß bringen konnte. Aber gerade bei dieser Gründung gab er wieder ein Musterbeispiel seiner Schläue.

Geschickt verstand er es, die Gründungsurkunde von Ensdorf und die Bestätigungsurkunde für Scheyern am gleichen Tag (25. April 1124) dem Kaiser zur Unterschrift vorzulegen. Im Verein mit dem Bischof Otto von Bamberg hatte er aber für Ensdorf die erbliche Vogteiherrschaft erwirkt. Es gelang ihm nun, den Kaiser davon zu überzeugen, daß für Scheyern kein anderes Recht gelten dürfe. Der Kaiser unterschrieb also. Er dachte wohl nicht mehr daran, daß er selber noch im Jahre 1107 eine erbliche Vogteiherrschaft für die Gründung von Eisenhofen/Petersberg ausdrücklich abgelehnt hatte.[4]

Es wäre sicher nicht ganz gerecht, dieses Handeln des Pfalzgrafen Otto als reine Machtpolitik anzuprangern. Wir dürfen annehmen, daß er von der Richtigkeit und auch Gerechtigkeit seines Handelns voll überzeugt war. Der in den Urkunden wiederholt auftretende Hinweis auf das »Erbe« der Stifter gibt dafür die Erklärung. Der Vogt glaubte eben, daß nur die Mitglieder der Stifterfamilie sich voll und ganz für die Erhaltung und sachkundige Verwaltung dieses Erbes einsetzen würden. Eine gewisse Berechtigung kann man dieser Argumentation nicht abstreiten.

---

[4] Siehe: Hanser, Rechtsgeschichtliche Forschungen, 1–22

Unter dem Gesichtspunkte der »Erhaltung des Erbes« beurteilte und behandelte er auch die Äbte. So wird es verständlich, daß er in Scheyern nacheinander drei Äbte absetzte, nämlich Ulrich I., Marquard und Gozzold.

Er mischte sich sogar in die inneren Angelegenheiten von Tegernsee ein. Mit einer geplanten Reise des dortigen Abtes Konrad I. nach Rom war er nicht einverstanden. Und so beschlagnahmte er kurzerhand die bereitgestellten Reisegelder (Mathäser, Chronik von Tegernsee, 76).

Auch andere Gelder eignete er sich widerrechtlich an. Als er vom Bischof Otto von Freising († 1158) wegen seines Verhaltens scharf verurteilt wurde, scheute er sich nicht, diesen während des Gottesdienstes im Dom zu überfallen.

Auszug aus dem Original der Bestätigungsurkunde des Kaisers Heinrich V. für Scheyern, vom 25. April 1124

In der zweiten Zeile können wir lesen: »Advocatiam eiusdem cenobii nemo nisi dominus Otto palatinus comes et filii eius successoresque filiorum eorundem absque omni contradictione habeant. Ter in anno placitum...«
(Die Vogtei dieses Klosters sollen nur der Pfalzgraf Otto und seine Söhne und die Nachkommen seiner Söhne innehaben, ohne jede Widerrede. Dreimal im Jahr halte er ein »Ding« ab...)

Es ist zu erkennen, daß die Stelle »nisi ... habeant« zwar von der gleichen Hand, aber mit einer anderen Feder – also nachträglich – eingefügt ist.

So kommt es, daß der sonst sehr maßvolle und sachliche Bischof Otto als Geschichtsschreiber über diesen Vogt nicht gerade sanft urteilt: »Aber der Pfalzgraf Otto ... übertrifft alle seine Vorfahren an Bösartigkeit und drangsaliert bis zum heutigen Tag unablässig die Kirche Gottes.«

Aber schließlich gelang es dem Bischof Otto, das Joch der Vogteiherrschaft, das dieser Pfalzgraf auch über Freising ausübte, teilweise abzuschütteln. Diese und ähnliche Vorfälle und bittere Erfahrungen mögen den so gewalttätigen Herrscher allmählich zur Mäßigung gezwungen haben.

Das neu erstandene Kloster Scheyern bekam auf diese Weise endlich eine Atempause, um sich innerlich und äußerlich zu festigen. Abt Ulrich III. konnte 25 Jahre lang (1135–1160) ungestört zum Segen des Klosters regieren. 1142 gelang es sogar mit Hilfe des Vogtes Otto und im vollem Einvernehmen mit dem Freisinger Bischof Otto, die Zehentrechte, die bisher Freising noch in Scheyern und Berbling besessen hatte, der Kirche von Scheyern zu übereignen.

---

9 *Die ersten Herzöge aus dem Hause Wittelsbach: Otto V. der Große † 1183, Ludwig I. der Kelheimer † 1231, Otto VI. der Erlauchte † 1253, Ludwig II. der Strenge † 1294, Kaiser Ludwig der Bayer † 1345. Aus dem Prachtwerk »Fortitudo leonina« für Kurfürst Max Emanuel von 1715 (vgl. Abb. 3, Seite 33)*

GLORIOSISS.ET ANTIQUISS.DOMUS BOIARICÆ
ORIGINARIÆ.MAIORUM EFFIGIES AB OTHONE M.WITELSPACH
USQUE AD MAXIMILIANUM EMANUELEM HODIERNUM V.B.DUCEM AC ELECTORE

3 **Otto der Große** (Pfalzgraf Otto VI., Herzog Otto I.)

Die hervorragendste Gestalt unter den Scheyerer Vögten war ohne Zweifel Otto mit dem Beinamen »der Große«, dem es durch seine treue Gefolgschaft gegenüber Kaiser Friedrich Barbarossa gelang, am 16. September 1180 mit dem Herzogtum Bayern belehnt zu werden. Obwohl ihm und seinen Nachkommen damit die Herzogwürde nur auf Widerruf übertragen wurde, entstand daraus ein Erbrecht, das bis zum Jahre 1918 anhielt.

Man mag sich fragen, warum gerade der Wittelsbacher Otto mit dem Herzogtum belehnt wurde, während es doch auch andere Geschlechter gab, die mächtiger und einflußreicher waren. Hier gab wohl die persönliche Bekanntschaft mit dem Kaiser den Ausschlag, die sich Otto durch seine Tapferkeit erworben hatte. Seit Jahrzehnten begleitete er den Kaiser auf seinen Feldzügen und bewährte sich als umsichtiger Heerführer.

Als zum Beispiel der Raubritter Alberich die Enge an der Veroneser Klause besetzt hielt, um dem Kaiser den Rückzug abzuschneiden und von ihm ein Lösegeld zu erpressen, war es Otto, der mit seinen erfahrenen Gebirgsleuten den Felsen der Raubritterburg erklomm und die Räuber überwältigte. Ein anderes Mal drang er zornentbrannt über eine anmaßende Äußerung des päpstlichen Legaten auf den Kirchenfürsten mit gezogenem Schwerte ein und konnte nur durch den Kaiser selber in Schranken gewiesen werden.

Als *Herzog* verblieben ihm nur noch drei Jahre Zeit, um wenigstens einen kleinen Teil seiner weitgesteckten Ziele zu erreichen. Gegen die übermächtig werdenden Grafen förderte er das aufstrebende Bürgertum und legte neue Städte an. So entstand am Fuß der Burg Trausnitz die Stadt Landshut. Zu Gunsten Münchens stellte er einen Ausgleich her zwischen der Stadt und dem Freisinger Bischof bezüglich der umstrittenen Brückenzölle.

Nach dem Ableben des kinderlosen Herzogs Konrad II. von Dachau (†1180) erwarb er die Grafschaft *Dachau*, teils durch Erbschaft, teils durch Kauf.

10–17 Bildzyklus zur Gründungsgeschichte des Klosters Scheyern: Miniaturen auf Pergament, aus einem unter Abt Maximilian Rest (1722–1734) angelegten Rotel (Totenbuch)

10 *Eckhart, Wernher, Arnold und Konrad, die Grafen der Scheyerer und Dachauer Linie, beschließen, ihre Burg Scheyern in ein Kloster umzuwandeln. Auf der Abbildung ist die Situation Scheyerns kenntlich am Wasserturm auf der Anhöhe*

11 *Die Gründung des Klosters Fischbachau. Graf Otto II. von Scheyern und seine Frau Haziga (unter Baldachin) übergeben einem Hirsauer Benediktiner die Stiftungsurkunde. Über der Vedute von Fischbachau thronen die Muttergottes als Patronin von Scheyern, St. Martin als Patron von Fischbachau und St. Benedikt als Ordensstifter*

12 *Die Verlegung des Klosters Fischbachau auf den Petersberg in der Nähe des barock dargestellten Schlosses Eisenhofen, im Vordergrund Abt und Mönche auf der Wanderschaft*

13 *Die Stifterfamilie verehrt die Scheyerer Kreuzreliquie, unter deren Zeichen und Schutz das Geschlecht großen Aufschwung nimmt. Beim Tod des letzten Dachauers, des Herzogs Konrad III., gelangte die Reliquie um 1180 nach Scheyern und ließ eine Wallfahrt entstehen*

EKARDVS, WERNHERVS, ARNOLDVS, CONRADVS cum Schyrensibus, et Comites Dachunj conveniunt de Castro Scheyrn transmutando in Cœnobium.

Vita Cænobitica Vischpachij plantata

Re
S.
gu Bene
la dicti

Ad montem S. Petri translata

Eifenhoven

Firma sub hoc signo magnum capit incrementum ～

CONRADVS
Com: Dachav: BERNARD⁹ ECKAR-
DVS
dein
Monachus Schyr:

AGNES
Ducissa Lotharing: OTTO III.
Schyro-
Witeleinspac:

1

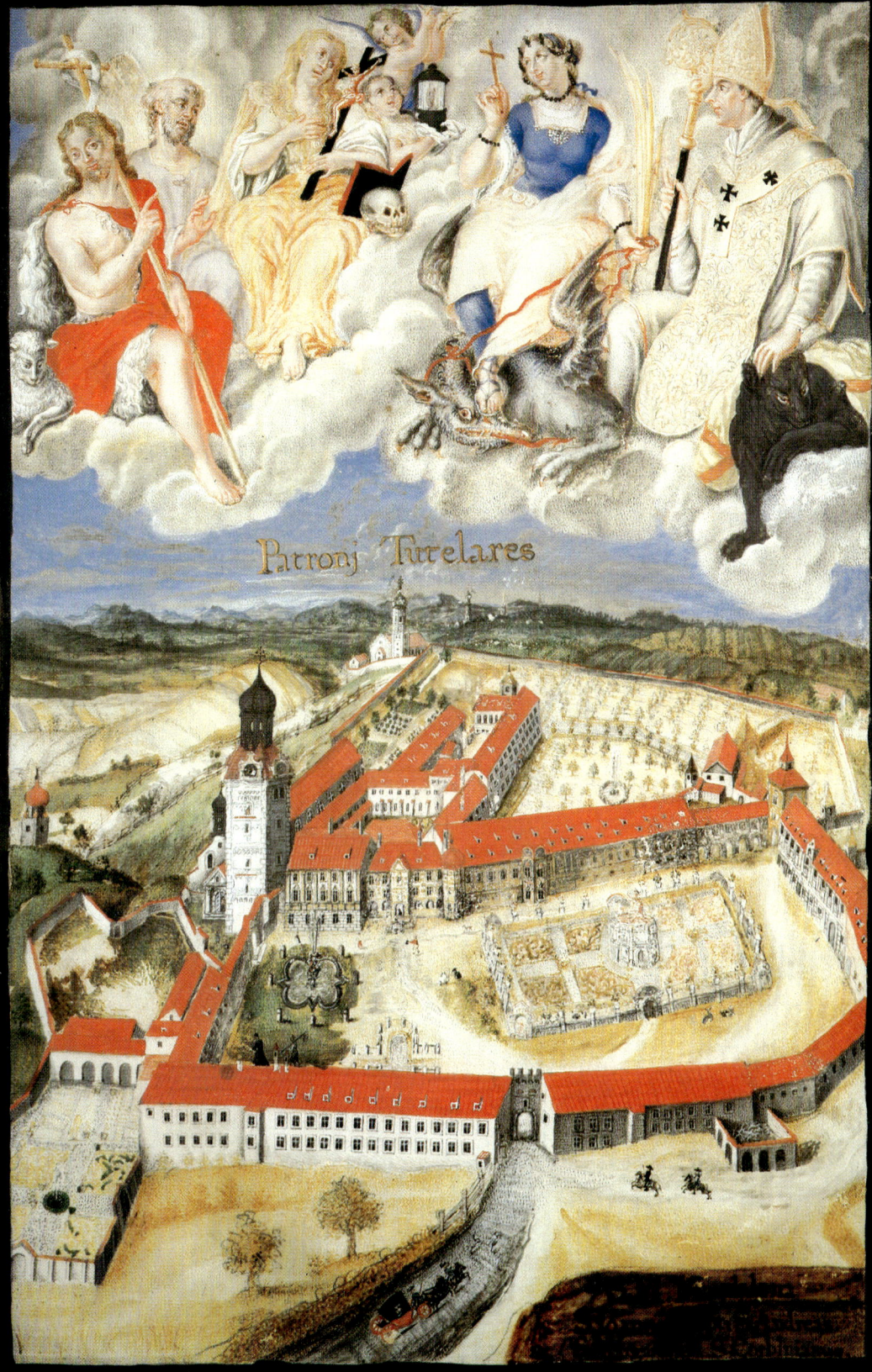

Patroni Tutelares

LVDOVICVS *IV.* Imper: donat Mona_
sterio Schyr: Parochiam Pfaffenhov:
Filius Marchio Brandeburg: cum perti-
nentijs Vohburgensem.

Gratia iam grates petit
hasce rigando perennes.

So kriegerisch und draufgängerisch er als junger Graf war, so friedlich waren seine Mittel, die er als Herzog anwandte. Mit Recht konnte daher der Chronist Konrad von Scheyern schreiben: »Zu seiner Zeit genoß Bayern Frieden und ungestörten Wohlstand.«

Auf der Rückreise vom Reichstag zu Konstanz starb er 1183 allzufrüh. Seine Leiche wurde seinem Wunsch entsprechend in Scheyern beigesetzt. Mit ihm beginnt die ununterbrochene Reihe der Wittelsbacher als Herrscher Bayerns, bis zum Jahre 1918, zuerst als Herzöge, dann ab 1623 als Kurfürsten und schließlich ab 1806 als Könige.

4 Ludwig der Kelheimer 1183–1231

Herzog Otto I. hatte um 1169 bereits im vorgerückten Alter von 50 Jahren die Agnes von Loon geheiratet. Daher kam es, daß sein ältester Sohn Ludwig beim überraschenden Tod des Vaters (1183) noch minderjährig war. Die Vormundschaft führte sein Onkel Konrad, Erzbischof von Salzburg, zusammen mit dessen Bruder, Pfalzgraf Otto dem Jüngeren von Donauwörth.

Zum Manne herangewachsen, erwies sich Ludwig als klug und weitsichtig, freilich in einzelnen Fällen, wie bei der Ausführung der Reichsacht im Zusammenhang mit der Ermordung des Königs Philipp, von einem Starrsinn durchdrungen, der zu reiner Machtpolitik ausartete.

1204 vermählte er sich mit der Ludmilla von Böhmen (um 1170–1240), der Witwe des Albert von Bogen. Diese Heirat brachte ihm die große Donaugrafschaft und für Bayern das weißblaue Rautenmuster im Wappen.

Wie sein Vater bewährte er sich zunächst als treuer Kampfgefährte des Kaisers, der seine Dienste sehr zu schätzen wußte.

Nach dem Tode von Kaiser Heinrich VI. (1198) kam es zu der verhängnisvollen Doppelwahl zwischen dem Welfen Otto IV. von Braunschweig (1198 bis 1215) und dem Staufer Philipp von Schwaben (1198–1208). Der Zwiespalt wurde diesmal im Jahre 1208 durch den Pfalzgrafen Otto VIII. von Wittels-

---

10–17 Bildzyklus zur Gründungsgeschichte des Klosters Scheyern: Miniaturen auf Pergament, aus einem unter Abt Maximilian Rest (1722–1734) angelegten Rotel (Totenbuch)

14   Das Kloster Scheyern unter Abt Maximilian Rest um 1730 und seine »Patroni Tutelares«, seine Schutzpatrone: Maria Magdalena, Johannes der Täufer, Andreas, Margarete, Korbinian

15   Wittelsbacher-Stiftungen an die Benediktiner zu Scheyern: Kaiser Ludwig der Bayer übergibt dem Kloster die Pfarrei Pfaffenhofen an der Ilm, der Sohn des Kaisers, Ludwig der Brandenburger, stiftet dem Kloster die Pfarrei Vohburg

16   Gedenkplatte für die Klosterstifter in der um 1620 unter Stephan Reitberger frühbarock erneuerten Klosterkirche, im Chor der frühbarocke (?) Hochaltar mit einem Altarbild: Himmelfahrt Mariens. Vor der Gedenkplatte die Benediktiner beim Stifterjahrtag

17   In der Scheyerer Kapitelkirche (Fürstenkapelle), auf der Südseite neben der Klosterkirche, sind die Mönche versammelt an der Grablege der Wittelsbacher. Die Porträtmedaillons zeigen die Verstorbenen, deren Gebeine man bei der Graböffnung durch Herzog Maximilian I. im Jahre 1623 gefunden glaubte

bach gewaltsam gelöst, als er den König Philipp in Bamberg ermordete. Obwohl diese Tat aus rein persönlichen Gründen geschah – der König hatte dem Pfalzgrafen seine Tochter verlobt, sie aber dann einem anderen gegeben – vermutete man eine umfassende politische Verschwörung.

Auf dem Reichstag zu Augsburg (1209) wurde Herzog Ludwig beauftragt, die Reichsacht über den Mörder zu vollstrecken, obwohl er ein naher Verwandter von ihm war. Pfalzgraf Otto wurde von dem Marschall von Kalden in Oberndorf bei Regensburg getötet und sein Haupt in die Donau geworfen. Herzog Ludwig verschaffte jedoch der Leiche nach mehreren Jahren (1217) ein ehrenvolles Begräbnis in Indersdorf. Die Burg Wittelsbach allerdings ließ er völlig zerstören, nur die Kapelle verschonte er.[5]

Auch über den Bischof Ekbert von Bamberg (ein Bruder der hl. Hedwig von Schlesien), in dessen Haus sich die Ermordung abspielte, und über dessen Bruder Markgraf Heinrich IV. von Istrien/Andechs, als Mitwisser, wurde die Reichsacht verhängt und deren Güter eingezogen. Der Herzog verwüstete und plünderte die Besitzungen des Markgrafen.

Papst Innozenz III. ordnete zwar ein Gerichtsverfahren an, um den Fall aufzuklären, weil er von Anfang an von deren Unschuld überzeugt war; aber der Prozeß wurde von den Anhängern des Herzogs Ludwig hinausgezögert, so daß nur Bischof Ekbert eine Rehabilitierung erreichen konnte.[6]

Diese Vorgänge beleuchten auch eine noch nicht geklärte Stelle in der Chronik des Abtes Konrad von Scheyern. Dort heißt es: »1206: Diesem [dem Abt Hartmann] folgte der junge und schlichte Konrad, wobei Ludwig, Herzog der Noriker, zugegen war. Dessen Anwesenheit war später dem Orte von großem Nutzen. In der Zwischenzeit war nämlich der Herzog sehr über diesen Ort aufgebracht. Aber er blieb bestehen, wie später der Ausgang der Sache bewies, weil uns die heilige Gottesmutter beschützte.«

Möglicherweise sollte es dem Kloster Scheyern genau so ergehen wie der Burg Andechs und anderen Orten, die mit dem Mörder in irgendeiner Beziehung standen. Vielleicht hängt auch die ungeklärte Absetzung des von allen geschätzten Abtes Konrad (1226) noch damit zusammen.

Herzog Ludwig war der erste süddeutsche Fürst, der nach dem Mordanschlag auf König Philipp den Welfen-Kaiser Otto IV. voll anerkannte.

Dadurch vermittelte er für seinen Sohn Otto (den »Erlauchten«) die Verlobung und spätere Heirat mit der Erbprinzessin Agnes von der Pfalz, einer Enkelin sowohl des Herzogs Heinrich des Löwen als auch des Kaisers Friedrich Barbarossa. So kam es, daß er 1214 mit der rheinischen Pfalzgrafschaft belehnt wurde.

Rechtzeitig schwenkte der Herzog auf die Partei des Staufenkaisers Friedrich II. (1212–1250) um. Bei einem Feldzug in dessen Dienst geriet er in die Gefangenschaft der Grafen von Walram und Jülich, die ihn erst gegen ein ho-

[5] Aventin, Annales, Jahr 1208
[6] Herzöge und Heilige, Das Geschlecht der Andechs-Meranier, Ausstellungskatalog, Andechs 13. Juli bis 24. Oktober 1993, S. 77ff.

hes Lösegeld von 1000 Talern wieder freigaben. Obwohl wir sonst in den Annalen des Abtes Konrad von Scheyern wenig über den Herzog Ludwig erfahren, wird doch dieses Ereignis hervorgehoben.

»1215: In diesem Jahr wird Herzog Ludwig gefangen genommen. Mit ihm geriet ganz Bayern in Gefangenschaft; denn ob reich oder arm, edel oder unedel, alle gaben Steuern und haben ihn frei gekauft. Dieser Ort hat wegen seiner Gefangenschaft 100 Talente bezahlt.«

Nach diesen Angaben wäre allein von Scheyern ein Zehntel der Lösungssumme aufgebracht worden.

Als Stellvertreter des Kaisers wagte Herzog Ludwig bei einer Kreuzfahrt im Jahre 1221 einen Vorstoß auf Kairo, der jedoch mißlang, da der Kaiser die versprochene Hilfe versagte. Das Verhältnis zum Kaiser war von nun an mit Mißtrauen überschattet. Der Herzog gelobte zwar wieder Treue. Aber da wurde er am 15. September 1231 in der Nähe der Donaubrücke von Kelheim von einem unbekannten Meuchelmörder überfallen und erdolcht. Das wütende Volk erschlug den Mörder auf der Stelle.

Nicht ohne Grund verdächtigten viele den Kaiser selber als den eigentlichen Urheber des Mordes, der ganz Bayern und Deutschland in große Aufregung versetzte. Denn Herzog Ludwig war beim Volk sehr beliebt und wegen seiner gewinnenden Art auch bei allen Reichsfürsten geschätzt. Im Mörder vermutete man einen Assassinen aus dem Orient, einen fanatischen mohammedanischen Jüngling, der durch den Mord an einem Christen sich das Paradies zu verdienen glaubte. Der Mord selber ist bis heute nicht aufgeklärt.

Herzog Ludwig erhielt in Scheyern ein sehr feierliches Begräbnis, bei dem viele Erzbischöfe, Bischöfe und Fürsten zugegen waren. Wie sehr die Ermordung des Herzogs Ludwig die Gemüter erregte, davon legt ein Bildnis Zeugnis ab, das sich unter den anderen »Fürstenbildern« in der Johanneskirche von Scheyern befindet.

5 Otto II. der Erlauchte 1231–1253

Wie schon der Beiname andeutet, ist auch der dritte Wittelsbacher Herzog eine Persönlichkeit von ausgeprägtem Format. »Erlaucht« leitet sich her vom lateinischen »illustris«, was so viel bedeutet wie: hell, erleuchtet, glänzend, hervorragend – und schließlich auch »erlaucht«, d.h. von edlem Geschlecht.

Herzog Otto war »hervorragend« schon durch seine äußere Gestalt, eine schöne vornehme Erscheinung, mit einem ausgeprägten Sinn für Gerechtigkeit und Ritterlichkeit.

Gleich bei seiner Thronbesteigung erwarb er sich die Gunst und Liebe der Untertanen, indem er bei einer großen Teuerung und Hungersnot die herzoglichen Kornkammern öffnen und alles Getreide verteilen ließ. Als »glänzende« Gestalt wurde er von den Dichtern und Minnesängern, wie Neidhart und Tannhäuser, geschätzt, die seine Gastfreundschaft auf der Burg Trausnitz genossen.

Vor allem aber wurde ihm der Name »erlaucht« zugelegt wegen der vielen Besitzerwerbungen, die er auf friedliche Weise tätigen konnte. Durch Erbschaft, Kauf und Belehnung erwarb er eine Reihe von Grafschaften, wie z. B. Andechs-Dießen, Valley, Wasserburg, Deggendorf, Hohenburg und andere.

In einer »Gebietsreform« teilte er das Herzogtum in Pflegschaften und Kastenämter ein und errichtete eine Hofkammer als oberste Finanzbehörde. Für die Verwaltung der Gerichtsbezirke ernannte er sogenannte »Vitztümer«, d. h. Statthalter (von lateinisch vice-dominus = Stellvertreter), denen er die größeren Städte als Amtssitze zuwies.

Um sich ein Gegengewicht gegen die allzu mächtigen Bischöfe und Grafen zu verschaffen, begünstigte er noch mehr als sein Vater die Städte mit ihren reichen Bürgerschaften.

In der *Außenpolitik* hatte der Herzog nicht immer eine so glückliche Hand wie im Innern des Landes. Er fühlte sich an das Haus der Hohenstaufen auch dann noch gebunden, als er sehen mußte, daß dessen Zeit zu Ende ging. Zu sehr hatte Kaiser Friedrich II. durch eine unglückliche Italienpolitik das Ansehen des Hauses erschüttert.

Auf dem Konzil von Lyon (1245) wurde der Kaiser in einer feierlichen Sitzung unter Anklage des Meineids, der Urheberschaft der Ermordung des Herzogs Ludwig von Bayern, der Gewalttätigkeit und der Verfolgung der Kirche gebannt. Papst Innozenz IV. richtete auch an den Herzog Otto II. die Mahnung, sich vom exkommunizierten Kaiser zu trennen. Allein der Herzog war durch viele Bande der Verwandtschaft und Dankbarkeit an den Hohenstaufen gebunden.

Der Sohn des Kaisers, Konrad IV. (1250–1254), hatte vor kurzem die Hochzeit mit Ottos Tochter Elisabeth auf dem Schloß Vohburg gefeiert. Auch hatte der Kaiser dem Herzog die Verwaltung in Österreich übertragen. So wurde auch über den Herzog der Bann und über ganz Bayern das Interdikt ausgesprochen. Damit brach für Bayern eine düstere Zeit des Schreckens herein. Die Kirchen wurden geschlossen, jeder öffentliche Gottesdienst aufgehoben, keine neugeborenen Kinder mehr getauft und kein Toter kirchlich beerdigt. Diese Zeit war den Raubrittern günstig, die Kirchen erbrachen und ausplünderten.

Nach dem Tode des Kaisers Friedrich II. (1250) hielt der Herzog auch dessen Sohn Konrad IV. die Treue, der sich nur mit Mühe gegen seine vielen Feinde behaupten konnte. Auf einem Feldzug gegen den mächtig aufstrebenden Ottokar von Böhmen wurde Otto der Erlauchte vom Schlag gerührt (1253) und starb reumütig in Gegenwart des berühmten Predigers Berthold von Regensburg, der den Herzog zur Rückkehr zur Papstpartei bewegen wollte. Trotz der noch gültigen Exkommunikation wurde er in aller Stille in Scheyern ins gesegnete Grab gelegt. Darum können wir in der Johannes-Kirche in Scheyern unter dem Bild von Otto II. lesen:

Das väterliche Rom hat mich gebannt;
aber Scheyern, die Stamm-Mutter,
hat mich dankbar ins gesegnete Grab gelegt.

Wenige Jahre nach dem Tode des Herzogs wurde der Bann gelöst und die kirchliche Beisetzung in aller Form nachgeholt.

6 Ludwig der Strenge 1253–1294

Von den beiden Söhnen Ottos des Erlauchten beanspruchte jeder das väterliche Erbe. Im Jahre 1255 teilten sie das Herzogtum wie einen Privatbesitz. Der ältere Ludwig II. bekam die Pfalz und das bayerische Oberland, das sich von da an »Oberbayern« nannte; dazu gehörten die alten Hausgrafschaften der Wittelsbacher und Andechser, und Ingolstadt mit den Gebieten nördlich davon. Dem jüngeren Heinrich XIII. fiel das reiche Unterland, Niederbayern zu, das von der Further Senke bis zum Wolfgangsee reichte. Auch die Städte Erding, Kufstein und Reichenhall zählten dazu.

Da dieser Teilung weitere folgen sollten, kam es zu vielen unseligen Streitigkeiten der Wittelsbacher untereinander, die ihnen den Verlust vieler Gebiete bringen sollten. Andererseits aber steigerten sie das Selbstbewußtsein der neuen »Herzogstädte«, wie München, Landshut, Ingolstadt und Straubing, und gaben mannigfache kulturelle und wirtschaftliche Impulse, deren Zeugen noch heute sichtbar sind.

Ludwig II. war, wie sein Bruder, von harter und unbeugsamer Natur, voll auffahrender Leidenschaft. Den Beinamen »der Strenge« erhielt er zunächst wegen der schroffen Art und Weise, mit der er in seinem Gebiet für Ruhe und Ordnung sorgte. Er zerstörte die Burgen der Raubritter, warf sie in den Kerker und ließ sie nach einem summarischen Prozeß aufhängen.

Seinen Regierungssitz wechselte er zwischen Heidelberg und München. In München erbaute er sich eine neue Residenz, Ludwigsburg genannt. Der Bürgerschaft von München trat er die ganze Rechtspflege und Verwaltung in der Residenzstadt ab. Der bisher vom Herzog eingesetzte Richter wurde von den Bürgern selber aufgestellt.

Unter den Scheyerer Fürstenbildern befindet sich auch eine Tafel, die Ludwig den Strengen darstellt. Er ist abgebildet mit drei Frauen. Die erste, Maria von Brabant, hält einen lebenden Kopf im Schoß. Sie ist die erste Gemahlin des Herzogs (verheiratet 1254), die er infolge eines falschen Verdachts als vermeintliche Ehebrecherin enthaupten ließ. Nach wenigen Tagen überzeugte er sich von der Unschuld seiner Gemahlin und war über die Untat so entsetzt, daß sein Haar über Nacht ergraut sein soll. Zur Sühne ließ er in Fürstenfeld bei Bruck ein Zisterzienserkloster errichten. Die dortige prunkvolle Barockkirche geht also indirekt auf ihn zurück.

Die zweite abgebildete Frau stellt Anna von Schlesien-Glogau dar, mit der sich Ludwig 1260 vermählte und die 1271 eines natürlichen Todes starb. Sie hält darum einen Totenschädel im Schoß.

Die dritte neben dem Herzog stehende Frau ist Mechtild, die Tochter Rudolfs von Habsburg, der 1273 nach der »kaiserlosen, schrecklichen Zeit« des sogenannten Interregnums als »unbedeutender und armer Graf« zum König gewählt wurde.

Aus der Ehe mit Mechtild entsprossen zwei Söhne:

Rudolf I. der Stammler (1274–1319; Herzog 1294–1317), welcher der Stammvater der rudolfinisch-pfälzischen Linie der Wittelsbacher wurde. Diese pfälzische Linie kam 1777 mit Karl Theodor auch in Bayern wieder zur Herrschaft.

Der zweite Sohn ist Ludwig der Bayer (1282–1347; Herzog: 1294–1347), der nach der Schlacht bei Mühldorf (1322) gegen den Habsburger Friedrich den Schönen als deutscher König bestätigt wurde.

In den Beziehungen zu Scheyern taucht Ludwig der Strenge mehrmals auf. Aber jedesmal erscheint er weniger als »strenger Herr« denn als umsichtiger Richter, dem daran gelegen war, die verschiedenen Anliegen der einzelnen Parteien durch eine vernünftige Regelung zu befriedigen.

So gab er dem Kloster 1259 einige Güter bei Berbling und bekundete dabei seine unvoreingenommene Liebe zu ihm.

Als 1285 Prior und Konvent von Scheyern den Abt Friedrich von Heidenheim wegen Mißwirtschaft bei Herzog Ludwig verklagten, setzte er ihn nicht ab, sondern beauftragte den Bischof von Freising mit der Schlichtung des Streites.

Diese Episode kündet den Beginn einer neuen Zeit an. Die Vögte konnten nicht mehr so selbstherrlich schalten und walten wie früher. Die Verhältnisse drängten dazu, daß das Kloster die Eigenverantwortung, die es laut Stiftungsurkunde formell schon lange besaß, auch tatsächlich in vollem Umfang ausüben durfte. Unter dem Nachfolger Ludwigs des Strengen, unter Kaiser Ludwig dem Bayern, sollte dies endlich eintreten.

Die Äbte von Scheyern in der Zeit der Vögte

Propst Otto, 1077 bis Ulrich IV. Perchtinger, 1313

In der Chronik von Scheyern (Chronicon Schyrense) des Abtes Konrad († 1226) wird die Geschichte des Klosters weitgehend als die Geschichte seiner Äbte geschildert. Mit einer erstaunlichen Offenheit legt er ihre Vorzüge und Fehler dar. Es sei hier jedoch darauf hingewiesen, daß manches sogenannte »Versagen« der Äbte auf Kosten der Vögte geht. Selbstverständlich waren auch die Äbte Menschen, die trotz ihrer Fehler als Werkzeuge Gottes dienten. Dies darzustellen ist vor allem die Absicht des Geschichtsschreibers Konrad, der ja selber Abt war. Einleitend zu seiner Äbteliste schreibt er: »Einige haben nämlich glücklich und gottesfürchtig diesem Ort vorgestanden; einige aber haben ihren Vorteil gesucht, und nicht was Gottes ist, sie haben die Schafe und die Güter eher zerstreut als sie gesammelt, sie haben nicht auf das Wort des hl. Benedikt geachtet, daß auf die Meister zurückfalle, was von den Schülern gefehlt wird.«

Um ein abgerundetes Bild der Geschichte des Klosters Scheyern in den ersten beiden Jahrhunderten zu erhalten, werden außer dem »Chronicon Schyrense« des Abtes Konrad noch andere Quellen herangezogen, so vor allem die »Annales Schyrenses« des Geschichtsschreibers Aventin (1517), die erweiterte Ausgabe der Scheyerer Chronik von Abt Stephan Reitberger (1623), die einschlägigen Papst- und Kaiserurkunden und sonstige Urkunden.

1 a Otto, Propst in »Zell« um 1077 – † um 1087

In der Gründungsgeschichte des Conradus Schyrensis ist zu lesen, daß vor 1077 zwei adelige Einsiedler, Otto und Adelpreht, am Fuß des Wendelsteins, tief im Wald, eine Zelle errichtet, Männer gleicher Gesinnung um sich geschart und ein Klösterchen gegründet haben. Die Gräfin Haziga machte die ersten Stiftungen und vergab die ganze Gründung an den Abt von Hirsau. 1077 wurde die Kirche eingeweiht. Der Abt von Hirsau, der bekannte Abt Wilhelm, sandte 12 Chormönche und ebensoviele »barbati«, also bebärtete Laienbrüder, um die Hirsauer Statuten in »Zell« einzuführen. In der Chronik lesen wir darüber:

»Später aber, als sich die Zahl der Brüder erhöhte, übertrug die obenerwähnte Gräfin mit der Hand des genannten Testators Amelbert diesen Ort und die Kirche Helingeriswenga mit allen ihr beigegebenen Gütern an das Kloster St. Peter in Hirsawgie. Bedingung dabei war, daß dessen Abt künftig für jene

Stätte durch den besten Gottesdienst seiner Brüder Sorge tragen sollte. Diese Forderung der monastischen Lebensweise verwirklichte hier zuletzt der selige Abt Willihelm auf fruchtbare Weise, indem er von seinem Kloster zwölf Mönche und ebensoviele Laien schickte, um die gleiche Regel, die sie in Hirsawgie [Hirsau] erlernt hatten, auch an diesem Ort zu beobachten.«

1 b Erchimbold 1096–1111

Wegen der Ungunst des Ortes wurde um 1085 die Gründung nach »Vischpachau« (Fischbachau) verlegt, wo um 1087 eine erste Kirche zu Ehren Mariens gebaut und eingeweiht wurde. Wilhelm von Hirsau setzte als ersten Abt im Jahre 1096 den Mönch Erchimbold ein. Um 1100 ging man an den Bau der Martinskirche, die um 1105 eingeweiht wurde. Unter Erchimbold erfolgte die Verlegung des Klosters nach »Usenhoven« (Eisenhofen) bei Dachau. Als Grund dieser abermaligen Verlegung werden ungünstige Ortsverhältnisse angegeben. Diese könnten mitgespielt haben, dürften aber nicht der ausschlaggebende Grund gewesen sein, denn auf dem Petersberg waren die Ortsverhältnisse auch nicht besser. Der eigentliche Grund dürfte wohl gewesen sein, daß die verschiedenen Linien eine gemeinsame Grablege suchten, die von den Mönchen betreut wurde. Diesen Grund konnte man aber gegenüber dem Papst nicht vorbringen, der eine völlige Unabhängigkeit von jeglicher weltlichen Herrschaft verlangte.

Wer in der Zeit von 1087 bis 1096 Vorsteher des Klosters war, ist nicht überliefert. Unter Erchimbold erlebte die junge Gründung eine erste Blüte, wie aus der Chronik zu ersehen ist:
»Schon nach kurzem aber bemühte sich Abt Erchimbold zusammen mit der Gräfin Haziga, Vispach [Fischbachau] dem Römischen Stuhl zu übertragen, damit es mit Ausnahme allein des Römischen Stuhls keine Rücksicht auf irgendeine weltliche Herrschaft zu nehmen brauche. Man schickte also einen Boten nach Rom, erlangte die römische Bestätigung, überstellte Vispach in römischen Schutz und übergab es dem hl. Petrus zum Eigentum. Geschehen ist dies im Jahr 1103 der Geburt des Herrn, im vierten Jahr des Pontifikats von Papst Paschalis.
Nach einiger Zeit freilich, nachdem die oben erwähnte Haziga seligen Angedenkens mit ihren Söhnen Ekkehard und Pernhard glücklich aus dem Elend dieser Welt geschieden war, als Erchimbold dem Ort und dem Kloster des hl. Martin mit entschlossener Leitung vorstand und er sah, wie die ihm überlassene Herde von Tag zu Tag anwuchs und immer mehr adelige Söhne ihm zur Erziehung unter der regelgemäßen Zucht anvertraut wurden, da bedachte er, daß der Ort Vispach für die mönchische Lebensweise nicht geeignet sei und

---

18 *Petersberg bei Eisenhofen. Die kleine Basilika (um 1100/1110) hat ihre romanische Baugestalt bewahrt. Das Türmchen wurde im 18. Jahrhundert hinzugefügt*

man in vielen Dingen Beschwernis zu erdulden habe. Er nahm also nach Beratung mit angesehenen und bekannten Fürsten, dem Grafen Otto von der Burg Schyren, einem Sohn der schon oft genannten Haziga, und dem edlen Grafen Perichtold von Purgek, und mit deren Hilfe und Rat glücklich einen Ortswechsel in Angriff und entschied, das Kloster nach Usenhofen [Eisenhofen] an den Fluß Glana [Glonn] zu verlegen.«

2a **Wolfhold** 1111

Die Wahl des Nachfolgers von Erchimbold sollte sich nach den Vorschriften der Hirsauer Statuten und nach den Bestätigungsurkunden von Kaiser und Papst, in voller Freiheit und Unabhängigkeit vollziehen. Aber der gewählte Abt Wolfhold fand aus irgendeinem Grund nicht die Billigung des Klostervogtes Otto III., der sich dann auch durchsetzte. Mit Rücksicht auf die Stifter ist er in der Äbteliste des Abtes Konrad stillschweigend übergangen worden. Wahrscheinlich hatte er die Abtweihe noch nicht empfangen. Von diesem Abt erfahren wir nur aus anderen Quellen, so aus den Annalen des Klosters Admont und aus der Chronik der Erzdiözese Salzburg. Danach konnte Wolfhold die »Verfolgungen seines Vogtes« nicht mehr ertragen und hat sich in das Kloster St. Georg im Schwarzwald zurückgezogen, von wo ihn Erzbischof Konrad von Salzburg als Abt nach Admont rief. Dort entfaltete er eine äußerst segensreiche und fruchtbringende Tätigkeit. Zeitweilig diente er dem Erzbischof als Generalvikar. Wolfhold war vor seinem Eintritt ins Kloster Eisenhofen Kanoniker in Freising. Er starb im Ruf der Heiligkeit am 1. November 1137. Aus der Chronik der Erzdiözese Salzburg (MGSS, XI, 42) erfahren wir darüber:

»Dieser Wolvold war einst Kanoniker der Kirche in Freising, hernach Professe der klösterlichen Ordnung und Vorsteher im Kloster Husenhoven, das hernach nach Schiren verlegt wurde. Aber er vermochte die Verfolgung seines Vogtes nicht mehr ertragen und, da er eine Frucht in dem ihm anvertrauten Weinberg nicht sehen konnte, sorgte er für sein Seelenheil vor, verließ den unfruchtbaren Acker seiner Behausung und begab sich zum Kloster des heiligen Georg unter den Gehorsam des genannten Herrn Theoger.

Dieser stimmte der Bitte des Herrn Erzbischofs um dessen Entsendung gnädig zu, und weil er voll des Geistes Gottes war, bezog er eine alte Prophezeiung auf ihn, die dann hernach auch der Ausgang der Sache offenkundig bestätigte. Er sagte nämlich dem Frater Ulrich, dem genannten Legaten des Erzbischofs:

Führt ihn mit Freude weg, und wisset sicherlich, daß durch ihn eure ganze Umgebung im göttlichen Dienst voranschreiten wird.

19 Petersberg bei Eisenhofen. Romanischer Innenraum mit Fresken, die 1906 freigelegt wurden. Mit Ausnahme des barocken Gestühls zeigt sich die Kirche heute so, wie sie der Schreiber der Scheyerer Chronik um 1200 gesehen hat. In der Chorapsis: Unten die von Engeln begleitete Muttergottes; darüber Leben und Sterben des Kirchenpatrons St. Petrus, in der Mandorla, auf einem Regenbogen thronend, der segnende Christus

Diesen also hat der Herr Erzbischof, gleichsam von Gott geschickt, mit größter Ehrerbietung aufgenommen. Und er war ihm beigestanden mit dem ganzen Wohlwollen des Herzens, bei der Erneuerung unseres Klosters und bei seiner Hebung im inneren und äußeren Bereich.

Durch seine Hilfe und sein Wohlwollen wurde der genannte Abt, unser Herr Wolvold in allem unterstützt, fing er an eine große Anzahl von gläubigen Männern und Frauen um sich zu scharen. Denn er versammelte sehr viele Mönche und Brüder und Schwestern unter seiner Leitung, die er als erster hier vereinigte und für die von allen Seiten Ankommenden ein Kloster errichtete.

Als der genannte Erzbischof seine Umsicht und Klugheit sah, vertraute er ihm einen Teil seiner Hirtensorge an, weihte ihn zum Erzdiakon und stellte ihn den übrigen Erzdiakonen der Kirche voran. Das Kloster der geweihten Nonnen bei Sankt Georg überantwortete er, im Jahre der Geburt des Herrn 1122, seiner Sorge und Leitung, das er selber geschickt zum Gipfel des geistigen Ordensleben heranführte und erneuerte...

Als unser vorhin genannte Vater Wolvold nach reichen Früchten des klösterlichen Lebenswandels glücklich aus dem Erdenlicht am 1. November im Jahr der Geburt des Herrn 1137, und im 23. Jahr seiner Regierung, hinweggenommen wurde, wählten die Brüder in gemeinsamer Wahl den Herrn Gotefried, den Prior des Klosters zum heiligen Georg, zu ihrem Abt.«

2b Bruno 1111–1127

Nach dem Tode von Erchimbold bzw. nach der Absetzung von Wolfhold schickte der Abt von Hirsau einen nahen Verwandten des Kaisers nach Eisenhofen als Abt, den Mönch *Bruno*. Dessen Mutter und die Mutter des Kaisers Heinrich V. waren Geschwister. Einen solchen Mann mußte auch der allgewaltige Vogt respektieren, selbst wenn er von Hirsau kam.

Die Chronik ist voll des Lobes für Bruno. Auf seinen Rat hin erfolgte die nochmalige und letzte Verlegung der Gründung von Eisenhofen nach Scheyern, um das Jahr 1119:

»*Bruno* – Anfang von Scheyrn –

Im Jahr des Herrn *1111* stirbt Erchenwold, der erste Abt, und Bruno wird gewählt, ein Mann von hervorragender edler Herkunft; dieser Bruno war nämlich der Sohn der Mutterschwester des Kaisers Heinrich. Dieser regierte in Ausenhofen acht Jahre lang. Unter ihm geschah auch die Verlegung des Klosters. Sehr gewissenhaft hat er diesem Ort vorgestanden, und er war angenehm und geschätzt sowohl dem Herrn als auch den Menschen. Er regierte in Ausenhofen und in Scheyrn 16 Jahre lang.«

Nach Bruno folgten vier Äbte, von denen jeder nur wenige Jahre im Amte war. Ulrich II. starb bereits nach zwei Jahren Regierungszeit, die übrigen wurden abgesetzt. Sie mußten die strenge Hand des allgewaltigen Pfalzgrafen und Vogtes Otto IV. (Otto V.) von Wittelsbach spüren, der offenbar nicht nur die Kirche von Freising »drangsalierte« – wie sich Bischof Otto von Freising beklagte – sondern auch in Scheyern seine Macht zeigte. Allem Anschein nach war er auf die Hirsauer Reform schlecht zu sprechen.

3 Ulrich I. 1127–1128

Der Chronist berichtet: »Nach dem Tode des Bruno folgte ein gewisser Ulrich, der jenem Kloster kaum ein Jahr vorstand. Der Nachwelt hinterließ er nichts, was der Erinnerung wert wäre. Auf Einspruch der Fürsten, die aus Liebe zu Gott auf den Ort und die Erbschaft verzichtet hatten, wird er aus einem unbekannten Grunde abgesetzt.«

4 Ulrich II. 1128–1130

Auch über diesen Ulrich sind sich die Chronisten einig in der Beurteilung: »Nach seiner Absetzung wird ein anderer Ulrich gewählt, eine edle und fromme Persönlichkeit, der aber leider kaum zwei Jahre regierte; dann starb er.«
Unter seiner Regierung schenkte Bischof Hermann von Augsburg dem Kloster, durch Vermittlung des Archidiakons jener Gegend, Hildebert, ein Drittel des Zehents der ganzen Pfarrei Berg (bei Schrobenhausen). Zum steten Gedenken an diese Schenkung hat das Kloster durch Vermittlung des Pfalzgrafen Otto eine Hube in Sulzemoos für den Altar der Gottesgebärerin Maria in der Stadt Augsburg gegeben.

5 Marquard 1130–1131

Nach dem Tod des Ulrich II. wurde ein gewisser Marquard gewählt, der nach kaum einem Jahr vom »Fürsten«, also vom Vogt Otto, wieder von seinem Amt entfernt wurde. Den Grund dieser Absetzung konnte auch Aventin nicht erfahren. Es ist verständlich, daß er in dieser kurzen Zeit »der Nachwelt nichts Erinnerungswertes« hinterließ.

6 Gozzold 1131–1135

Auch den nächsten Abt ereilte das gleiche Schicksal wie seine Vorgänger. Bereits nach vier Jahren wurde er vom Vogt abgesetzt. Der Chronist Konrad weiß nur zu berichten: »Ein gewisser Gozzold wird gewählt. Nachdem er nichts von Bedeutung geleistet hatte, wird er abgesetzt.«
Dem Aventin erscheinen diese Angaben zu trocken. Darum fühlt er sich gedrängt, sie etwas auszuschmücken und seine Phantasie spielen zu lassen: »Es folgt Gozzold. Was er Gutes, oder was er Schlechtes getan hat, darüber ist überhaupt nichts überliefert, außer, daß er – vielleicht nicht ohne Grund – von seiner Verwaltung vertrieben wurde.«
Abt Stephan Reitberger (1623) will dem Abt Gozzold nicht Unrecht tun und

bemerkt darum kurz und bündig: »Im Jahre des Herrn 1131 wird Gozzold gewählt, der keine fünf Jahre in der Abtei verbrachte.«

7 Ulrich III. 1135–1160

Dieser Abt konnte endlich einmal längere Zeit, nämlich 25 Jahre, im Amte verbleiben. Dazu mag die nochmalige Bestätigung des Papstes Eugen III. vom Jahre 1145 und die Unterstützung durch den Freisinger Bischof Otto I. (1138 bis 1158) beigetragen haben. Außerdem scheint der Vogt Otto V. (Otto IV.) zu einer maßvolleren Haltung übergegangen zu sein.

Der Chronist Konrad schreibt über ihn: »Im Jahr des Herrn 1135 wird der Abt Gozzold abgesetzt und Ulrich III. gewählt, ein Mann frommen Lebenswandels, weise und klug, allen angenehm. Dieser litt mit beginnenden Alter an einer Augenkrankheit. Aus Liebe zu Gott und gegen den Willen aller schied er von seiner Stellung und verblieb in Vischpachau, wo er auch begraben wurde. Er regierte aufs vortrefflichste 25 Jahre lang.«

Aventin ergänzt dazu: »Er erwirkte von Alexander IV. die Mitra und die Sandalen, und von Konrad dem Herzog von Dalmatien und Grafen von Dachau erhielt er einen ansehnlichen Teil des heilbringenden Kreuzes. Schließlich schied er erblindet gegen den Willen aller von seinem Amt. Begraben wurde er in Fischbachau.«

Reitberger bemerkt, daß Aventin aufgrund einer falschen Randnotiz in der Chronik ein Irrtum unterlaufen sei. Papst Alexander IV. hat viel später regiert und das Recht der Pontifikalien dem Kloster Scheyern am 29. Juli 1260 verliehen. Dagegen stimmt er seiner Bemerkung zu, daß unter diesem Abt das heilige Kreuz, um 1156, dem Kloster Scheyern übergeben wurde.

Das gehobene Ansehen des Klosters bewog viele Gönner, reiche Schenkungen zu machen. Graf Ekkehard, der selbst Mönch in Scheyern wurde, übergab um 1140 drei Höfe: in »Snaterpach, Lewarn und Gundilehofen«; und Graf Arnold von Dachau vermachte dem Kloster einen Hof in »Hag« (Fernhag) zusammen mit einem Teil des Scheyerer Forstes. Weitere Schenkungen wurden gemacht in Mitterscheyern, Viehhausen, Rumeltshausen, Tegernbach, Wolvenhoven, Gundamsried, Steinkirchen und Wichfritshofen.

Aus anderen Quellen (MGSS X, 84 und 109) erfahren wir, daß Ulrich III. zunächst den vereinten Bemühungen von Herzog Heinrich X. von Bayern und des Pfalzgrafen Otto widerstanden hat, das Amt eines Abtes von Scheyern anzunehmen, bis dann Papst Innozenz II., im Verein mit Kaiser Lothar, ihn dazu nötigte. Er stammt von Lendingen [Lenningen] und Sperberseck und war vor seinem Eintritt in den Orden Dompropst von Speyer und dann Prior von Zwiefalten. Mit seiner Regierung endet die Hirsauer Periode.

8 Eberhard 1160–1171

Ulrichs Nachfolger Eberhard war wie sein Vorgänger ein Adeliger, über den der Chronist Konrad schreiben mußte: »Im Jahr des Herrn 1160 hat der Abt

Ulrich III. auf die Abtei resigniert und Egghard wird gewählt, ein Mann zwar von edler Herkunft, aber von seichter Frömmigkeit. Er hat den Nachfahren nichts hinterlassen, was der Erinnerung wert wäre. Er wird abgesetzt, weil man in ihm keinen nützlichen Hausverwalter sah. Er regierte 11 Jahre.«
Aventin weiß noch einiges, teilweise phantasievoll, zu ergänzen. Auch kann er es nicht unterlassen, einige spitzige Bemerkungen über die Adeligen anzufügen. »1160. *Eberhard* folgt durch die Wahl der Brüder. Er war zwar von Geburt von edlem Blut und von berühmten Eltern, aber in schlechtem Ruf wegen seines Leichtsinns und Hochmuts – Fehler, die den Adeligen gemeinsam sind. Er wird deshalb im 11. Jahr von der Verwaltung des Klosters von den Grafen und Fürsten von Wittelsbach vertrieben, beziehungsweise tat er es auf Bitten der Fürsten freiwillig. Im gleichen Jahr wurde am 21. Januar das Kloster durch ein Feuer verbrannt und zerstört.«
Die etwas mißverständliche Bemerkung, daß das Kloster am 21. Januar durch ein Feuer verbrannt wurde, bezieht sich auf das letzte Jahr seiner Regierung, also auf das Jahr 1171.
Selbst der sehr taktvolle Abt Stephan Reitberger muß zugeben, daß Eberhard »in der Frömmigkeit nicht edel« war. »Im Jahre des Herrn 1160 hat Ulrich III. auf die Abtei resigniert und Eberhard wird gewählt; er war zwar edel von Geburt, aber nicht so sehr in der Frömmigkeit, der daher auf Bitten der Fürsten von seiner Stellung zurücktrat. Er regierte 11 Jahre lang.«
Es ist bezeichnend, daß hier der Vogt nicht als Herrscher, sondern als Bittsteller auftritt. Inzwischen hatte nämlich Otto VI. (V.), der spätere Herzog Otto I., die Schutzherrschaft über Scheyern angetreten.

9 Baldemar 1171–1203

Als Chronisten führen wir zunächst Aventin an, der von Konrad und Reitberger, etwas ergänzt wird. »1171. *Baldemar.* Baldemar wird gewählt, der durch die Gunst aller 32 Jahre lang weise und klug dem Kloster vorstand. Er war ein Mann, der die kirchlichen Angelegenheiten ungemein liebte, kein alltäglicher Patron der Gastfreundschaft und der Armen, nach dem Gebot des hl. Paulus. Es war zu seiner Zeit das Kloster fast aus Holz gebaut, daher ist es zweimal zu seiner Zeit abgebrannt. Aber er hat alles mit großer Sorgfalt vollständig wieder aufgebaut. Er war ein Mann, der in seiner überaus großen Strenge sich nicht nur vom Fleisch, sondern auch von jeglichem Fett bis zu seinem Tode enthielt.«
Zusammen mit den Chronisten Konrad und mit Reitberger ergibt sich folgendes Bild: Nach Eberhard wurde Baldemar gewählt, ein strenger und gottesfürchtiger Mann, ein guter und kluger Hausverwalter, der 32 Jahre lang dem Kloster vorstand. In seiner Strenge gegen sich selbst enthielt er sich zeitlebens nicht nur vom Fleische, sondern auch von allem Fett. Zu seiner Zeit war das Kloster noch »fast ganz« aus Holz gebaut. Durch »göttliche Fügung« wurde es zweimal, am 21. Januar 1171 und am 16. November 1183 – vier Wo-

chen nach der Beisetzung des Herzogs Otto I. – durch ein Feuer vernichtet. Der Abt ließ es aber in einem besseren Zustand wiederherstellen.

Ob wir aus diesen Angaben entnehmen können, daß auch die Klosterkirche zunächst ganz aus Holz errichtet war, ist fraglich. Denn zumindest der Chronist Aventin bemerkt – zur Verdeutlichung – daß das Kloster »fast ganz« aus Holz gebaut war. Die Vermutung liegt nahe, daß wenigstens die Kirche – wie in Fischbachau und auf dem Petersberg – von Anfang an aus Ziegelsteinen gemauert war, so daß nur das Dach aus Holz bestand. Der Chronist unterscheidet gelegentlich zwischen »monasterium« und »claustrum«. Unter »monasterium« ist dann auch die Klosterkirche zu verstehen im Gegensatz zum »claustrum«, dem eigentlichen Klostergebäude.

Die beiden Daten des Brandes sind aus den Annalen des Chronisten Konrad entnommen. Das wichtigste Ereignis in dieser Zeit ist die endgültige Überbringung der Kreuzreliquie von Dachau nach Scheyern, im Jahre 1180. Die Tabula perantiqua berichtet: »Als der Letzte von Dachau starb, kam das heilige Kreuz mit ihm nach Scheyern.«

Es handelt sich um den Dachauer Grafen und Herzog Konrad III. Im gleichen Jahr verlieh Kaiser Friedrich Barbarossa dem Pfalzgrafen Otto von Wittelsbach die Herzogswürde. Dieser starb bereits nach drei Jahren, im Jahre 1183, und wurde in Scheyern begraben (vergleiche dazu auch den Sonderbeitrag: »Das Scheyerer Kreuz«).

Auch zur Zeit des Abtes Baldemar erfolgten viele Schenkungen. Unter anderem gingen sehr viele Güter innerhalb der Pfarrei und späteren Hofmark Scheyern gerade in den Jahren 1180, 1183 und 1190 in das Eigentum des Klosters über. Im Jahre 1195 überließ der Bischof U[da]lschalch von Augsburg auf Bitten des Abtes die Pfarrei Edelshausen (bei Schrobenhausen) dem Kloster Scheyern.

10 Hartmann 1203–1206

Hartmann war bereits bejahrt, als er auf Bitten des Herzogs Ludwig die Bürde des Amtes auf sich nahm. Als er aber der Anstrengung nicht gewachsen war, legte er aus »Achtung vor der Würde Gottes« den Hirtenstab nieder.

Der Chronist Konrad berichtet: »Im Jahr des Herrn *1203* stirbt Abt Baldemar, und Hartmann wird gewählt, ein Mann schon bejahrt und fromm. Auf Bitten des Herzogs Ludwig nahm er dieses sehr drückende Amt schweren Herzens auf sich. Mit Rücksicht auf die Würde Gottes schied er vom Platz. Er hat nur drei Jahre regiert.«

Auch bei den übrigen Chronisten ist nicht mehr aufgeschrieben. Vermutlich war Hartmann mit dem Herzog persönlich bekannt. Aus diesem persönlichen Wohlwollen ist es auch zu erklären, daß der Herzog dem Kloster im Jahre 1206 die Schenkung des Scheyerer Forstes in Aussicht stellte. Diese sollte allerdings erst wirksam werden, wenn er (der Herzog) von einem geplanten Kreuzzug nicht mehr zurückkehren sollte. Da der Kreuzzug jedoch nicht zustandekam, war die Schenkung hinfällig. Es handelte sich jedoch hier nicht um den ganzen Forst, sondern nur um den südlichen Teil. Dieser ging 1339 in die Hände der Familie Mürringer und später in die der Lindauer über. Erst um 1600 kam er in den Besitz des Klosters Scheyern.

11 Konrad I. von Luppburg 1206–1226

Mit Abt Konrad von Luppburg, einem Adeligen, dessen Wahl durch die Anwesenheit des Herzogs Ludwig einen besonderen Glanz erhielt, begegnen wir einem Mann, der aus der Reihe seiner Vorgänger herausragt, dessen Leben und Persönlichkeit aber von einem Schleier des Geheimnisvollen umgeben ist.

Unter ihm erlebte das Kloster einen großen inneren Aufschwung. Vor allem in der Buchmalerei erreichte es einen Höhepunkt. Es wurden mehrere liturgische Bücher geschrieben und mit Malereien geziert, die teilweise noch erhalten sind.

Das bedeutendste Werk ist das »Scheyerer Matutinale«, jetzt einer der größten Schätze der Bayerischen Staatsbibliothek in München. Einen Teil dieses umfangreichen Werkes schrieb Abt Konrad wohl mit eigener Hand, wie er auch als der Verfasser des »Chronicon Schyrense«, der Scheyerer Chronik gilt. Die Hauptarbeit für die über 30 Bücher, die damals geschrieben wurden, leistete jedoch ein Mönch Konrad, der von seinen Mitbrüdern unterstützt wurde.

Der Chronist Konrad und dessen Nachfolger (bereits eine andere Hand!) berichtet über ihn in seiner »Chronik«: »Diesem folgte der junge und schlichte Chounrad, wobei Ludwig, der Herzog der Noriker, zugegen war; dessen Anwesenheit war später dem Ort von großem Nutzen. In der Zwischenzeit nämlich war dieser Herzog sehr gegen diesen Ort aufgebracht, aber er blieb, wie später der Ausgang der Sache erwies, bestehen, weil uns die hl. Gottesmutter beschützte. Dieser Chounrad erbaute die Kirche des hl. Martin neu aus Ziegelwerk und erhöhte die Allerheiligenkapelle; auf seinen Wunsch wurde sie von dem ehrwürdigen Patriarchen Wolfker von Aquileja geweiht. Die Klosterkirche wurde ebenfalls auf seinen Wunsch hin vom ehrbaren Bischof Otto II. von Freising im Jahr 1215 konsekriert. Er ließ ein schönes Fastentuch anfertigen, erwarb Güter und ging nach Rom, von wo er kostbare Stoffe mitbrachte. Am Ende wich er unter Zwang aus seiner Stellung und gab den Stab zurück.

Bei der Kirche des hl. Martin handelt es sich um die Pfarrkirche, die auf dem jetzigen Pfarrfriedhof stand. Die Allerheiligenkapelle ist die spätere Kreuzkapelle.

Im Äbtekatalog des Konrad wird ergänzend dazu berichtet, daß es sich bei den »kostbaren Stoffen«, die der Abt aus Rom mitbrachte, um Purpurstoffe handelte.

Aventin ergänzt dazu noch: »... Er wollte auf Grund eines Gelübdes, wovon er aber vom Erzbischof von Salzburg entbunden wurde, nach Palästina pilgern. Er regierte zwanzig Jahre lang. Unter Anwesenheit des Herzogs Ludwig von Bayern und der Bischöfe von Eichstätt und Freising dankte er freiwillig ab.

Zu seiner Zeit glänzte besonders Konrad der Philosoph, Küster und Prior des Klosters Scheyern, ein in allem sehr sorgfältiger Mann. Er schrieb mehr als 30 Codizes völlig fehlerfrei…«

Über die geplante »Pilgerfahrt« ins Heilige Land schreiben die Annalen: »1225. Ein gewisser Kreuzprediger, mit Namen Johannes, zog durch viele Orte und begeisterte durch seine Predigt eine unendliche Menge von Reichen und Armen zur Fahrt über das Meer. Unter diesen lud auch unser Abt Konrad das Zeichen des Kreuzes auf sich; aber er wurde vom Bischof von Salzburg absolviert.«

Ebenso erfahren wir aus den Annalen, daß im Jahre 1215 der Herzog Ludwig in die Gefangenschaft des Grafen von Jülich geriet. Zu dessen Freikauf steuerte »dieser Ort« allein die große Summe von 100 Talenten bei.

Nach der unfreiwilligen Abdankung scheint sich Abt Konrad nach Fischbachau zurückgezogen zu haben, wo er noch 1245 in einer Urkunde als Vorstand der Martinikirche erwähnt wird. Gestorben ist er vermutlich in Tegernsee. Dort taucht sein Name in einem Jahrtagebuch für die Verstorbenen auf.

Daß aber Abt Konrad nicht nur ein feinsinniger Förderer von Kunst und Wissenschaft war, sondern auch ein umsichtiger Verwalter der Besitzungen, dafür geben verschiedene Streitigkeiten Zeugnis, die er zu Gunsten des Klosters entscheiden konnte.

Am 6. April 1209 bekräftigte ein Schiedsgericht, daß das Patronatsrecht über der Pfarrei Berg (bei Schrobenhausen) auf Grund einer alten Schenkung durch den Grafen Berchtold von Burgeck zu Scheyern gehöre. 1224 erwarb das Kloster ein Benefizium in Faistenau (bei Fischbachau) und 1225 entschied Herzog Ludwig, daß das Gut Waltenhofen (Landkreis Fürstenfeldbruck) dem Kloster zugesprochen werde.

Höhepunkt des Streites zwischen Kloster und Vogt

Es bleibt noch die Frage offen, aus welchen Gründen Abt Konrad vom Herzog gezwungen wurde, abzudanken.

Der nicht nur der Herkunft nach, sondern auch charakterlich edle Abt Konrad war zunächst von Herzog Ludwig begünstigt worden, der großes Vertrauen zu ihm hegte. Umgekehrt war der junge, begeisterungsfähige Abt von der Herrschergestalt des Herzogs stark beeindruckt. Führen wir uns nochmals die betreffenden Stellen aus der Chronik vor Augen.

Der Chronist Konrad schreibt: »Diesem folgte der junge und schlichte Chounrad, wobei Ludwig, Herzog der Noriker, zugegen war; dessen Anwe-

20–39 Bildzyklus der »Scheyerer Fürstenbilder«, um 1623 auf Holztafeln gemalt und in der Grabkapelle der Wittelsbacher in Scheyern (»Fürstenkapelle«) aufgehängt: eine umfassende Bildgeschichte des bayerischen Herrscherhauses

OTTO. IMP. ARNOLDVS. WERNHERVS. ⚜ AGNES. ARNOLDVS. BEATRIX; WERNHER.
AB. OTTONE. IMP. SCHVRÆ. PROCERES. REGALIA. CAPIVNT. SED. PRIVS. AB. HVNGARIS. TEDAS.

IMPERATOR. HENRICVS. GISELA. ⚜ REX. VNGARIÆ. STEPHANVS. ⚜
HENRICVS. SOROREM. SVAM. GISELAM. STEPHANO. VNGARIÆ. REGI. FELICITER. DESPONDET

20 Bild 1: Kaiser Otto (936–973), Arnold † 937, Wernher † 947, rechts: Agnes, Arnold,
Beatrix, Wernher. »Die Vornehmen erhalten von Kaiser Otto zu Scheyern Königsgüter,
aber vorher schon empfingen sie von den Ungarn Brautgeschenke«. [Die Belehnung war
bereits durch frühere Kaiser geschehen]

21 Bild 2: Kaiser Heinrich II. (1002–1024), Gisela, König Stephan von Ungarn. »Heinrich
verlobt [996] seine Schwester glücklich mit König Stephan von Ungarn«

REX. STEPHAN.ᵒ GISELA ADALBERT.ᵒ EPISC.OP.ᵒ PRAGENSIS. ETC .
R .STEPHAꝰ CꝰGISELA A. ISQ SCHꝛAM PETIT ET IBI FONTE. S.TINCTꝰAVGVSTOS. HꝫMENæOS. FACIT.

PASC. II. P.M. OTTO. FVNDAꝝ HAꝫIGA. FVNDATRIX. FILII OTTO. PERINHARDVS ET ECKARDVS.ꝝOTIO
MONASTER: IN CELL.ET VISCHBACHAV ᗛ A PASCHALI II.P.M. CONFIRMATA.

22 Bild 3: König Stephan, Gisela, Adalbert Bischof von Prag etc. »König Stephan begibt sich
    mit Gisela und anderen nach Scheyern und begeht dort, nachdem er schon getauft ist,
    die prunkvolle Hochzeitsfeier. [Die prunkvolle Hochzeitsfeier fand wahrscheinlich erst
    in Regensburg statt]

23 Bild 4: »Paschalis II. Pontifex Maximus [Papst], Otto Stifter, Haziga Stifterin, die Söhne
    Otto, Bernhard und Eckard. Die Gründung der Klöster Bayerisch Zell und Fischbachau
    wird von [Papst] Paschalis II. Pontifex Maximus bestä.

OTTO III. CV PERVOLDO COME FRÆRES E VISCHBACHAV IN VSENHOVEN. ET INDE PETRISSA CONIVGE ET
ALIIS V. COMTBV CONSENTIB? TRANSFERT IN SCHEVRN DOM GENTILTA IN MONASTERIVM MVTATA

CONRADVS. COMES. ET FRATER EIVS. OTTO. ET F. F. OTTO. BERNARDVS. ECKARDVS COMITES DE SCHEYRN
ET DACHAV. A IICE SVA. SE MARIÆ VIRG. DONANT. MANCIPANT.

24 Bild 5: »Otto III. verpflanzt zusammen mit dem Grafen Pervoldus die Brüder von Fisch-
    bachau nach Eisenhofen und von dort, mit Zustimmung seiner Frau Petrissa und ande-
    ren fünf Grafen, nach Scheyern, indem er das Stammhaus in ein Kloster verwandelt«.
    [Dies geschah um das Jahr 1104 bzw. 1119]
25 Bild 6: »Graf Konrad, sein Bruder und die Brüder Otto, Bernhard, Eckard, Grafen von
    Scheyern und Dachau, und andere schenken und eignen ihre Habe und sich selbst der
    Jungfrau Maria«. [Beschluß der Grafen von Scheyern, um 1116, ihre Stammburg den
    Mönchen zu geben]

Within image 1:
BAVARIAM POSTANNOS
CCXXXII LAVDA
BILI VIRTVTE
RECVPERO 1180

OTTO MAGNVS
WITTELSPACENSIS

TANT EST HEROS HIC V EV DEPINGERE SED EXPRIMERE NEMOPOSSIT IMO NEC QVIDE DEPINGERE E
NAM ET VIRT OB MAGNITVDNE PENICILLO SVBDI TABVLE INCVDI PT PRO HEROV DEC MARMVM

Within image 2:
CATARINA BNDCTA CHRISTINA SEGIRET ELISABETHA AGNES RADEGVNDIS GERTRVD
MIRANTVR MVLTI MAGNOS ESSE BOIE PRINC SED SI VDERENT PROGENIEM OBSTVPESCERENT

26   Bild 7: Pfalzgraf Otto VI, um 1180: »Bayern gewinne ich nach 232 Jahren mit rühmli-
      cher Kraft zurück«. [Otto wurde um 1180 zum Dank für seine Treue von Kaiser Fried-
      rich Barbarossa mit dem Herzogtum Bayern belehnt]

27   Bild 8: Katharina (von England), Benedicta (Hirschberg), Christina (Castell), Segiret
      (Burgund), Elisabeth (Baden), Agnes (Lothringen), Radegundis (Frankreich), Gertrud
      (Kärnten). »Viele wundern sich, daß die Fürsten Bayerns groß sind, aber wenn sie ihre
      Nachkommen sähen, würden sie starr werden vor Staunen«. [Dies ist die Schönheiten-
      galerie der Grafen von Scheyern]

BEATRIX · ECKARDVS · HARTWIG ·
ECKARDI · VIRTVE BELLICA CONRADVS · III · HOC SYMBOLO, IEROSOLYMIS EXORNAT

LVDOVICVS · OTTONIS · M · FIL · BAIOARIÆ · DVX · COMES · PALAT RHENI ·
LVD · OLIM · F · SED · EX · HOC · INFELIX · QVOD · IN · IPSO · PONTE · KELHEIM · PER · NARIONĒ VVRE DSIERIT ·

28   Bild 9: Beatrix, Eckard, Hartwig. Eckards kriegerische Tapferkeit zeichnete Konrad III.
     [1138–1152] in Jerusalem mit diesem Zeichen aus«. [Ein Scheyerer Graf Eckehard zeich-
     nete sich auf dem Kreuzzug 1147–1149 aus und durfte als Wappen einen Bundschuh
     führen]

29   Bild 10: Ludwig, der Sohn Ottos des Großen, Herzog von Bayern, Pfalzgraf bei Rhein.
     »Ludwig war einst glücklich, aber dadurch unglücklich, daß er auf jener Brücke zu
     Kelheim sein Leben durch einen Narren endete«. [Herzog Ludwig der Kelheimer
     (1183–1231) wurde bei Kelheim durch einen unbekannten »Narren« ermordet]

ROMA. PARENS. LIGAVT SED. SCHYRA. MATER. IN. SACRVM. NOS. TVMVLVM. GRATIOSE. INDIDIT.
HÆC. ENIM. AVITA. ET. PRIMA. NOSTRÆ. VIRTVTIS. EDVCATRIX. ALTRIXQ. IMORTALIS. EST. D.D.D.

NON. EQ. SED. SVSPICO. IDSCE. PERITA. S. ET. CAVE. CTO. CREDERE. MAGV. H. PRINC. RVD. DE. MACIS. AVDISSET. AT. A. LIVORE. SE. DVCI.
PASSVS. EST. ADEOQ. FR. SVO. AVGVSTO. MINVS. FAVIT. NON. SAT. ÆQV. V. POSTERIS. VISVM. EXEMPLVM.

30 Bild 11: [Links] Kurfürst Otto hat durch seine Vermählung mit Agnes die Kurwürde aus
    Bayern in die Pfalz gebracht. [Rechts] Heinrich, Elisabeth. Herzog Otto II. starb 1253 im
    Kirchenbann, wurde aber in aller Stille dennoch in Scheyern begraben. Zwölf Jahre spä-
    ter wurde er durch den Papst vom Bann losgesprochen

31 Bild 12: [Links] Kurfürst Ludwig II., Mechtild, Anna, Maria. [Rechts] Kurfürst Rudolf,
    Stammvater der Pfälzer Grafen, Mechtild von England oder Nassau
    Herzog Ludwig der Strenge (1253–1294) mit seinen drei Gemahlinnen Mechtild, Anna
    und Maria von Brabant. Maria ließ er wegen eines falschen Verdachtes enthaupten und
    stiftete zur Sühne das Kloster Fürstenfeld. – Rechts: Kurfürst Rudolf I., Sohn Ludwigs,
    ist Stammvater der pfälzischen Linie

ECIDCA.CENTIS.ODPIFERA.IILIA.QVORVM.VIRTVEM.TOVS.ORBIS.ADMIRATVR.ET.DIGNISS.AMPLECTITVR.
NAM.ODOR.ISTE.ITA.BALSAMINVS.EST.V.VEL.IPSVM.OPOBALSAMV.SVPERARE.POTENS.SIT.

HEIC.IPSVS.EST.GERMANIAE.SOL.MAGNVS.MAGNAE.SOBOLIS.PROGENITOR.CVIVS.CLARITATEM.
ET.P.P.M.ALEXANDER.V.EVGENIVS.I.V.INOCENTL.VIII.ALEXANDER.VI.POST.MORTE.E.STATI.SVNT.

32   Bild 13: Hedwig, Rudolf, Agnes – »Bayerische Tapferkeit ist immer echt« – Johann von
       Österreich, Heinrich, Benigna. »Siehe die duftenden Lilien des bayerischen Stammes,
       deren Tugenden der ganze Erdkreis bewundert und gebührend schätzt«. [Der Sinn ist
       wohl: die bayerische Tapferkeit vererbt sich auf die Kinder]
33   Bild 14: Markgraf Ludwig von Brandenburg und sein Vater Ludwig IV., Römischer Kai-
       ser. »Dieser ist die Sonne Germaniens, der große Stammvater einer großen Nachkom-
       menschaft, dessen Ruhm nach seinem Tod selbst die Päpste bezeugten«. [Vater und
       Sohn übertrugen die Kirchen von Pfaffenhofen (1318) und von Vohburg (1356) an
       Scheyern]

VERES R[EGA]A EXPRIMVT. PLVA NOTANT.   ALBERT. DVX. BAV.INF. GVILIELMVS. HOLLAND. STEPHANVS.D.B.SVP.

VIDEN. HOS. HEROES. SVNT. LVD. IV. SACRA. PIGNORA. EIVSQ. SOCER. GENVS. PLANE. REGIVM.
VEL. SI. QVID. REGALI. EST. REGALIVS. IMO. PLVS. QVA M. REGIVM. QVIA. EX. OMNI. PARTE. CÆSA REVM.

BRANDENBVRG. BOEMIA.   MEDIOLANVM.   GORICIA.   RVPERT. RV   STEPHAN. ELS & OR
                                                    D. OPH. ELECHE   LVDOV. IV. FIL.

M. RARIS. IONAS. HAS. PER. ANN. CC X LIII. HEIC. ANONYMAS. STARE. GNOSCE. ILLVSTRISSIM A. INSIGNIA.
EX. ILIIS. SVNT. RVP. AC. STEPH. HINC. ET. ID. SEPTEMVIRATV. PER. VICES. OB. EVDO. VTRINQ. A. M. CCC XXXIX. © VNTM. E.

34   Bild 15: »Die Alten drücken weniger aus, deuten aber viel an«. Albert Herzog von Nie-
     derbayern, Wilhelm von Holland, Stephan Herzog von Oberbayern. [Nach dem Tode
     Kaiser Ludwigs des Bayern 1347 wird das Erbe geteilt. Albrecht I. (1347–1404) erhält
     Niederbayern; Wilhelm erhält Holland; Stephan II. (1347–1375) bekommt das Obere
     Niederbayern, hier mit seinen Söhnen Stephan III., Friedrich II., Johann II. Im Bild links
     eine symbolische Darstellung des Teilungsvertrags mit seinen schlimmen Folgen]
35   Bild 16: Else von Brandenburg, Sophie von Böhmen, Magdalena Visconti von Mailand,
     Katharina von Görz. Rechts: Rupert (1309–1390), Sohn des Kurfürsten Rudolf II. Kur-
     fürst von der Pfalz, Kurfürst Stephan. Auftraggeber der Bilder ist Herzog Friedrich II. von
     Bayern-Landshut (um 1380); er stellt seine Verwandtschaft vor

ELISABET. ALBERT. III. P̄VS. AÑA. CV. ILLVTRISS. PROLS.   CHVNEGVND. ERNEST. ADM. P̄AT. ET. A. SALSB. ALBERT. IV.

ALBERT. RGNVM. BEMIÆ. VLTRO. SIBI. ⊕LATVM. ⊕. EIVSCE. ⚜ EX. P̄RE. B. FL. H. SARENS. ET. C⊕DATVS. PRINC. SIMILES. SIBI. VVM. HÆREDEM. LAVDBILIER. RESRIT. P̄RÆER. MREM. HVIVAY. ⚜ PROGEAVT. SAPIENTIA. PIETATE. F⊕RTITVDNEQ. LIBEROS.

IACOBA. BADENS.   ANNA.

GVLIELM. IV. LLM̄RDISS. PAERNÆ. AV TÆ.Q. VRTVIS. SPECLM ⚜ ALBERT. VV2̈. CATHIGEQ̈. FIICOIS. ACR. PROVM̄S. ANT̈FL⊕. B̄AR. ET. PRINC. IN. Z⊕DIAC⊕. B⊕IC⊕. PĪVS. QVA. LE⊕. QVIA. SOL. EST. ⚜ V. Es. M̄TDN̄E. H. TABIA. N⊕. CARTGV. EÆ. V. S⊕. EST. A. FRIDN. R̈. EDAN.

36   *Bild 17: Elisabeth, Albert III. der Fromme (links). Albrecht III. (1438–1460) der Fromme*
      hat die böhmische Königskrone ausgeschlagen.
      Rechts: Kunigunde und Ernst, der Administrator von Passau und Erzbischof von Salz-
      burg, Albert IV. Er, Albrecht der Weise (1465–1508), als Vater einer zahlreichen Familie

37   *Bild 18: Wilhelm IV. der Standhafte (1508–1550) mit Gemahlin Jakobäa von Baden*
      (links). Rechts: Albrecht V. der Großmütige (1550–1579) mit Gemahlin Anna. Kinder:
      Maria, Maximiliana, Ernst Erzbischof von Köln, Herzog Ferdinand von Wartenberg

RENATA.

GVILELMV. V. BAVAVE. SERENISS. PARENTIS. IN. Q. PRÆER. AL·A. MRA. NIH. VDT. MGIS. MRV. ET. ALIVS. QVA. VRTVTEM.
NA. A. HVTVS. FVT·OV·V. IH. TANVM. VX. SRVX. ET. LV. X. V. EX. FA·A. FACTIS. FILOVMQ. GOIA. NH. IPSI. DFVRIT. N. GLV. ID. QOIA. NC. POSIDT.

MAXIMILIAN. IN. COIAL. P P. COSFSSV. WAVM. RATKF. ALB. FRI. FIOR. AS. ASSIST. OMNIBVSQ. ALIS. SPVGNIB·A. ARAVDENTIB. SDRS. ELISABETA.
COKE. CAHOL. LARINC. BRIQ. D. FILIN. BAVC. S·R·I HTHVMQ·F· FRVM· BRA·P·V. CID·DC·XXIII. VIVAT.

38   Bild 19: Wilhelm V. der Fromme (1579–1626) läßt sich von Baumeister Lambert Sustris
     die Pläne für die Jesuitenkirche St. Michael erläutern
39   Bild 20: Verleihung der Kurfürstenwürde auf dem Reichstag zu Regensburg von 1623
     durch Kaiser Ferdinand II. (1578–1637) an Herzog Maximilian I. von Bayern (1597–1651)

senheit war später dem Ort von großem Nutzen. In der Zwischenzeit nämlich war dieser Herzog sehr gegen diesen Ort aufgebracht, aber er blieb, wie
später der Ausgang der Sache erwies, bestehen, weil uns die hl. Gottesmutter
beschützte.«

Aventin formuliert dies folgendermaßen: »1206. Konrad I. wird am Fest von
Simon und Juda geweiht. Dieser junge und schlichte Mann wurde in Anwe-
senheit des Herzogs Ludwig, der sich um ein möglichst blühendes Kloster be-
mühte, gewählt. Durch die Anwesenheit des Herzogs erhielt die schlichte
Art des jungen Abtes einen Antrieb – wie das zu geschehen pflegt –, was dem
wirtschaftlichen und kirchlichen Wohl des Klosters sehr zu Diensten war...
Unter Anwesenheit des Herzogs Ludwig von Bayern und der Bischöfe von
Eichstätt und Freising dankte er freiwillig ab...«

Reitberger übergeht die Schwierigkeit, indem er einfach berichtet: »Schließlich, nachdem er zwanzig Jahre regiert hatte, trat er zurück und resignierte auf
den Abtstab.«

Daß es sich hier um einen außerordentlichen Vorfall gehandelt hat, geht
auch aus den Annalen hervor. Bei diesen war der Grund des Rücktritts ursprünglich angegeben, wurde aber später durch eine erkennbare Ausradie-
rung und Verbesserung wieder vertuscht. Der »verbesserte« Text lautet: »Abt
Konrad hat auf Grund eigener Einsicht und aus Liebe zu Gott, nicht aus
Furcht vor dem Herzog, seine Abtswürde niedergelegt, im Beisein der Bischöfe von Freising und Eichstätt, die durch ihre Schläue die einfachen Brüder hinters Licht geführt haben – denn die Kinder dieser Welt sind ja klüger
als die Kinder des Lichts – und sie haben die freie Wahl der Brüder, wie es häufig schon früher geschehen ist zu Zeiten des Großvaters und Vaters des genannten Herzogs beglaubigt und beglaubigen lassen.«

Dieser Text wirkt, abgesehen von den erkennbaren Radierungen und Korrek-
turen, für sich allein sehr gekünstelt und widersprüchlich. Wenn man an den
Stellen der Radierungen sinnvolle Worte einsetzt, hat der Text sehr wahrscheinlich geheißen: »Abt Konrad hat die Abtwürde niedergelegt, nicht auf
Grund eigener Einsicht, noch aus Liebe zu Gott, sondern auf Bitten des Herzogs Ludwig, im Beisein der Bischöfe von Freising und Eichstätt. Diese Leute
haben durch ihre Schläue die einfachen Brüder hinters Licht geführt – denn
die Kinder dieser Welt sind ja klüger als die Kinder des Lichts – und haben die
freie Wahl der Brüder – wie es schon häufig früher geschehen ist zu Zeiten des
Großvaters und Vaters des genannten Herzogs – zu beglaubigen vereitelt.«

Als sicheren Befund können wir hier feststellen, daß Abt Konrad vom Herzog
gezwungen wurde, abzudanken – und zwar gegen den einhelligen Willen der
Brüder. Der Grund wird angedeutet mit der Bemerkung: »Der Herzog war
nämlich in der Zwischenzeit sehr über *diesen Ort* erzürnt, aber *er* [der Ort]
blieb bestehen, weil die Gottesmutter uns schützte.«

Es ist naheliegend, darauf hinzuweisen, daß der Herzog auch über andere
Orte »sehr erzürnt« war, z.B. über seinen eigenen Stammsitz Wittelsbach
und über die Burg Andechs, die er in Ausführung der Reichsacht gegen Otto
von Wittelsbach – im Zusammenhang mit der Ermordung des Königs Philipp

im Jahre 1208 – zerstören ließ. Daß Abt Konrad enge Beziehungen zum Grafen Otto von Wittelsbach hatte, ist anzunehmen. Offenbar wollte der Herzog auch Scheyern zerstören. Aber der Ort blieb bestehen, weil die Gottesmutter ihn schützte.

Es gab auch nach der Umsiedlung der Grafen nach Wittelsbach noch »Burghauptleute« von Scheyern, die sich in fünf Generationen alle Baldwin nennen. Diese beginnen um 1117 und enden um 1208. Der Herzog ließ also vermutlich die noch bestehenden Reste der Burg zerstören, so daß Gefahr bestand, er würde auch über das Kloster das gleiche Schicksal verhängen. Der Herzog hat zwar das Kloster geschont, aber dann doch einen Anlaß gefunden, in einer späteren Rache wenigstens den Abt abzusetzen.

Die berühmten Bilder im »Scheyerer Matutinale«, die von Abt Konrad selber stammen oder von ihm inspiriert sind, haben gerade dies zum Thema, daß die Gottesmutter die Menschen, auch hochgestellte Persönlichkeiten – wie Bischöfe und Äbtissinnen –, die sich durch die Hinterlist des Teufels haben verführen lassen, wieder bekehrt und auf den rechten Weg führen kann.

12 Heinrich 1226–1259

Nach der Absetzung des Abtes Konrad wurde Heinrich gewählt. Er empfing am Fest des Apostels Matthias, am 24. Februar 1226, die Weihe, deren Segen sich in einer 33jährigen vorzüglichen Regierung auswirken sollte. Gleich seinem Vorgänger förderte er die Feier des Gottesdienstes durch Anfertigung von liturgischen Büchern. Auch Wissenschaft, Buchmalerei und Baukunst wurden weiterhin gepflegt. Das hervorstechendste Bauwerk ist die Errichtung des zunächst noch freistehenden Turmes, offenbar auch ein äußeres Zeichen der Eigenständigkeit des Klosters. Bereits als Prior hatte er, wie die Annalen berichten, zusammen mit dem Kustos Konrad im Jahre 1224 den Säulenbau des Hochaltars, das sogenannte Ziborium, mit Gold und Lasurfarbe geschmückt.

Nun lassen wir den Chronisten Konrad sprechen: »Im Jahre des Herrn *1226* wird Konrad abgesetzt und Heinrich gewählt, in allem von lobenswertem Lebenswandel. Dieser erbaute einen Kornspeicher, den Turm, die Kapelle der hl. Katharina und eine Scheune. An den Altären ließ er Leuchter anbringen. Erstmalig errichtete er das Oblai-Amt und stattete es mit Einkünften aus. Er erbaute ein Krankenhaus und stattete es ebenfalls mit Einkünften aus. Die Güter der Kirche hat er um vieles verbessert. Und so hat er dreißig Jahre aufs beste regiert. Danach resignierte er im hohen Alter.«

Aventin weiß einiges zu ergänzen: »*1226. Heinrich.* Am 24. Februar, am Fest des heiligen Matthias, wurde er geweiht. Er war ein guter Verwalter und ist allen Lobes würdig. Er hat den quadratischen Turm und einen Kornspeicher errichtet. Ein Krankenhaus und vieles andere hat er angeschafft, erbaut und erweitert. Veräußerte Güter hat er wieder zurückgekauft. Obwohl damals sehr häufige Streitigkeiten zwischen den Fürsten und Bischöfen herrschten, war er doch allen willkommen. Er befolgte die Gastfreundschaft. Er hat 33

Jahre regiert. Vom Alter gedrückt schied er freiwillig. Unter ihm, im Jahre Christi 1241, schrieb der oben genannte Konrad auf Befehl und Mithilfe von Heinrich folgende Bücher: Die Geschichtsschreibung von Josephus, die ›Scholastica historia‹, ein Psalterium mit Kommentar, die Gesänge zur Meßfeier und vieles andere, was jetzt noch vorhanden ist und was mir von den Brüdern gezeigt wurde.«

Zusätzlich können wir aus den Urkunden erfahren, daß gerade unter diesem Abt der äußere Besitzstand des Klosters stark vergrößert wurde. Um diese Zeit waren es vor allem viele Schenkungen, die dem Kloster vermacht wurden.

1227 überließ Bischof Sifridus von Augsburg dem Kloster »zur Pflege der Gastfreundschaft und zur Behebung der obwaltenden Not nach dem Tode des gegenwärtigen Plebanus die Kirche von Berg, dessen Patronat es bereits besitzt«.

Um 1226 kaufte Abt Heinrich von einem gewissen Merbod von Pachen (Ober- oder Unterbachern, bei Dachau) eine Hube in Hag (Großenhag oder Fernhag). Ein Herr Albero von Hetenshusen (Hettenshausen) trat dem Kloster für 22 Pfund Pfennige einen Hof in Wergenthal (Wernthal) ab. Um die gleiche Zeit wurde auch ein Hof in Gneisdorf von einem Herrn Gebhard von Menzingen erworben. Durch Tausch kam um 1253 der Hof in Snekendorf (Schneckenhof, dann später Posthof bei Pfaffenhofen/Ilm) zum Kloster, das dafür einen Hof in Dasing weggab. Zur Abrundung der Pfarrei konnte Abt Heinrich in Wolfsberg (bei Scheyern) ein Gut von einem gewissen Perthold dem »Weißen« von Göbelsbach einhandeln; dieses Gut fiel dann freilich später an die Kirche von Göbelsbach.

Das aufregendste Ereignis während der Regierung von Abt Heinrich bildete sicher die Ermordung des Herzogs Ludwig, des Kelheimers, im Jahre 1231, durch einen unbekannten Mohammedaner.

Bei dessen Beerdigung in Scheyern stiftete sein Sohn, Herzog Otto II. – der Erlauchte – unter anderen Gütern drei Höfe in »Schyren«, worunter wir Mitterscheyern zu verstehen haben.

13 Rudolf 1259–1260

Bei den damaligen Verhältnissen war es nichts Außergewöhnliches, daß Mönche auch mehrmals in verschiedenen Klöstern zu Äbten gewählt wurden. So war Rudolf, der 1259 zum Abt von Scheyern bestellt wurde, zuerst Abt in Thierhaupten. Der Chronist Konrad weiß über ihn nicht viel zu berichten: »Im Jahr des Herrn *1259* resignierte Abt Heinrich. Rudolf, Abt in Tierhaupten, wird gewählt. Er hat nichts von Bedeutung vollbracht. Kaum ein Jahr war er Vorsteher und wird dann abgesetzt.«

Trotzdem scheint er keine unbedeutende Persönlichkeit gewesen zu sein; denn der Herzog Ludwig der Strenge nennt ihn seinen »geliebten und besonderen Freund«, der sich verdient gemacht hat. So lesen wir in der Urkunde vom 10. August 1259: »Herzog Ludwig gibt der Kirche von Scheyern wegen der treuen Dienste, die ihm sein geliebter und besonderer Freund, der Ehrwürdige Rudolf von der Kirche Scheyern erwiesen hat, ... den Sibotenes und zwei Benefizien ...«

Eine weitere Tatsache ergänzt die Chronik. Denn unter diesem Abt erhielt das Kloster das Recht der Pontifikalien. Die entsprechende Bulle vom 29. Juli 1260 hat folgenden Inhalt: »Papst Alexander IV. gewährt dem Abt von Scheyern und seinen Nachfolgern das Privileg, innerhalb der Mauern des Klosters Mitra, Ring, Tunika, Dalmatika und Sandalen frei tragen zu dürfen, und an anderen Orten mit Erlaubnis der zuständigen Diözesanbischöfe.«

14 Ludwig 1260–1269

Nach der Absetzung des Abtes Rudolf wurde *Ludwig von Graisbach* bestellt, der um 1256 bereits Abt von Weihenstephan gewesen war. Auch er wurde, wie sein Vorgänger, abgesetzt, aber dann 1273 Fürstabt von Tegernsee, wo er sich bis zu seinem Tode (9. Februar 1286) vorzüglich bewährte. Der Chronist Konrad berichtet nur ganz kurz: »Im Jahr des Herrn *1260* wird der Abt Rudolf abgesetzt. Ludwig, Abt in Weihenstephan, wird gewählt. Er regierte 13 Jahre. Als nachlässiger Mann wird er schließlich abgesetzt.«

Mit der Angabe der Regierungszeit von 13 Jahren ist dem Chronisten ein Versehen unterlaufen. Er setzt die Wahl des Nachfolgers Arnold erst mit 1273 an. Nun aber entnehmen wir aus einer Urkunde, daß Arnold bereits 1269 Abt von Scheyern gewesen ist. Im Jahre 1273 wurde Ludwig Abt von Tegernsee. Möglicherweise kommt die Verwechslung aus dieser Zeitangabe.

Aventin weiß über diesen Abt auch nicht viel mehr zu berichten: »Im Jahre 1260 wird Ludwig I. von den Brüdern gewählt. Er wird der Nachlässigkeit und Sorglosigkeit beschuldigt; deshalb wird er im 13. Jahr seiner Regierung von der Leitung des Klosters entfernt.«

Reitberger drückt sich etwas vorsichtiger aus: »Er regierte 13 Jahre und schied dann aus dem Amte.«

Es ist erstaunlich, daß die Tegernseer Mönche sich nicht gescheut haben, einen abgesetzten Abt für ihr angesehenes Kloster als Fürstabt zu wählen, wo er 1273–1286 löblich regierte. Offenbar hatten sie einen anderen Eindruck gewonnen. Er rechtfertigte auch ganz das Vertrauen, das sie in ihn setzten.

Auch in Scheyern deuten die Urkunden keineswegs auf »Nachlässigkeit und Sorglosigkeit« hin.

Am 5. November 1261 schenkte Bischof Konrad von Freising auf Veranlassung des Herzogs Ludwig von Bayern dem Kloster die Kirche von Berbling. Am 1. Januar 1262 wurden in Verbindung mit Bischof Konrad die Einkünfte des dortigen Rektors der Kirche, des Dekans und Magisters Heinrich, genauer geregelt. Er erhielt eine Jahrespension von 4 Pfund Pfennigen, dazu 30 Käse und 2 Morgenschuhe. Zur Sicherheit erreichte man für die Schenkung wenige Jahre später, am 22. November 1265, noch die oberhirtliche Bestätigung durch Papst Clemens IV.

Auch in einigen Streitfällen konnte sich Abt Ludwig erfolgreich durchsetzen.

So bekam er am 24. Mai 1264 durch Bischof Hartmann von Augsburg und am 22. November 1265 durch Papst Clemens IV. die Bestätigung der mehrfach angefochtenen Schenkung der Kirche von Berg im Gau (bei Schrobenhausen).

Um sicher zu gehen, erwirkte er am 3. Mai 1266 auch die Bestätigung dieser Besitzrechte durch den Herzog Ludwig. Dabei werden auch die Einkünfte des Vikars von Berg genau aufgezeichnet. Er erhält jedes Jahr 23 Metzen Roggen, 2 Metzen Hafer, 2 Metzen Gerste, 2 Metzen Weizen; dazu noch den kleinen Zehnten und die Stipendien für Messen, Beerdigungen und den sogenannten »Buchpfennig«, ohne jeglichen Abzug.

In die Regierungszeit von Abt Ludwig fällt auch die Aufhebung der Exkommunikation des Herzogs Otto II. (gest. 1253) durch den Papst Clemens IV. am 26. November 1265. Schon vorher hatte »Scheyern, die Mutter«, den Herzog, »huldvoll in das gesegnete Grab gelegt«, wie die Fürstenbilder in der Johanneskirche von Scheyern sich ausdrücken.

15 Arnold von Kolbach 1269–1281

Dem Abte Ludwig I. folgte Arnold von Kolbach. Über den Zeitpunkt des Regierungsantritts ist dem Chronisten ein Versehen unterlaufen, das bereits beim vorigen Abt Ludwig geklärt wurde. Denn in der Urkunde vom 6. November 1269 lesen wir: »Arnold, Abt von Scheyern, bekundet, daß ein gewisser Rudolf Schöwerl dem Kloster einen großen Schaden zugefügt habe. Aber der Schuldige hat bereut und verspricht, den Schaden wieder gutzumachen...«

Die Chronisten wissen nur sehr wenig zu berichten. Fast einstimmig sind sie mit dem Chronisten Konrad der Ansicht: »Im Jahr des Herrn ›1273‹ wird der Abt Ludwig abgesetzt, und Arnold wird gewählt, ein sehr wenig umsichtiger Mann. Er regierte 7 Jahre und wird abgesetzt.«

Auch Reitberger spricht hier von einem »nicht sehr umsichtigen Mann«. Nähere Umstände werden nicht genannt. Die tatsächliche Regierungszeit betrug elf Jahre.

16 Friedrich von Heidenheim 1281–1297

In einer außergewöhnlich schwierigen Lage holte man Friedrich von Heidenheim aus St. Emmeram/Regensburg. Seine Regierungszeit zählt zu den unglücklichsten der ganzen Klostergeschichte. Selbst Reitberger muß feststellen: »Zu seiner Zeit war das Kloster fast völlig verödet«. Obwohl er, entsprechend der Chronik von Konrad, nach seiner Wahl im Jahre 1281, nur zehn Jahre regiert hat und dann abgesetzt wurde, taucht er noch bis zum Jahre 1297 in den Urkunden als regierender Abt auf. Gerade hier ist es interessant, die drei Chroniken zu vergleichen und sie durch Urkunden zu ergänzen.

Der Chronist Konrad schreibt über ihn: »Im Jahre des Herrn *1281* schied der Abt Arnold aus seinem Amt, und Friedrich, Prior zum hl. Emmeram in Regensburg, wird gewählt. Er war ein Mann von großer Weisheit und Wissenschaft, aber in zeitlichen Angelegenheiten und Geldsachen nachlässig. Unter seiner Leitung wurde unser Kloster fast völlig verödet. Er regierte zehn Jahre und wird abgesetzt, und in St. Emmeram stirbt er in geistiger Verwirrung (confuse moritur).«

Fast gleichlautend berichtet Aventin. Er fügt nur hinzu: »... Er verkaufte viele Grundstücke... Im Kloster des heiligen Emmeram zu Regensburg schied er, nach der Überlieferung nicht ohne Schmach, aus dem Leben.«

Reitberger bestätigt nur das bereits gewonnene Bild: »Im Jahre des Herrn 1281 wird Friedrich, Prior bei Sankt Emeram in Regensburg, postuliert. Er war ein Mann von großem Wissen und Wissenschaftlichkeit, in zeitlichen Dingen war er jedoch weniger glücklich. Unter seiner Leitung wurde das Kloster fast völlig verödet. Er regierte 10 Jahre lang und kehrte nach S. Emeram zurück.«

Wie aus verschiedenen anderen Urkunden erhellt, ist das Leben dieses Abtes durch ein wechselvolles Schicksal geprägt. Überall bestätigte es sich, daß er zwar mit seiner Wissenschaftlichkeit imponieren konnte, aber dann bei wirtschaftlichen Angelegenheiten das nötige Fingerspitzengefühl vermissen ließ.

Freilich fand er bereits bei seinem Regierungsantritt sehr verworrene Verhältnisse vor, die auf seine Vorgänger zurückzuführen waren. Diese hatten große Schulden angehäuft, die es zu begleichen galt. Das schwerwiegendste Verhängnis war jedoch das Interdikt, das über das Kloster wegen Nichtzahlung einer Schuld von 80 Pfund Münchener Pfennigen verhängt wurde. Die Zeit des Interdikts ist wohl diejenige, die von den Chronisten umschrieben wird: »Unter seiner Leitung wurde das Kloster fast völlig verödet«.

Woher diese Schuld von 80 Pfund kommt, ist nicht gesagt. Man kann vermuten, daß sie sich durch Nichtzahlung des jährlich fälligen Goldbyzantiners nach Rom durch mehrere Jahrzehnte angehäuft hat. Ferdinand Janner interpretiert sie als den schuldigen »Türkenzehent«, dessen Zahlung 1282 wieder neu gefordert wurde.

Dieser schwierigen Lage war der aus Regensburg herbeigerufene Abt Friedrich nicht gewachsen. Er war zwar bereits 1274 Abt von Metten. Aber schon im nächsten Jahr hatte er abdanken müssen und war dann wieder in sein Profeßkloster nach St. Emmeram in Regensburg zurückgekehrt. Dort begegnen wir ihm um 1278 als Prior und Sakristan. 1281 wird er dann »mit den Stimmen aller« zum Abt von Scheyern gewählt.

Angeblich veranlaßte Bischof Heinrich II. von Regensburg seinen Ministerialen Heinrich von Preising zur Zahlung der Rückstände des Klosters an den Heiligen Stuhl. Nach der Urkunde vom 30. August 1285 versprachen der Abt Friedrich und der Konvent, diese Schuld zu zahlen; sie konnten dafür sogar einige Bürgen bekommen. Damit war bereits eine Schwierigkeit behoben, und vermutlich das Interdikt aufgehoben.

Um die bestehenden anderen Schulden zu tilgen, griff Abt Friedrich zu dem untauglichen Mittel der Veräußerung von Gütern. Dadurch konnte er zwar eine augenblickliche Notlage überbrücken, aber zugleich verringerte er die Einkünfte. Woher die Schulden kamen, wird nicht gesagt. Vermutlich stammten sie daher, weil die Bauern ihre Abgaben nachlässig entrichteten. Darum hat auch der Nachfolger, Abt Ulrich Perchtinger, zunächst ein genaues Güterverzeichnis angelegt.

Eine weitere Maßnahme erregte das Mißtrauen des Konvents: die Verleihung von Gütern auf Leibgeding, das heißt auf Lebenszeit des Grundholden mit genau fixierten jährlichen Abgaben. Diese Art der Verleihung hat sich zwar später allgemein bei den Gütern von Scheyern durchgesetzt, stand aber vorher, wegen der Gefahr des Mißbrauchs, beim Konvent von Scheyern in keinem großen Ansehen. Offenbar gelang es dem Abt nicht, den Konvent von der Richtigkeit dieser Regelung zu überzeugen. Darüber kam es auch zu heftigen Auseinandersetzungen.

In dieser Lage richtete Prior Konrad und der Konvent, um 1285/86, einen Beschwerdebrief an den Herzog Ludwig II., in dem sie den Abt wegen der Mißwirtschaft verklagten. Es fällt auf, daß der Herzog den Abt nicht absetzte, sondern auf eine gerichtliche Entscheidung mit Hilfe des Bischofs Emicho von Freising drängte.

Als Ergebnis des Verfahrens scheint er seines Amtes nicht enthoben worden zu sein. Denn 1286 treffen wir ihn zwar als »Magister Fratrum« in St. Emmeram/Regensburg an. Aber dann kehrte er nach Scheyern zurück, wo er am 18. November 1287 wieder in einer Urkunde auftritt. Auch aus der übrigen Zeit bis zu seiner endgültigen Resignation um 1297 sind eine Reihe von Urkunden erhalten, die ihn als regierenden Abt ausweisen.

Auf diese Tatbestände ist es notwendig hinzuweisen, weil bei den »Chronisten« vermerkt ist: »Im Jahre 1291 wird Abt Friedrich abgesetzt, und Ulrich IV., genannt Perchtinger, wird gewählt.«

Entweder hat sich hier der Chronist geirrt, oder es liegt der einmalige Fall vor, daß 1291–1297 zwei Äbte in Scheyern »im Amte« waren. Die vorhandenen Schriftstücke weisen jedoch nur den Abt Friedrich als den »regierenden« aus, der die Urkunden – zusammen mit dem Konvent – unterzeichnete. Dies braucht nicht zu verwundern; denn auch in der Kirche gab es zeitweilig mehrere Päpste zugleich.

17   Ulrich IV. Perchtinger 1297–1313

Trotz der bitteren Erfahrung mit dem Abt Friedrich wählte der Scheyerer Konvent auch diesmal wieder einen auswärtigen Konventualen, den Tegernseer Ulrich Perchtinger, der jedoch die in ihn gesetzten Erwartungen voll erfüllte.

Fast gleichlautend berichten die Chronisten: »Im Jahre des Herrn *1291* wird Abt Friedrich abgesetzt und Ulrich IV. genannt Perchtinger, ein Konventuale in Tegernsee, wird gewählt. Dieser regierte 20 Jahre lang auf das vortrefflichste in zeitlichen Angelegenheiten. Er besorgte nämlich im Gebirge Einkünfte von 20 Mark, 20 Urnen Wein in Wiltein, und zwei Teile des Zehnten in Berg, den er von Arsinger kaufte, und viele andere Güter und Landbesitzungen. Er wurde begraben in Tegernsee neben dem Altar des hl. Erasmus.«

Es ist zu vermuten, daß Abt Ulrich kurz vor seinem Tode, am 6. November 1313, resignierte und sich nach Tegernsee zurückzog.

Das dringendste Anliegen sah Abt Ulrich in der Sanierung der zerrütteten wirtschaftlichen Lage. Aus den bitteren Erfahrungen seiner Vorgänger zog er die nötigen Schlußfolgerungen. Er erkannte klar, daß eine geordnete Bewirtschaftung der zahlenmäßig mächtig angewachsenen und weit zerstreuten Besitzungen nur möglich war durch eine genaue und übersichtliche Darstellung und Beschreibung der Güter. In dieser Güterbeschreibung sollten die Größe, die Leistungsfähigkeit und die jährlichen Abgaben genau ersichtlich sein. Der Abt war sich bewußt, daß ein Grundholde vor allem das Gefühl haben mußte, gerecht behandelt zu werden. Nur so war er auch geneigt, die fälligen Steuern und Abgaben willig zu entrichten.

Das Ergebnis dieser Bemühungen ist das Urbar KL Scheyern 54, das sich im Hauptstaatsarchiv von München befindet. Es wurde um 1311 fertiggestellt, setzt aber jahrelange Vorarbeiten voraus, und wurde grundlegend und richtungweisend für alle späteren Urbare und Salbücher.

Rühmend wird in den Chroniken hervorgehoben, daß Abt Ulrich den Grundbesitz vermehrte. So konnte er am 25. Juli 1311 von König Heinrich von Böhmen und Polen eine Reihe von Gütern und Weinbergen in Tirol um den verhältnismäßig billigen Preis von 200 Mark »Berner«, d.h. Veroneser Währung, erwerben. Es muß jedoch der Vollständigkeit halber hinzugefügt werden, daß gerade diese Besitzungen um 1555 wieder an die Grundholden veräußert

Porträts herausragender Konventualen des Klosters und Bilder aus der Äbtegalerie

40 *»Der hochwürdige P. Eckard aus dem Geschlecht der Fürsten und Grafen von Scheyern, Sohn des gleichnamigen Grafen mit dem Bundschuh, hiesiger Mönch und großer Wohltäter, er starb 1131.« [Vermutlich das Jahr der Profeß; dieser Eckard starb nach 1183]*

41 *»Der hochwürdige P. Conrad, Fürst und Graf von Dachau, dann Mönch dieses Ortes; wegen der geschenkten Güter und des hierher gestifteten Kreuzpartikels in ewigem Andenken; er starb im Jahre 1158«*

42 *»Der hochwürdige P. Conrad mit dem Beinamen des Philosophen, Schreiber von fünfzig Codices und Arzt; er starb um 1243«*

43 *»Der hochwürdige P. Stephan von Sandizell, Bibliothekar und Cellerar; er starb am 17. November 1461«*

Folgende Seite

44 *»Der ehrwürdige Bruno, Abt in Eisenhofen und Scheyern, Sohn der Schwester der Mutter von Kaiser Heinrich, ein Mann, der Gott und den Menschen angenehm war; er starb, wie die Annalen berichten, im Jahre 1128«*

45 *»Wolfhold, vom Kanoniker in Freising zum dritten Abt in Eisenhofen berufen, hernach gezwungen, dieses Amt niederzulegen. Später wird er zum Abt von Admont gewählt, wo er, auch durch Wunder berühmt, im Jahre 1132 starb«*

46 *»Conrad I. von Luppburg, 1205 zum zehnten Abt erwählt, ausgezeichneter Förderer der Kunst, vollendete die Marien-Basilika und erbaute die Pfarrkirche, resignierte 1226.« [In der Hand hält er die Chronik von Scheyern des späteren Conrad]*

47 *»Heinrich, 1226 zum elften Abt erwählt. Er errichtete den Kirchturm und ließ Codices ausmalen; er war ein vorzüglicher Haushalter. Er resignierte freiwillig im Jahre 1259«*

A. R. P. Eckardus ex Principibus et Comitibus
de Schiren, Peronati æquivoci Filius, Monachus huias,
et Benefactor insignis, obiit Anno. M.CXXXI.

40

A. R. P. Conradus Princeps et Comes de Dachau.
huius Loci post Monachus, ob Bona, Partemque S. Crucis
huc allatam æternum Commemorandus, ob: MCLVIII

41

R. P. Conradus Cognomento Phsus
Scriptor 50 magnorum Voluminum, Medicus
obiit circa Annum 1243.

42

A. R. P. Stephanus de Sandizel
Bibliothecarius et Cellerarius etc.
obiit quinto decimo Kalend: Decembris, Anno. 1461.

43

111

Venerabilis Bruno Abbas in Eisenhofen et Scheirn, Filius
Matertera Henrici Imp: Cætera Vir Deo, Hominibus que
gratus obüsse Aô 1128 Annales tradunt.

44

B. Wolfoldus ex Canonico Frisingensi Abbas in
Eisenhofen Lococedere Coactus denuo Abbas in Admon
eligitur, ubi et miraculis clarus obiit Anno 1132.

45

Conradus I de Luppburg· 10 abbas elect· 1205·
·eximius artis fautor· complevit basilicam B·M·V·
·et ecclesiam parochialem construxit· resign·1226·

46

Heinricus 11us abbas ·elect· 1226·
turrim ecclesiæ construxit· libros illuminari fecit
optimus oeconomus· libere resign· 1259·

47

RR.DD.Ludovicus ex Comitibus de Graisbach, a prætexta hic
Loci Monachus, Weihenſteph: et Schirenſium Abbas, demum Tegern
enſium quoque Princeps. obiit , Anno MCCLXXXVI.

48

Wür Ludwig Verichen
, daz wir dem erſamen vnd
geiſtlichen FURSTEN vnd
Abbt deʒ Cloſters ʒu Sihey
vnd die Conv ent bruder
die reʒt vnd ſind oder
Kunftig Werden in vnſern
beſunderen Schirm frid vnd
Gnade haben genohmen
Datum in Monaco anno
mccce bmm in vigilia
aſſumptionis
b. M. V.
Extomo iv Privileg Archiv: exter monac
enſis CX ...

RR.DD. Vlricus Merſpeck Princeps et Abbas Schirenſium
dignisſimus. Eius opera , meritisque Parochia Vhoburgenſis Monaſterio
pieno Iure incorporata fuit. ultra Columnas abiit Aº M CCCLXXVI.

49

Wilhelmus Kienberger 30us abbas
ex decano Undensi professus Tegernseensis postul·1449·
reforma Mellicensi disciplinam melioravit·
optime meritus·denatus 8 Jun·1497·

50

Paulus Preÿ 32us abbas elect· 1489
monasterium in formam gothicam mutavit
abbatiam Wessofontanam reformavit   denat·26·1·1505·

51

Stephanus Reitberger 38us abbas · 1610 elect ·
modernum monasterium et ecclesiam capitularem construxit
abbatiam Veno-Rottensem reformavit · scientiarum eximius fautor ·
exul in Fischbachhausen · den · 16 Martii 1634 ·

52

wurden, da die Heranschaffung der Abgaben offensichtlich zu kostspielig war, und der Geld-Ertrag im Laufe der Zeit in keinem Verhältnis mehr stand zu dem Verwaltungsaufwand.

Das gehobene Ansehen, das das Kloster Scheyern unter Abt Ulrich IV. wieder genoß, zeigte sich auch darin, daß die Herzogin Mechtildis, die dritte Frau und Witwe des Herzogs Ludwig des Strengen († 1294), dem Kloster eine besondere Ehre und Gunst erweisen wollte. Sie kümmerte sich persönlich um die Steuerabgaben der Scheyerer Untertanen. 1303 erteilte sie den Ämtern von Aichach und Rain am Lech den Befehl, den Scheyerer Untertanen keine höheren Steuern aufzubürden als sonst üblich war. Die Frauen der Herzöge durften offensichtlich in bestimmten Bereichen eine gewisse Mitregierung ausüben. Möglicherweise dienten die genannten Steuern zur Witwenversorgung.

Im übrigen setzte Abt Ulrich die Gepflogenheit seines Vorgängers, Güter auf »Leibgeding«, d.h. auf Lebenszeit zu verleihen, in verstärktem Maße fort.

Mit dem Tode von Abt Ulrich IV. Perchtinger endet die erste Periode in der Geschichte von Scheyern, die Zeit während der Herrschaft der Vögte. Bereits am 14. April 1315 verlieh Herzog und König Ludwig der Bayer dem Kloster die Niedere Gerichtsbarkeit über die Hofmarken Scheyern, Fischbachau und Berbling. An Stelle der Vögte traten die Richter, die vom Konvent und Abt des Klosters eingesetzt wurden. Freilich bedurften auch sie noch der Bestätigung durch den Herzog.

Vorhergehende Seite

48 »*Der hochwürdigste Herr Ludwig aus dem Geschlecht der Grafen von Graisbach, angeblich vorher in Scheyern Mönch; er war Abt von Weihenstephan und Scheyern und zuletzt Vorsteher in Tegernsee; er starb im Jahre 1286*«

49 »*Der hochwürdigste Herr Ulrich Mersbeck, würdigster Vorsteher und Abt von Scheyern. Durch sein Bemühen und sein Verdienst wurde die Pfarrei Vohburg dem Kloster mit vollem Recht inkorporiert. Er verließ das Irdische im Jahre 1376*«

50 »*Wilhelm Kienberger, zuerst Dekan in Indersdorf, dann Professe in Tegernsee, wurde im Jahre 1449 zum 30. Abt postuliert. Er verbesserte die Disziplin mit der Einführung der Melker Reform; reich an Verdiensten starb er am 8. Juni 1497*«

51 »*Paulus Prey, zum 32. Abt erwählt 1489; er gab dem Kloster die gotische Gestalt; die Abtei Wessobrunn reformierte er; gestorben am 26. Januar 1505*«

52 *Stephan Reitberger, 38. Abt, im Jahre 1610 erwählt; er erbaute neue Klostergebäude und auch die Kapitelskirche, er reformierte die Abtei Rott am Inn, war ein außerordentlicher Förderer der Wissenschaften, starb als Kriegsflüchtling in Fischbachau 16. März 1634*

Die Hirsauer Reform in Scheyern

1 Scheyern als Hirsauer Reformkloster

In den bisherigen Ausführungen konnten wir in erster Linie die äußere Geschichte des Klosters Scheyern vom 11. bis 13. Jahrhundert betrachten. Nur gelegentlich wurde auch ein kleiner Einblick in das innere Leben des Klosters gewährt.

Trotz der wechselhaften und oft verworrenen äußeren Ereignisse, trotz der Absetzung mancher Äbte und der gelegentlich schwierigen wirtschaftlichen Verhältnisse, konnte das Kloster als solches bestehen bleiben. Nur zweimal hören wir von einer akuten Gefahr auch für die Existenz des Klosters. Aber selbst aus diesen Notlagen hat es sich wieder aus innerer Kraft befreit.

Unter Abt Konrad (1206–1226) drohte die Gefahr von außen. Herzog Ludwig der Kelheimer wollte aus irgendeinem unbekannten Grund das Kloster aufheben oder gar zerstören. »Aber der Ort blieb bestehen, weil die Gottesmutter uns beschützte«, berichtet dazu der Chronist.

Unter Abt Friedrich von Heidenheim (1281–1297) drohte ein Verfall von innen her, verursacht durch ein Interdikt. »Unter seiner Regierungszeit wurde das Kloster fast völlig verödet«. Trotzdem kam nachher wieder ein neuer Aufschwung.

Der Grund für die innere Stärke lag in dem unaufhörlichen und verborgenen Streben der Mönche, ein Leben aus dem Geist des Evangeliums und nach der Regel des hl. Benedikt, in Gebet und Arbeit zu führen. Man wollte die Hirsauer Reform nicht nur äußerlich, sondern auch innerlich mit allen damit verbundenen Folgerungen durchführen. Der Chronist verliert darüber kaum ein Wort. Er berichtet nur die außergewöhnlichen Ereignisse, während ihm das stille Leben der Mönche selbstverständlich erscheint.

Scheyern war von Anfang an als *Hirsauer Reformkloster* gegründet. Daß wir es hier mit einer lebensstarken Bewegung zu tun haben, davon zeugt allein die Tatsache, daß der Abt Wilhelm von Hirsau auf Bitten der Gräfin Haziga bereits zur ersten Gründung nach Bayrischzell »12 Mönche und ebensoviele Laienbrüder« schicken konnte.

Von der Vitalität dieser Bewegung legen auch Zeugnis ab die Kirchen und Klosteranlagen der Hirsauer. Sie haben alle Gebäude nach einem einheitlichen Plan, nach dem sogenannten Hirsauer Baustil, errichtet.

Wir können annehmen, daß die erste Kirche der »Scheyerer« Gründung, die Kirche von Bayrischzell, die 1077 eingeweiht wurde, bereits eine Hirsauer Kirche war. Sie ist nicht mehr erhalten.

Die Kirche von *Fischbachau* ist die erste noch bestehende Kirche der Hirsauer auf bayerischem Boden. Sie wurde um 1100 erbaut und von Bischof Heinrich von Freising eingeweiht. Da aber Heinrich ein Anhänger des Kaisers war, erklärte Bischof Konrad von Salzburg diese Weihe für ungültig und konsekrierte die Kirche im Jahre 1110 noch einmal. Sie ist dem hl. Martin geweiht, weil auch der hl. Benedikt auf Monte Cassino an Stelle eines heidnischen Tempels eine Kirche zu Ehren dieses Heiligen errichtete. In Scheyern war die ehemalige Pfarrkirche (auf dem Friedhof) ebenfalls eine Martinskirche, die 1144 von Bischof Otto I. von Freising eingeweiht wurde. Der hl. Martin war ein Lieblingsjünger der Benediktiner, weil er – nach der Märtyrerzeit – auch ohne das blutige Martyrium als Beispiel der Nachfolge hingestellt werden konnte. Auch die Kirche auf dem *Petersberg* ist eine typische Hirsauer Kirche. Mit dem hl. Petrus als Kirchenpatron wollte man die Bindung an den Nachfolger dieses Apostelfürsten unterstreichen. Sie ist fast völlig in ihrer ursprünglichen Gestalt erhalten. Bei der Kirche in *Scheyern* sind die Hirsauer Grundzüge ebenfalls sehr gut zu erkennen. Im Sinne der Marienfrömmigkeit der Reformbewegung ist sie der Gottesmutter geweiht. Möglicherweise geht dieses Patrozinium bereits auf den hl. Bonifatius zurück, der nach einer Überlieferung aus dem 13. Jahrhundert – aufgezeichnet in einer Handschrift (Clm 17 403) – die Kirche geweiht haben soll.

2 Die Hirsauer Klosteranlage

Die Hirsauer haben nicht nur die Kirche, sondern auch die ganze Klosteranlage nach einem ganz bestimmten Plan gebaut. Da Scheyern eines der wenigen Klöster in Bayern ist, in denen die Hirsauer Klosteranlage in ihren Grundzügen noch völlig erhalten ist, wollen wir sie näher betrachten.
Bei einem Vergleich der Anlagen von Hirsau, Alpirsbach und Scheyern lassen sich überraschende Ähnlichkeiten feststellen. Das Kernstück der Anlage bildet der rechteckige Kreuzgang, um den sich die wichtigsten Gemeinschaftsräume gruppieren. Im Norden befindet sich die Kirche, die nicht nur für den Gottesdienst der Klostergemeinde, sondern auch für eine größere Volksmenge bestimmt war. Um den Reformwillen auszudrücken, ist sie bewußt hoch gebaut.
Im Osten wurden die *Sakristei*, der *Kapitelsaal* und das *Auditorium* angefügt. Nach der Morgenhore (Prim) zogen die Mönche von der Kirche in den Kapitelsaal, wo ein Kapitel aus der Regel vorgelesen wurde. Daran hat sich an einigen Tagen das »Schuld-Kapitel« angeschlossen, bei dem auftretende Fehler und Mängel besprochen wurden. Da im allgemeinen strenges Stillschweigen eingehalten wurde, diente das Auditorium dazu, um die täglich anfallenden Geschäfte und Unterredungen zu erledigen.
In Scheyern wurde der Kapitelsaal sehr bald zur *Kapitelkirche* erweitert, da die Stifterfamilie und andere »fromme Leute« hier begraben sein wollten, um sich so das fürbittende Gebet der Mönche zu sichern.

Im Süden befindet sich in Hirsau (und auch in Scheyern) der *Speisesaal* (Refektorium) und daran anschließend die *Küche* mit dem darunterliegenden Keller. Der Brunnen gegenüber dem Speisesaal diente zunächst der Küche, war aber auch für die Mönche bestimmt, um nach dem Essen die Hände zu waschen und das Eßgeschirr zu spülen. *Pforte* und *Abtei* sehen wir im Westen der engeren Klosteranlage.

Unregelmäßig verstreut – und aus Gründen des Feuerschutzes etwas abgesondert – sind in der näheren Umgebung *Wirtschaftsgebäude* angelegt: Stadel, Stall (Ochsen- und Pferdestall) mit einer Pferdeschwemme und einer Wagenremise zur Unterbringung der Kutschen für die Gäste. Alle Gebäude sind von der Klostermauer umgeben mit zwei Eingängen, dem Südtor und dem Westtor.

Nach der Regel des hl. Benedikt soll ein Kloster so angelegt werden, daß sich alle notwendigen Handwerksbetriebe innerhalb des Klosterbereiches befinden. Die Aufzählung der Betriebe nennt die *Mühle*, den *Garten* und den *Brunnen*.

Die Mönche der Hirsauer Reform kannten bereits das Wasserrad und mußten daher die Mühle nach außen verlegen, an einen Bach oder einen Stauweiher.

In den ersten Urkunden von Scheyern werden zwei Mühlen genannt, die »Taselmühle« (bei Mitterscheyern) und die »Azelin-Mühle« oder »Arnoldts-Mühle«. Letztere wurde um 1300 wieder aufgegeben. Sie befand sich »unterhalb des Fischteiches von Mitterscheyern und oberhalb des Dorfes«, also wahrscheinlich an der Stelle, wo heute die sogenannte »Hammerschmiede« steht. An ihre Stelle trat die »Garten-Mühle«, unterhalb des »Park-Weihers«, in etwas größerer Nähe des Klosters. Dazu wurde ein Staudamm angelegt, um das nötige Gefälle zum Betrieb des Mühlrades zu erreichen.

In diesem Zusammenhang müssen auch die *Fischteiche* genannt werden. Diese sind ebenfalls typisch für die Hirsauer Klöster. Die Mönche nahmen es mit den Bestimmungen der Regel des hl. Benedikt sehr genau, die anordnet, daß nur in Ausnahmefällen Fleisch von »vierfüßigen« Tieren genossen werden dürfe. Als Ersatz dafür genoß man das Fleisch von Fischen, Hühnern und Gänsen. Wir können annehmen, daß die für die Scheyerer Landschaft so charakteristischen Fischteiche bereits bei der Gründung angelegt wurden, soweit sie nicht schon vorhanden waren. Die »Arnoldts-Mühle« mit dem zugehörigen Weiher dürfte darum bereits auf die Zeit zurückgehen, als noch die Burg gestanden hat.

3 Vergleich zwischen den Hirsauer Anlagen von Alpirsbach und Scheyern

Bereits vorhin wurde darauf hingewiesen, daß besonders große Ähnlichkeiten bestehen zwischen den Klosteranlagen von Alpirsbach und Scheyern. Alpirsbach gilt als die besterhaltene Hirsauer Anlage in Württemberg. Das Kloster ist 1095 von Albert von Zollern gegründet, und die Kirche wurde 1099 eingeweiht. Die ersten sechs Äbte in Scheyern, von 1119 bis 1160, kamen aus Hirsau, und sie haben sicher auch beim Klosterbau ihren Einfluß geltend gemacht.

Unter Abt Baldemar, 1171–1203, hat das Kloster zweimal gebrannt. In der Chronik lesen wir: »Es war zu seiner Zeit das Kloster fast ganz aus Holz gebaut; daher ist es zweimal zu seiner Zeit abgebrannt. Aber er hat alles mit großer Sorgfalt vollständig wieder aufgebaut.« Wenn es »fast ganz aus Holz« gebaut war, ist anzunehmen, daß die Grundmauern und die Kirche von Anfang an aus Stein waren. Auch hat der Abt alles wieder, wie vorher, hergestellt.

Auch diese Überlegungen sind ein Hinweis, daß wir in Scheyern, trotz des Brandes, die ursprüngliche Klosteranlage vor uns haben, wie sie um 1120 errichtet wurde.

Grundlegend für die Anlagen von Alpirsbach und Scheyern ist das Vierungs-Quadrat, mit der Seitenlänge von 30 Fuß. In Alpirsbach sind dies 10,1 m, bei einer Fußlänge von 33,7 cm, in Scheyern sind es 9,6 m, bei einer Fußlänge von 32,0 cm. Die Länge des Klostergebäudes in Ostrichtung beträgt in Alpirsbach und in Scheyern 5 »Einheitslängen«. Die Breite in Nordrichtung ist in Alpirsbach 7 »Einheitslängen«, in Scheyern 6 »Einheitslängen«. Der Grund dieses Unterschiedes liegt darin, daß die Kirche von Alpirsbach ein Querschiff aufweist.

Manche Autoren nehmen an, daß die »Einheits-Länge« nicht 30 Fuß, sondern 32 Fuß betrug. Dann verkürzen sich die Fußlängen auf 31,6 cm (Alpirsbach) und 30,0 cm (Scheyern).

Aus diesen Überlegungen ergibt sich auch, daß die Kreuzgänge in Scheyern und Alpirsbach bereits ursprünglich vorhanden waren, wenn sie auch erst später mit einem Gewölbe und mit Fenstern versehen wurden. Ein Hinweis auf einen offenen Kreuzgang ist in Scheyern der typische »Wintergang« von etwa 2 m Breite, der sich parallel zum Kreuzgang durchzieht.

In Scheyern wurde der Turm erst um 1230 erbaut. Sein Grundriß weist das »Einheits-Quadrat« auf. An der Südseite der Vorhalle errichtete Abt Konrad I. (1205–1226) eine Allerheiligenkapelle (später Dreikönigskapelle) und Abt Heinrich (1226–1259) eine Katharinenkapelle; 1738/39 wurden diese in die neuerstandene Kreuzkapelle einbezogen. An der Nordseite des Basilika-Chores führte Abt Georg I. Sperl (1467–1489) eine neue Sakristei und westlich davon die Johannes-Kapelle auf. Diese Johanneskapelle wurde um 1624 zur Rosenkranzkapelle erweitert. Gegenüber der Kreuzkapelle errichtete Abt Plazidus Forster um 1738/39 die Kindheit-Jesu-Kapelle, nach 1806 Martini-

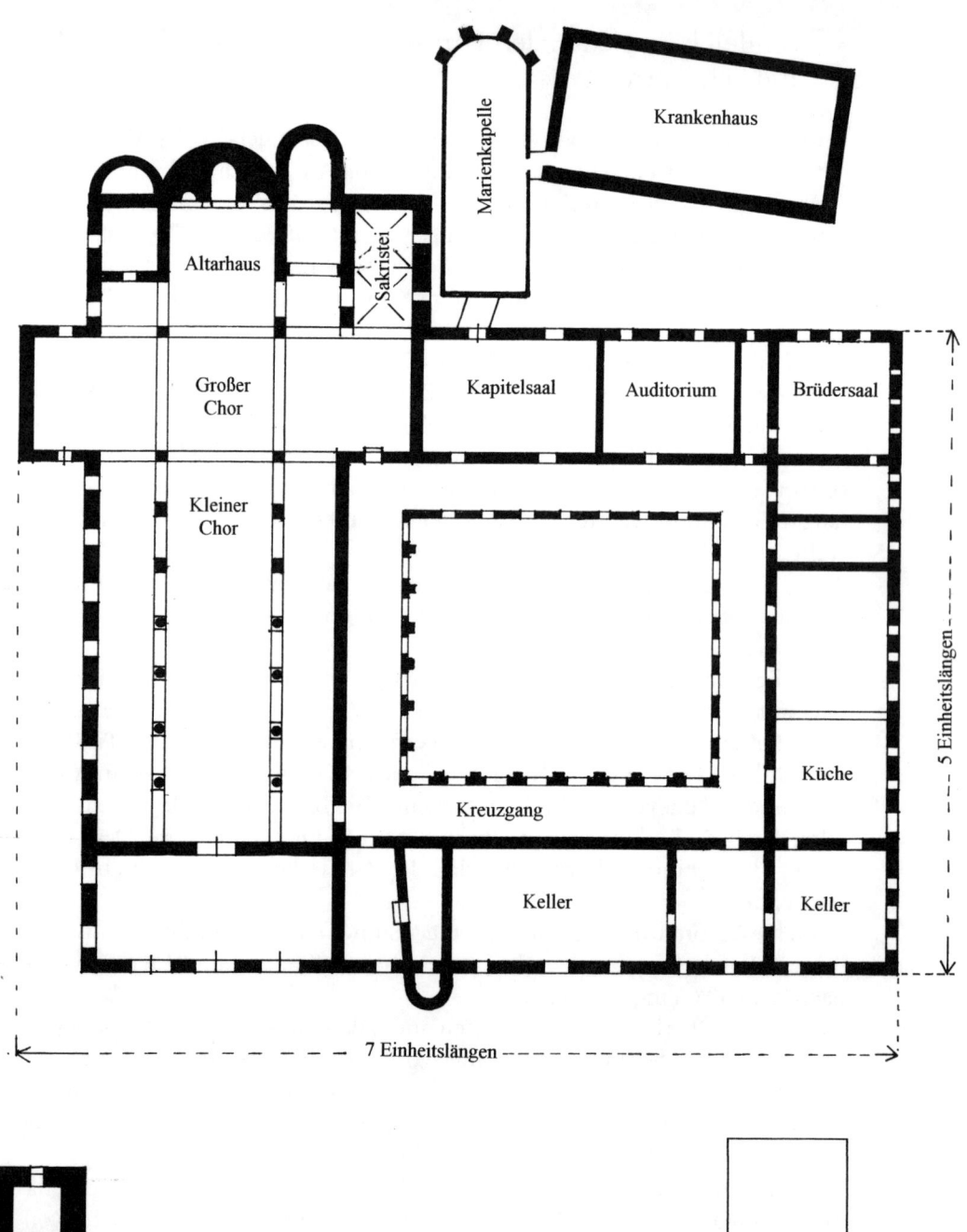

Marienkapelle

Krankenhaus

Altarhaus

Sakristei

Großer
Chor

Kapitelsaal

Auditorium

Brüdersaal

Kleiner
Chor

Kreuzgang

Küche

Keller

Keller

5 Einheitslängen

7 Einheitslängen

Einheitsquadrat

53   *Kloster Alpirsbach im Schwarzwald, ehemalige Benediktinerabtei.*
Kirche mit Querschiff und Klosteranlage

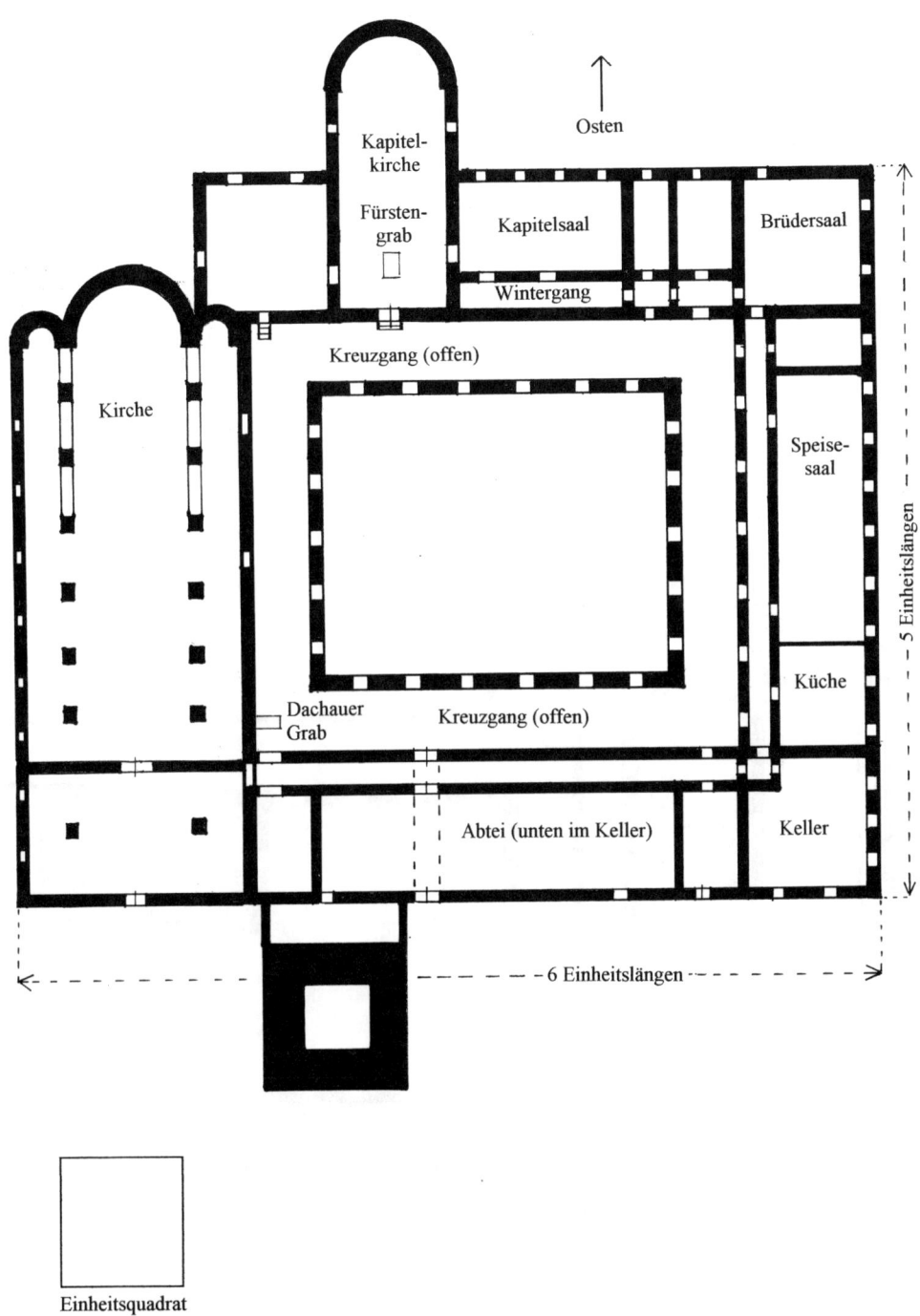

Osten

Kapitel-
kirche

Fürsten-
grab

Kapitelsaal

Brüdersaal

Wintergang

Kirche

Kreuzgang (offen)

Speise-
saal

Dachauer
Grab

Kreuzgang (offen)

Küche

Abtei (unten im Keller)

Keller

5 Einheitslängen

6 Einheitslängen

Einheitsquadrat

54   Scheyern. Die vermutliche ursprüngliche Klosteranlage

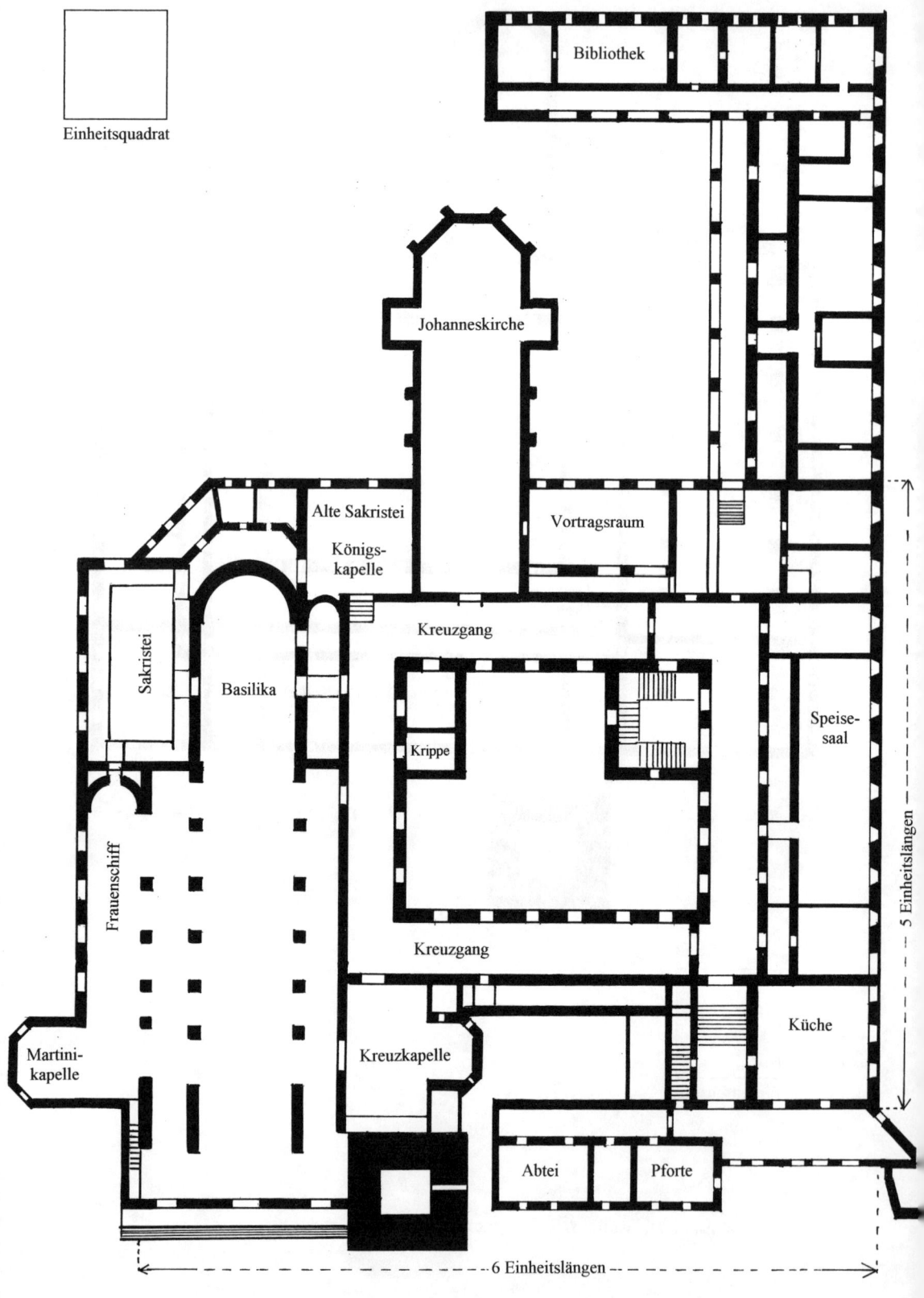

Einheitsquadrat

Bibliothek

Johanneskirche

Alte Sakristei

Königs-
kapelle

Sakristei

Basilika

Vortragsraum

Kreuzgang

Krippe

Speise-
saal

Frauenschiff

Kreuzgang

Martini-
kapelle

Kreuzkapelle

Küche

Abtei

Pforte

5 Einheitslängen

6 Einheitslängen

Kapelle genannt. Der östliche Konventbau wurde von Abt Stephan Reitberger um 1630 angefügt, wobei einzelne Gebäudeteile, wie Apotheke und eine einfache Bibliothek, möglicherweise schon vorhanden waren.

Die auffallendste Veränderung erfuhr die Westfassade des Konventbaus, möglicherweise unter Abt Georg Sperl (1467–1489). Dabei wurde das Abtei- und Pfortengebäude um etwa 8 Meter nach Westen verschoben, wobei die Außenmauern des alten Gebäudes stehen blieben. Man wollte offenbar freien Raum für die Dreikönigskapelle schaffen.

4 Tagesordnung in einem Hirsauer Kloster

Das Kloster Scheyern ist nach den Bestimmungen von Hirsau angelegt worden. Aus den Urkunden kann man entnehmen, daß auch die Hirsauer Gepflogenheiten eingehalten wurden. Der Chronist berichtet darüber: »Diese Forderung der monastischen Lebensweise verwirklichte hier [in Bayrischzell] zuletzt der selige Abt Willihelm auf fruchtbare Weise, indem er von seinem Kloster zwölf Mönche und ebensoviele Laien schickte, um die gleiche Regel, die sie in Hirsawgie [Hirsau] erlernt hatten, auch an diesem Ort zu beobachten.«

Unter dieser Regel, »die sie in Hirsawgie erlernt hatten«, sind nicht nur die Regel des hl. Benedikt gemeint, sondern vor allem die Gepflogenheiten von Hirsau. Darüber sind wir gut unterrichtet.

Um 1075 besuchte ein Mönch Ulrich von Cluny das Kloster Hirsau und berichtete dem Abt Wilhelm genau über die Gewohnheiten von Cluny. Nach seiner Rückkehr schrieb Ulrich den ausführlichsten, noch erhaltenen Bericht über die Bräuche von Cluny nieder. Diese wurden aber auch – mit geringen Abänderungen – in Hirsau eingehalten. Außerdem kennen wir die »Konstitutionen von Hirsau«, die Abt Wilhelm verfaßte.

Der Lebensrhythmus der Mönche war weitgehend von der feierlichen Gestaltung des Gottesdienstes bestimmt. Alle zwei bis drei Stunden läutete die Glocke, um die Mönche zum »Chorgebet«, das heißt zur Rezitation der Psalmen und sonstiger Gebete, zum Gesang der Hymnen und zur Bibellesung zu versammeln.

Bereits kurz nach Mitternacht, gegen 2 Uhr, beteten die Mönche die Matutin. In den frühen Morgenstunden folgten die Laudes und die Prim. Etwas später traf die Terz und um die Mittagszeit die Sext. Am frühen Nachmittag beteten sie die Non und am Abend die Vesper. Kurz vor dem Schlafengehen war die Komplet vorgesehen. In der noch verbleibenden Zeit zwischen den gemeinsamen Gebeten widmeten sich die Mönche der körperlichen und geistigen Arbeit. Da in der Reform von Cluny und Hirsau auf die feierliche und zeitlich weit ausgedehnte Ausgestaltung des Gottesdienstes noch mehr Gewicht gelegt wurde, als es in der Regel des hl. Benedikt vorgesehen ist, wird es ver-

55 Kloster Scheyern. Kirchen, Kapellen, Konventgebäude

ständlich, daß die Mönche in den Hirsauer Klöstern wenig Zeit für körperliche Arbeit zur Verfügung hatten.

Aus diesem Grund wurde auch das Institut der *Laienbrüder* geschaffen, die sich mehr der körperlichen Arbeit widmen konnten. Auch für die Analphabeten war eine Möglichkeit geschaffen, am Leben des Klosters teilzunehmen.

Man könnte fragen, warum die Mönche soviel Zeit auf Gebet und Gottesdienst verwendeten. Abgesehen von der starken Betonung der Liturgie in der Cluniazenserreform führt sich dies auch auf den Wunsch der Stifter zurück. Viele Stifter und Wohltäter machten ihre Zuwendungen ausdrücklich davon abhängig, daß für sie in besonderer Weise gebetet werde. So lesen wir in einem Übergabebrief um 1234: »Winhard von Rohrbach überträgt mehrere Güter in Maiersdorf, Zuchering, Tegernbach und Rohr, damit an jedem Tag – außer an Sonntagen – eine hl. Messe für die verstorbenen Eltern gelesen werde«.

5   Speisen und Getränke

Das Kloster Scheyern war zwar mit vielen Gütern ausgestattet. Aber trotzdem führten die Mönche kein Leben in »Saus und Braus«, sondern ein Leben in großer Strenge. Im Winter und in der Fastenzeit nahmen sie nur eine einzige Mahlzeit ein. Nur im Sommer aßen sie zu Mittag und zu Abend.

Grundnahrungsmittel waren Brot, Eier, Milch, Käse, Fisch, Bohnen und Erbsen. Fleisch durften nur alte und kranke Mönche genießen. Im Laufe der Zeit wurden freilich auch hier Erleichterungen gewährt.

Hier erhebt sich die Frage nach den Getränken. In den Hirsauer Klöstern war das eigentliche Getränk – neben dem Wasser – der Wein. Der hl. Benedikt erlaubt – allerdings nur mit schweren Bedenken und Vorbehalten – für einen Tag eine »Hemina« Wein, was ungefähr einem halben Liter entspricht. Das Bier dürfte daher – wenn überhaupt gebraut wurde – eine untergeordnete Rolle gespielt haben.

So wird es verständlich, daß wir in den ältesten Scheyerer Urkunden viel lesen von Weinbergen und Weingütern. Man scheute keine Anstrengungen, um den Wein auch aus weit entlegenen Orten und Gebieten, so aus Regensburg oder aus Südtirol, herbeizuschaffen. Der Transport war genau geregelt. Der Wein aus Südtirol (aus dem Pustertal oder aus Bozen) wurde zunächst mit Tragsätteln oder Karren bis nach Hall bei Innsbruck transportiert. Von dort kam er mit Flößen auf dem Inn bis in die Nähe von Rosenheim und dann mit Fuhrwerken nach München. Der Propst von Fischbachau war unter anderem beauftragt, für diesen Transport nach München Sorge zu tragen.

Wein war damals nicht nur im Kloster, sondern auch in der Umgebung neben dem Wasser das eigentliche Getränk, das erst allmählich vom Bier verdrängt wurde. Die Grundholden mußten alljährlich neben den übrigen Abgaben auch eine Maß Wein abliefern.

Daneben wurde jedoch in Scheyern bereits im 12. und 13. Jahrhundert *Bier* gebraut. In der ersten Güterbeschreibung von etwa 1209 (Clm 1052) lesen wir, daß einzelne Güter auch »humulus«, d.h. *Hopfen* abgeben mußten. Und um 1225 finden wir im »Matutinale« (um 1216, Clm 17401, f. 13) die Bestimmung, daß die Mühle an der Glonn (bei Eisenhofen) jährlich 2 Mitl Hafer für die Pferde des Bierkarrens abzuliefern hat. Dieser sollte als Futter für die Pferde dienen, die den Bierkarren ziehen. Die Höfe, die den Hopfen abzuliefern hatten, befanden sich alle in der näheren Umgebung von Scheyern, so in Wolfsberg, Fürholzen, Mitterscheyern, Steinkirchen und Badershausen. Es ist naheliegend, daß wir die zugehörige Brauerei in Scheyern selber suchen.

6   Die Arbeit der Mönche – die Offizialen

Neben dem Gottesdienst mußte eine Fülle von Arbeiten zum Aufbau und Unterhalt der umfangreichen Klosteranlagen und der damit zusammenhängenden Gebäude verrichtet werden. Unterstützt wurden die Mönche dabei von den »Laienbrüdern«, den »barbati«, und den Zivilangestellten. Die Zahl der Laienbrüder hatte nicht ausgereicht, um die Klostergebäude aufzubauen und instandzuhalten. Mehrfach ist von einem großen Brand die Rede, der einen Wiederaufbau nötig machte.

Die Zivilangestellten wohnten in der Anfangszeit wahrscheinlich im engeren Klosterbereich, in den noch bestehenden Gebäuden der alten Burganlage, der von einer Mauer umschlossen war. Um 1300 wurden jedoch in Fernhag, Holzried, Plöcking und »Nenbach« (Ziegelnöbach) weitere Siedlungen für sie geschaffen. Das Anwachsen der Bevölkerung und das Bestreben, diese von der Stadt fernzuhalten, drängten zum Bau einer größeren Siedlung in der Nähe des Klosters. So entstand um 1400 das »Nähere Hag«, später »Großenhag« genannt, mit zunächst etwa 40 neuen Anwesen.

Die Mönche selber besorgten vornehmlich die Arbeiten im engeren Bereich des Klosters oder sie waren »*Offiziale*«. Zu diesen zählten neben dem Abt noch folgende Personen: Prior, Dekan, Kellermeister (cellerarius), Kämmerer, Armenpfleger (hospitarius), Bibliothekar, Schülermagister (scolasticus), Sakristan (custos) und der Vorsänger (cantor). Damit diese Offizialen ihre Ämter mit einer gewissen Freiheit und Selbständigkeit verwalten konnten, wurden einigen gesonderte Einkünfte aus den Gütern des Klosters zugeteilt.

Auch dem *Abt* standen eigene Einkünfte zu. Im Matutinale lesen wir: »Diese Einkünfte beziehen sich durch ›göttliche Bewilligung‹ auf den Abt; daher soll er mit größter Maßhaltung damit umgehen« (Clm 17401, f. 10).

Gerade in den ersten Jahrhunderten des Bestehens von Scheyern hatte der Abt keine beneidenswerte Stellung inne. Er hatte neben der Leitung des eigentlichen inneren Klosterbereichs auch die Aufsicht über die weit verstreuten Güter zu führen. Dazu mußte er ständig damit rechnen, den Unwillen des Vogtes heraufzubeschwören, der ihn absetzen konnte.

Da der Abt oft mit äußeren Geschäften betraut war, hatte der *Prior* die Aufgabe, sich in erster Linie für die Aufrechterhaltung der Ordnung innerhalb des Klosters zu kümmern. Ihm stand der *Dekan* zur Seite, der für die genaue Einhaltung der Tagesordnung sorgte.

Dem *Kellermeister* (cellerarius) oblag die Herbeischaffung der nötigen Vorräte und Nahrungsmittel. Der *Küchenmeister* mußte für die rechte Zubereitung der Speisen Sorge tragen.

Eine typische Einrichtung der Hirsauer ist das Amt des *Kämmerers* (camerarius). Dieser schaffte zunächst die nötige Kleidung herbei. Er hatte aber vermutlich eine übergeordnete Stellung über dem Keller- und Küchenmeister. Wegen dieser wichtigen Funktion standen ihm in Scheyern ebenfalls gesonderte Einkünfte aus etwa 40 Anwesen zu. Sehr häufig stoßen wir in den Salbüchern auf die Bemerkung: »attinet ad camerarium«, es gehört dem Kämmerer.

Der *Custos* war für die Pflege der Kirche, der liturgischen Bücher, Geräte und Kleider, sowie für die Vorbereitung der Gottesdienste verantwortlich. Ein großes Verdienst hat sich in Scheyern unter den Äbten Konrad und Heinrich (um 1210–1250) ein gewisser Konrad als Bibliothekar und Bücherschreiber erworben. Er selber und seine Helfer schrieben in diesem Zeitraum an die 40 teilweise sehr umfangreiche Codices, von denen einige noch erhalten sind. Der Chronist bemerkt dazu, daß dieser Mönch Konrad unermüdlich tätig war, ohne dabei den Gottesdienst zu vernachlässigen. »Wahrlich, er hat so gehandelt, daß über Erwarten in kurzer Zeit das Werk vollendet werden konnte, während er zugleich in der Mühe des gemeinschaftlichen Ordenslebens nicht als der Letzte befunden wurde« (MGSS XVII, 623).

Dem *Hospitarius* oblag die Betreuung der Gäste und Armen. Auch er erhielt eigene Einkünfte. Außerdem bekam er noch den zehnten Teil der Gesamteinkünfte an Getreide und sonstigen Naturalien.

Es ist bemerkenswert, daß bereits in der Chronik des Abtes Konrad ein eigener »Schulmeister« (scolasticus) auftaucht. Unter den Büchern, die vom Mönch Konrad geschrieben wurden, befinden sich daher auch ausgesprochene Schulbücher für den Unterricht, so: Die Bücher der ›Officia‹ des Tullius (Cicero), ein Buch von Lucanus (römischer Dichter) mit Bemerkungen und die Reden des Horaz. Außerdem sind enthalten ein Geschichtsbuch (Scolastica historica) und ein Lexikon (Mater verborum).

Aus dem »Übergabebuch« (Clm 1052) wissen wir, daß um 1225 ein Wernher von Kempho dem Kloster ein Landgut in Ecenhausen (Etzenhausen bei Dachau) übergab mit der Bedingung, daß sein Neffe, der fünfzehnjährige Marquard, im Kloster erzogen werde. Er fügte dann hinzu: »Wenn er es freiwillig verspricht, kann er später sich unserer Gemeinschaft anschließen.«

Es finden sich also bereits in den ersten Anfängen der Grundstock der späteren Klosterschule. Aufgabe dieser Schule war es, junge Leute in den Wissenschaften und musischen Fächern heranzubilden, aber auch den Nachwuchs für das eigene Kloster – »wenn sie es freiwillig versprechen« – heranzuziehen.

Das Heilige Kreuz von Scheyern

1 Bedeutung des Kreuzes

In Scheyern befindet sich seit über 800 Jahren die bekannte Kreuzreliquie. Wegen der seit vielen Jahrhunderten nachgewiesenen Kreuzverehrung wurde im Jahre 1980 die Scheyerer Kirche zur Päpstlichen Basilika erhoben.

Mit Recht fragen wir nach dem Sinn und der Bedeutung dieser Kreuzesverehrung. Zunächst ist jede Reliquie ein geschichtliches Dokument, das geschützt werden soll. Wir leben in einer Zeit, in der Altertümer, Zeugen der Vergangenheit sich großer Beliebtheit erfreuen.

Der Mensch spürt instinktiv, daß die Gegenwart ihre Lebenskraft aus den Wurzeln der Vergangenheit holt und von dort die Orientierung für die Zukunft bekommt. Diese Gegenstände bringen den Menschen in eine greifbare und anschauliche Beziehung zur Vergangenheit und zu den Personen oder Begebenheiten, von denen sie Zeugnis ablegen.

Dies gilt insbesondere von der Kreuzreliquie, die den Christen unmittelbar mit dem Kreuz als dem Zeichen der Erlösung in Verbindung bringt.

Es kommt dies bereits zum Ausdruck in dem Begleitschreiben, das der Patriarch Fulcherius von Jerusalem dem Kanoniker Konrad, dem Überbringer der Kreuzreliquie nach »Europa« mitgab:

»In allen Teilen der Welt brennen viele Gläubige vor Verlangen, die hochheiligen Orte des Leidens und der Auferstehung des Herrn zu besuchen, und verpflichten sich durch Gelübde. Aber Krankheit, drückende Armut oder verschiedene andere Hindernisse lasten auf ihnen und lassen sie nicht dahin gelangen. Daher haben wir nach gemeinschaftlicher brüderlicher Beratung beschlossen, ihnen entgegenzukommen und trostreiche Aussichten zu eröffnen.

Wir haben also von den hochheiligen Orten Reliquien gesammelt ... und davon ein Kreuz gebildet. Und überdies haben wir einen Teil von dem durch Christi Blut geweihten heiligen Kreuz beigefügt und senden es euch zum Troste durch den Kanoniker Konrad, der dieses heilige Kreuz zu überbringen und zu bewahren hat ...«

Nach diesen Worten des Patriarchen soll die Verehrung der Kreuzreliquie zunächst ein Ersatz sein für eine Pilgerfahrt ins Heilige Land, zu den Stätten des Lebens und Wirkens Jesu und insbesondere zu den Orten des Leidens und der Auferstehung des Herrn, von der man sich einen besonderen Segen Gottes erwartete.

Wie sehr das Kreuz, vor allem die Kreuzreliquie, zu allen Zeiten bei den Christen sich hoher Wertschätzung erfreute, kommt deutlich auch in der Karfreitagsliturgie zum Ausdruck, bei der die Kirche singt: »Seht das Holz des Kreuzes, an dem das Heil der Welt gehangen. Kommt lasset uns anbeten!«

Außer dieser mehr anschaulichen und handgreiflichen Bedeutung der Verehrung der Kreuzreliquie, bei der der Christ Zeugnis ablegt für die Menschheit Jesu Christi und für seine leibliche Kreuzigung und Auferstehung, hat die Kreuzverehrung vor allem eine allgemeine Bedeutung.

Bereits in der Heiligen Schrift hat das Wort »Kreuz« neben der Bezeichnung des Marterholzes einen übertragenen Sinn. Es wird zum Ausdruck des gesamten Erlösungsgeschehens schlechthin.

Jesus hat wiederholt auf das Kreuz hingewiesen und das »Kreuz-Tragen« als Kennzeichen des Jüngers hingestellt. »Wer mir nachfolgen will, verleugne sich selbst, nehme täglich sein Kreuz auf sich und so folge er mir nach...« (Lk 9,23). Für den heiligen Paulus läßt sich das ganze Evangelium unter das Thema »Predigt vom Kreuz« zusammenfassen.

»Freilich gilt die Predigt vom Kreuze denen, die verlorengehen, als Torheit, uns aber, die gerettet werden, als Gottes Kraft« (1 Kor 1,18 ff).

2   Verehrung des Heiligen Kreuzes

Das Kreuz wurde daher zum unterscheidenden Kennzeichen des Christentums schlechthin. Jede christliche Kirche erkennt man am Kreuz, jedes Gebet beginnt mit dem Kreuzzeichen, und jede Segnung wird unter diesem Zeichen vollzogen. Es ist darum selbstverständlich, daß Kreuze und insbesondere Reliquien des Kreuzes Christi von den Gläubigen stets hoch geehrt werden.

Bereits seit der Auffindung und Erhöhung des Heiligen Kreuzes (14. September 335) läßt sich eine Verehrung nachweisen. Aber es mußte von der Kirche immer wieder eingeschärft werden, daß dem Kreuz, insbesondere der Kreuzreliquie, nur ein »cultus relativus« ein »relativer Kult« erwiesen werden dürfe, d. h. eine Verehrung, die auf die Person Christi bezogen sei. Durch das Kreuz tritt der Christ in eine anschauliche und greifbare Verbindung mit dem Gekreuzigten selber und wird an seinen leiblichen Tod und seine leibliche Auferstehung erinnert.

Es wird oft die Frage erhoben, ob denn das um 320 in Jerusalem aufgefundene Kreuz das echte Kreuz Christi sei. Darauf ist zu antworten, daß auf alle Fälle in Jerusalem ein ganz bestimmtes Kreuz als echtes Kreuz Christi verehrt wurde.

Ein lebendiges Zeugnis für die Kreuzverehrung um das Jahr 400 gibt uns die Pilgerin Aetheria in ihrer Beschreibung des Gottesdienstes am Karfreitag in Jerusalem: »Und so geht das ganze Volk vorüber, jeder einzeln, und alle neigen sich, berühren zuerst mit der Stirn, dann mit den Augen Kreuz und Inschrift, und das Kreuz küssend, gehen sie vorbei, die Hand aber streckt niemand aus zur Berührung.«

Im 4. Jahrhundert blühte im Römischen Reich eine starke Reliquienfröm-
migkeit auf. Durch den Verlust des Heiligen Kreuzes in Jerusalem, im 7. Jahrhundert, ging die Verehrung wieder zurück. Sie fand aber nach der Rückgewinnung durch Kaiser Herakleos, im Jahre 628, wieder neuen Auftrieb. Die
Form der Kreuzverehrung, wie sie in Jerusalem schon um 400 üblich war,
wurde auch in die Karfreitagsliturgie des Römischen Ritus übernommen.

3 Geschichte der Kreuzreliquie

Nach dem Opfertode Christi wurde das Kreuz beim »Kalvarienberg« – besser
gesagt bei der »Schädelstätte« – eingegraben, wo es fast drei Jahrhunderte verborgen blieb. In der Zwischenzeit wurde Jerusalem (im Jahre 70) von den Römern erobert und zerstört. Aber die Erinnerung an diese heilige Stätte lebte
unter den Christen weiter. Um sie zu verwischen ließ Kaiser Hadrian darüber
einen Heidentempel errichten. Aber gerade dadurch blieb diese Stelle erhalten. So brauchte Kaiser Konstantin im Jahre 320 nur den Befehl geben, den
Götzentempel abzureißen. Dabei kamen die Kreuzigungsstätte und das Grab
wieder zum Vorschein.
Nach dem »Chronicon paschale« hat die Kaiserin-Mutter Helena eine Wallfahrt nach Jerusalem zu den heiligen Stätten unternommen. Sie ließ den Ort
näher untersuchen und hat dabei am 14. September 320 drei Kreuze aufgefunden, samt den Nägeln und der Inschrift. Diese waren aber losgetrennt, so
daß man das echte Kreuz Christi nicht mehr erkennen konnte. Da ließ Bischof Makarios die drei Kreuze nacheinander einer schwerkranken Frau auf-
legen. Bei der Berührung durch das dritte Kreuz wurde sie auf der Stelle ge-
sund.

Am mutmaßlichen Ort der Auferstehung ließ Kaiser Konstantin die Auferstehungskirche und die Kreuzigungskirche erbauen. Am 13. September 335
wurden diese Kirchen eingeweiht und am folgenden Tag, dem 14. September
335, wurde das Kreuz feierlich zur Verehrung ausgestellt. Dieses Ereignis bildete den Ausgangspunkt zum Fest Kreuzerhöhung, das bald in der ganzen
Kirche eingeführt wurde.
Nach der Auffindung blieb ein Teil des Kreuzes in Jerusalem. Dieser wurde
im Jahre 614 von den Persern unter Chosrau Abharwez [Ahasver] geraubt,
aber am 3. Mai 628 durch Kaiser Heraklius wieder zurückgewonnen. Dieser
Tag wurde später im Römischen Ritus mit dem Fest der Kreuzauffindung in
Zusammenhang gebracht.
Die Stadt Jerusalem ging 636 an die Mohammedaner verloren, konnte aber
1099 von Gottfried von Bouillon auf dem Ersten Kreuzzug wieder zurücker-
obert werden. Am 2. Oktober 1187 ging nach der Schlacht bei Hattin in Galiläa auch Jerusalem und der dort verbliebene Rest des heiligen Kreuzes endgültig verloren.
Den größten Teil hatte aber bereits Konstantin nach Konstantinopel ge-

bracht, wo er zuerst in der Hagia Sophia, später in der kaiserlichen Schatzkammer aufbewahrt wurde. Ein Teil kam auch nach Rom, in die Kirche Santa Croce.

4   Die Form des Scheyerer Kreuzes

Die Form des Scheyerer Kreuzes ist das *Doppel–Kreuz.* Über die Entstehung des Doppel-Kreuzes gibt bereits die Pilgerin Aetheria einige Andeutungen. Sie betont dabei, daß beim Heiligen Kreuz sich auch die Tafel mit der *Kreuzes-Inschrift* befunden habe. Es handelt sich um jene Inschrift, die Pilatus an das Kreuz heften ließ: »Jesus von Nazareth, König der Juden«.
So wird es verständlich, daß das Doppelkreuz in der abendländischen Christenheit überall dort verwendet wurde, wo die Erinnerung an das »wahre« Kreuz Christi oder an Jerusalem betont werden sollte.
Als Wappen diente es vor allem denjenigen Personen bzw. Gemeinschaften, die Beziehungen zu Jerusalem hatten. So finden wir es als heraldisches Abzeichen des lateinischen Patriarchen von Jerusalem, beim Ritterorden vom Heiligen Grab (seit 1335) und bei den Hospitalitern des hl. Lazarus (Lazaristen, seit 1120), die sich in Jerusalem der Pflege der Aussätzigen widmeten.
Seit Andreas II. von Ungarn, der 1217 einen Kreuzzug nach Jerusalem unternahm, führten auch die ungarischen Könige ein Doppelkreuz im Wappen. Auch bei den Herzögen von Lothringen ist es seit dem 15. Jahrhundert anzutreffen. Sie leiten sich nämlich von Gottfried von Bouillon her, der am ersten Kreuzzug teilnahm und 1099 zum König des lateinischen Königreichs Jerusalem gewählt wurde. Zunächst war das Doppelkreuz nur das Abzeichen des lateinischen Patriarchen von Jerusalem. Später führten es auch andere Patriarchen und sogar Erzbischöfe als Insigne.

5   Kreuzpartikel

Gleich nach der Auffindung des Kreuzes durch die Kaiserin Helena am 14. September 320 wurden größere und kleinere Teile als Reliquien an Kirchen und Einzelpersonen abgegeben. Dies wird schon durch Kyrillos von Jerusalem (313–387), durch afrikanische Inschriften und auch durch Johannes Chrysostomus (344/54–407) bezeugt.
Der in der Kreuzkirche von Jerusalem aufbewahrte Teil des Kreuzes hatte sicher nicht mehr als die Hälfte der ursprünglichen Größe. Denn die Pilgerin Aetheria bezeugt bei der Beschreibung der Karfreitagsliturgie um das Jahr 400:

56   Die Heilig-Kreuz-Reliquie von Scheyern, als Doppelkreuz-Monstranz von 1738, mit 16 eingelegten Emailbildern eines unbekannten Emailleurs, geschaffen von dem Augsburger Goldschmied Johann Georg Herkommer, von der Scheyerer Bürgerschaft in der Säkularisation durch Rückkauf vor dem Einschmelzen bewahrt

»Der Bischof läßt sich auf dem Stuhl nieder; vor ihm wird ein mit Linnen bedeckter Tisch aufgestellt, im Kreise um den Tisch stehen die Diakone. Man bringt ein silbernes, vergoldetes Kästchen [loculus = kleines Behältnis, Kästchen], in dem das Holz des Kreuzes liegt, öffnet es und hebt das Kreuzholz heraus, legt es auf den Tisch, zugleich mit der Inschrift. Wenn es also auf den Tisch gelegt ist, erfaßt der Bischof sitzend mit den Händen die Enden des heiligen Holzes; die Diakone, die im Kreis stehen, bewachen es ...«

Der Bischof konnte also allein das Kreuz mit beiden Händen fassen und halten. Dies ist auch verständlich. Denn bereits kurz nach der Auffindung hatte Kaiser Konstantin den größten Teil nach Konstantinopel bringen lassen.

Nach Rom kam unter Papst Silvester I. (314–335) eine Kreuzpartikel in die Kirche von S. Croce in Gerusaleme. Durch Vermittlung des Bischofs von Nola kam eine Partikel an Sulpicius Severus († 420). Auch Avitus von Vienne (um 500) erbat einen Teil des Kreuzes von Jerusalem. Die hl. Radegundis erhielt eine Partikel von Kaiser Justinos II., die heute in Poitiers verehrt wird. Zu ihrem Lob dichtete Venantius Fortunatus († bald nach 600) den bekannten Hymnus *Vexilla Regis prodeunt*.

Die größten Kreuzreliquien befinden sich zur Zeit in Rom (S. Croce und in St. Peter), Venedig (San Marco), Paris (Notre Dame), Brüssel (Sainte Gudule) und in Scheyern. Im deutschen Sprachraum gibt es außerdem noch bedeutende Reliquiare in Trier, Donauwörth, Maria Laach, Wiblingen, Limburg und in Köln. Bereits um 1870 hat der Gelehrte Rohault von Fleury alle bekannten namhaften Kreuzreliquien beschrieben und berechnet. Er kam zu dem Ergebnis, daß ihre Gesamtsumme kaum 10 Kubikdezimeter ausmache, während man die Größe des ursprünglichen Kreuzes auf etwa 60 Kubikdezimeter schätzt.

Die Größe des Scheyerer Kreuzes

Nach den im Jahre 1901 vorgenommenen genauen Messungen beträgt die Dicke der Reliquie durchschnittlich 2 Millimeter, die Durchschnittsbreite 7,5 Millimeter. Der Längsbalken mißt 18,5 Zentimeter, der obere Querbalken 4 Zentimeter und der untere 8,1 Zentimeter. Daraus ergibt sich ein Rauminhalt von 4,6 Kubikzentimeter.

Aus dem ursprünglichen Kreuz Christi könnte man über mehrere Tausende solcher Partikel herstellen; und aus jedem solcher Partikel wiederum Hunderte von kleinen Kreuzen, wie sie vielfach aufbewahrt werden.

57 *Heilig-Kreuz-Reliquie von Scheyern. Reichverzierte Rückseite der ursprünglichen »größeren« Fassung*

6 Geschichte der Scheyerer Kreuzreliquie

Im Jahre 1114 wurde das Patriarchalkapitel von Jerusalem, das bisher aus Weltpriestern bestand, durch die Ordensgesellschaft der Kanoniker vom Heiligen Grabe ersetzt. Die Bestätigung durch Papst Kalixt II. erlangte sie kurz darauf im Jahre 1122. Sie zählte um 1144 bereits sieben Klöster in Palästina.

Als in der Folgezeit die Lage des christlichen Königreiches Jerusalem durch die wachsenden Anstürme der Moslems immer bedrohlicher wurde, geriet auch das Patriarchat infolge Erschwerung der abendländischen Pilgerzüge und wegen innerer Zwistigkeiten mit den Tempelrittern in Geldverlegenheit.

Um dieser Not abzuhelfen, gab ein Mitglied der genannten Ordensgemeinschaft namens Konrad dem Patriarchen Fulcherius (1146–1157) den Rat, einen Almosensammler mit Reliquien nach Europa abzusenden, und er bot sich selber an zu diesem Unternehmen. Der Vorschlag wurde angenommen. Er selber wurde mit einer Kreuzreliquie und sieben weiteren anderen Reliquien auf Reisen geschickt.

Über die ganzen Vorgänge geben zwei Urkunden Aufschluß. Beide werden von Michael Stephan in seiner Arbeit »Die Urkunden und ältesten Urbare des Klosters Scheyern« im lateinischen Wortlaut gebracht und auch beschrieben (Quellen und Erörterungen zur bayerischen Geschichte, Bd. XXXVI, 2. Teil).

Die erste datiert um 1155–1157 und stammt vom Patriarchen Fulcherius von Jerusalem. »Sie enthält einen zeitgenössischen Bericht über die Stiftung und Herstellung eines Kreuzes, in das Reliquien von den heiligen Stätten Palästinas und eine Partikel vom Kreuz Christi eingelassen sind. Der Behälter zur Aufnahme des eigentlichen Kreuzreliquiars (47 cm Länge) aus vergoldetem, gepunztem Silberblech, mit dem der Kanoniker Konrad zwischen 1155 und 1157 im Auftrag des Patriarchen Fulcherius (1146–1157) nach Europa reiste, wird heute im Kloster Scheyern aufbewahrt« (Katalog Wittelsbach und Bayern I/2, Nr. 39, Abbildung auf dem Umschlag von Band I/1).

Das Schreiben hat folgenden Wortlaut (deutsche Übersetzung von P. Stephan Kainz):

»Fulcherius, durch Gottes Barmherzigkeit Patriarch der Kirche von der heiligen Auferstehung Christi unseres Herrn, und Amalrich, Prior der heiligen Grabeskirche, mit dem gesamten Konvente der Chorherren, entbieten den Erzbischöfen, Bischöfen, Äbten, allen geistlichen und weltlichen Würdenträgern, den Reichen wie den Armen, welche diese Urkunde lesen oder verlesen hören, Gruß in Christo nebst Versprechen des heiligen Gedenkens am glorreichen Grabe des Herrn.

58–59   Heilig-Kreuz-Reliquie von Scheyern. Facsimile aus »Monumenta Boica« (MB X)
Urkunde von Patriarch Fulcherius, um 1156
Urkunde von Patriarch Heraklius, um 1180

Diploma 1.um De S. Cruce.

Iitu diuing pietati. s. sce x̄ dī nr̄i resurrectioni eccle patarcha. ⁊ d. eccle scī sepulc̄ pōz cum
uniuerso canonicoz cuentu. Archiepis. epis. abbatib;. tam laici quam clici quecq; dignitate sub-
limati. diuitib; ac pauptib; quecq; hā litterā legent l̄ lecta audierint. Sal in x̄. æ añ glosum dr̄i
sepulcrum scāz suffragia orationū. Qm̄ multi fidelum hr̄s knī p diuersā mundi regioes. sa-
crosca loca passionis ac resurrectiois dnī cē toto cordi affectu desidant. ac uoto se obligant usitare.
s; infirmitate l̄ ponde paupiati. siue quib;lib; alii impedimt̄ oppsi minime puenire psunt. cū
comuni frūm chilio aliq̄ spe csolationi ei subuenire decreuim. Collecti itaq; sactcoz locoz reli-
quii. uidelicet de natiuitate ac psepio dnī in bethleem. de loco ubi oblat ē in templo dr̄i. de
loco gethsemani ubi capt ē. de loco passioni monti caluarie. de gloso dr̄i sepulc̄. de loco ascen-
sioni in monte oliuēt. de lecto beate mariæ mat̄s dnī in monte syon. ⁊ de ipsi sepulc̄. in ualle io-
saphat. hanc crucē cstruxim. æ sup hec de sacra cruce sanguine x̄ dedicata parte addidim.
æ ad ur̄am consolationē p. Conradum canonicū ⁊ filiū nr̄m latorē ⁊ custodē hui sce cruci. eui
etiam monitu ⁊ rogatu ad uo eā dirigim. Qcirca uniuersitati ur̄e in dnō consulim. ut quecq;
desidio compunct̄ l̄ uoto obligat. dr̄icum sepulcrum usitandi. s; infirmitate l̄ pauptate aliq;
quā plib; in emodi ut sup dicti ē impedit̄ tā longū taq; piculosum iter nulloim plicere psit. sup hāc
cruce scām sactcis scuani scithcata dō sactcieū laudi scdm modulū sue facultati. domui nr̄a l̄ quā
lib; pssione dō ⁊ suo gloso sepulc̄ delegatione faciat. ⁊ altisimo uota sua psoluat. æ ex parte di nr̄a
uoto absolut abscedat. ⁊ tanti mercedi accipiet. quā si sup ipsum dr̄icū sepulcrū delegasset. foz nore
ū æ in hoc beatiore qd pmiser. qa pr̄ psoluat. ut scdm suū laborē ppa mercedē accipiat. ss̄ qg; qnta
retributionē oronū. elemosinaz. oiuq; bnficioz q̄ in eccla scī sepulc̄ ⁊ ad eā ptinenb; fuit a dō habe spam.
oib; hāc cruce scām uenerātib; ⁊ sup ipsa dr̄ico sepulc̄ adiutoriū cferēnb; ex parte di ccedim. ⁊ ccessa in dnō.
cfirma m̄ v s.

Forma Sigilli plumbei, Diplomati 1.mo Adhærentis.

Diploma posterius De S. Cruce.

E di gr̄a sce resuffectiois eccle patriarcha. ⁊ P. eidem pōz cū toto capitulo. Conrado di gr̄a d dachau nobilissimo
duci. dilecto i x̄ filio ⁊ amico! salt ⁊ patriarchalem benedictionē. Reminiscimi cū in psentia ur̄a cēns. strenuita-
ti ur̄e pces fudisse p quadam cruce q̄ q̄dam de noticia ur̄a templi patris ur̄i a q̄dam frē nr̄o ui abstulert.
quod iterū psenti septo ad memoriā uob reducente hoc ipsū uob in remissione peccoz ur̄oz iniungim. exo-
rantes. ut ad recupandam iā dictam cruce causa dei ⁊ ob reuentiā dr̄icj sepulc̄ studiū adhibeatis. ⁊ recupata
ecclam i honore eidem sic polliciti esti fabricari faciatis. possessione etiam nr̄as que nob ablate st. unde esti
aduocat. uice nr̄a regrentes. p prudentiā ur̄a eāsde recupasse ur̄a gr̄a sentiam. ut etiā in felicitate supna a
dnō ihū x̄ remunerationē. ⁊ beneficioz ⁊ orationū ecce dr̄icj sepulc̄ participatione. ex pie solicitudinis ur̄e
efficacia i hāc parte noscamini pmeruisse.

Forma Sigilli plumbei, pendentis è Diplomate 2.do

Teuerste Brüder!

In allen Teilen der Welt brennen viele Gläubige vor Verlangen, die hochheiligen Orte des Leidens und der Auferstehung des Herrn zu besuchen, und verpflichten sich dazu durch Gelübde. Aber Krankheit, drückende Armut oder verschiedene andere Hindernisse lasten auf ihnen und lassen sie nicht dahin gelangen. Daher haben wir nach gemeinschaftlicher brüderlicher Beratung beschlossen, ihnen entgegenzukommen und trostreiche Aussichten zu eröffnen.

Wir haben also von den hochheiligen Orten Reliquien gesammelt, nämlich

1. von Bethlehem, wo der Herr geboren worden und in der Krippe gelegen;
2. vom Orte seiner Aufopferung im Tempel des Herrn;
3. vom Orte seiner Gefangennahme zu Gethsemani;
4. von der Leidensstätte auf dem Kalvarienberge;
5. vom glorreichen Grabe des Herrn;
6. vom Orte seiner Himmelfahrt auf dem Ölberge;
7. von der Lagerstätte der seligen Gottesmutter Maria auf dem Berge Sion und von ihrem Grabe im Tale Josaphat.

60 Heilig-Kreuz-Reliquie von Scheyern. Beschreibung der kleineren und der größeren Fassung, aus: Monumenta Boica (MB X, 380)

[Links] 1. »Alte größere hölzerne Fassung, mit Silberblech bedeckt, für die kleinere Fassung, in die das heilige Kreuz mit heiligen Reliquien eingeschlossen ist.« Diese Fassung diente ursprünglich als »Monstranz«, um die Reliquie öffentlich auszusetzen, oder in Prozession feierlich hereinzutragen. Sie besitzt am unteren Ende einen Knauf, zum Anfassen mit den Händen, der in einen kelchartigen Becher ausmündet. Letztere diente zum Aufstecken auf eine Stange. Diese noch erhaltene Fassung hat eine Höhe von 47 cm und ist aus Birnbaumholz gefertigt. Das Äußere ist mit vergoldetem Silberblech belegt, in das byzantinische Muster eingestanzt sind. Sie ist wahrscheinlich in einer Goldschmiedewerkstatt hergestellt, die den Kanonikern vom Heiligen Grab unterstellt war.

[Rechts unten] 2. »Alte kleinere Fassung aus Holz, in die das Kreuzesholz mit den Reliquien eingelegt wird.«

3. »Ort, in den das Holz des Kreuzes des Herrn eingelegt wird.«

4. »Stellen für die Reliquien der heiligen Stätten, die dem Kreuzesholz beigefügt sind.« Diese Fassung hat sicher der Kanoniker Konrad bei seiner Reise von Jerusalem nach Europa verwendet. Sie hat eine Höhe von 23,4 cm. Es sind noch Spuren einer ehemaligen Silberblech-Bekleidung zu erkennen. Die Vertiefungen dienen zur Aufnahme von sieben Reliquien (am Fußende wurden zwei Reliquien eingelassen). Sie waren mit feinen Vierpässen aus Silberdraht verziert, die dann in die anderen Fassungen übernommen wurden. Diese Fassung ist ebenfalls noch erhalten und paßt genau in die ursprüngliche größere Fassung hinein.

[Rechts oben] 5. »Kreuzesholz, dessen Länge nach dem Bayerischen Münchener Fuß gemessen 7 Zoll und 7 Strich beträgt. Die Breite des mittleren Balkens beträgt 5 Strich. Die Länge des oberen Querbalkens ist 1 Zoll und 10 1/2 Strich. Die Länge des unteren Querbalkens ist 3 Zoll und 5 Strich. Die Breite der Querbalken und des mittleren Balkens ist 5 Strich.«

6. »Heilige Reliquien, die dem heiligen Kreuz beigefügt sind.«

Ausmaße der eigentlichen Kreuzpartikel: Länge des Längsbalkens 18,5 cm, Länge der Querbalken 4 cm und 8,1 cm; Durchschnittsbreite 7,5 cm, Dicke 2 Millimeter.

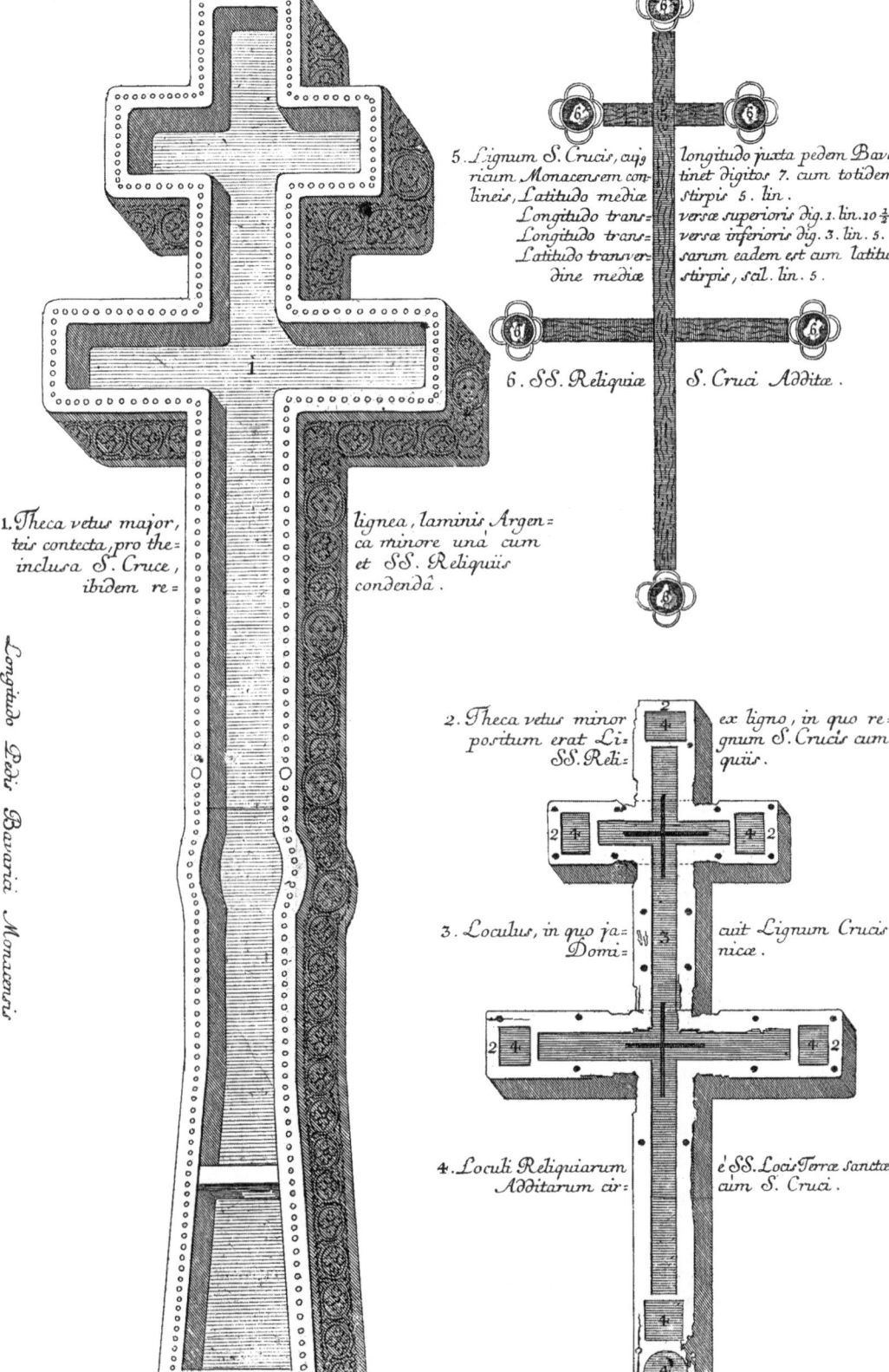

Longitudo Pedis Bavarici Monacensis

1. Theca vetus major, lignea, laminis Argenteis contecta, pro theca minore una cum inclusa S. Cruce, et SS. Reliquiis ibidem recondenda.

5. Lignum S. Crucis, cujus longitudo juxta pedem Bavaricum Monacensem continet digitos 7. cum totidem lineis, Latitudo mediæ stirpis 5. lin.
Longitudo transversæ superioris dig. 1. lin. 10 ½.
Longitudo transversæ inferioris dig. 3. lin. 5.
Latitudo transversarum eadem est cum latitudine mediæ stirpis, scil. lin. 5.

6. SS. Reliquiæ S. Cruci Additæ.

2. Theca vetus minor ex ligno, in quo repositum erat Lignum S. Crucis cum SS. Reliquiis.

3. Loculus, in quo jacuit Lignum Crucis Dominicæ.

4. Loculi Reliquiarum Additarum circa SS. Loci Terræ sanctæ, cum S. Cruci.

Und wir haben davon dieses Kreuz gebildet und überdies einen Teil von dem durch Christi Blut geweihten heiligen Kreuz beigefügt und senden es euch zum Troste durch den Kanoniker Konrad, unsern Sohn, der dieses heilige Kreuz zu überbringen und zu bewahren hat, nachdem er selber dazu geraten und sich angeboten hat.

Wir raten also euch allen im Herrn:

Wer immer von Reue getrieben oder durch ein Gelübde verpflichtet das Grab des Herrn zu besuchen strebt, aber durch Krankheit, Armut oder andere Hindernisse, wie oben gesagt, von einer so langen und gefährlichen Reise abgehalten wird, der bringe vor diesem heiligen, durch hochheilige Heiligtümer geheiligten Kreuze Gott ein Lobopfer nach dem geringen Maße seines Vermögens – sei es ein Haus, ein Grundstück oder sonst eine Besitzung – als eine Vergabung an den Herrn und dessen glorreiches Grab und erfülle uns so seine Gelübde dem Allerhöchsten.

Und also wird er vor Gott und vor Uns seines Gelübdes ledig sein und so großen Lohn empfangen, als hätte er die Vergabung am Grabe des Herrn selbst gemacht.

Die Kräftigen aber, die deshalb besser daran sind, sollen ihr Versprechen erfüllen, weil sie dazu imstande sind, damit sie für ihre Anstrengung einen besonderen Lohn empfangen.

Auch wir gewähren von Seite Gottes allen, die dieses heilige Kreuz verehren und vor dem selben für das Grab des Herrn einen Beitrag spenden, alle Vergeltung, die wir von Gott zu erhalten hoffen für die Gebete, Almosen und alle guten Werke, welche in der Kirche des heiligen Grabes und in den zu ihr gehörenden Gotteshäusern verrichtet werden, und Wir bestätigen im Herrn Unsere Gewährung.«

In einer zweiten Urkunde ermahnen Patriarch Heraklius, Prior Petrus und das Kapitel der Auferstehungskirche (in Jerusalem) den Herzog Konrad (III.) von Dachau(-Meranien) gemäß seinem vor ihnen abgelegten Versprechen, eine Kirche zur Unterbringung des Kreuzes zu bauen, das zu Zeiten seines Vaters (Konrad II.) von dessen Leuten dem Beauftragten des Patriarchen (Konrad) abgenommen worden war, und fordern seine Mithilfe als Vogt zur Rückgewinnung entfremdeter Besitzungen.

Über die genaueren Vorgänge schreibt Michael Stephan (Urkunden, S. 32): »Vermutlich zwischen 1155 und 1157 wurde Konrad ... nach Süddeutschland geschickt. Dort wurde ihm wohl auf Veranlassung Herzog Konrads II. von Dachau-Meranien die wertvolle Kreuzpartikel mitsamt der Begleiturkunde geraubt und im Kloster Scheyern versteckt. (1756 wurde deshalb die 600-Jahrfeier der Überbringung des hl. Kreuzes nach Scheyern gefeiert.) Nach dem Tode des Grafen Konrad II. (1159, 18. Februar) unternahm sein Sohn Konrad III. im Jahre 1172 zusammen mit Herzog Heinrich dem Löwen eine Wallfahrt nach Jerusalem. Bei dieser Gelegenheit gab Herzog Konrad III. das Versprechen, an das ihn der Patriarch Heraklius erinnert. Aufgrund dieser Urkunde sah sich wohl das Kloster nach dem Tode des Herzogs (8. Oktober

1180), der ohne Erben war, und nach seiner Beerdigung in der Familiengrab-
lege des wittelsbachischen Hausklosters als den rechtmäßigen Ort zur Unterbringung der Kreuzreliquie.

Die Umstände des Erwerbs wurden aber doch als zu fragwürdig angesehen,
weshalb auch der vermutliche Verfasser der ältesten Chronik, Abt Konrad
von Luppburg, keinen Hinweis auf die Existenz einer Kreuzreliquie oder gar
deren Verehrung gibt. Allerdings finden sich in dem von Abt Konrad verfaß-
ten Matutinalbuch drei Gedichte, von denen das zweite die Geschichte vom
Kreuzesholz erzählt. Erst von einem späteren Schreiber stammen die ersten
Abschriften der beiden Urkunden ... und zwar in der Handschrift »Mater verborum« (von 1241), als Zeugnisse einer veränderten Einstellung. Die Reliquie erfreute sich daraufhin einer steigenden Wertschätzung...«

Auch in der »Tabula perantiqua« wird kurz berichtet: »Als der Letzte von
Dachau [Herzog Konrad III.] starb, da kam das heilige Kreuz mit seiner Leiche
nach Scheyern.«

Das Schreiben des Patriarchen Herakleus hat folgenden Wortlaut (Übersetzung von P. Stephan Kainz):

Patriarch Heraklius (1180–1191) an Herzog Konrad III.

»Heraklius, durch Gottes Gnade Patriarch der heiligen Auferstehungskirche,
und P. Prior mit dem ganzen Kapitel, dem edelsten Conrad, durch Gottes
Gnade Herzog von Dachau und dem geliebten, in Christus geliebten Sohn,
und Freund, Heil und Segen des Patriarchen.

Wir erinnern uns, Eure Hoheit, als dieselben in unserer Gegenwart sich be-
fanden, angelegentlich gebeten zu haben wegen eines Kreuzes, das einige von
Eurer Bekanntschaft zu den Zeiten Eures Vaters einem unserer Brüder mit
Gewalt genommen haben. Indem wir Euch dies abermals durch gegenwärtiges Schreiben ins Gedächtnis zurückrufen, legen wir Euch dasselbe zur
Nachlassung Eurer Sünden auf und bitten Euch dringend, daß Ihr um Gottes
Willen und aus Ehrfurcht gegen das Grab des Herrn Euch die Wiedererlan-
gung des erwähnten Kreuzes recht angelegen sein und nach dessen Wiederer-
langung zu eben dessen Ehre, wie Ihr versprochen habt, eine Kirche bauen
lasset.

Erzeiget uns auch die Gnade, die uns entzogenen Besitzungen, deren Schirm-
herr Ihr seid, an unserer Statt zurückzuheischen, daß wir selbe durch Eure
Weisheit wiedererlangen.

So wird man an Eurem wirksamen und liebevollen Eifer in dieser Angelegenheit erkennen, daß Ihr vom Herrn Jesus Christus in der himmlischen Selig-
keit ewig belohnt zu werden und der guten Werke und Gebete der Grabeskirche des Herrn teilhaftig zu sein verdient habt.«

Es ist durchaus möglich, daß auch der Patriarch Heraklius den Besitz des
Kreuzes durch die Grafen von Dachau stillschweigend geduldet hat. Wahrscheinlich war er ihnen zu Dank verpflichtet, denn er nennt den Herzog Konrad III. seinen geliebten Sohn und Freund und den »Schutzherrn« seiner Besitzungen. Daher konnte sich der Herzog vielleicht »moralisch« berechtigt
fühlen, die Reliquie zu behalten.

7 Die Kreuzmonstranz

Um die Kreuzreliquie zur öffentlichen Verehrung auszusetzen, ließ bereits Abt Johannes *Turbeit* um 1511 bei den Landshuter Goldschmieden Leonhard und Bernhard Burger eine gotische Monstranz anfertigen. Sie ist nur noch in Abbildungen erhalten. 1738 wurde sie eingeschmolzen und das Metall für eine Rokoko-Monstranz verwendet.

Diese Monstranz, die Abt Plazidus *Forster* (1734–1757) anfertigen ließ, ist nicht minder prunkvoll als die frühere gotische. Sie wurde von Johann Georg Herkommer in Augsburg für 4286 Gulden geschaffen. Reich mit Edelsteinen besetzt und kostbaren Emaille-Arbeiten verziert, werden auf ihr Szenen aus der Bibel gezeigt, die in Zusammenhang stehen mit dem Kreuze Christi. Dem Vorbild im Alten Testament ist jeweils die Erfüllung im Neuen Testament gegenübergestellt.

Dieses wertvollste Kirchengerät in Scheyern hat nur unter großen Schwierigkeiten die Stürme der Napoleonkriege und der Säkularisation überstanden.

Rückkauf der Kreuzmonstranz am 2. Februar 1801

Nach der Schlacht bei Hohenlinden am 1. Dezember 1800, bei der General Moreau einen Sieg über die Bayern errang, mußten auf seine Anordnung 6 Millionen Taler Kontribution gezahlt werden. Auf kurfürstlichen Befehl hin mußte dazu auch Kirchensilber herhalten. Auch die Kreuzmonstranz mußte neben anderen Kirchengeräten nach München zur Einschmelzung geliefert werden.

Als der damalige Gemeindevorsteher Damasus Kirmaier davon erfuhr, machte er sich mit zwei weiteren beherzten Männern auf den Weg, um sie für 696 Gulden – genau nach dem Gewicht – zurückzukaufen. Darüber gibt es einen zeitgenössischen Bericht des Schreinermeisters Winter, den wir in seiner ganzen Schlichtheit und Lebendigkeit auf uns wirken lassen.

»Damasus Kirmaier war ein unternehmender Mann – er war 21 Jahre Gemeindevorsteher – in jeder Beziehung. Als er bei der Ablieferung des hl. Kreuzgefäßes 1801 nach München kam, da wurde es auf der Münze gewogen. Sie hatten nicht so viel Geld, so daß sie das Gewicht nicht ganz bezahlen konnten. Da hieß es: Wenn sie morgens in der Frühe, um 9 Uhr, mit dem Erlös-Geld nicht kommen, so wird es in den Kessel gesteckt. Jetzt steht es an! Die zwei Bauern haben nichts. Kirmaier hat so viel nicht übrig! Eine schwere Nacht! Sie kennen keinen Menschen, haben keinen Kredit, keine Münze! Jetzt fällt ihm ein! Vielleicht könnte mein Schwager aushelfen! Da ist er nach

61 Das Heilige Kreuz von Scheyern als Lebensbaum und Gnadenbrunnen. Reiche Allegorie mit dem Wahlspruch nach Deuteronomium 28,5: »Gesegnet Deine Scheuern [Scheyern], gesegnet all Dein Übriges« (Reliquiae, auch »Reliquien«). Eine Variante dieses Augsburger Klauber-Stiches ist als Frontispiz beigegeben der gedruckten Festpredigt des Münchner Jesuiten P. Joseph Daxberger am Festtag von Kreuzerhöhung 1753 in Kloster Scheyern

Per Menses singulos reddens Fructum. Ap.22

ARBOR
Decora et Fulgida.
Ecclesia.

Sicut Moyses exaltavit Serpentem

Grando non cecidit.

Fructus Honoris. Eccl.

Salutis Fructus. Eccl.

Scuti mea Honoris et Gratiæ. Ecli 24.

Fructus Digni Poenitentiæ. Lucæ 3.

Per me Reges regnadt et Principes imperant. Prov. 8

Venia Peccatorum.

Fructum animæ suæ

in tempore suo

Pignus futuræ Gloriæ.

Egerunt Joseph Universa Horrea

Congreget in Horrea. Gen.

regnum cœli tuæ aquæ

regnum seculorum. Psal.

BENEDICTA HORREA TUA, ET BENEDICTÆ RELIQUIÆ
TUÆ. Deut. 28. v. 5.

J. Klauber Cath. Sculps. Aug. Vind.

Thalkirchen eine Stunde hinaus! Er sagt: Also Bauern, ihr bleibt hocken im Wirtshaus! Dir ›Lali‹ ist geholfen gewesen! Und Kirmaier geht nächtlicher Weile hinaus – es war Winters Zeit.

Richtig, da wurde er von dem braven Schwager Johann Gerbl, einem altbekannten Deutschen, mit aller Freude aufgenommen. Er reichte an die 200 Gulden, damit es gewiß gelangte. So haben sie die halbe Nacht fortgeschwätzt, und dann am Morgen sind beide hineingefahren nach München. Herr Gerbl ging mit in die Münze und sah es weinend an – sagte später öfters der Kirmaier, wenn er aufgelegt war. Dieser Zufall! Auch die beiden Bauern haben ihren Mund weit aufgetan. Dem Kirmaier war, wie wenn er es als Geschenk erhalten hätte. Ja, wenn sie um eine halbe Stunde später gekommen wären, wäre es verloren gewesen. Denn dieselbe Zeit ist merkwürdig!«

»Allgemeine Bildung«

Die wichtigsten Scheyerer Handschriften

Zu allen Zeiten hat man Überlegungen angestellt über Ziele und Inhalte einer »Allgemeinen Bildung«. Grundlegend dafür waren die Vorstellungen der alten Griechen, die sich eingehend mit dieser »Enkyklios Paedaia«, dieser »Allgemeinüblichen höheren Bildung« auseinandergesetzt haben.

Ihre Ergebnisse haben auch heute noch aktuelle Bedeutung. Dabei geht es um die Frage: Sollen die Höheren Schulen vor allem Fachwissen vermitteln, oder eine Allgemeinbildung, und damit die Möglichkeit zur kritischen Auseinandersetzung mit den anderen Forschungsgebieten.

Ein Blick auf die in der Münchener Staatsbibliothek befindlichen 120 Scheyerer Handschriften zeigt, daß in den Klosterschulen des Mittelalters nicht nur Theologie studiert, sondern auch Allgemein-Studium gepflegt wurde. Es wurden die »Sieben Freien Künste« gelehrt und ein Einblick gegeben in das »Studium generale« – das Allgemein-Studium, das damals vor allem die Fächer: Philosophie, Theologie, Recht und Medizin umfaßte. Hierzu kam noch das Studium der Geschichte. Dabei wurde die »Physik«, die »Naturwissenschaft«, als Teil der Philosophie aufgefaßt.

Platon und Aristoteles vertraten den Standpunkt, daß es allgemeingültige Naturgesetze gibt. Platon entwickelte daraus die Ideenlehre. Er ging davon aus, daß hinter dem Lauf der Gestirne ein Plan steckt, eine Idee, die sich in Gesetzen zahlenmäßig ausdrücken läßt. Astronomie ist mit der Mathematik aufs engste verbunden, und zwar mit der Zahlenlehre, der »Arithmetik«, und mit der »Geometrie«. Ähnlich ist es mit der Musik. Der »Schönklang« beruht auf Ideen, die sich in Zahlenverhältnissen beschreiben lassen. Theorie und Praxis hängen also eng zusammen. Platon forderte daher das Studium der vier »höheren« Wissenschaften, nämlich Arithmetik, Geometrie, Astronomie und Musik.

Dann folgt der Lehrgang in den »niederen« Wissenschaften, nämlich in Grammatik, Rhetorik und Dialektik. Es ist bezeichnend, daß Platon der »Dialektik«, dem Dialog, eine solche Bedeutung beimißt. Er geht davon aus, daß alle Dinge verschiedene Seiten haben, die nur im Dialog erkannt werden können. Dementsprechend sind die meisten seiner Schriften in Dialog-Form geschrieben, ein Hinweis, daß sie im Dialog mit anderen entstanden sind. Ähnlich nannten sich die Schüler des Aristoteles die »Peripatetiker«, die »Herumgehenden«, weil sie ihre Gespräche in »Wandelgängen« führten.

Im Jahre 385 gründete Platon in Athen die »Akademie«, jene Bildungsstätte, die man also Vorstufe der Universitäten bezeichnen kann. Diese betrieb besonders das Studium der genannten »Sieben Freien Künste«, nämlich: Arithmetik, Geometrie, Astronomie, Musik, Grammatik, Rhetorik und Dialektik.

Diese Akademie wurde im Jahre 529 n. Chr. geschlossen. Im gleichen Jahr hat der hl. Benedikt das Kloster Monte Cassino gegründet. Die Kloster- und Domschulen haben die Tradition der Akademie weiter geführt. Auch in ihnen wurde besonderer Wert gelegt auf das Studium der »Sieben Freien Künste«.

Davon legen ein beredtes Zeugnis ab die alten Scheyerer Handschriften, insbesondere die Codices »Historia scholastica« (Clm 17405), und »Mater verborum« (Clm 17403), beide um 1220. Der »Historia scholastica«, einer schulgemäßen Weltgeschichte von Petrus Comestor, ist beigefügt eine bildliche Darstellung der »Sieben freien Künste« jeweils mit einer kurzen Erläuterung. Erweitert sind sie durch die Philosophie.

Beim Codex »Mater verborum« erkennt man, wie der Kreis noch mehr erweitert wird zu einem Allgemein-Studium, das auch den menschlichen Leib umfaßt. Darum wundert es nicht, daß sich darin umfangreiche Abhandlungen finden über den Bau des menschlichen Körpers, über Medizin und Heilpflanzen. Daraus entwickelte sich von selber die Medizin als selbständige wissenschaftliche Fakultät.

In den Klöstern des Mittelalters wurde von Anfang an auch die Geschichtsschreibung gepflegt. Zunächst schrieb man Kloster-Chroniken, dann aber Werke über allgemeine Geschichte. Aus dem 13. und 15. Jahrhundert sind wertvolle, teilweise mit Malereien ausgestattete Codices darüber erhalten.

Als personifiziertes Sinnbild der Weisheit und umfassenden Bildung galt Maria, die Gottesmutter. So ist es verständlich, daß die allgemeine Bildung ganz in eine Theologie eingebettet ist, in der Maria als Mutter der Kirche eine zentrale Rolle spielt.

A   Das große Zeichen am Himmel
Marienbilder aus dem Matutinalbuch von Scheyern
(Clm 17401)

Die bekannteste und auch berühmteste Handschrift ist das sogenannte »Matutinalbuch von Scheyern«. Es handelt sich um einen großen Folianten, Format: 55 × 39 cm, mit 473 Pergamentblättern. Davon sind 25 Seiten mit kostbaren Bildern bemalt. Der Künstler ist entweder Abt Konrad I. von Luppburg (1205–1226) selber oder ein von ihm beauftragter Mönch Konrad.

Die Bilder, vor allem die Darstellung der Apokalyptischen Frau, zählen zu den hervorragendsten Buchmalereien des 13. Jahrhunderts. Schon der Vater der bayerischen Geschichtsschreibung, Aventin um 1517, zählt den »Conrad von Scheyern« zu den bedeutendsten Künstlerpersönlichkeiten Bayerns. Theologisch sind die Bilder zunächst eine Illustration des Kampfes der »Häretiker« gegen die Kirche, dargestellt in der Person Mariens. Darüber hinaus weisen sie ganz allgemein hin auf den Kampf der vielfältigen Mächte der Unterwelt, gleich ob es sich um äußere oder innere Feinde handelt, gegen die Kirche oder gegen Christus.

Inhalt der Bilderzyklen

1. Der erste Zyklus: Dieser umfaßt vier Einzelbilder und zwei Bilderzählungen. Allen Bildern gemeinsam ist das Thema aus dem Protoevangelium, Gen 3,15: »Feindschaft will ich setzen zwischen dir und dem Weibe, zwischen deinem Samen und ihrem Samen.«
Das erste Bild stellt die Vision in der Apokalypse dar (Ap 12,3 ff): »Ein großes Zeichen erschien am Himmel, eine Frau mit der Sonne bekleidet…«
Das zweite Bild zeigt den Sieg des Kreuzes über den Satan. Das dritte symbolisiert die Überwindung der Häresie durch den rechten Glauben. Das vierte Bild stellt Maria dar als Zielpunkt der Verheißungen des Alten Testaments.
Die erste Bilderzählung schildert eine Äbtissin, die, vom Teufel verführt, durch eine Liebschaft mit dem Klostermundschenk schwanger wird. In ihrer Not nimmt sie Zuflucht bei Maria, die sie dazu anleitet, ihre Schuld beim Bischof zu bekennen. Dieser verzeiht ihr und läßt das Kind erziehen.
Es schließt sich in der zweiten Bilderzählung die Darstellung der Theophilus-Legende an. Theophilus, der Ökonom eines Bischofs, läßt sich vom Teufel zu einem Pakt mit ihm verführen. Aber schließlich bereut er und fleht Maria um Hilfe an. Diese verschafft ihm das Vertragspapier zurück, das dann unter Beisein des Bischofs verbrannt wird.
2. Der zweite Marienzyklus stellt einzelne Szenen aus dem Leben Mariens dar: Mariae Verkündigung, Geburt Christi, die Anbetung der drei Könige und die Darstellung Jesu im Tempel. Auf einem anderen Blatt folgt Maria unter dem Kreuze, daneben die Kreuzabnahme. Mit besonderer Sorgfalt ist der Heimgang Mariens gezeichnet.
3. Die Kirchenpatrone von Fischbachau und Petersberg. Der hl. Martin als Kirchenpatron von Fischbachau und der hl. Petrus als der von Eisenhofen/Petersberg versinnbilden die juristische Einheit der vorigen Niederlassungen mit Scheyern.
4. Den Schluß des Zyklus bildet eine monumentale Darstellung Mariens als Herrin von Scheyern.

Das große Zeichen

(Abb. 62): Dem *ersten Bild* liegt eine Schilderung aus der Apokalypse zugrunde (Ap 12,1 ff): »Dann erschien ein großes Zeichen am Himmel: eine Frau, mit der Sonne bekleidet, der Mond unter ihren Füßen und ein Kranz von zwölf Sternen auf ihrem Haupte… Ein anderes Zeichen erschien am Himmel: ein Drache, groß und feuerrot, mit sieben Köpfen und zehn Hörnern und mit sieben Diademen auf seinen Köpfen. Sein Schwanz fegte ein Drittel der Sterne

vom Himmel und warf sie auf die Erde herab. Der Drache stand vor der Frau, die gebären sollte; er wollte ihr Kind verschlingen, sobald es geboren war.«
Die *Inschrift* lautet: »Der Drache mit sieben Köpfen schickt aus seinem Maul einen Fluß feurigen Wassers der seligen Frau nach. – Lies die figürliche Darstellung! Spüre mit Scharfsinn das Geheimnis! Danach werden ihr zwei Adlerflügel gegeben, und sie flieht in die Wüste, wo sie sich auf diese Weise wieder findet.«

Theologische und geschichtliche Deutung

Alle Kommentare sehen in der Frau sowohl die Kirche als auch Maria – die Mutter der Kirche – dargestellt. Zu allen Zeiten wird die Kirche von höllischen Mächten bedroht und verfolgt. Dem Petrus verheißt Jesus: »Auf diesen Felsen will ich meine Kirche bauen, und die Pforten der Hölle werden sie nicht überwältigen« (Mt 16,18).
In dieser Auseinandersetzung ist, nach der von Gott gesetzten Heilsordnung, der Gottesmutter *Maria* eine entscheidende Rolle zugewiesen. Schon im Protoevangelium wird dies angedeutet: »Gott sprach zur Schlange: Feindschaft will ich setzen zwischen dir und dem Weibe, zwischen deinem Samen und ihrem Samen.
Sie (Er) wird dein Haupt zertreten und du wirst hinterhältig ihre (seine) Ferse bedrohen« (Gen 3,15). Je nach der Übersetzung können wir unter der Person, die der Schlange den Kopf zertritt, sowohl Maria als auch ihren Samen, also Christus, verstehen.
Wir fragen uns mit Recht, warum der Verfasser des Matutinalbuches (Abt Konrad oder ein Mönch Konrad) gerade dieses Titelbild gewählt hat. In der Scheyerer Chronik lesen wir bei Abt Konrad I. von Luppburg (1205–1226) die etwas geheimnisvollen Zeilen: »In der Zwischenzeit geschah es, daß der Herzog über das Kloster sehr erzürnt war. Aber durch die Hilfe der Gottesmutter ging alles gut vorüber.« Es ist durchaus möglich, daß der damalige Herzog Ludwig der Kelheimer (1183-1231), der im Zusammenhang mit der Ermordung von König Philipp seine eigene Stammburg Wittelsbach und das Kloster Andechs schleifen ließ, auch für Scheyern das gleiche Schicksal geplant hatte.
Der Gedanke an diese Errettung vor den »höllischen Mächten« durch Maria mag bei der Ausgestaltung des Matutinalbuches auch eine Rolle gespielt haben. Der Hinweis auf die Häretiker und die vom Teufel verführten, aber durch Maria geretteten Personen, die Äbtissin und der Ökonom Theophilus, haben möglicherweise nur dazu gedient, die eigentliche Absicht zu verschleiern.

(Abb. 63): Nach der Apokalyptischen Vision folgt der Hinweis auf die eigentliche und grundlegende Überwindung des Teufels durch den *Kreuzestod Christi*. Der Längsbalken des Kreuzes stößt in den Kopf des Höllendrachen.
Es ist also Christus, der ursächlich der Schlange den Kopf zertritt, wenn auch

Maria mitbeteiligt ist. Unter den Füßen von Maria rollt sich der Teufels-
schwanz zusammen, der an den Stachel eines Skorpions erinnert.
Johannes und Maria blicken auf den Gekreuzigten. Beide stehen innerhalb einer Ringmauer. Nach Lk 10,38 besuchte Jesus die beiden Schwestern Martha
und Maria in ihrem »Dorf« (griechisch »kome«). In der Vulgata ist »kome«
mit »castellum« (=Burg) übersetzt. Daran anknüpfend deuten viele Kommentare diese »Burg« als Symbol für Maria.

(Abb. 64): Mit diesem Bild beginnt die Erfüllung der Apokalyptischen Vision im Laufe der *Geschichte*. Als Beispiel werden die Häretiker genannt, welche als Gehilfen des Höllendrachen nach der Himmelfahrt Christi die Kirche
bekämpfen. Der erhöhte Herr ist das in der Apokalypse genannte göttliche
Kind, das zum Throne Gottes entrückt wurde. Nach der Apostelgeschichte
erschienen den Aposteln nach der Himmelfahrt zwei Engel, die auf die Wie-
derkunft des Herrn verweisen.
Der Drache speit den todbringenden Strom der *Ketzerei* aus, die in den Häre-
tikern Arius, Sabellius und Fotinus (=Photinus) in Erscheinung tritt. Fünf
heilige Bischöfe stoßen ihre Bischofsstäbe wie Lanzen in den Leib des Drachen und verteidigen die Rechtgläubigkeit. Der Ort des Geschehens ist beigefügt. Auf dem *Konzil von Nicäa*, im Jahre 325, wird die Ketzerei verurteilt.
Zur Szene gehört auch der Kaiser Konstantin, der vormals ungläubig war,
aber sich bekehrte und das Konzil anregte. Darum wird er noch vom Dra-
chenschwanz ein wenig berührt. Obwohl Photinus erst später lebte, ist die
Verurteilung seiner Irrlehre bereits im Glaubensbekenntnis von Nicäa eingeschlossen.

(Abb. 65): Das *Abschlußbild* des ersten Marienzyklus steht unter dem
Motto: »Es preisen mich selig alle Geschlechter« (Lk 1,48). In diesem Sinn
werden die leiblichen und geistigen Vorfahren Mariens aufgeführt.
Zur Rechten Mariens beginnt die Reihe mit den Frauen der Patriarchen,
Abraham, Isaac und Jacob: Sara, Rebecca und Rachel. Dann folgen mehrere
unbekannte Frauen. Den Abschluß der rechten Reihe bildet Elisabeth, die
Mutter des Johannes des Täufers. Diese Frauen versinnbilden die Mutter-
schaft Mariens. Zur Linken sind alle Frauen namenlos. Es handelt sich um
die Kinderlosen, welche die unversehrte Keuschheit Mariens versinnbilden.
Alle kämpften, wie Maria, gegen den Drachen des Bösen, und alle bekamen
den Nimbus der Heiligen. Vor Maria steht ein Gerät, eine Art Leiter. In einer
alten Handschrift, die dem Fulgentius zugeschrieben wird, lesen wir: »Maria
wurde die Himmelsleiter, weil durch sie Gott zur Erde herabstieg, damit
durch sie die Menschen zum Himmel aufsteigen können.«

Bedeutung für die Gegenwart

Was hier als Zukunftsvision gesehen wird, hat sich im Laufe der Kirchengeschichte wiederholt erfüllt. Der »Drache« bekämpft die Kirche in vielfältiger

Weise, sowohl durch äußere Verfolgung als auch von innen her durch Glaubensspaltungen. Bereits im Protoevangelium wird angedeutet, daß die Frau, bzw. Christus der »Schlange« zwar den Kopf zertritt, daß dabei aber auch sie selber verwundet wird. »Du wirst ihrer Ferse nachstellen.«

Wer denkt hier nicht an die schrecklichen Verfolgungen der Kirche, die bereits im Urchristentum begannen und die dann im 20. Jahrhundert einen neuen Höhepunkt erreichten!

In der Abwehr der bösen Mächte läßt Gott die Kirche mitwirken, die von Maria, der Mutter der Kirche unterstützt wird. So wird gerade in der »Endzeit« die Rolle Mariens immer deutlicher sichtbar.

B Der zweite Marienzyklus im Scheyerer Matutinale

Das Scheyerer Matutinale enthält außer auf den Seiten 14–15 noch einen zweiten Marienzyklus (Clm 17401, 23–25). Es seien nur einige Bilder genauer beschrieben. Dieser zweite Marienzyklus ist im allgemeinen wenig bekannt. Selbst wenn nicht alle Bilder von erster Qualität sind, so bietet er doch einige Bilder, die zu den Höhepunkten der Buchmalerei des 13. Jahrhunderts gehören.

Die erste Bildseite (*Abb. 66*) enthält Szenen aus der Kindheit Jesu: Mariae Verkündigung, Geburt Jesu, »Die Weisen aus dem Morgenlande« und Darbringung Jesu im Tempel.

Bei der Verkündigungsszene erblicken wir Maria stehend, im Unterschied von den sonst üblichen Darstellungen. Sie hebt die Hände empor zum Zeichen des »Empfangens«. Der Engel dagegen schreitet herein und hebt die rechte Hand vorgestreckt, denn er will etwas verkünden. In der Linken hält er ein Lilienszepter, das die Reinheit andeutet: »Du bist die Vollbegnadete.« Zwischen den beiden Personen fliegt die Taube, das Symbol des Heiligen Geistes: »Der Heilige Geist wird über dich kommen.« Der Kreuzesnimbus weist auf die Gottheit hin.

Die Darstellung der Geburt Jesu ist von einer Frömmigkeit des hl. Franz noch nicht beeinflußt. Denn die Krippe ist fein säuberlich gemauert. Aber Ochs

Aus dem großen Jahrhundert Scheyerer Buchmalerei:
die Miniaturen aus dem Liber Matutinalis (clm 17401),
aus: Mater Verborum (clm 17403) und aus:
Historia scolastica (clm 17405)

62   *Die Apokalyptische Frau (clm 17401)*
63   *Kreuzigung Christi (clm 17401)*
64   *Der Kampf gegen die Häretiker (clm 17401)*
65   *»Es preisen Dich selig alle Geschlechter« (clm 17401)*
66   *Szenen aus der Kindheitsgeschichte Jesu (clm 17401)*
67   *Kirchenpatrone der Klosterkirche Petersberg: Martin und Petrus (clm 17401)*
68   *Maria Muttergottes, Kirchenpatronin von Scheyern (clm 17401)*
69   *Initiale I und Initiale E (clm 17401)*

flamino uno rore mittens draco flumen abore. Lege figurata ꝑ narre ſeq: beatā. Scripturo capite ſupe uia
uia quea pře. ſc̄ꝰ ſur cū tale laṗe uibi ſciti ẽuale. d̄ d̄ loca deſerta ingt hoc curuate reṗta.

hunc misi cessisti mat max qué peperit.

p genui nat foret illi ore uorat.

andem platus puer est sup alta leuac?
t raptus est filius eius usq;   ad thro nuo dei.

Hier   Et draco misit aquam ex ore
noli

dns   Sabell   fotinus

ia tores.

dicto yore draco misit flum abore. dns obscura flum bat ce figura. Et oueros esortes atq; malos
ane psermone typea bacalis q; oracone cedant plati puisicia bona uocati.

uetis sub agone draconis. Anna · Rebecca sara simul · elysabeth quoq; clara

Rebecca · SARA · ra

Moyses de dicib; fcis · et multere de curt ciuitat

Rachel · aduentu de eni no

Rachel fuior? n dñ h

ascendit de ex euge filior?

Sordum? Si parit distulerant

Sordicis sterilis

Elisabet · Rome dicit? h digna

la Gigne feis

mutero meo. Ioħs intelligen
tiā dni sui uenisse adsuā ma
t ipsas angustias úteri adhu
motu salutauit que̅ uoce ñ
ħ illo tp̄e.' Lect̄ sc̄i eu̅c̄. s. l
Miserunt iudi abhierosol
sacerdotes et leuitas adioħ
introgarent eū. Tu q̄s es. Et c
e.' et n̄ negauit. Et c̄fessū e.' q̄
go xp̄c. Et reliq̄. Omelia be
gorii p̄p̄.
x huius n̄
tionis uer
kini ioħis
tas co̅men
cu̅tantq̄ u
eē. ut xp̄c credi potuisset. e
solide subsistere inse.' ne hu

ꝺꞇi hoꞃa· fꞃeꝰ lur ecnꞇꞃos. PꞁON·   Lꞇnua celeſꞇꞇ ꞇꞃanꞇꞇꞇꞃ ꞇ̃ꞇꞃ ſoꞃaꞇꞇꞇ·

ſꞇꞃꞇꞃꞇꞇⱳ̈ꞇⱳꞇꞇꞇ· oꞇꞇ· fꞇꞇaꞇꞇꞇ· cꞁꞇꞇꞇꞇ   ꞇꞇꞇ oꞇꞇꞇꞇo cꞇeꞁꞇcꞇ· o· ꞇꞇſꞇꞇ cꞇꞃcꞇꞇ ꞇꞇꞇꞇ

ꞇꞃꞇꞇꞇꞇ· Rꞇꞇꞇꞇꞇꞇꞇꞇ· R·ꞇꞇ· ſcꞃꞇꞇꞇꞇꞇꞇꞇꞇꞇꞇ·

A coꞇꞇꞇe ſc̅a ꞁaꞃ   op̄ hoc· ꞇꞇꞇꞇꞇꞇꞇ· ſꞇꞇꞇ
S emꞇ ꞇꞇꞃꞇo ꞇꞇꞇꞇ   ꞇꞇ ꞇꞇꞇꞇꞇſaꞃe ꞇꞇꞇ   oꞃeꞇ·

VITA. POMES. RATIONIS. ✠ EX HIS. PERPENDAT. ET AD HANC. MENS. SOBRILLENDAT.

PRECAVEATUR

IOHS. BABILONIA CYR REX DIVITES EGYPTIORUM FORTUNA

ISTI OBLIGATIS SVNT ET CECIDERVNT

honoris appetentia

OS SVPBIS RESISTIT SIC CECO GLORIA ACH AZ SIC TIBI EGO VOLVPTAS

SAVLUS INITIUS IEZABEL

EDI DISL OMNE E FORNICATIASSE

A d capris dolore. et c̄flatione
pectoris et manuū et genuale. et
uotū. incendū sic. cū cautio rotū
do. incipite n̄ cū lato.

A d reuma gingiuā. incendit
sic. intr̄ menū et labiū cū cautio
rotundo.

P alie incendit sic. duos caute
res in ambab partib uenaru de
collo ad cerebrū. et unū i fossicula
guttis. et duas in ambab unā sup
uba et una subt uba. et unā sub
una scapula. et aliū sub alia.

Asclapi̅ fuit gẽre bithini̅ nico
medẽsis discipls c̄sepsit libi xc xi.
li.

q̄ uenetū spinū.

e op̄io incendit sic. unū cautiū
in fossicula guttis. et aliud i mẽ
dio pectoris. et teriū n̄ in fossicula
me cū cautio rotundo.

e mptice incendit sic. unū cau
teria sic sub cuerū dextra. et due
sub mamilla. et una sub umbilico.

S pleneti̅ incendit sic. In la
tere sinistro in modū triangu
li.

onlesius incip̄.

Apolloni̅ cirurcius.

Egrotu̅ incip̄.

Ettua Phebe
me qm credebat parua fore. MVSICA. Iustrant illa choru distinguni gcq sonoris
conspec thebus.

laudate dm in cimb iubilationis

deb f spiram. Stellis re ASTRONOMIA. Astrcu curas scrutatu
giur. mare. tellus. regia cura.

Ptolomeus

Terrea despexit hec. Te sup astra recessit. Iublas rex.
Ptolomeus.

ḣ numeri gaudet. minuit. m̄. rarfus et auget. Istos mireris. numos q̄ discit

und Esel haben sich bereits eingefunden, obwohl sie in den Evangelien nicht erwähnt werden. Sie sind eine Hereinnahme vom Wort des Propheten Jesaja »Der Ochs kennt seinen Besitzer und der Esel die Krippe seines Herrn« (Jes 1,3). Das Christkind ist so fest in Windeln eingewickelt (gefatscht), daß nicht einmal die Hände frei bleiben. Maria liegt, hält in der Rechten ein Tuch, offenbar eine Windel, und weist mit der Linken auf das Kind. Josef, bedeutend kleiner, stützt mit der Rechten nachdenklich den Kopf. Über einer Tuchwand, welche die Wolken versinnbildet, sind drei Engel. Lebhaft zeigen sie auf das Christkind. Nach östlicher Tradition fand die Geburt in einer Höhle statt.

Die Anbetung der »Weisen« vollzieht sich in einer feierlichen Architektur. Sie sind bereits als »Drei Könige« dargestellt, die jedoch gleiche Gaben darbringen, offene Schalen mit Gold-Münzen oder -Kugeln. Auch fehlt ein Hinweis auf Herkunft von verschiedenen Völkergruppen. Trotz ihrer hohen Herkunft befindet sich einer bereits in halbkniender Gebärde. Sie bitten gleichsam, die Gaben darbringen zu dürfen. Maria sitzt in majestätischer Haltung auf dem Thron. Aber die ganze Macht geht aus von dem Kinde, das segnend die Rechte ausstreckt. In der Linken hält es die Schriftrolle, die das Wort Gottes ausdrückt. Maria dagegen hält in der Rechten die Weltkugel, denn das Kind ist Herr über den ganzen Kosmos.

Die Darbringung Jesu geschieht im Tempel von Jerusalem, der durch ein Ziborium mit aufragenden Türmen und Ziegeldach dargestellt wird. Es werden nur die Hauptpersonen gezeigt: Das Jesuskind mit dem Kreuznimbus, die Mutter Maria, Joseph und der greise Simeon. Joseph trägt die Opfergabe der armen Leute, zwei Tauben. Maria in der darbringenden Gebärde hält das Jesuskind. Dieses hat den Blick zur Mutter gewandt, deutet aber mit beiden Händen auf Simeon und stellt so die Beziehung zwischen beiden Personen her. Es ist, als ob Simeon gerade die prophetischen Worte spräche: Dieser ist gesetzt zum Falle und zur Auferstehung vieler in Israel; aber deine Seele wird ein Schwert durchdringen.

Die nächste Bildseite enthält nur drei Bilder: Kreuzigung Jesu, Kreuzabnahme und Heimgang Mariens.

Aus dem großen Jahrhundert Scheyerer Buchmalerei:
die Miniaturen aus: Mater Verborum (clm 17403) und aus:
Historia scolastica (clm 17405)

70 *Die thronende Gottesmutter (clm 17403)*
71 *Der Lohn für die Tugend (clm 17403)*
72 *Die Bestrafung der Frevler (clm 17403)*
73 *Das Lob der Musik (clm 17403)*
74 *Die ärztliche Behandlung (clm 17403)*
75 *Aus: Flavius Josephus, Der Jüdische Krieg (clm 17404, 203v): Erstürmung einer Burg (oben),*
    Glücksgöttin Fortuna inmitten des Glücksrades, während im äußeren Ring
    drei Parzen den Schicksalsfaden spinnen; außen: Die vier Jahreszeiten (unten)
76 *»Musica« und »Astronomia«, aus: Historia scolastica (clm 17405)*
77 *»Arithmetica« und »Geometria«, aus: Historia scolastica (clm 17405)*

Auf zwei nebeneinander sichtbaren Seiten (*Abb. 67*) werden die Patrone der Vorgängerkirchen von Scheyern – Fischbachau und Petersberg – und von Scheyern selber dargestellt. Das Kloster Scheyern, das um 1119 gegründet wurde, hatte drei Vorläufer: Margarethenzell (um 1076), Fischbachau (um 1085) und Petersberg bei Eisenhofen (um 1104).

Der ersten Niederlassung in Margarethenzell (Bayrischzell) folgte sehr bald Fischbachau. Die erste dortige Kirche wurde, im Jahre 1087, der Gottesmutter Maria, die zweite, die Hauptkirche um 1100, dem hl. Martin geweiht. Die dritte Niederlassung – auf dem »Petersberg« bei Eisenhofen – ist dem hl. Petrus geweiht. Der Nachfolger des hl. Petrus, der Papst, galt als der Garant der Freiheit und Unabhängigkeit des Klosters, der sprichwörtlichen »Libertas Romana«.

In Scheyern selber war von Anfang an das Patrozinium der Klosterkirche die »Aufnahme Mariens in den Himmel«. Daneben erstand um 1140 eine eigene Pfarrkirche – in Fortsetzung der alten Tradition – zu Ehren des hl. Martin.

Die drei Heiligen, die Gottesmutter Maria, der hl. Martin und der hl. Petrus demonstrieren die Kontinuität der Klostergründung, trotz des mehrmaligen Ortswechsels. Dies hatte nicht nur religiöse, sondern auch juristische und wirtschaftliche Bedeutung.

Als die Mönche noch in Fischbachau weilten, nahm Papst Paschalis II., durch seine Bulle vom 21. November 1103, die neue Gründung unter seinen besonderen Schutz. Damit garantierte er die Unabhängigkeit von jeglicher weltlichen Herrschaft. Dies sollte auch für Scheyern Gültigkeit haben.

Wenden wir uns nun dem Bild mit den beiden Heiligen Martin und Petrus zu. Beide halten in einer Hand eine Kirche. Damit ist ihre Schutzherrschaft über die Kirchen von Fischbachau und von Petersberg angedeutet, und damit auch über die dazugehörige Klostergemeinde. Petrus trägt die beiden Schlüssel als Zeichen der Binde- und Lösegewalt. Ein Hahn bekrönt die Kuppel über ihm, als Andeutung der Verleugnung.

Martin trägt den vollen Ornat eines Erzbischofs, mit dem Pallium, eine fußlange Albe und die kürzere Dalmatik, die weitfallende Glockenkasel, eine Mitra mit den abhängenden Bändern (Fanoses) und den Stab.

Eine dünne Säule trägt zwei Kuppeln, welche die beiden Heiligen einrahmen. Seitlich über den Kuppeln, die durch ein Gebäude verbunden werden, ragen zwei Türme heraus. Hier wird nochmals die Verbindung zwischen den Klostergemeinden von Fischbachau und Petersberg angedeutet.

Den krönenden Abschluß des Zyklus, unmittelbar vor Beginn der Texte, bildet eine monumentale Darstellung der Gottesmutter. Als Herrin von Scheyern und zugleich Königin der Kirche sitzt sie majestätisch auf dem Thron. In der Rechten hält sie, als Mutter der Kirche, das Modell einer auf festem Fundament gegründeten Kirche, die sowohl die Kirche und Klostergemeinde von Scheyern als auch die große Kirche als Institution darstellt. Auf dem Schoß sitzt das Kind mit dem Nimbus der Gottheit. Es beherrscht die Mitte des Bildes, und seine Rechte ist zum Segen ausgestreckt, denn alle Macht seiner

Mutter geht von ihm aus. Die Schriftrolle in der Linken ist ein Zeichen des Wortes Gottes.

Der Thron Mariens wird umrahmt von zwei Säulen, die eine Kuppel tragen. Er ist also mitten in die Kirche hineingestellt. Maria beschützt die Kirche nicht nur von außen, sie bildet auch ihre Seele. Ein Vorhang kann das ganze Bild verdecken; erst wenn er geöffnet wird, enthüllt sich das Geheimnis in seiner vollen Tiefe.

Über der Kuppel ragen zwei Kirchen empor, die im Zusammenhang mit der Madonna stehen. Es sind dies wohl die erste Kirche von Fischbachau und die von Scheyern. Das an eine Kirche angeschlossene Gebäude deutet die dazugehörige Klostergemeinde an.

Wie bei allen Bildern fällt auch der breite Rahmen auf, dessen Mittelstreifen mit fein geschwungener und abwechselnder Ornamentik verziert ist. In dem Mönch, mit einem Abtstab, der am rechten unteren Rand ausgestreckt am Boden liegt, die flehenden Hände gefaltet und den Blick zur Gottesmutter gerichtet, erkennen wir den Schöpfer oder Initiator der Malereien: entweder Abt Heinrich, oder – was wahrscheinlicher ist – seinen Vorgänger Abt Konrad.

C   Die Scheyerer Handschrift »Historia scholastica« (Clm 17405)

Daß die »Sieben Freien Künste« als Grundlage der »Allgemeinen Bildung« besonders in Kloster- und Domschulen sehr geschätzt waren, davon legt der Scheyerer Codex »Historia scholastica« (Clm 17405), geschrieben um das Jahr 1220, ein beredtes Zeugnis ab.

Diese »Geschichte« selber ist eine Abschrift der Schulgeschichte von Petrus Comestor (um 1179), mit einer schulgemäßen Weltgeschichte.

Von den darin beschriebenen »Freien Künsten« seien nur Musik, Astronomie, Dialektik und Philosophie kurz beschrieben.

Musik

(Abb. 76):   In der Mitte thront eine als Musica bezeichnete Frauengestalt. In der Linken trägt sie ein Glockenspiel, in der Rechten führt sie einen Hammer, im linken Arm ruht ein Buch. Der Hammer dient zum Anschlagen des Glockenspiels, mit sieben Glocken, mit denen man die Tonleiter erklingen lassen kann. Auf dem Haupt trägt sie die Kopfbedeckung der verheirateten Frau, wie es in dieser Form seit Ende des 12. Jahrhunderts gebräuchlich war.

Links von der Musica erblicken wir eine ziegelrote quadrierte Stadtmauer mit Türmen, welche die Stadt Theben, in Mittelgriechenland, darstellt. Die Stadt Theben ist eine Anspielung auf »Harmonia« und »Amphion«, die hochmusikalischen Mitglieder des thebanischen Königshauses, sowie auf

den großen thebanischen Sänger Pindar (518–446 v. Chr.). Über dem Glok-
kenspiel ist ein Schriftband mit den Psalmworten:
Laudate Dominum in cimbalis iubilationis.
  Preist den Herrn mit Lobes-Zimbeln.
Über dem ganzen Bild:
Hanc quam credebas parvam fore conspice Thebas Instruit ista chorum
distinguens quotque sonorum.
  Schau dieses Theben, von dem du glaubst, es sei klein;
  es richtet einen Chor ein, der mehrere Stimmen unterscheidet.
Am rechten Rande:
Est mihi cunctorum proportio nota sonorum
  Ich habe einen Chor, der alle Stimmen genau abgestimmt enthält.

Astronomie

(Abb. 76): Eine thronende Frauengestalt, die Astronomie, hebt beide Hände
mit ausgestreckten Zeigefingern gleichmäßig empor. Links betrachtet ein
bartloser Mann, dessen Gesicht fast zerstört ist, der zweimal als Ptolemäus
bezeichnet ist, durch ein in vier Teile ausziehbares Fernrohr die oben sicht-
baren Sterne.
Ihm gegenüber sitzt eine jugendliche gekrönte Gestalt, als »Athlas rex«
bezeichnet. Über Ptolemäus stehen die Worte:
Aere spiramus stellis regitur mare tellus.
  Durch die Luft atmen wir, durch die Sterne wird das Meer und der Erd-
  kreis gelenkt.
Über Atlas:
Astrorum curas scrutatur regia cura.
  Der königliche Hof erforscht den Lauf der Gestirne.
Am Rande rechts:
Sydereum cursum percurro per ethera sursum.
  Ich durcheile nach oben durch den Äther den Lauf der Gestirne.

Arithmetik

(Abb. 77): In der Mitte thront »Arithmetica« als weißbärtiger Greis, der
eine Art Zählbrett vor sich hält und mit der Rechten darauf hinzeigt. Er trägt
ein lichtgrünes Gewand mit roten Schatten. Ihm zur Seite sitzen links Nikomachus, jener berühmte Mathematiker aus Gelasa, der eine Einleitung in die
Mathematik verfaßt hat, und rechts Apulegius, von dem vermutlich die
Sphaera Pythagorae stammt. Auf dem Schriftband des Nikomachus ist zu
lesen: par numerus est, qui in duas equales partes dividitur – *eine Quadrat-*
zahl ist eine solche, die in zwei gleiche Teile geteilt werden kann; auf dem
des Apulejus: impar qui non – *keine Quadratzahl, bei der es nicht möglich*
ist. Über der ganzen Darstellung: Dieser freut sich an den Zahlen, er vermin-

dert und vergrößert sie wieder; du wunderst dich über die Zahlen, die du erlernen möchtest.

Geometrie

(Abb. 77):   Die »Geometria« thront als junger bartloser Mann. Seine Rechte hält einen Zirkel, die Linke eine Scheibe, die wohl das Erdenrund darstellen soll. Links von der Geometria in sitzender Haltung Euclides, rechts Boetius, beide als Greise. Sie halten gemeinsam eine Meßleine. Vor dem Thron der Geometria sehen wir ein Dreieck, Viereck und einen Kreis.

Über dem ganzen Bild: hec docuit primo summum qui discit abimo – *derjenige lehrt am Anfang das Höchste, der vom Untersten versteht.*

Unten: per varias curas hi cognovere figuras – *durch verschiedene Bemühungen erkennen sie die Figuren.*

Links am Rande: mensuras invenire mea scit doctrina – *meine Lehre versteht es die Maße zu finden.*

Thronende Gottesmutter

(Abb. 70):   Auf einem Marmorthron, zu dem mehrere Stufen emporführen, sitzt Maria. Ihr linker Arm trägt das Kind, die Rechte bietet ihm den Reichsapfel dar, der die Welt symbolisiert. Zu beiden Seiten schwebt je ein zeptertragender Engel. Auf dem Schriftband des einen Engels: Der Ruhm der Heiligen ist Licht und Lohn für die Frommen. Auf dem Schriftband des anderen ist zu lesen: Das Tor des himmlischen Königreiches wird den Frevlern verschlossen. Unten an den Stufen des Thrones stehen rechts Anna und links Elisabeth. Die Schriftbänder lauten: Wer alle Befehle lenkt, trägt auch alles im Herzen. Auf dem Schriftband der Elisabeth: – Das Wort der Tugend ist die Mutter des Heiles für die Gebeugten. In der Mitte vor dem Thron kniet eine Mönchsgestalt, die den Schreiber des Buches darstellt: Der von der Jungfrau Geborene verzeihe die Fehler des Schreibers.

D Ein Universallexikon im 13. Jahrhundert
Die Handschrift »Mater verborum« (Clm 17403)

Zu den denkwürdigsten Handschriften der Münchener Staatsbibliothek
zählt sicher der genannte Codex. Allein die Tatsache, daß er in einer umfangreichen Literatur – über 70 Autoren befassen sich mit ihm – beschrieben ist,
belegt seine Bedeutung. Er befand sich vor der Säkularisation im Besitz des
Klosters Scheyern. Der Schreiber dieses umfangreichen Werkes von 244 Pergamentblättern, und einer Größe von 54 mal 37 cm, ist der Mönch Konrad
von Scheyern. Der Hauptinhalt ist ein Wörterbuch, eine Abschrift des von
Abt Salomo von St. Gallen begründeten Universallexikons. Auf jeder Seite
ist der Text in vier Kolumnen angeordnet. Dieses Universallexikon zusammen mit den vielen medizinischen Texten weist auf die erstrebte Allgemeinbildung.
Dem eigentlichen Text vorangestellt sind auf sieben Blättern aufschlußrei-
che Malereien, die einen Einblick geben in die damaligen medizinischen
Kenntnisse und in die Benützung von Musikinstrumenten. Zwei Seiten sind
der Darstellung von biblischen Szenen gewidmet. (F26) Ein farbenprächtiges
Bild stellt die Muttergottes dar, der das Werk gewidmet ist.

Ärztliche Behandlung

(Abb. 74): Auf mehreren Blättern sind 22 Bilder mit entsprechenden
Beschreibungen zu sehen. Die Bilder stellen alle dar, wie ein Kranker von
einem Arzt, der als Apollonius, Milesius, Dyocles usw. auftritt, behandelt,
d.h. mit einem Brenneisen oder Messer an verschiedenen Punkten des Körpers eingebrannt oder eingeschnitten wird.
Auf fol 4a/4b finden sich eine Reihe von fünf anatomischen Darstellungen
des menschlichen Organismus und Diätregeln für alle Monate des ganzen
Jahres.
Es werden die Bilder auf fol 3a näher beschrieben

I. Bei Kopfschmerzen, Anschwellen der Brust und der Hände und der
Kniee und Füße, wird so gebrannt: mit einem runden Brenneisen auf
dem Kopf und zugleich auf dem Körper.

II. Bei »Rheumatismus« des Zahnfleisches wird so gebrannt: Zwischen
dem Kinn und der Lippe mit einem runden Brenneisen.
(Ascolapius war der Herkunft nach von Bithynien, ein Schüler von
Nikomedien, er schrieb 242 Bücher.) [NB. Gemeint ist Asklepiades,
* 124 v. Chr. in Prusa, Bithynien, † 60 v. Chr. in Rom. Unter dem »Rheumatismus« sind wohl »Abszesse« gemeint.]

III. Ein »Pusicus«, d.h. ein mit Eiter Behafteter, wird so gebrannt: Zwei
Brenneisen auf beiden Seiten der Venen, vom Hals zum Jochbein, und
eines in die Höhlung der Kehle, und zwei auf beiden Seiten, eines über
der Brustwarze und eines unterhalb und eines unter ein Schulterblatt
und eines unter das andere [Schulterblatt].

IV. Er spritzt ein Gift [Heilmittel]. – Der an Lungengeschwüren Leidende wird so gebrannt: eines der Brenneisen in die Höhlung der Kehle und das andere in die Mitte der Brust, und das dritte in die Höhlung der »Lungen« mit einem runden Brenneisen. Milesius ordnet es an.

V. Der ›Empaticus‹, der an heftigem Fieber Leidende, wird so gebrannt: Ein erhitztes [Eisen] unter dem rechten Jochbein, zwei unter die Brustwarze und eines unter den Nabel [Appolonius Claucius]. [NB. Der Begriff »Empaticus« ist unklar, gemeint ist wohl der an »heftigem Fieber Leidende«.]

VI. Der von Milzbrand befallene Kranke wird so gebrannt: auf der linken Seite in Form eines Dreiecks. Euroficus ordnet es an.

Lob der Musik

Folio 5 b (*Abb. 73*) bietet sieben Bilder, die sich auf die Musik beziehen.

I. Ein König, wohl David, mit der Aufschrift »organista«, spielt auf einer Orgel mit sechs Pfeifen, ein Diener bläst mit einem Blasebalg den Wind hinein.

II. Der hl. Gregorius hält, im päpstlichen Gewand dasitzend, ein einsaitiges Instrument, den »Monochord«, vor sich auf den Knieen und unterrichtet zwei Mönche, während die Taube des Heiligen Geistes ihn inspiriert. Der eine Mönch hält ein beschriebenes Notenblatt und ein Takt-Stäbchen, der andere schreibt am Pult.

III. König David spielt auf der Harfe, zwei junge Männer blasen auf langen Hörnern.

IV. Zwei Frauen, die eine als Maria – soror Moysi [Schwester des Moses] – bezeichnet, schlagen mit Hämmern auf zwei aufgehängte Glocken.

V. Drei Frauengestalten; die mittlere, welche die beiden anderen am Arme führt, ist bezeichnet als weltliche Musik, die linke als Instrumental-Musik, die rechte als menschliche Musik.

VI. Yvido [Guido] hält ein Schriftband mit den Worten: Es hat ihm gefallen dem Gymnasium die gelösten Musen zurückzurufen.
Boetius sitzt schreibend an einem Pult. (Dieser verändert das Griechische, während er unsere Satzung bedient). [NB. Boetius, römischer Philosoph (*um 480, †524), Magister des Ostgotenkönigs Theoderich, schrieb Abhandlungen über Musik; er wollte die griechische Philosophie der römischen Welt nahebringen.]

VII. Fünf Schüler schlagen mit Hämmern auf einen Amboß. Pythagoras steht dabei.

Es folgen noch zwei Seiten mit Bildern aus dem Alten Testament. Die sechs Bilder auf fol 6a zeigen die Bestrafung von Frevlern, während die sechs Bilder auf fol 6b den Lohn für die Tugend veranschaulichen.

E Buchmalerei in Scheyern zur Zeit der Gotik

Eine zweite Blüte erlebte die Buchmalerei in der Zeit der Gotik, Ende des 15. Jahrhunderts. Diese Zeit ist gekennzeichnet durch die Einführung der *Melker Reform* unter Abt Wilhelm Kienberger (1449–1467) und Abt Georg I. Sperl (1467–1489). Abt Wilhelm stammte aus dem Kloster Tegernsee. Beim Episkopat genoß er solches Ansehen, daß Fürstbischof Petrus I. von Augsburg ihm die Visitation der Abtei St. Ulrich und Afra in Augsburg übertrug. Gerade diese engen Beziehungen zu Tegernsee und Augsburg sollten sich für die Buchmalerei nutzbringend auswirken. So ist es zu verstehen, daß der berühmte Schreiber und Maler Hainrich Molitor zwischen den Klöstern Scheyern, Tegernsee und St. Ulrich hin- und herwanderte.

Die genannten Klöster gehörten der Salzburger Kirchenprovinz an. Hier haben die engen Beziehungen zu Salzburg ihren Ursprung. Es ist verständlich, daß die Salzburger Bibel (Clm 15701), um 1430, als Vorbild diente.

Während um 1450 die Erfindung der Buchdruckerkunst eine neue Zeit einleitete, förderte Abt Wilhelm, zusammen mit seinem Prior Stephan Sandizeller († 17. November 1461) die Schreibkunst und Buchmalerei. Er konnte sich auf die Hilfe von hervorragenden Fachleuten stützen.

Der bekannteste ist *Hainrich Molitor* von Augsburg. Er war ein Laie, in Oettingen geboren, und ist um 1480 gestorben. Er schrieb zuerst, 1448 bis 1451, zwei Handschriften für Tegernsee, dann 1453 bis 1471 sechs Handschriften für Scheyern und schließlich 1474 bis 1479 noch zwei für Augsburg St. Ulrich und Afra. Daneben wirkte er noch bei vielen Handschriften mit als Maler von Initialen und Randverzierungen.

Der zweite Künstler ist *Fr. Maurus* aus Eichstätt. Er war Mönch in Scheyern und ist an einem 11. Juni zwischen 1488 und 1502 gestorben.

Als dritter Künstler wirkte noch *Johannes Keym* von Augsburg, Kleriker in Freising, der sich aber nur als Schreiber betätigte.

Die wichtigsten Handschriften aus der Zeit der Gotik

Clm 17402 (Scheyerer Handschrift Nr. 2), *Catholicon*, von *Joannes Januensis*, Schreiber und Maler: *Hainrich Molitor*.

> Das umfangreichste Gemälde des »Schreibers« und Malers Hainrich Molitor ist das Titelblatt zum »Catholicon«. Jahr 1458, 312 Pergament-Blätter.
>
> Der Codex ist ein lateinisches Wörterbuch, eine Art Lexikon, das besonders die Heilige Schrift berücksichtigt.
>
> Neben dem Titelbild weist der Band noch 29 größere und eine Unzahl von kleineren Initialen auf. Diese sind nur kalligraphisch, rot oder blau bzw. grün, mitunter auch in Gold verziert. Gelegentlich erscheint als Verzierung auch ein Menschenkopf.
>
> Die *größte Initiale »A«* zeigt ein Gemälde in der Art des Titel-

bildes. Wieder trennt der Querbalken. Oben hält ein Engel das Klosterwappen und dahinter sieht man eine Landschaft mit Kirche.

Unten sitzen auf einer roten Mauer drei Engel mit Geige, Orgel und Harfe. Der Buchstabe ist mit Blatt- und Bandornamenten belebt.

Als erstes Wort wird »ALMA« ausgedeutet. Alma bedeutet die »verborgene Jungfrau« oder die »Verbergung der Jungfräulichkeit«. Dann folgt das Wort »Aaron« (= »Fester Berg«).

Die Randleisten werden gebildet aus rundlich verschlungenen Zweigen mit verschiedenfarbigen Blüten und Blättern, wobei das Akanthusblatt die Hauptrolle spielt. Die eigentümliche Art von Molitor ist dabei unverkennbar. Zur Abwechslung finden sich auch Menschenköpfe, Tiere und Spruchbänder. Wie die Psalmen, so ist die ganze Heilige Schrift des Alten Testaments durchwoben vom Lobpreis Gottes in der ganzen Schöpfung, in der Tier- und Pflanzenwelt, die durch die Erschaffung des Menschen, des Abbildes Gottes gekrönt wird.

Dem Umfang nach schließt sich an das Catholicon (Clm 17402) an das »SPECULUM HISTORIALE« (Geschichtlicher Spiegel), dessen Urschrift von Vinzenz von Burgund stammt. Noch drei Bände sind erhalten: Clm 17416–18.

Es wurde in vier dicken Foliobänden abgeschrieben von *Johann Keym, P. Maurus von Eichstätt und Molitor*. Der zweite Band ist seit dem Beginn des 19. Jahrhunderts verschollen. Geschrieben sind sie von 1464 bis 1471. Alle hat Hainrich Molitor mit Initialen und Randleisten versehen. Den vierten hat er selber geschrieben.

Die ersten beiden Bände sind:

Clm 17416 (Scheyerer Handschrift Nr. 16) Speculum Historiale des Vincentius von Burgund, I. Band; Jahr 1464, Größe: 39,0 × 28,9 cm, 251 Pergamentblätter, Holzdeckel mit braunem Leder überzogen. Schreiber: *Johannes Keym*, Maler: *Hainrich Molitor*.
Johannes Keym von Augsburg schuf das Werk in Scheyern, »unter dem Ehrwürdigen Abt Wilhelm Kyenberger des Klosters der Seligen Jungfrau Maria und des Heiligen Kreuzes in Scheyern«.

Clm 17417 (Scheyerer Handschrift Nr. 17), Speculum Historiale des Vincentius von Burgund, 3. Band, Jahr 1468, Größe 39,0 × 28,9 cm, 233 Pergamentblätter, Holzdeckel mit braunem Leder überzogen. Schreiber: *Fr. Maurus von Eichstätt*; Maler: *Hainrich Molitor*.
Die Schrift von Johannes Keym reicht im dritten Band bis Blatt 127. Von da an schrieb den Band Fr. Maurus von Eichstätt, Mönch von Scheyern.

Clm 17418 (Scheyerer Handschrift Nr. 18), Speculum Historiale des Fraters *Vincentius von Burgund*, Jahr 1471, Größe 41,2 × 28,5 cm, 256 Blätter, Holzdeckel mit braunem Leder überzogen. Schreiber und Maler: *Hainrich Molitor*.

Dies ist der vierte Band des »Geschichtlichen Spiegels« von Frater Vinzenz von Burgund, aus dem Prediger-Orden. Dieser letzte Band stammt ganz von *Molitor*. Er hat auch die Malerei in den übrigen Bänden geliefert.

Die Initialen dieses Bandes Clm 17418 sind sorgfältiger und reicher ausgeführt als in den beiden früheren, Clm 17416 und Clm 17417. (*F30*) Auf Blatt 1 ist in der Initiale »K« ein Engel mit dem Klosterwappen dargestellt. Der Text beginnt mit »Karolus Magnus«, also mit der Abhandlung über Karl den Großen. Da die Initiale »K« etwas reicher ausgeschmückt und der Platz beengt ist, fällt die Randverzierung, die sich durch die Mitte der Seite zieht, einfacher aus.

Clm 17422 (Scheyerer Handschrift Nr. 22), *Missale Monasticum*, Jahr 1462. Größe: 25,0 × 18,5 cm, Einband mit gepreßtem Schweinsleder, 292 Pergamentblätter. Schreiber und Maler: *Hainrich Molitor*.

Eintrag des Schreibers: Hainrich Molitor von Augsburg, unter dem Ehrwürdigen Abt Wilhelm des Klosters Scheyern.

Im selben Geist sind auch die Initialbilder und Seiten von Clm 17413, und Clm 17414, Vita Christi – Leben Christi 1. und 2. Teil; und Clm 17422, Missale Monasticum – Monastisches Missale, behandelt.

Clm 17406 (Scheyerer Handschrift Nr. 6), *Antiphonale.* Schreiber und Maler: *Johannes Franck* † 1472, St. Ulrich und Afra, Augsburg. Jahr um 1440, Größe 45,3 × 33,1 cm, Holzdeckel mit Schweinsleder. Auf der 1. Seite (*F31*): Initiale mit dem hl. Andreas, einige Initialen mit Blattgold, 200 Pergamentblätter.

Die Handschrift wurde bisher auch H. Molitor zugeschrieben. Aber die Untersuchungen von Erich Steingräber in »Die kirchliche Buchmalerei Augsburgs um 1500«, 1950, belegen, daß sie vom Augsburger Johannes Franck, Mönch von St. Ulrich und Afra, † 1472, stammt. Der Text beginnt: »Unus ex duobus qui secuti sunt dominum, erat Andreas« – einer aus den beiden, die dem Herrn folgten, war Andreas. Dementsprechend ist in die Initiale »U« der Apostel Andreas mit dem »Andreas-Kreuz« eingezeichnet.

Eine bewegte Geschichte hat das »Devotionale«, Clm 17425.

Clm 17425 (Scheyerer Handschrift Nr. 25), *Devotionale* (Gebetbuch). 15. Jahrhundert, Größe 19,7 × 15,0 cm; Holzdeckel mit braunem Leder, mit Goldpressungen; auf der Innenseite des rückwärtigen

Buchdeckels: Bartholomäus Scheyern. 13 sehr schöne Miniaturen, sehr schöne Initialen; 160 Blätter in Lateinisch, 169 Blätter in Französisch. *Schreiber unbekannt.*

Barth. Majus, Patrizier von Augsburg, gab das Buch im Jahre 1626 dem P. Claudius von Scheyern. Das Buch kam 1790 in die Hände von Herzog Carl Eugen von Württemberg und nach 1803 in die Münchener Staatsbibliothek.

Da das Bändchen erst um 1626 in den Besitz von Scheyern gelangt war, hat es auf die Scheyerer Buchmalerei keinen Einfluß ausgeübt. Aber nach dem Urteil von Michael Hartig war es für die Entwicklung der französischen Malerei in der Spätgotik von großer Bedeutung. Die Miniaturen stellen vor allem Szenen aus dem Leben Mariens dar. Zwei Bilder beziehen sich auf Heilige.

Als Beispiel ist die Miniatur auf Blatt 53 (*F 32*) abgebildet: Die Anbetung der Heiligen Drei Könige. Im Gegensatz zur Darstellung in Clm 17401, S. 23–25, befindet sich hier Maria nicht in einem Palast, sondern in einem einfachen Haus. Der dargestellte Turm im Hintergrund ist ein Hinweis auf den »Turm Davids«. Auffallend auf allen Bildern des »Devotionale« ist der herausragende steile Felsen, der auf den »festen Berg«, ein Symbol für Maria, hindeutet.

Weitere Handschriften von Hainrich Molitor als Schreiber und Maler:

Clm 17413 (Scheyerer Handschrift Nr. 13), *Vita Christi*, »Leben Christi«. Schreiber und Maler: *Hainrich Molitor.* Jahr 1453, Größe: 41,0 mal 39,4 cm; Holzdeckel mit Schweinsleder überzogen; 236 Pergamentblätter, Initialen mit Blattgold.

Clm 17414 (Scheyerer Handschrift Nr. 14), *Vita Christi*, 2. Teil. Schreiber und Maler: *Hainrich Molitor.* Jahr 1454, Größe: 43,4 × 31,0, Holzdeckel mit Schweinsleder überzogen, 248 Pergamentblätter.

Clm 17426 Scheyerer Handschrift Nr. 26), *Liber horarum (Stundenbuch).* Jahr 1469, Größe: 21,5 × 25,4 cm, gepreßter Schweinslederband; 266 Pergamentblätter. Schreiber und Maler: *Hainrich Molitor.* Eintrag: Hainrich Molitor von Augsburg, in Ehrfurcht gewidmet dem Herrn Stephan Sandizeller, Konventuale von Scheyern.

An folgenden Handschriften hat Molitor nur als *Maler* mitgewirkt:

Clm 17456 (Scheyerer Handschrift Nr. 56), Traktat des Nicolaus von Dinkelsbühl und anderer Autoren, über die Eucharistie.

Clm 17474 (Scheyerer Handschrift Nr. 74), Auslegung des Johannes Chrysostomus, Abt von Oberaltaich, über die Regel des hl. Benedikt.

Clm 17480 (Scheyerer Handschrift Nr. 80), Homilien der Väter.

Scheyern im späten Mittelalter
Abt Konrad Montanus 1313–1326 bis Abt Johannes II. Turbeit 1505–1535

A Die zeitgeschichtlichen Verhältnisse

Reformbestrebungen

Gleich zu Beginn des 14. Jahrhunderts treffen wir auf eine nicht erfreuliche Situation in der Kirche, die die ganze Folgezeit nachhaltigst beeinflußt. Der Papst befindet sich, von 1309 bis 1377, in der sogenannten »Babylonischen Gefangenschaft«, und damit unter der Obhut des französischen Königs. Nach seiner Rückkehr kommt es zum Schisma. Drei Päpste zugleich erheben den Anspruch auf den Thron: Gregor XII., Benedikt XIII. und Alexander V.

So sieht sich die inzwischen einberufene Kirchenversammlung in *Konstanz* (1414–1418) vor schwere Aufgaben gestellt. Sie soll die Kirchenspaltung beenden, die Reform der Kirche vorantreiben und schließlich die durch den böhmischen Reformator *Hus* drohende Glaubensspaltung verhindern.

Hus wird am 6. Juli 1415 in Konstanz verurteilt und durch das Feuer gerichtet. Dies erregt den Zorn seiner Anhänger und führt zu erbitterten Kämpfen in Böhmen. Das Schisma wird zwar unter großen Mühen überwunden, aber die anstehenden Reformen können nur teilweise verwirklicht werden.

Erst das Konzil von *Basel* (1431–1449) kann größere Erfolge verzeichnen, ohne freilich alle anstehenden Fragen und Probleme lösen zu können. Im langwierigen Streit zwischen Konzil und Papst geht zwar letzterer als Sieger hervor, aber trotzdem ist er in seinem Ansehen geschwächt.

Auch der große Philosoph und Kirchenreformer *Nikolaus von Cues* († 1464) setzt sich zunächst dafür ein, daß das »Konzil über dem Papst« stehe, unterstützt aber dann den Papst, weil er nur in seiner Autorität eine Möglichkeit der Einigung mit der Ostkirche sieht. Als Gesandter des Papstes versucht er, die geschlagenen Wunden zu heilen, Gegensätze zu überbrücken und die vom Konzil geforderten Reformen durchzusetzen. Seinen intensiven Bemühungen ist jedoch nur ein Teilerfolg beschieden. Auch er kann die drohende Glaubensspaltung nicht aufhalten.

Übergang der Macht von den Wittelsbachern zu den Habsburgern

Zu Beginn dieser Epoche hat es den Anschein, als ob die Wittelsbacher die führende Dynastie in Europa würden. Kaiser *Ludwig der Bayer* vergrößert seine Hausmacht bis nach Brandenburg, Holland und Tirol. Auch gegen den Willen des Papstes kann er sich 1328 die Kaiserkrone aufsetzen lassen.

Die geschwächte Stellung des Papstes in Avignon wird dazu benützt, um im *Kurverein von Rense* (1338) zu erklären, daß ein »von den Kurfürsten oder ihrer Mehrheit gewählter König nicht der päpstlichen Bestätigung bedürfe«.

Dem Nachfolger Ludwigs, Kaiser Karl IV. aus dem Hause Luxemburg einem staatsklugen und kunstsinnigen Fürsten, gelingt die Aussöhnung mit den Wittelsbachern. Er errichtet in Prag die erste deutsche Universität, und vereinigt Schlesien mit Böhmen. Zu seiner Zeit (um 1350) wütet in Europa die Pest.

Die Nachfolger von Karl IV. sind die Könige Wenzel, Ruprecht von der Pfalz und Sigismund (1410–1437). In den Hussitenkriegen kann sich Sigismund nur mit Mühe durchsetzen.

Mit Albrecht II. (1438–1439) kommen die *Habsburger* auf den Kaiserthron, den sie bis 1740 behaupten. Friedrich III. (1440–1493) ist der letzte in Rom gekrönte deutsche Kaiser. Während seiner langen Regierungszeit gibt es zwei Ereignisse, die für die weitere Zukunft von entscheidender Bedeutung sind: Die Erfindung der Buchdruckerkunst durch Johannes Gutenberg (1400–1468) in Mainz und die Entdeckung Amerikas (1492) durch den italienischen Seefahrer Christoph Kolumbus, der in spanischen Diensten stand. Längst vor ihm war es allgemeine Ansicht der meisten Forscher, daß die Erde eine Kugel sei. Kolumbus wollte dies in der Praxis erproben und daher das Land Indien, das im Osten liegt, auf dem Seeweg über den Westen erreichen. Darum nannte er die Bewohner des von ihm entdeckten Landes auch »Indianer«.

Unter den Kaisern Maximilian I. (1493–1519) und Karl V. (1519–1556) gewinnt zwar die habsburgische Hausmacht eine ungeahnte weltweite Bedeutung in dem »Reich, in dem die Sonne nicht unterging«, aber im Innern verliert der Kaiser immer mehr an Boden, wie es sich besonders beim Auftreten von *Martin Luther* (1517, Thesenanschlag) zeigt.

Die Herrscher Bayerns

Ludwig der Bayer 1314–1347 bis Albrecht IV. 1465–1508

Die Geschichte Scheyerns ist eng verknüpft mit dem Ringen der bayerischen Herzöge um die Ausweitung ihres Wirkungsbereichs. Dabei denken wir nicht nur an die Ausweitung ihrer Hausmacht sondern auch an die Förderung von Kultur, Kunst und Wissenschaft.

Kaiser Ludwig der Bayer, der 1294 die Nachfolge seines Vaters Ludwigs des Strengen als Herzog antrat, wurde 1314 zum Kaiser gewählt. Gegen seinen Rivalen, Friedrich den Schönen, kann er sich in der Schlacht bei Mühldorf (1322), der »letzten Ritterschlacht«, durchsetzen.

Seine Machtstellung benützt er zum Erwerb von Brandenburg, Holland und Tirol. Da er als Kaiser auch in Italien die Rechte des Reiches zu wahren sucht, kommt es zum Zusammenstoß mit dem Papst, der sich in Avignon unter dem Einfluß des französischen Königs befindet.

Ludwig der Bayer ist ein großer Förderer der Klöster und gilt allgemein als sehr beliebt. Unter anderem gründet er im Jahre 1330 nach einem Feldzug nach Italien das Kloster Ettal. Auf einer Bärenjagd in der Nähe von Fürstenfeld stirbt er 1347 mit den Worten: »kunigin, unser fraue, bis pei meiner schidung«.

Nach dem Tode des Kaisers fehlt die starke Hand, um die weitverstreuten Gebiete, die zu Bayern gehören, zusammenzuhalten. Zuletzt gibt es vier selbständige Linien: Ludwig der Brandenburger in Oberbayern und Tirol, Stephan mit der Hafte in Niederbayern, Ludwig der Römer und Otto der Faule in der Mark Brandenburg, und schließlich Wilhelm und Albrecht in den Niederlanden und in Straubing. Im Jahre 1392 kommt dazu noch eine weitere Teilung, die auch Oberbayern in die Linien München und Ingolstadt trennt.

So ist das ganze 15. Jahrhundert gekennzeichnet durch immer wieder aufflackernde Fehden unter den verschiedenen Zweigen der Wittelsbacher. Besonders schwer wütet der Streit, als nach dem Tode Georgs des Reichen († 1503) dessen Schwiegersohn, der Pfalzgraf Rupprecht, und Herzog Albrecht IV. (von München) sich um das Erbe streiten. Der Geschichtsschreiber Aventin deutet es als »schicksalhaftes Verhängnis«, daß der Pfalzgraf und seine Frau kurz hintereinander, im Jahre 1504, sterben, und so den Weg für eine endgültige Schlichtung frei machen. Im *Primogeniturgesetz* läßt Albrecht der Weise im Jahre 1506 festlegen, daß das bayerische Herzogtum unteilbar sei und jeweils in der männlichen Linie nach dem Recht der Erstgeburt weitervererbt werde.

Kulturelles Leben im Mittelalter

Der kurze Blick auf die politischen Verhältnisse zeigt ein verworrenes Bild. Es wäre jedoch ungerecht, wollte man nun die Akten schließen und sich in seinem Urteil – besser gesagt Vorurteil – vom »Dunklen Mittelalter« bestätigt fühlen. Wir dürfen nicht übersehen, daß gerade die Teilungen, die man als »Verfallserscheinungen« betrachten könnte, das Selbstbewußtsein der Städte Landshut, Ingolstadt und Straubing erheblich gesteigert und damit auch das dortige kulturelle Leben wesentlich gefördert haben.

Im späten Mittelalter hat die *Gotik* in Bayern eine Ausdehnung und einen Glanz erreicht, deren lebendige Zeugen wir heute noch in ungezählten Städten und Dörfern sehen können. Der geradezu tollkühne Bau des Landshuter Martinsmünsters, die Liebfrauenkirchen in München und Ingolstadt, die anderen gotischen Kirchen in Geisenhausen, Velden, Dingolfing, Eggenfelden

78 »Die Bildnisse der Vorfahren des so ruhmreichen und überaus alten Hauses Bayern von Otto dem Großen von Wittelsbach bis zu Maximilian Emanuel, dem heutigen Herzog beider Bayern und Kurfürsten«
Pfalzgraf Stephan, Herzog von Oberbayern † 1377; Pfalzgraf Johannes Herzog von Oberbayern † 1397; Ernst Herzog von Oberbayern † 1438; Albrecht I. der Fromme † 1460; Albrecht IV. der Weise † 1508; Kupferstich aus dem Prachtwerk »Fortitudo leonina« für den als Türkensieger heimgekehrten Kurfürsten Max Emanuel, 1715

GLORIOSISS.ET ANTIQUISS.DOMUS BOIARICÆ
ORIGINARIÆ MAIORUM EFFIGIES AB OTHONE M.WITELSPACH
USQUE AD MAXIMILIANUM EMANUELEM HODIERNUM V.B.DUCEM AC ELECTORE

usw., nicht genannt die vielen Dorfkirchen mit ihren spitzen Türmen, sie alle sprechen eine deutliche Sprache und weisen auf eine begeisterte Baufreudigkeit hin, die breite Schichten der Bevölkerung im 15. Jahrhundert erfaßt hat.

Gleichrangig neben der Baukunst stehen die *Bildhauerei* und die *Malerei*. Tilman Riemenschneider wirkt in Würzburg, Hans Leinberger schafft den Moosburger Altar und seine berühmte Muttergottes von Landshut, und in Nürnberg sind Adam Krafft als Steinbildhauer, Peter Vischer als Rotgießer und Veit Stoß als Schnitzer, Steinbildhauer und Bronzegießer in einer Person tätig. Die Malerei erreicht einen ungeahnten Höhepunkt in den Meistern Hans Holbein, Hans Burgkmair, Lukas Cranach, Albrecht Altdorfer und Albrecht Dürer.

Diese wenigen Namen mögen für viele Hunderte von überragenden Meistern stehen, die in allen Städten eine geradezu fieberhafte Tätigkeit entfalten. Denken wir nur an den Meister Hans von Pfaffenhofen, der für Scheyern im Jahre 1514 eine kostbare Kreuzigungsgruppe schafft.

Wenigstens kurz erwähnt sei das Aufblühen des *Welthandels*, zu dessen Organisatoren auch die Fugger und Welser von Augsburg zählen. Gefördert wird er durch die Entdeckung Amerikas, die Erfindung der Buchdruckerkunst und durch den Bau des ersten Globus (um 1492 von Martin Behaim) und der ersten Taschenuhr in Nürnberg.

Schon lange vor Kopernikus (1473–1543), Domherr in Ermland, äußerten einige Leute, daß nicht die Erde Mittelpunkt des Weltalls sei, sondern die Sonne. Schon Aristarch von Samos (320–250 vor Christus) hat dies klar ausgesprochen. Aber er konnte sich gegen Ptolemäus (90–168 n. Chr.) nicht durchsetzen, weil dessen Berechnung der Planetenbahnen mit den Meßergebnissen besser übereinstimmten. Auch Nikolaus von Cues war der Ansicht, daß nicht die Erde, sondern jeder Punkt im Weltall Mittelpunkt sei, weil das Weltall unendlich ist.

Kopernikus konnte die Unregelmäßigkeiten der Planetenbewegungen (Planet = Irrstern) mit Hilfe der verschiedenen Umlaufgeschwindigkeiten der Planeten zeigen. Aber auch seine Berechnungen stimmten nicht ganz. Deshalb versuchte Tycho Brahe (1546–1601) eine Zwischenlösung. Nach ihm steht zwar die Erde im Mittelpunkt des Weltalls, aber die Planeten kreisen um die Sonne als Mittelpunkt. Mit Hilfe dieser These konnten die Planetenbahnen genauer berechnet werden. Nach der heutigen Relativitätstheorie kann man jeden Punkt des Weltalls als Mittelpunkt ansehen.

---

79   *»Die Bildnisse der Vorfahren des so ruhmreichen und überaus alten Hauses Bayern von Otto dem Großen von Wittelsbach bis zu Max Emanuel, heutigem Herzog der beiden Bayern und Kurfürsten«*
Wilhelm I. (IV.), Pfalzgraf und Herzog beider Bayern und Reichsvikar † 1550; Albrecht III. (V.) der Großherzige † 1550; Wilhelm II. (V.) † 1626; Maximilian I., Kurfürst † 1651; Ferdinand Maria, Kurfürst † 1669.
Kupferstich aus dem Prachtwerk »Fortitudo leonina« für den als Türkensieger heimgekehrten Kurfürsten Max Emanuel, 1715

GLORIOSISS.ET ANTIQUISS.DOMUS BOIARICÆ

ORIGINARIÆ MAIORUM EFFIGIES AB OTHONE M.WITELSPACH

USQUE AD MAXIMILIANUM EMANUELEM HODIERNUM VB.DUCEM AC ELECTORE

B Scheyern erhält die Niedere Gerichtsbarkeit

Scheyern unter Kaiser Ludwig dem Bayern

Das hervorstechendste Ereignis des ersten Viertels des 14. Jahrhunderts ist für Scheyern ohne Zweifel die Verleihung der *Niederen Gerichtsbarkeit*. Damit geht die 200 Jahre dauernde Herrschaft der Vögte zu Ende.
Nach den Bestrebungen der Hirsauer Reform sollte ein Kloster von aller weltlichen Bevormundung unabhängig sein. Wo Vögte notwendig seien, sollten sie vom Abt oder vom Konvent bestimmt werden. In Scheyern müssen die Äbte jedoch bald erfahren, daß dies ein reiner Wunschtraum bleibt. Denn schließlich sind die Vögte die Nachfolger der Stifter, die sich ständig auf das Erbe der Väter berufen, das zu erhalten nur allein sie fähig seien. Eine gewisse Berechtigung kann man diesen Vorstellungen nicht absprechen.
Allmählich setzt sich jedoch bei den weltlichen Herrschern die Erkenntnis durch, daß auch ein Kloster einen Freiheitsraum braucht, um sich innerlich und äußerlich entfalten zu können.
Es ist dem weitblickenden und großherzigen Gönner der Klöster, dem Herzog Ludwig von Bayern und späteren Kaiser vorbehalten, im Rahmen einer umfassenden Verwaltungsorganisation den einzelnen Klöstern, insbesondere dem Hauskloster der Wittelsbacher – Scheyern – die Niedere Gerichtsbarkeit zu übertragen, und damit zugleich den Abt, zusammen mit seinem Konvent, zum Gerichtsherrn in ihren Gebieten zu bestellen. Dies geschieht unter Abt Konrad II., genannt Montanus.

18 Abt Konrad II. Montanus (Berger) 1313–1326

Bei diesem Abt sind dem Chronisten einige Versehen unterlaufen, auf die bereits Abt Stephan Reitberger aufmerksam macht. Denn die Beschreibung der Persönlichkeit dieses Abtes, als eines einfältigen und unfähigen Mannes, steht im Gegensatz zu den übrigen Quellen.
So sagt die »Scheyerer Chronik«: »Im Jahre des Herrn 1311 [!] stirbt Ulrich Perchtinger, und Chonrad, genannt Montanus, wird gewählt. Er war ganz einfältig und hat der Nachwelt keine Erinnerung an etwas Gutes hinterlassen. 13 Jahre hat er beklagenswert regiert.«
Aventin ist in seiner Formulierung noch schärfer: »… 13 Jahre lang hat er zum Leidwesen und unter der Klage aller regiert…«
Dagegen mildert Abt Stephan Reitberger etwas ab: »… Er war einfältig und hat 13 Jahre regiert…«
Soweit die Berichte der Chronisten: Sie mögen durchaus zutreffen. Aber sie müssen durch weitere Quellen ergänzt werden. Denn gerade unter diesem Abt sind entscheidende Veränderungen zugunsten des Klosters eingetreten: nämlich die Verleihung der *Niederen Gerichtsbarkeit* und die Einverleibung der *Pfarrei Pfaffenhofen*.
Reitberger vermerkt dazu: »Wenn auch der Katalog [= Scheyerer Chronik]

dem Abt Konrad III. [1335–1346] den Erwerb der Pfarrei Pfaffenhofen zuschreibt, so widersprechen dem die beiden Schenkungsurkunden, die 1318 (!)
ausgestellt sind. In diesem Jahr hat aber Konrad II. [1313–1324] die Abtei innegehabt...«

Gerade wegen der vielen Erweise der Huld und Großherzigkeit von Kaiser
Ludwig ist auch Abt Stephan Reitberger voll des Lobes für ihn. Er zählt ihn zu
den »hervorragenden Förderern und Wohltätern unseres Klosters«.

Am 15. April 1315 verleiht Kaiser Ludwig dem Kloster die Niedere Gerichtsbarkeit. Damit kann der Abt, bzw. der von ihm bestellte Richter, alle Vergehen richten und aburteilen, die nicht zum Tode führen. Dem örtlichen Umfang nach erstreckt sich diese Gewalt über die *Hofmarken Scheyern, Fischbachau* und *Berbling*. Da die ständige Anwesenheit eines Richters in Fischbachau und Berbling nicht notwendig ist, versieht dieses Amt mitunter der
Gerichtsschreiber von Scheyern.

In der Ausübung des Amtes stehen dem Richter zur Seite der Überreiter und
der Amtmann. Der Überreiter muß, wie schon der Name andeutet, über Land
reiten, um die Stift- und Giltgelder einzusammeln und überhaupt die Beziehungen zu den einzelnen Anwesen aufrechterhalten. Der Amtmann hat
mehr die Aufgaben eines Polizisten und Gerichtsdieners.

Ein zwar weniger bedeutungsvolles, aber die Persönlichkeit des Abtes kenn-
zeichnendes Ereignis muß noch erwähnt werden. Die Übereignung eines Hofes in Niederscheyern durch Anna von Sandicelle am 27. Dezember 1317.
Mit diesem Verkauf, um 52 Pfund Münchener Pfennige, beginnt die allmäh-
liche Einverleibung von ganz Niederscheyern in die Hofmark Scheyern.
Nach 13 Jahren Regierungszeit kann also Abt Konrad II., trotz seiner Schwä-
chen, auf eine ertragreiche Ernte zurückblicken.

19 Udalschalk 1326–1327

Übereinstimmend schreiben die Chronisten über den Nachfolger: »Im Jahre
des Herrn 1324 stirbt Chonrad Montanus und Uschalk wird gewählt, der
kaum ein Jahr regierte und dann starb...«
Auch andere Quellen wissen vom Abt Uschalk (= Udalschalk) nichts zu erzählen. Nach P. Franz Gressierer muß das Sterbejahr von Chonrad Montanus
auf 1326 festgelegt werden. Damit verschieben sich auch die Regierungs-
zeiten der beiden Nachfolger.

20 Ulrich V. von Leutzenau 1327–1334

Die Scheyerer Chronik (Äbtekatalog) weiß über ihn zu berichten: *Ulrich V.
Leutzenauer:* »Im Jahre des Herrn 1324 stirbt Udalschalk und Ulrich V., genannt Leutzenauer, wird gewählt. Er hat sieben Jahre nachlässig und träge regiert. Er stirbt nach einem Sturz vom Pferde.«
Obwohl keine weiteren nachteiligen Unterlagen vorliegen, verschärft auch
hier Aventin den Bericht: »In sehr nachlässiger Weise war er für das Kloster

weniger ein Vorsteher, als vielmehr ein Verderber. Endlich im siebten Jahr haucht er nach dem Sturz von einem Pferde seine Seele aus.«

Wir spüren, daß die allgemeine kirchenpolitische Situation – der Papst befindert sich in Avignon – auch in die Klöster hineinwirkt. Abt Stephan Reitberger weiß auch nichts von Bedeutung zu berichten und übergeht die nachteiligen Bemerkungen. Er begnügt sich mit den Worten: »Nachdem er sieben Jahre regiert hat, stirbt er.«

Auch bei diesem Abt wollen wir versuchen, ihm gerecht zu werden. Die Charakterisierung Aventins geht zurück auf die Worte der Chronik, die den Abt Ulrich V. als »leichtsinnig und nachlässig« schildert. Aber die Urkunden weisen ihn als einen zwar großzügigen, jedoch weitblickenden Mann aus, der die spätere Entwicklung des Besitz- und Eigentumsrechts maßgebend beeinflußt hat. Gerade unter ihm erhalten viele Grundholden die Verleihung ihres Gutes auf »Leibgeding«, das heißt auf »Lebenszeit«.

Diese Art der Verleihung hat sich im Laufe der Zeit in Scheyern fast ausschließlich durchgesetzt. Auf diese Weise wird dem Grundholden eine größere Selbständigkeit und damit eine höhere Verantwortung zugemutet.

Wegen der Gefahr des Mißbrauches wurde diese Art der Verleihung von einigen Mitgliedern des Konvents mit Mißtrauen beobachtet. Wahrscheinlich rührt davon her die Charakterisierung des Abtes als »leichtsinnig und nachlässig«, aus der Aventin in »journalistischer« Vergröberung einen »Verderber« macht.

21 Konrad III. von Leutzenau 1334–1348

Es ist auffallend, daß nach dem Tode von Ulrich III. dessen Bruder als Konrad III. zum Abte gewählt wird. Er kann die Erwartungen des Konvents vollauf erfüllen. Die Chronisten schreiben über ihn: »Im Jahre des Herrn 1330 [!] stirbt Ulrich V. und Chonrad, sein Bruder, Abt in Wiltzpurch, wird gewählt. Er war ein in allem umsichtiger und kluger Mann, durch dessen beständige Bitten der huldreichste Kaiser Ludwig uns die Kirchen [!] in Pfaffenhofen überließ.

Durch seinen eifrigen Einsatz wurde sie auch uns durch Bischof und Kapitel von Augsburg inkorporiert. Fünfzehn Jahre regierte er recht lobenswert. Viel Gutes hat er getan. Endlich durch Alter aufgezehrt, resignierte er auf die Abtei.«

Wenn sich auch der Chronist in der Angabe des Zeitpunkts der Inkorporierung der Kirchen von Pfaffenhofen irrt, so bleibt doch bestehen, daß Abt Konrad III. ein »kluger und umsichtiger« Mann war. Davon legt auch Zeugnis ab ein zweites Urbar (KL 55), das um 1347 angelegt wurde und das eine Verbesserung des ersten umfassenden Urbars vom Jahre 1309/10 (KL 54) darstellt.

Das Vertrauen, das die Bevölkerung in diesen Abt setzte, drückt sich in vielen Schenkungen an das Kloster aus. Was Konrad II. in Niederscheyern begann, wird nun fortgesetzt. 1335–1340 kommen die übrigen Güter von Niederscheyern samt dem ganzen Dorfgericht hinzu.

Im Jahre 1342 übergibt Heinrich der Puechler, Chorherr in Ilmmünster, dem Kloster seinen Besitz in Grafing, Pischelsdorf und Habertshausen, und zwei Jahre später, am 12. April 1344, bestätigt Ludwig, Markgraf von Brandenburg und Herzog in Bayern, die Besitzungen des Klosters in Tirol.

Gebeugt durch die Last der Jahre dankt Abt Konrad III. ab, ob im Jahre 1346 oder 1348, läßt sich aus den Quellen nicht eindeutig feststellen. Er zieht sich in das Pfarrvidum von Pfaffenhofen zurück, wo er bald darauf stirbt.

Kommentar von Abt Stephan Reitberger

Die Inkorporierung der Pfarrei Pfaffenhofen und die Verleihung der Niederen Gerichtsbarkeit durch Kaiser Ludwig den Bayern nimmt Abt Stephan Reitberger zum Anlaß, sich allgemein über die Inkorporierungen und über die Persönlichkeit des Kaisers Ludwig einige Gedanken zu machen.

»Alle diese Inkorporierungen geschahen in der Meinung, daß unser Kloster alle Früchte, Erträgnisse und Zuwendungen – unter welchem Namen sie auch immer vorgenommen werden – genießen und frei gebrauchen könne. Dabei soll jedoch aus diesen Früchten für den ständigen Vikar, wenn er ein Weltgeistlicher ist, ein angemessener Anteil zurückbehalten werden.

Dieser genannten Schenkung der Pfarrei Pfaffenhofen hat derselbe Hocherhabene und Unbesiegte Kaiser [Ludwig] viele andere hinzugefügt.

Eine dieser Schenkungen ist folgende.

Er gewährt dem Kloster die Gerichtsbarkeit über alle seine Untertanen und in allen Vergehen, ausgenommen Mord und die übrigen todeswürdigen Verbrechen.

Eine andere Schenkung ist diejenige, durch die er einzelne Güter, die Seiner Majestät durch Titel und Lebenslast verbunden sind, befreit und sie freimütig dem Kloster schenkt.

Deshalb muß man ihn wegen dieser und anderer Schenkungen zu den hervorragenden Gönnern und Wohltätern unseres Klosters zählen. Man muß ihn rühmen und mit dankbarem ewigem Andenken bewundern.

Es gibt hier außerdem noch andere Urkunden dieses Kaisers, die unser Kloster mit anderen Klöstern gemeinsam hat, durch die er nicht weniger freizügig die unseren Klöstern und dem Klerus die Privilegien, Immunitäten und Freiheiten, wie sie von den Päpsten und Kaisern unseren Vorfahren gewährt wurden, bestätigt. Aus diesen Urkunden erhellt für den Leser ganz klar, daß dieser hocherhabene Kaiser nicht zum Schaden, sondern zum Nutzen der Kirche geboren wurde, der doch so viele Wohltaten und Immunitäten auf das freizügigste gewährte.

Vor allem für diejenigen Kirchen, die der erhabenen und großen Jungfrau und Mutter geweiht sind, war seine Gebefreudigkeit noch freizügiger. Als ihr Gründer und Förderer wurde das Andenken an seinen Namen unsterblich.

Davon hat er auch jenen christlichen und eines katholischen Kaisers würdigen Glauben geschöpft, durch den er in der Stunde des Todes die Zuflucht zur großen Mutter nahm. Die schriftlichen geschichtlichen Zeugnisse, die bei uns aufbewahrt werden, bestätigen auf das reichlichste, daß er fromm gestorben ist, indem er öfter ihren glorreichen Namen auf das innigste angerufen hat…«

Um diese Ausführungen des Abtes Reitberger richtig zu würdigen, müssen wir bedenken, daß Kaiser Ludwig der Bayer im Kirchenbann gestorben ist. Der Papst, der ihn verhängte, befand sich jedoch in Avignon, unter dem Einfluß des französischen Königs. Reitberger erkannte, daß des Papstes Bestrebungen nicht rein religiöser Natur waren.

C Krisenzeiten

Abt Wolfgang von Larsbach 1348–1354
bis Johann I. Tegernbach 1436–1449

Das kommende Jahrhundert ist eine Zeit schwerer innerer und äußerer Krisen. Die »Babylonische Gefangenschaft« des Papstes in Avignon wird begleitet vom Zerfall Bayerns. Die Rückkehr des Papstes hat ein Schisma im Gefolge. Die Konzilien von *Konstanz* (1414–1418) und *Basel* (1431–1439) beheben zwar die Kirchenspaltung und bringen einige Reformen, können aber die Mißstände nur zum Teil beseitigen.

Wir brauchen uns daher nicht zu verwundern, daß die Chronisten beim ersten Abt dieser Epoche sehr abfällig urteilen.

22 Wolfgang von Larsbach 1348–1354

»Er war ein Mann, zwar edel von Geburt, aber leichtfertig in seiner Lebensführung und Ordenszucht. Er war stolz und aufwendig und hinterließ der Nachkommenschaft keine gute Erinnerung. Auch ließ er dem Kloster eine große Schuldenlast zurück. Im siebten Jahr seiner Regierung starb er.«

Die vorliegenden Urkunden mildern das strenge Urteil etwas ab. Gleich zu Beginn seiner Amtsführung läßt er sich von verschiedenen Seiten die Privilegien und Freiheiten des Klosters bestätigen, so z.B. von Ludwig, dem Kurfürsten von Brandenburg, und von Stephan, dem Herzog von Bayern.

Auch setzt er das Bestreben seiner Vorgänger fort, durch Tausch oder durch Kauf nach Möglichkeit alle Güter innerhalb der Hofmark Scheyern dem Kloster auch als Grundherrn zu unterstellen. So erwirbt er 1349 eine halbe Hube zu *Triefing* von einem Heinrich dem Sturm.

Von Bischof Marquard von Augsburg läßt er sich am 22. Dezember 1349 die Inkorporierung von *Pfaffenhofen* bestätigen. In seinem Schreiben hebt übrigens der Bischof »die blühende Ordenszucht, die fromme Gastlichkeit und die reichliche Almosenspendung« des Klosters hervor, die trotz der Not der Zeit und der überall wütenden *Pest* aufrechterhalten werde.

Als Todesjahr geben die Chronisten 1353 an. Aber Abt Wolfgang wird am 12. März 1354 nochmals in einem Freiheitsbrief für einen Hans Snaterpeckh erwähnt. Auch nach einem »Einkommensbuch« stirbt er erst im Jahre 1354. Er wird in der Kapitelkirche beim Altar des heiligen Alexius beigesetzt.

23 Ulrich VI. Marsbach 1354–1375

Die Chronisten sind voll des Lobes über diesen Mann, der große Mühe hat, den verlorenen Kredit seines Vorgängers wiederherzustellen.

»... In weltlichen Angelegenheiten war er ein in allem umsichtiger Mann. Auf seine Bitten hin übergab uns der edle Fürst, Herzog Ludwig Markgraf von Brandenburg, das Patronatsrecht über die Kirche in Vohburg. Durch seine Mühen und Aufwendungen wurde uns diese Kirche von Regensburg inkorporiert. Nachdem er fast 23 Jahre regiert hatte, starb er.«

Schon im ersten Jahr seiner Regierung erwirbt er einen Hof in *Winden*, den bisher die Freisinger »Bräugesellen« als ihr Eigentum hatten, gegen eine jährliche Abgabe von zweieinhalb Pfund Münchener Pfennige.

Abt Stephan *Reitberger* urteilt über Ludwig den Brandenburger und über den Abt Ulrich IV.: »Dieser Ludwig war Sohn des hocherhabenen Kaisers Ludwig IV. Er folgte den Fußspuren seines Vaters und hegte gegen das Kloster dieselbe Gunst, Huld und Liebe, mit der sein erlauchter Vater es umfangen hat. Er gab ihm die Pfarrei *Vohburg*. Diese Pfarrei ist dann zusammen mit der Filiale *Teusing* vom Bischof Friedrich und vom Kapitel von Regensburg unter diesem Abt inkorporiert worden. Außerdem wurde sie vom Bischof Konrad und vom Kapitel von Regensburg im Jahre 1374 nochmals bestätigt. Diesen Angliederungen sind im Laufe der Zeit mehrere Apostolische Bestätigungen gefolgt. [Darüber siehe bei den Anmerkungen zum folgenden Abt.]

Die ›Immerwährende Messe‹, die als Gegengabe Ludwig der Markbrandenburger gegen die Schenkung der genannten Pfarrei Vohburg für seine Vorfahren begründete, wird ›Stiftermesse‹ genannt. Sie wird täglich von einem Priester gelesen, der durch den Wochenplan dazu bestimmt ist, und zwar mit schwarzen Paramenten, ausgenommen die Sonntage und Festtage, an denen nur die zweite Kollekte in der entsprechenden Tagesmesse für die Stifter gehalten wird; und zwar am Altar der heiligen Margaretha, der jetzt auf der linken Seite der Fürstenkapelle, aufs neue errichtet und zu ihrer Ehre konsekriert wurde, nachdem der alte wegen seiner Unansehnlichkeit aus der Fürstenkapelle, bzw. Kapitelkirche, entfernt wurde.«

Aus den Urkunden können wir jedoch auch die große Not der damaligen Zeit herauslesen. Denn 1374 erwähnt Bischof Konrad in der genannten Urkunde, daß »infolge der Schlechtigkeit der Menschen, der Wechselfälle der Zeiten und der ständigen Kriegsnöte das Kloster so verarmt und heruntergekommen sei, daß nicht einmal der geringe Bedarf an Nahrung und Kleidung völlig gedeckt ist«.

Unter Abt Ulrich VI. werden auch zwei Scheyerer Mönche in andere Klöster als Äbte berufen, die denselben Namen tragen, wie ihr bisheriger Oberer: Ulrich V. zu Thierhaupten, 1366–1372, und Ulrich IV. von Weihenstephan. Letzterer wird dann als Ulrich VII. Nachfolger von Ulrich VI. von Scheyern, der 1375 stirbt und in der Kapitelkirche zwischen dem Altar des heiligen Alexius und jenem der heiligen Elisabeth ruht.

24 Ulrich VII. von Minnenbach 1375–1400

Wie bereits angedeutet, ist Ulrich von Minnenbach zunächst Mönch in Scheyern und wird 1374/75 zum Abt von Weihenstephan gewählt und von dort nach kurzer Regierungszeit wieder zurück postuliert.

Abt Stephan Reitberger schreibt über ihn: »Durch dessen mühevollen Eifer sind uns vom Apostolischen Stuhl die bereits genannten Kirchen von *Pfaffenhofen* und *Vohburg* bestätigt und inkorporiert worden; und zwar in der Weise, daß wir diese Kirchen auch durch unsere Mönche und Konventualen betreuen und leiten können.

Darüber erhielt er auch ein Schreiben des Heiligsten Vaters und Herrn in Christo, des Papstes Urban VI.

Derselbe Ulrich erreichte auch durch nicht geringe Aufwendungen und Mühen, daß der Ehrwürdige Herr und Vater in Christo Berthold, Bischof von Freising, mit Zustimmung und Willen des ganzen Kapitels uns die Kirche von *Ellbach* mit der Filialkirche von *Au* inkorporierte und gegen die Kirche von *Ehingen*, Augsburger Diözese, eintauschte.

Von diesen erwirkte er auch die Zustimmung und die Vollmacht, die genannte Kirche mit ihrer Filialkirche durch Brüder unseres Ordens zu betreuen und zu leiten, sowohl in geistlichen als auch in weltlichen Belangen. Er regierte 24 Jahre lang.«

Als tüchtiger Wirtschafter ist Abt Ulrich bestrebt, die Scheyerer Hofmark abzurunden. Am 20. Juli 1380 übergibt ein Wilhalm Messenhuser von Messenhusen seinen Hof zu *Durchschlacht* seinem Oheim Arnold dem Jungen von Chamer zu Volkersdorf. Am gleichen Tag noch verkauft ihn letzterer Besitzer an den Abt von Scheyern um 22 Pfund Pfennige. Kurz darauf, am 27. Februar 1384, gelingt es ihm, durch Tausch zwei Huben zu »*Snaterpach*« (Oberschnatterbach) gegen einen Hof zu »Stainkirchen« zu erwerben.

Das Domkapitel zu Freising verkauft dem Kloster gegen eine Abgabe von jährlich 1 Pfund Pfennige ein Gut zu *Schabenberg*.

Eine Urkunde vom 24. August 1383 läßt erkennen, daß damals ein Grundherr in vielfältiger Not Abhilfe schaffen mußte. In diesem Schriftstück bestätigt Georg Weichser, daß er von Abt Ulrich 2 Pfund Pfennige zur Behebung eines Dammbruches an der Glonn unterhalb Indersdorf erhalten habe.

Aventin weiß ergänzend zu berichten: »Zu seiner Zeit ließ auch Herzog *Friedrich* von Bayern, ein Ahnherr des Herzogs Georg, in der ›Kurie‹, d.h. im Kapitelsaal die Scheyerer Fürsten malen.« Diese Bilder hat 1623 Abt Stephan Reitberger auf Holz übertragen lassen.

Aus der oben genannten Bestätigungsbulle des Papstes können wir übrigens entnehmen, daß das gesamte Jahreseinkommen des Klosters in damaliger Zeit den Betrag von 400 Goldgulden nicht übersteigt. Dies ist auch eine Folge der verheerenden Kriegsnöte der vergangenen Jahrzehnte.

Das beginnende 15. Jahrhundert kündigt sich unheilsvoll an. Das Schisma der Päpste dauert noch an; und Kriegswirren erschüttern das Land. Wenn auch das Kloster Scheyern nicht völlig unberührt bleiben kann, so versuchen die Äbte dennoch, nach Möglichkeit den inneren Frieden zu wahren.

25 **Konrad IV. von Mur** 1400–1413

Über den Nachfolger von Ulrich von Minnenbach wissen die Chronisten zu berichten: »Im Jahre 1400 stirbt Ulrich VII. genannt Minnerpeck, und an seiner Stelle wird Konrad von Mur Nachfolger, ein guter und milder Mann. Zwölf Jahre lang regierte er und legte schließlich wegen seines Augenleidens sein Amt nieder.«

Papst Alexander V. (1409–1410), der sich als rechtmäßig gewählter Papst fühlt – neben den Päpsten Gregor XII. und Benedikt XIII. – will seine Autorität auch in Scheyern unter Beweis stellen. Am 13. Dezember 1409 beauftragt er den Offizial des Bischofs von Augsburg, sämtliche vom Abt oder seinen Vorgängern unkanonisch abgeschlossenen Verträge über Veräußerungen von Gütern und dinglichen Rechten für ungültig zu erklären und die Vertragsgegner unter Ausschluß jeglicher Appellation durch Zensuren zur Rückgabe des Empfangenen zu zwingen.

Am nächsten Tag, 14. Dezember, genehmigt er die Einverleibungen der Pfarreien *Pfaffenhofen* und *Vohburg* sowie die Eintauschung von *Ellbach* mit der Filiale *Au* gegen das ungünstig gelegene *Ehingen*.

Aus dem päpstlichen Schreiben wird auch ersichtlich, wie schlecht damals die wirtschaftliche Lage war. An *Jahreseinkommen* werden vermerkt: Pfarrei Vohburg 26 Mark Silber, Kloster Scheyern 250 Mark und die Pfarrkirche von Pfaffenhofen 20 Mark.

Trotz seiner Herzensgüte gelingt es dem Abt, einige Rechtshändel zu seinen Gunsten zu entscheiden. So wird bei einem Gerichtstag auf dem Markt zu Nandlstadt (8. November 1406) ein strittiges Gut in Heberstorf dem Kloster zugeschrieben. Aus der betreffenden Urkunde wird auch das Zeremoniell einer solchen Rechtsprechung ersichtlich. Der Richter sitzt auf öffentlichem Markt und hat einen Stab in der Hand.

Wegen seines Augenleidens legt Abt Konrad von Mur frühzeitig sein Amt nieder und stirbt an einem 21. September 1417 oder in den folgenden Jahren.

Gleich ihm tritt auch sein Nachfolger ein schweres Erbe an.

26 **Konrad V. von Tegernbach** 1413–1421

Er muß schmerzlich erfahren, daß es immer leichter ist Schulden zu machen als eine bestehende Schuldenwirtschaft einzudämmen. Mit wenigen Worten charakterisiert der Scheyerer Chronist die damaligen Verhältnisse: »Er regierte acht Jahre und hinterließ nach seinem Tode Schulden.«

Aventin ergänzt noch: »Er häufte hohe Schulden an. Am gleichen Tag schieden er und der Prior Hugo aus dem Leben.«

Bei diesem Abt zeigt es sich, daß selbst die beste wirtschaftliche Maßnahme mißbraucht werden kann. Bereits hundert Jahre vorher hat Abt Ulrich von Leutzenau das *Leibgedingsrecht*, das heißt die Verleihung auf Lebenszeit, in großem Ausmaße durchgeführt. Wohl deshalb tadelt ihn der Chronist als »nachlässig und leichtsinnig«. Tatsächlich zeigen sich jetzt einige nachteilige Auswirkungen dieses Leibgedings.

In einem Erlaß vom 6. Juni 1416 müssen die Herzöge Ernst und Wilhelm von Bayern darauf hinweisen, daß Abt und Konvent »von ungewöhnlichen Zugriffen, unrechtlichen Päwten (= Bauten), von täglicher Gastung und sonderlichen und ungotlichen Übernemmungen von *Leibgedings* wegen bisher gar vaste derdarben sind, und noch hinfür je länger je besser verderben möchten.«

Darum verbieten die Herzöge, das Leibgedingsrecht weiterhin zu mißbrauchen. Die unsicheren politischen und religiösen Verhältnisse nützen verschiedene Leute aus, um bestehende Rechte anzufechten. Abt Konrad bittet daher den Generalvikar von Augsburg und Dekan von Pfaffenhofen, Johannes *Freiberger*, um Bestätigung der entsprechenden Urkunden. Am 7. April 1418 überprüft nun der Dekan unter Assistenz einiger Notare und Zeugen die wichtigsten Urkunden von Berg im Gau und bestätigt ihre Gültigkeit. Das gleiche geschieht am 7. September 1419 bezüglich der Patronatsrechte über die Kirchen von Edelshausen und Holzkirchen (bei Rain/Lech).

Am 5. Januar 1421 stirbt Abt Konrad und am gleichen Tag auch sein Prior Hugo. 475 Jahre später wird sich ein ähnliches Zusammentreffen bei Abt Rupert II. und seinem Prior Pius wiederholen.

Immer stärker greifen die unsicheren politischen Ereignisse in das Leben eines Klosters ein. Das muß auch Scheyern beim nächsten Abt erfahren.

27 Ludwig II. Walch 1421–1427

Die Scheyerer Chronik schreibt darüber: »Im Jahre 1421 stirbt Abt Konrad, und Ludwig Walch wird gewählt. Zu seiner Zeit brachen große Streitigkeiten unter den Fürsten Bayerns aus. Der Abt verpfändete Güter des Klosters, gab viele Darlehen und hinterließ Schulden. Er regierte bis zum sechsten Jahr und wird schließlich abgesetzt.«

Aventin ist noch besser unterrichtet und ergänzt: »...Damals herrschten schwere Kriege wegen der Erbschaft, die unglücklich unter die miteinander verwandten Fürsten Bayerns geteilt war, nämlich Ludwig von Ingolstadt, Heinrich von Landshut und Ernst und Wilhelm, die sich in München aufhielten.«

Im Jahre 1426 läßt Fürstbischof Nikodemus von Freising die Benediktiner- und Chorherrenstifte visitieren. Bei den Benediktinern sollte der *Reform* von

Melk Eingang verschafft werden. In Scheyern kommt es zur Absetzung des Abtes, der am 19. April 1444 stirbt.

Von Abt Ludwig werden in den Urkunden keine besonderen Tätigkeiten berichtet. Trotzdem muß auf eine Entwicklung hingewiesen werden, die allmählich eine Gemeinschaft von mehreren Klöstern, eine Kongregation, entstehen läßt. Es bilden sich sogenannte »Confraternitates«, »Gebetsverbrüderungen«. Trotz, oder vielleicht gerade wegen, der unsicheren politischen und wirtschaftlichen Verhältnisse wächst um 1400 das Bedürfnis bei den Klöstern, sich enger zusammenzuschließen. Sie alle befanden sich in der gleichen mißlichen Lage, und so wollten sie sich gegenseitig stützen, wenigstens durch ihre Gebetshilfe.

Die in Gebetsverbrüderungen zusammengeschlossenen Klöster verpflichten sich, die Namen der Verstorbenen mitzuteilen, damit ihrer bei der Feier der heiligen Messe und beim Chorgebet gedacht werde. Diese Mitteilungen führen von selber dazu, daß nicht nur die Namen der Verstorbenen, sondern auch ihr Lebenslauf und auch andere wichtige Ereignisse – auch in künstlerischer Ausgestaltung durch farbige Bilder – geschildert werden. Die daraus entstandenen »Totenroteln« haben nicht nur eine religiöse Bedeutung, sondern sind auch für den Geschichtsforscher eine reiche Fundgrube.

Schwierigkeiten in der Pfarrei Ellbach

Abt Stephan Reitberger kommt im Zusammenhang mit Abt Ludwig Walch nochmals auf die Pfarrei Ellbach mit der Filiale Au zu sprechen. Er berichtet von auftauchenden Schwierigkeiten.

»Als die Mönche sich einige Zeit in Vischpachau [Fischbachau] niedergelassen, die kanonischen Horen und die Messe nach der Vorschrift des Bischofs Berthold von Freising gesungen hatten, und die Kirche in Ellbach zusammen mit der Filiale Au in geistlichen und weltlichen Angelegenheiten geleitet hatten, stellte sich heraus, daß die Filialkirche in Au zu weit von Ellbach entfernt liege, so daß die Mönche nicht ohne große Beschwernis dorthin gelangen konnten.

Der Bischof Johannes von Freising, der Nachfolger von Berthold, beobachtete vorsorglich und behutsam, daß dies dem Heil der Ordensleute nicht zuträglich sei, wenn sie weiterhin dort verblieben. Sie müßten daher unter der Obhut und Gegenwart ihres Abtes sein und in ihrem Konvent sich aufhalten.

Daher geschah es, daß die Filialkirche von Au von ihrer Mutterkirche in Ellbach getrennt und jede der beiden von einem Weltpriester als Vikar geleitet wurde.

Dieser Vikarpriester, sowohl der Mutterkirche in Ellbach als auch der Filialkirche in Au, sollte dem Abt und Konvent von Scheyern jedes Jahr eine bestimmte, genau festgelegte Summe zahlen.

Dies sollte jedoch so sein, daß dem Abt die freie Entscheidung überlassen bleibe, die genannte Kirche durch Ordensleute zu leiten und zu betreuen, die auf seinen Wink absetzbar sein sollten – wenn dies einmal so vorgesehen sein sollte...«

Diese Absonderung der Filialkirche von der Mutterkirche in Ellbach und den jährlichen Zins, der vom Rektor der Kirche dem Kloster zu entrichten ist, bestätigte Pius II. durch ein Diplom im ersten Jahr seines Pontifikats, mit dem Auftrag des Vollzugs an den Abt von Weihenstephan, das außerhalb der Mauern von Freising gelegen ist, im Jahre 1458, am 9. Jan[uar]...«

28 Konrad VI. Weickmann von Tegernbach 1427–1436

Der Nachfolger von Abt Ludwig Walch findet eine trostlose Finanzlage vor und kommt zu allem Überfluß in dauernde Mißhelligkeiten mit seinem Konvent, wie die Chronisten berichten.

Die Scheyerer Chronik faßt sich kurz: »Im Jahre des Herrn 1427 wird Abt Ludwig abgesetzt und Konrad, genannt Weickmann, wird gewählt, ein sehr genauer, aber auch sonderbarer Mann. Er regierte acht Jahre lang, gab viele Darlehen, verpfändete die Güter des Klosters und vermehrte die Schulden. Schließlich wird er nach vielen aufwendigen Bemühungen des Konvents und der Fürsten abgesetzt.«

Aventin weiß mehr zu berichten: »...Zwischen ihm und den Brüdern entbrannte eine sehr große Auseinandersetzung. Einer der Brüder, mit Namen Geisenvelder – zusammen mit anderen Mitbrüdern – verklagte ihn beim Herzog Ernst. Mit dessen Hilfe gelang es ihnen sogar, sich Zutritt zum Konzil von *Basel* zu verschaffen, wo sie den Abt der Verschwendung und des Mangels an väterlicher Gesinnung bezichtigten. Sie verlangten nun, daß man sich der Angelegenheit annehme und den Abt vor Gericht stelle. Vom Konzil werden als Schiedsrichter der Freisinger Vikar Johannes Grinobaldus und Johannes Tulbeck aufgestellt, die die Angelegenheit an Ort und Stelle prüfen sollen. Gegen ihren Willen, nur durch den Befehl des Fürsten gezwungen, kommen sie nach Scheyern, um beim Abt eine Untersuchung anzustellen.

Man läßt ihm keine Bedenkzeit. Erst im Angesichte der Bevollmächtigten willigt er ein, sich der Gewalt der Schiedsrichter zu unterwerfen. Die Gegner werden verhört, und das Zimmer des Abtes für ihn gesperrt.

Sie nehmen die Schlüssel in Empfang und untersagen dem Abt die Verwaltung des Klosters. Die Sorge um das Haus vertrauen sie zwei Mitbrüdern an.

Die Schiedsrichter reisen ab und versprechen, bald wiederzukehren und sich darum zu bemühen, daß die Brüder wieder nach der Ordnung des heiligen Benedikt leben können.

Als sie jedoch die Angelegenheit in die Länge ziehen, ermahnt sie der Herzog Albert – der Sohn des Herzogs Ernst – in einem Schreiben, die Sache zu beschleunigen und den Abt wieder einzusetzen, denn gerade in jetziger Zeit sei ein häufiger Wechsel der Oberen unersprießlich.

Darauf legen die Schiedsrichter ihren ganzen Auftrag in die Hände des Bischofs Nikodemus von Freising, der von Verona stammt. Da jedoch die Brüder dessen Autorität nicht anerkennen, ermahnt er in einem Schreiben den Herzog Ernst – der gerade zum Kaiser nach Österreich gerufen wird, – den Abt wieder einzusetzen, da er ohne Schuld sei. Aber es kommt so, wie schon Lucanus sagt: Die siegreiche Sache hat den Göttern gefallen, die unterlegene aber dem Kato. Schließlich legt der Abt gezwungen und gegen seinen Willen das Amt nieder...

Wie überliefert wird, hat der Abt die Schulden vergrößert und Güter veräußert.«

Außer den genannten Vorgängen berichten die Quellen keine außergewöhnlichen Ereignisse.

Auch Abt Konrad VI. läßt sich – wie einige seiner Vorgänger - am 13. Dezember 1431 die Freiheiten und Privilegien bestätigen.

Am 19. März 1434 überlassen Hans Pöll und seine Ehefrau Abt Konrad und dem Konvent zu »Scheiren« Haus, Stadel und Hofstatt zu Pfaffenhofen, eine weitere Hofstatt daselbst, ein Tagwerk Wiese unterhalb der Alten Stadt und 15 Gulden für den Zehent zu Reisgang. Außerdem leiht er dem Kloster 32 Gulden – rückzahlbar, wenn sein Sohn sich verheiratet.

Diese letzte Notiz ist auch ein Hinweis auf die wirtschaftlichen Schwierigkeiten, in denen sich der Abt befindet.

29 Johann I. von Tegernbach 1436–1449

Trotz seiner Redegewandtheit und Sorgfalt kann auch der Abt Johann I. keine nennenswerte Besserung herbeiführen. Aventin schreibt über ihn: »Er regierte 13 Jahre lang, und war ein redegewandter, fleißiger und sehr sorgfältiger Mann. Er errichtete zwei Sakristeien, ließ das Heiligtum des Hochaltars neu herstellen und restaurierte vieles andere. Er selber malte Christus als Richter.

Wie seine Vorgänger häufte er die Schulden, ohne die bereits gemachten zu begleichen.«

Die hier erwähnten Sakristeien sind die sogenannte »Schmerzhafte Kapelle« und das darüberliegende Archiv. Nach dem Zeugnis von Aventin war der Abt selber ein ausübender Künstler.

Von dem Fleiß des Abtes, den die Chronisten rühmen, legen über 50 Urkunden Zeugnis ab, die noch erhalten sind. Die meisten sprechen von Tausch oder Erwerb von Gütern.

So lesen wir z.B. am 10. August 1437: »Hainrich von Seidenhorn, Landschreiber [zu Ingolstadt] entscheidet gütlich den Streit des Kloster Schirn mit Konrad Vend, wegen des Guts zu Eotting [Etting] dahin, daß Vend entweder auf das Gut verzichten oder sein Baurecht daran vor der Landschranne zu Rain erweisen und auf jeden Fall seine Goldschuld an das Kloster bezahlen soll.«

Eine andere Urkunde gibt einen Hinweis auf die Besitzungen des Deutschordens in *Blumental* (bei Aichach): »1438: Pernger von Aycheltzheim, Komenthur zu Plumental vom Deutsch-Orden, vertauscht das Gütlein zu Langenmosen im Schrobenhausener Gericht, das jetzt der Wirsing baut, dem Abt

Johans und Konvent zu Scheyrn gegen 2 Höfe, genannt Gollenhofen und Karlsperg, im Aichacher Gericht gelegen...«

Nach dem 12. Juli 1449 stirbt Abt Johannes I. und wird in der Stiftskirche begraben.

Allgemeine wirtschaftliche Lage

Es sei hier noch eine Bemerkung angebracht über die allgemeine wirtschaftliche Lage. Bei der Scheyerer Chronik fällt auf, daß insbesondere im 15. Jahrhundert das Kloster aus der Verschuldung nicht herauskommt. Die Ursachen dafür sind verschiedenartig. Zunächst sind die politischen Verhältnisse zu nennen. Oft verhindern die Kriegswirren eine gedeihliche Entwicklung.

Es ist immer wieder die Rede von Darlehen und Verpfändung von Gütern. Offenbar hat die allgemeine unsichere politische Lage die Bauern veranlaßt, das Kloster um Darlehen zu bitten, die dann oft nur nachlässig oder überhaupt nicht mehr zurückgezahlt wurden. So war das Kloster seinerseits gezwungen, Geld aufzunehmen und dafür zur Sicherheit Güter zu verpfänden.

Das Kloster hatte aber doch eine große Anzahl von landwirtschaftlichen Gütern, die zu den jährlichen Abgaben verpflichtet waren. Gerade hier zeigt ein Blick in die Salbücher, daß vom geschuldeten »Soll« immer nur ein Teil abgeliefert wurde.

So lesen wir zum Beispiel bei den 5 »Hofen« von Edelshausen, daß jeder jährlich abgeben sollte: 14 Mitl Roggen, 2 Mitl Weizen, 2 Mitl Gerste, 6 Mitl Hafer. Über die tatsächlich abgegebene Menge wurde jedoch jährlich ein Übereinkommen erzielt. So heißt es z.B. im Jahre 1415 bei einem dieser Höfe: Man kam überein über 7 Mitl Roggen, 5 Mitl Hafer, 2 Mitl Gerste, 2 Mitl Spelt. Oft wurde auch dieser verringerte Betrag nicht abgegeben, bis dann der Grundherr die »Schuld« nachgelassen hat. Vielfach fehlen auch die Eintragungen. Möglicherweise ein Hinweis, daß überhaupt nichts gegeben wurde.

D Im Zeichen der Reformen

Die Melker Reform

Bei allen dunklen Erscheinungen des ausgehenden Mittelalters darf nicht übersehen werden, daß es auch eine Zeit weit um sich greifenden Reformwillens und vieler tatsächlich durchgeführter Reformen war. Die Konzilien von Pisa (1409), Konstanz (1414–1418) und Basel (1431–1439) befaßten sich nicht nur mit dem Schisma und der Glaubenseinheit, sondern auch mit innerkirchlichen Reformen, die von selber auch die Klöster betrafen.

Bereits Anfang des 14. Jahrhunderts, im Jahre 1336, hatte Papst Benedikt XII. in seiner Bulle »Benedictina« als vordringlichstes Mittel zur Durchführung einer Reform von Klöstern die Abhaltung von *Provinzkapiteln* gefordert.

Im Zusammenhang mit dem Konzil von Konstanz trafen sich am 27. November 1416 in *Petershausen* (bei Konstanz) 131 Äbte, um über die Durchführung von Reformen zu beraten. Im Jahre 1418 wurde Nikolaus Seyringer, bisher Abt von Subiaco, zum Abt von Melk gewählt, um dort die Sublacenser Gewohnheiten einzuführen.

In Anpassung an die deutschen Verhältnisse entstanden daraus die »*Melker Gewohnheiten*«, die ein gewisser Petrus von Rosenheim auch auf die Salzburger und Freisinger Diözese ausdehnen wollte.

Auf diese Weise wurde in dem altbayerischen Kulturzentrum *Tegernsee* im Jahre 1426 ein der Melker Reform aufgeschlossener Abt, Kaspar Aindorffer, gewählt. In Scheyern scheiterte der Versuch einer Reform zunächst an der Unfähigkeit des uns bereits bekannten Abtes Konrad VI. Weickmann.

Um jedoch auch in Scheyern eine Reform zu sichern, wurde 1449 ein Mönch aus dem reformgesicherten Tegernsee, Wilhelm Kienberger, als Abt gewählt. Besonders gefördert wurde sie von dem päpstlichen Legaten, dem Kardinal *Nikolaus von Kues*, der am 23. März 1451 in Würzburg ein Generalkapitel der deutschsprachigen Klöster abhielt und die Visitation eröffnete.

Im März 1452 erschienen auch in Scheyern die Visitatoren, Abt Martin vom Wiener Schottenkloster, Abt Laurentius von Mariazell und der Melker Kapitular Johann Schlittbacher. Der am Vorabend des Benediktusfestes erlassene Rezeß tadelte zwar die Schuldenwirtschaft, lobte aber trotzdem die im Gegensatz zu vielen anderen Klöstern noch bestehende gute Ordenszucht.

Noch im gleichen Jahr entstand durch Vereinbarung des Abtes mit dem Konvent das berühmte Buch der »Scheyerer Gewohnheiten« (Consuetudines Schyrenses), das wesentlich dazu beitrug, die Ordenszucht bis zur Bildung der Bayerischen Kongregation aufrechtzuerhalten.

Diesen Reformbestrebungen ging es vor allem um Beseitigung des Eigenbesitzes, um einfache Lebensweise, einheitliche Ordenstracht und um Förderung des Hochschulstudiums. Vom Cellerar (Verwalter) wurden eine klare Rechnungsführung und wahrheitsgetreue Berichte über den Vermögensstand verlangt. Insbesondere sollte die in manchen Klöstern bestehende Bevorzugung von Adeligen abgeschafft werden.

30 **Wilhelm Kienberger** 1449–1467

Mit diesem Abt beginnt eine Reihe würdiger Äbte, so daß Scheyern auch die bereits herannahende Reformation gut überstehen kann. Die Chronisten sind voll des Lobes über diesen aus Tegernsee stammenden Abt. »Im Jahre des Herrn 1449 stirbt Abt Johannes, und Wilhelm genannt Kienberger, ein Professe von Tegernsee, wird gewählt, ein frommer und gelehrter Mann. Durch seinen Eifer und seine Sorgfalt wurde unter dem Beistand des Allmächtigen die Beobachtung der Regel wieder eingeführt. Er regierte 18 Jahre lang, schrieb viele Bücher und errichtete viele Baulichkeiten. Allerdings hinterließ auch er nach seinem Tode Schulden.«

Was mit der Bemerkung ».. .wurde die Beobachtung der Regel wieder eingeführt« gemeint ist, erhellt bereits aus den einführenden Darlegungen.

Wegen des hohen Ansehens, das Abt Wilhelm genießt, wird ihm vom Fürstbischof Petrus I. von Augsburg die Visitation der Abtei St. Ulrich übertragen. Fürstbischof Johann IV. von Freising nimmt ihn zusammen mit Abt Johann von Weihenstephan 1459 mit nach Indersdorf, um diesem Kloster mit Apostolischer Autorität »gewisse heilsame Statuten vorzuschreiben« (siehe Meichelbeck, Hist. Fris. II. 250). Nikolaus von Cues lädt ihn nach Andechs ein, um an der dortigen Einweihung des Klosters, am 17. März 1455, teilzunehmen.

Während um 1450 Johannes Gutenberg durch die Erfindung der Buchdruckerkunst ein neues Zeitalter herbeiführt, fördert der Abt noch eifrig die Kunst des Bücherschreibens.

Unter ihm schreibt Johannes Keym den »geschichtlichen Spiegel des Vinzentius« (Speculum historiae Vincentii) und schmückt ihn mit Initialen und Wappen. Maurus von Eichstätt vollendet dieses Werk und Molitor von Augsburg fertigt fünf Handschriften an und versieht sie mit Initialen.

Von diesen drei Männern gehört nur Fr. Maurus Eystettensis dem Kloster als Ordensmitglied an. Hainrich Molitor aus Oettingen ist Laie, und Johannes Keym ist Kleriker der Freisinger Diözese. Als Bibliothekar, Cellerar und Prior waltet um diese Zeit Stephan Sandizeller.

Weitere Urkunden berichten von den Bemühungen des Abtes um Sanierung der wirtschaftlichen Verhältnisse, die freilich nicht vollends gelingt.

Am 9. Oktober 1456 schenkt Herzog Albrecht dem Kloster einen Fischteich, die *Schütt* genannt. Die Agnes von Rechenberg vermacht Abt Wilhelm und dem Konvent zu Scheyern ihren Hof zu »Arenperg« (Ehrenberg) »zu einem Selgerät«.

Das Prinzip der Verleihung auf Lebenszeit (Leibgeding) wird fortgesetzt, um auf diese Weise das Verantwortungsbewußtsein der Besitzer zu stärken.

Mit dem Schmied zu Mitterscheyern kommt es zu einem kleinen Streit. Aber Abt Wilhelm versucht, ihn gütlich beizulegen. Zum Schluß entscheidet der Richter in Ingolstadt, daß der Schmied 60 Gulden erhalten, aber in Zukunft auf alle weiteren Forderungen verzichten soll.

Mit diesem Abt setzt eine neue Art des Chronik-Schreibens ein. Die ursprüngliche knappe und kurzgefaßte Art wird verlassen, und es beginnt ein ausführlich beschreibender Stil. Beim ersten Abt hat sie die Form eines Nekrologs.

»Im Jahre der heilbringenden Geburt des Herrn durch die Jungfrau, nämlich 1489, am Vorabend der Empfängnis Mariens, der Unberührten Jungfrau, starb der Hochwürdige Vater und Herr Georg, Abt dieses Ortes, in der Reihe der Äbte der einunddreißigste.

Er stammte aus der Pfarrei Scheyern, wurde geboren von ehrbaren, aber armen Eltern, dessen väterlicher Teil den Namen Spörl innehatte. Er war ein Mann mit lauterem Gewissen und gerecht, von angeborener Frömmigkeit, persönlich nüchtern und keusch, mildtätig gegen die Armen und liebevoll, und in seinem ganzen Lebenswandel von außerordentlicher Bescheidenheit.

Auch in weltlichen Dingen hatte er eine glückliche Hand und war von allen wegen seiner Einfachheit beliebt. Entschlossen verfocht er die klösterliche Zucht. Was in dieser Hinsicht sein Vorgänger angefangen und wieder eingeführt hatte, bewahrte er getreulich und steigerte es auf lobenswerte Weise.

Bei sich und bei anderen achtete er bis zum Ende seines Lebens sehr sorgfältig darauf, daß die Disziplin in gutem Zustand erhalten bleibe.

Während seines ganzen Lebens litt er an einem Steinleiden. Schließlich, im 68. Jahr seines Lebens, im 22. Jahr seiner Regierung, beschloß er sein Leben und starb an einem Stein, den er in der Blase sehr viele Jahre trug und erduldete. So hatten es auch die »Naturkundigen«, die seine Freundschaft genossen, vermutet und vorhergesagt.

Für das Kloster schuf er viele Werke. Zur Erbauung und zum Studium der Brüder schrieb er sogar eine nicht geringe Anzahl von Büchern.

Außerdem erbaute er eine Kapelle zu Ehren des heiligen Johannes des Täufers, eine Brauerei, zwei Bäder, eines für die Brüder [Mönche] innerhalb der Klostermauern – entsprechend dem Bescheid der Visitation –, das andere am Fuß des Berges, beim Fischweiher, für die Laien [Brüder].

Zwei Teile des ›Umgangs‹ [Kreuzgang] ließ er mit Dachziegeln decken. Den Garten umschloß er mit einer neuen Mauer, von der neuen Sakristei bis zum Eingang des Klosters, ein Werk, das zur Erhaltung der Ordenszucht sehr nützlich und notwendig war. Noch andere Gebäude ließ er im Kloster erneuern und verbessern.

Außerdem tat er noch viel Gutes für unser Kloster. Denn er vermehrte die Einkünfte des Klosters behutsam und löste einige Leibgedinge und Schulden ein, indem er zum Beispiel nach Ingolstadt 400 Gulden einzahlte. Ebenso tilgte er einen Teil der Schulden in Schleißheim bei einem gewissen Leonhard Mandel und 100 Pfund Pfennige bei unserem Haus in München. Die Vogtei in Perckhoven [Berghofen] und vieles andere erwarb er wieder zurück.

Dieser Prälat hat nach dem Tod seines Vorgängers viele Schulden vorgefunden, die er verminderte. Freilich hat auch er einige Schulden hinterlassen. Wegen seiner Verdienste möge seine Seele im heiligen Frieden ruhen.«
Soweit die »Chronik von Scheyern«. Die anderen Chronisten bringen keine wesentlichen Ergänzungen. Die noch vorhandenen etwa 150 Urkunden aus dieser Zeit bestätigen die rege und erfolgreiche Wirksamkeit dieses Abtes. Sehr intensiv bemüht er sich, den Kreis der Klöster zu erweitern, mit denen Scheyern eine *Gebetsverbrüderung* eingeht. Im Laufe der nächsten Jahre werden folgende »Confraternitates« geschlossen:

1467 Andechs, Münchsmünster, St. Emmeram in Regensburg
1468 Hohenwart
1471 Ebersberg
1473 Niederaltaich
1476 Augustiner Chorherrenstift in Chiemsee
1476 Augustiner-Regular-Kanoniker von St. Georg in Augsburg
1477 Kollegiatkirche in Ilmmünster
1482 Generalmagister des Dominikanerordens in Rom
1482 St. Ulrich und Afra in Augsburg
1483 Franziskaner-Provinz Argentina (Straßburger Provinz)
     Benediktinerklöster: Asbach, Prüfening, Vornbach, Weihenstephan, Kremsmünster
     Salvator-Kloster (von der hl. Birgitta) beiderlei Geschlechts in Altomünster
1484 Oberaltaich

Sehr zahlreich sind die Belege für Verleihung auf »Leibgeding« und Gütererwerbungen, die noch bestehende Enklaven in der Hofmark Scheyern beseitigen sollen. So verkaufen Ulrich Symon und seine Hausfrau »dem Abte Görgen und dem Konvent des wirdigen Gotteshauses zu Scheyern« ihre Hube zu Durchschlacht (1468). Im Jahr darauf kann das Kloster ein Tagwerk »Wiesmat« in Niederscheyern von Cristoff Münstrer, Bürger zu Pfaffenhofen, erwerben.
In Großenhag haben die Sandizeller noch einen Acker vor dem »Eckloch«. Dieser geht 1473 an das Kloster über, mit der Bitte um »das vleissige gepet«, des Abtes und Konvents.
Conrad Sälpel verkauft sein Gut zu Triefing im Jahre 1476 an den Abt um 54 Gulden. Im gleichen Jahr verzichtet Wildenwarter von Euernbach auf alle Scharwerksrechte in Biberg. Ebenfalls noch im Jahre 1476 gibt der Münchener Bürger Tomlinger seinen Hof in »Eczelsperg« (Edersberg) an den Abt Jörgen um 82 Gulden Rheinisch ab.
Der Sandizeller Chunrat schenkt 1482 das »Guettel, gelegen auf der Öd, Scheyrer Pfarre« dem Abt Georg. Und schließlich übereignet Georg Wildenwarter von Euernbach »zwei Gutl zu Oberschnatterpach« für immer dem Abt »Georigen« von Scheyern.
Bemerkenswert ist noch der Erwerb eines Hofes zu *Kolbach*, »Pfaffenhofener

Landgericht«, den die Seyboltsdorfer zunächst dem Barfüßer-Kloster in München übergeben hatten (Urkunde, 1483, 6. Januar).
»Die Seyboltstorffer … wenden mit Rücksicht auf den Umstand, daß besag-
tes Barfüsser-Kloster seit Einführung der Reform eigene Güter und Gülten
nicht mehr besitzen darf, den gesamten Hof dem Abt Georg von Scheyern zu,
allwo in der neuerbauten St. Johann Baptisten-Kapelle des Münsters ihre Eltern sel. das Familienbegräbnis erworben haben. Das Kloster übernimmt dafür die Verpflichtung allwöchentlich, womöglich am Dienstag in gedachter
Kapelle eine Messe lesen zu lassen, und alljährlich an oder um den St. Veits-
tag einen Jahrtag für die Abgeschiedenen der Stifterfamilie … zu begehen…«
Abt Georg Sperl sucht kurz vor seinem Hinscheiden noch Linderung von seinem Steinleiden in Bad Gögging und stirbt, heiligmäßig, wie er gelebt, am
7. Dezember 1489 im Alter von 68 Jahren.
Die genannte Johannes-Kapelle ist zusammen mit der Allerheiligen-Kapelle
später durch die Kreuzkapelle ersetzt worden.

32 Paulus Preu 1489–1505

Mit dem Nachfolger, Paulus Preu, wird das Werk der inneren und äußeren
Reform fortgeführt, freilich noch nicht zu einem vorläufigen Abschluß gebracht.
»Im Jahre des Herrn 1489 stirbt Abt Georg und Paul, dieses Namens der erste,
wird gewählt.
Er stammte aus der Stadt Vohburg, war von ehrbaren Eltern geboren und erhielt väterlicherseits den Nachnamen Preu.
Er war ein Mann von großer Bescheidenheit, geschmückt mit einem lobens-
werten Lebenswandel und von einem guten Gewissen gestützt. Dabei war er
ein hervorragender Eiferer für die klösterliche Ordenszucht. Solange er lebte,
duldete er nicht, daß sie schwankte, sondern bewahrte sie streng bei sich und
bei der ganzen Herde. Fast 16 Jahre regierte er und leistete zum Ruhm und
Nutzen des Klosters sehr vieles.
Er kaufte einige nicht alltägliche Dinge, und begann einige aufwendige Bauten, die er aber zum Teil unvollendet zurückließ. Die Schulden, die ihm sein
Vorgänger hinterlassen hatte, zahlte er keineswegs zurück, sondern vermehrte sie sogar.
Trotzdem war er ein Mann, der in vielen Dingen nachahmenswert war.
Schließlich stirbt er im Alter von 62 Jahren, von einem Schlag gerührt, im
Konvent der Minderen Brüder in München – da gerade ein Krieg tobte zwischen den Erlauchten Fürsten, dem Herzog Albert von Bayern und dem Pfalzgrafen Robert von Rhein [Ruprecht von der Pfalz] – im Jahre der Menschwer-
dung Christi 1505, am Sonntag nach Bekehrung des heiligen Apostels Paulus.«
Den Bericht der »Scheyerer Chronik« ergänzt Aventin in einigen Punkten. Er
weiß, daß einer der »aufwendigen, nicht vollendeten Bauten« das Torbogen-

haus ist. Auch schildert er einige Einzelheiten des erwähnten Wittelsbacher Bruderkrieges.

»Es tobte damals ein schwerer Krieg in Bayern, nachdem der Herzog Georg von Landshut ohne Erben gestorben war. Der Fürst Albert von München wollte rechtmäßig das Erbe antreten; aber Rupert, der Sohn des Pfalzgrafen Philipp von Rhein, ehemals Bischof von Freising, ein Neffe schwesterlicherseits und Schwiegersohn des Herzogs Georg, besetzt gewaltsam, gegen jedes Recht und gegen das Edikt des Kaisers Maximilian, die Städte Landshut, Burghausen, Neuburg, Rain und viele andere Städte, mit Hilfe und im Einvernehmen mit einigen Erben.

So wurde Bayern ganz jämmerlich mit Feuer und Schwert verwüstet. Weder Kirchen noch Klöster verschonte der Feind, bis Rupert und seine Frau, die Urheber dieses Krieges, eines verhängnisvollen Todes starben, und durch den Kaiser Maximilian bei der Zusammenkunft der Fürsten zu Agrippina [Colonia Agrippina = Köln] der Friede geschlossen wurde.«

Von dem emsigen Wirken dieses Abtes legen mehrere literarische Werke ein beredtes Zeugnis ab. Diese wenigstens hat er vollendet. Es sind dies:

1. Die Ordnung für die Dienstleute des Klosters Scheyern (1493).
2. Ein Harnaschbuch (KL Scheyern 121), das die militärische Organisation der »Scheyerer Landwehr« beschreibt (1492).
3. Ein umfassendes, alphabetisch angelegtes Grundbuch (KL Scheyern 57, 1494).

Der Inhalt dieser Bücher ist folgender

Die Ordnung für Dienstleute enthält eine genaue Anweisung für die vielen Angestellten und Dienstboten des Klosters, angefangen vom Richter, Laienpriester, Überreiter, Amtmann, Metzger, Torwart, Baumeister, »Men-Knecht« bis zur »Milch-Dirn«, »Kälber-Dirn« und dem Hüt-Buben.

Dabei werden Pflichten, Verköstigung und Entlohnung genau fixiert. Der Richter bekommt jährlich 8 Gulden, einen Rock und ein Paar Stiefel. Der Gastknecht muß sich mit 52 Schillingen zufriedengeben und allen Gästen, die ankommen, in gehöriger Weise aufwarten. Dem ganzen Hof steht der Baumeister vor, der nicht nur für Ordnung und Sauberkeit in seinem Bereich, sondern auch für den Schutz der Tiere verantwortlich ist. Der Speisezettel ist zwar einförmig, aber sehr reichlich.

Das Büchlein ist ein getreues Spiegelbild der wirtschaftlichen und gesellschaftlichen Verhältnisse um 1500.

Das *Harnaschbuch* beschreibt die Mitglieder der Landwehr der Hofmark Scheyern.

Die Ausrüstung ist sehr bescheiden und keinesfalls auf große Feldzüge eingerichtet. Für 228 Mann stehen zur Verfügung: 3 Eisenhüte, 5 Helme, 4 Armbrüste, 4 Paar Handschuhe, 4 Eisenkrägen, 1 Stachelkragen.

Der Abt sorgt für die notwendige Ergänzung durch Neuanschaffung im Wert von 86 Gulden.

Eine große Zahl der Wehrpflichtigen benützt die Gelegenheit, um sich ebenfalls für den persönlichen Bedarf Ausrüstungsgegenstände kommen zu lassen, wozu der Abt einen Vorschuß gibt. Obwohl die »letzte Ritterschlacht« längst geschlagen ist, besitzt die ganze Scheyerer Landwehr nur acht Handbüchsen. Felddienstpflichtige, die »erwelt sind auszuziehen«, weist die Liste nur 18 auf. Als Hauptmann dieser »Streitmacht« amtiert Ulrich Gerhauser von Großenhag. Auch zwei Drückeberger finden sich verewigt. Peter Chursner ist »nicht chomen«; ebenfalls ist Wenedic Nyessl »nicht chomen«.

Das umfassendste Werk ist das von Abt Paul angelegte *Grundbuch*. Es stellt eine Zusammenfassung aller früheren Urbare in alphabetischer Anordnung dar. Darin werden sämtliche Güter des Klosters – es handelt sich um über tausend Höfe, Lehen und Hofstätten, die über weite Gebiete von Südbayern verstreut sind – aufgezählt und ihre Abgaben genau notiert. Im Vorwort heißt es: »Diese Güterliste des Klosters Scheyern hat Abt Paulus mit großer Sorgfalt aus allen Registern zusammengefaßt und auf diese Weise den Nachkommen wie eine fleißige Biene ein Handbuch bereitet und mit eigener Hand geschrieben.«
Freilich ist hier zu vermerken, daß die Zahl »über tausend« deshalb zustande kommt, weil Abt Paul Preu viele Güter doppelt aufzählt, und wenig berücksichtigt, daß sie im Laufe der Zeit ihren Namen vielfach geändert haben. So führt er für Fernhag, um 1500, 20 Anwesen auf, während er sich bei einem Spaziergang durch diese nahegelegene Ortschaft hätte vergewissern können, daß es nur 14 waren.

Die letzten Jahre der Regierung des Abtes sind verdüstert durch die Schrekken des Landshuter Erbfolgekrieges, dem auch eine Reihe von Gehöften in den verschiedenen Ortschaften der Klosteruntertanen, wie zum Beispiel in Vieth, Gneisdorf, Mitterscheyern und Niederscheyern, zum Opfer fallen. Immerhin gelingt es dem Scheyerer Landsturm, kleinere Rotten von Mordbrennern abzuhalten.
1497 kann der Abt durch Vermittlung des Scheyerer Konventualen Heinrich Zäch, für die Scheyerer Fuhren durch Pfaffenhofen Zollfreiheit erlangen. Dieser Heinrich Zäch wird 1499 zum Abt von Wessobrunn gewählt, während der abgedankte Abt, Johann Molitor, seine letzten Lebensjahre in Scheyern verbringt.

33   Johannes II. Turbeit 1505–1535

Mit diesem Abt beginnt endlich der von der Reform von Melk erstrebte Heilungsprozeß auch im äußeren Bereich. Die »Scheyerer Chronik« berichtet:
»Im Jahre 1505 stirbt Abt Paulus und Johannes, dieses Namens der zweite, wird gewählt, mit dem Nachnamen *Turbeit*. Aus der Diözese Passau stammend tritt er die Nachfolge an und wird durch das einstimmige Votum aller gewählt.
Er war ein Mann von einem untadeligen Lebenswandel, aber überaus streng

gegen seine Mitbrüder, und ein Lehrer der freien Künste. Auch war er ein sehr sorgfältiger Kenner der kirchlichen Angelegenheiten, der klösterlichen Disziplin und der Vermögensverhältnisse.

Die Schulden, die von seinen Vorgängern angehäuft wurden, beglich er. Dabei nahm er auch diejenigen Schulden zu Hilfe, die dem Kloster von vielen Leuten geschuldet waren.

Die angefangenen Gebäude und vieles andere im Kloster und im Prielhof führte er zur Vollendung oder erbaute es von Grund auf neu. Die Sakristei schmückte er überaus reich mit silbernen Statuen und Ornamenten.

Er hinterließ eine nicht zu verachtende Geldsumme, die jedoch nach seinem Tode zum großen Teil der Fürst erhielt.

Volle dreißig Jahre regierte er. Im Alter von über achtzig Jahren schied er aus dem Leben durch einen Unglücksfall. Man vermutet, daß er von einem Schlag gerührt worden sei, und zwar am 15. März, im 35. Jahr über 1500.«

Aventin, ein persönlicher Freund des Abtes und von diesem stark gefördert, ist hier nicht auf die Angaben der »Scheyerer Chronik« angewiesen, sondern kann aus eigener Erfahrung aus dem »Vollen« schöpfen.

»Er war ein Mann, der sich den ehrbaren Wissenschaften und der Philosophie am Gymnasium in Ingolstadt bis zur höchsten Stufe hingab. Er hat Sorge getragen, daß die Schulden – mehr als zwei tausend Goldgulden – die von den Vorfahren angehäuft wurden, beglichen worden sind... Die beiden Toreingänge errichtete er mit den damit zusammenhängenden Gebäuden prächtig und großartig.

Vorher war er Propst in Fischbachau, wo er in 8 Jahren fast 700 Goldgulden ansammelte, was kein anderer fertig brachte. Es geht das Gerücht, daß es einen so sorgfältigen Vermögensverwalter noch nie zuvor gegeben hat. Er ließ eine Statue des heiligen Johannes des Täufers und eine des heiligen Benedikt aus Silber anfertigen, die eine um 17 Pfund und die andere um 16 Pfund.

Außerdem ließ er den sehr verehrungswürdigen Teil des heiligsten Kreuzes sehr kunstfertig in Gold und Silber um 22 Pfund Silber einfassen und verzieren.

Auch schaffte er eine Glocke, einen silbernen Krummstab und heilige, sehr kostbare Gewänder – wie sie der Abt und die Meßdiener bei der Feier der heiligen Messe benützen – mit großen Kosten an.

Obwohl er auf diese Weise in der Vermögensverwaltung der Erfahrenste von allen war – ich möchte dies im Frieden mit den übrigen gesagt haben – war er dennoch bezüglich eines unbescholtenen Lebens keineswegs der Zweite. Auch den Fürsten war er sehr willkommen, insbesondere dem Albert, dem klügsten und wortgewandtesten aller Fürsten, der durch ihn mehrere Klöster des heiligen Benedikt zum Joch einer strengeren Ordenszucht zurückrief.

Er war ein Liebhaber der Wissenschaften und aller Gebildeten. Lange Zeit setzte er sich mit aller Kraft dafür ein, daß die geschichtlichen Ereignisse des Klosters Scheyern – nach dem Philosophen Konrad – auch weiterhin schriftlich der Nachwelt überliefert würden.

Schließlich gab er dem Johannes Aventin, dem Geschichtsschreiber der Fürsten, den Auftrag, dies zu besorgen. Dieser führte die Annalen vom ersten Ursprung der Scheyerer Fürsten und des Klosters Scheyern weiter bis zu seiner Zeit. Hauptsächlich folgte er dabei dem Konrad von Scheyern, einem sehr sorgfältigen Mann, und benützte die Diplome und öffentlichen Urkunden, die ihm der oben genannte Ehrwürdige Vater, Abt Johannes, aushändigte, den Gott, der Unsterbliche – ich wünsche es und bitte inständig darum – lange unversehrt erhalten möge. – Ende –

[Anhang]

Dieses also ist bis zum Jahre unseres Herrn und Gottes Jesus Christus, 1517, im 12. Jahr des Ehrwürdigen Vaters und Herrn Johannes Turbeit, kurz zusammengefaßt, geschrieben worden.

Später mögen dann die Nachkommen, wenn es ihnen genehm ist, noch ausführlicher fortfahren zu beschreiben, was hier kürzer – als es billig ist – über einen so bedeutenden Vater straff zusammengefaßt ist.

›Die Muse verbietet, daß der des Lobes würdige Mann stirbt.‹«

Soweit Aventin. Wir spüren die große Ehrfurcht, ja verhaltene Begeisterung, die der Geschichtsschreiber für Abt Johannes Turbeit hegt.

Aus anderen Quellen erfahren wir Näheres über die von ihm errichteten Gebäude. Es werden genannt: Vom Osttor (Seminartor) bis zum Westtor weitläufige Gebäude, wie Bäckerei, Brauerei, Kornkammer, Scheune, Stallungen, Gastwohnungen; weiterhin auf dem Friedhof ein Pfarrhof. Der Prielhof ist bereits 1510 neu gebaut worden.

Es wundert vor allem, daß das Kloster Scheyern die Stürme der Reformation gut überstanden hat. Hier hatte der Abt in dem berühmten Gelehrten Dr. Eck einen berufenen Berater.

Kaiser Maximilian verlangt von ihm, den P. Leonhard Miller als Administrator für die Abtei Georgenberg-Fiecht zu schicken. Dieser wird später zum dortigen Abt gewählt († 14. Mai 1525).

Bei sämtlichen bayerischen Landesherrn steht Abt Turbeit in hohem Ansehen, wie schon die zahlreichen Besuche bekunden, die in den Rechnungsbüchern vermerkt sind. Bereits unter Albrecht IV. dem Weisen († 1508), wird er Geheimer Rat und mit der Reform zahlreicher Klöster betraut.

Im Jahre 1532 wird im *Vertrag von Scheyern* eine Vereinbarung getroffen zwischen Frankreich und den bayerischen Herzögen.

Den guten Vermögensstand des Klosters nützt Herzog Wilhelm IV. (1508 bis 1550) aus, um vom Abt im Laufe der Jahre über 10000 Gulden an zusätzlichen Steuern zu »erbitten«.

Pfarrei und Hofmark Scheyern

A Die Pfarrei Scheyern

1 Die Anfänge

Wenn wir uns eine Karte der Pfarrei Scheyern mit den Orten der Umgebung betrachten, so fällt auf, daß ringsum in dichter Aufeinanderfolge sich eine große Anzahl von Orten mit Kirchen – Pfarr- oder Filialkirchen – befindet, während in dem verhältnismäßig großen Gebiet der Pfarrei Scheyern nur die Kirchen von Scheyern und Niederscheyern stehen.

Teilweise mag dies verursacht sein durch die großen Waldungen um Wolfsberg und zwischen Ziegelnöbach und Durchschlacht. Aber dies allein erklärt nicht alles. Wenn wir die gleichen Maßstäbe anlegen wie in der Umgebung, dann müßten auch Triefing, Mitterscheyern oder Fürholzen Kirchorte sein. Daß dem nicht so ist, deutet darauf hin, daß das Gebiet der Pfarrei Scheyern schon sehr früh ein geschlossenes Gebiet darstellte, das wirtschaftlich und auch seelsorgerlich einheitlich betreut wurde.

Ein weiterer Hinweis, daß die Pfarrei Scheyern schon vor der Klostergründung bestanden hat, stellt eine alte Überlieferung dar, die in der Handschrift »Mater verborum« aus der Zeit um 1241 enthalten ist. Danach hätte die Scheyerer Pfarrkirche St. Martin oder ihre Vorläuferkirche schon vor der Klostergründung bestanden und wäre vom hl. Bonifatius eingeweiht worden. Auf Seite 238 der Handschrift befindet sich von der gleichen Hand wie der übrige Codex geschrieben eine Notiz mit folgendem Wortlaut:

»Ecclesia S. Martini fundo monasterii superedificata ab antiquo, sicut ad nos in scripto pervenit, et sicut ex relatione antecessorum nostrorum accepimus, ante urbem in monte conditam certum est fuisse et jus patronatus eiusdem ecclesiae comitem Ottonem de Glaneck, cui nupta fuit domina Haziga, filia regis Arragum, tenuisse.

Nam primus Arnolfus imperator, primitus dux Noricorum, pater Arnolphi et Wernheri ducum, hanc urbem, que vulgato nomine Schyren dicebatur, habitabilem fecit, in qua filii eius et nepotes eorum pluribus annis dominati sunt, et ius patronatus ecclesiae quae erat in honore B. Dei Gentricis a Bonifacio b. Mogunt, archiepiscopo dedicata tenuerunt. Nam monten eundem principes plures possederunt, qui ab eodem Schyrenses nuncupati sunt.«

(Die Kirche des hl. Martin ist bereits vor der Gründung der Burg auf dem Berge auf dem Grundstück des Klosters erbaut worden. Dies wurde uns schon von alters her überliefert, sowohl durch schriftliche Berichte, als auch durch die mündlichen Erzählungen unserer Vorfahren.

Das Patronatsrecht über diese Kirche hatte Graf Otto von Glaneck, dem die Frau Herrin Haziga vermählt war, die Tochter des Königs von Aragonien.

Denn Kaiser Arnulf der Erste, ehedem Herzog von Noricum, der Vater der Herzöge Arnolph und Wernher, hat diese Burg, die im Volksmund Schyren genannt wurde, wohnbar gemacht. Dort wohnten auch seine Söhne und Nachkommen mehrere Jahre lang, und hatten das Patronatsrecht über die Kirche inne, die vom seligen Bonifatius, dem Erzbischof von Mainz, zu Ehren der Gottesmutter geweiht wurde. Denn jenen Berg besaßen mehrere Fürsten, die nach ihm die Schyren genannt werden.)

Hier sind selbstverständlich manche Bedenken anzumelden: Zunächst benennt der Verfasser die Kirche einfach »Martinskirche«, obwohl die eigentliche Kirche zum hl. Martin erst später, um 1144, erbaut wurde. Er will nur bekräftigen, daß die bestehende Kirche von alters her bestanden und Graf Otto das Patronatsrecht ausgeübt hat.

Kaiser Arnulf war nicht der Vater der beiden Herzöge Arnulph und Wernher, sondern nur ein naher Verwandter.

Auch stammt die Gräfin Haziga wahrscheinlich nicht von Aragonien.

Trotzdem wird als historisch sicher festzuhalten sein, daß bereits vor der Gründung des Klosters in Scheyern eine Kirche bestand, die der Mutter Gottes geweiht war. Über diese haben die Grafen von Scheyern das Patronatsrecht ausgeübt.

Dies wird auch dadurch bekräftigt und nahegelegt, daß beim Gründungsbericht von Scheyern keine Rede ist vom Bau bzw. von der Weihe einer Kirche; während dies bei den Vorgängerkirchen in Bayrischzell, Fischbachau und Petersberg stets eigens hevorgehoben wird.

Erst nach den beiden Klosterbränden, im Jahre 1171 und 1183, besann man sich und weihte mit Verspätung im Jahre 1215 die Kirche nochmals ein.

Weiterhin ist es durchaus möglich, daß der hl. Bonifatius diese Kirche eingeweiht hat. P. Laurentius Hanser schreibt dazu: »Die Tatsache der Kirchweihe liegt durchaus im Bereich der Möglichkeit. Bonifatius kam auf seinen Romreisen öfters durch Bayern, weilte auch als päpstlicher Legat länger im Lande, um die kirchlichen Verhältnisse desselben zu ordnen. Auch die Abteikirchen von Altomünster und Benediktbeuern führen ihre Weihe auf ihn zurück. Wenn das Weihedatum der letzteren (22. Oktober 742) richtig ist, so dürfte damit auch ein gewisser Anhaltspunkt für die Scheyerer Kirchweihe gegeben sein.

Wichtiger wäre freilich das genaue Datum von Altomünster, denn es ist anzunehmen, daß Bonifatius von dort nach Scheyern kam, da die Strecke zwischen beiden Orten in wenigen Stunden zurückgelegt werden kann.«

Die Tatsache, daß in Scheyern bereits bei der Gründung eine Kirche gestanden hat, wird noch erhärtet durch die Umstände der Errichtung der Pfarrkirche St. Martin.

In einer ersten Urkunde vom Januar/Februar 1142 vertauscht Bischof Otto I. von Freising an das Kloster Scheyern unter Abt Ulrich (III.) den Zehnten in Scheyern und Berbling. Dieser Erwerb der Zehntrechte an die Kirchen von Scheyern und Berbling war für das Kloster Scheyern ein Ansatzpunkt zu dessen Inkorporation. Die eigentliche Urkunde für die Inkorporierung fehlt zwar, aber in späteren Verzeichnissen wird stets die Kirche von Scheyern als inkorporiert vorausgesetzt.

Diese Inkorporierung setzt das Bestehen einer Kirche bereits voraus. Auch die Umstände um die Errichtung einer eigenen Pfarrkirche St. Martin bestätigen dies.

Die erste einwandfreie Bezeugung einer eigenen Pfarrkirche St. Martin in Scheyern haben wir aus dem Jahre 1144 (Clm 1052, 34). Dort lesen wir, daß Bischof Otto (I.) von Freising auf Bitten des Abtes Ulrich III. und auf Intervention des Pfalzgrafen Otto (IV.) von Wittelsbach die Pfarrkirche von der Klosterkirche an die benachbarte Kirche St. Martin verlegt. Der Pfarrer dieser Kirche darf für das Pfarrvolk Messen lesen und Beerdigungen vornehmen, unbeschadet der Vorrechte des Klosters auf Taufwasserweihe, Palmweihe und Kreuzprozessionen an Bittagen; außerdem können sich die Klosterministerialen und jeder auf besonderen Wunsch weiterhin nach alter Gewohnheit im Kloster begraben lassen. Die Urkunde hat folgenden Wortlaut:

»Otto von Gottes Gnaden Bischof der Freisinger Kirche, dem geliebten und ehrwürdigen Bruder Ulrich, Abt der Scheyerer und seinen Ordensbrüdern, die in demselben Kloster ein Mönchsleben gelobt haben, zum ewigen Andenken. Weil die göttliche Anordnung es gefügt hat, daß wir, die wir in diesem großen Meer herumtreiben, durch die Gebete der Ordensmänner und Armen Christi unterstützt werden, wollen und müssen wir für deren Ruhe und Nutzen vorsehen, soweit wir es können.

Deshalb wollen wir auf deine Bitten hin, geliebtester Bruder, und aufgrund der Intervention deines Vogtes, des Erlauchten Herrn Pfalzgrafen Otto, dein Kloster vom Volkslärm trennen und das Volk von dort in die benachbarte Kirche des hl. Martin verlegen und verändern, die auf dem Grund des Klosters gebaut ist.

Wir setzen daher fest, daß der Weltpriester in dieser Kirche für das Volk die Messen lesen und Beerdigungen für das Volk halten kann, unbeschadet in allem, der Vorrechte des Klosters, nämlich der Spendung der Taufe, Palmweihe und der Prozessionen mit dem Kreuz, und mit den Reliquien der Heiligen an den Bittagen. Dies vor allem haben wir zur Ehre der Mutter der Kiche deinen Nachfolgern zu Recht und zum Gedächtnis hinterlassen.

Wir gestatten auch, daß die Ministerialen von Scheyern und alle, die durch eine göttliche Reue festgehalten werden, wie es die alte Gewohnheit hält, bei euch begraben werden...«

In dieser Urkunde ist auch die Rede von einem »plebanus sacerdos«, einem

»Volks-Priester«, als Pfarrgeistlichen, der nicht unbedingt ein Mönch zu sein brauchte.

Es ist auffallend, daß in den beiden Urkunden von 1142 und 1144 der Vogt, Pfalzgraf Otto, mit besonderer Betonung hervorgehoben wird. Dies wird noch mehr verständlich, wenn wir annehmen, daß er bereits vor der Gründung des Klosters Patronatsrechte ausgeübt hat, wie dies auch in der erwähnten Überlieferung im Codex »mater verborum« ausdrücklich erwähnt wird. Auch wird in der Urkunde von 1144 wie selbstverständlich auf eine »alte Gewohnheit« hingewiesen, nach der sich Angehörige, die Ministerialen, in der Kirche haben bestatten lassen.

In der Urkunde von 1144 wird weiterhin erwähnt, daß die Martinskirche auf »Klostergrund« errichtet wurde. Hiermit sollen zunächst die Rechte des Klosters bekräftigt werden. Auffallend ist, daß sie einem Lieblingsheiligen der Benediktiner geweiht ist. Bereits der hl. Benedikt hat auf dem Monte Cassino die Heidentempel abreißen lassen und an deren Stelle eine Martinskirche errichtet. Auch eine Vorgängerkirche von Scheyern, die Kirche in Fischbachau, ist eine Kirche zu Ehren des hl. Martin.

Bischof Otto weist in der genannten Urkunde von 1144 auch hin, daß zu Ehren der »Mutter der Kirche« einige Rechte bei der Klosterkirche verbleiben. Unter dieser »Mutter der Kirche« ist wohl die Muttergottes zu verstehen. Die Klosterkirche war also von Anfang an der »Muttergottes« geweiht. Dies stimmt überein mit der Überlieferung, daß der hl. Bonifatius die Kirche in Scheyern zu Ehren der Muttergottes geweiht hat.

Es ist zwar nicht ganz klar, wann die Martinskirche tatsächlich erbaut wurde. Aber es muß um 1144 geschehen sein, denn sie wird später immer als bestehend vorausgesetzt.

Unter Abt Konrad Luppburg (1206–1225) wurde die »Kirche des hl. Martin neu aus Ziegelwerk erbaut«. Sie war also ursprünglich aus Holz errichtet.

Im Güterverzeichnis vom Jahre 1216–1220 (Clm 17401,10) ist ein Verzeichnis der inkorporierten Kirchen eingefügt. Dort heißt es:

»Prima ecclesia parrochinata prope nos sita et in honore sancti Martini per nos edificata, cuius decimatio tam frumenti quam aliorum rerum, que decimari solent, in nostros cedit usus.«

(Die erste Kirche, die als Pfarrkirche eingegliedert wurde, und die in der Nähe liegt, ist die zu Ehren des hl. Martin von uns erbaute Kirche. Deren Zehent an Getreide und anderen Gütern, die für gewöhnlich unter den Zehnten fallen, kommt uns zugute.)

Auch hier wird bestätigt, daß die Pfarrkirche zu Ehren des hl. Martin erst nach der Gründung des Klosters vom Kloster errichtet wurde.

Wer vor der Gründung des Klosters die Pfarrseelsorge ausübte, darüber gibt es keine Nachrichten. Da in der Urkunde von 1144 ganz selbstverständlich von einem »plebanus sacerdos« die Rede ist, dürfte dies ein Weltgeistlicher gewesen sein, der durch die Vermittlung der Grafen von Scheyern, der »Vögte«, eingesetzt wurde.

Auch nach der Errichtung des Klosters wurden vermutlich meist Weltgeist-

liche eingesetzt, was jedoch nicht ausschließt, daß gelegentlich auch Ordensleute die Pfarrei betreuten. So ist der erste Pfarrer, der mit dem Namen bekannt ist, ein gewisser Wilhelm, Prior unter Abt Heinrich (um 1230).

2 Umfang der Pfarrei Scheyern

Wenn wir uns die Karte mit den Grenzen der Pfarrei und der Hofmark ansehen, dann fällt auf, daß einige Ortschaften zwar zur Pfarrei Scheyern gehören,
aber nicht zur Hofmark. Auch dies ist ein Hinweis, daß wir es bei der Pfarrei
um ein sehr altes, umschlossenes Gebiet zu tun haben.
Die auffallendsten Ortschaften, die zwar zur Pfarrei, aber nicht zur Hofmark
gehören sind:
1. *Gurnöbach.* Dies war eine Enklave, die zur Hofmark Reichertshofen zugeordnet war.
2. *Radlhöfe.* Diese gehörten zum Liebfrauenstift Ilmmünster als Grundherrn.

3 Die Pfarrer in Scheyern

Von den ersten Pfarrseelsorgern sind folgende Namen bis 1646 bekannt:

um 1230	P. Wilhelm, Pfarrer und Prior unter Abt Heinrich
1433 und 1440	P. Johannes Northofer, Pfarrer bei St. Martin
1469, 17. Juni	Johannes Hewß, den man nennt Eysselen, Priester Augsburger Bistums, Verweser (GU Schrobenhausen 765)
1473	P. Johannes, Pfarrer
1487	Leonhard, Weltpriester
1494	Leonhard Prew, Weltpriester
vor 1498	Peter Alber aus Blumenthal, Weltpriester, 1498 im Birgit-tenkloster Altomünster und dort 1499–1503 Prior
1498	Johann Eckhard, Weltpriester
um 1500	Ulrich Scheurer von Manching, Weltpriester
1513, 29. Juni	Oswaldt Saltzhuber, »Kaplan und Pfarrverweser von Ober-scheyern« und Herr »Franz Vinckneyssl, Kaplan und Pfarrverweser zu Ober- und Niederscheirn« (GU Rain 552)
1524	Johannes Dorfer, Weltpriester
1525, 29. Januar.	Hanns Darffer, Verweser (GU Kranzberg 477)
1533, 7. Juni	(Zeugen) Eustachius Paßer, Vikar der St.-Martins-Pfarrei zu Scheyren (GU Dachau 1726)
1537	Eustach Pasler, Weltpriester
1550, 1576	P. Simon Mayr aus Ingolstadt, † 26. März 1576, fünf Jahre Prior
1554, 25. Mai	Geistlicher Herr Wolfgang, »Pfarrer zu scheyrn gewesen« (KL Altomünster 36½, Totenbuch von Altomünster, 30)
1558	Johannes Feurer, Weltpriester
nach 1569	P. Jakob Piscator (Fischer), 30 Jahre lang Pfarrer, † 1617

nach 1598	P. Johannes Jäger von Sandizell, lange Pfarrer in Scheyern und Niederscheyern, † 10. Oktober 1637
um 1602–1610	Johannes Adler, Weltpriester
nach 1610	P. Georg Griessmair, aus Ilmmünster, † 14. Juli 1624
1612	Matthias Freser, Weltpriester (?)
1616	Andreas Sedlmair, Weltpriester, Brief vom 17. Dezember 1616
1632	P. Ämilian Ferrer, aus Aichach, 1634–1638 Pfarrer in Vohburg, 1644–1646 Pfarrer in Scheyern
1638–1641	P. Simon Fürbass aus Durchschlacht, † 15. Oktober 1641

In der Zeit von 1646 bis zur Aufhebung im Jahre 1803 waren die Pfarrseelsorger ausschließlich Klosterangehörige.

Pfarrseelsorger von 1803 bis zur Gegenwart

1803–1805	P. Anton Holzer
1805–1828	P. Joachim Furtmayr
Juni–Nov. 1838	P. Gregor Scherr, später Abt von Metten und Bischof von München/Freising
–1840	P. Xaver Sulzbeck aus Zenching, später Prior von Weltenburg
1840–1842	P. Petrus Lechner, Dr. theol. aus Pfaffenhofen, später Prior
1842–1850	P. Max Duschl
1850–1862	P. Ludwig Muggendorfer
1862–1870	P. Max Duschl (zum zweitenmal)
1870–1872	P. Rupert Mutzl, aus Landshut
1872–1879	P. Martin Josef
1879–1896	P. Anton Sanktjohannser aus Lenggries
1896–1899	P. Raphael Barth
1899–1907	P. Anton Sanktjohannser (zum zweitenmal)
1907–1912	P. Laurentius Hanser
1912–1913	P. Rupert Datz
1913–1916	P. Anton Sanktjohannser (zum drittenmal)
1916–1927	P. Jakobus Pfättisch
1927–1936	P. Franz Schreyer, hernach Abt von Scheyern
1936–1943	P. Maurus Dick
1943–1946	P. Bernhard Walcher
1946–1968	P. Beda Parzinger
1968–1982	P. Franz Gressierer
ab 15. 9. 1982	P. Engelbert Baumeister

Die Pfarrei war dem Kloster von Anfang an »voll inkorporiert«. Dabei bedeutet »Inkorporation« die Einverleibung der Pfarrpfründe. Eine halbe Inkorporation bedeutet nur die Verwaltung und Nutzung der Pfründe, nicht aber das Eigentum. Sie schließt das Recht in sich, den Pfarrer vorzuschlagen. Die »volle Inkorporation« überträgt auch das Pfarramt, und macht, wenn es sich wie in Scheyern, um die Einverleibung der Pfarrei in das Kloster handelt, dieses zum dauernden Pfarr-Herrn. Als Eigentümer hat es das Recht, den Pfarrer zur oberhirtlichen Bestätigung und Einsetzung vorzuschlagen.

Voll inkorporiert war auch die Kirche von Niederscheyern. Ähnlich wie bei der Pfarrkirche St. Martin hatte Bischof Otto I. von Freising durch eine Urkunde vom Jahre 1142 dem Kloster Scheyern auch den Zehnten der Kirche von Niederscheyern vermacht und damit die Voraussetzung für die volle Inkorporation geschaffen. Das Dorfgericht hatten bis 1340 noch die Sandizeller inne. Am 29. September 1340 wurde dieses dem Konvent von Scheyern für 43 Pfund Pfennige verkauft.

Außer diesen Kirchen wurden dem Kloster noch eine Reihe anderer Kirchen – teilweise halb – inkorporiert, so in Bayrischzell, Edelshausen, Berg im Gau, Holzkirchen (bei Rain/Lech), Walkertshofen, Eching, Klenau, Lauterbach bei Altomünster, Rumeltshausen und Steinkirchen.

Gerade die vielen Schenkungen und Inkorporationen von Kirchen zeigen, daß wir es im 12. und 13. Jahrhundert – trotz der Konflikte mit den weltlichen Herrschaften – mit einer Zeit kirchlicher und religiöser Blüte zu tun haben.

5   Bestimmungen und einzelne Vorkommnisse

Die *Melker Reform* (Mitte des 15. Jahrhunderts) machte sich auch in Scheyern bemerkbar. Im Auftrag des Kardinals Nikolaus von Cues erschienen 1452 Abt Martin von den Schotten in Wien, Abt Laurentius von Mariazell und Johannes Slitpacher, Profeß von Melk, in Scheyern zur Visitation. Im Visitationsrezeß wurde dem Scheyerer Abt Wilhelm Kienberger (1449–1467) nahegelegt, die Pfarrei St. Martin und die Filialkirche in Niederscheyern, wie gegenwärtig, so auch in Zukunft, durch einen passenden Weltpriester versehen zu lassen, besonders solange das Kloster Mangel an Professen habe.

Die Bestimmungen der Visitation fanden ihren Niederschlag auch in den »*Scheyerer Gewohnheiten*« vom Jahre 1452. Darin wird dem Abt unter anderem eingeschärft, für die *Seelsorge* nur solche Religiosen zu bestimmen, die ein ehrbares und religiöses Leben führen. Diese sollen niemals allein ausgehen, sondern nur mit einem Mitbruder oder einem Diener.

Wirtshäuser sollen sie nicht betreten, auch andere Privathäuser sollen sie nicht aufsuchen, um dort zu essen und zu trinken. Die Sakramente sollen sie dem Volke umsonst spenden. Ablässe sollen sie nur diskret verkünden.

Über Einkünfte sollen sie gewissenhaft Rechenschaft ablegen. An Sonn- und

Feiertagen soll der Pfarrer und sein Vertreter von der Matutin und anderen Verpflichtungen des klösterlichen Lebens befreit sein. Er braucht keine besondere Erlaubnis, wenn er in Seelsorgeangelegenheiten mit Laien zu sprechen hat. In der Pastoral und im Kirchenrecht soll er einigermaßen beschlagen sein.

Aus dem *Visitationsbericht* vom Jahre *1524* erfahren wir, daß der Pfarrer Johannes Dorffer Jahr für Jahr vom Abte gedungen wurde, wohl aus Angst, er könnte ein geheimer Anhänger Luthers sein. Danach hat der Pfarrer folgende Einkünfte: Beichtgelder, die er mit dem Kooperator teilt, Einkünfte aus den Jahrtagen, 12 Pfennige für die Spendung der Eucharistie und der »Letzten Ölung«.

Einer der letzten Weltpriester, die die Pfarrei Scheyern versahen, war Andreas Sedlmair. Das Klosterarchiv Scheyern bewahrt noch den Bestallungsbrief vom 17. Dezember 1616, in dem die Rechte und Pflichten des Pfarrers genau umschrieben werden.

»Er soll einen vorbildlichen priesterlichen Lebenswandel führen, an allen Sonn- und Feiertagen die Messe lesen und das Wort Gottes predigen; die Sakramente den Gesunden und Kranken spenden, bei Tag und bei Nacht. Er soll die Kranken fleißig besuchen, sie trösten und individuell behandeln...«

Größtes Gewicht wird gelegt auf die Christenlehre. »Alle Sonntage soll er um 12 Uhr mittags in der Pfarrkirche die Christenlehre halten, im Sommer eine ¾ Stunde, im Winter eine halbe Stunde. Er soll den Kindern und anderen Anwesenden besonders die Hauptstücke des katholischen Glaubens vortragen. Damit die Kinder ›desto lustiger und williger‹ kommen, soll er ihnen ›Agnus Dei‹ und ›Paternoster‹ und Bilder nach jedes Verdienst austeilen, die ihm ohne seine Kosten zur Verfügung gestellt werden...

Der Pfarrvikar speist am Tisch des Abtes. Wenn er außerhalb des Refektoriums ißt, bekommt er jedesmal eine Halbe Wein von der gleichen Marke wie der Konvent... Für Krankenbesuche steht ihm jeder Zeit ein Pferd bereit...« (Bis zur Säkularisation hatten die beiden Pfarrer von Scheyern und Niederscheyern je ein Pferd zur Verfügung.)

Im Jahre 1521 erbaute Abt Johannes Turbeit auf dem Gottesacker, zwischen Kloster und Pfarrkirche, einen eigenen *Pfarrhof*. Als der Freisinger Bischof um 1684 die Pfarrei Scheyern mit Weltpriestern besetzen wollte – zur Strafe für den Anschluß Scheyerns an die Bayerische Benediktiner-Kongregation – ließ Abt Gregor Kimpfler (1658–1693) den Pfarrhof kurzerhand niederreißen. Es war bereits die Zeit, als die Pfarrei nur noch mit Klosterangehörigen besetzt wurde (ab etwa 1632).

6   *Besondere Ereignisse innerhalb der Pfarrei Scheyern*

Besonders schwer heimgesucht wurden die Orte um Scheyern durch den *Landshuter Erbfolgekrieg* im Jahre 1504. Laut Rechnung des Abtes (RA 138, 448) wurden acht Tage lang 12 Wächter aufgestellt. Eine Reihe von Gehöften wie in Vieth, Gneisdorf, Mitterscheyern und Niederscheyern gingen in Flammen auf. In der Steueranlage von 1507 ist dann zu lesen »verprannt in der Reys«.

Eine weitere große Heimsuchung für die Pfarrei war der *Dreißigjährige Krieg* (1616–1648). Einige Beispiele mögen einen Einblick geben in die Schrecken dieser Zeit.

Ein Mann war 1632 sieben schwedischen Reitern in die Hände gefallen. Er sollte den Kirchenschatz verraten. Da er sich weigerte, brachten ihm die Soldaten sieben Wunden bei. Da nahm er seine Zuflucht zu Gott, er möge ihn durch das Heilige Kreuz schützen. Und siehe – er wurde gerettet.

Am 22. Juni 1634 kamen nach Scheyern Reiter des Obristen von Werth. Anna Zeichinger, die Frau des Scheyerer Gerichtsschreibers berichtet, sie habe sich mit ihrem Bruder Johann Strobel und der Schreinerstochter Agatha am sogenannten Geisweg in einer Grube vor den Soldaten versteckt. Sie wurde entdeckt, schrecklich zugerichtet, an den Haaren gezogen, mit der Aufforderung 100 Reichstaler zu zahlen. Da sie es nicht konnte, wurde sie in den Klosterhof zur Pferdeschwemme geschleppt, wobei sie mit dem Pferd laufen mußte. Die Arme wurde dreimal untergetaucht. In dieser Not rief sie: »O du hochheiliges Kreuz, steh mir bei und verlaß mich nicht!« – Schließlich hätten sich die Soldaten zur Bäckerei gewendet; und es gelang ihr, sich im Kuhstall (heutige Schenke) zu verbergen.

1645 wurde Adam Widmann, Mesnersohn von Scheyern, vom Feinde an einem Strick aufgehängt, aber auf unerklärliche Weise vom Stricke befreit. Nachdem er zwei Tage lang hoffnungslos darniederlag, rief sein Vater Unsere Liebe Frau von Niederscheyern mit einem Gelübde an, und der Sohn erlangte wieder die Gesundheit.

Ein Bericht des Scheyerer Abtes an den Bischof von Freising, vom 24. Januar 1649, besagt, daß nach dem ersten Schwedeneinfall in beiden Kirchen kein Schloß und kein Kasten ungeöffnet gewesen sei. Man habe außer einigen wenigen Einrichtungsgegenständen alles mitgenommen.

Gegen Ende des Dreißigjährigen Krieges wütete die *Pest*. Innerhalb von zwei Jahren starben um das Jahr 1647 von 1000 Seelen 210, also mehr als ein Fünftel. Vom 14. September bis zum 10. Dezember 1646, also innerhalb von drei Monaten, wurden 38 Kinder hinweggerafft. Die Angst vor der Ansteckung war so groß, daß man die Leichen nicht mehr im Gottesacker beerdigte, sondern im Wald. So ruhen in den Wäldern bei Plöcking und Gurnöbach viele Pest-Tote.

Die zehn Mirakelbücher von Niederscheyern, aber auch andere Unterlagen, geben reichlich Aufschluß über die Greuel, denen gerade die hiesige Bevölkerung in den Kriegsjahren ausgesetzt war.

Schwere Drangsale brachten ebenfalls: der Spanische Erbfolgekrieg (1701 bis 1714), der Österreichische Erbfolgekrieg (1742–1745) und die napoleonischen Kriege (1796–1809).

Im *Spanischen Erbfolgekrieg* wurden in der Klosterkirche mehrere Kelche, Altartücher und Meßgewänder geraubt. Einer Statue aus Stuck wurde der Kopf abgeschlagen und einem hölzernen Muttergottesbild der Kopf gespalten. Bei dem letzteren handelt es sich vermutlich um die gotische Muttergottesstatue in der Frauenkapelle, bei der man den Kopf ausbessern mußte.

Aus dem Mirakelbuch entnehmen wir: »Maria Demmelmayr, Bierbräuin in Pfaffenhofen, stand dazumal in großen Sorgen, es möchte auch ihr Bauernhof, der Steppergerhof in Mitterscheyern, angezündet und geplündert werden. In solchen Umständen wußte sie kein besseres Mittel, als daß sie ihren Hof samt den Schafen und allem Zubehör in den Schutz Unserer Lieben Frau von Niederscheyern empfahl mit dem Gelübde, so viel gezogenes Wachs dort zu opfern, als der Hof lang und breit sei, und eine hl. Messe lesen zu lassen.

Als 1715 dieser zehnjährige Krieg beendet war, hielt der Abt vor ausgesetztem Allerheiligsten ein Dankamt. Der Krieg hatte der Grafschaft Scheyern furchtbare Lasten auferlegt, unter anderem mußten mehr als 20000 Gulden Brandschatzung bezahlt werden.

Auch im *Österreichischen Erbfolgekrieg* mußten mehrmals einige tausend Gulden Brandschatzung entrichtet werden. Am 15. April 1745 kam es bei Gneisdorf zu einem Gefecht zwischen Österreichern und Bayern. Scheyern sollte geplündert werden. Schon waren 30 »Panduren« mit drei Wagen von Pfaffenhofen erschienen. Jedoch der österreichische Rittmeister Lyptai, der verwundet im Kloster lag, verhinderte die Plünderung.

Die Karwoche 1745 war für Scheyern eine Schreckenswoche. An die 10000 Mann bayerischer Truppen besetzten Scheyern und Umgebung. Am Gründonnerstag nahm die feindliche Artillerie Pfaffenhofen unter Feuer. Die Bayern mußten sich vor dem mehrfach überlegenen Feind über Niederscheyern, Gneisdorf, Grainstetten in Richtung Schrobenhausen zurückziehen. P. Ludwig Alteneder und P. Innozenz Hözer begaben sich nachmittags nach Froschbach und Edenhub, um verwundeten und sterbenden Soldaten, etwa 15–17 an Zahl, die Sakramente zu spenden.

Ähnlich schwer heimgesucht wurde die Bevölkerung während der *napoleonischen Kriege* 1796–1809. Am 27. August 1796 kamen die ersten drei französischen Reiter. Es folgte Einquartierung auf Einquartierung. Der Abt tat alles, um für die Umgebung die Lasten zu erleichtern. Er machte dem kommandierenden General St. Cyr, der in Pfaffenhofen im Pfarrhof einquartiert war, einen Besuch, Pektorale und Ring verbergend.

Als der Abt sich vorstellte, fragte der General: »Wo haben Sie Pektorale und Ring?« Der Abt zog beides aus der Tasche. Der General legte dem Abt die Kette um den Hals und sagte: »Das können Sie ruhig tragen!« und versprach, Ort und Kloster zu schützen.

Am 18. September kamen sechs kaiserliche Ritter nach Scheyern, um Brot, Fleisch, Haber und Geld für ihre Mannschaft zu erpressen. Im Gasthaus Harter kehrten sie ein. Einige beherzte Männer von Scheyern wollten sie gefangen nehmen. Diese schlugen sich jedoch mit gezogenem Säbel durch. Der Krämer Martin Kaill feuerte eine Pistole ab ohne zu treffen. Am Nachmittag kam eine Abteilung von 50 Reitern nach Scheyern zu einem Strafzug. Nach langen Verhandlungen erwirkte der Abt von den Offizieren Gnade für den Ort Scheyern. Nur zwei Fuhren Brot, Fleisch, Haber und auch Geld mußten geliefert werden. Alle dankten Gott, daß die Sache noch so gut hinausgegangen war. Von dieser Zeit an sind in der Pfarrkirche das »Allgemeine Gebet« mit fünf Vaterunser und auf Neujahr die Anbetung des Allerheiligsten eingeführt worden.

Zum Grubbauer – bei Edersberg – kamen einmal drei französische Füsiliere, die Milch wollten. Ein zufällig anwesender Nachbar holte gleich einige starke Männer herbei, welche die Franzosen angriffen, da sie glaubten, diese wollten den Hof plündern. Es entstand ein hitziger Kampf, bei dem die Franzosen unterlagen. Einer zog sterbend den Rosenkranz. Die Franzosen wurden im Wald verscharrt. Der Grubhofbauer, ein braver Mann, wurde verhaftet und saß eineinhalb Jahre lang in Untersuchungshaft. Die Sache kam bis nach Paris. Schließlich wurde er freigesprochen, wegen Mangels an Beweisen.

Noch im Frühjahr 1809 wurde in der Scheyerer Gegend gekämpft. Am 19. April in der Frühe begannen die Österreicher und Franzosen ein Gefecht zwischen Mitterscheyern und Pfaffenhofen. Die Österreicher hatten die Höhen bei den Radlhöfen besetzt, die Franzosen die Felder und das Gehölz bei Mitterscheyern, Fürholzen und Holzried. Die Franzosen waren zahlenmäßig überlegen. Trotzdem hielten die unterlegenen Österreicher drei Stunden stand.

Nach der Schlacht bei Hohenlinden am 1. Dezember 1800 mußte auch die Kreuzmonstranz als Kontribution abgeliefert werden. Aber durch den beherzten Einsatz von Leuten aus der Pfarrei Scheyern konnte sie kurz vor dem Einschmelzen um 697 Gulden zurückgekauft werden (siehe dazu das Kap. Das Heilige Kreuz von Scheyern).

An den *Befreiungskriegen* (1813–1815) nahmen auch Soldaten aus der Pfarrei teil, so Jakob Reichart von Grainstetten (beim Jakl), Martin Neumayer von Gurnöbach (Hansbauer), Josef Thumann von Fürholzen, Jakob Merkl (wahrscheinlich Möckl) von Winden und Bartholomäus Schober von Grainstetten (beim Seiz). Sie wurden 1849 vom Landgericht in besonderer Weise geehrt.

B   Kloster Scheyern als Gerichtsherr in der Hofmark[1]

Das hervorstechendste Ereignis zu Beginn des 14. Jahrhunderts ist für Scheyern die Verleihung der *Niederen Gerichtsbarkeit* am 19. April 1315 durch Kaiser Ludwig den Bayern. In der betreffenden Urkunde lesen wir:

1315, April 19. [KU Scheyern 44]: Kaiser Ludwig erteilt dem Kloster Scheyern in Vergütung erlittenen Schadens die Gerichtsbarkeit mit Ausnahme der Fälle, die »zu dem Tod gehören«. Die Urkunde (MB X, 487) hat folgenden Wortlaut:

Die Angaben sind entnommen aus den jeweiligen Urbaren und Salbüchern.
[1] Vor allem: Bayerische Staatsbibliothek, Handschrift Cod. germ. 698 und *P. Laurentius Hanser*, Rechtsgeschichtliche Forschungen, S. 112 ff.

Wir Ludwig von Gotes Genaden römischer Kunich, ze allen Zeiten Merer des Reichs tun chunt allen den die diesen Brief ansehent oder hörent lesen. Wann wir ze allen Zeiten Chlöster und gaistlich Leut, die Got dienent, in unsern besundern Genaden und Scherm unzher gehabt haben, und fürbaz ewiglich gern haben wellen durch Gots Ere, und unsrer Sel Hail: Und wan daz Chloster, der Abbt und der Convent ze Scheyren, die Got ze allen Zeiten mit Ir Gebet und Irm Gesang, und mit irm guten Leben vleizzich dienend, an Iro Läuten und Güten, als wir wol gesehen und vernommen haben, unzher grozzen Schaden genommen habent, davon si Got dester minner dienen mugen: haben wir in durch Got und unser Sel Hail, un daz si Got mit allen guten Dingen dester paz gedienen mugen, die Genad getan, daz si fürbaz ewiglichen selb das Recht tun sullen von allen Iren und Irs Gotzhuses Läuten, und um all Sach wie die genannt sein, an umb Todsleg, Notnunft, Diuf, und um ander Sach, die zu dem Tod gehörent, die sullen unser Amptleut richten.

Und davon gebieten wir allen Viztumen, Richtern und Amptleuten, wie die genannt sein, die jezu sind, oder chunftig werdent, daz si in die Genad als vorgeschriben stet, an irn Läuten und guten mit nichten ubervaren. Daz In daz stät und unzebrochen beleibt, daruber ze aeinem Urchund geben wir in disen Brief versigelten mit unserm Insigel, der geben ist ze München am Sampztag vor san Görgentag, do man zalt von Christes Gepurt MCCCXV. Jar, in dem ersten Jar unseres Reichs.

Eine genauere Beschreibung des Gebietes, über das nunmehr das Kloster die Niedere Gerichtsbarkeit ausüben konnte, fehlt hier. Damals wurde der Umfang stillschweigend als bekannt vorausgesetzt und bedurfte keiner weiteren Erläuterung. Mit dem Hinweis »... von allen ihren und ihres Gotteshaus Leuten« ist angedeutet, daß sich dieses Gebiet im wesentlichen mit der Pfarrei Scheyern deckte.

Unter den landständischen Niedergerichtsbarkeiten des Gerichts Pfaffenhofen war die des Klosters Scheyern sowohl der Fläche als auch der Hofzahl nach eine der umfangreichsten. Der Bezirk war vor den anderen Hofmarken insofern ausgezeichnet, als er seit dem 16. Jahrhundert den anspruchsvollen Titel »Grafschaft« führte, was freilich ein reiner Ehrentitel blieb.

Das Kloster war daher innerhalb der Hofmark zum größten Teil in dreifacher Hinsicht zuständig:

1. Als *Gerichtsherr* für alle Untertanen der Hofmark.
2. Als *Grundherr* für alle Grundholden, deren Anwesen dem Kloster übereignet waren.
3. Als *Pfarrherr* für die Mitglieder der Pfarrei, die sich mit der Hofmark deckte, aber teilweise darüber hinausging.

Innerhalb der Hofmark war das Kloster für die Untertanen zuständig in allen Gerichtssachen und Strafsachen, die nicht in Zusammenhang standen mit »Totschlag, Notzucht, Diebstahl und todeswürdigen Verbrechen«. Oberster

Gerichtsherr war das Kloster. Denn das Privileg war verliehen dem »Closter, Abt und Convent«.

Aus diesem Grunde setzte der Abt, im Einvernehmen mit dem Landesfürsten, den *Richter* ein. Ihm zur Seite standen der *Überreiter*, der vor allem »über das Land zu reiten« und die Abgaben einzusammeln, und der *Amtmann*, der die Geschäfte eines Gerichtsdieners auszuüben hatte.

Die Aufgaben des *Richters* werden genau beschrieben im »Hofmarksrecht«, das Abt Paulus Preu 1493 wortgetreu von Indersdorf übernommen hat. Darin heißt es unter anderem:

»Als erster Beamter der Abtei in weltlichen Angelegenheiten soll der Richter allenthalben die Rechte, Gewohnheiten und Freiheiten derselben bewahren.

Getreu seinem Amtseid soll er allen Schaden des Klosters entweder selber wenden, oder doch umgehend dem Abte berichten.

Die ganze Hofmark steht unter der Aufsicht und Überwachung des Richters.

Er geht alle Tage durch sämtliche Werkstätten und Ökonomiegebäude, überwacht die Dienstboten und Arbeiter, Feld und Wald, Weg und Steg, Hecken und Zäune, übt im Gasthaus die Fremdenpolizei aus; macht vornehmen Gästen seine Aufwartung und sorgt dafür, daß verdächtiges Volk baldigst verschwindet, und wenn nötig, hinter Schloß und Riegel gesetzt wird ...«

Zunächst übten die Äbte diese Gerichtsbarkeit in eigener Person aus und stellten zu ihrer Hilfe lediglich Gerichtsschreiber und Siegelbevollmächtigte ein, welche die Routinearbeiten verrichteten. Aber bald konnte man nicht umhin, das Amt durch festangestellte Richter ausüben zu lassen.

Auch hier zeigte es sich, daß es weniger auf die Art der Institution ankommt, als vielmehr auf die Personen, die sich mehr oder minder bewähren konnten.

Der Richter hatte ursprünglich kein eigenes Dienstgebäude. Er wohnte auf dem Anwesen, das er sich erstiftet hatte, und verrichtete dort auch seine Amtsgeschäfte. Um 1642 wurde ein eigenes Richterhaus erstellt. Nach der Säkularisation diente dieses zunächst als Pfarrhaus und dann als Schulschwesternheim. 1967 wurde es abgebrochen. An dessen Stelle stehen jetzt die Raiffeisenbank und das Altenheim.

Nach dem Richter war die zweitwichtigste Person der *Überreiter*. Auch seine Aufgaben werden in dem genannten »Hofmarksrecht« genau beschrieben. Hier zeigt es sich besonders deutlich, daß Grundherrschaft und Richteramt eng miteinander verbunden waren. Denn die Aufgabe des Überreiters war es unter anderem:

»Er soll allen Schaden und alle Gebrechen der Güter melden und zu rechter Zeit die Gilt einbringen. Er soll aber nichts von den ›armen Leuten‹ begehren, das ihm nicht gehört ...«

Der Überreiter hatte kein eigenes Dienstgebäude. Meistens waren mit diesem Amt ansässige Bauern beauftragt. So finden wir um 1679 als Überreiter

einen Mathias Mainwolf, dessen Familie Besitzungen in Winden und Großenhag hatte.

Dem Richter zur Seite stand der *Amtmann*, dessen Stellung keineswegs dem
späteren Bezirksamtmann entsprach. Er war nur Gerichtsdiener und hatte
die Aufgabe eines Polizisten.

Der Amtmann bewohnte ein eigenes Haus, in dessen Räumen auch Häftlinge
eingesperrt wurden. Das frühere Amtmann-Haus steht noch, freilich etwas
zerfallen. Es ist die einzige Erinnerung an die Zeit, in der das Kloster die Niedere Gerichtsbarkeit besaß. In den Kellern waren Eisenhaken angebracht, an
die die Sträflinge gefesselt wurden.

Zu den Befugnissen des Richters gehörte es auch, die »Briefprotokolle«, d.h.
die »Verbriefungen« jeglicher Art auszustellen. Diese sind von 1640 bis 1803
fast lückenlos, in über 70 Bänden, im Bayerischen Hauptstaatsarchiv München noch erhalten.

Wenn auch einige Richter, wie Hanns Marthan, ihre Stellung zur persönlichen Bereicherung mißbraucht oder – wie einige spätere Richter – gegen das
Kloster gearbeitet haben, so standen doch die meisten loyal zum Kloster und
haben seine Interessen unterstützt.

Folgende *Richter* sind uns namentlich bekannt (die Jahreszahlen geben nur
die ungefähre Zeit des Wirkens an):

1321	Stephan Nagel (vermut-lich nur in Fischbachau und Berbling)	1549	Linhardt Krapf
		1560/90	Hanns Marthan
		1594/1611	Cristoff Niderfreinberger
1360	Johann Kastner, Pfaffen-hofen	1616	Sebastian Appl
		1617	Balthasar Zächerl
1360	Ulrich Snaderpeck, Gerichtsschreiber	1631/38	Michael Holzinger
		1639/42	Anton Jungkholzer
1392	Hanns Muennenpeck, Siegelbittzeuge	1645/50	Michael Pachmayr
		1652	Sebastian Grabmann
1400	Herman Leheman, Schreiber	1667/81	Franz Hamerthaler
		1696	Heinrich Sibenhärl
1401	Wernher Muennenpeck	1699	Johann Straßmayr
1435	Marquart Wieland	1705	Josef Reindl
1442/52	Andre Ostermair	1715	Johann B. Mändl
1457	Tyebold Gurr	1718/31	Josef Reindl
1468	Heinrich Gräß (Kess)	1736	Jacob Ruckhaber
1526	Michael Rinckheimer	1761/80	Martin Hueber
1539	Cristoff Meurl	1783/1803	Leonhard Werffer

C Das Kloster als Grundherr

1 Die Lehnsherrschaft

Vor der Säkularisation im Jahre 1803 war das Kloster Scheyern innerhalb der Hofmark Scheyern *Eigentümer* von etwa 277 Anwesen, deren Inhaber im rechtlichen Sinn nur »Besitzer« waren. Sie »saßen« nur auf den Anwesen und bewirtschafteten sie. Wenn also des öfteren die Rede ist von »Besitzungen« des Klosters, so ist hier rein rechtlich das »Eigentumsrecht« gemeint. Es bestand also ein gemischtes Eigentumsverhältnis.

Nach der Wiedererrichtung des Klosters im Jahre 1838 durch König Ludwig I. erhielt das Kloster zwar den Besitz des Prielhofes zurück, aber das frühere »Eigentumsrecht« über Grund und Boden seiner ehemaligen Grundholden war verloren gegangen. Diese wurden allmählich selbständige Eigentümer.

Um die Lehnsherrschaft zu verstehen, gehen wir zurück in die Zeit der Völkerwanderung. Auch unsere Vorfahren sind größtenteils eingewandert und haben sich erst mit der Zeit seßhaft gemacht. Schon aus diesem Grund bestand ursprünglich noch keine feste Bindung an den Boden. Die ursprüngliche Art des Besitzes war das *gemeinschaftliche* Eigentum des ganzen Stammes, dessen Repräsentant der Herzog war.

Dieser verlieh, sobald die Stämme seßhaft geworden waren, einen Teil von Grund und Boden an seine Vasallen, seine Gefolgsleute. Diese wiederum verliehen einen Teil an die Bauern. Beide Arten von Verleihung geschahen zunächst auf Bewährung.

Zum besseren Verständnis müssen wir unterscheiden zwischen der Lehnsherrschaft und der Grundherrschaft. In der Brockhaus Enzyklopädie lesen wir darüber:[2]

»*Lehnswesen:* Das Lehnswesen des deutschen Mittelalters ging hervor aus der seit dem 7./8. Jahrhundert vollzogenen Verschmelzung der personenrechtlichen Vasallität und des sachenrechtlichen Benefizialwesens. Die Vasallität, eine Verbindung der ursprünglichen gallorömischen Kommendation und der altgermanischen Gefolgschaft, war das Treuedienstverhältnis, das den Mann (vassus) verpflichtete, dem Herrn (dominus, senior) gegen Schutz und Unterhalt Dienst und Gehorsam zu leisten. Die Treuepflicht war gegenseitig...

Grundherrschaft: Die Grundherrschaft ist die in Europa vom frühen Mittelalter bis ins 19. Jahrhundert die Agrarwirtschaft entscheidend prägende Organisationsform... Dabei ist die ältere Grundherrschaft von der jüngeren zu unterscheiden. Bei der älteren handelt es sich um einen Komplex von Herrschaftsrechten, der in aller Regel nicht nur Herrschaft über Grund und Boden meint, sondern auch über Land und Leute, wobei der Grundherr gegenüber den ihm in unterschiedlichen Abhängigkeitsverhältnissen unterstehenden Grundholden (zumeist Bauern) zu Schutz und Schirm verpflichtet war, wäh-

---

[2] Brockhaus, »Lehnswesen«

rend diese gewisse Dienste zu verrichten und eventuell Naturalabgaben zu entrichten hatten.

Grundherrschaft im jüngeren, engeren Sinn ist allein die durch (adlige) Standesqualitäten besonders legitimierte Herrschaft über Grund und Boden. Sie ist nur ein Teilbereich der königlichen, geistlichen oder adligen Herrschaft neben anderen Formen, wie Leibeigenschaft, Gerichtsherrschaft und Vogtei und weist erhebliche regionale Unterschiede auf. Bei der Entstehung der Landesherrschaft spielte die Grundherrschaft eine wichtige, in der Regel aber nicht die ausschlaggebende Rolle.«

Soweit die Darlegungen im Brockhaus. Mit Recht wird hier betont, daß die praktische Handhabung erhebliche regionale Unterschiede aufweist. Auch spielte die Leibeigenschaft in dem von uns betrachteten Zeitraum, zwischen 1200 und 1800, keine nennenswerte Rolle mehr. Sie ist klar zu trennen von der »Leibgedingsgerechtigkeit«, also der Verleihung auf den »Leib« eines Grundholden, d.h. auf Lebenszeit.

Bei der Lehnsherrschaft, nach der z.B. der Kaiser die Fürstentümer nach freiem Ermessen an die Herzöge verlieh, setzte sehr bald ein Erbrecht ein. So waren in Bayern die Wittelsbacher vom Jahre 1180 an ununterbrochen – durch Erbfolge – an der Macht bis zum Jahre 1918. Dieser Prozeß setzte sich nach unten fort. Auch bei der Verleihung von Gütern an die Bauern ist das Bestreben erkennbar, diese auf den »Leib«, d.h. auf Lebenszeit auszudehnen, und diese »Leibgedingsgerechtigkeit« auf die Kinder zu übertragen. Diese führte bei den meisten Bauern zu einer – wenn auch nicht rechtlich fixierten – so doch praktisch durchgeführten »Erbfolge«.

2 Rechtliche Stellung der Klosterleute von Scheyern[3]

Wie bereits eingehend dargelegt rührten die weiterverzweigten Besitzungen an Grund und Boden, die das Kloster Scheyern vor der Säkularisation besaß, aus Schenkungen, Vertauschungen oder vom käuflichen Erwerb. Vor allem die Mitglieder der Stifterfamilien, Adelige und andere vermögende Leute haben dem Kloster besonders im 12. und 13. Jahrhundert viele Güter geschenkt, wie sie besonders aufgezeichnet sind im »Liber primae fundationis« (Clm 1052).

Als Zweck der Schenkung wird fast immer angegeben, daß die Mönche für das Seelenheil der verstorbenen Angehörigen beten und das hl. Meßopfer darbringen sollen.

Ein weiterer Grund der Übereignungen, der besonders den weltlichen Herrschern vor Augen schwebte, war es, daß das Kloster seine Leute, die Bauern und sonstigen Grundholden, zu einer geordneten und verantwortungsbewußten Arbeit anleiten sollte. Vom Ertrag aus den verschiedenen Abgaben mußte das Kloster die Gebäude erhalten und die Mitglieder und Angestellten

---

[3] Insbesondere: *P. Laurentius Hanser*, Rechtsgeschichtliche Forschungen S. 44–60; *Pankraz Fried*, Anfänge des Hauses Wittelsbach, S. 7; BHStA, KA Ic 11 Salbuch 1697–1702.

ernähren. Indirekt konnten dadurch auch die Steuereinnahmen des Staates eingeholt werden. Als Gegenleistung übte das Kloster eine Schutzfunktion für die Untergebenen aus.

Die Mönche selber haben im allgemeinen sehr einfach und sparsam gelebt. Das wußten auch die Herzöge und haben darum wiederholt das für den Bau der Kirche oder für sonstige wichtige Vorhaben gesparte Geld vom Abte abverlangt und für ihre eigenen Zwecke verwendet. Daher blieb in Scheyern die Bausubstanz erhalten, und es konnte nie ein grundlegender Neubau durchgeführt werden.

Die Höhe der Abgaben bewegte sich in erträglichen Grenzen. Sie ist, bei sonst gleichbleibenden Verhältnissen im Laufe der Zeit erheblich gesenkt worden. So betrug – um nur ein Beispiel zu nennen – die jährliche Abgabe beim »Stepperger« in Mitterscheyern um das Jahr 1300 10 Mitl Korn und 10 Mitl Hafer. Bis zum 18. Jahrhundert erniedrigte sich diese auf 4 Schäffel Korn und 4 Schäffel Hafer. Dabei entspricht 1 Mitl etwa 1 Schäffel.

Zusammen mit dem geschlossenen Gebiet der Hofmark Scheyern gab es in den Landgerichten Pfaffenhofen, Schrobenhausen, Aichach, Rain am Lech, Dachau und Bad Aibling etwa 700 Anwesen, deren Grundherr das Kloster Scheyern war. Diese Güter kennzeichnen auch den ursprünglichen Herrschaftsbereich der Wittelsbacher.

Bis um 1600 zählten noch einzeln verstreute Güter in Tirol und »im Gebirge«, bei Reit im Winkl, zu Scheyern. Da aber die Höhe der Abgaben, in Geld, immer mehr an Wert verlor und in keinem Verhältnis stand zu dem Verwaltungsaufwand, der um sie gemacht werden mußte, wurden sie 1598 verkauft (Urkunde vom 21. August 1598). Dafür kaufte man den letzten Teil des Scheyerer Forstes, der noch einem Münchener Bürger, Georg Lindauer, gehört hatte um 9400 Gulden (Urkunde vom 29. August 1598).

Die Leute, die vom Kloster irgendwie abhängig waren, umfaßten einen engeren und einen weiteren Kreis. Den *engen Kreis* bildeten die Mönche – Patres und Laienbrüder –, deren Hauptaufgabe in dem gemeinschaftlichen Chorgebet und in der Feier der Eucharistie bestand. Der *weitere Kreis* setzte sich zusammen aus den »Gotteshaus-Leuten«, die in gegenseitigem Treueverhältnis zum Kloster standen. Dieses Verhältnis verpflichtete auf der einen Seite zu Abgaben und Steuern, auf der anderen Seite aber garantierte es das Recht auf den Lebensunterhalt, auf die Fürsorge für den Notfall und auf das Fürbittgebet der Mönche. Je nach Art der Bindung unterschied man drei Gruppen:

a   Die Leibeigenen

Diese Gruppe der Leibeigenen, oder Eigenleute, war die ursprüngliche. Nicht der Besitzer eines Gutes, sondern eine bestimmte Person war abgabenpflichtig und erhielt dafür als Gegengabe den Schutz des Herrn. Die Leibeigenschaft erinnert an eine Zeit, in der die Völkerstämme noch nicht seßhaft waren. Mit der allmählichen Festigung der wirtschaftlichen Verhältnisse und der stärkeren Bindung an Grund und Boden verlor sie ihre Bedeutung.

Das Brockhaus-Lexikon schreibt dazu unter dem Stichwort »Leibeigen-schaft«: »Im Spätmittelalter konnte die Leibeigenschaft als überlebt gelten; hatte sie doch keinen tragenden wirtschaftlichen Grund ihrer Arbeitsfassung mehr.«

Aus den Urbaren und Salbüchern des Klosters Scheyern läßt sich erkennen, daß in den Anfängen des Klosters diese »Leibeigenschaft« vereinzelt vorkam. So lesen wir um das Jahr 1183 (Clm 1052, 72): Der Herzog Otto von Bayern »übergab uns, was er in Tiemenhusen hatte, sowohl Menschen als auch Sa-chen«. Desgleichen schenkt um dieselbe Zeit sein Vetter Konrad von Valley dem Kloster Güter samt Eigenleuten zu Scheyern und Triefing.

Die auffallendste Übereignung von Personen ist wohl die durch Ortolf von Sandicell, im Jahre 1335, an den Abt Konrad (KL 54, 93). Es werden zunächst 10 Güter in Niederscheyern an das Kloster gegeben und dann, getrennt da-von, auch 11 Elternpaare mit etwa 30 Kindern.

Im genannten Traditionsbuch (Clm 1052, 57) wird auch ein Fall berichtet, daß Leibeigene sich selber loskauften. Hier heißt es, daß die Brüder Otto und Heinrich von Giebingen all ihrer Sorgepflicht über eine Alhaid mit ihren Kin-dern entbunden seien durch Zahlung von 12 Schillingen.

Noch um 1135 glaubte Ortlieb von Zwiefalten, man brauche nicht zu fürch-ten, daß die Zahl der Leibeigenen des Klosters sich mindere. Vielmehr sei durch den Zustrom von Bedrängten und Schutzbedürftigen ihre Zahl im Zu-nehmen begriffen. Dieser Zustand änderte sich mit dem Anwachsen der Städte. Ihre Mauern boten bald einen wirksameren Schutz als die »Kloster-mauern«. Dies hatte zur Folge, daß im 14. Jahrhundert »Cautiones« auftau-chen, die den Eigenmann enger an die Scholle binden sollten. So enthält das Salbuch vom Jahre 1413 (KL 78, 234–246) über 120 solcher Urkunden von 1376 bis 1434 und ein Verzeichnis von Eigenleuten von 1376.

Um der Landflucht entgegenzuwirken, versprechen die jungen Männer, ohne Genehmigung des Abtes sich nicht zu verheiraten, nicht in Städte oder Märkte zu ziehen und »das Gotteshaus« mit keiner anderen Herrschaft zu vertauschen (z.B. KL 77, 247). Wer ohne Erlaubnis eine Auswärtige (aliunde) oder auswärts (extra ecclesiam) heiratet, wird bestraft, sei es mit einmaliger Geldbuße oder mit einer auf Lebensdauer zu entrichtenden Abgabe. So muß z.B. der Werndl Raeutmayr für die Zeit seines Lebens jährlich 24 Pfennige entrichten, weil er außerhalb des Klosters sich verheiratet hat (KL 78, 241, im Jahre 1412).

Durch Erlaß des Herzogs Stefan vom Jahre 1392 wurde dem Kloster der be-sondere landesherrliche Schutz gewährt gegen jede unbefugte Entfremdung von Eigenleuten (MB X, 525). Anläßlich der Visitation von Herzog Albert im Landgericht Pfaffenhofen vom Jahre 1427 wurde ein Verzeichnis von 98 Eigenleuten – nach eidlicher Aussage – angelegt. Von dieser Zeit an fehlen in Scheyern weitere Nachrichten über »Eigenleute«.

b Die Angestellten des Klosters

Zu den *Angestellten* des Klosters zählten die Beamten (Richter, Kämmerer, Amtmann, Überreiter), die Taglöhner, Dienstboten und Handwerker im engeren Klosterbereich oder im Prielhof. Diese waren dem Kloster durch einen Dienstvertrag verpflichtet und erhielten eine genau festgesetzte Entlohnung. Bereits im Salbuch vom Jahre 1413 (Kl 78, 74) befindet sich ein ausführliches Verzeichnis über die Reichnisse an die Angestellten.

Ebenso sind in den nachfolgenden Salbüchern des 14. Jahrhunderts solche »Übereinkünfte der Diener auf dem Prielhof und im Kloster« enthalten. So lesen wir z.B. für das Jahr 1487[4]:

Übereinkünfte (Convenciones) für die Diener auf dem Prielhof:

Matheis Prielmaister und seine Frau: 10 fl, 9 Ellen Tuch, 1 Obergewand für die Frau, 14 Ellen Werg, und jedem 4 Paar Schuhe.

Der erste Knecht (primus colonus) Jorig Weghapel, 12 Schillinge, 12 Metzen Roggen, ebensoviel Hafer, 4 Ellen Tuch und 4 Pfund Schmalz (arvina).

Der zweite Knecht (secundus colonus) Tanner Leonhard, ebensoviel wie der erste.

Der dritte Knecht (tertius colonus) Sixt Pawrl, ebensoviel wie der erste.

Der Mitterknecht, Clas Haner, 10 Schillinge, 10 Metzen Roggen, ebensoviel Hafer, 3 Pfund Schmalz, 3 Ellen Leinentuch.

Der erste Menknecht, Peter Wernher, 1 Pfund Pfennige, 8 Metzen Roggen, ebensoviel Hafer, 3 Ellen Werg, 2 Pfund Schmalz.

Der zweite Menknecht, Jorig Abensperger, ebensoviel wie der erste.

Der dritte Menknecht, Sixt Simon, ebensoviel wie der erste.

Der Rinderhirt (custos vaccarum) Leonhard, 10 Schillinge, 10 Metzen Roggen, ebensoviel Hafer, 3 Ellen Leinentuch, 3 Pfund Schmalz.

Der zweite Rinderhirt (secundus custos vaccarum), (für 1489!), 6 Schillinge, 6 Metzen Roggen, ebensoviel Hafer, 2 Ellen Werg, 1 Pfund Schmalz.

Der Stutenknecht (»Stuettenknecht«) Leonhard Triefinger, 6 Schillinge, 6 Metzen Roggen, ebensoviel Hafer, 2 Ellen Werg, 1 Pfund Schmalz.

»Solarcium unius ancillae« (= solacium – Entschädigung für eine Magd), 2 Pfund Pfennige, 7½ Ellen Leintuch, 1 Pfund Schmalz, 1 Obergewand oder 18 Pfennige.

Erste Magd, Magdalena Simonin – zweite Magd, Barbara Zächin – dritte Magd, Margaretha von Lanckwat – vierte Magd, Anna von Gunsperg.

Übereinkünfte für die Diener im Kloster Scheyern:

Der Richter Peter Wolfsperger, 4 Gulden, ein Gewand (tunica) einen Wagen Heu ein gemästetes Schwein wie es die Bauern abgeben. Außerdem hat er im Kloster den Tisch. Das Pferd hat er in seinem Haus. Wir geben ihm dafür jährlich 4 Schäffl Hafer.

Der Kämmerer, Martin, 4 Gulden, 1 Gewand und 4 Paar Schuhe.

Der Celerarius, Martin, 4 Gulden, 1 Gewand und Schuhe wie dem Kämmerer; und für die Pröpste geben wir ihm zur Zeit der Abgaben (tempore placitationis) 1 Pfund Pfg.

Der Gastwirt (stabularius), Wolfgang, 4 Gulden, 1 Gewand, 1 Paar Schuhe.

Der Metzger (carnifex), 3 Gulden, 1 Gewand, 8 Metzen Roggen, ebensoviel Hafer – und vom Fleisch sonst nichts weiter.

---

[4] KL 82, 146ff.

Der Gastknecht, Liendl, 20 Schillinge, 2 Schuhe.

Der Pförtner, Lienhart, 10 Schillinge, 1 Gewand oder ½ Pfund Pfennige, 1 Paar Schuhe, 1 Hemd (camisia).

Der Herold (preco), 12 Schillinge, 1 Gewand, 6 Metzen Roggen, ebensoviel Hafer.

Der Fischer, Sixtus, 4 Gulden, 2 Gamaschen (duobus ocreis), 4 Paar Schuhe.

Der Müller (molitor) Leonhard, 7 Gulden, 1 Gewand, 1 Hemd, 1 Paar Knieschuhe (Knyeschuch), 1 Paar Schuhe.

Der Koch, 10 Schillinge, 8 Metzen Roggen, ebensoviel Hafer, 24 Käse, 1 Gewand oder ½ Pfund Pfennige, 1 Paar Schuhe und den Zehnten von Gumersperg.

Der zweite Koch, Hansl, 3 Gulden, 1 Gewand, 3 Ellen Werg, 1 Paar Schuhe.

Küchendiener, Hansel Schieckl, 2 Gulden, 1 Paar Knieschuhe, 1 Paar »Preitschuech«.

Fischer, Liendl Sturm, 4 Gulden, 1 Gewand, 12 Käse, 2 Pfund Schmalz.

Diener des Fischers, Sigismund, 2 Gulden, 6 Metzen Roggen, ebensoviel Hafer, 1 Gewand, 2 Pfund Schmalz.

Hansel Haitzer, ½ Pfund Pfennige, 3 Ellen Werg, 1 Metzen Weizen (tritici).

Der erste Wagenknecht, Lienhard Schnelman, 13 Schillinge, 12 Metzen Roggen, ebensoviel Hafer, 4 Ellen Tuch, 4 Pfund Schmalz.

Der zweite Wagenknecht, Georg Olbel, 12 Schillinge, 12 Metzen Roggen, ebensoviel Hafer, 4 Ellen Tuch, 4 Pfund Schmalz.

Schweinehirt (Sawendl), Lienhart Hulmair, 2 Pfund Pfennige, 1 Gewand, 2 Schuhe, 2 Pfund Schmalz.

Der erste Schweineknecht (primus servus porcorum), Urban, 10 Schillinge, 10 Metzen Roggen, ebensoviel Hafer, 1 Pfund Schmalz, 2 Knieschuhe.

Der zweite Schweineknecht, Leonhard, 5 Schillinge, 4 Metzen Roggen, ebensoviel Hafer, 1 Pfund Schmalz, 2 Knieschuhe.

Der Schmied, Petrus, 6 Gulden, 1 Gewand, 1 Schäffel Korn, 1 Metzen Weizen, 2 Gamaschen, und das Peuntl beim Schlag.

Der Diener des Schmieds, Andreas, für eine Woche 11 Pfennige, ausgenommen die Zeit der Ernte, wo wir vier Wochen einschätzen, für diese Wochen hat er frei.

Der Schreiner Ulrich (keine feste Entlöhnung; für eine nicht genannte Zeit schuldet ihm das Kloster 25 Gulden).

Der Bräuer Georius (für 1489), 6 Gulden, 3 Ellen Leinentuch, 1 Gewand, 2 Paar Schuhe, 2 Pfund Schmalz.

Sixtus, der Schreiber, 1 Schäffl Roggen, 1 Metzen Weizen.

Erste Rindermagd, Kunigund Heifflin, 2 Gulden, [1490, S. 373] 8 Ellen Leinentuch, 1 Pfund Schmalz, doppeltes Obergewand (duplici peplo) oder 36 Pfg. 1 Paar Schuhe.

Zweite Rindermagd [1490, S. 373] 12 Schillinge, 8 Ellen Leinentuch, 1 Pfund Schmalz, 1 Obergewand, 1 Paar Schuhe.

Konrad Karll [Tätigkeit?], 3 Gulden, 1 Gewand, 1 Hemd, 1 Paar Schuhe.

Der Pfarrgeistliche, Herr Leonard, zu St. Martin, 10 Pfund Pfennige, 1 Gulden für die Messen (pro offertoriis).

Der Tuchscherer, [keine feste Vergütung].

Herr Wolfgang, Geistlicher in Niederscheyern, 8½ Pfund Pfennige.

Der Sattler [keine feste Vergütung], für seine Arbeiten in einem nicht genannten Zeitraum [vermutlich 1 Jahr] erhält er 11 Gulden 71 Pfennige.

Zusammenfassend läßt sich feststellen, daß außer dem Konvent noch etwa 50 Angestellte zum Klosterbereich gehörten, von denen etwa die Hälfte im Prielhof beschäftigt war.

c Die Grundholden[5]

Die wichtigste und umfassendste Gruppe der Klosterleute bildeten die Grundholden. Bei diesen bestand die Verpflichtung durch einen Vertrag der Verleihung. Das Leiheverhältnis zwischen dem Grundherrn und den Bauern war kein bloßes Pachtverhältnis. Es begründete nicht bloß eine dingliche, in Bezug auf das Gut gegebene Abhängigkeit des Bauern vom Grundherrn, sondern auch eine beiderseitige persönliche Bindung.

Grund-»Holde« war ursprünglich der durch die »Huld« des Herrn mit einem Gut Beliehene, der dem Herrn zur Treue verpflichtete Bauer. An diese persönliche Treuebeziehung erinnert noch das älteste bäuerliche Leiherecht, die »Herrengunst« oder »Herrengnad«. In der Hofmark Scheyern kommen folgende drei Formen vor:

1 *»Herrengunst«* bzw. *»Freistift«*, mit jederzeit möglicher Kündigung durch den Herrn und beliebiger Leihefrist.

Der Name »Freistift« wird nur gebraucht bei Gütern, deren Grundherr ein vom Kloster verschiedener Herr war. Dies trifft nur bei ganz wenigen Gütern zu. So wird der »Pöll«-Hof in Menzenpriel »Freistiftshof« genannt. Dieser wurde erst 1681 von den Herren von Preysing gegen das Gut in Kreut an der Paar eingetauscht. Typisch für diese Art der Verleihung sind die Begriffe »Auffahrt« und »Abfahrt«, womit Beginn und Ende der Stiftzeit gemeint sind.

Bis um 1500 die vorherrschende Verleihungsform ist die »Herrengunst«. Grundsätzlich bedeutete sie eine jederzeit kündbare Verleihung. In unserem Raum wurde dies so gehandhabt, daß rein formell jedes Jahr neu »gestiftet« werden mußte. Zu einem festgesetzten Termin, z.B. am St. Gallustag (16. Oktober), wurde die fällige »Gilt« oder »Stift« abgegeben. Der Name »Stift« deutet darauf hin, daß mit dieser Abgabe bis auf weiteres das »Besitz«-Recht über das Gut verlängert wurde.

Um das Jahr 1480 tauchen in den Salbüchern die Begriffe »Stiftmaß« und »Stifthenne« auf. Dies bedeutet, daß zur Bekräftigung des neuen Leihevertrages der Grundholde eine »Maß Wein« und eine Henne ablieferte. Oft wurde die Maß Wein mit 14 Pfennigen (= 1 Batzen) abgegolten, und dies unabhängig von der schleichenden Geldentwertung.

Bereits ein oberflächlicher Blick auf die Liste der Besitzer zeigt, daß sich schon im 15. Jahrhundert einzelne Familien lange – über Generationen hinweg – auf ihrem Gut gehalten haben. Dies trifft besonders bei den größeren Bauernhöfen zu. Der Besitz auf Lebenszeit war jedoch noch nicht die Regel; er setzte sich erst allmählich durch. Bei kleineren Gütern stellen wir um 1500 einen häufigen Wechsel fest. Die Grundholden wurden aber deswegen nicht brotlos. Oft wechselten sie nur von einem Gut in ein anderes über.

---

[5] Dazu insbesondere: *Hiereth*, Die Bayerische Gerichts- und Verwaltungsorganisation vom 13. bis 19. Jahrhundert, S. 18–20.

2 *Leibrecht*. Dieses »Leibrecht« ist nicht zu verwechseln mit der »Leibeigenschaft«. Leibrecht bedeutet die Verleihung eines Gutes auf den »Leib«,
d. h. auf *Lebenszeit* des Grundholden. Dieses »Leibgeding« finden wir vereinzelt bereits Anfang des 14. Jahrhunderts.

So werden unter Abt Ulrich V. von Leutzenau, 1324–1334, mehrere Verlei-
hungen auf Leibgeding genannt (Clm 1052, 28–31). Möglicherweise ist dies
auch der Grund dafür, daß der Chronist von ihm berichtet, er habe »leichtsinnig und nachlässig« (neglegenter ac remisse) regiert. Man fürchtete noch den
Mißbrauch einer solchen Verleihung.

Auf einen solchen Mißbrauch deutet auch ein Erlaß der Herzöge Ernst und
Wilhelm von Bayern vom 6. Juni 1416 hin (KU Scheyern, 6. Juni 1416). Hier
heißt es, daß Abt und Konvent »sonderlichen von ungotlichen übernemmungen von *leibgedinge* wegen gar vaste verdarben sind«. In diesem Fall ist
jedoch die Rede von der gleichfalls »Leibgeding« genannten jährlichen »Leibrente«, welche das Kloster an ihre Gläubiger zahlen mußte. Der Herzog ver-
ordnet, daß diejenigen, die bereits durch die jährliche Rente einen Gesamtbe-
trag in der Höhe des geliehenen Kapitals empfangen hatten, nichts mehr zu
fordern hatten.

Die Leibgedings-Gerechtigkeit wurde allmählich für die zum Kloster Scheyern gehörenden Güter fast allgemein üblich. Von den 806 Grundbaren des
Klosters im Jahre 1802 haben 799 Leibgeding, 3 Freistift und 4 Erbrecht.

Da man auf den Leib eines anderen, auch auf den seines Kindes stiften
konnte, setzte damit eine faktisch geübte Erbfolge ein, auch wenn sie rechtlich nicht festgelegt war. Die Besitzerlisten der einzelnen Güter zeigen, daß
weitgehend diese »Erbfolge« ausgeübt wurde, soweit überhaupt entsprechende Nachkommen vorhanden waren. Wie die Briefprotokolle von 1643
bis 1802 beweisen, war die »Übergabe« vom Vater auf den Sohn oder die
Tochter eine selbstverständliche Gepflogenheit und genau geregelt, auch
wenn rein formell die Erlaubnis der Grundherrschaft eingeholt werden
mußte.

Eine weitere Folge dieses Leibgedings war, daß der Grundholde sich immer
mehr als »Besitzer«, und sogar als »Eigentümer« seines Gutes betrachtete.
Man sprach deshalb auch zuletzt von einem »Obereigentum« des »Grundherrn« und einem »Untereigentum« des Grundholden. Besonders der Dreißigjährige Krieg zwang zu einer freieren Handhabung des Eigentumsrechts
des Grundherrn. Der Grundherr, in unserem Fall das Kloster, war froh, wenn
er Bauern fand, die einen Hof übernahmen. Nur eine Haltung, die einer freien
Marktwirtschaft ähnlich war, konnte die lahmliegende Wirtschaft allmählich wieder beleben. So kam es, daß die einzelnen Besitzer sehr großzügig ihre
Güter kauften und wieder verkauften. So lesen wir in den Salbüchern (KL 94,
211; und KL 8, 31):

1637   kauft die Agatha Reichlin die Hofstatt beim Kern-Mitterscheyern für 3 Gul-
       den.
1641   kauft das Anwesen von der Reichlin ein gewisser Christoph Schuster um
       10 Gulden, behält aber das Leibrecht der Reichlin bei.

1643   kauft es Hanns Walch um 16 Gulden; auch er behält das Leibrecht der Reichlin bei. Anfall 48 Kreuzer.

1644   erkauft Kueffer das Haus von Hanns Walch um 16½ Gulden, Anfall 48 Kreuzer;

1648   »weil dieser Christ Kueffer weggezogen ist und sich seine Gerechtigkeit ›verzigen‹ hat, ist dies Haus von der Grund- und Gerichtsherrschaft dem Blasius Meyllinger für 6 Gulden verstiftet worden.«

Bei den einzelnen Kaufgeschäften mußte der Kaufpreis vom Käufer dem früheren Besitzer bezahlt werden; wie wir erkennen, geschah dies jedesmal mit einem gewissen Gewinn. Der Grundherr erhielt vom ganzen Geschäft nur den »Anfall«, der 5 % des Kaufpreises betrug. Um keine neue »Stiftgebühr« entrichten zu müssen, die 10 % des Kaufpreises betragen hätte, behielten Schuster und Walch das Leibrecht der Agatha Reichlin bei. Diese lebte ja noch, und ihre Stiftung auf Lebenszeit mußte voll ausgenützt werden.

Wie schon bei unserem Beispiel zu sehen ist, war der Kaufpreis im freien Handel meist höher als die »Stiftungsgebühr«. Das Anwesen wurde für 16 Gulden gehandelt, aber nur für 6 Gulden verstiftet.

Auf diese Weise wurden dem Grundherrn allmählich die Hände gebunden. Er konnte nicht mehr frei verfügen. Dies führte in Einzelfällen zu eigentümlichen Situationen. So können wir aus KL 93, 449 folgendes entnehmen:

1641   Georg Altmann und Solloma kaufen Leib auf die Tafernwirtschaft um 80 Gulden.

1650   Nicklaß Ziegler, Bierbrauer zu Pfaffenhofen, hat die Tafern und die dazugehörigen Stücke an sich genommen. Er hat versprochen, die schuldigen 130 Gulden zu bezahlen; der Anfall von einem Schätzungswert von 300 Gulden beträgt 19 Gulden. Er soll erst ab 1656 wieder völlige Gilt (von 70 Gulden) reichen.

1660   Das Kloster erkauft die Tafern und die benannten Leibrechte wieder an sich um 650 Gulden, Leykauf 45 Gulden.

Obwohl also das Kloster, rein rechtlich, »Eigentümer« der Tafernwirtschaft war und diese 1641 für 80 Gulden verstiftet hatte, mußte es diese vom »Besitzer« um die hohe Summe von 650 Gulden zurückkaufen, um sie in eigene Bewirtschaftung zu nehmen. Selbst wenn der Besitzer auf sein »Leibrecht« hinweisen konnte, war die Verkaufssumme von 650 Gulden sehr hoch. Aber selbst, wenn das Leibrecht erloschen war, geriet der Eigentümer in Schwierigkeiten, wenn er auf sein Recht pochte. So wollte das Kloster im Jahre 1724 die Mühle in Niederscheyern nach dem Tode des bisherigen Besitzers Thomas Strobl in eigene Verwaltung nehmen. Aber die Erben protestierten dagegen. So kam der Streitfall an den Hofrat, der jedoch zugunsten des Klosters entschied.

Wir lesen daher (KL 94, 245): »1724 ist die Mühle und die Huebe nach gehaltenem Stritt im Hofrat, nach Absterben des Thomas Strobl, vom Kloster ›eigentümlich‹ eingezogen worden«. Was der Grund dieser Maßnahme war, ist nicht vermerkt. Es läßt sich nur allgemein feststellen, daß Mühlen zu allen Zeiten die Gefahr des Mißbrauchs in sich bargen.

Der Leibgedings-Gerechtigkeit, das heißt dem Recht, ein Gut auf Lebenszeit zu besitzen, entsprach auf der anderen Seite die Pflicht, dieses sorgsam zu bewirtschaften. Als Beispiel sei ein Stiftungsbrief vom 12. März 1329 angeführt (Clm 1052, 33/34)[6].

Abt Ulrich und der Konvent von Scheyern überlassen dem Otto von Großenhag und seiner Frau Mechtild das dortige Lehen zu Leibrecht gegen einen jährlichen Zins von 34 Münchener Pfennigen am Martinstag an das Obleiamt.

Der Inhalt ist kurz folgender:
– Das Kloster gibt dem Otto von Nähernhag und seiner Frau Mechtild das Lehen zu einem Leibgeding, auf Lebenszeit.
– Sie sollen jährlich an das Obleiamt 34 Pfennige zahlen, an St. Martinstag, oder hernach innerhalb von vierzehn Tagen.
– Wenn sie die Zahlung nicht zur genannten Frist leisten, verfallen ihre Rechte.
– Ebenso erlischt das Recht, wenn die beiden »Leib« nicht mehr leben.

Die anderen Stiftungsbriefe sind ähnlich gehalten. Bei größeren Anwesen, wie Huben und Höfen, ist meistens hinzugefügt, daß das Gut baulich in gutem Zustand zu erhalten sei; daß nichts geteilt und veräußert werden dürfe ohne Zustimmung der Grundherrschaft, usw.

Schon hier sei vermerkt, daß die strenge Bestimmung »Wenn sie die Zahlung nicht zur genannten Frist leisten, verfallen die Rechte« sich nicht durchsetzen konnte.

Dazu trugen schon wiederholte Kriege bei, daß sich eine Nachlässigkeit einschlich, die nicht mehr bereinigt werden konnte. Besonders im 18. Jahrhundert war es bei manchen Bauern die Regel, daß sie jahrzehntelang keine Gilten entrichteten. Die angehäuften Schulden wurden dann wieder ganz oder teilweise erlassen. In vielen Fällen war das Kloster froh, wenn es Bauern fand, die ein Gut bewirtschafteten.

Auch sollten Teilungen möglichst vermieden werden. Tatsächlich kamen solche nur selten vor. Die auffallendste ist die Teilung der »Plaumoser-Hube« in »Nähernhag« in etwa 40 kleine Hofstätten, um für die Handwerker eine Behausung zu schaffen.

Trotz der im Stiftungsbrief genannten Verpflichtung, ein Gut baulich zu erhalten, setzte bereits im 16. Jahrhundert ein reger Handel ein mit einzelnen Grundstücken. Es wurden sehr häufig Äcker und Wiesen gekauft und verkauft, wenn auch mit Einwilligung des Grundherrn. Auch für das Kloster bildete dieser rege Handel eine nicht unerhebliche Einnahmequelle; denn es mußten vom Verkäufer der »Anfall«, 5 % des Verkaufspreises, und vom Käufer die Stiftsgebühr bezahlt werden.

---

[6] Stephan II, Urkunden, 137.

Es sei nur ein Beispiel von vielen genannt:

1575 (KL 93, 177 ff): Kreidenbauer, Großenhag, Thoman Reitberger
    1 Acker am Hochgraben, von Hansen Scheirmeir erkauft, 15 Pfennige.
    1 Acker von Sebastian Demel erkauft, am Eckloch, 15 Pfennige.
    1 Acker von Georg Heysen, 1 Schilling.
    1 Acker von Imhausen ertauscht, vor dem Eckloch, 15 Pfennige.

Es kam jedoch auch vor, daß der Besitzer Mißwirtschaft betrieb. Im allgemeinen versuchte man es mit Mahnungen und Geldstrafen, dem Übel abzuhelfen. Es lassen sich in der Zeit von 1500 bis 1800, bei etwa 5000 Besitzveränderungen, nur wenige Fälle – etwa 4 bis 6 – ausfindig machen, in denen der Besitzer vom Anwesen verwiesen wurde. So zum Beispiel

1. Im Jahre 1768, 4. Januar, lesen wir (KL 94, 217) beim Gut »Michlgörgl« in Ziegelnöbach über den Besitzer Michael Schwerdfirm:
1745 stiftet Leib Michael Schwerdfirm für 18 Gulden 38 Kreuzer, Infulsteuer 30 Kreuzer.
1768: »Es ist der alte und schlechte Hauser vom Gut weggeschafft worden; stattdessen hat auf sich Leib gestiftet Martin Stöger.«
2. Wernthal (KL 94, 489):
1791 »Es stiftet Leib auf sich Joseph Reisner um 100 fl, Leykauf 3 fl«.
1799 »Weil dieser Joseph Reisner das Gut abgeschwendet und mit Schulden überhäuft hat, so hat man ihm aus Lieb zu seinen Kindern erlaubt, mit dem Paul Schwarzbauer [Winden, beim »Wenger«] einen Gutstausch zu machen, wobei der Paul Schwarzbauer des Reisner Leib behält, zugleich aber dessen Schulden auf sich genommen hat. Es sind ihm [dem Schwarzbauer] auch 3 Freijahre an der Gilt und 2 an allen Scharwerk versprochen worden.«
3. Voglried (KL 94, 477):
1754, 1. April: Es stiftet Leib auf sich Michael Wagner.
1767, 1. Dezember: »Dieser Mayer ist als stockblind zu verkaufen gezwungen worden und es hat Leib gestiftet Conrad Rotter...«

In diesem Fall war es also die Blindheit des Besitzers, wodurch er zur Aufgabe des Leibrechts gezwungen wurde.

Im allgemeinen wurden bei schwereren Vergehen Geldstrafen auferlegt. Besonders häufig kam der »Waldfrevel« vor. Ein Teil des Waldes war Gemeineigentum und geschützt. Manche Bauern hatten nur die Erlaubnis, das nötige Brenn- und Bauholz zu schlagen. Dies verführte zum Mißbrauch. Man schlug mehr Holz als nötig war und verkaufte den Rest. Für dieses Vergehen wurde mit dem Verlust des Leibrechtes gedroht. So wurde Sebastian Pfab Fürholzen 1626 wegen ›Abschwendung‹ des Holzes mit 16 Gulden bestraft. Nur wegen der kleinen Kinder hatte man davon abgesehen, ihn vom Hof zu schaffen (KL 6, 9).
Im übrigen ist kein Fall genannt, bei dem mit der Drohung ernst gemacht wurde. In jedem Fall kam der »Waldfrevler« mit einer Geldstrafe davon. Es kam auch vor, daß das Kloster einen zusammengefallenen Hof vor einer weiteren Verstiftung erst instandsetzen mußte.

Kochbauer, Vieth, 1777 (KL 94, 429):
»Nachdem dieser Hainzlmayr gestorben und verdorben, die Wittib aber alles abgeschleppt, so ist das Haus zusammengefallen und alles öd gelegen. Darum hat das Kloster das Haus von Grund auf neu gebaut, den Stadl repariert und mit Vieh versehen, ... bis ein Käufer sich hervorgetan. Endlich meldet sich Wenzeslaus Dickh, kauft den Hof samt aller Fahrnus um 1000 fl, haben ›leib‹ bar bezahlt 450 fl, stiftet noch 250 fl, zuletzt hat man noch 50 fl der Witwe und den Kindern geschenkt.«

3   *Erbrecht.* Bei diesem ging das Gut ohne weiteres auf die Erben des Besitzers über.
Wenn auch die praktisch geübte Erbfolge sich schon im 16. und 17. Jahrhundert durchsetzte, so war man doch mit der Gewährung des förmlichen Erbrechts sehr sparsam. Man wollte vermeiden, daß ein völlig Untauglicher ein Gut oder ein Amt übernimmt. Wie bereits erwähnt waren es im Jahre 1803 nur vier Anwesen mit Erbrecht.
So wurde dem Ambros Rheiner von Großenhag-Scheyern von Abt Georg Neupeck (1558–1574) das Erbrecht verliehen (KL 93, 345ff). Dieser Ambros Rheiner war Kämmerer und konnte offenbar seinen Einfluß auch in dieser Richtung geltend machen.
Aber wegen der schlechten Erfahrungen kaufte das Kloster bereits 1626 das Erbrecht wieder um 480 Gulden zurück und verkaufte es dann wieder – mit Verlust – um 400 Gulden. Dann aber blieb das Erbrecht beim jeweiligen Besitzer, der jedoch bei einer Neuverstiftung zu der üblichen Stiftgebühr noch einen »Erbrechtsanfall« von 20 Gulden zu bezahlen hatte.
Wenn 1803 nur vier Anwesen Erbrecht besaßen, so war bis zu dieser Situation ein langer Weg. In den ersten Jahrhunderten gab es mehrere Güter, die im »Eigen«-Besitz und mit einem damit verbundenen Erbrecht, sich befanden. Es dauerte oft mehrere Jahrhunderte, bis das Kloster auch diese Güter erwerben konnte. Es seien nur einige Beispiele genannt:

KU Scheyern, 1502, April 27:
Achatius Prew und Anna Kolblin, beide wohnhaft in Ilmmünster verkaufen ihren Eigenhof und ihr Gut zu Zell, Gericht Scheyern, den jetzt Peter Hermann als Lehen innehat, dem Abt Paul und dem Konvent von Scheyern um 132 Gulden Rheinisch, welche Summe von diesen bereits bezahlt wurde.

KU 1476, Oktober 26., Edersberg, beim »Bauer«:
Ludwig Tömlinger, Bürger zu München, verkauft seinen Hof zu Eczelsperg, Gericht Pfaffenhofen, darauf jetzt Hansl Kolbleins sitzt, an Abt Jörgen und den Konvent von Scheyern um 82 Gulden Rheinisch, in Gold, alles in guter und gerechter Landeswährung.

KU 1476, März 3., Triefing, Feuchtbauer:
Cunrat Sälpel zu Gneystorf und Kunigund Sälplin zu Triefing, Geschwister, verkaufen ihr Gütel zu Triefing dem Abt und Konvent von Scheyern um 54 Gulden.

Von den vielen Gütern mit »Leibrecht«, bei denen wir auch ein faktisch geübtes Erbrecht genau erkennen können, sei nur eines angeführt: Jedem
Wechsel der Familien geht ein Kauf des »Leibgedings-Rechtes« voraus.

Feuchtbauer, Triefing, (KL 77; KL 78; KL 79; KL 80; KL 81; KL 82; KL 94, 401 ff)

1332	Arnold von Sandizell übereignet das Gut dem Kloster
1339–1497	Familie der Selpl, oder Sälpl
1339–1359	Selplin gibt jährlich 10 Hiener
1413	Hanns Sälpl, jährlich 3 Schillinge
1436	Sälpl, jährlich 3 Schillinge
1437–1448	Sälpel, jährlich 6 Schillinge
1467–1476	Sälpel, jährlich 6 Schillinge
1477–1484	Salpel, bzw. Sälplin, jährlich 3 Pfund Pfg.
1485	Clas Sälpl, jährlich 3 Pfund Pfg.
1497	Sixt Veichtmair, jährlich 3 Pfund Pfg.; er hat Leibgeding von Selplen er- kauft.
1500	Sixt Veitmair; jährlich 3 Pfund Pfg.
1535	Hans Veithmayr
1572	Veit Veitmayr, stiftet für 45 Pfund Pfg.
1604	Sebastian Veithmair, stiftet für 50 Gulden
1636	Michael Veithmayr, stiftet um 11 Gulden
1649	Georg Witmer, erkauft von Feuchtmair dessen Leibrecht um 195 Gulden
1661	Georg Witmer stiftet auf ein ›seiniges Kind‹ in 3 Jahren zu benennen, für 40 fl
1664	Die Tochter Agatha ist benannt worden, welche sich mit Adam Hägl verheiratet.
1675	Jacob Ziehenaus verheiratet sich mit Agatha Häglin, Witwe
1703	Agatha Ziechenaus stiftet Leib auf ihren Sohn Hanns Ziechenaus, für 55 fl
1751	Martin Ziehenaus stiftet Leib auf sich, für 55 fl
1793	Johan Georg Ziechenaus stiftet Leib auf sich um 55 Gulden

Die verschiedenen Abgaben

Wenn von mittelalterlicher Lehnsherrschaft die Rede ist, denkt man unwill-
kürlich an eine Reihe von Abgaben und Steuern verschiedener Art, die geleistet wurden und die – auf den ersten Blick – ständig zugenommen haben.
Man gewinnt den Eindruck, daß immer neue Formen von Abgaben eingeführt wurden. Etwas zur Vorsicht wird man gemahnt bei der Feststellung,
daß die Getreideabgaben von 1300 bis 1700 auf etwa die Hälfte gesunken
sind.
Bei den Abgaben in Geld läßt sich zwar eine Zunahme erkennen, wenn wir
den reinen Zahlenwert betrachten. Aber es muß die auch früher vorhandene
schleichende Inflation berücksichtigt werden. Besonders unruhige, kriegerische Zeiten brachten einen hohen Verfall des Geldwertes mit sich.
Auch im Mittelalter mußte man, um eine geordnete Wirtschaft durchzuführen, Steuerlisten anlegen, wie wir sie in den Urbaren und Salbüchern vorfinden. Für unsere Hofmark Scheyern besitzen wir den Vorteil, daß diese Bücher
von etwa 1300 bis 1800 fast lückenlos vorhanden sind.

Für die Hofmark Scheyern lassen sich folgende Abgaben erkennen:

Gilt, oft auch »Stift« genannt, ist der jährlich zu leistende »Pachtzins«; dieser setzte sich zusammen aus: Pfennig-Gilt, Getreide-Gilt, Küchen-Dienst.

Stiftungsgebühr, bzw. Leibstift. Diese mußte entrichtet werden wenn ein Anwesen den Besitzer wechselte.

Kleine Abgaben: Stiftmaß, Stifthenne, Leibkauf, Verehrung, Kirchentracht, Infulsteuer, Anfall. Diese dienten zur Bekräftigung des abgeschlossenen Leihvertrages, oder wurden bei besonderen Anlässen erhoben.

Steuern: Außer den Abgaben an den Grundherrn hatte der Grundholde auch Steuern an den Staat zu entrichten. Da das Kloster im Bereich der Hofmark auch Gerichtsherr war, hatte es anfangs auch die Aufgabe, Steuerlisten anzulegen. Später haben dies die staatlichen bzw. die kommunalen Behörden gemacht.

Scharwerks-Leistungen. Diese Fuhr- oder Handarbeitsleistungen an einigen Tagen des Jahres waren zunächst mehr durch Herkommen und Gewohnheit geregelt. Sie wurden daher 1553 in der Bayerischen Lands-Ordnung und später 1616 im Codex Maximilianus genauer geregelt.

Zehnt-Abgabe: Abgabe der Gläubigen an die Pfarrkirche.

Abgaben-Übersicht*

Wenn wir die Abgaben genauer ansehen, wie sie im Buch »Haus- und Familiengeschichte der Hofmark Scheyern« genauer dargelegt werden, kommen wir zu folgendem Ergebnis:

Hof mit Getreidegilt

Ein mittlerer Hof hatte eine ideale Größe von 12 Joch Ackerland auf jedem Feld, das sind 72 Tagwerk, oder – wegen der Dreifelderwirtschaft – 48 Tagwerk bebaute Felder ohne Wiesen und Wald. Davon entfallen auf Getreideanbau etwa 40 Tagwerk.

Von diesem Hof werden um 1300 an Getreide gegeben: 22 Mitl = 18 Schäffel. Da jede dritte Garbe gegeben wurde, entspricht dies einem Jahresertrag von 66 Mitl. Die tatsächlich abgegebene Getreidemenge war bereits im 15. Jahrhundert im allgemeinen bedeutend geringer. Offiziell wurde die Getreideabgabe um 1550 auf 11 Schäffel gesenkt. In der Zeit des Dreißigjährigen Krieges wurde die Abgabe bedeutend verringert, um dann wieder etwas zu steigen; aber die alte Höhe von 1550 wurde meistens nicht mehr erreicht.

An sonstigen Abgaben waren fällig: Pfennig-Gilt, Küchendienst, Stiftungsgebühren, Zehnt, Steuern, Scharwerk. Der reine Geldwert der Abgaben stieg von 1300 bis 1800 von etwa 9 auf etwa 140 Gulden. Die prozentuale Belastung, bezogen auf den Handelswert des Anwesens senkte sich von etwa 22 % auf etwa 14 %.

---

* Die prozentuale Belastung wurde berechnet aufgrund des geschätzten Handelswertes der verschiedenen Anwesen.

Die Ernte eines mittleren Hofes betrug im Jahr etwa 40–60 Schäffel Getreide, im Mittel etwa 50 Schäffel. Wir nehmen an, daß davon 5 Schäffel Weizen, 20 Schäffel Korn und 25 Schäffel Hafer waren. Diese hatten um 1800 einen unteren Wert von 320 Gulden. Dazu kommen noch die reinen Einnahmen durch die Viehhaltung, die wir auf etwa 80 Gulden schätzen. Es ergibt sich also ein Mindest-Einkommen von etwa 400 Gulden. Wenn der Gesamtwert des Hofes auf 1000 Gulden angesetzt wird, dann beträgt das Einkommen 40 % davon. Die prozentuale Belastung, bezogen auf das Einkommen, wäre dann bei einem Hof mit Getreidegilt 35 % des Einkommens, bei einem Hof ohne Getreidegilt 20,4 %.

Hof ohne Getreidegilt

Bei gleichem Ertrag wie beim Hof mit Getreidegilt stieg der Geldbetrag der Abgaben von 4 auf 80 Gulden, während die prozentuale Belastung bedeutend niedriger war, und sich mit etwa 8 bis 9 % gleich blieb. Der Grund dieser geringeren Belastung ist vor allem, weil der reine Geldwert nicht Schritt hielt mit der Inflationsrate.

Hube mit Getreidegilt

Eine mittlere Hube hatte eine ideale Größe von 6 Joch Ackerland auf jedem Feld, und somit im ganzen 36 Tagwerk bzw. 24 Tagwerk bebaute Fläche, wovon etwa 20 Tagwerk für Getreide anfallen.

Von einer Hube mit Getreidegilt wurden um 1300 etwa gegeben 9 Mitl Getreide und 6 Schilling (= 180 Pfennige) an Gilt, dazu noch der Küchendienst, Zehnten und Steuern.

Die reine Getreidegilt senkte sich bis um 1550 auf 4 Schäffel. Der reine Geldwert aller Abgaben stieg von etwa 4 auf 62 Gulden. Die prozentuale Belastung senkte sich von 15 % auf etwa 9 %.

Hube ohne Getreidegilt

Bei einer solchen Hube stieg der rein zahlenmäßige Wert der Abgaben von 2,4 auf etwa 40 Gulden, während die prozentuale Belastung von 9 % auf 6 % sich senkte.

Großes Lehen

Ein solches Lehen (z.B. in Nenpach) hatte eine ideale Größe von etwa 4 Joch Ackerland auf jedem Feld, d.h. insgesamt 24 Tagwerk bzw. 16 Tagwerk bebaute Fläche. Von einem solchen Lehen wurden um 1300 jährlich 2 Schillinge an Pfennig-Gilt gegeben. Bis um 1800 stieg sie auf etwa 4 Gulden. Der zahlenmäßige Geldwert aller Abgaben stieg von 1 Gulden auf 17 Gulden; während die prozentuale Belastung sich von etwa 5 % auf etwa 4 % senkte.

Kleines Lehen

Bei einer idealen Größe von etwa 2 Joch auf jedem Feld ergeben sich insgesamt 12 Tagwerk bzw. 8 Tagwerk bebaute Fläche. Die Pfennig-Gilt stieg von 20 Pfg. um 1300 auf 1 Gulden um 1800 und der Gesamtwert der Abgaben von 0,5 Gulden auf 8 Gulden. Der prozentuale Anteil der Gesamtbelastung senkte sich von etwa 4 % auf etwa 2,5 %.

*Die Gesamteinnahmen und Gesamtausgaben des Klosters kurz vor
der Säkularisation*

Das läßt sich vergleichen mit den jährlichen Gesamteinnahmen und Ge-
samtausgaben des Klosters. Für die Jahre 1770 bis 1792 liegen in den Bänden
KL 159 bis KL 176 genaue Abrechnungen vor. Sie beziehen sich nicht nur auf
die Güter der Hofmark, sondern auf alle zum Kloster Scheyern gehörenden
Güter. Wir greifen nur die Jahre 1779 bis 1789 heraus, wie sie in den Bänden
KL 165 bis KL 174 aufgezeichnet sind. Danach ergibt sich folgendes Bild:

	Einnahmen (fl)	Ausgaben (fl)	Verlust/Gewinn (fl)	Barschaft (fl)
1779				7605
1780	22133	19559	+2574	10279
1781	19564	24984	−5420	4759
1782	25092	25736	− 643	4115
1783	21330	20230	+1100	5215
1784	23882	20791	+3080	8306
1785	24427	19784	+4642	12949
1786	24725	22248	+2477	15426
1787	26135	25001	+1133	16560
1788	24615	23609	+1006	17566
1789	25882	23845	+2037	19604
	237785	225787	+11998	

Durchschnittliche Einnahmen im Jahr	23779 fl (auf ganze Gulden gerundet)	
Ausgaben im Jahr	22579 fl	
Gewinn im Jahr	1200 fl	

Um 1800 gehörten dem Kloster Scheyern insgesamt etwa 710 Güter, davon: 192 Höfe,
67 Huben, 81 Gietl, 156 Lehen, 153 Hofstätten und 63 andere Güter.

Zusammenstellung der Einnahmen um 1800:

Laudemien		3052 fl
Grundstift		7473 fl
Scharwerksgeld		436 fl
96 Schäffel Weizen	1 Schf. 12 fl	1152 fl
877 Schäffel Korn	1 Schf. 8 fl	7016 fl
123 Schäffel Gerste	1 Schf. 10 fl	1230 fl
770 Schäffel Haber	1 Schf. 4 fl	3080 fl
3619 Pf. Schmalz	1 Pfd. 10 Kr.	603 fl
21080 Eier	150 Eier 1 fl	140 fl
176 Gänse	1 Gans 30 Kr.	88 fl
554 Hennen	1 Henne 10 Kr.	55 fl
1564 Hühnchen	1 Hühnchen 5 Kr	130 fl
9 Zentner Leinöl	1 Zentner 16 fl	144 fl

Gesamteinnahmen 24599 fl

Auch hier kommen wir auf eine jährliche Einnahme von etwa 24000 Gulden.

Zum Schluß ziehen wir zum Vergleich ein Gut heran, das außerhalb der Hofmark Scheyern gelegen ist, nämlich einen Hof in Grafing bei Reichertshausen.

Bereits um 1100 hatte die Gräfin Haziga mehrere Güter in »Gravingen« der Klostergemeinde übergeben, die damals noch in Fischbachau sich befand. Auf eine unbekannte Weise kamen sie wieder in andere Hände und wurden dann von neuem dem Kloster Scheyern übereignet.

Eines dieser Güter ist auch das »Obesser«-Anwesen in Grafing, das heute noch steht. Es hatte um 1430 eine Größe von etwa 60 Tagwerk Äcker und 6 Tagwerk Wiesen. Im Jahre 1612 dagegen war es erheblich größer, nämlich: 110 Tagwerk Äcker, 16 Tagwerk Wiesen und 30 Tagwerk Wald.

Nach der Urkunde vom 21. Dezember 1307 wird es dem Kloster Scheyern als »Seelgerätsstiftung« von einem Arnold von Jetzendorf übereignet.

Nach dem Urbar vom Jahre 1309/1315 (KL 54, 19) hat der Hof bereit zu halten 20 Metzen Haber und dazu noch genügend Heu.

Jährlich soll er abliefern: 10 Mitl Roggen, 1 Mitl Weizen, 1 Mitl Gerste, 50 Metzen (etwa 8 Mitl) Haber; dazu noch 10 Käse und 100 Eier.

Das ganze 15. Jahrhundert sitzt darauf die Familie Neumair. Das »Soll« der Ablieferung ist zwar das gleiche wie 1309/1315, aber tatsächlich wird »nach Übereinkunft« etwas weniger gegeben; so z.B. 1413: »Kommt überein über 1 Mitl Weizen, 1 Mitl Gerste, 8 Mitl Roggen, 7 Mitl Haber, 100 Eier, 10 Hiener«. Dazu kommen noch 6 Schillinge »Wisgült«.

Um 1500 wird zwar wieder das alte Ablieferungs-Soll aufgeführt: Weizen 1 Mitl, Korn 10 Mitl, Gerste 1 Mitl, Haber 10 Mitl, aber um 1555 heißt es, daß die »Getreidegilt um 11 Mitl vermindert worden«. 1574 ist das Ablieferungs-Soll: »1 Mitl Weizen, 6 Mitl Korn, 1 Mitl Gerste, 3 Mitl Haber«.

Um 1484 finden wir neu »Stiftmaß« und »Stifthenne«.

Im Verlauf des 16. Jahrhunderts treffen wir einen häufigen Wechsel der Besitzer an, die mit immer höheren Beträgen stiften.

1510 Görg Holzmair – im gleichen Jahr Ander Pfleger; (Betrag nicht genannt)
1531 Wolf Pez für 17 Gulden
1560 Wolf um 52 Pfd. Pfg.
1562 Hannß Wögl für 52 Pfd. Pfg.
1566 Hanß Obißer für 47 Pfd. Pfg.
1612 Khottmair für 80 Gulden
1636 Veith Khottmair für 45 Gulden
       In der Zeit des Dreißigjährigen Krieges wird die Getreideabgabe erheblich gesenkt, z.B. 1640: Weizen ½ Schäffel, Korn 3 Schäffel, Haber 2½ Schäffel.

Erst 1690 gelingt es wieder die Abgabe anzuheben auf: Weizen 1 Schäffel, Korn 3 Schäffel, Gerste 1 Schäffel, Haber 3 Schäffel. Bei dieser Höhe bleibt es bis 1802. Die Stiftungsgebühr beträgt nach 1636:

1690 Michl Khottmayr 80 Gulden
1734 Ander Kottmayr 100 Gulden
1762 Mathias Kottmayr 100 Gulden

Der Hof hat um 1612 eine Größe von: 55 Juchart (= 110 Tagwerk) Äcker, 16 Tagwerk Wiesen und 30 Tagwerk Wald. Vermutlich ist diese Vergrößerung durch eine Rodung entstanden.

Auch hier finden wir die auch in der Hofmark Scheyern feststellbare Erscheinung, daß im 15. Jahrhundert der Besitz in der gleichen Familie bleibt. Im 16. Jahrhundert dagegen vollzieht sich durch die Einführung der »Stiftungs-Gebühr« ein häufiger Wechsel. Gleichzeitig steigt die Stiftungsgebühr von 17 auf 80 Gulden. Bereits um 1612 ist die Familie Kottmayr ansässig, die sich bis um 1807 erhält. Dann verkauft ein Mathias Kottmair den »Obesser«-Hof um 2600 Gulden dem Johann Kastner. Diese Familie Kastner sitzt heute noch auf dem Anwesen.

Die Getreideabgabe ist von ursprünglich 22 Mitl auf 8 Schäffel gesunken, trotz der erheblichen Vergrößerung der Anbaufläche. Auffallend ist auch der Handelswert des Hofes um 1807 von 2600 Gulden. Hierbei ist zu bedenken, daß es sich um einen »größeren« Hof handelt, der bereits 1612 110 Tagwerk Ackerfläche besaß.

An sich hätte die Stiftungsgebühr, die im 18. Jahrhundert 100 Gulden betrug, erheblich höher sein müssen. Aber auch hier zeigt es sich, daß man im 18. Jahrhundert einmal festgelegte Abgabe-Sätze nicht mehr erhöht hat.

80   Ortsflur Scheyern und Hag um 1300: Lageskizze zur Situation von Huben und Benefizien

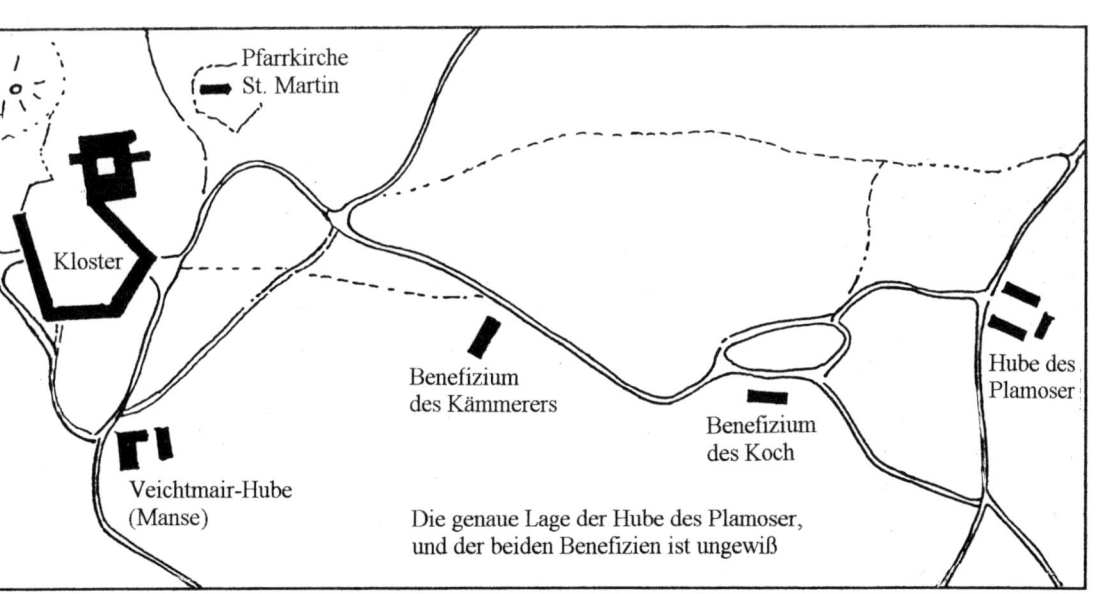

235

Besiedlung der Hofmark Scheyern

A   Einleitung – Übersicht

Als die Mönche um das Jahr 1119 die Burg von Scheyern in ein Kloster umwandelten, war die grundlegende Erstbesiedlung des Gebietes der Hofmark bereits abgeschlossen. Bis um 1300 hat sich daran nichts Wesentliches geändert. Wir finden in diesem Raum eine typisch bayerische Siedlungsweise mit vielen verstreuten Weilern und Einöden. Auch die »Dörfer« wie Mitterscheyern und Niederscheyern weisen nur wenige Gehöfte auf.

Bemerkenswert dabei ist, daß um 1200 in dem verhältnismäßig großen Raum zwischen Wolfsberg und Habertshausen – von etwa 11 km zu 5,5 km, also rund 60 qkm – sich nur in Scheyern eine Kirche befand. Die spätere Filialkirche von Niederscheyern war damals noch in der Hand der Sandizeller. Auch dies ist ein Hinweis, daß das Gebiet sehr früh unter einer einheitlichen Herrschaft stand, für das die Grafen von Scheyern als Vögte zuständig waren. Diese Vogteirechte wurden unterstützt durch die Rechte, die sie als Grundherrn ausübten.

Diese einheitliche Herrschaft geht auch aus den Traditionen hervor. Es waren vornehmlich die Wittelsbacher und ihre Zweige, welche von etwa 1100 bis 1300 ihre Besitzungen den Mönchen übergeben haben. Den Anfang macht Graf Berthold von Burgeck, um 1100, mit den Gütern in Wolfsberg und Grainstetten. Dann folgt die Dachauer Hauptlinie mit den Übergaben von Fernhag und Triefing. Die Hauptlinie der Wittelsbacher übereignet die Güter im »Näheren« Hag, in Mitterscheyern und Habertshausen. Die Ministerialen von Valey geben Vieth. Erst kurz nach 1300 kommt das »Dorf« Niederscheyern zum Kloster, das sich bis dahin in den Händen der Sandizeller befand.

Einige Güter finden wir um 1200 in den Händen eines niederen »Dorfadels«, der teilweise noch lange seine Sonderrechte behaupten konnte, so zum Beispiel in Gneisdorf und Triefing. Nur ganz wenige waren auch »freieigen«. Ebenso treffen wir auf vier Güter, die zum Liebfrauenstift Ilmmünster gehörten. Wie es zu diesen einzelnen Sonderrechten kam, läßt sich aus den Unterlagen nicht erschließen.

Da das Kloster von Ilmmünster bereits auf das 8. Jahrhundert zurückgeht, muß der Besitzstand der Grafen von Scheyern und ihrer Verzweigungen ebenfalls sehr alt sein und zum mindesten in diese Zeit hineinreichen.

Die Form der Besiedlung wird um 1200 bestimmt durch die vielen Einöden und Weiler mit zwei bis vier Gehöften. Als Dörfer kann man nur die Ort-

schaften Mitterscheyern und Niederscheyern mit je etwa zehn Anwesen bezeichnen.

In folgenden Ortschaften gab es zwischen 1200 und 1300 größere Veränderungen:

In Fernhag werden aus einer Hube 8 Lehen gebildet.
In Plöcking entstehen – durch Rodung – 9 Lehen.
In Holzried werden – ebenfalls durch Rodung – 7 Lehen gebildet.
In Nenpach (Ziegelnöbach) wird ein Hof in 4 Lehen aufgeteilt.

Die umfassendste Aufteilung geschieht um 1400 im »näheren Hag«, wo die
Hube des Plamoser zunächst in etwa 40 Teile aufgeteilt wird. Hinzu kommen bis 1800 weitere 69 Anwesen, teils Lehen, teils Hofstätten. Dies ist freilich nur möglich durch eine weitere Rodung.
Bis zum Jahre 1800 kommt es dann nur vereinzelt zur Bildung von Lehen und
Hofstätten, so in Fernhag, Mitterscheyern, Niederscheyern, Unterschnatterbach und Vieth.
Der Sinn dieser Lehen und Hofstätten ist es, die Handwerker und Taglöhner
an den Ort zu binden und sie von der Abwanderung in die Stadt aufzuhal-
ten.

Unabhängig von Scheyern/Großenhag nimmt die Zahl der Anwesen von
1300 bis 1800 nur geringfügig zu, wie folgende Übersicht zeigt:

Anzahl der Anwesen in der Hofmark Scheyern

	1300	1500	1800	1900	1980
Ortschaft Scheyern	5	68	119	150	430
Hofmark Scheyern	103	140	158	253	670

Daraus ist zu ersehen, daß – bis 1800 – nur die Ortschaft Scheyern/Großen-
hag eine rapide Zunahme von 5 auf 119 Anwesen zu verzeichnen hat, während sie in der übrigen Hofmark nur von 103 auf 158 gestiegen sind.

Wenn wir noch einen Blick auf die Karte werfen, dann erkennen wir auch,
daß zunächst die von Scheyern weiter entfernt liegenden Ortschaften mit
mehreren Lehen gebildet werden, wie Fernhag, Plöcking, Holzried und Ziegelnöbach. Erst um 1400 beginnt man, etwa 1 km vom Kloster entfernt, mit
der Bildung der Handwerkersiedlung »Nähernhag«, später »Großenhag«.
Im Laufe des 16. bis 18. Jahrhunderts wird auch der eigentliche Klosterberg
besiedelt. Man wollte, wie sich dies auch bei anderen Klöstern zeigt, den
unmittelbaren Klosterbereich von Häusern möglichst frei halten.

Eine topographische Karte unserer Gegend läßt erkennen, daß – mit Einschluß des großen Scheyerer Forstes – etwa ein Drittel der Fläche mit Wald bedeckt ist.

Bei der Grundbeschreibung um 1430 (KL 56) wird der Wald überhaupt nicht genannt. Er spielte bei der Größe eines Anwesens keine Rolle. Bei der Beschreibung um 1490 (KL 115) wird er nur allgemein, ohne Größenangabe, angedeutet. Erst bei der Grundbeschreibung um 1600 (KL 102 bis KL 114), die jedoch nur außerhalb der Hofmark durchgeführt wurde, ist auch die Größe des Waldes genau verzeichnet.

Da innerhalb der Hofmark Scheyern keine genauen Angaben vorliegen, sind wir auf Schätzungen angewiesen. Zunächst wurde der größte Teil des Waldes offenbar als Gemein-Eigentum betrachtet. Dies können wir auch daraus ersehen, daß die Höfe in Mitterscheyern jährlich 20 Pfennige »Holzgeld« zahlen mußten. Sie durften also das Holz, das sie zur »Notdurft«, als Brennholz und Bauholz, benötigten, schlagen. Noch heute haben – als Überbleibsel dieser Gepflogenheit – einzelne Ortschaften »Gemeindeholz«, wie in Scheyern die »Althäusler« im »Rieder-Buch«.

Der Wald war geschützt. Es durfte nicht ohne Erlaubnis der Grundherrschaft Holz geschlagen oder gar verkauft werden. »Waldfrevel« wurde grundsätzlich bestraft mit dem Entzug der »Gerechtigkeit«, auch wenn man sich dann im Einzelfall mit der Entrichtung eines Bußgeldes begnügte.

Welchen Umfang hatten die von der Grundherrschaft durchgeführten oder genehmigten Rodungen? Wenn auch die Zeit der großen Rodungen, bei der ersten Besiedlung und Gründung von Ortschaften, längst vorbei war, so kam es vereinzelt doch zu Rodungen.

Die ersten Rodungen – nach der Gründung des Klosters – waren wohl diejenigen, die zur Errichtung der Ortschaften Holzried und Plöcking führten. Die Rodungsfläche in Holzried umfaßte etwa 110 Tagwerk, in Plöcking ebensoviel. Bei der Bildung der Lehen in Unterschnatterbach, wo aus einem Hof 6 Lehen entstanden, wurden etwa 50 Tagwerk Wald geschlagen.

Größer war die Rodungsfläche bei der Entstehung der Ortschaft Großenhag, wo über hundert Lehen und Hofstätten neu gebildet wurden. Ein Blick auf die topographische Karte zeigt, daß die bebaute Ackerfläche rings um Scheyern etwa 200 ha, oder 600 Tagwerk, beträgt. Wenn ursprünglich etwa 200 Tagwerk vorhanden waren, müssen etwa 400 Tagwerk gerodet worden sein. Ähnlich liegen die Verhältnisse beim Prielhof, der ursprünglich nur ein Hof mittlerer Größe war, aber jetzt etwa 150 ha, also 450 Tagwerk, Acker und Wiesen hat. Auch hier sind, vermutlich im 15. Jahrhundert, etwa 300 Tagwerk durch Waldschlag entstanden.

Wenn wir noch mögliche kleinere Rodungen in anderen Orten dazuzählen, kommen wir auf eine Gesamtfläche von etwa 1500 Tagwerk, bzw. 500 ha Rodungsfläche. Bei einer Gesamtfläche der Hofmark von etwa 6000 ha ergibt sich, daß etwa 8 % davon noch nachträglich gerodet wurde.

Name	Anzahl der Anwesen				
	um 1300	um 1500	um 1800	um 1900	um 1980
Biberg 1060 Pipurg	1 Hf 1 Hb	1 Hf 1 Hb	2 Hf	2	3
Blaumosen 1300 Plaimosen	2 Hb	1 Hf	1 Hf	1	1
Daselmühle 1200 Tasmul	1 Hf	1 Hf	1 Hf	1 (zu Mitterscheyern)	
Durchschlacht 1200 Durchslat	1 Hf 2 Hb	1 Hf 2 Hb	1 Hf 2 Hb	4	4
Ed (Öd) 1419 Öd	1 Hb	1 Hf	1 Hf	(zu Fürholzen)	
Edenhub / Öd 1300 Ödenhub	2 Hb	2 Hb	2 Hb	2	2
Edersberg 1476 Öczersperg	1 Hf 1 G	1 Hf 1 G	1 Hf 1 L	4	4
Eichberg seit 1830	–	–	–	3	4
Froschbach 1200 Froschibach	3 Hb	1 Hf	1 Hf	1	1
Fernhag 1200 Hag remotior	1 Hf 8 L	1 Hf 10 L 2 Hs	1 Hf 10 L 5 Hs 1 Hü	45	90
Fürholzen 1200 Vurholz	1 Hf	1 Hf 1 Hb 1 G (½ G. – S. Mart.)	2 Hf 1 G	14	25
Garten 1300 Garten	1 Hb	1 Hb 1 L	1 Hb 1 L	(ab 1800 zu Scheyern)	
Gneisdorf 1141 Gnisdorf	1 Hf 1 Hb	2 Hf 1 L 1 G	2 Hf 1 L 1 G 1 Hü	4	10
Grainstetten 1100 Trogensteten	4 Hb	3 Hb 3 G	4 Hb 2 G 1 Hü	9	8
Grubhof 1135 Grube	1 Hf	1 Hf	1 Hf	1	2
Gummelsberg 1200 Gumarsperge	1 Hf	1 Hf •	1 Hf	2	2
Habertshausen 1198 Hadpretshusen	1 Hf	2 Hb 3 L 1 G	2 Hb 3 L 1 G 1 Hü	7	13
Holzried 1309 SiebenLehen	7 L	4 L	4 L	5	5
Menzenpriel 1220 Menzenprule	1 Hf 1 Hb	2 Hf	2 Hf	2	2
Mitterscheyern 1200 Schyren	7 Hf 2 Hb	6 Hf 2 Hb 2 L 2 G	6 Hf 2 Hb 7 L 2 G 3 Hs 1 Hü	35	145
Niederscheyern 1200 Niderschyren	3 Hf 10 Hs	3 Hf 1 Hb 2 G 5 L 4 Hs	3 Hf 2 Hb 2 G 7 L 3 Hs 1 Hü	18	250

Name	Anzahl der Anwesen				
	um 1300	um 1500	um 1800	um 1900	um 1980
Oberdummelts-hausen 1200 Tumeshusen	1 Hf 1 Hb	1 Hf 1 Hb 1 L	1 Hf 1 Hb	2	2
Oberschnatterbach 1130 Snaterbach	1 Hf 2 Hb	1 Hf 2 Hb	1 Hf 2 Hb 1 Hü	4	5
Plöcking 1300 Pleching	9 L	9 L	9 L	8	8
Rauhof 1300 Rauchmair	1 Hf	1 Hf	1 Hf	1	1
Schabenberg 1314 Schadenperg	1 Hf	1 Hf	1 Hf	10	10
Scheyern/Großenhag 1200 Hag vicinius	2 Hb 3 G	2 Hb 47 L 18 Hs	2 Hb 25 L 94 Hs+1 Hü	150	430
Triefing 1159 Trivingen	1 Hf 2 Hb 1 L	2 Hf 2 Hb 2 L 1 Hs	2 Hf 2 Hb 2 L 1 Hs 1 Hü	14	14
Unterschnatterbach 1130 Snaterbach	1 Hf 1 Hb	7 L	7 L 1 Hü	6	5
Vieth 1200 Vihet	3 Hf 1 Hb	2 Hf 2 Hb 6 L 4 Hs	2 Hf 2 Hb 6 L 7 Hs+1 Hü	18	25
Voglried 1300 Vöglried	1 Hf	1 Hf	1 Hf	1	(z. Gneisdorf)
Satzlhof/ Walkersbuch 1200 Walhaimspuch	2 Hb	2 Hb	1 Hf	1	(1911 abger.)
Washof 1200 Unholdental	1 Hf	1 Hf	1 Hf	1	1
Wernthal 1140 Werguntale	2 Hf	1 Hf	1 Hf	2	3
Winden 1200 Winden	1 Hf 1 Hb 1 L	2 Hf 1 Hb 2 L	2 Hf 1 Hb 2 L 1 Hü	6	6
Wolfsberg 1107 Wolvoltesperc	1 Hf 1 Hb 2 G	1 Hf 1 Hb 2 G	1 Hf 1 Hb 2 G 1 Hü	12	17
Zell 1200 Celle	2 Hf	2 Hf	2 Hf 1 Hü	2	3
Ziegelnöbach 1200 Nennenpach	1 G 4 L	1 G 4 L	1 G 4 L 1 Hü	5	8
	38 Hf 33 Hb 7 G 30 L	40 Hf 28 Hb 14 G 97 L 29 Hs	43 Hf 24 Hb 12 G 85 L 113 Hs		
	108	208	277	403	1100

Andere Grundherren in der Hofmark Scheyern

S. Martin Pfarrkirche: 1 G Grainstetten, ½ G Fürholzen, 1 G Habertshausen, 1 G Edenhub; 5 G Vieth
Ilmmünster, Liebfrauenstift: 1 G Edersberg, 1 G Mitterscheyern, 1 G Wolfsberg, 1 G Ziegelnöbach
Kloster Weltenburg: 1 G Mitterscheyern
Kirche Niederscheyern: 2 G Niederscheyern; Domkapitel Freising: 1 Hb Biberg

Nicht zur Hofmark, aber zur Pfarrei Scheyern gehörende Güter

	1300	1500	1800	1900	1980
Gurnöbach	6 G	3 Hf 1 Hb 2 L	3 Hf 1 Hb 2 L	10	10
1424 Gurren-Nenbach (Landgericht: Reichertshofen/Pfalz Neuburg; Lehensherr: Hofkammer Neuburg)					
Höfelmair	1 Hf	1 Hf	1 Hf	1	1
1200 Hovelin (Gericht: Pfaffenhofen; Lehensherr: Kloster Scheyern)					
Pernzhof	1 Hf	1 Hf	1 Hf	1	3
1200 Pernoltzhofen (Hofmark Göbelsbach; Lehensherr: Kloster Scheyern)					
Posthof	1 Hf	1 Hf	1 Hf	1	1
1200 Sneckenhoven (Gericht: Pfaffenhofen; Lehensherr: Kloster Scheyern)					
Radlhöfe	3 Hf	3 Hf	3 Hf	3	3
1300 Raedelin (Gericht: Pfaffenhofen; Lehensherr: Liebfrauenstift Ilmmünster)					
Sulzbach	2 Hf	2 Hf	2 Hf	4	11
1159 Sulzbach (Gericht: Pfaffenhofen; Lehensherr: 1 Hf Kastenamt Pfaffenhofen, 1 Hf Kloster Scheyern)					
Unter-Dummeltshausen	1 Hf	1 Hf	1 Hf	1	2
1383 Tumoltshausen (Hofmark Ilmmünster; Lehensherr: Liebfrauenstift Ilmmünster)					
Webling	1 Hb 3 L	1 Hb 3 L	1 Hb 2 L	4	5
(Hofmark Ilmmünster; Lehensherr: 1 Hf, 1 Hb zu Liebfrauenstift Ilmmünster; 1 L zu St. Martin)					

Abkürzungen
Hf = Hof   L = Lehen
Hb = Hube   Hs = Hofstatt
G = Gietl   Hü = Hüthaus

B   Das Kloster Scheyern als Eigentümer in der Hofmark Scheyern[1]

Wenden wir uns nun den einzelnen Gütern in der Hofmark Scheyern zu, bei denen das Kloster »Eigentümer« war. Die angegebene Anzahl der Anwesen bezieht sich auf das Jahr 1803. Diese Hofmark deckt sich mit wenigen Ausnahmen auch mit der Pfarrei Scheyern.

Biberg

2 Höfe, davon 1 Hof zum Domkapitel Freising; ursprünglich Piburg. Der Name deutet auf eine vorgeschichtliche Befestigungsanlage. Der Ort wird 1053–1078 im Freisinger Traditionsbuch (Tr Frei 1621) genannt.

Von den beiden Höfen ging einer erst um 1415 in das Eigentum des Klosters über, während der andere bis 1803 zum Domkapitel Freising gehörte.

Von den Urkunden seien nur zwei angeführt:

1414, Oktober 9 (KU Scheyern): »Degenhart Teytenhauer verkauft seinen Hof zu Byburg, der Lehen ist von Michel Weinmair, ... an den Hanns Münsträr zu Pfaffenhofen, um 90 alte Rheinische Gulden.«

1415, November 25 (KU Scheyern): »Hans Münsträr, Bürger zu Pfaffenhofen, verkauft seinen Hof zu Biburg dem Abt Conrad und dem Gotteshaus zu Scheyern.«

Blaumosen

1 Hof, vorher Plamosen oder Plemosen, deutet auf ein blau scheinendes Moos hin. Um 1300 bestand die Siedlung aus einem Hof und einer Hube, die dann im 14. Jahrhundert zu einem Hof vereinigt wurden.

1337, April 24 (KU Scheyern 78): »Wolfart der Schilwatz verkauft dem Abt Chunrat ... vom Schyren die Eigenschaft des Hofes Plamosen um 13 Pfund Heller und 60 Heller.«

1360, Januar 25 (KU Scheyern 152): »Arnolt Plamoser und Chunigunde seine Ehefrau verkaufen ihren halben Hof zu Plamosa, welcher ein Lehen ist des Klosters Schyren, an Herrn Abt Ulrich und Convent zu Scheuern um 20 Pfund guter Münchener Pfennige.«

Daselmühle

1 Hof. Der erste Besitzer war offenbar ein gewisser Taso. Eine Zurückführung auf einen Herzog Tassilo ist unwahrscheinlich. Die Mühle wird in den ersten Urbaren als Eigentum des Klosters vorausgesetzt:

Um 1216–1220 (Clm 17401, 13): »Die Mühle Tasmul zahlt 6 Schillinge.«

---

[1] Siehe dazu vor allem: Die im Text angegebenen Quellen und Reichhold, Haus- und Familiengeschichte der Pfarrei und Hofmark Scheyern.

Durchschlacht

1 Hof, 2 Huben. Der Name deutet auf eine durch einen Wald geschlagene Schneise. In der Ortschaft befindet sich noch ein 4. Anwesen, beim »Nebel«, das aber weder zur Hofmark, noch zur Pfarrei Scheyern gehörte. Die einzelnen Anwesen kamen erst allmählich in den Besitz des Klosters.

1. Anwesen »Reiter«
   1186–1209/10 (Clm 1052, 54): »Wir besitzen ein Benefizium in Durchslhat, das uns von den Indersdorfern auf Befehl des Herzogs Ludwig gegeben wurde, im Tausch mit einem Gut, das Ode genannt wird…«
2. Anwesen zum »Hauben«
   1380, Juli 22 (KU Scheyern 207): »Arnold der Junge von Kamer verkauft den Hof zu Durchschlacht, welchen er von Perchtold dem Pröbstel gekauft hat, an Ulreich den Abt zu Scheyern um 22 Pfund Pfennige.«
3. Anwesen »Schuechbauer«
   Dieser Hof bestand ursprünglich aus zwei Huben. Eine Hube hatte um 1335 das Kloster Indersdorf inne (KL Ind 35,32); diese ging um 1444 in das Eigentum von Scheyern über (U Ind 708). Die andere Hube erscheint um 1400 in den Händen von drei Besitzern. Schließlich vereinigte die Familie Simon diese Teile und verkaufte sie 1468 dem Kloster Scheyern.
   1468 (ohne Tag), (KU Scheyern): »Ulrich Symon, … und seine Hausfrau, verkaufen dem Abte Görgen und dem Convente des würdigen Gotteshauses zu Scheyren ihre Hube zu Durchschlächt … um 33 Rheinische Gulden.«
   Um 1484 (KL 82,3) erscheinen beide Huben zu einem Hof vereinigt.

Ed (Öd)

1 Hof – Einöde. Der Name deutet auf seine ursprüngliche, abseits gelegene Lage hin. Jetzt liegt der Hof mitten in der Ortschaft Fürholzen. Das Anwesen gehörte bereits vor 1186 zum Kloster Scheyern, wurde dann aber auf Befehl des Herzogs Ludwig gegen das »Benefizium« in Durchschlacht nach Indersdorf vertauscht (siehe Durchschlacht). Es ging dann in andere Hände über und kam erst 1483 endgültig an Scheyern.

1483, Juli 1 (KU Scheyern): »Hanns Veichtmair, genannt Eysenmann, und Magdalena seine eheliche Hausfrau, wohnhaft zu Veichtn [Radlhöfe], übergeben ihr Gütel, gelegen auf der Öd, in der Scheyrer Pfarrei, früher Lehen der Sandizeller, dem Kloster Scheyern.«

Edenhub – Öd (Ödenhub, Öd)

2 Huben. Der Name weist auf die abgelegene Lage hin.

Diese beiden Anwesen werden jetzt als zwei Ortschaften »Edenhub« und »Öd« geführt. In den Scheyerer Salbüchern erscheinen sie stets unter einer Ortschaft »Edenhub«, um eine Verwechslung mit dem »Ed« (Öd) in Fürholzen zu vermeiden.

1. Öd, beim »Mang«. Dieses Anwesen wird im Urbar (KL 54) als Besitz des Klosters vorausgesetzt, es wird zunächst »Oedenhub« genannt.

Um 1340 (KL 54,91): Abt Chunrad Leutzenauer (1335–1346) verleiht den »Löwen von Vieth« das Gut Oedenhub.
2. Edenhub, beim »Grondl«. Dieses Anwesen taucht erst um 1500 in den Steuerbüchern auf und war der Pfarrkirche St. Martin zugeordnet.

Edersberg
(Oeczensperg, Etzelsperg), 1 Hof, 1 Lehen (zu Ilmmünster), Berg eines »Ozilin«. Vor 1803 gehörte von Edersberg 1 Hof, beim »Bauer«, dem Kloster Scheyern, das ihn erst 1476 käuflich erwerben konnte.
1476, Oktober 26 (KU Scheyern): »Ludwig Tomlünger, Bürger zu München, verkauft seinen Hof zu Eczelsperg, darauf jetzt Hansl Kolbleins sitzt, an Abt Jörgen und den Konvent von Scheyern um 82 Gulden Rheinisch ...«

Froschbach
1 Hof. Das Anwesen liegt in einer Talniederung, bei einem Bach mit vielen Fröschen. In den ersten Urbaren wird das Eigentum des Klosters als bestehend vorausgesetzt.
Es waren zunächst drei Huben, die aber um 1415 als zu einem Hof vereinigt erscheinen.
Um 1216–1220 (Clm 17401, 13): »Vroschbach, es sind drei Huben.«
Um 1415 (KL 78,5): »Froschpach, Hannz zahlt 3 Pfund und 60 Pfennige.«

Fernhag (Hag, das »fernere Hag«)
1 Hof, 10 Lehen, 5 Hofstätten. »Hag« ist ein mit einer Hecke oder einem Zaun umfriedeter Platz. Ursprünglich verstand man unter »Hag« die Siedlungen im »näheren Hag« (später Großenhag) und im »ferneren Hag« (später Fernhag). Erst allmählich mußte man genauer unterscheiden.
Im »Liber primae fundationis« (um 1220) werden vier Anwesen genannt, die dem Kloster in »Hag« übergeben werden. Von diesen lassen sich zwei dem »näheren« und zwei dem »ferneren« Hag zuordnen, da die Dachauer Linie im »ferneren« Hag begütert war.
Ursprünglich waren es wohl 1 Hof und 1 Hube, die zum »ferneren« Hag gehörten. Um 1310 erscheinen diese in 1 Hof und 8 Lehen aufgeteilt. Dieser eine Hof ist der einzige, den man in der Hofmark Scheyern als echten »Mayer-Hof« bezeichnen kann. Noch um 1413 hat der Besitzer den Namen »Villicus« (Verwalter), obwohl er den Hof als Grundholde bewirtschaftete. Die erste Aufteilung vor 1310, in 1 Hof und 8 Lehen, diente der Erstellung einer Handwerkersiedlung für die Angestellten des Klosters. Bis zum Jahre 1803 kamen noch zwei Lehen und fünf Hofstätten hinzu. Heute zählt die Ortschaft über 100 Anwesen.
Die ersten Urkunden über Fernhag:
Um 1142/43 (Clm 1052, 39): »Graf Arnold III. von Dachau überträgt einen Hof in ›Hag‹ und seinen Anteil des Scheyerer Forstes dem Kloster.«
Kurz nach dem 9. Oktober 1182 (Clm 1052, 40): »Udilhild, die Witwe des jüngst verstorbenen Herzogs Konrad von Dachau, gibt eine Hube in ›Hag‹, zur

Unterstützung der Armen.« Auf die letztgenannte Bestimmung »zur Unterstützung der Armen« ist es wohl zurückzuführen, daß der Hof die Bezeichnung »Spitalhof« führte.

Fürholzen

Furholz, 2 Höfe und die Einöde Edt. Der Name weist hin auf die Lage »vor dem Holz«.

1. Die Einöde »Edt« ist uns bereits begegnet. Der Besitzer nannte sich »Edt-Mayr«, aus dem sich der Name »Ebner« ableitet.
2. Der »Hof in Vurholz«. Ihn treffen wir erstmals um 1209/10 (Clm 1052, 54) an, mit der Bemerkung: »Der Hof in Vurholz hat jährliche Abgaben zu leisten«. Um 1500 nennt sich der Besitzer »Pfab«, aus dem sich der Hausname »Pfab« bzw. »Pfau« ableitet. Es ist unsicher, ob der Besitzer den Namen von auswärts mitbrachte, oder ob er den Namen erhalten hat, weil dort Pfauen gehalten wurden.
3a. Um 1438 treffen wir ein weiteres Gut an, das »frei-eigen« ist. In einer Urkunde – 1438, September 8 (KU Scheyern) – lesen wir: »Margret Schusterin ... und Hans deren Sohn verkaufen dem jungen Tawchtenmair ihren eigenen Hof, gelegen zu Fürholzen um 20 Pfund Münchener Pfennige und 45 Pfennige.« Dieses Anwesen wurde 1615 vom Kloster gekauft (KL 6, 9).
3b. Außerdem gab es um 1500 noch ein Gut, das der Pfarrkirche St. Martin gehörte, das aber um 1629 mit dem »freieigenen« Gut vereinigt wurde. Nach der Säkularisation wurde der Ebner-Hof aufgeteilt. Um 1980 zählte die Ortschaft etwa 25 Häuser.

Gneisdorf-Vogelried

3 Höfe, 1 Gietl, 1 Lehen. Der Name Gneisdorf, ursprünglich Genistorf, deutet auf eine Lage bei einer sumpfigen Niederung hin; »gnest« bedeutet »sumpfig«. Vogelried ist eine Rodung bei einem Wäldchen mit vielen Vögeln.

In den Urbaren werden Gneisdorf und Vogelried teilweise gemeinsam, teilweise getrennt aufgeführt.

1. Vogelried wird um 1309/10 (KL 54, 8) als bestehender Besitz von Scheyern vorausgesetzt.
2. Die eigentliche Ortschaft Gneisdorf weist eine bewegte Geschichte auf. Sie war Sitz eines kleineren Ortsadels, mit gewissen Rechten und Pflichten, die sie nur zögernd an das Kloster Scheyern abtraten. Um 1141 werden in den Traditionen von Freising (Tr Frei 1764) ein Sigboto und ein Giboto von Gnistorf genannt. Von den 15 Urkunden über Gneisdorf seien nur die wichtigsten angeführt.

1226 (Clm 1052, 67): »Abt Heinrich hat in Gnistorf einen Hof erworben von dem Herrn Gebhard von Menzigen für 20 Pfund« (»Bründl«-Anwesen).

1342, September 5 (KU Scheyern 93): »Rudolf und Heinrich von Preysingen übergeben die Hube zu Gneystorf, die Gebhart der Vichtuch zu Lehen hat, dem Abt Chunrad von Scheyern« (diese Hube geht in den Besitz von Vogelried über).

Am 30. Juli 1402 (KU Scheyern): »verkauft Elspet die Punhartin ihr Gütl zu Gneistorf an den Abt Chunrat zu Scheyern.« Dieses bildet den Grundstock des »Salpel« oder »Thaler«-Anwesens, das am 30. Juni 1501 (KU Scheyern) durch Hinzukauf der Hube des Hanns Wild zu einem Hof vergrößert wird (»Thaler«-Anwesen).

Am 9. November 1404 (KU Scheyern) wird das »Thaler«-Anwesen erworben, das in das »Märtl-Beni«-Anwesen übergeht.

Erst am 4. Juni 1616 (KU Scheyern) erwirbt das Kloster das Gut beim »Stephl«, das bereits um 1500 bestanden hat. Es wurde von einem Wilhelm Barth von Hartmating zu Paßenbach und Pelhaim übereignet.

Der Bestand von fünf Gütern, zusammen mit Vogelried, hat sich bis 1925 gehalten. Seitdem sind bis 1980 noch fünf weitere Anwesen hinzugekommen.

Grainstetten

4 Huben, 2 Gietl. Der Ort heißt um 1100 Trogensteten, dann Trunsteten, um 1400 Grunsteten und um 1600 Grainstetten; »trogen« bedeutet »trocken«; der entsprechende Name würde dann auf eine »trocken« gelegte Stelle hinweisen. »Grun«-stetten leitet sich wohl ab von einer grünen Stätte inmitten einer Waldung.

Grainstetten ist einer der ersten Orte, die dem Kloster übergeben wurden. Im Traditionsbuch (Clm 1052, 42) lesen wir: »Graf Perichtold von Burgeck übergab uns 4 ›mansus‹ [Huben] in Trunsteten.«

Dies geschah um 1102–1104. Davon gingen zwischen 1200 und 1300 zwei Anwesen (»Strobl« und »Weni«) in den Besitz der Familie Törring über, während die beiden anderen (»Stöffel« und »Veitl«) beim Kloster blieben. Gemäß dem »Concessionsbrief« vom 30. Januar 1688 wurden die beiden ersten Güter wieder an das Kloster übereignet. Bereits um 1500 existierten zwei weitere kleinere Güter (»Jaken-Simon« und »Schneider«) die der Pfarrkirche St. Martin zugeordnet waren.

Eichberg

Im 19. Jahrhundert kamen in Grainstetten noch zwei Anwesen hinzu. Zwischen 1820 und 1840 entstand – etwas abseits von Grainstetten gelegen – die Ortschaft Eichberg mit drei Anwesen.

Grubhof

1 Hof. Der Name deutet auf die Lage in einer tiefen Talmulde. Der Hof wird dem Kloster um 1234–1237 übereignet.

(Clm 1052, 58): Berthold von Eschelbach gibt die Hube Grub für seine ohne letztwillige Verfügung verstorbene Mutter, die Edle Gertrud von Eschelbach.

Gumelsberg

1 Hof. Der Name läßt sich deuten als der Berg eines »Gummar«. Das Anwesen wird dem Kloster um 1187–1200 übergeben.

(Clm 1052, 50): Heinrich und Hartmud, Ministeriale des Grafen von Valey, gaben uns ein Gut, Gummarsperge genannt.

Um 1862 kommt ein weiteres Anwesen »Neugummel« hinzu.

Hag – Großenhag/Scheyern

2 Huben, 25 Lehen, 92 Hofstätten. Der Name »Hag« bedeutet: ein mit Hekken bewachsener, oder mit einer Hecke umfriedeter Platz. Im Unterschiede zum »ferneren« Hag (Fernhag) nennt sich unser Ort zunächst das »nähere« Hag, dann mit dem Anwachsen zu einem größeren Ort »Großenhag«.

Um 1500 entsteht östlich des Klosterberges die Siedlung »Scheyern«.

Beide Ortschaften wachsen immer mehr zusammen, die dann ab 1960 allein den Namen »Scheyern« tragen.

Hag ist zunächst nur eine kleine Siedlung mit wenigen Anwesen. Im 12. Jahrhundert werden vier Anwesen genannt, die dem Kloster übergeben werden. Davon lassen sich ein »Hof« und die Hube der Udilhild dem »ferneren« Hag zuordnen (siehe Fernhag). Die beiden anderen Anwesen gehören dann zum »näheren« Hag.

Um den 11. Juli 1184 (Clm 1052, 39) gibt die Witwe des verstorbenen Herzogs Otto I. als Ewiglichtstiftung eine »Manse« in Hag.

Im Matutinalbuch (Clm 17401, 12) wird eine »Manse« in Hag genannt mit einer typischen Abgabe von 7 Schillingen, die sich in der »Veichtmair«-Hube in Nähernhag bis 1479 gleichbleibend erhält.

Und schließlich kauft 1226–1228 (Clm 1052, 38) Abt Heinrich von Merbod von Bachern eine Hube in »Hag«.

Diese Hube trägt um 1310 den Namen »Hube des Albert«. Bereits 1347 wird sie als Hube des »Plamoser« bezeichnet.

Außerdem werden um 1209/10 (Clm 1052, 52) noch drei kleinere Güter in »Hag« aufgezählt, von denen sich mit einer gewissen Wahrscheinlichkeit das Benefizium des Koch und das des Kämmerers dem »näheren« Hag und das des Stellmachers dem »ferneren« Hag zuordnen lassen.

Um 1347 (KL 55, 18) finden wir in »Hag vicinius«:

    Hube des Plamoser (ohne Abgaben),

    Hube, mit einer Abgabe von 7 Schilling,

    Gut der Diemudis, Lehen des Caupo, Hofstatt des Syleriy.

Die Hube des Plamoser hat wohl deshalb keine Abgaben verzeichnet, weil sie sich um diese Zeit bereits im Besitz der Pfarrei von Hohenwart befindet. Um 1400 wird diese Hube durch einen Tausch mit dem Gut Habischveldt zurückerworben und im Laufe von einigen Jahren in etwa 40 Anwesen aufgeteilt.

Durch diese Aufteilung wird eine *Handwerkersiedlung* geschaffen, wie dies bereits um 1300 in Fernhag, Holzried, Plöcking und Ziegelnöbach der Fall ist. Die Angestellten des Klosters sollten in der Nähe eine Wohnung haben, die freilich eine gewisse Distanz zum Kloster wahrte. Diese Handwerker dienten selbstverständlich auch den Bewohnern der näheren Umgebung.

Um 1500 (Kl 57, 20) sind es bereits 68 Güter, die von Abt Paul Prew aufgezeichnet werden, darunter 2 Huben, 47 Lehen, 18 Hofstätten, 1 Bad. In einem fast gleichzeitigen Salbuch (KL 83, 87 ff) werden ebenfalls 68 Güter genannt, aber unter ihnen 29 Lehen und 38 Hofstätten; ein Zeichen, daß die Begriffe »Lehen« und »Hofstatt« nicht klar abgegrenzt waren. Zunächst bezeichnete man ein Anwesen mit einem noch so kleinen Grundstück bereits als Lehen; später ließ man für eine Hofstatt noch ein kleines Grundstück zur Haltung einer Kuh zu.

Im Verlaufe des 16. bis 18. Jahrhunderts wird auch der eigentliche Klosterberg besiedelt. Die Zahl der Anwesen vergrößert sich bis 1803 auf 119. Mit dieser Siedlungspolitik hängt auch die Verlagerung der Schule zusammen. Während wir bereits um 1485 in »Großenhag« einen »Magister Pangratius« finden, der als Handwerker nebenbei Unterricht gibt, taucht um 1572 ein »Schulmeister« auf, mit einem eigenen Schulmeisteranwesen in der Nähe des Klosters.

Nach der Säkularisation, im Jahre 1803, hat sich das Bild zunächst kaum geändert. Die Zahl der Anwesen stieg von 120 auf 150. Um 1852 kommt es zum Bau einer eigenen Mädchenschule. Nach dem Zweiten Weltkrieg setzte eine große Siedlungswelle ein, die die Zahl der Anwesen auf über 400 hochschnellen ließ.

Habertshausen

um 1190 Hadpretshusen, Haus des Hadperth, 2 Huben, 3 Lehen, 1 Gietl.

1. »Bauer«. Das Gut kam kurz vor dem 18. August 1189 an das Kloster.
    (Clm 1052, 43): Pfalzgraf Otto (IV.), begraben in Indersdorf übergibt ein Gut in Hadpretshusen.
2. Um 1342 kommen zwei weitere Güter (»Mang«, »Donisl«) hinzu.
    (KU Scheyern 95, 1342): »Heinrich der Puechler, Chorherr von Ilmmünster, übergibt dem Kloster Scheyern Besitz in ... Habrechtshausen, für eine Meßstiftung, die in der Allerheiligenkapelle zu persolvieren ist« (nach einer Randbemerkung sind es zwei Güter).
3. 1368, Mai 24 (KU Scheyern 167): »Albrecht der Wolfenstainer, Richter zu Pfaffenhofen, urteilt an der Schranne mit Abt Ulrich dem Minnenpech, daß das Eigen zu Habretzhausen, welches gegenwärtig Ulreich der Schreiner widerrechtlich innehat, zum heiligen Chreutz zu Scheyern gehöre« (vermutlich das Gut »Gruber«, das der St.-Martins-Kirche zugeordnet war).
4. 1409, September 25 (KU Scheyern): »Agnes Swabsteterin vergleicht sich mit der Custodie [Küsterei] Scheyern über ein gemeinschaftliches Gut in Habertshausen« (wahrscheinlich beim »Rank«).
5. Um 1400 sind es also fünf Güter, die zu Scheyern gehören. Das sechste Gut (»Weiß«) war noch längere Zeit im Besitz der Wittelsbacher.
    Aus einer Urkunde vom 4. April 1339 (MB X, 494) erfahren wir, daß Kaiser

Ludwig der Bayer den Hof zu Habrechtzhausen und den Scheyerer Forst an Chunrad, den Sohn seines Jägers Chunrad Mürringer, verleiht. Dieser wird dann an einen Linderauer verliehen und kommt erst um 1600 in den Salbüchern als Eigentum des Klosters vor.
Bis 1980 ist die Zahl der Anwesen auf 13 angewachsen.

Holzried

Ursprünglich »Sieben Lechen beim Holz«; um 1800 vier Lehen. Der Name weist auf eine Rodung im »Holz«, d.h. mitten im Wald hin. Die Ortschaft taucht unvermittelt im Urbar KL 54 (1309/10) auf und ist wohl erst um diese Zeit entstanden. Das Kloster wollte, ähnlich wie in Plöcking und Ziegelnöbach, eine Siedlung schaffen für die Angestellten und Handwerker, mit lauter mittelgroßen Lehen.
Aus den sieben Lehen werden durch Zusammenlegung sehr bald vier Lehen. Um 1980 waren es acht Anwesen.

Menzenpriel

2 Höfe. Der Name Menzenpriel bedeutet das »Gehege« oder die »sumpfige Wiese« eines Menzo. Um 1216–1220 werden in »Menzenprule« ein Hof und eine Hube als dem Kloster gehörig genannt (Clm 17401, 12). Der Hof wurde Ende des 12. Jahrhunderts von einem Marchwardus von Wehelingen übereignet (Clm 1052, 52).
Die Hube kam um 1300 in andere Hände. Am 6. Januar 1681 kommt sie wieder in den Besitz von Scheyern. Sie wird von Gersten von Preysing gegen Kreut an der Paar eingetauscht. Sie hat sich zu einem Hof vergrößert.

Mitterscheyern

6 Höfe, 2 Huben, 9 Lehen, 3 Hofstätten. Der Ort ist das mittlere »Schyren« zwischen der Burg Schyren und »Nieder-Schyren«. Der ursprüngliche Name war einfach »Schyren«, oder einfach das »Dorf« Schyren. Von dieser Ortschaft mit sechs mittleren Höfen haben sich die einzelnen Glieder der Familie der Schyren nur zögernd getrennt. Den Urkunden ist folgendes zu entnehmen.
Um 1171/82 (Clm 1052, 58): Der Edle Marquard von Eck vermacht dem Kloster Scheyern 2 Höfe im »Dorf Scheyern«.
1182, 9. Oktober (Clm 052, 40): Aus Anlaß der Beerdigung Herzogs Konrad III. von Dachau erhält das Kloster ein Gut in Schyren.
Um 1189 (Clm 1052, 43): Pfalzgraf Otto, der den König Philipp in Bamberg ermordete, übergibt zwei Höfe in Schyren.
1231, nach dem 15. September (Clm 1052, 70): Aus Anlaß der Beerdigung Herzogs Ludwig überträgt Herzog Otto II. von Bayern drei Höfe in Schyren.
Daß mit diesem Dorf »Schyren« tatsächlich Mitterscheyern gemeint ist, wird ersichtlich aus einer Notiz im Matutinalbuch (Clm 17401, 11, 1216 bis 1220): Bei dem Dorf, das im Volksmund Mitterschyren genannt wird, sind zwei Höfe, die der Pfalzgraf Otto uns gab.

So wird es verständlich, daß um 1309/10 (KL 54, 9) in Mitterscheyern sieben Höfe und vier weitere Güter vermerkt sind. Um 1500 (KL 83, 47) finden wir – bedingt durch Aufteilung und Umverteilung – 6 Höfe, 2 Huben, und 7 Lehen.

Dazu kommen noch zwei Lehen, die nicht zum Kloster gehören. Von diesen ist das eine (»Seiler«) dem Kloster Weltenburg, das andere (»Fischer«) nach Ilmmünster abgabenpflichtig. Bis zum Jahre 1803 kommen noch drei Hofstätten hinzu.

1900 zählte die Ortschaft 35, und 1980 145 Anwesen.

Niederscheyern

3 Höfe, 1 Hube, 2 Gietl, 5 Lehen, 4 Hofstätten. Die Ortschaft ist das »niedere« von den drei »Schyren«. Sie gehörte vor 1300 den Sandizellern. So ist es verständlich, daß sie eine eigene Kirche besitzt, die bereits um 1142 nachgewiesen ist. Auch hatten die Sandizeller dort das Dorfgericht, das sie um 1340 an das Kloster verkauften.

Über die erste Geschichte der Ortschaft geben mehrere Urkunden Aufschluß.

Um 1142 (Clm 17401, 10): Bischof Otto von Freising bestätigt den Zehenten für die Kirche von Niederscheyern, »ecclesia in inferiori Schyren«.

1262–1268 (Clm 1052, 49): Gerwigis, die Tochter des Herrn Heinrich von Schyren … gab uns im Angesichte des Todes einen Hof in Schiren zum Heil ihrer und ihrer Eltern Seelen. (Nach einer Notiz in KL Scheyern 55, 14 handelt es sich um einen Hof in Niederscheyern.)

1314, Juni 2 (KU Scheyern 40): Ludwig von Sandecelle bezeugt dem Kloster Scheyern, daß seine Vorfahren den Hof und das Widum zu Niederscheyern für ein rechtes Eigen überlassen haben.

1314, September 29 (KU Scheyern 42): Ludwig von Sandecelle, seine Hausfrau und Kinder, verkaufen den Hof zu Niederscheyern an das Kloster Scheyern um 40 Pfund Münchener Pfennige, mit dem Recht des Wiederkaufs.

1317, Dezember 27 (KU Scheyern 48): Anna von Sandecelle verkauft ihren Hof zu Niederscheyern an Abt Cunrad und den Convent zu Scheyern um 52 Pfund Münchener Pfg.

1335, September 20 (KU Scheyern 75): Heinrich der Puecher von Niederscheyern verkauft seinen Sedelhof daselbst an Abt Chunrad und den Konvent von Scheyrn um 57 Pfund Pfennige.

1335, kurz vor dem 8. September (KL 54, 92, Nachtrag): Am Tage der Beerdigung seiner Ehefrau, übergab Ortolf von Sandicelle die Erträgnisse von 10 Äkkern, die einen Wert von 10 Schillingen haben. Diese 10 Äcker bilden die Grundlage von einigen Lehen und Hofstätten, die dann in den Salbüchern auftreten.

Um 1574 (KL 65, 64) sind verzeichnet: 3 Höfe, 1 Mühle, 7 Lehen und 3 Hofstätten.

Im Jahre 1634 werden noch drei weitere Güter aufgeführt, die der Kirche von Niederscheyern abgabenpflichtig sind. Um 1636 und 1763 kommen noch je eine Hofstatt hinzu. Da drei Hofstätten sich auflösten, finden wir um 1803 nur 16 Anwesen.

Im Jahre 1810 entsteht an Stelle der schon bestehenden Klause eine Gastwirtschaft.

Die Anzahl von 17 Häusern hat sich im wesentlichen bis 1940 gehalten. Nach dem Zweiten Weltkrieg setzte eine sprunghafte Entwicklung ein, begünstigt durch die Eingliederung in die Stadt Pfaffenhofen und die verkehrsmäßig günstige Lage. 1985 zählte Niederscheyern über 200 Anwesen.

Oberdummeltshausen

1 Hof, 1 Hube; zum Unterschied von »Unter-Dummeltshausen« bei Ilmmünster heißt unser Ort »Ober«-Dummeltshausen. Ursprünglich hieß es »Tumeshusen«. Der Name weist hin auf die »Häuser des Duomold«.

Das Gut wird dem Kloster um 1142–1183 übergeben (Clm 1052, 47): Ein gewisser Gerwicus gibt uns ein Gut in Tumeshusen.

Ursprünglich scheint es sich um zwei Gehöfte gehandelt zu haben, da um 1216–1220 noch die Rede ist von einem Beneficium (Clm 17401, 11 und 12).

Um 1300 (Kl 54, 14) werden aufgeführt: 1 Hof, 1 Hube, 1 Lehen. Aber um 1400 sind nur noch 1 Hof und 1 Hube vermerkt. Dabei ist es bis zur Gegenwart geblieben.

Plöcking

9 Lehen. Der Name weist auf eine Siedlung hin, die weithin »blickt«. Die Ortschaft kommt erstmals, als Besitz des Klosters, im Urbar von 1309/10 (KL 54, 22) vor, mit neun gleich großen Lehen, von denen jedes um 1500 etwa 6 Joch (12 Tagwerk) Ackerland besaß. Von einer Übergabe oder Aufteilung eines bestehenden Gutes ist nichts erwähnt. Es scheint sich also, wie in Holzried, um eine Neugründung zu handeln, die durch Rodung entstand. Man wollte Siedlungen für die Angestellten und Handwerker des Klosters schaffen. Die Größe und Struktur des Ortes hat sich im wesentlichen bis heute erhalten.

Schnatterbach, Rauhof

2 Höfe, 2 Huben, 7 Lehen. Der Name kommt entweder von »snatern«, was vom Geräusch des vorbeifließenden Baches herrührt, oder – was wahrscheinlicher ist – von »snaiten« = schneiden, dementsprechend ist »Schnoater« ein schwertförmiges Messer.

Schnatterbach würde dann soviel wie »Schneisenbach« bedeuten, also einen Bach durch eine Waldschneise, was der Lage sehr gut entspricht.

Der Rauhof leitet sich wahrscheinlich her von der »rauhen«, windigen Lage des Hofes.

Im 12. Jahrhundert treten die Herren von Snaterpach häufig als Zeugen auf, ohne daß sie sich auf ein bestimmtes Anwesen lokalisieren lassen.

1. Oberschnatterbach

   1 Hof, 2 Huben. Um 1309/15 (KL 54, 13) wird das »Widumgut« später »Mammelzhauser«, als Besitz des Klosters vorausgesetzt.

   Zwei weitere Anwesen (»Donisl/Fröschl«, »Lipp«) finden wir um 1384 im Besitz des »Görg der Weichser«. Auf irgendeine Weise kommen sie in den Besitz der Wildenwarter von Euernbach, die sie endgültig, 1487, dem Kloster übergeben.

   Die entsprechenden Urkunden lauten:

   1384, Februar 2 (KU Scheyern 216): Görg der Weichser und seine Brüder ... eignen dem Hans Snaterpeckh ... 2 Huben zu Snaterpach.

   1384, Februar 27 (KU Scheyern 220): Hans Snaterpeckch und seine Schwester Elspet ... vertauschen 2 Huben zu Snaterpach an den Abt Ulrich zu Scheyern gegen einen Hof zu Stainkirchen.

   1487, September 11 (KU Scheyern): Georig Willdenwarter zu Ewrenpach übergibt seine zwei Gütl zu Oberschnaterpach für immer dem Abt Georigen zu Scheyern. (Dieser Zusatz »für immer« ist ein Hinweis, daß die beiden Güter schon früher einmal im Besitz des Klosters waren.)

2. Rauhof

   1 Hof. Er wird erstmals erwähnt im Urbar um 1309/15 (KL 54, 13), als ein Hof mittlerer Größe, der dem Kämmerer seine Abgaben zu entrichten hat.

3. Unterschnatterbach

   7 Lehen. Ursprünglich finden wir hier nur 1 Hof und 1 Lehen. Aus den Urkunden können wir folgendes entnehmen:

   1135–1140 (Clm 1052, 39): Graf Ekkehard von Scheyern, der Mönch wurde, überträgt anläßlich seines Eintritts dem Kloster 3 Höfe: Snaterpach, Lewarn, Gundilchoven.

   Wie die nachfolgenden Einträge in den Urbaren und Salbüchern zeigen, ist unter diesem »Hof in Snaterpach«, der in Unterschnatterbach gemeint. Später ist es das »Thaler-Anwesen«.

   1377, Februar 15 (KU Scheyern 195): Chunrad Chundichait zu Snaterpach und seine Schwester Gertrud, die Schneiderin zu Winden, verkaufen ihren Teil des Chundichait-Lehens zu Snaterpach an Ulrich, genannt Munnenbach, Abt zu Scheyern und dem Gotzhaus daselbst, um 6 Schilling weniger 10 Pfennige. Dieses Chundichait-Lehen ist das spätere Anwesen beim »Franz«.

   Der Hof wurde zwischen 1400 und 1420 in drei Lehen aufgeteilt, die als »Taler«, »Blaugori« und »Hüttl« weiterleben. Um 1467 kamen dazu noch die späteren Anwesen »Schuster« und »Siebenharl«, und um 1490 das »Veitl«-Anwesen. Letzteres wurde um 1850 mit dem »Blau-Gori«-Anwesen vereinigt. Das Gut beim »Siebenharl« ging in das Taler-Anwesen über und wurde um 1940 abgerissen.

Schabenberg

1 Hof. Ursprünglich heißt das Anwesen Schadenberg. Es ist der Berg oder die Burg eines Scado. Schadenberg war zunächst im Besitz des Domkapitels Freising und wurde 1385 dem Kloster Scheyern übereignet.

1385, März 14 (KU Scheyern 223): Edlolf, Dechant und das Capitel des Doms zu Freysing eignen dem Abt Ulreich und dem Convent zu Scheyern ein Gut Schadenberg, dagegen ihnen jeder Abt zu Scheyern jährlich 1 Pfund Pfennige reichen soll.

Bis zum Jahre 1803 blieb der Ort eine Einöde, mitten im Wald. Im 19. und 20. Jahrhundert kamen durch Aufteilung 10 weitere Anwesen hinzu.

Triefing

2 Höfe, 2 Huben, 2 Lehen, 1 Hofstatt. Der Name kommt von »triefen«, also von einem Ort, wo es »trieft«, d.h. wo Quellen sich befinden. Der Ort gehört zum Urbesitz der Grafen von Dachau/Valley, die ihn schon sehr früh an das Kloster abtreten. Die Besitzer der einzelnen Güter hatten jedoch teilweise noch gewisse Eigenrechte, die sie erst im 15. Jahrhundert aufgeben. Was sagen die ersten Urkunden:

1181, Oktober 9 (Clm 1052, 40): Aus Anlaß der Beerdigung Herzogs Konrad (III.) von Dachau überträgt dessen Witwe Udilhild mit Zustimmung der Ministerialen Besitz in Triefing. Am gleichen Tag gibt Graf Konrad (II.) von Valley ein Gut in Triefing.

1210–1218, März 18 (Clm 1052, 59): Propst Heinrich wurde mit dem Ministerialen Albero von Valley handelseinig wegen einer Hube in Triefing; dieser übertrug sie für 6 Pfund. So ist es verständlich, daß wir um 1309/10 (KL 54, 16) folgende Güter in Triefing als zum Kloster gehörig vorfinden: 1 Hof, 2 Huben, 1 Lehen.

Im Laufe des 14. Jahrhunderts kommen noch zwei weitere Güter hinzu:

1332, Januar 20 (KU Scheyern 66): Arnold von Sandizell, Ritter, gibt sein Gut in Trieving dem Abt Ulrich von Scheyern, um 12 Schillinge.

1349, Februar 10 (KU Scheyern 130): Heinrich der Sturm, eignet dem Kloster Scheyern eine halbe Hube zu Triefing und das dazugehörige Holz an.

Um 1430 (KL 56, 33) werden 2 Höfe und 3 Lehen verzeichnet. Möglicherweise wurde eine Hube durch Vereinigung mit einem anderen Gut zu einem Hof erweitert.

Kurz darauf wird das Lehen des »Ölbl« vom ersten Hof abgezweigt, so daß wir um 1436 (KL 79, 6) wieder sechs Güter vorfinden. Um 1500 kommt die Hofstatt des Martin Tanner hinzu, so daß wir nunmehr sieben Anwesen verzeichnet haben. Bei dieser Anzahl ist es im wesentlichen bis zur Säkularisation geblieben. Um 1648 werden jedoch das 1. und 2. Lehen vereinigt.

Eine gewisse Sonderrolle spielt die Hube des »Feuchtbauer«, bei dem lange Zeit die Familie Sälpl Erbrechte auf den Besitz hatte.

Später kommen noch acht weitere Anwesen hinzu.

Vieth

2 Höfe, 2 Huben, 6 Lehen, 7 Hofstätten. Der Name leitet sich vermutlich ab von »Fichte«, die althochdeutsch »fiutha« heißt. Allein die Form des Namens, ohne Endung und althochdeutsch »Vihet« (= fiutha), deutet auf ein hohes Alter des Ortes hin.

Die Ortschaft ist hervorgegangen aus einer Siedlung, die im 12. Jahrhundert aus drei Höfen und einer Mühle bestand. In »Vihet« waren die Ministerialen der Grafen von Valley begütert. Es werden dem Kloster zunächst zwei Höfe und die Mühle übergeben. Woher der dritte Hof stammt, ist nicht erwähnt.

1142–1182 (Clm 1052, 46): Ein gewisser Rudolfus, Ministeriale des Grafen von Valley, gab uns einen Hof in Vihet.

Gebehardus, ebenfalls Ministeriale von Valley, gab uns einen Hof in Vihet.

Dietricus von Vihet gab uns eine Mühle in Vieth, und einen Wald, Panloch genannt.

Um 1216–1220 (Clm 17401, 11) finden wir drei Höfe vor. Die Mühle ist nicht mehr aufgeführt. Wahrscheinlich wurde sie zeitweilig vom Kloster aus direkt verwaltet. Ende des 14. Jahrhunderts wird ein Hof in mehrere Lehen aufgeteilt.

Um 1420 (KL 79, 3) finden wir: 2 Höfe, 2 Huben (darunter die Mühle), 6 Lehen und 1 Garten.

Um 1500 werden 14 Anwesen genannt, darunter auch zwei Güter, die der Pfarrkirche St. Martin abgabenpflichtig sind. Durch weitere Abspaltungen sind es um 1800: 2 Höfe, 2 Huben, 6 Lehen, 7 Hofstätten, von denen fünf zur Pfarrkirche St. Martin gehören. Bis zum Jahre 1980 kommen noch sieben Anwesen hinzu.

Walkersbuch/Satzlhof

1 Hof. Der ursprüngliche Name »Walthaimspuch« weist auf einen Buchenwald hin, der von einem Waldheim bzw. Walther bewohnt wird.

Zunächst waren es zwei Huben, die im Anfang des 16. Jahrhunderts zeitweilig von dem gleichen Besitzer bewirtschaftet und schließlich um 1600 zu einem Hof vereinigt wurden. Um 1530 treffen wir einen Arsatius Schuster als Besitzer an, von dem der »Satzl«-Hof herkommt.

Von den beiden Huben gehörte um 1200 nur eine dem Kloster Scheyern. Um 1209/10 (Clm 1052, 57) lesen wir: Wir haben eine Hube in Walthaimspuch ... Die andere Hube wird in einer Urkunde von 1262 (U Ind Nr. 72) als im Besitz des Klosters Indersdorf bestätigt. Sie kommt erst durch einen Tausch an das Kloster Scheyern.

1426, August 24 (KU Scheyern): »Erhart, Probst und der Convent des Gotteshauses Understorf, vertauschen dem Gotteshaus zu Scheiren ihr Gut zu Walterspuch, gegen ein Gut in Mayoltsbrunn.«

Am 14. Juli 1854 wurde das Anwesen an den Grafen Toerring-Jettenbach um 19 700 Gulden verkauft. 1911 wurde der Satzlhof abgerissen. In unmittelbarer Nähe des ehemaligen Satzl-Hofes befindet sich jetzt der Fernsehturm.

Washof, Unholdental

1 Hof. Der erste Name ist »Unholdental«. Dies deutet auf böse Geister hin, die nach dem Glauben der Leute ihr Unwesen treiben. Aber bereits um 1400 setzt sich allmählich der Name »Washof« durch, was auf eine zum Hof gehörige sumpfige Wiese, einen »Wasen« hindeutet.

Die Übergabe an das Kloster erfolgte um 1262–1268 (Clm 1052, 55): Markwart von Schyren, der von einer schweren Krankheit befallen ist, übereignet mit Zustimmung seines Sohnes Baldwin die für drei Pfund verpfändete »Hufe« in Unholdental. Diese »Hufe« wurde stets als »Hof« geführt. Das Anwesen blieb stets eine Einöde und wurde um 1980 von der Familie Scheller, Kunstmühle in Reisgang, gekauft.

Wernthal

1 Hof. »Wergintale« ist das Tal eines bösen Menschen, eines Wüterichs. Es kommt um 1226 in den Besitz von Scheyern.

1226–1228 (Clm 1052, 67): »Es sei allen Christgläubigen kund getan, daß der Herr Abt Heinrich einen Hof in Wergental für 22 Pfund vom Herrn Albero von Hettenshausen gekauft hat.« Um 1309/10 (KL 54, 20) ist die Rede von zwei Höfen in Wergental. Diese Aufteilung ist jedoch nur von kurzer Dauer, denn 1339–1363 (KL 77) und später wird nur ein Gut in Wergental aufgeführt. Erst um 1871 wird wieder ein zweiter Hof gebildet. Schließlich kommt um 1960 noch ein drittes kleineres Anwesen hinzu.

Winden

2 Höfe, 1 Hube, 2 Lehen. Der Name kommt her von den »Wenden«, die vermutlich im 8. Jahrhundert hier zur Rodung von Wäldern angesiedelt wurden.

Eine Übertragung von Gütern an Scheyern erfolgte erstmals Ende des 12. Jahrhunderts (Clm 1052, 48): »Ein gewisser Albert von Winden übergab uns in diesem Dorf ein Gut.«

Auf diese Weise finden wir um 1216–1220 in Winden: 1 Hof, 1 Hube, 1 Benefizium, die zum Kloster gehören (Clm 17401, 11).

Im 13. Jahrhundert kommt noch 1 Hofstatt hinzu, so daß 1309/10 (KL 54, 14) aufgezeichnet sind: 1 Hof, 1 Hube, 1 Lehen, 1 Hofstatt.

Daneben gab es noch einen Hof in »Eigenbesitz«, der 1333 an die »Bräuen« von Freising verkauft wird. Schließlich wird auch dieser Hof vom Kloster erworben:

1355, November 14 (KU Scheyern 144): »Ulrich Ezzelbach und Engelbrecht Choch, beide Bürger zu Freising, erklären für sich und alle Prew-Gesellen der Stat Freising, daß sie alle Rechte, die sie auf den zu Winden gelegenen Gütern haben, an Herrn Abt Ulrich zu Schyrn, unter Vorbehalt einer jährlichen Reichnis von 2½ Pfund Pfennig verkauft haben.«

Damit treffen wir um 1420 in Winden 2 Höfe, 1 Hube und 2 Lehen an. 1852 wird ein Hof, beim »Butz« in zwei Teile geteilt, so daß es sechs Anwesen in Winden sind.

Wolfsberg

1 Hof, 1 Hube, 2 Gietl (davon 1 zu Ilmmünster, 1 zur Kirche in Göbelsbach); der Name weist auf den Berg eines »Wolf-olt« hin.

Nach den Urkunden werden dem Kloster zwischen 1100 und 1200 mehrere Güter übereignet.

1102/04 (Clm 1052, 19/20): »Graf Perichtold von Purgekke übergab uns Wolfsperch mit den ›Huben‹ (cum mansis) und all den Besitzungen, die dazu gehören.«

Mitte des 12. Jahrhunderts (Clm 1052, 46) ist nochmals von einer Güterschenkung die Rede: »Ein gewisser Edler, mit Namen Willihard, übergab uns folgende Güter: Wolfsperc, Pernhusen, Lampertshoven.«

1228–1231 (Clm 1052, 69): »Perhtoldus von Gebolspach, der Ältere, mit dem Beinamen ›der Weiße‹, ... übergab uns ein Gut in Wolfsperch.« Bei der letzteren Übergabe handelt es sich wohl um das Gut beim »Sepp«, das der Kirche von Göbelsbach zugeordnet blieb. Bei den übrigen Gütern ist wohl auch Walkersbuch mit seinen 2 Huben eingeschlossen, von denen eine – zeitweilig – nach Ilmmünster gehörte. Außerdem war in Wolfsberg noch ein weiteres Gut dem Kloster Ilmmünster zugeordnet. Das Gut beim »Anderl«, das zuerst an die Pfarrkirche St. Martin die Abgaben entrichtete, wurde im Jahre 1464 dem Kloster übertragen. Zusammen mit Walkersbuch finden wir um 1500 folgende Güter:

»Sepp« – Pfarrkirche Göbelsbach
»Haimerl« – Kloster Scheyern
»Schneider« – Ilmmünster
»Anderl« – St. Martin/Kloster Scheyern
Walkersbuch: 2 Huben – Kloster Scheyern

Nach 1860 entstehen bis um das Jahr 1980 durch Aufteilung 11 weitere Anwesen.

Zell

2 Höfe. Eine Zelle ist zunächst eine Einsiedelei. Es kann aber auch ein Wirtschaftshof sein, der einem geistlichen Grundherrn zugeordnet ist. In unserem Fall ist eine enge Beziehung festzustellen zwischen den beiden Höfen in Zell und dem entfernt liegenden Domkapitel in Freising.

Um 1180–1202 (Clm 1052, 50): »Perhtoldus und seine Frau Mahtildis von Celle übergeben ihr Gut ... nachdem sie 9 Talente von den Brüdern in Scheyern empfangen hatten...«

Nach den Güterverzeichnissen ist dies der »Unterzellerbauer«. Um 1581 (KL 94, 521) lesen wir: »Es wird vermerkt, daß dieser Hof dem Thomprobst zu Freising zu Lechen geht.« Diese Bemerkung wird öfter wiederholt; aber ab 1680 findet sie sich nicht mehr. Worin die entsprechenden Abgaben bestanden, ist nicht vermerkt.

Der zweite Hof, der sicher genau so alt ist, wie der erste Hof, taucht in den Urkunden um 1408 auf.

1408, Juni 7 (KU Scheyern): »Hanns der Stuoff, Bürger zu München, verkauft für ein rechtes Lehen seinen Hof zu Zell ... an Chunrad den Ostermair, Ulrich Zaech und Hans Obernhofer für 50 Pfund Münchener Pfennige.«

1419, Januar 6 (KU Scheyern): »Ullreich Zäch, zu Niederscheyern, und Kunigund seine Hausfrau verkaufen ihren Hof zu ›Tzell‹ in der Scheirer Pfarrei ... der Lehen ist von dem Domprobst zu Freising, an Haintz den Kocher ... um 60 Pfund Pfennige.« Erst um 1502 wird dieser Hof Eigentum des Klosters.

1502, April 27 (KU Scheyern): »Achatius Prew, Anna Kolbin, beide wohnhaft zu Ilmmünster, verkaufen ihren Eigen-Hof und Gut zu Zell, Gericht Scheyern, den jetzt Peter Herman als Lehen innehat, dem Abt Paul und dem Konvent von Scheyern um 132 Gulden Rheinisch, welche Summe von diesen bereits bezahlt wurde.«

Während noch um 1500 zu lesen ist: Dieser Hof ist ein Lehen nach Freising; findet sich nachher keine entsprechende Bemerkung mehr.

Um 1932 entstand in Zell noch ein drittes Anwesen, beim »Huber«.

Ziegelnöbach

4 Lehen, 1 Gietl (zu Ilmmünster). Der ursprüngliche Name ist »Nennipach«, aus dem dann »Nöbach« wird, was so viel wie eine Siedlung am Bach eines »Nanno« bedeutet. Erst im 18. Jahrhundert kommt allmählich der Name »Ziegelnöbach« auf, da um 1470 eine Ziegelei entsteht.

Um 1300 sind es in Nenpach zwei Anwesen: Der »Ostermair«, der nach Ilmmünster abgabenpflichtig ist; und 1 Hof, der zu Scheyern gehört. Von diesem Hof ist im Urbar um 1309/10 (KL 54, 16) vermerkt: »Nenibach, der Hof ist in 4 Lehen aufgeteilt; ... sie zahlen [zusammen] 1 Pfund Pfennige.«

Nach den Abgaben zu entnehmen, waren es vier gleich große Lehen, von mittlerer Größe von etwa 30 Tagwerk Äcker und Wiesen. Die Besitzer hatten auch die Verpflichtung, an einigen Tagen (etwa 10 Tage) Heu zu mähen bzw. bei der Ernte im Klostergutshof zu helfen. Die um 1474 errichtete Ziegelei mußte als jährliche »Gilt« 1500 Steine oder Dachziegel liefern.

In den letzten Jahren kamen zu den bestehenden fünf Anwesen drei weitere hinzu.

Nicht zur Hofmark, aber zur Pfarrei Scheyern gehörende Güter

Gurnöbach

3 Höfe, 1 Hube, 2 Lehen. Ursprünglich: »Gurren-nenpach«, das »Nenenbach« eines »Gurr«. Gehört zur Pfarrei Scheyern, war aber der Hofmark Reichertshofen zugeordnet; Grundherr war die Hofkammer Neuburg.

Höfelmair

1 Hof. Der Name deutet auf ein »Höfl«, einen kleinen Hof hin. Das Gut »Hovelin« wurde Ende des 12. Jahrhunderts (Clm 1052, 50) von einem Gotfridus von Schyren dem Kloster übereignet. Es gehört zwar zur Pfarrei Scheyern, aber war dem Landgericht Pfaffenhofen zugeordnet.

Pernzhof

1 Hof. Ursprünglich »Pernoltzhofen«, der Hof eines Pernolf. Der zuständige Grundherr und Gerichtsherr war die Hofmark Göbelsbach. Um 1300 (KL Geis 1, 30) kommt Pernoltzhofen als Besitz von Geisenfeld vor. Im 19. Jahrhundert kommen noch drei weitere Anwesen hinzu.

Posthof, Schneckenhof

1 Hof. Der ursprüngliche Name ist »Schneckenhof«. Er kommt entweder von einem Besitzer mit Namen »Snecko« her, oder von den vielen Schnecken, die sich dort befanden.

Das Anwesen wurde um 1253–1259 (Clm 1052, 58) dem Kloster übergeben: »Arnold von Massenhausen hat mit uns folgenden Tausch vollzogen: Wir haben ihm den Hof in Taeisingen [Dasing], den wir vom Herzog Otto von Bayern seligen Angedenkens zum Seelenheil seines Vaters, des Herzogs Ludwig, als Besitz erhalten haben, zum Erbrecht übergeben. Dafür hat er uns den Hof, den er in Snekendorf besaß, und der mit 8 Pfund verpfändet war, die aber nachher von Abt Heinrich eingelöst wurden, zu gleichem Erbrecht als Besitz überlassen.« Um 1744 treffen wir als Besitzer einen Pachmayr, dessen Familie bis 1870 den Postdienst versieht. Daher kommt der Name »Posthof«.

Radlhöfe

3 Höfe. Bei diesen Höfen war Scheyern weder als Grundherr noch als Gerichtsherr, sondern nur als Pfarr-Herr zuständig.

Als »Raedelhof« wurde zunächst nur der obere Hof bezeichnet, während die beiden anderen »zu den Feichten« genannt wurden. Der Name »Rädel« weist wohl hin auf einen Radmacher. Vermutlich war bei den anderen Höfen ein Fichtenwäldchen gestanden, wovon sich »zu den Feichten« ableitet.

Der Rädelhof wird erstmals erwähnt um 1300:

1300, Dezember 16 (KU Mü-Ilmmünster): »hove dazze dem Raedelin«.

1308, Februar 27 (KU Mü-Ilmmünster): »Der Raedelhof wird als Selgerät an das Stift Ilmmünster verkauft.«

1336, November 7 (KU Mü-Ilmmünster): Die »zwen Hoef ze Feichten, die pei dem Raedelhof gelegen sint«, werden an das Stift Ilmmünster verkauft.

Um 1937 kommt noch ein viertes Anwesen beim »Wiesbeck« hinzu.

Webling

3 Anwesen. Der Name rührt wohl her von »wabern«, was so viel wie wackelig, sumpfig bedeutet. Von den drei Anwesen war eines der Pfarrkirche St. Martin von Scheyern, die beiden anderen dem Liebfrauenstift Ilmmünster als Grundherrn zugeordnet. Webling gehört zwar zur Pfarrei Scheyern, jedoch nicht zur ehemaligen Hofmark Scheyern.

Wie aus einer Steuerliste von 1515 (KL Ilm 157,9) zu entnehmen ist, gab es um diese Zeit in Webling 1 Hube und 3 Lehen, von denen eines die Pfarrkir-

81 Scheyern und Umgebung um 1850. Lithographierte Karte

che von St. Martin als Grundherrn hatte. Später wurde ein Lehen mit der Hube vereinigt. 1862 wurde ein weiteres Gut errichtet: »Neugütl« – oder »Blas« vom ersten Besitzer Plazidus Graßl.

Unter-Dummeltshausen

1 Hof. Tumoltzhausen ist die Wohnung eines Tumoltz. Unter-Dummelts-hausen heißt es im Unterschied von Oberdummeltshausen bei Winden. Das Gut gehörte sowohl zur Grundherrschaft als auch zur Hofmark Ilmmünster, befindet sich aber innerhalb der Pfarrei Scheyern. 1872 wurde es an das Klo-ster Scheyern verkauft, das es jedoch nach dem Zweiten Weltkrieg wieder an den Lastenausgleich für Flüchtlinge verkaufte.

Auswärtige Besitzungen

A Inkorporierte Pfarreien*

Das Kloster Scheyern hatte, weit verstreut in Südbayern, nicht nur einzelne Güter, sondern auch eine Reihe von Pfarreien und Kirchen, die ihm in irgendeiner Weise zugeordnet waren. Die Schwerpunkte lagen vor allem in den damaligen Landgerichten Pfaffenhofen, Schrobenhausen, Aichach, Dachau, Rain am Lech und Aibling. Die Art der Zuordnung war verschieden.

Das Kloster besaß bei mehreren Pfarreien das *Patronatsrecht*. Darunter versteht man ursprünglich das Recht eines Erbauers oder Stifters der Kirche oder der Pfarrei. Es beinhaltet das Eigentums- und Nutzungsrecht. Auch durfte der Inhaber bei Erledigung eines Kirchenamtes einen geeigneten Geistlichen präsentieren. Dieses »Recht« beinhaltet jedoch auch die Pflicht zum Unterhalt der Kirche.

Eine *Inkorporation* bedeutet die Einverleibung einer Pfarrpfründe. Die »halbe Inkorporation« verleiht nur die Verwaltung und Nutzung der Pfründe, nicht aber das Eigentum. Sie beinhaltet das Recht, den Pfarrer vorzuschlagen. Die »volle Inkorporation« überträgt auch das Pfarramt. Sie macht – wenn es sich dabei um die Einverleibung einer Pfarrei in das Kloster handelt – das Kloster zum dauernden Pfarrherrn. Dieses hat das Recht, den Pfarrer zur oberhirtlichen Bestätigung und Einsetzung vorzuschlagen. Die Amtsverleihung erfolgt mit der kanonischen Einsetzung durch den zuständigen Oberhirten (Bischof).

I. Landgericht Pfaffenhofen

1) Scheyern – Niederscheyern

Die Pfarrei Scheyern mit der Filiale Niederscheyern waren dem Kloster bereits von Anfang an »voll inkorporiert«. Bei der Gründung des Klosters war die bereits bestehende Kirche zu Unserer Lieben Frau zugleich Kloster- und Pfarrkirche. Um 1144 wurde dann eine eigene Pfarrkirche St. Martin errich-

---

* Die Schenkungen sind vor allem durch die Urkunden zu den betreffenden Jahren belegt. Kloster-Urkunden Nr. 1–263 befinden sich im Klosterarchiv Scheyern; sie sind zum Teil veröffentlicht in Stephan Michael, Urkunden ... des Klosters Scheyern.

82–100 Dem Kloster Scheyern inkorporierte Pfarrkirchen und Filialkirchen zwischen Hallertau und Leitzachtal

82 *Berg im Gau, Pfarrkirche Mariä Heimsuchung*

83 Elbach (Gemeinde Fischbachau), St. Andreas und Wallfahrtskirche
84 Fischbachau, Friedhofkirche Mariä Schutz (ehem. Pfarrkirche)
85 Petersberg bei Eisenhofen, Klosterkirche SS. Martin und Petrus
86 Fischbachau, ehem. Benediktinerklosterkirche, jetzt Pfarrkirche St. Martin

87 Berg im Gau, Pfarrkirche Mariä Heimsuchung
88 Sulzbach (Stadt Aichach), St. Verena
89 Edelshausen (Stadt Schrobenhausen), St. Mauritius
90 Rumeltshausen (Gemeinde Schwabhausen bei Dachau), St. Laurentius

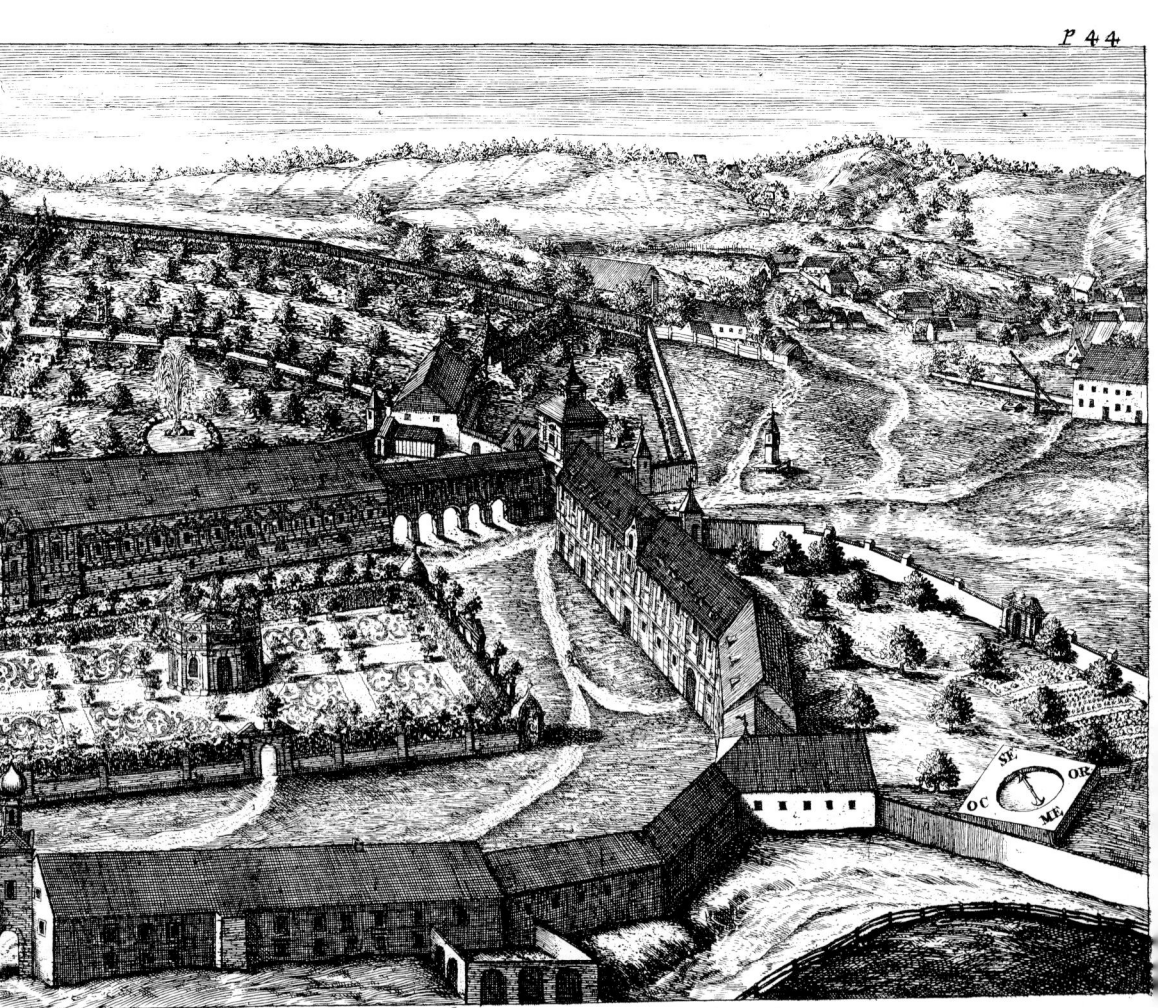

91 Kloster Scheyern, nach Michael Wening, um 1700.
    Dieser Wening-Stich der Gesamtanlage wurde um 1850 nachgestochen
    für die »Monumenta Boica«
    Auf dieser Klostervedute ist im Hintergrund auch die ehemalige Pfarrkirche Scheyern
    abgebildet. Ihr Schiff und ihr Turm wurden 1805 versteigert und abgebrochen, der Chor
    blieb als Friedhofskapelle stehen

92 Niederscheyern (Stadt Pfaffenhofen an der Ilm), Filialkirche Mariä Verkündigung
93 Angkofen (Stadt Pfaffenhofen an der Ilm), St. Johannes Evangelist
94 Niedergeroldshausen in der Hallertau (Markt Wolnzach), St. Andreas
95 Niederscheyern (Stadt Pfaffenhofen), Filialkirche Mariä Verkündigung

96 Walkertshofen (Gemeinde Erdweg), Pfarrkirche Mariä Himmelfahrt
97 Klenau (Gemeinde Gerolsbach), St. Andreas
98 Lauterbach (Markt Altomünster), St. Alban
99 Berbling (Stadt Bad Aibling), Heilig Kreuz

100   *Pfaffenhofen an der Ilm, Stadtpfarrkirche St. Johannes Baptist*

tet. Bereits im Jahre 1142 hatte Bischof Otto von Freising den Zehnten für die Kirche von Niederscheyern bestätigt. Nach einer Notiz aus dem 13. Jahrhundert (Clm 17405, 238) soll der hl. Bonifatius (um 742) die Kirche zu »Unserer Lieben Frau« geweiht haben. Nach der Säkularisation wurde die Klosterkirche wiederum zugleich Pfarrkirche, während die Martinskirche abgebrochen wurde.

2) Pfaffenhofen und Angkofen

Die Kirche in »Phaphenhoven« wird als Ort einer kirchlichen Gerichtssitzung in einer Urkunde aus dem Jahre 1198 erwähnt. Am 15. Februar 1318 übertrug Kaiser Ludwig der Bayer dem Kloster Scheyern das Patronatsrecht der Pfarrkirche. Für das Frühmeß-Benefizium in der Pfarrkirche stand dem Kloster ebenfalls das Präsentationsrecht zu, während der dortige Magistrat das Nominationsrecht innehatte.

In Angkofen bei Pfaffenhofen hatte das Kloster neben zwei kleineren Gütern auch eine »Kirche« inne, von der es im 18. Jahrhundert heißt, daß sie mit der Kirche in Pfaffenhofen vereinigt sei. Die Güter waren um 1180 von einem gewissen »Altum« dem Kloster gegeben worden. Eine Kirche von »Enckhofen« ist erstmals im 15. Jahrhundert genannt.

3) Vohburg mit den Filialkirchen Deising, Hartheim, Dünzing, Hiendorf, Harlanden

Im Jahre 1356 übertrug Ludwig der Brandenburger dem Kloster Scheyern die Pfarrei Vohburg mit dem Patronatsrecht, mit den dazugehörigen Kirchen. Diese waren damals Deising, Hartheim, Hiendorf und Harlanden. Dünzing kam später hinzu. Papst Urban VI. bestätigte 1387 die Inkorporation und bestimmte, daß zur Seelsorge ein ständiger Vikar einzusetzen sei, der von Abt und Konvent präsentiert wird.

4) Niedergeroldshausen (Wolnzach)

Das Patronatsrecht über diese Pfarrei rührt von dem Grundbesitz her, den ein Perthold von Eschelbach dem Kloster Scheyern um 1189 gab. Im Jahre 1790 wurde die Pfarrstelle aufgegeben und die beiden Pfarrpfründen Ober- und Niedergeroldshausen vereinigt.

5) Klenau

Beim Reichsteilungsvertrag von Verdun, am 10. August 843, wird auch »Chlenin Auwa« genannt, das zusammen mit anderen Gütern in Singenbach, Tandern und Hilgertshausen, dem Hochstift Freising übereignet wird. Vor 1220 geht das Dorf »Chlennawe« zusammen mit der Kirche und allen dazugehörigen Gütern durch einen unbekannten Geber auf das Kloster Scheyern über. Damit wird auch das Patronatsrecht für die Kirche verbunden. Um die Mitte des 18. Jahrhunderts kam es dann, zusammen mit dem Kloster Indersdorf, zu einem gemeinsamen Präsentationsrecht beider Klöster für Klenau und die in der Nähe liegende Pfarrei Junkenhofen.

II. Landgerichte Schrobenhausen und Rain am Lech

1) Holzkirchen und Edelshausen

In den Urkunden werden beide Kirchen meist zusammen erwähnt. Im Jahre 1107 schenkte Graf Berthold von Burgeck dem Kloster Scheyern zwei Höfe in Holzkirchen, die dortige Kirche und die Kirche in »Etelshusen« mit dem Zehnten. Ein Privileg des Kaisers Heinrich V. aus dem Jahre 1107 bestätigte den Mönchen, die sich damals noch auf dem Petersberg befanden, diese Schenkung. Wegen der Inkorporation der beiden Pfarreien kam es um 1198 zu einem Streit mit dem Grafen Eberhard von Schauenburg, der aber 1216 von Papst Innozenz III. zugunsten des Klosters Scheyern entschieden wurde.

2) Berg im Gau und Brunnen

Die Pfarrkirche von Berg im Gau wurde den Mönchen auf dem Petersberg ebenfalls vom Grafen Berthold von Burgeck im Jahre 1107 geschenkt. Auch hier kam es zum Streit um das Patronatsrecht mit Ulrich von Risinsbach, der die Vogtei innehatte. Der Apostolische Stuhl bestimmte Rapoto, den Propst von Ilmmünster, als Richter, der 1209 den Fall zugunsten des Klosters Scheyern entschied. Die selbständige Pfarrei Brunnen gehörte einst mit ihrer St.-Michaels-Kirche als Filiale zu Berg im Gau. Auch hier besaß der Abt von Scheyern das Nominations- und Präsentationsrecht.

III. Landgerichte Aichach und Dachau

1) Walkertshofen-Petersberg

Bereits Berthold von Burgeck hatte dem Kloster – als es sich noch in Fischbachau befand – um 1102/04, die Kirche von »Woltgershofen« mit dem Zehenten und zwei Höfen verliehen. Von dort aus wurde dann später auch die Kirche auf dem Petersberg betreut. Bezüglich des Patronatsrechts kam es zu einer Auseinandersetzung mit dem Bischof von Freising, die Abt Heinrich im Jahre 1229 zu seinen Gunsten entscheiden konnte.

Am 20. Juli 1544 wurde dem Besitzer der Hofmark Eisenhofen das Patronatsrecht über »Walkhertzofen« übergeben mit der Verpflichtung der Instandhaltung der Kirche auf dem Petersberg und der ›Sorge für die dort herkömmlichen Gottesdienste‹.

2) Lauterbach – Sulzbach – Rumeltshausen

Am 5. August 1725 übergab das Kloster Scheyern, auf Widerruf, dem Fürstbischof von Freising das Präsentationsrecht über die Pfarreien von Lauterbach und Sulzbach (beide in der Diözese Augsburg gelegen), und über die Kirche von Rumeltshausen (Diözese Freising). Dafür erhielt das Kloster von neuem das Recht zugesprochen, für die Kirche in Fischbachau zwei Ordensleute zu bestimmen. Dieses Recht besaß es an sich schon auf Grund der vollen Inkorporation. Aber offenbar war es außer Übung gekommen.

a) Lauterbach, bei Aufhausen in der Nähe von Aichach, wurde um 1180 zusammen mit der Kirche, einem Hof und einem weiteren Gut dem Kloster Scheyern übergeben vom Edlen Marquard von Johanneck und dessen Frau.

b) Sulzbach wird ebenfalls unter den Pfarreien aufgeführt, deren Präsentationsrecht 1725 an Freising abgetreten wurde. Wann diese Kirche dem Kloster zugesprochen wurde, ist nicht bekannt. Sie wird im 14. Jahrhundert genannt. Möglicherweise steht damit ein Tausch in Zusammenhang. Am 22. April 1569 erwarb Abt Georg von Scheyern vom Deutschordens-Komtur zu Blumenthal durch Tausch eine Wiese zu Sulzbach, im Landgericht Aichach gelegen.

c) Rumeltshausen wurde Kloster Scheyern, mit der Kirche und drei Höfen, von der Edlen Irmgard um 1110/1119 übergeben. Auch nach der Abtretung des Präsentationsrechtes für die Kirche verblieben die Höfe, vermehrt um zwei Lehen und zwei Hofstätten, bis zur Säkularisation beim Kloster.

IV. Landgericht Aibling

1) Fischbachau – Bayrischzell

Um das Jahr 1076 gründete die Gräfin Haziga mit Hilfe des Klosters Hirsau die Niederlassung in Margarethenzell/Bayrischzell. Im Jahre 1077 wurde die Kirche von Bischof Ellenhard von Pola eingeweiht. Um das Jahr 1085 verlegte die Stifterin das Kloster auf Bitten der Mönche nach dem nahegelegenen Fischbachau, wo sofort auch eine Marienkirche und bald darauf eine Kirche zu Ehren des Hl. Martin gebaut wurde. Alle drei Kirchen blieben auch nach dem Umzug der Mönche nach ›Usenofen‹ und schließlich nach Scheyern dem Kloster voll inkorporiert. Über die Hofmark Fischbachau besaß es auch die Niedere Gerichtsbarkeit.

2) Berbling

Bereits um 1077 hatte die Gräfin Haziga dem damaligen Kloster in »Zell« (= Margarethenzell/Bayrischzell) die Kirche in »Willingen« (= Berbling) mit dem Zehenten und einigen zu diesem Dorf gehörigen Allodgütern geschenkt. Die kirchliche Bestätigung für die Rechte und den Zehenten zu Berbling erfolgte 1142 durch Bischof Otto von Freising.

3) Elbach – Au

Es ist verständlich, daß das Kloster Scheyern versuchte, über die Gebiete, in denen es schon seit der Gründung viele Besitzungen hatte, auch auf kirchlichem Gebiet Einfluß zu gewinnen. So gab es im Jahre 1390 die Kirche in Ehingen (bei Nordendorf, Augsburger Diözese) her und erhielt dafür die Pfarrkirche Elbach mit der Filiale Au inkorporiert. Im Jahre 1392 bestätigte Papst Bonifaz IX. diesen Tausch. Obwohl der Freisinger Bischof Berthold diesen Tausch an die Bedingung knüpfte, daß sich in Elbach ständig vier Mönche aufhalten sollten, konnte dies nicht eingehalten werden. Die Pfarrei Elbach wurde immer von Weltgeistlichen als ständigen Vikaren betreut.

B   Die übrigen Besitzungen in der weiteren Umgebung

Es war schon mehrfach davon die Rede, daß die Stifter und Gründer das Kloster von Anfang an mit reichen Gütern ausgestattet hatten – auch als es sich noch in Zell, Fischbachau oder auf dem Petersberg befand. Es sollte dessen Existenz gesichert werden. Wie vorhin dargelegt, war in einigen Fällen auch damit eine Kirche verbunden, die dem Kloster inkorporiert war.

Es ist verständlich, daß die Mönche sorgfältig darauf achteten, daß diese Übertragungen von Gütern (»Traditionen«) genau aufgeschrieben wurden. So ist dem berühmten Chronik-Werk von Konrad noch ein Buch der »Traditionen« (Liber traditionum; Clm 1052) beigefügt. Michael Stephan hat 1986 diese in der Schriftenreihe »Quellen und Erörterungen zur Bayerischen Geschichte« kritisch bearbeitet und herausgegeben. Sie gehen bis in die Mitte des 13. Jahrhunderts. Dann hören im allgemeinen die eigentlichen »Übergaben« auf. Der Neuerwerb von Gütern gelingt dann dem Kloster nur mehr durch Kauf oder Tausch.

Diese Güter erstrecken sich von Südtirol über die Landgerichte Bad Aibling, Dachau, Pfaffenhofen, Schrobenhausen, Aichach und Rain am Lech. Sie geben zugleich einen Einblick in die ursprüngliche Hausmacht der Schyren-Wittelsbacher. Auch als die Mönche noch in Fischbachau sich befanden, wurden ihnen Güter in den genannten heutigen Landkreisen übereignet.

Bezeichnend dafür ist bereits die erste genannte »Übergabe« vom Jahre 1078: Gräfin Haziga übereignet mit Zustimmung ihrer Söhne, der Grafen Ekkehard, Vogt der Freisinger Kirche, Bernhard und Otto III. von Scheyern, durch den Edlen Amelbert einen Hof in Högling (Gem. Bruckmühl), mit dem Zehnten zu Willing (bei Berbling oder Berbling selber) und den zum Dorf Willing gehörenden Gütern, einen Hof in Ammersdorf (Landkreis Erding), Besitz im Zillertal, eine Hube in Trins (bei Innsbruck), einen Weinberg in Bozen (Südtirol) und einen Hof mit Hube in Grafing (Landkreis Pfaffenhofen).

Die Aufzeichnungen der Güter und deren Abgaben sind in den einzelnen Urbaren und Salbüchern im wesentlichen noch erhalten. Die wichtigsten sind im Verzeichnis der Quellen im Anhang genannt. Hier seien nur einige aufgeführt:

Um 1216	Matutinalbuch, mit einer kurzen Beschreibung der Güter (Clm 17401)
Um 1309	Erstes vollständiges Urbar (KL 54)
1339/1363	Sal- und Stiftsregister (KL 77)
Um 1494	Urbar, Buch der Abgaben, von Abt Paulus Preu, alphabetisches und umfassendes Register (KL 57)
15. Jahrhundert	Salbücher (KL 78 – KL 83)

Im folgenden werden die einzelnen Orte aufgeführt, in denen das Kloster Scheyern Besitzungen hatte. Die Ortsnamen sind meist in der früher üblichen Schreibweise angegeben.

Die ältesten Besitzungen gehen bereits zurück auf die Gräfin Haziga, so in Grafing, wo bereits um 1078 Güter übergeben werden. Diese Besitzungen in »Gravingen« werden dann 1107 von König Heinrich V. bestätigt. Die meisten übrigen Güter werden übergeben im 12. und 13. Jahrhundert. Bemerkenswert ist zum Beispiel die Übergabe der Güter von »Timenhusen« (Deimhausen), die von Herzog Otto I. im Jahre 1183 – erst nach seinem Tod – erfolgte. Auch die Güter von Tegernbach sind schon sehr früh in das Eigentum des Klosters Scheyern übergegangen. Bereits 1171–1203 heißt es, daß ein Ruodiger von Linthach »ein Gut in Tegernbach» übergab.

Abeltzhausen 1 Hof
Affalterbach 1 Hof 3 Hofstätten
Anckhofen 2 Güter, 1 Wiedengut
Ehrenberg (Arnperg) 1 Hof 1 Hofstatt
Äschlsried 1 Hof 3 Lehen 1 Garten
Deimhausen 3 Höfe 1 Lehen 6 Hof-
    stätten
Dürrhaim 1 Wiese von Lindacherin
Eberstetten 1 Hof 2 Huben 1 Hofstatt
Eckersberg 1 Hof
Edling 1 Hof
Eggen (Siebenecken) 1 Hof
Eya 1 Hof 1 Lehen
Förnbach 1 Hof
Freinhausen 1 Hof 1 Lehen 1 Hofstatt
Geisenhausen 1 Hof
Gerolzhausen 1 Hof 1 Hube
Gintal 1 Hof
Gosseltshausen 1 Gietl
Grafing 3 Höfe 1 Gietl 1 Mühle mit
    Lehen
Gräßlswinden 1 Hof
Grinthof (Gründholm) 1 Hof
Gumpersdorf 1 Gietl
Gundamsried 1 Hof 1 Hofstatt
Harreß 1 Hof
Hardt 1 Hof 1 Hube
Harthausen 2 Höfe
Haushausen 2 Höfe 1 Mühle 1 Gietl
Heißmaning 1 Hube
Höfelhof 1 Gietl
Ilmmünster 1 Acker
Kemoden 1 Hof
Kienhof (Marmoltswinden) 1 Gietl
Kreut 1 Hof
Kumerslachen 4 Äcker
Kumpfkreut 1 Hof
Lanquat (Langwaid) 1 Hube 2 Lehen
    1 Acker

Lausheim (Lausham) 1 Hof 1 Mühle
    1 Lehen
Lauterbach (Niederlauterbach)
    Kasten-Gült von 7 Höfen
Leuten (Leiten) 1 Hof
Lindhof (Frickendorf) 1 Hof
Lindach 1 Hof 1 Lehen
Merkenberg 1 Hof/Holzmark
Münchsmühle 1 Hof
Paindorf 2 Höfe 1 Lehen 1 Gietl
Pernhausen (Bärnhausen) 1 Hof
Pfaffenhofen 9 Hofstätten 15 Feldgründe
    (nur bis 1672), Kurfürstl. Kasten
    1 Widum
Pfaffenwiesen/Puch 1 Hube 1 Hofstatt
Pischelsdorf 1 Gietl 1 Lehen
Pobenhausen 1 Gietl 1 Hube
Prambach 1 Gut Lehenzins
Purbach/Kremshof 1 Hof
Raitbach 1 Hof
Reichertshofen 1 Hof
Reisgang 1 Hube
Rotteneck 1 Gietl
Samhof 1 Hof bis 1586
Scheyrhof 1 Hof
Schmiedhausen 1 Hof 1 Mühle
Schneckenhof/Posthof 1 Hof
Speckmühle 1 Mühle 1 Lehen
Stainkirchen 1 Lehen
Sulzbach 1 Gietl
Thalhof 1 Hof
Tegernbach 2 Höfe 1 Gietl 1 Lehen
Walkersbach 1 Gietl
Winden (Beigelswinden) 1 Gut
Wolnhofen 1 Hof
Zell a. Paar 1 Mühle 1 Gietl
Zweckhof 1 Hof

Bei diesen Gütern war es vor allem der Graf Berthold von Burgeck, der einige von ihnen schon sehr früh, um 1102–1104, übereignete. Es waren damals: Holzkirchen (bei Rain) mit einer Kirche, Berg im Gau mit Kirche und Lampertshofen, Edelshausen mit Kirche und drei Höfe. Die Kirchen von Berg im Gau und Edelshausen wurden dem Kloster Scheyern inkorporiert.

Aichach

Ärnberg 1 Hube
Aufhausen 1 Hof 1 Lehen
Eckhofen 1 Gut
Eittenhofen 1 Hof
Gallenbach 1 Hof
Holzhausen 2 Höfe
Pettersdorf 1 Gut
Inchenhofen 41 Gilten
Lauterbach 1 Hof 1 Hube
Linden/Randelzriedt 1 Gut
Teufelsberg 1 Hof 1 Hube
Teittenhoven 1 Hube
Weilenbach 1 Hof

Schrobenhausen

Altenfurth 1 Garten
Aresing 1 Hof 1 Lehen 4 Hofstätten
Klenau 3 Höfe 5 Lehen
Edelshausen 5 Höfe 3 Hofstätten
   1 Schmiede
Eppertshofen 1 Hube
Gebertshausen 1 Hof 2 Hofstätten
Gerstetten 1 Zehent-Gilt
Lampertshofen 1 Hof
Langenmosen 1 Gietl 4 Gründe

Linden 1 Lehen 1 Hofstatt und Äcker
Pättershausen 1 Hube
Berg im Gau 1 Widengut
Brunnen 2 Höfe
Schrobenhausen 2 Hofstätten
Tiershofen 3 Höfe 3 Hofstätten
Weilerau 1 Hof
Wüsterberg 1 Hof
Oberlauterbach 1 Gietl
Strobenried ½ Hof
Schachach 1 Hof 1 Hube 1 Lehen
Schernberg 1 Gietl

Rain/Lech

Eschling 1 Hube
Gempfing 1 Wachsgilt
Hausen 1 Hof 1 Lehen
Holzkirchen 3 Höfe 1 Acker für Wachs
Illickdorf 1 Hof 1 Hofstatt
Mittelstetten 1 Hof 1 Hube
Otting 1 Gut
Puch 12 Äcker
Raichersheim 2 Hofstätten
Rain 1 Hofstatt
Tailmühle 1 Mühle
Wechtering 1 Hof 1 Lehen

III   Landgericht Dachau – Propstei München

Die meisten Güter des Landgerichts Dachau und der Propstei München werden bereits in den ältesten Urbaren um 1220 und 1309 genannt.

Antenzhofen 2 Höfe 1 Mühle
Asenhausen 1 Hof
Dolenberg 1 Hof 16 kleinere »Stücke«
Egkhenhofen 1 Lehen
Guggenberg 1 Hube
Haußhofen 1 Übergilt
Intzenmoß 1 Hof 1 Hofstatt
Lappach 1 Hof 2 Lehen

Mamendorf 1 Gietl
Milberzhofen 1 Übergilt
Pachern 1 Hof 1 Lehen 1 Garten
Unterpachern 1 Hof 1 Lehen
Pelhaim 2 Höfe
Perckhofen 1 Hof
Pöttenbach 2 Höfe
Rennhof 1 Hof

Riederzhofen 1 Hube
Rumelzhausen 3 Höfe 2 Lehen
   2 Hofstätten
Sigmarshausen 1 Hof 1 Lehen
Steten 1 Lehen
Sulzrain 1 Hube
Vachpach 1 Hof 1 Hube
Veldgeding 1 Hof
Viechpach 1 Hof 1 Hube 1 Lehen
Walkerzhofen 2 Höfe 1 Lehen 1 Gietl
   4 Hofstätten
Waltenhofen 1 Hof 1 Gietl
Waltershofen 1 Hube
Weickerzhofen 1 Gietl

Wenigmünchen 1 Gietl
Widenzhausen 1 Zimmerlehen 1 Acker
Landmansdorf 1 Gietl
Stocka 1 Hof 1 Lehen
Alling 1 Hof 1 Hube 1 Lehen
Garching 1 Gietl
Germaring 1 Gietl
Hohenprun 2 Höfe
Mosach 1 Hof
Neufahrn 1 Hube
Puch 1 Gietl
Schleißheim 3 Höfe 2 Hofstätten
Feldmoching 1 Hof 3 Sölden

IV   Verschiedene Landgerichte

Kranzberg

Eck bei Paunzhausen 1 Hof
Hartwigshausen 1 Hof
Kreit bei Eck 1 Hube
Kolbach 2 Höfe
Obermarbach 2 Höfe 1 Hube 2 Lehen
Nanried 1 Hof
Perg bei Kranzberg 1 Baumgarten
Petershausen 1 Hof
Schernbuch bei Eck 1 Hube
Speck 1 Hof
Starchersried 1 Hof
Weingarten 1 Gietl
Wengen bei Pruckh 1 Lehen
Wollbach 1 Gietl

Neumarkt – Dorfen

Sax-Gut

Erding

Oberpuchrain 1 Gut
Siglfing 1 Hof
Pränthlhube

Kelheim

Salmperg Äcker
Scheyrn bei Rohr 1 Hof
Gissibl 1 Gut
Neustraßberg 1 Gut

Mainburg

Mayrstorf 1 Hube
Moßhaim 1 Hof
Pienhardt 2 Huben 2 Hofstätten

Moosburger Gericht

Aufhaim 1 Hof 1 Hube 11 Äcker
Gindelkofen 1 Weingarten
Grub 1 Anger
Hag 1 Hof
Haselkreit 1 Hube
Helfenprun 1 Fischwasser
Herberstorf 1 Hof 1 Hube
Kreit 1 Gut
Ödlkofen 1 Lehen
Pruckberg 1 Lehen
Sünzhausen 1 Hofstatt
Streitperg 1 Hof

Reichertshofen/Paar

Manching 1 Hof
Preitlach oder Oberstimm 1 Gietl

Die Güter in diesen Gebieten haben ihren Ursprung darin, daß die Anfänge von Scheyern auf Bayrischzell und Fischbachau zurückgehen.

Aibling – Wallenberg – Berbling

Aibling 1 Hofstatt
Achrain 1 Gietl 1 Mühle
Au 1 Widen und Zehent
Aarberg 1 Gietl
Dieperzkirchen 1 Gietl
Ellenpach 1 Widen 1 Mühle
Fagn 1 Kirch-Lehen
Feilnbach 1 Lehen
Gern 1 Gietl
Glickstatt 1 Lehen
Gottschalling 1 Hof
Graben 1 halbes Lehen 1 Lehen
Hinterholzen 1 Lehen
Hochholzen 1 Lehen
Imvelden 1 Lehen
Kirchsteig 1 Lehen
Kochprunn 1 Gut
Khrining Wasser
Kutternelling 1 Gut
Unter-Walichen 1 Gut
Lamershof 1 Lehen
Leitten 1 Lehen
Lündten 1 Lehen
Münchsanger 1 Lehen
Natterberg 1 Gut
Münchsanger Wasser
Pfaffing 1 Hube
Püburg 1 Hof 1 Hube
Püchl 1 Hof 1 Hube
Brandstatt 1 Lehen
Riedt bei Elbach 1 Gut
Riedt bei Getting 1 Hof
Berbling 1 Pfarr-Zehent Pfarrhof 8 Höfe
4 Lehen 5 Hofstätten
Germaning 2 Gietl 2 Lehen
Holling 2 Gietl
Parsperg 2 Höfe Vogtei
Zanckhen 1 halber Hof
Pulach 1 Gietl
Rosenheim 1 Behausung 1 Stadel
Praundorf 2 Gietl
Mühlthal 1 Mühle

Fischbachau

Ach 2 Schwaigen 1 Lehenpoint 1 Lehen
   1 Hofstatt
Oberacher 1 Wiese
Unteracher 1 Wiese
Au bei Elenbach 1 Gut
Aurach 1 Schwaig 5 Hofstätten
Faistenau 1 Schwaige 1 Hofstatt
Guggenpichler 2 Gietl
Kreit 1 Gut
Lechen 1 Gut
Lechenpoint 1 Gut
Marbach 1 Gut
Mittermarbach 1 Gut
Obermarbach 1 Gut
Milau 1 Gut
Pichel 2 Lehen 1 Hofstatt
Sandpichl 2 Lehen
Entfelden 1 Gut
Hochreit 2 Lehen
Küttenrain 1 Schwaig
Mainwolf 1 Schwaig 1 Hofstatt
Niederhofen 1 Schwaig
Oberstainach 3 Hofstätten
Osterhoven 1 Lehen 1 Schwaig
   2 Hofstätten
Prunn 1 Schwaig
Ried 1 Schwaig 1 Hofstatt
Steinach 1 Lehen
Thann 1 Gut
Dorf 1 Schwaig 1 Hofstatt
Unterpichel 1 Schwaig
Unter-Valdepp 1 Alm
Zell (Bayrischzell) 5 Teile einer Schwaig
Fischbachau 2 Höfe 12 Hofstätten
Widmaß 4 Gietl
Winkl 1 Gut

Gemeinde und Pfarrei Euernbach

Seit 1974 gehört die Gemeinde Euernbach zur Gemeinde Scheyern. Schon seit Jahrhunderten bestanden zwischen Euernbach und Scheyern sehr lebhafte Beziehungen. Einer der bedeutendsten Äbte von Scheyern, Stephan Reitberger, stammt von Euernbach. Auch sonst ist die Geschichte von Euernbach eng mit der Geschichte von Scheyern verknüpft.

A   Geschichte von Euernbach*

Euernbach heißt ursprünglich Aernpach oder Urenpach. Der Name ist wohl ein Hinweis auf den Bach eines Uro.

Bereits im 11. Jahrhundert hatten die mit Scheyern verbündeten Grafen von Ebersberg in dieser Gegend Besitzungen. Um das Jahr 1030 schenkte Gräfin Willbirgis von Ebersberg an das Kloster Geisenfeld die Kirche von »Aivrnpach«. Aus dem Reitbergerhof von Euernbach stammt Abt Stephan Reitberger (1610–1634).

Euernbach erscheint sehr früh als eigene Hofmark. Sie umfaßte außer dem Dorfe Euernbach noch Güter zu Edling, Wiedenberg, Schmidhausen, Reitberg, Günthal, Kreitenbach, Schönberg, Teufelshofen, Ober- und Niederlauterbach, Strobenried und Grainstetten. Nach dem Jahre 1800 gab es mehrfach Verschiebungen.

Im Jahre 1952 gehörten zur Gemeinde Euernbach noch die Ortschaften Günthal, Klingbach, Schönberg, Kreutenbach. Schmidhausen mit Wiedenberg und Grainstetten gingen an die Gemeinde Vieth; und Edling an die Gemeinde Winden über. Bei der Gebietsreform vom Jahre 1974 wurde die ehemalige Gemeinde Euernbach der Gemeinde Scheyern eingegliedert.

Euernbach ist auch eine eigene Pfarrei mit den Ortschaften Edling, Günthal, Kreitenbach, Schmidhausen, Schönberg, Harres, Klingbach. Die Pfarrei zählt zur Diözese Augsburg. Früher gehörte zur Pfarrei Euernbach auch die Filiale Menzenbach, die später der Pfarrei Göbelsbach zugeordnet wurde.

Die Leutenbeck und Wildenwarter

Die ältesten Besitzer von »Eurenbach« waren, nach Wigilius Hund, die Leutenbeck, von denen es teils durch Heirat, teils durch Kauf an die Wildenwar-

---

* Hauptsächlich nach: StA München, Hofmark Toerring-Jettenbach, L 106.

ter kam, welche auf einer nahegelegenen Burgstall, Wildenberg genannt, gehaust haben sollen. Das Stammhaus dieses edlen Geschlechtes war jedoch die Veste Wildenwart in der Nähe des Chiemsees, wovon Conrad der Wildenwarter, Besitzer von »Eurenbach«, zu Anfang des 14. Jahrhunderts noch einen Anteil besaß.

Katharina von Gepoltspach ehelichte 1287 den Ritter Conrad von Wildenwart aus Euernbach. Dieser Conrad, sein Bruder Alhart und sein Vetter Carl Wildenwarter lebten untereinander in solchem Streit, daß die Herzöge Rudolf und Ludwig die Veste Wildenwart einzogen und ihnen nicht eher zurückgaben, als bis alle den 16. April 1308 einen Revers ausgestellt hatten, daß, wenn einer den anderen totschlage, des Verbrechers Teil den Herzögen verfallen sein solle.

1315 erteilte Kaiser Ludwig dem Conrad Wildenwarter wegen seiner treuen Dienste Hofmarksfreiheit zu Euernbach und Gebelsbach.

1374 und 1381 finden wir Hanns den Wildenwarter und seinen Vetter Jacob, und 1414–1450 den Erasmus Wildenwarter.

Mattheus der Wildenwarter, 1451–1476, erbte von seinem Vater das Schloß und die Hofmark Euernbach, die Hofmark Gebelsbach und das zu einer Schäferei hergerichtete Ökonomiegut Engelmannsberg. Er war 1463 Pfleger zu Gerolfing, dann zu Pfaffenhofen und verheiratete sich 1455 mit Barbara, Tochter des Hanns Hund von Lauterbach, mit welcher er einen Sohn Georg und zwei Töchter Dorothea und Barbara erzeugte.

Georg der Wildenwarter, 1477–1492 Besitzer der väterlichen Güter Euernbach, Gebelsbach und Engelmannsberg, vertauschte den 3. Mai 1487 seine beiden Gütchen zu Oberschnaitbach (= Oberschnatterbach) in der Pfarrei Scheyern an den Abt Georg von Scheyern, welcher ihm dafür des Klosters Hof, genannt Lettengrub, bei Engelmannsberg abtrat. Er starb im Jahre 1492 als der letzte männliche Sprosse seines Stammes und liegt laut Grabstein vor der Egloffsteiner Kapelle im Kloster Scheyern begraben. Seine ganze Verlassenschaft erbte seine Schwester Dorothea.

Die Rohrbacher

Dorothea die Wildenwarterin war verheiratet mit Wolfgang von Rohrbach zu Mauern, Pfleger zu Dingolfing (1475), wodurch also das Geschlecht der Rohrbacher in den Besitz von Euernbach, Gebelsbach und Engelmannsberg gelangte. Wolfgang von Rohrbach besiegelte den 17. September 1514 als Hofmarksherr einen Revers des Pfarrers von Euernbach über die Jahrtagsstiftung der sel. Anna Hauserin, geb. von Wildenwart.

Veit von Rohrbach zu Euernbach, um 1538. Von ihm erzählt Wigilius Hund: »Er war Herzog Ludwigs Kammerer, ein guter Gesell, böser Hausvater, hat so viel Schulden gemacht, daß er Euernbach verkaufen müssen, heiratete in seinem Alter und Schwachheit N. Zellerein und starb ohne Kind.«

Die Freiherren von Gumppenberg

Am 14. April 1542 verkaufte Veit von Rohrbach dem Georg von Gumppenberg zu Pöttmes sein Schloß und Sitz Euernbach mit allen Zugehörungen. Georg von Gumppenberg war vermählt mit Maria von Seiboltsdorf zu Ritterswerth.

Freiherr Georg von Gumppenberg hatte vier Söhne, unter welche er noch bei seinen Lebzeiten am 13. Juli 1579 seine Güter in der Art verteilte, daß Hanns Ludwig Freihausen und Adelzhausen, Stephan den halben Teil von Schernegg, Albrecht das Schloß Euernbach mit allen Zugehörungen und Heinrich das Stammgut Gumppenberg erhält, Pöttmes aber allen vieren gemeinschaftlich verblieb. Am 20. August 1578 kaufte er von Bernhard Glatzmair zu Ellenbach dessen Holzmark zu Kreidenbach.

Freiherr Albrecht von Gumppenberg starb den 19. Februar 1601 und wurde zu Pöttmes begraben, seine Gemahlin Margaretha aber überlebte ihn viele Jahre, während welcher sie zu Euernbach hauste und die Administration der Güter im Namen ihrer Kinder bis zu ihrem Tode fortführte. Dem Beispiel ihres seligen Mannes folgend war sie stets bemüht, ihren Grundbesitz zu vergrößern.

Albrecht von Gumppenberg hinterließ fünf Töchter. Ein am 27. Oktober 1621 errichteter Vertrag überließ nur den beiden Schwestern Marie Catharine, vermählt mit Ladislaus Graf von Törring, und Marie Christine, vermählt mit Wilhelm von Maxlrain, die Güter Euernbach, Tegernbach, Gebelsbach und Engelmannsberg, wogegen sie sich verpflichteten ihren drei anderen Schwestern und deren Erben 54000 Gulden hinauszuzahlen.

Maxlrain – Fraunhofen – Törring

Durch einen Teilungsvertrag zwischen den beiden Schwestern, vom 26. Oktober 1630, gingen Schloß und Hofmark Euernbach an die Freifrau v. *Maxlrain* über. Zehn Jahre später erwarb Wolf Ludwig Freiherr von Gumppenberg die Hofmark Euernbach und verkaufte sie bereits im folgenden Jahr 1641 an Johann Heinrich Freiherr von *Fraunhofen*.

Am 16. März 1646 kaufte Graf Wolf Dietrich von *Törring* zum Stein für 36600 Gulden und 150 Taler Leihkauf von Johann Albrecht Freiherrn von Fraunhofen die Hofmark Euernbach.

Um seine neu erworbenen Güter selbst zu administrieren, legte Graf Wolf Dietrich seine Stelle als Hofratspräsident nieder und zog mit seiner Familie nach Euernbach. Ein Einfall der Schweden in Bayern nötigte ihn noch in demselben Jahre zur Flucht nach Traunstein, von wo er erst den 10. April 1647 nach Euernbach zurückkehren konnte.

In welchem Zustand er seine Güter nach Abzug des Feindes fand, beschreibt er selbst mit folgenden Worten: »Ich hab das Gut in Wahrheit zu Haus und Feld, wie man sagt, auf das äußerste verwüstet und ausspoliert gefunden, muß auch ein solches Wehklagen und um Hilf-Schreien von den wenigen

noch vorhandenen Untertanen anhören, daß es nicht zu glauben ist, welches dann um so viel desto schmerzlicher fällt, weil ich die Mittel nicht habe, ihnen zu helfen, indem ich das Meinige selbst liegen lassen muß und nicht aufbauen kann. Es ist über Winter hierum nichts angebaut worden, auch scheint es, daß in der Sommerung wenig zu hoffen sein wird, in summa ist miseria cum aceto und zu besorgen, daß ich das Gut in den nächsten zehn Jahren nicht mehr recht aufbringen, wie es gewesen ist.«

»Der Zeit«, schreibt er einige Wochen später, »bin ich stark im Anbauen begriffen so viel als möglich und ich mit Sommerkorn und Weizen auch Haber habe aufkommen können; denn ich habe kein Körnl weder vom alten noch neuen gefunden, sondern alles Sommergetreid und zur Speise um baares Geld und teuer genug zu München kaufen und mit großen Unkosten heraus führen lassen müssen.« Des Grafen Wolf Dietrichs Stiefmutter, die oben genannte Maria Catharina geb. vom Gumppenberg, stiftete den 22. Juli 1648 für sich, ihre Eltern und Schwestern eine Wochenmesse in der Schloßkapelle zu Euernbach, welche bisher so vernachlässigt war, daß man nicht einmal ihren Kirchweihtag kannte, weshalb der Generalvikar des Bistums Augsburg

101   Schloß Euernbach als von Törringsches Schloß in der einstigen Hofmark Pörnbach. Ansicht aus dem kurbayerischen Vedutenwerk von Michael Wening, um 1710/20

Caspar, Bischof von Andramyth (11. August 1654), den Sonntag nach Maria Himmelfahrt zu diesem Feste bestimmte. Die fernere Geschichte der Hofmark Euernbach ist in der Hofmark Pörnbach als dem Hauptgut der ganzen törringischen Besitzung eingeschlossen.

Euernbach unter der Hofmark Pörnbach

Am 15. Februar 1662 hatte Magdalena von Lichtenau die Hofmark Pörnbach an den Grafen Wolf Dietrich von Törring verkauft.

Dieser hatte in der Gegend viel Besitz. Ihm gehörten die Hofmarken Euernbach, Tegernbach, Gebolspach, Förnbach, Eschelbach, Burgstall und Rittersworth. Am 19. September 1666 errichtete Wolf Dietrich aus allen seinen Gütern einen Fideikommiß, eine Wirtschaftsgemeinschaft.

Schon bald darauf kam der Besitz in die Linie von Graf Franz Guidobald von Törring zu Pertenstein. Im Jahre 1744 kamen die Hofmarken an den Grafen Ignaz von Törring-Jettenbach, bayerischer Feldmarschall. 1811, nach der Säkularisation, wurde jedoch dieser Besitz aufgelöst. Die zum Schloß direkt gehörenden Grundstücke gingen in das freie Eigentum von Graf Joseph August über. Sein Sohn Maximilian August errichtete aus allen in Bayern verbliebenen Besitzungen am 22. September 1855 das Graf Törring-Jettenbachsche Fideikommiß.

B Übersicht über die Häuserchronik[1]

Euernbach scheint von Anfang an ein Dorf mittlerer Größe gewesen zu sein, das von der Dorfkirche und dem Schloß geprägt wurde. Es gab wohl von Anfang an außer dem Schloßbauern die notwendigen Handwerker, wie Schmiede, Zimmermann, Bäcker, Bader usw. Dazu existierten zwei Mühlen, mit der Mühle in Schmidhausen sogar drei Mühlen.

Freilich können wir uns erst nach dem Dreißigjährigen Krieg einen genaueren Überblick über die Entwicklung des Dorfes und der Ortschaften der Gemeinde Euernbach machen.

Das *Steuerbuch vom Jahre 1672* (Steuerbuch 316 A) gibt uns einen ersten guten Einblick in die Verhältnisse von Euernbach nach dem Dreißigjährigen Krieg. Das Dorf bestand aus etwa 30 Anwesen, außer dem Schloßbauern fast lauter kleinere Anwesen. Meist waren es Handwerker. Das Dorf war durch den Krieg immer noch schwer hergenommen, obwohl bereits über 20 Jahre vergangen waren. Manche Anwesen waren noch verödet. Um den Bewoh-

---

[1] Die Angaben der folgenden Übersicht der Häuserchronik sind, wenn nicht anders angegeben, hauptsächlich folgenden Büchern entnommen: Trauregister der Pfarrei Euernbach 1636–1880, 1672 Steuerbuch 316 A, Steueranlage B 22, Stift- und Salbücher von Törring, Kataster: 1788: K 16568, 1864: K 16580 und K 16581, und 1969 Adreßbuch Landkreis Pfaffenhofen

nern einen Anreiz zum Wiederaufbau zu geben, wurde Nachlaß gewährt bei der Bezahlung des Stiftungsbriefes.

Jeder neue Besitzer mußte durch einen Stiftungsbrief die Erlaubnis zum Besitz und zur Bewirtschaftung des Anwesens haben. Die Bewohner von Euernbach stifteten allgemein »Leibgedingsgerechtigkeit«, d.h. auf Lebenszeit.

Die Gemeinde Euernbach gehörte damals zur Hofmark Pörnbach, die von den Grafen Törring verwaltet wurde. Über die Entwicklung der einzelnen Ortschaften geben daher die Stift- und Salbücher von Törring Aufschluß, die freilich nicht vollständig zur Verfügung stehen.

Nach dem Historischen Atlas von 1752 zählte Euernbach damals 31 Anwesen. Fast alle gehörten zur Hofmarkherrschaft. Es waren zehn $\frac{1}{8}$-Höfe: Schmied, Heiss, Mühle, Wirt, Bäckenstatt, Pauligörg, Lang, Täfelmayr, Obermühle, Zimmerhiesl; sieben $\frac{1}{16}$-Höfe, darunter der Bader; elf $\frac{1}{32}$-Höfe; dazu noch die Pfarrkirche, der Pfarrhof, der Schloßbauernhof, das Gemeindehaus und Hüthaus.

Euernbach, 1672–1969

1. Mühlhausl, 1672 Simon Schreyer, Mittermüller, 1760 Josef Müller, 1788 Johann Spieß, $\frac{1}{8}$; 1864 Andreas Gschwendner, 1961 Gürtner
2. Schlosser, 1672 Hans Dreibenschalkh, 1760 Hans Has, Schlosser-Häusl, 1788 Kaspar Ertl, $\frac{1}{32}$, 1864 Andreas Rauscher, 1969 Burger
3. Maurer, Stegmeier, 1788 Wendelin Demmelmair, $\frac{1}{32}$, 1864 Mathäus Pfab, 1969 Stegmeier
4. Paulifranzl, 1672 Melchior Kürschner, Zimmermann; um 1700 Paul Federl 1788 Franz Tafelmair, $\frac{1}{8}$, 1864 M.A. Götz, 1969 Wiesender
4½. Moosmaurer, 1864 Jakob Kramer, 1961 Schiller
4½a. 1871 Michael Götz, 1904 Paul Niederlechner
5. Bäck, 1672 Andre Täfelmayr, Bachstatt; 1760 Hanns Mayr, 1788 Michael Mayr, $\frac{1}{8}$, 1864 Michael Meyr, 1969 Holzapfel
6. Zimmerhiesl, 1760 Jakob Schlattermayr, Zimmermann, 1788 Adam Salvermoser, $\frac{1}{8}$, 1864 B. Salvermoser, 1969 Vogt
7. Wirt, 1672 Martin Pader, Wirt; 1760, Georg Wehrl, Wirtstafern; 1788 Mathias Lutzmair, $\frac{1}{8}$, 1864 J. Salvermooser, 1969 Hofmann
8. Heiß, Schreiner, 1672 Mathias Hueber; 1760 Jakob Widman 1788 Anton Beram, $\frac{1}{8}$, 1864 Anton Weinbauer, 1969 Ludwig Weinbauer
9. Fürbaß, Weber, 1743–1760 Laurentius Obeser, 1788 Martin Fürbaß, $\frac{1}{32}$, 1864 J. Fürbaß, 1969 Marchenbeck
10. Wagner, 1760 Martin Haller, Wagnersöldenhäusl, 1788 Vitus Haller, $\frac{1}{16}$, 1864 Johann Büchler, 1969 Georg Weinbauer
10⅓. 1959 Georg Frauenholz,
10½. Wagner, Krammerjakl, 1864 Johann Haller, 1969 Schleiderer
11. Fertl, Wagner, um 1740 Ferdinand Kirschner; 1760 Mathias Kirschner 1788 Vitus Prikl, $\frac{1}{16}$, 1864 Thoman Flammenspeck, 1969 Hans Domes
12. Binder, 1782 Karl Sailer, Binder; 1788 Karl Sailler, $\frac{1}{16}$, 1864 Martin Moll, 1969 Moll
12½. Fertl, 1880 Blasius Burger, 1969 Krammer
13. Pechkramer, Vogt, 1788 Johann Hautmann, $\frac{1}{32}$, 1864 Michael Hautmann, 1883 Peter Vogt, 1969 Josef Schreyer

14. Schneiderhans, 1719 Simon Kreitmayr, 1760 Joseph Schuster, Schneider;
    1788 Johann Schuster, $\frac{1}{16}$, 1864 David Ostermaier, 1969 Anna Ostermeier
15. Demelschuster, Schöffmann, 1744 Laurentius Has, Schuster;
    1760, Johann Felbermayr, 1788 Willibald Bäck, 1864 Anton Herzinger,
    1969 Fränzl
16. Tafelmair, 1688 Andreas Daflmayr, 1760 Martin Peyrl
    1788 Joh. Herbstbuchner, $\frac{1}{8}$, 1864 Maria Mayr, 1969 Anna Schöffmann
17. Schmied, 1644 Andreas Hagl, Schmied; 1785 Simbert Löschauer;
    1788 Florian Felbermair, $\frac{1}{8}$, 1864 Jakob Felbermaier, 1969 Alois Krammer
17½. 1864 Xaver Krammer, 1969 Greppmeier
18. Lang, 1672 Melchior Kürschner, Zimmermann; 1760 Andre Wölfl, Lang-Sölden;
    1788 Korbinian Palmberger, $\frac{1}{8}$, 1864 Josef Ilmberger, 1969 Geyer
18½. 1864 Michael Pimperl, 1969 Nischwitz
19. Schloßbauer, 1672 Georg Sigl, Hofbau, 1678–1722 Schloßbauer geteilt
    1788 Josef Furtmeier, 1864 Albert Furtmeier, 1969 Eduard Knorr
19½. 1936 Anton Dallmair, 1969 Dallmeir
20. Reitberger, 1662 Jakob Fröschl, 1760 Hans Weiß, 1788 Hans Weiß ½, 1864 Peter
    Weiß, 1911 Martin Lintner, 1935 Georg Wildgruber, 1969 Martin Finkenzeller
21. Bergschuster, 1672 Lorenz Thäumber, 1760 Mathias Selis, Bergschuster,
    1788 Mathias Bentler, $\frac{1}{32}$, 1864 Mathias Beuerl, 1969 Lina Fränzl
22. Bergweber, Bergschneider, 1672 Walburga Khürmayrin, 1760 Michael Thir
    1788 Johann Märtl, $\frac{1}{32}$, 1864 Franz Weiß, 1969 Max Stark
23. Fischer, 1672 Augustin Helt, Fischer; 1760 Joseph Braun,
    1788 Joseph Pibl, 1864 Thomas Merkl, 1969 Lehenberger
24. Bader, 1672 – Bad noch nicht wieder aufgebaut, 1678 Georg Mayr, Bader
    1788 Sabine Schußmann, $\frac{1}{16}$, 1864 Johann Brickl, 1969 Therese Kißlinger
25. Wenzengörgl, Fenz, 1672 Adam Canzler; 1723 Wenzeslaus Wolf; 1760 Georg
    Raßhofer; 1788 Franz Henkel, $\frac{1}{32}$, 1864 Georg Meier, 1969 Obermayr
26. Jäger, 1788 Andrä Scherling, $\frac{1}{32}$, 1864 Joseph Beierl, 1969 Karl Wenig
27. Bettermacher, 1666 Andreas Khottmayr, 1697 Hanns Peyrl, Weber; 1760 Gallus
    Wohlschlager, 1788 Mathias Lachermair, $\frac{1}{32}$, 1864 Andreas Krimmer,
    1969 Thalmeier
28. Hester, Wagner, 1672 Amthaus, Christoph Hesters Witwe, 1760 Michael Ortho-
    fer, 1788 Georg Kerschensteiner, $\frac{1}{32}$, 1864 Michael Pimperl, 1969 Albert Wagner
29. Marx, Schneider, 1672 Georg Kürschner, Zimmermann; 1697 Marcus Ilmperger;
    1788 Michael Weingartner, Schneider, $\frac{1}{32}$, 1864 Michael Vogt, 1969 Franz
    Kißlinger
30. Mesner, Gemeintoni, 1672 Lorenz Grueber, Mesner; 1760 Mathias Tafelmayr,
    Gemeinhiasl; 1788 Bernhard Kaltenhauser, $\frac{1}{16}$, 1864 Jakob Binder,
    1954 Anna Schelchshorn
31. Deischl, 1697 Adam Deisl, 1760 Dionys Deischel;
    1788 Basil Deischl, $\frac{1}{32}$, 1864 Joseph Menzinger, 1969 Anton Abeltshauser
32. Obermüller, 1678 Paulus Löffler; 1760 Hans Windele,
    1788 Gallus Müller, $\frac{1}{8}$, 1864 A. Wanninger, 1960 Adolf Coufal
33. 1969 Anna Huber
34. Pfarrhof, Widenhaus, 1672 Kaspar Syber, 1864 Adam Kober Pfarrer,
    1921 Abechele
34½. Dienstknecht, 1864 Johann Kaul, 1961 Kaul
35. Gemeinde-Hüthaus, 1672 Hainrich Wagners Witwe, Ortsgemeinde Euernbach
36. Kramer, 1672 Hanß Straßer, Kramer; 1760 Michael Schmid; 1805 Bernhard
    Kaltenhauser, 1828 Johann Spieß, 1864 Barth. Herzinger, 1969 Engelbert Mahl

37. Schulfond, Schulhaus mit Garten

37½ und 37⅓. Schuster, 1864 Michael Pimperl, 1969 Krammer

37¼. 1886 Philipp Külbs, 1920 Külbs

38. Raps, ⅛, 1864 Maria Goetz, 1969 W. Obermayr

39. 1958 Polzmacher, 1969 Papperger

40. 1969 Joh. Endres

41. 1938 St. Marquart, 1969 Gürtner; – 43, 1969 Moll Anna; – 44, 1969 Moll Rosina

45. 1969 Magg; – 46, 1969 Polzmacher, – 47, 1969 Magg

½₂₅. 1959 Krammer, – ½₂₆. 1960, Wildgruber

Edling

Der Name deutet auf einen Mann namens Etilo. In den Traditionen von Freising wird 1158 ein Heinricus von Etelingen genannt. Die Siedlung scheint von Anfang an nur aus einem Hof oder zwei kleineren Anwesen bestanden zu haben.

1. Kleinpeter, dieses Anwesen gehörte zur Pfarrkirche Scheyern,
   1672 Jacob Conrad, Grundgilt 4 fl 8 Kr, Vieh 2 Rößl, 2 Kühe, 2 Jungrinder,
   1760 Adam Berger, 1843 Anton Stark; 1919 Maximilian Stark
2. Melcher; den Hof hat um 1414 ein Degenhart Teytenhauer, dann ein Michel Weynmair und schließlich, 1415, Hans Münsträr von Pfaffenhofen inne. Von 1467 an finden wir ihn in den Salbüchern von Scheyern. Der Name Melcher kommt von Melchior Conradt um 1604. Bezeichnend ist der Name »Conradt«, der bereits 1555 auftaucht und sich bis 1753 hält.
   1672 Mathias Conrad, hält eine Immerkuh für das Gotteshaus in Euernbach, hat 3 Roß, 2 Kühe, 4 Galten (Jungrinder)
   1788 Eyerl, 1860 Müller, 1938 Plöckl
3. Großpeter, Hofmarksherrschaft,
   1672 Hannß Sälpl, hat eine »Immerkuh« für die Kirche
   1788 Peter Schmidhofer, ⅛, 1851 Lorenz Strobl, 1928 Georg Schwertfirm
4. Schäfer, 1855 Joseph Zäuner, 1923 Alois Finkenzeller

Günthal

Tal des Gino, Gintal oder Günthal

1185–1195 Schenkung eines Gutes in Gintal durch den wittelsbachischen Ministerialen Tiemo an das Kloster Scheyern. (Clm 1052, 48): »Der gleiche Tiemo, der als Laienbruder bei uns eintrat, gab zum Heil der Seele ein Gut in Gintal«.

1347 Gyntal, der Hof gibt ab: »1 Mitl Weizen, 1 Gerste, 6 Roggen, 6 Haber, 70 Pfennige, 10 Käse, 10 Hiener, 100 Eier.«

1500 Hanns Zötl; – 1518 Thaßmiller; – 1548 Simon Zötl; 1621 Martin Reitberger; – 1672, Gintal, Veicht Fürttmayr, Bauer, Grundgilt: 5 fl, 20 Kr. Er gibt jährlich ab: Weizen 1, Korn 4, Haber 5 Schäffel. An Vieh hat er: 5 Roß zu 35 fl, 1 Fohlen, 4 Kühe, 6 Jungrinder.

1687–1765 Martin Kreitmayr, Leonhard Kreitmayr; 1765–1883 Familie Kothmair; 1886 Familie Marquart.

102   *Euernbach, Schloßbauer, ursprünglich Teil des Törring-Schlosses*

103   Euernbach, Pfarrkirche Mariä Heimsuchung, erbaut Ende des 15. Jahrhunderts

Klingbach

Bach in einer »Klinge«, das heißt Talschlucht. 13. Jahrhundert (Clm 1052, 38): »Alhardus de Chlinpach, Domkapitel Freising«

1672 Stephan Prandstetter, Bauer, Grundgilt: Korn 24, Haber 26, Weizen 6, Gerste 6 Metzen, 40 Eier, 9 fl 23 Kr 6 Heller; Vieh: 4 Roß, 4 Kühe, 3 Galten, 1 Zuchtsau
1760 Peter Furtmayer, ½, Steuern: 4 fl 32 Kr.
1864 Martin Steger, 1914 Josef Huber, 1969 Georg Finkenzeller

Kreutenbach

Der Name deutet auf eine Rodung bei einem Bach, oder auch auf einen mit Kräutern bewachsenen Bach. Um 1140 tritt ein Udalricus de Chrutenbach als Zeuge für Kloster Indersdorf auf. 1440 gehörte ein Hof zu Kloster Geisenfeld; 1478 hatte das Stift Ilmmünster dort Besitz. 1672 werden 8 Hausnummern genannt (Steuerbuch 316 A), um 1760 sind es bereits 14 Anwesen.

1. Hinterbauer, 1672 Sebastian Kopp, halber Schmidt-Hof, 1760, ½, Peter Weixlbaumer, Gilt 4 fl 32 Kr, 1864, Joseph Steger, 1969 Albert Furtmayr
2. Stidl, 1672 Caspar Weixlbaumer, halbes Steidl-Höfl, 1760 Bartlme Sigl, ½, Gilt 4 fl 32 Kr, 1864 Xaver Lutz, 1969 Ludwig Kölbl
3. Schusterfranz, 1672 Mathias Schmidtmayr, 1760 Lorenz Müller, ⅛, Gilt 1 fl 26 Kr 1864 Josef Ilmberger, 1969 Wendelin Ilmberger
4. Gorihausl, 1672 Gregor Prandstetter, 1760 Anton Neumayr, ⅛, Gilt 1 fl 26 Kr 1864 Andreas Mayr, 1969 Xaver Buchberger
5. Weizenrieder, 1672 Ruprecht Mayr, 1760 Veit Stelzer, ½, Gilt 4 fl 32 Kr 1864 Joseph Kaltenhauser, 1969 Ludwig Schreyer
6. Fahn-Weber, 1708 Mathias Fähn, 1760 Mathias Mayr, Weber, ¹⁄₁₆, Gilt 51 Kr 1864 Andreas Weichselbaumer, 1969 Georg Rachl
7. Schleifer, Schneider, 1696 Barbara Turnerin, Michael Gerer, 1760 Mathias Eberwein, ¹⁄₃₂, Gilt 38 Kr, 1864 Georg Schneider, 1969 Alois Morbitzer
8. Turnerschneider, 1682 Martin Turner, Turner-Schneider, 1760 Mathias Eberwein, ¹⁄₃₂, Gilt 38 Kr, 1864 Mathias Reif, 1905 Andreas Moll, übertragen an Nr. 2
9. Langenweber, 1672 Georg Reisner, 1760 Johann Dattel, Weber, ⅛, Gilt 1 fl 26 Kr, 1864 Karl Moll, 1969 Simon Moll
10. Riepel, 1680 Mathias Prändl, 1760 Josef Kittel, Rippel-Sölden, ⅛, Gilt 1 fl 26 Kr, 1864 Georg Pfab, 1969 Simon Pfab
11. Marzel, 1672 Marzell Pruckschlögel, 1760 Jakob Widmann, ¹⁄₃₂, Gilt 38 Kr 1864 Bartholomäus Riedmeyr, 1885 Georg Pfab, 1905 transferiert an Haus Nr. 10
12. Tradlweber, 1675 Adam Kirsner, 1757, Johannes Dätl, 1760 Lorenz Weber, ¹⁄₃₂, Gilt 38 Kr, 1864 Vinzenz Hasler, 1969 Josef Hainzinger
13. Rachl, 1760 Lorenz Räckel, ¹⁄₃₂, Gilt 38 Kr, 1864 Mathias Greger, 1969 Georg Meier
13½. Turmschuster, 1864 Leonhard Huber, 1969 Stefan Maier
14. Staches, 1760 Eustachius Mittermayr, 1788 Jakob Baumgartner, ¹⁄₃₂, Gilt 38 Kr, 1864 Josef Müller, 1969 Johann Müller
14½. 1864 Josef Müller, 1969 Karoline Müller
15. Gemeindehüthaus, Ortsgemeinde Kreutenbach
15½. 1864 Johann Reiter, 1875 Theresia Reiter, transferiert nach Nr. 15
15⅓. 1864 Georg Reif, 1969 Johann Zull

Schmidhausen

Der Name bedeutet: Haus eines Schmiedes
Um 1275 heißt es Smidhusen. Am 29. August 1350 werden Jörg und Elspet
von Schmidhausen in den Gerichtsurkunden von Moosburg genannt.
Um 1400 sind in Schmidhausen 1 großer Hof, 1 Lehen, 1 Mühle, zum Kloster
Scheyern.

1. Bauer, Palmberger
   1309 Hof zu Smidhausen gehört zum Kl. Scheyern
   gibt ab: 10 Mitl Roggen, 10 Mitl Haber, 1 Weizen, 1 Gerste, 1 Schwein im Wert von
   3 Schillingen, 20 Käse, 4 Gänse, 10 Hiener, 200 Eier.
   1500 Georg Utz; 1587 Leonhardt Palmberger; – 1613 Andre Furtmair
   1672 Andre Furtmayr, Bauer, Scheyern (Stb. 316 A), Grundgilt: 4 fl 46 Kr
   gibt ab: Korn 2, Weizen 1, Haber 2 Schäffl
   dem Schmied zu Euernbach 2¼ Metzen, dem Pader 1 Metzen
   Vieh: 6 Roß, 5 Kühe, 7 Galten (Jungrinder), 5 Nährschweine
   1613–1772 Familie Furtmayr; 1772–1932 Familie Strohmeier
2. Mühle. Am 7. Dezember 1401 verkaufen Andre Ödmül und seine Ehefrau an das
   Kloster Scheyern ihre Mühle zu Schmidhausen.
   1413 Müller zahlt an die Küsterei.
   1500 Wilhalm Miller zahlt 13 Schillinge, 1 Maß Wein, 1 Henne
   1680 Graf von Töring, 1810 Xaver Spärl; – 1933 Wenger Johann
3. Schwab, Hofmarksherrschaft, um 1637 Jacob Schwäbl,
   1672 Paulus Hager, Bauer, zum Schloß gehörig,
   Vieh: 3 Roß, 6 Kühe, 5 Galten, 1 Zuchtsau; Gerechtigkeit geschätzt: 180,- fl
   1788 Joseph Wiesböck; 1886 Andreas Weichenrieder
4. Schäffler, Binder, Hofmarksherrschaft
   1788 Adam Vogt, 1890 Andreas Weichenrieder, – Anwesen um 1906 erloschen.
5. Furtmair, Bauer, zu Kloster Weihenstephan
   1672 Georg Sigl, gibt ab: Korn 4, Haber 4 Schäffl,
   Vieh: 4 Roß, 1 Fohlen, 4 Kühe, 3 Galten (Jungrinder), 2 Nährschweine, 1 Imp
   1762 Jacob Furtmayr, Lehen; 1788–1884 Familie Lintner, – 1904 Littel Sebastian
6. Widenberg, Söldner, Hofmarkherrschaft
   1672 Jakob Peyrl, Söldner, Hofmark
   Vieh: 2 Rößl, 2 Kühe, 2 Galten (Jungrinder)
   1788 Nikolaus Marx, Windberger; 1868 Wolfgang Geitl, 1969 Joh. Seemüller
6½. 1969 Eduard Seemüller, Schreiner
7. 1969 Josef Kohlhuber, Schreiner
8. 1969 Anna Kunert

Schönberg

Der Name deutet hin auf eine Siedlung auf einem schönen Berg. 1340 gehört
ein Hof in »Schöneberg« zum Stift Ilmmünster, aber 1752 sind beide Anwesen bei der Hofmarkherrschaft.
1478 wird der Hof in »Schönenperg« geteilt.

34. Gröninger, 1692 Martin Grinlinger, Witwer, Schönberg, Hofmarkherrschaft
    1760 Grönigerbauer, Kaspar Stöger, ½,
    1864 Jakob Nießl, 1969 Anton Wenger

35. Moritz, 1672 Moriz Steger, Hofmarkherrschaft
Grundgilt 16 fl 6 Kr 6 Heller, Gerechtigkeit geschätzt auf 50 fl.
Vieh: 3 Rößl, 3 Kühe, 3 Galten (Jungrinder) 1 Zuchtsau,
1760 Morizen-Gut, Leonhard Steger, ½, Gilt 4 fl 32 Kr
1864 Peter Steger, 1969 Josef Fuchs
34½. um 1850 entstanden, 1850 Benno Steger, 1969 Johann Schmid

C Die Pfarrer und Ortsgeistlichen der Pfarrei Euernbach[2]

1770–1825	Johann Georg Pöckl	1894	Karl Sonntag
1827	Josef Schmid	1894–1916	Johann B. Trinkgeld
1833	Johann Bapt. Schmid	1916–1921	Karl Besold
1837–1850	Ignaz Gärtner	1921–1938	Franz Josef Abecherle
1851–1852	Joseph Rabini	1939–1951	Wilhelm Brudy
1852–1870	Johann Adam Kober	1952–1954	Albert Mennel
1875–1884	Franz Seraph Höß	1954–1965	Herbert Abendroth, Kommorant
1884	Anton Miller		
1884–1885	Dr. Johann Diepolder	1965–1981	Walter Joh. Abschlag
1885	Simon Huber	1981–1989	P. Leopold Beslmüller
1885–1887	Anton Miller	ab 1989	von der Pfarrei Tegernbach betreut
1887–1893	Joseph Weber		

D Pfarrkirche in Euernbach[3]

Die Pfarrkirche zu Euernbach zählt zu den schönsten Kirchen der ganzen Umgebung. Das Patrozinium ist Mariä Heimsuchung. Der Bau stammt aus dem Ende des 15. Jahrhunderts, ein rein gotischer Bau mit einem schönen Netzgewölbe. Beachtenswerte Figuren sind: Muttergottes, spätgotisch; Gnadenstuhl um 1530; Flucht nach Ägypten, um 1620 von Philipp Dirr; Leuchterengel, Anfang des 16. Jahrhunderts; Ölberggruppe, gotisch; und weitere zahlreiche gotische Schnitzwerke. Der Turm ist ein Sattelturm mit Stufengiebel. In den Jahren 1975–1978 erfolgte eine umfassende Restaurierung.
In der Nähe, auf dem Weg zum Hartholz, befindet sich die Wendelinkapelle, die dem Schloßbauern gehört. Sie ist Ende des 19. Jahrhunderts gebaut.
Im Gebäude des Schloßbauern selber ist eine geräumige Kapelle, um 1500 erbaut, die der Heiligsten Dreifaltigkeit geweiht ist.

---

[2] Schematismus der Geistlichkeit für die Diözese Augsburg, und Vitzthum S. 175
[3] Hauptsächlich Vitzthum, und Steichele, Pfarrei Euernbach

E Schule in Euernbach[4]

Das bestehende alte Schulhausgebäude erinnert noch daran, daß Euernbach auch eine eigene Schule besaß. Der erste Unterricht fand vor 1830 im Schul- und Mesnerhaus statt. Das Schulgebäude wurde im Laufe der Jahre erweitert. 1907 wurde das Haus neu gebaut mit zwei Klassenzimmern, Lehrerdienst- wohnung und Gemeindekanzlei. Im Rahmen der Neuorganisation des ge- samten Schulwesens in Bayern wurde 1969 die Schule von Euernbach an die Volksschule in Scheyern angegliedert, aber das Gebäude weiterhin verwen- det durch von Scheyern ausgelagerte Klassen. Am 8. März 1982 zogen alle ausgelagerten Klassen nach Scheyern ab.

F Bürgermeister der Gemeinde Euernbach[5]

1836–1838	Steger Kaspar	1882–1887	Huber Josef
1839–1856	Berhammer Leonhard	1888–1890	Gürtner Josef
1857–1861	Steger Peter	1891–1893	Huber Josef
1862–1865	Weiss Peter	1894–1908	Plöckl Josef
1866–1871	Ilmberger Johann	1909–1932	Niederlechner Paul
1871–1875	Pfab	1932–1933	Furtmayer Josef
1875	Steger Josef	1933–1934	Neufeld
1876–1877	Weiss Peter	1934–1944	Holzapfel
1878–1881	Furtmayer Martin	1945–1974	Ilmberger Wendelin

[4] ebd.
[5] ebd.

Scheyern im Zeitalter der Reformation und Gegenreformation
Abt Andreas Gaishofer 1535–1547 bis Abt Gregor Kimpfler 1658–1693

A Die politischen Hintergründe

Obwohl das Kloster Scheyern auch zu Beginn der Neuzeit in weitem Umfang eine überzeitliche Lebensform darstellte, blieb es doch von den politischen und religiösen Umwälzungen, die das Zeitalter der Reformation und Gegenreformation mit sich brachte, nicht völlig bewahrt. Gerade der »Dreißigjährige Krieg« griff schwer in das innere Gefüge ein.

Im Reich

1517   *Beginn der Reformation durch Martin Luther* (10. November 1483 Eisleben – 18. Februar 1546 ebenda).

1521   *Reichstag zu Worms*. Luther verweigert die Zurücknahme seiner Lehre und wird vom Kurfürsten Friedrich von Sachsen auf der Wartburg in Schutz genommen. Dort übersetzt er einen Teil der Bibel.

1524–1525   *Bauernkrieg* in einzelnen Teilen des Reiches, jedoch nicht in Altbayern. Luther wendet sich gegen die aufständischen Bauern. Der Aufstand wird niedergeworfen.

1526   *Erster Reichstag zu Speyer*. In Sachen des Wormser Edikts 1521 (Ächtung Luthers) soll jeder Fürst bis zur Abhaltung eines Konzils in eigener Verantwortung handeln.

1521–1544   *Krieg zwischen Kaiser Karl V. und Franz I. von Frankreich* um die Vorherrschaft in Italien. Der Kaiser kann sich im wesentlichen im Frieden von Crépy (1544) behaupten.

1530   *Reichstag zu Augsburg*. Augsburgische Konfession (Confessio Augustana) von Philipp von Melanchthon. Nach Abzug der Protestanten scharfer Reichstagsbeschluß gegen die »Neuerer«.

1532   Angesichts der *Türkengefahr* wird der *Nürnberger Religionsfriede* geschlossen. Die Protestanten erhalten vorläufig (bis zu einem allgemeinen Konzil) freie Religionsausübung und leisten dafür Hilfe gegen die Türken.

1545–1563   *Konzil von Trient*. Beseitigung kirchlicher Mißstände durch Reformdekrete, genaue Festlegung der kirchlichen Dogmen. Beginn der Gegenreformation. Grundlegung des neuzeitlichen Katholizismus.

1546–1547	*Schmalkaldischer Krieg*. Kaiser Karl V. besiegt den Kurfürsten Friedrich von Sachsen in der Schlacht bei Mühlberg.
1552	Moritz von Sachsen empört sich gegen den Kaiser und erzwingt die freie Religionsausübung.
1555	*Augsburger Religionsfriede*. Die Augsburger Konfession wird gleichberechtigt anerkannt. »Cuius regio, eius religio« (Wer die Herrschaft hat, verfügt auch über die Religion).
1556–1619	nach der Abdankung Kaiser Karls V. wird sein Reich geteilt. Sein Sohn Philipp II. erhält Spanien (mit den Kolonien), Neapel, Mailand, Burgund, Niederlande; Karls Bruder Ferdinand I., bereits seit 1521 im Besitz der deutschen Erblande, übernimmt die Kaiserwürde. Es folgen die Kaiser aus dem Hause Habsburg: Maximilian II. (1564–1576), Rudolf II. (1576–1612), Matthias (1612 bis 1619), Ferdinand II. (1619–1637), Ferdinand III. (1637–1657), Leopold I. (1658–1705). Der Gegensatz zwischen den Protestanten und Katholiken verschärft sich. Es kommt zur Gründung der protestantischen *Union* und der katholischen *Liga*.
1618–1648	*Der Dreißigjährige Krieg*.
1618	Aufstand in Prag wegen Verletzung des Majestätsbriefes (»Prager Fenstersturz«).
1620	Schlacht am Weißen Berg. Maximilian von Bayern, der Führer der Liga, besiegt den Kurfürsten und gewählten König von Böhmen, Friedrich von der Pfalz, das Haupt der Union.
1627	Wallenstein und Tilly, die Anführer der Liga, besiegen den König Christian IV. von Dänemark, der an der Spitze der Protestanten steht. Im Frieden von Lübeck erhält Dänemark seine Gebiete wieder zurück, entsagt sich aber der Teilnahme an den deutschen Streitigkeiten.
1630	König Gustav Adolf von Schweden landet in Pommern, Tilly erobert Magdeburg, wird aber bei Breitenfeld (unweit von Leipzig) vom Schwedenkönig geschlagen. Tilly zieht sich nach Bayern zurück und wird nochmals bei Rain am Lech besiegt (1632), wo er auch tödlich verwundet wird. Die Schweden verwüsten Südbayern (1632/33).
1635	Im Frieden von Prag verzichtet der Kaiser auf die Durchführung des Restitutionsedikts (von 1629); dafür wird er auch von den Protestanten im Kampf gegen die Schweden unterstützt.
1635–1648	Schwedisch-französischer Krieg. Die politischen Interessen verdrängen immer mehr die religiösen.
1648	*Westfälischer Friede*. Der Augsburger Religionsfriede wird wieder hergestellt. Schweden und Frankreich erhalten einige bisher deutsche Gebiete. Den Reichsständen wird Mitbestimmung in allen Reichsangelegenheiten zuerkannt. Folgen des Krieges: Furchtbare Verwüstung weiter Gebiete, starke Bevölkerungsverluste, Verarmung des Bauern- und Bürgerstandes.

1453–1683   *Ausbreitung des Türkischen Reiches.* 1453 Eroberung von Konstantinopel. Allmähliches Vordringen der Türken bis vor Wien. 1529 Erste Belagerung; 1571 Seesieg über die Türken bei Lepanto unter Führung von Don Juan d'Austria.

1683   Die Türken werden entscheidend geschlagen in der Schlacht auf dem Kahlenberg bei Wien; Zurückdrängung der Türken durch Prinz Eugen von Savoyen.

1640–1688   *Friedrich Wilhelm von Preußen,* der Große Kurfürst von Brandenburg, schafft die Grundlagen für den Aufstieg des brandenburgisch-preußischen Staates.

In Bayern

1508–1550   *Herzog Wilhelm IV.,* Ludwig X. (†1545) ist Mitregent. Hofrat Leonhard von Eck ist Ratgeber des Herzogs. Die ersten Schriften von Luther finden zunächst starken Widerhall. Aber in Ingolstadt tritt Doktor Johannes Eck von Anfang an scharf gegen Luther auf. Die Klöster Biburg und Münchsmünster werden von den Mönchen verlassen.

1525   Die Bauern von Peißenberg versperren den aufständischen Bauern vom Allgäu den Weg. Niederwerfung des Aufstandes in Eichstätt und Salzburg.

1532   Im Vertrag von *Scheyern* verbündet sich Bayern mit Frankreich. Beginn einer drei Jahrhunderte dauernden schwankenden Haltung Bayerns zwischen Frankreich und Habsburg.

1550–1579   *Albrecht V.,* der Großmütige. Als Kanzler ist tätig Simon Thaddäus Eck, Hofratspräsident ist Wigulius Hundt. Der Herzog fördert Kunst und Wissenschaft, erbaut die Staatsbibliothek, begünstigt den Musiker Orlando di Lasso. Gegen die Protestanten zeigt er zunächst eine nachgiebige Haltung, aber nach dem Konzil von Trient (1563) beginnt die katholische Gegenbewegung.

1579–1598   *Wilhelm V.,* der Fromme. Zum Zeichen der Förderung der Jesuiten errichtet er nach dem Vorbild der Kirche *Il Gesu* in Rom die Michaelskirche (1597 eingeweiht). Er erreicht, daß der erzbischöfliche Stuhl von Köln von nun an durch einen Wittelsbacher besetzt wird. 1583 wird ein Konkordat abgeschlossen, wodurch jedoch die staatliche Aufsicht über das Kirchenvermögen und die Einflußnahme bei den Prälatenwahlen bekräftigt wird.

1598–1651   *Maximilian I.* (ab 1623 Kurfürst), die markanteste Persönlichkeit der bayerischen Wittelsbacher. Im Gegensatz zu den beiden Vorgängern ist Max I. von Anfang an eine fertige Persönlichkeit, voll strenger Selbstzucht und eiserner Willenskraft. Er regiert 39 Jahre lang ohne Landtag. Im Codex Maximilianeus vereinheitlicht er 1616 das bayerische Landesrecht. 1606–1618 erbaut er die Münchener Residenz. Während des Dreißigjährigen Krieges (1618–1648) ist er Anführer der »Katholischen Liga«.

1651–1679 *Ferdinand Maria.* Um den friedlichen Wiederaufbau zu fördern, betreibt er nach dem Krieg weitgehend eine Neutralitätspolitik. Durch planmäßige Eingriffe in die Wirtschaft (Merkantilismus) versucht er Gewerbe und Handel zu fördern. Er erreicht dadurch eine große Erhöhung der steuerlichen Einkünfte. Musik und Kunst werden weiterhin gefördert (Erbauung des Schlosses Nymphenburg und der Theatinerkirche).

1679–1726 *Maximilian II. Emanuel*, der »Blaue Kurfürst«. Nach französischem Muster wird ein starkes stehendes Heer aufgebaut. Am Sieg über die Türken bei der Schlacht auf dem Kahlenberg hat er entscheidenden Anteil; ebenso bei der Eroberung von Belgrad (1688). Ab 1702 ist sein Leben gekennzeichnet durch eine schwankende Haltung zwischen dem Kaiser und Frankreich.

B Die Scheyerer Äbte

34 Andreas Gaishofer 1535–1547

Über den Nachfolger von Johann Turbeit, den bisherigen Subprior Andreas, weiß der Chronist nur kurz zu berichten. »Im Jahre des Herrn 1535 wird Andreas Gaishofer zum Abt gewählt. Er bekleidete diesen hohen Grad der Würde mit einer solchen Mäßigung des Geistes, daß er – obwohl der Höhere – als der Geringste und Diener aller erschien. Er war jedoch weit davon entfernt, ungewöhnlich zu werden.

Als er diesem Amte in löblicher Weise 13 Jahre vorgestanden und 50 Jahre gottesfürchtig und fromm gelebt hatte, entschlief er im Herrn am 18. Dezember des Jahres 1547, um die Krone der Gerechtigkeit zu empfangen.«

Seine eben geschilderte Bescheidenheit hinderte jedoch den Abt Andreas nicht, zur rechten Zeit energisch aufzutreten, um die Rechte des Klosters zu wahren. So wollte die herzogliche Regierung dem Kloster, im Jahre 1539, für das Richteramt in Fischbachau »einen allten erlebten Mann« aufnötigen. Dagegen konnte sich der Abt jedoch mit Erfolg wehren.

Ein leidiges Problem war seit Jahrhunderten der *Warenzoll* für verschiedene Güter. Nach langem Streit erhielt das Kloster (1. Oktober 1500) eine allgemeine Zoll- und Mautfreiheit für Eisen, Schmalz, Getreide, Wein und andere »essende« Dinge, sofern sie zu Klosterzwecken Verwendung fanden. Nun kam es mit Schrobenhausen erneut zu Meinungsverschiedenheiten. Die Herzöge Wilhelm und Ludwig entschieden am 18. September 1539 zugunsten des Klosters, konnten aber nicht verhindern, daß noch eine Klausel eingefügt wurde: »Wenn aber die Schrobenhausener dieses Zolls dringend bedürfen, soll eine neue Vereinbarung getroffen werden«.

Aber wer benötigt einen Zoll nicht dringend? So ist es nicht zu verwundern, daß der Herzog erneut einschreiten mußte, um am 15. Juli 1549 allgemein und endgültig zu verfügen, daß die Mautner und Zöllner angewiesen werden, dem Kloster Scheyern den Eigenbedarf an Eisen, Schmalz, Getreide, Wein und anderen »essenden« Dingen zollfrei zukommen zu lassen, wie es bereits Herzog Albrecht getan hatte.

Gegenstand ständiger Sorge war dem Kloster die Unterhaltung und Erhaltung der ehrwürdigen Kirche auf dem *Petersberg*. Um dies zu gewährleisten, entschloß sich der Abt – laut einer Urkunde vom 20. Juli 1544 – das Patronatsrecht zu Walkertshofen, und damit auch über die Kirche auf dem Petersberg, dem herzoglichen Kanzler, dem angesehenen Dr. iur. Leonhard Eck zu übertragen. Als Gegenleistung für die damit verbundenen Einkünfte müsse er für die Instandhaltung der Kirche und für den herkömmlichen Gottesdienst Sorge tragen. Wie später zu ersehen ist, haben sich die Rechtsnachfolger von Dr. Eck nicht mehr an die Verpflichtungen gehalten.

35 Johannes Chrysostomus Hirschbeck 1548–1558

Auch noch Jahrhunderte nach der formellen Beendigung des Investiturstreites kam es immer wieder zu einer massiven Einmischung der herzoglichen Gewalt in die Wahl eines Abtes. So lesen wir bei der Wahl des Nachfolgers für Abt Andreas: »Das Kloster sollte nicht wegen Mangel eines Hauptes – wie es zu geschehen pflegt – in schwere Gefahr versinken. Darum wurde alsbald – in Anwesenheit des Erlauchtesten Fürsten Wilhelm des Herzogs der beiden Bayern, und auf seinen Rat und Befehl hin – durch die Postulation des ganzen Konvents, Johannes Chrysostomus Hirschbeck aus dem Kloster *Mallersdorf*, dieses Namens der erste, auf den Gipfel eines höheren Amtes berufen, da er würdig und geeignet war. Am 18. Januar 1548 wurde er zum Abt dieses Klosters bestellt. Diesem stand er fast 10 Jahre vor.«

Eine Folge dieses massiven Eingreifens von seiten der weltlichen Gewalt war ein von Anfang an gestörtes Verhältnis zwischen Abt und Konvent. So beklagte sich Abt Johannes in einem Schreiben vom 26. September 1552 an den Herzog Albrecht, wie schwer ihm die Regierung falle. »Der Richter Krapf haust in Pfaffenhofen, kommt selten nach Scheyern, nur zu Verhandlungen und um seine Bezüge zu erheben und hält mehr zum Konvent als zum Abt.«

Die Regierung genehmigte in diesem Fall die Entlassung des Richters nach vorausgehender Kündigung (Hanser, Rechtsgeschichtliche Forschungen, S. 40). Es fällt auf, daß in den einschlägigen Urkunden kaum ein Hinweis zu finden ist auf die turbulenten Zeitereignisse.

Immerhin tagte seit 1545 das Konzil von Trient und es wurde 1555 der Augsburger Religionsfriede geschlossen, der den einzelnen Landesfürsten große Handlungsfreiheiten gab. Nachdem Abt Johannes Chrysostomus zehn Jahre lang regiert hatte, starb er am 29. August 1558.

Bei diesem Abt lesen wir erstmals einen kurzen Hinweis auf die Zeitumstände: »Im Jahre 1558 wurde an Stelle des verstorbenen Johannes Chrysostomus mit Rat und Willen des Erlauchtesten Albert von Bayern und mit Zustimmung des ganzen Konvents Georg Neupeck von Wolnzach gewählt. Während des Krieges (1546) wurde er aus dem Kloster des Heiligen Kreuzes von Donauwörth von den Genossen des Schmalkaldischen Bündnisses – die den wissenschaftlichen Studien der Mönche nicht gerade gewogen waren – vertrieben und als Fremdling in Scheyern aufgenommen. Er wurde Propst in Fischbachau und nach dem Tode von Johannes Hirschpeck im Jahre 1558 zur Abtswürde berufen.

Er war 15 Jahre Vorsteher des Klosters mit lobenswertem Eifer und lauterer Gesinnung, so daß er verdientermaßen den Nachfolgern zur Bewunderung und zum Vorbild dienen konnte. Auch das Kloster erweiterte er und schmückte es mit vielen und schönen Gebäuden. Im Jahre 1574 schied er aus dem Leben.«

Unter den »schönen« Gebäuden sind gemeint Bräuhaus und Tafernwirtschaft (Harterwirt), die der Abt erbauen ließ. Außerdem wurden Stiftskirche und Pfarrkirche einer gründlichen Renovierung unterzogen. Als Ökonomieverwalter mußte er wegen Mangel an eigenen Leuten seinen leiblichen Bruder einsetzen.

Durch die Reformation war die Zahl der Mönche zurückgegangen. So mußte er einen neuen Grund legen. Bei der vom Herzog im Jahre 1559 allgemein verordneten Visitation finden wir ein halbes Dutzend Diakone und Subdiakone.

Die Kirche auf dem Petersberg

Ein besonderes Verdienst erwarb sich Abt Georg II. durch seine Bemühungen, den verhängnisvollen Fehler des Abtes Andreas vom Jahre 1544 wieder gutzumachen. Dieser hatte nämlich – wie bereits erwähnt – das Patronatsrecht über die Pfarrei Walkertshofen und damit über die Kirche auf dem *Petersberg* dem Inhaber der Hofmark Eisenhofen, Leonhard Eck, übertragen.

Der Streit kam ins Rollen, als der Pfarrer von Walkertshofen sich weigerte, ohne Entgelt weiterhin den Gottesdienst auf dem Petersberg zu übernehmen.

So wurde am 5. September 1563 in einem Revers festgelegt, daß der Pfarrer von Walkertshofen für seinen Gottesdienst auf dem Petersberg jährlich 20 Gulden erhalten solle. Nach weiteren Regelungen wurde noch vermerkt, daß »durch diesen Vergleich den Rechten der Furtenbach [Inhaber der Hofmark Eisenhofen] und besonders des Klosters Scheyern nicht vorgegriffen werden solle«. Wenige Jahre darauf, im Mai 1568, sah sich jedoch Abt Georg veranlaßt, den Landesherrn um Rückgabe des Patronatsrechtes zu bitten, da der Besitzer der Hofmark Eisenhofen die »obliegende Instandhaltung der St. Peterskirche verweigere«.

Durch die herzogliche Kommission konnte zwar der Abt die Rückgabe des Patronatsrechts nicht mehr erreichen, aber als Erfolg konnte er doch verbuchen, daß neben der genauen Regelung der Entschädigung für den Pfarrer von Walkertshofen der »von den Furtenbach gepfändete Zehent von drei Gütern unter dem Petersberg in künftigen Jahren wieder dem Pfarrer zustehen solle.«

An dieser Stelle mag es angebracht sein, einen kurzen Blick auf die spätere Entwicklung der Peterskirche zu werfen, zumal diese doch als das älteste Bauwerk der Erzdiözese München-Freising gilt.

Am 30. März 1655 bat der Pfarrer von Walkertshofen, Gregor Wibmer, den Abt von Scheyern, als Schutzherrn des »St. Petersperg, Gottshauß bey Eisenhoven, welches dem Einsturz nahe ist, dessen Instandsetzung von dem baupflichtigen Hofmarksherrn zu Eisenhoven verweigert wird, um Intervention beim Domkapitel Freising«.

Was daraufhin geschah, entzieht sich unserer Kenntnis. Wir wissen nur, daß viele Jahre später, unter dem Pfarrer Vitus Kreitmayr, 1727–1737, die Kirche ein barockes Gewand erhielt, wodurch die Architektur jedoch nicht verändert wurde. 1776 mußte sich jedoch Abt Michael Grillmayr an den Fürstbischof von Freising, als den Hofmarksherrn wenden, und ihn an die Erfüllung der Baupflicht erinnern, da in dem Filialkirchlein St.-Peters-Berg »wegen lebensgefährlicher Baufälligkeit kein Gottesdienst mehr gehalten werden könne«. Er rate um so mehr zur Reparatur, als man nicht wissen könne, »ob das durchlauchtigste Churhaus Baiern als eine Collaturallinie der ehemaligen Grafen von Eisenhofen ihre vormals eigenthumliche Kirche und Grabstatt gänzlich werde zu Grunde gehen lassen«. Dieses Gesuch hatte offensichtlich einen Erfolg. Denn alsbald erfolgte eine gründliche Renovierung, bei der das Kloster Scheyern das Rokoko-Kirchengestühl stiftete.

Nach dem Zweiten Weltkrieg wurde die Kirche auf Initiative von Weihbischof Johannes Neuhäusler – zum Dank für die Errettung aus dem KZ Dachau – weitmöglichst im alten romanischen Stil wiederhergestellt.

Zum Schluß könnte man sagen: »Felix culpa!« – eine glückliche Schuld! Durch die jahrhundertelange stiefmütterliche Behandlung wurde die Kirche vor dem Schicksal der meisten anderen bewahrt. Sie blieb bestehen und ist heute eines der Schmuckstücke des südbayerischen Raumes.

Der Scheyerer Forst

Das Hauptverdienst erwarb sich Abt Benedikt durch den Kauf des südlichen – und größeren – Teils des Scheyerer Forstes, der freilich noch bis um 1780 in einem Lehensverhältnis zu Kurbayern blieb. Dieser Forst hat eine wechselvolle Geschichte.

Im »Übergabebuch« (liber traditionum) lesen wir, daß Graf Arnulph V. von Dachau († 1. November 1185) seinen Anteil am »Forst der Schyren« (in Schyrensium nemore) dem Kloster übergeben habe. Diese Notiz deutet darauf hin, daß dieser Forst zunächst gemeinsamer Besitz der Schyren war und dann – vielleicht durch die vier Söhne der Gräfin Haziga – aufgeteilt wurde. Den südlichen Teil wollte Herzog Ludwig I. durch ein Testament vom Jahre 1206 dem Kloster Scheyern übergeben, wenn er von dem geplanten Kreuzzug nicht mehr zurückkehren sollte. Da der Kreuzzug nicht stattfand, wurde die Schenkung hinfällig. Dieser südliche Teil, damals allgemein »Schyrer Vorst« genannt, blieb also weiterhin im Eigentum der Wittelsbacher.

Aus einer Urkunde vom Jahre 1339 entnehmen wir, daß Kaiser Ludwig der Bayer diesen »Scheyrer Forst« an Chunratz Mürringer, den Sohn des kaiserlichen Jägers Conrad Mürringer, verliehen hat. Noch 1485 finden wir ihn in den Händen dieser Familie Mürringer (Urkunde vom 15. März 1485).

Gegen Ende des 15. Jahrhunderts ist er im Besitz des Herrn Georg Lindauer, Bürger in München, der ihn am 29. August 1598 mit Genehmigung von Herzog Wilhelm dem Kloster für 9400 Gulden verkauft. Zur Begleichung der Kaufsumme veräußerte das Kloster, mit Genehmigung von Herzog Maximilian und des Erzbischofs Ernst von Freising, drei »Gehölze« in der Nähe von Erdweg (eines bei »Sittenpach«, das andere bei »Weickershoven« – Scheuerholz genannt – und das dritte bei Alten-Eisenhofen) und die dem Kloster gehörigen Güter im Grassauer Tal und »Reitterwinkel«.

Bereits am 25. Juli 1444 hatte das Kloster Scheyern einen kleinen Teil des Forstes durch Abgabe von zwei Höfen in Westerholzhausen vom Kloster Indersdorf erworben.

Trotz dieser Erwerbungen blieb der genannte Teil des Scheyerer Forstes immer noch im »Obereigentum« der Wittelsbacher. Erst unter Abt Michael Grillmayr wurde dieses vom Kloster um das Jahr 1780 mit einer Geldsumme von 10000 Gulden abgelöst. Auf diese Weise ging erst kurz vor der Säkularisation der ganze Scheyerer Forst in das volle Eigentum des Klosters über.

Wegen des Titels einer *Grafschaft*, den die Hofmark Scheyern seit unvordenklichen Zeiten führte, gab es 1606/07 eine Auseinandersetzung zwischen dem Abt und der Regierung, bis dann endlich Herzog Maximilian die Führung des Titels – ohne jegliche rechtliche Folgen – am 18. April 1607 anerkannte.

37 Benedikt I. Prumer 1574–1610

Die Chronisten wissen von diesem Abt zu berichten: »Im Jahre 1574, am Tage der heiligen Apostel Petrus und Paulus wird Benedikt Prumer aus München im 30. Lebensjahr zum Abt gewählt. Wie er in der Reihe der Äbte der 37. war, so erreichte er auch die gleiche Zahl an Regierungsjahren, was seit der Gründung des Klosters einmalig ist. Er war ein guter, gefälliger und gastfreundlicher Mann und ein Vater der Armen. Seine Regierung durch so viele Jahre gereichte dem Kloster keineswegs zum Nachteil, sondern nur zum Vorteil.

In gleicher Weise war er um das Heil der Seelen als auch um das Gedeihen der irdischen Güter besorgt. Damit man nicht meinen könne, er habe die Studien vernachlässigt, fing er an, diese bei den Religiosen zu pflegen. Im Hinblick auf die Vorfahren ist dies ohne Beispiel.

Von den Gebäuden des Klosters ließ er viele erneuern und einige von Grund auf neu erbauen. Unter diesen nimmt das Dormitorium nicht den letzten Platz ein, das in der Gestalt, wie es jetzt steht, von ihm begonnen und zum größten Teil vollendet wurde.

Den benachbarten Lehenswald, der an den unseren angrenzt, hat er vom Erlauchtesten Kurfürsten von Bayern gekauft und eingelöst, indem er andererseits auf kluge Weise gewisse Güter in Tirol und andere weit entlegene und wenig erträgliche Güter verkaufte. Dies tat er zum großen Nutzen und zum Wohl des Klosters selber als auch seiner Untertanen und erwarb ein unsterbliches Andenken an seinen Namen.

Schließlich, vom Alter gebeugt, dachte er an einen Verzicht auf die äbtliche Würde, aber er hielt bis zum Tode aus und entschlief fromm am Fest des heiligen Matthäus im Jahre des Herrn 1610.«

Wenn in der Chronik angedeutet ist, daß Abt Benedikt die Studien seiner Mönche gefördert habe, so ist damit sein Bestreben gemeint, talentvolle junge Leute zur Ausbildung an die Hochschulen zu schicken. P. Caspar Strauß, der einer von diesen war, studierte zunächst in Dillingen und dann in Ingolstadt. Im Kloster war er Subprior und Prior und wurde 1590 als Abt nach St. Veit an der Rott postuliert. Er kehrte allerdings bereits 1593 wieder in sein Profeßkloster zurück, wo er am 4. Juli 1611 starb.

P. Ulrich Hacker war mehr im engeren Kreis ein Fachmann in juristischen und theologischen Fragen. P. Erhard Niggl lehrte an der Salzburger Universität Rhetorik und verfaßte unter anderem eine mehrbändige Verteidigung Kaiser Ludwigs des Bayern, die 1628 im Druck erschien. P. Sebastian Mayr wurde am 5. März 1596 zum Abt von Farnbach [Vornbach] postuliert († 29. Juni 1614).

Seinen Einfluß konnte Abt Benedikt, der »dem Namen und der Gnade nach ein von Gott Gesegneter« war, auch in *Bayrischzell* geltend machen. Dort kam es durch Vermittlung von Erzbischof Ernst zu einem gütlichen Vergleich zwischen dem Kloster und der Gemeinde von »Margarethenzell« [Bayrischzell]. Letztere hatte sich beschwert, daß die bei ihnen gestiftete Messe und der Sonntagsgottesdienst mangels eines ständigen Priesters seit fünf Jahren nicht mehr gehalten wurde. Folgende Übereinkunft wurde am 27. Oktober 1605 getroffen:

1. Die Nachbarn haben zum Unterhalt eines Priesters dem Kloster im Laufe von fünf Jahren 500 Gulden zu entrichten.
2. Für den Priester soll ein eigenes Haus gebaut werden, wozu die Leute Hand- und Spanndienste zu leisten haben.
3. Die Gemeinde hat auch das nötige Holz für den Priester zu fahren. »Dagegen soll der ernannte Priester allen Pflichten eines Kooperators zu Margarethenzell ohne Beeinträchtigung der Mutterpfarrei Vischbachau gerecht werden.«

Dieser Mann gehört sicher zu den hervorragendsten Gestalten in der Reihe
der Scheyerer Äbte. An ihm bewahrheitet sich wieder die alte geschichtliche
Erfahrung, daß schwere Zeiten große Männer hervorbringen.

»Stephan Reitberger aus dem Dorfe Euernbach geboren, trat im gleichen Jahr
[nämlich 1610] am 6. November die Regierung des Klosters an.

Nach dem Urteil aller war er ein hervorragender Mann. Er war sowohl ein
sehr genauer Wächter über eine strengere Ordenszucht als auch ein Mann,
der durch Klugheit und weisen Rat sichtbar über die anderen hinausragte.
Seine hohe Gestalt übertraf alle ringsum.

Nicht nur zur Visitation der Klöster seines Ordens wurde er gesandt, sondern
auch – durch ein amtliches Schreiben – dazu auserkoren, als »Kommissar«
öffentliche Landesangelegenheiten zu besorgen.

Weiterhin scheute er keine Mühe, um sein Scheyern glänzender und geräu-
miger auszubauen. Die Chronik, die der Philosoph Conrad [von Scheyern]
kunstgerecht zusammengefügt hatte, gab er im Jahre 1623 mit Anmerkungen versehen in Ingolstadt heraus.

Er sammelte eine stattliche Menge Geld, um die Basilika möglichst geräumig
auszubauen. Die Ungunst und Schwere der Zeit ließ sie jedoch als Beute in
die Hände der schwedischen Soldaten fallen.

Weiterhin war er nicht nur um das Wohl seines Klosters Scheyern besorgt,
sondern arbeitete – wenn auch vergebens – darauf hin, die Klöster des ganzen
Ordens in Bayern zusammenzuschließen und ihnen einen freieren und besseren Status zu verleihen.

Um sich für bessere Zeiten vor dem Feind zu schützen, der Bayern durch-
schweifte und vor Begierde darauf bedacht war, alles zu rauben, zog er sich
von Scheyern nach Fischbachau zurück. Dort, wo er wieder ein sicheres
Leben führen konnte, ereilte ihn der Tod, dem niemand entfliehen kann
[16. März 1634].« Die Angaben der Chronik werden durch die Totenrotel
(Klosterarchiv, Bf 38,3) ergänzt.

Der junge Reitberger erblickte 1581 auf dem Reitberger-Hof bei Euernbach
das Licht der Welt. Dieses Anwesen, das sich mit seinen Weidekoppeln besonders gut für die Pferdezucht eignet, steht heute noch. Es wird berichtet,
der kleine Reitberger sei eines Tages vom Viehhüten nach Hause gesprungen
und habe flehentlich gebeten, man möge ihn nach Scheyern zum Studium
schicken, denn er wolle noch der »gnä Herr« von Scheyern werden. Wie dem
auch sei – auf alle Fälle finden wir ihn schon in früher Jugendzeit in Scheyern,
wo er in den humanistischen Wissenschaften herangebildet wurde.

Nach seiner Profeß widmete er sich in Ingolstadt den philosophischen und
theologischen Studien mit solcher Auszeichnung, daß man ihn schon damals
den »gelehrten« Mönch nannte. Dort lernte er auch die Kunst der öffentlichen und privaten Disputation kennen, des wissenschaftlichen Streitge-
sprächs, das ihn zeitlebens befähigte, eine Angelegenheit von verschiedenen
Seiten anzusehen, um sich darüber ein erschöpfendes Bild zu machen.

Nach dem Tode von Abt Benedikt Prumer wurde er am 8. November 1610 einstimmig zum Abt gewählt. Neben der Herkunft aus einem ehrbaren Elternhaus und seiner ausgezeichneten wissenschaftlichen Bildung befähigte ihn dafür auch sein großer religiöser Eifer im Ordensleben.

Am 11. Dezember erhielt er von Erzbischof Ernst – Erzbischof von Köln und Administrator von Freising (1567–1612) – die Bestätigung und tags darauf in Freising die Konsekration. Für die an die Feier anschließende Festmahlzeit mußte der Abt 300 Gulden bezahlen.

Die erste Sorge des neuen Hausoberen war es, den von seinem Vorgänger begonnenen Bau des sogenannten »Dormitoriums« (jetziger Konventbau) voranzutreiben und zu vollenden. Das Refektorium (Speisesaal) und das »Museum« (Studiensaal) wurden mit großem künstlerischen Aufwand ausgestattet. Die Abtei und die Mauergewölbe bis zu den Kellergewölben der oberen Ökonomie erbaute er neu. Dabei erhielt die Abtei kunstvoll mit Töpferarbeiten gezierte Doppelöfen. Der »innere Umgang des Klosters und Konvents« (Kreuzgang) wurde mit Stuckarbeiten überzogen.

Ein besonderes Anliegen war ihm die Erweiterung der »Kapitelkirche«. Für die Restaurierung dieser Kirche hatte er sich vorher die Erlaubnis des Kurfürsten Maximilian eingeholt.

Nach dem Vorbild der St.-Michaels-Kirche in München ließ er sie im Renaissancestil einwölben. Die Freskogemälde an der Wand, mit Darstellungen aus der Geschichte des Hauses Wittelsbach, ließ er auf Holztafeln übertragen (1623). Der Altar der heiligen Margareth, der bisher in der Mitte der kleineren Kapelle stand, wurde an die Seite gerückt. Auf ihm wurde täglich die Stiftsmesse für die Stifter und Wohltäter des Klosters zelebriert. Nur durch den Schwedeneinfall wurde er am längst geplanten Umbau und Neubau der Stiftskirche gehindert.

Bisher war der Rinderstall, sehr ungelegen, innerhalb der Klostermauern untergebracht. Der Prielhof war von alters her jeweils auf 12 Jahre verpachtet. Abt Stephan setzte 1617 die Verpachtung nicht mehr weiter fort, sondern erbaute dort neue Pferde-, Schaf-, Kuh- und Ochsenställe. Ebenso erstanden ein schmuckvolles Wohnhaus, dazu noch aus Ziegelsteinen gefertigte Gewölberäume zur Lagerung der Getreidevorräte und Aufbewahrung der landwirtschaftlichen Geräte. Das Ganze war im Viereck angelegt.

Seine Liebe zu den Wissenschaften zeigte sich vor allem darin, daß er die Bibliothek von Grund auf neu erstehen ließ. Für die Ausstattung mit Büchern wurde jährlich ein Etat von 100 Talern festgesetzt.

Um für die umfangreichen Bauvorhaben die nötigen Gelder hereinzubekommen, legte er großen Wert auf eine saubere Wirtschaftsführung, wofür die auffallend vielen »Leibgedingsbriefe« aus seiner Regierungszeit ein beredtes Zeugnis ablegen. Durch diese Verleihung der Güter auf Lebenszeit sollte das Eigeninteresse der Besitzer und ihr Mitverantwortungsgefühl gesteigert werden.

In der Zwischenzeit verbesserte Abt Stephan auch die innere Zucht des Klosters. Einige Mißbräuche, die sich eingeschlichen hatten, schaffte er ab und stellte die etwas ins Wanken geratene klösterliche Disziplin durch seinen beharrlichen Eifer wieder her, so daß er allmählich in den Ruf eines Reformators des klösterlichen Lebens kam. Daher bestellte ihn auch Fürstbischof Vitus Adam von Freising zum Visitator für die Klöster seiner Diözese. Dieses Amt verwaltete er zeitlebens zum großen Nutzen für die klösterliche Disziplin. Auch der Herzog Maximilian schätzte ihn wegen seiner Klugheit, die er als Deputierter der Ordensprovinz immer wieder bewies.

Trotz der Ungunst der Zeit verdoppelte sich der *Konvent* von 12 auf 24 Mönche – nicht gerechnet die Laienbrüder. So war es auch möglich, die jüngeren Mitglieder des Klosters zu den Hochschulen nach Ingolstadt und Salzburg zu schicken. Unterdessen wirkten die Patres Erhard Niggl († 28. August 1640 oder 1644), Matthias Wanckh († 11. Oktober 1643) und Simon Firbas († 24. August 1641) als Professoren für Rhetorik, Syntax und Philosophie an der Hochschule in Salzburg. P. Martin Schwab († 11. Juni 1664) war nicht nur als Professor für Philosophie und Theologie in Salzburg, sondern auch als Regens des dortigen Klerikalseminars tätig. Nach Regensburg wurde P. Kaspar Hell als Lehrer an der dortigen Hochschule geschickt.

Obwohl eigene Personalnot drückte, entsprach er den drängenden Bitten des Herzogs Maximilian und schickte drei seiner besten Patres nach *Rott am Inn*, um der dort schwer heimgesuchten Abtei wieder auf die Beine zu helfen. Der bisherige Prior Johannes Agricola († 28. August 1639) wirkte dort als Abt von 1615 bis 1639, P. Wolfgang Mamelzhauser (wahrscheinlich Dumelzhauser) als Prior († 11. April 1634) und P. Plazidus Mayr als Ökonom († 16. März 1634). Den vereinten Bemühungen dieser drei Mönche aus Scheyern

Porträts herausragender Konventualen und Bildnisse aus der Scheyerer Äbtegalerie

104 »Der hochwürdige P. Erhard Niggel, erster Rhetorik-Professor in Salzburg, gestorben in der Stadt Auspitz [östlich der Thaya in Mähren] im Jahre 1640«

105 »Der hochwürdige Pater Simon Fürbas, Professor der Philosophie in Salzburg, nachher Pfarrvikar in Pfaffenhofen an der Ilm, gestorben 1641«

106 »Der hochwürdige P. Roman Widmann, eifrigster Missionar in der Oberpfalz, gestorben 1649«

107 »Der hochwürdige P. Aegid von Ranbeck aus München, Doktor beider Rechte, Professor des kanonischen Rechts in Salzburg, in Scheyern Bibliothekar und Archivar, gestorben 1692 im 85. Lebensjahr«

Folgende Seite

108 »Der hochwürdigste Herr Johannes Turbeit aus Passau, Magister der Sprachwissenschaften, der 33. Abt dieses Ortes, von Herzog Albrecht von Bayern als enger Berater eingesetzt, Förderer des Aventin und Zuarbeiter in seinem Werk, regierte dreißig Jahre, starb im Jahre 1535, über 80 Jahre alt«

109 »Der hochwürdigste Herr Gregor Kimpfler, Doktor der Theologie und beider Rechte, Professor des kanonischen Rechts in Salzburg, vierzigster Abt, Vater der Bayerischen Benediktinerkongregation, Kommissär der Provinz-Statuten, starb im 36. Jahr seiner Regierung und im 68. Jahr seines Lebens«

110 Abt Cölestin Baumann, regierte 1693–1708, gestorben 15. Mai 1740

111 »Der hochwürdigste Herr Benedikt Meyding, geboren in der Steiermark, 42. Abt dieses Ortes, überall gefeierter Redner, Philosoph, Historiker, Theologe, starb im Jahre 1732, im fünfzigsten Jahr seines Lebens und im 13. Jahr seiner Regierung«

R. P. Exhardus Niggelius Imus Rhet: Profeſsor
Salisb. obiit in urbe Auſpicenſi Anno 1640.

104

R. P. Simon Fyrbas Phliæ Profeſsor.
Salisb. Vicarius Poſtea in Pfaffenhoven ob: 1641.

105

R. P. Romanus Widman Miſsionarius in Palat:
ſup: zeloſiſs: obiit 1649.

106

R. P. Ægidius De Ranbek Monacenſis I.U.D.
SS.Can:Prof:Salisb: h.l.Biblioth.et Archiv.ob.1692. aet.

107

R R.DD. Ioannes Turbeit Patav: A A.LL.M. h.l.Abb: XXXIII
Alberto Bav.D. a Conf: Intim: Aventini Fautor et in Labore Socius. Rexit
XXX añis. ob: octogenario maior. 1535.

108

R R.DD. Gregorius Kimpfler SS. Thlgiæ ac IU.D.
SS. Canon: Salisburg: Professor Abbas XL C.B.P.
Stat: Provinc. Comiss: ob: 1693 Regim:XXXVI.æt:LXVIII

109

R R.DD. Benedictus Meyding e Styria ortus
h. l. Abbas XLII. Orator. Philosophus Historicus, Theologus
undique famosissimus ob: Anno M DCCXXII æt: L. Reg: XIII

110

111

112

113

114

115

116

117

118

119

gelang es, das Kloster Rott von der schwer drückenden Schuldenlast zu befreien und die darniederliegende klösterliche Disziplin wieder neu zu beleben. Die Gebäude, die zum großen Teil bereits als Ruinen dahinsanken, wurden erneuert und sehr geschmackvoll und kunstfertig ausgestattet. Die Kirche wurde mit einem prachtvollen Gewölbe versehen und mit Stuckverkleidungen glänzend ausgeschmückt.

Als Herzog Maximilian vor dem Dreißigjährigen Krieg die *Oberpfalz* unter seine Herrschaft brachte, wandte er sich auch an seinen Freund Abt Stephan von Scheyern mit der Bitte, einige Patres dorthin zu senden, um das Land wieder dem katholischen Glauben zurückzugewinnen. So schickte der Abt »zur Ausübung der Seelsorge an den Neubekehrten« dorthin ebenfalls drei Leute, nämlich die Patres Roman Widman († 24. September 1649), Gallus Droll († 11. Mai 1634) und Columban Hofer († 8. Januar 1629). Diese drei Patres wirkten dort mit großem Erfolg. Nach dem Grundsatz aus dem Augsburger Religionsfrieden (1555) »cuius regio, eius religio« – wer die Herrschaft hat, bestimmt auch die Religion – hatte das Land seit der Reformation bereits mehrmals die Konfession gewechselt. Seit 1544 lutherisch, 1559 kalvinistisch, 1576 wieder lutherisch, 1583 abermals kalvinistisch wurde nun das Land zum großen Teil wieder katholisch.

Eines der Hauptanliegen Abt Stephans war es, die *Chronik* des Klosters auf eine wissenschaftlich fundierte Grundlage zu stellen. Er wollte – und damit beschritt er neue Wege – die Quellen selber sprechen lassen. So lehnte er sich in seiner Chronik – ein umfangreiches Werk von 296 Seiten, das im Jahre 1623 in Ingolstadt im Druck erschien – zunächst zwar eng an die vorhandenen Vorlagen (Aventin und Chronicon Schyrense) an. Aber dann fügte er »Nota«, d.h. kritische Bemerkungen und vor allem eine Fülle von Urkunden in ihrem vollen Wortlaut bei, »damit auf diese Weise der Leser sich selber eine Meinung bilden könne«.

Von seinem Weitblick zeugen auch die Bemühungen um die Gründung einer *Bayerischen Benediktiner-Kongregation.*

Als Grundstein dieser Vereinigung kann man jene Urkunde vom 27. Juli 1627

Porträts herausragender Konventualen und Bildnisse aus der Scheyerer Äbtegalerie

Vorhergehende Seite
112 »*Der hochwürdigste Herr Abt Maximilian Rest, gestorben 1734*«
113 »*Der hochwürdigste Herr Abt Plazidus Forster 1734–1757*«
114 »*Der hochwürdigste Herr Abt Joachim Herpfer 1757–1771*«
115 *Abt Thaddäus Rieder 1771–1775*

116 *Abt Michael Grillmayr 1775–1793*
117 *Abt Martin Jelmiller 1793–1803, letzter Abt, gestorben 1807*

Nach der Wiedererrichtung:
118 *Rupert I. Leiß 1838–1872, im Jahre 1838 von König Ludwig I. zum Propst von Scheyern ernannt, im Jahre 1842 zum Abt geweiht*
119 *Rupert II. Mutzl 1872–1896. Er restaurierte die Kirche im Nazarenerstil und baute das Knabenseminar aus*

betrachten, durch die auf Veranlassung von Abt Stephan 20 Äbte und ebensoviele Prioren sich zur Gründung einer Kongregation verpflichteten.

Die Abfassung der Statuten wurde einer Kommission von sieben Prioren (Tegernsee, Andechs, Benediktbeuern, Oberaltaich, Metten, Seeon und Scheyern) übertragen, die unter dem Vorsitz von Abt Stephan vom 9. November bis
6. Dezember 1627 im Kloster Scheyern ihre Aufgabe erledigte. Die Prioren
von Tegernsee und Andechs blieben noch bis zum 20. Dezember in Scheyern,
um zusammen mit P. Simon Firbas (Scheyern) die Reinschrift der Statuten zu
besorgen.

Doch obwohl der Herzog in einem Schreiben an Abt Stephan das begonnene
Werk ausdrücklich billigte und auch Papst Urban VIII. den Plan begünstigte,
wurden die besten Ansätze durch den Widerstand der Bischöfe vereitelt. Sie
fürchteten, die Benediktiner betrieben irgendeine Exemption und eine Ver-
minderung der bischöflichen Jurisdiktion und veranlaßten sie, unter Androhung von Kirchenstrafen, von ihrem Vorhaben abzulassen. Der Abt von Andechs wurde nach Dillingen und der Scheyerer Abt nach Freising gerufen, wo
man ihnen mit der Absetzung drohte. Da weitere Bemühungen der unselige
Krieg verhinderte, erschlaffte sehr bald das begonnene Unternehmen.

Unter solchen Umständen verlief auch eine große Versammlung der deutschen Benediktineräbte, die der »Abtprimas von Deutschland und Gallien«,
Fürstbischof Bernhard von Fulda, im Jahre 1630 nach Regensburg berufen
hatte, ohne den gewünschten Erfolg.

Die ersten Jahre des unseligen *Dreißigjährigen Krieges* gingen an Scheyern
ohne größeren Schaden vorüber. Dafür aber brach dann 1632/33 das Entset-
zen mit aller Wucht herein, nachdem Tilly bei Rain am Lech tödlich verwundet war und die schwedische Soldateska ungehindert nach Südbayern sich
ergießen konnte.

Eine kleine unscheinbare Grabplatte im Scheyerer Kreuzgang gibt darauf
einen kleinen Hinweis. Wir lesen: »Es starb Frater Johannes Hueber, Laienbruder, durch eine vielfältige schwere Verwundung, die ihm von einem
schwedischen Soldaten zugefügt worden war, am 15. November 1633.«

Was sich hinter dieser kurzen Nachricht an unsäglichen Leiden für das ganze
Kloster verbirgt, läßt sich in wenigen Worten nur kurz andeuten. Der Reihe
nach wurden die Klöster von ihren Religiosen verlassen. »Man konnte ganze
Scharen von Mönchen zu Fuß die Straßen dahinziehen sehen.«

Im April 1632 sah sich Abt Stephan gezwungen, begleitet von einigen Konventualen, nach Fischbachau zu flüchten, während die übrigen, mit 50 Talern Reisegeld ausgestattet, sich in alle Winde zerstreuten. Nur der Prior
Claudius Majus, der Pfarrvikar Ämilian Ferrer und der genannte Laienbruder
blieben zurück. P. Ämilian fiel in die Hände der Schweden und konnte mit
100 Gulden ausgelöst werden.

Der Abt wollte sein Leben und seine Kräfte für bessere Zeiten zum Wiederaufbau des Klosters erhalten. Aber von den Sorgen niedergedrückt und nach
einem Schlaganfall halbseitig gelähmt, siechte er dahin, bis ihn ein sanfter

Tod am 16. März 1634, erst 51 Jahre alt, erlöste. Er ruht im Mittelschiff der St.-Martins-Kirche in Fischbachau.

»Abt Stephan war ein großer stattlicher Mann mit einem kahlen Haupte und mit einer klaren, scharfen Stimme. Seine Augen waren etwas abgestumpft. An Beredsamkeit und Klugheit übertraf er alle zeitgenössischen bayerischen Äbte. Sein Antlitz war weder finster noch von Heiterkeit überströmend, sondern von verhaltener Würde, wie es einem Manne geziemt, mit einem Wort: Er war ein Vorsteher, wie man ihn wünscht« (siehe dazu auch Totenrotel, Klosterarchiv Bf 38,3).

Die Grabplatte in Fischbachau trägt folgende Inschrift:

MM

Quod vides

Stephano

Reitbergero Eurnbacensi

Ab anulo et Virtute Schyrensium

Praesuli Amp[lissi]mo

in Clientes et Subditos

Parenti optimo

Ceu meritam Capiti suo Coronam

PP DD-mi FF

A R XXIV AE LI CN MDCXXXIV

XVI Martii

(Patres Dilectissimi fecerunt, anni regiminis XXIV, Aetatis LI,
Christi Nativitatis MDCXXXIV, XVI. Martii)

Das Grabdenkmal, das Du siehst, haben die geliebtesten Patres gesetzt gleichsam als verdiente Krone für sein Haupt, dem Stephan Reitberger, aus Euernbach geboren, dem in seiner äbtlichen Würde und in seiner Tugend hervorragendsten Abt von Scheyern, dem besten Vater der Hörigen und Untertanen, im 24. Jahr seiner Regierung, im 51. Jahr seines Lebens, im Jahre 1634 nach der Geburt Christi, am 16. März.

39 Korbinian Riegg 1634–1658

Es ist erstaunlich, daß trotz der verheerenden Verwüstungen des großen Krieges, als viele Einzelhöfe verödet und ganze Dörfer ausgebrannt waren, das Kloster sich nicht nur erhalten, sondern sogar einer neuen inneren Blüte zugeführt werden konnte. Freilich geschah dies nur unter unsäglichen Mühen und Beschwernissen. Die Chronik deutet dies nur sehr verhalten an.

»Corbinian, mit dem Beinamen *Riegg*, aus Ingolstadt, folgte an Stelle von Stephan nach. Seine Sorge war, in den damaligen äußerst schwierigen Zeiten, die verlorenen Güter des Klosters wieder zu sammeln und wiederherzustellen. Bald erhielt er auch die Mitra. Und es war nicht vergebens.

Da er selber ein großer Liebhaber der Wissenschaften war, verwendete er viel

Eifer und Mühe darauf, die Studien der schönen Künste zu fördern. Während seiner Amtszeit unterstützte er nicht nur die wissenschaftlich gebildeten Mönche, sondern er schickte auch mehrere aus der Klostergemeinschaft weg zum Studium an die Universität, damit sie sich dort allen möglichen Disziplinen der Wissenschaften widmeten. Daher kam es, daß man von Scheyern als von einer Schule der Gelehrten hörte, so sehr floß es über an gelehrten und in jeder Art von Wissenschaft gebildeten Männern.

Unter diesem Abt wurde die Spitze des Turmes von einem Blitz getroffen, so daß die Glocken und das Uhrwerk zugrunde gingen.

Wegen der äußersten Not des Klosters erhielt der Abt die Erlaubnis, die Pfarreien von Pfaffenhofen und Vohburg für drei Jahre mit Mönchen aus seinem Konvent zu besetzen, die von den Ordinarien bestätigt wurden. Nach Pfaffenhofen schickte er P. Simon Firbas und nach Vohburg P. Amilian Jene. Mitten in diesen Sorgen wurde er am 8. März 1658 vom Tode überrascht.«

Abt Korbinian stand erst im 26. Lebensjahr und im ersten Jahr des Priestertums, als er am 15. Mai 1634 gewählt wurde. Der Konvent zählte damals mit dem Abt 30 Priester, die aus allen Richtungen und unter vielen Abenteuern sich zur Wahl eingefunden hatten.

Langsame wirtschaftliche Erholung

Eine erste Bestandsaufnahme des Jahres 1634 legte die verheerenden Verwüstungen offen zu Tage, die der Krieg angerichtet hatte.

Von den 521 Gütern des Klosters waren 42 gänzlich verschollen, 300 lagen öde da, 57 waren abgebrannt. 241 Besitzer waren ermordet, 50 geflüchtet, nur 138 hausten mühsam weiter.

Von den Grundholden sollten jährlich an die 800 Schäffel Getreide eingehen, aber 1632/33 hatte das Kloster kaum 100 Schäffel erhalten. Die ganze Barschaft, die Abt Stephan zum Neubau der Kirche zusammengespart hatte, war verloren. Die Schuldenlast belief sich auf 5000 Gulden.

Zunächst versuchte man, durch langsame Steigerung im Verlaufe von drei bis fünf Jahren die Abgaben der Grundholden wieder auf den alten Stand zu bringen. Dies erwies sich jedoch als eine trügerische Hoffnung.

Denn in der Zeit von 1635 bis 1641 mußte der Konvent noch achtmal flüchten, und wenn die Gemeinschaft beisammen war, reichten die Vorräte kaum zur Stillung des ärgsten Hungers. Folgender Eintrag in das Buch der Abgaben ist typisch für viele andere:

»Der Christoph Vierstadler vom Hof in Gallenbach soll 1639 – laut Plan – abgeben: 1 Schäffel Korn und 1 Schäffel Haber; in 3 Jahren: 2 Schäffel Korn und 2 Schäffel Haber; in 4 Jahren: 3 Schäffel Korn und 3 Schäffel Haber; in 5 Jahren: 4 Schäffel Korn und 4 Schäffel Haber, und in 6 Jahren: 5 Schäffel Korn und 4 Schäffel Haber, dazu noch 1 Schäffel Gerste.«

Es sollte also 1645 der alte Stand erreicht werden. Aber lakonisch ist die bezeichnende Bemerkung hinzugefügt: »Dieser Mayr hat nit gehalten, ist auch nit aufgezogen.«

Wieder bewahrheitete sich das alte Sprichwort: Wo nichts ist, hat auch der Kaiser das Recht verloren. Der Grundherr – in diesem Fall das Kloster – konnte auch nicht mit Strafen drohen. Denn er war froh, wenn überhaupt jemand sich fand, der den Hof wieder bewirtschaftete.

Die Besserung trat erst allmählich ein. Wenn wir um 1632/33 fast durchwegs den Eintrag lesen: »hat es angefangen, öd zu liegen«, tauchen ab 1640/42 die Notizen auf: »haust er wieder zimblich« oder »haust er wieder etwaß wenigs« usw.

Diese Verhältnisse führten jedoch zu einer weiteren Lockerung des Lehensverhältnisses. Schon um 1500 setzte sich die Verleihung auf Lebenszeit allmählich durch. Dies wurde nun fast allgemein üblich. Es war keine große Gnade mehr, ein Gut verliehen zu bekommen, denn viele Anwesen standen öd und verlassen da. Das Kloster bemühte sich, insbesondere vom Gebirge, von »Tirol«, Leute zur Ansiedlung zu bewegen. Die Familiennamen »Tiroler« rühren davon her. Auch ist es nicht verwunderlich, daß die Grundholden ihre Güter in großzügiger Weise verkauften und wieder andere kauften. Durch diesen regen Handel konnte die darniederliegende Wirtschaft angekurbelt werden.

Geistige Wiedergeburt

Kaum hatte sich um 1640/42 die Lage etwas gebessert, als eine Erweiterung der Stiftskirche in Angriff genommen wurde, wozu die Äbtissin von Hohenwart 3000 Gulden vorstreckte. Wie der Kurfürst Maximilian, so wandte sich auch der Abt in dieser großen Not an die Schutzherrin Bayerns und Patronin des Klosters. Er baute die *Rosenkranzkapelle* und gründete 1642 die Rosenkranzbruderschaft, die sich sehr bald – wie sich besonders an den Monatssonntagen zeigte – einer großen Beliebtheit erfreute.

Wie sein Vorgänger schickte auch Abt Korbinian mehrere Konventualen auf die Universitäten zur allseitigen Ausbildung.

So kam es, daß Scheyern damals – wie die Chronik hervorhebt – von den gelehrten und in jeder Wissenschaft gebildeten Männern überfloß und *Schule der Gelehrten* genannt wurde. Es wirkten als Professoren an der Hochschule in Salzburg die Mitbrüder Matthias Wank (†1643), Erhard Niggel (†1644), Simon Firbas (†1641), Ägid Ranbeck (†1692), Marian Schwab (†1664), Gregor Kimpfler (†1693), Dominikus Renner (†1691), Adalbert Lödl (†1679) und Volpert Motzl (†1679).

Einzelne Konventualen, wie Anselm Hegler (†1673), Gregor Kimpfler (†1693), Ägid Ranbeck (†1692) und Volpert Motzl (†1679) waren mehrfache Doktoren. Unter ihnen ragt besonders Ägid Ranbeck hervor, der in elegantestem Stil 19 gedruckte Werke lieferte, vor allem kirchengeschichtlichen Inhalts.

Die glänzenden Erfolge des Abtes auf wissenschaftlichem Gebiet waren überschattet durch den sogenannten Scharwerkstreit, der über zwei Jahrzehnte die Gemüter erhitzte. Wie schon angedeutet ergaben sich – gerade als Folge des Krieges – für die einzelnen Untertanen immer mehr Rechte, so daß sie sich faktisch als selbstherrliche Eigentümer ihrer Anwesen fühlten. Auf diese Weise gerieten manche uralten Rechte des Grundherrn, »Hand- und Spanndienste« zu fordern, immer mehr in Vergessenheit. Aber der durch den Krieg hervorgerufene große Mangel an Arbeitskräften zwang Abt Korbinian, auf die alten Verpflichtungen zurückzugreifen und von den Untertanen – gegen Lohn und Verköstigung – Scharwerksdienste zu fordern. Die zu einem neuen Freiheitsgefühl erstarkten Bauern empfanden dies als Frondienst und wehrten sich dagegen. Es kam zu erbitterten Aktionen. Mehrere Male wurden einige Leute für einige Tage in Haft genommen, aber dann wieder auf kurfürstliche Weisung freigelassen.

1648 erfolgte ein erster Zwischenbescheid des Kurfürsten, der den Wünschen des Klosters weitgehend entgegenkam. Aber die Bauern gaben nicht nach. Erst Abt Gregor Kimpfler gelang es schließlich 1663, den Streit mit einem gütlichen Vergleich, durch starke Einschränkungen der Verpflichtungen der Bauern, zu beenden.

Als 1656 ein Blitz den Kirchturm in Brand steckte, brachen die letzten Kräfte des schon seit längerer Zeit kränkelnden Abtes zusammen. Im Dienste der Gemeinschaft hatte er sich bereits in seinen jungen Jahren aufgezehrt. Anfang März 1658 wurde er von einem Fieber befallen, dem er am Abend des 7. März erlag. Er ruht in der von ihm erbauten Rosenkranzkapelle.

40 Gregor Kimpfler 1658–1693

Abt Gregor Kimpfler ist die dritte hervorragende Gestalt, die Scheyern in der Zeit um und nach dem Dreißigjährigen Krieg hervorbrachte. Sein Name ist untrennbar verbunden mit der Gründung der *Bayerischen Benediktinerkongregation*. Auch die Chronik weiß dies zu würdigen.

»Gregor, mit dem Beinamen Kimpfler, aus Salzburg, wurde von Salzburg, wo er damals öffentlich das päpstliche Recht dozierte, hierher berufen und zum hohen Gipfel eines Vorstehers erhoben. Zum großen Ruhm und Nutzen des Klosters Scheyern war er dessen Leiter.

Abgesehen davon, daß er die Schuldenlasten tilgte, stattete er das Kloster mit Mauern und anderen Gebäuden schön aus. Auch führte er die klösterliche Lebensweise zur Strenge und Heilighaltung der früheren Ordnung wieder zurück.

Nachdem er durch diese Maßnahmen sich schrittweise den Ruf eines tugendhaften und eifrigen Mannes erworben hatte, wurde er zweimal zum Präses der Salzburger Akademie bestimmt. Zu Hause wurde er in die Zahl derjenigen Männer gewählt, denen man im Namen des Ordens die Besorgung der

Provinzialgeschäfte anvertraute. Diese Aufgabe betreute er so glänzend, daß er wegen seiner einzigartigen Verdienste um die beiden Bayern den Ehrentitel »Vater des Vaterlandes« erwarb.

Dabei blieben jedoch seine Bemühungen nicht stehen. Was nämlich bereits Abt Stephan versucht hatte, aber nicht vollenden konnte, erreichte er durch seine Wachsamkeit und seinen unermüdlichen Einsatz, daß den bayerischen Klöstern seines Ordens der Status zugebilligt wurde, der sie von der Jurisdiktion der Bischöfe unabhängig machte.

Im Jahre 1693 starb er und hinterließ eine große Sehnsucht nach ihm [† 4. November 1693].«

Abt Gregor war, wie sein Vorgänger, ein gelehrter Mann, Doktor der Theologie, der Philosophie und beider Rechte. Mehrere Schriften moral-theologischen Inhalts zeugen von seiner wissenschaftlich-kritischen Einstellung.

Nach dem Tode des von Scheyern postulierten Abtes Dominikus Blatt von Plankstetten († 1677) übernahm er auch die Administration dieses Klosters, die er durch P. Benedikt Uttenberger (1682–1690) und P. Dominikus Renner († 1691) verwalten ließ.

Während die Äbte Stephan Reitberger und Korbinian Riegg – notgedrungen durch die Kriegswirren – Schulden machen mußten, gelang es ihm, die noch verbliebene Schuldenlast von 9000 Gulden gänzlich zu tilgen.

Zweimal war er Präses der Hochschule Salzburg und 24 Jahre bayerischer Landtagsabgeordneter.

Sein größtes Verdienst erwarb er sich jedoch durch sein entscheidendes Mitwirken an der Gründung der Bayerischen Benediktiner-Kongregation.

Die Bayerische Benediktiner-Kongregation

Durch die gemeinsame *Regel* sind alle Benediktinerklöster zu einer Gemeinschaft zusammengeschlossen. Aber trotzdem hat jedes Kloster, nach dem Willen des Stifters, eine weitgehende *Selbständigkeit*.

Dies hinderte jedoch nicht daran, daß die benachbarten Klöster stets untereinander engen Kontakt pflegten. Gefördert wurden diese Gemeinsamkeiten durch Umstände verschiedener Art, so die geographische Lage, durch einheitlichen Reformwillen, durch Übertritt eines Mönches in ein anderes Kloster, insbesondere durch Abtwahlen, und durch verschiedene andere Momente.

Allein, wenn wir die Geschichte von Scheyern betrachten, fällt auf, daß viele Äbte von auswärts kamen, so von Hirsau, Weihenstephan, Tegernsee und Mallersdorf. Umgekehrt entsandte Scheyern viele Mönche nach auswärts, zum Beispiel den P. Dominikus Blatt nach Plankstetten und P. Augustin Mayr zum gleichen Dienst nach Weltenburg.

Auch die *Gebetsverbrüderungen* sind lebhafte Zeugen der geistigen Verbundenheit. Wenn ein Mitglied des Klosters starb, wurden die anderen Klöster, mit denen man in Gebetsverbrüderung stand, benachrichtigt mit der Bitte, für den Verstorbenen zu beten. Die damit im Zusammenhang stehenden Nekrologe sind auch heute noch wichtige Quellen der Geschichtsforschung. Starke Impulse für einen engeren Zusammenschluß einzelner Klöster zu größeren Verbänden gingen von den *Reformen* aus.

Im 11. und 12. Jahrhundert war es vor allem die Reform von *Hirsau*, die viele Klöster Bayerns, Schwabens und Frankens zu einer Einheit verband. Auch die Gründung von Scheyern, mit seinen Vorläufern Bayrischzell, Fischbachau und Petersberg, steht in diesem Zusammenhang. Teilweise sind auch die steinernen Zeugen dieser mächtigen Reformbewegung, die Kirchen im Hirsauer Baustil, noch erhalten. Allein durch die Klosteranlage, angelehnt an die zum Himmel strebende Kirche, wollten die Mönche ihren Willen zur Freiheit der Kirche, unter dem Schutz von Rom, gegen die Bevormundung durch die Bischöfe und weltlichen Fürsten zum Ausdruck bringen. Dies ist freilich nur teilweise gelungen.
Im Jahre 1336 versuchte Papst Benedikt XII. in seiner Bulle »Summa magistri« – der sogenannten »Benedictina« – einen Zusammenschluß nach Provinzen herbeizuführen. Die bayerischen Klöster gehörten teilweise zu Salzburg, teilweise zur Provinz Mainz-Bamberg. Viele Klöster standen jedoch den Provinzkapiteln ablehnend gegenüber.

Die allgemeinen Konzilien von *Basel* und *Konstanz* hatten die Vereinigungen einzelner Klöster des Ordens sehr befürwortet. So entstanden die Zusammenschlüsse von *Kastl* und *Melk*. Die Kastler Reform erfaßte vor allem die Klöster der Oberpfalz und von Böhmen und übernahm große Teile ihrer Gewohnheiten von Hirsau. Die Melker Reform breitete sich vornehmlich in Südbayern und Österreich aus. Ihr Ursprung liegt in Subiaco, wo Angehörige der Wiener Universität feste Sondergewohnheiten ausgebildet hatten.

Neue Anregungen gingen aus vom *Konzil von Trient*. Es befürwortete Vereinigungen von Klöstern zu Kongregationen, da es in dem Zusammenschluß die belebende Kraft für die Regeneration der Ordensidee erblickte.
Im bayerischen Raum machte Abt Stephan Reitberger von Scheyern als Mitglied des Kuratoriums an der Salzburger Universität im Jahre 1627 einen ersten Versuch in dieser Richtung. In einer Urkunde vom 27. Juli 1627 verpflichteten sich 20 Äbte und ebensoviele Prioren zur Gründung einer Kongregation. Die Texte der Statuten sollten sieben Prioren anfertigen, die in Scheyern tagten. Aber der große Krieg machte alle weiteren Pläne zunichte.
Erst den intensiven Bemühungen von Abt Gregor Kimpfler, der eng mit Abt Cölestin von Regensburg zusammenarbeitete, gelang es, nach großen Schwierigkeiten und gegen den erbitterten Widerstand der Bischöfe, die »Bayerische Benediktiner-Kongregation von den heiligen Schutzengeln« zu gründen. Die offizielle Errichtung erfolgte am 26. August 1684 durch Papst Innozenz XI.
Wenige Wochen später, vom 20. bis 27. November 1684, fand das 1. General-

kapitel in St. Emmeram/Regensburg statt, zu dem die Äbte (bzw. Prokuratoren) folgender Abteien erschienen:

Andechs	Rott am Inn
Attel (am Inn)	Scheyern
Benediktbeuern	St. Emmeram/Regensburg
Frauenzell (bei Straubing)	Tegernsee
Mallersdorf	Thierhaupten
Metten	Weihenstephan
Oberaltaich	Weltenburg
Prüfening	Wessobrunn

Jedes Kloster entsandte außerdem noch einen Deputierten. Äbte und Deputierte berieten getrennt über die Statuten der Kongregation. Bei der Abstimmung befürworteten alle Äbte den ausgearbeiteten Vorschlag. Die Deputierten wünschten teilweise eine Einsichtnahme und Erprobung durch die Konventualen. Diesem Wunsch wurde stattgegeben.

Später schlossen sich der Kongregation – außer den genannten Abteien – noch an die Abteien: Ensdorf, Michelfeld, Reichenbach, Weissenohe, während sich die Abtei Metten wieder trennte.

Auf dem Zweiten Generalkapitel, vom 22. bis 25. April 1686, wurde Fürstabt Cölestin von St. Emmeram zum Präses und Abt Gregor Kimpfler zum ersten Visitator gewählt. Drei Jahre später, am 27. Juni 1689, trat das Dritte Generalkapitel in Andechs zusammen. Diesmal wurde Abt Gregor zum Präses gewählt. Beim nächsten Generalkapitel, das am 5. Mai 1692 in Scheyern tagte, erhielt Abt Gregor wieder das Amt des ersten Visitators.

Abt Gregor überlebte den Erfolg seiner langjährigen Bemühungen nicht lange. Am 4. November 1693 verschied er im 68. Jahre seines Lebens und wurde in der Rosenkranzkapelle beigesetzt.

Aus den Statuten der Bayerischen Benediktiner-Kongregation

»Vorwort: Absicht der Bayerischen Benediktiner-Kongregation unter dem Titel der heiligen *Schutzengel* – die von unserem Heiligsten Vater Papst Innozenz XI. kraft Apostolischer Vollmacht im Jahre 1684 neu errichtet wurde – ist es nicht, eine neue Regel einzuführen, oder den Ordensangehörigen neue Verpflichtungen aufzuerlegen, die ihre Gewissen belasten. Sie will vielmehr die klösterliche Ordnung nach der Regel des heiligen Benedikt, zu deren Einhaltung sowohl die Äbte als auch die Ordensangehörigen kraft der von ihnen abgelegten Gelübde sich verpflichtet haben, wieder herstellen, damit diese Regel nach den Geboten der Liebe und Vollkommenheit gebührend beobachtet und alles den Riten und Gesetzen der Kirche angeglichen werde...

I. Kap. Form und Ordnung der Bayerischen Kongregation

§ 1 *Vom Generalkapitel*

Alle 3 Jahre findet ein Generalkapitel in einem geeigneten Kloster statt, zu dem alle Äbte persönlich erscheinen müssen. Jedes Kloster entsendet noch einen Prokurator. Dieser hat nur beratende Stimme. Die Prokuratoren wählen jedoch 4 aus ihren Reihen, die auch entscheidende Stimme haben.

§ 2 *Vom Präses der Kongregation*

Was innerhalb von 3 Jahren von den einzelnen Äbten zweckmäßigerweise nicht bewältigt und auch auf das folgende Generalkapitel nicht aufgeschoben werden kann, werde an den Präses herangebracht, um seinen Rat und – seine Entscheidung zu erbitten. Die getroffene Entscheidung hat Gültigkeit bis zum nächsten Generalkapitel.

§ 3 *Von den Visitatoren*

In jedem Kloster findet alle drei Jahre eine Visitation durch den Präses und die Visitatoren statt.

II. Kap. Von der Gemeinschaft der Klöster der Bayerischen Kongregation

§ 1 *Von der gegenseitigen Hilfeleistung*

Wenn auch jedes Kloster selbständig ist, so sollen sich die Klöster in außerordentlichen Fällen doch gegenseitig – vor allem personell – unterstützen.

§ 2 Über das *Kommun-Noviziat*

Wenn es nötig ist, wird für die Novizen der einzelnen Klöster ein gemeinsames Noviziat in einem Kloster unter der Leitung eines Novizenmeisters eingerichtet.

§ 3 Über das *gemeinsame Studium*

Wenn keine geeigneten öffentlichen »Akademien« vorhanden sind, möge in einem Kloster ein »Kommun-Studium« eingerichtet werden, wo die jungen Religiosen in Rhetorik, Philosophie, Moral und Theologie unterrichtet werden.

III. Kap. Von der Leitung des Klosters

§ 1 Vom *Abt* und seinen Aufgaben

Der gewählte Abt bedarf der Zustimmung des Apostolischen Stuhles und gegebenenfalls auch des zuständigen Bischofs. Er hat die volle Regierungsgewalt über sein Kloster. Freilich muß er in gewissen Fällen die Zustimmung des Konventes einholen.

§ 2 Vom *Prior* und *Subprior*

Der Prior vertritt den Abt vor allem im inneren Klosterbereich. Der Subprior unterstützt den Prior und vertritt ihn in seiner Abwesenheit.

§ 3   Von den übrigen *Offizialen* und Ökonomen des Klosters.
Die Offizialen sollen, soweit es ihre Amtsgeschäfte erlauben, insbesondere aber an Festtagen, am gemeinsamen Chorgebet teilnehmen. Es werden 2 Ökonomen aufgestellt: der Cellerar, der die Einnahmen empfängt, und der Dispositar, der die Kasse führt.

§ 4   Vom *Monitor* [Mahner]
Der Monitor hat von Amts wegen die Aufgabe, den Abt zu mahnen, wenn etwas zu verbessern oder zu ändern ist.

IV. Kap.   Vom göttlichen Offizium und von den geistlichen Übungen
§ 1   Vom *Chor* und den kanonischen Horen [Stundengebeten]
Die einzelnen Feste haben verschiedenen Rang. Die Matutin wird um Mitternacht gehalten. Eine Verlegung auf 4 Uhr in der Frühe kann vom Generalkapitel geprüft werden.

§ 2   Vom geistlichen *Eifer*, von der *Betrachtung*, und den jährlichen Exerzitien
Täglich ist Betrachtung von ½6 Uhr bis 6 Uhr, abends Gewissenserforschung. Bei den jährlichen Exerzitien nimmt jeder an dem gemeinsamen Chorgebet teil und hält die übrige Zeit geistliche Lesung und Betrachtung auf seiner Zelle.

§ 3   *Geistliche Lesung*
Täglich ist von 4–5 Uhr nachmittags geistliche Lesung.

V. Kap.   Von der vollkommenen Beobachtung der wesentlichen *Gelübde*
Von der Ehelosigkeit, Klausur, Armut und vom Gehorsam.

VI. Kap.   Tagesordnung

Um Mitternacht	Matutin – Laudes
5.00 Uhr	Wecken (bzw. 4 Uhr Wecken, wenn vorher keine Matutin)
5.30–6.00 Uhr	Betrachtung
6.15 Uhr	Prim-Kapitel, geistliche Lesung, Zelebration, andere Beschäftigung
8.30 Uhr	Terz – Konventamt – Sext
9.45 Uhr	Gewissenserforschung (Fastenzeit 11 Uhr)
10.00 Uhr	Mittagstisch, Non im Kapitelsaal, Erholung
12.30–15.00 Uhr	Studium, Handarbeit, sonstige Tätigkeiten
15.00 Uhr	Vesper
16.00–17.00 Uhr	Geistliche Lesung, Abendessen, Erholung
18.45 Uhr	Väterlesung, Komplet, Gewissenserforschung
ab 20.00 Uhr	Nachtruhe

VII. Kap.   Von der Nahrung, Kleidung, vom Fasten
Hier soll aller Überfluß vermieden werden.

VIII. Kap.   Von den kranken Mitbrüdern

IX. Kap.   Von der Anpassung der klösterlichen Disziplin an die Disziplin
anderer Klöster unserer Kongregation
Es möge besonders durch die Visitationen versucht werden, eine
gewisse Gleichheit der Gewohnheiten und Gebräuche innerhalb
der Klöster unserer Kongregation herbeizuführen.

Schlußbemerkung

Wenn man im Laufe der Zeit glaubt, es müsse etwas geändert, erneuert, weggestrichen oder hinzugefügt werden, so kann dies nur in den Generalkapiteln geschehen; und zwar in der Weise, daß das, was vom Generalkapitel beschlossen wird, Gesetzeskraft erst dann erhält, wenn es vom nächsten Generalkapitel bestätigt wird. Wenn es etwas ist, was gegen diese Statuten ist, muß es vom Apostolischen Stuhl bestätigt werden.«

Scheyern im letzten Jahrhundert vor der Säkularisation
Von Abt Cölestin Baumann 1693–1708 bis Martin Jelmiller 1793–1803

A Politische Hintergründe

Die großen politischen Wirren des 18. Jahrhunderts griffen gelegentlich auch in das innere Gefüge des Klosters Scheyern ein, ohne freilich den geistlichen Bestand zu gefährden. Vor allem waren es die äußeren Umstände, die schwerste Erschütterungen und schließlich in der sogenannten »Säkularisation« die Aufhebung des Klosters mit sich brachten.

1697–1726 Kurfürst *Maximilian II., Emanuel*, der »Blaue Kurfürst«, verbündet sich 1683 mit Kaiser Leopold (1658–1705) in einer Defensivallianz gegen die Türken. 1692 ist er Oberbefehlshaber der Reichsarmee gegen Frankreich, im Pfälzer Erbfolgekrieg; dafür erhält er die Statthalterschaft über die Niederlande. Im Spanischen Erbfolgekrieg (1701–1714) verbündet er sich mit Frankreich gegen Österreich. Bei Höchstädt wird das bayerische Heer geschlagen, die Österreicher sind an Weihnachten 1705 in München (Sendlinger Mordweihnacht). Die Finanzen des Staates werden schwer erschüttert. Das neue Schloß in Schleißheim entsteht.

1726–1745 *Karl Albrecht* fördert die Kunst. Triumph des bayerischen Rokoko (Amalienburg, Cuvilliés). Bei den Türkenkriegen, 1738/39, ist er auf der Seite des Kaisers. 1740 stirbt Kaiser Karl VI. ohne männlichen Erben. Bereits 1713 hatte die Pragmatische Sanktion das Erbrecht auf alle künftigen Kinder (auch auf die Töchter) ausgedehnt. Der bayerische Kurfürst erkennt dies nicht an. Es kommt zum Österreichischen Erbfolgekrieg. 1742/45 wird Bayern von den Österreichern besetzt (Pandurenjahre!). In der gleichen Zeit ist Karl Albrecht formell »Kaiser«.

1745–1777 *Maximilian III. Joseph*, der Vielgeliebte. Mit ihm stirbt die bayerische Linie der Wittelsbacher aus. Er schließt 1745 mit den Österreichern den Sonderfrieden von Füssen.

1756–1763 Siebenjähriger Krieg zwischen Preußen und Österreich wegen Schlesien.

1777–1799 *Karl Theodor*, Kurfürst von der Pfalz. Auch er stirbt ohne Erben. Er wollte Bayern gegen die Niederlande vertauschen. Es kam aber nur zur Abtretung des Innviertels (1779). Höhepunkt der

»Aufklärung«, Verbot des »Illuminatenordens«. 1789 Ausbruch der Französischen Revolution, 1796 Einmarsch der Franzosen in Bayern, Waffenstillstand von Pfaffenhofen. Im Frieden von Campo Formio, 1797, zwischen Napoleon und Erzherzog Karl von Österreich, muß Bayern die linksrheinischen Besitzungen abtreten.

1799–1825 *Maximilian IV. Joseph*, Kurfürst von der Pfalz, seit 1806 König. Er beruft Montgelas zum »Geheimen Staats- und Konferenzminister« und bindet sich an Frankreich. Im Frieden von Lunéville, 1801, wird bestimmt, daß alle erblichen Reichsfürsten, die Besitztümer verloren haben, vom Reich entschädigt werden sollen. Dafür wird eine »Reichsdeputation« eingerichtet. Dies führt 1803, im »Reichsdeputations-Hauptschluß« zu Regensburg, zur Aufhebung aller Klöster. 1809 Erhebung der Österreicher gegen Napoleon (Schlacht bei Eggmühl und Wagram); 1812 Feldzug Napoleons gegen Rußland, auch unter Beteiligung der Bayern. Im Vertrag von Ried, 8. Oktober 1813, schließt sich Bayern an die »Verbündeten« an. 16.–19. Oktober 1813 Völkerschlacht bei Leipzig, Niederlage Napoleons. 1814/1815 Wiener Kongreß.

B Wirksamkeit der Bayerischen Benediktiner-Kongregation bis zur Aufhebung

Mit der Bulle »Circumspecta«, vom 26. August 1684, war die Bayerische Benediktiner-Kongregation offiziell durch Papst Innozenz XI. errichtet worden. Diese Vereinigung von 18 bayerischen Benediktiner-Abteien geschah unter schwierigen Begleitumständen, weil die Bischöfe sich heftig dagegen sträubten und auch innerhalb der einzelnen Konvente diese Neuerung keine sofortige Zustimmung fand. Vor allem war es Kurfürst Max Emanuel, der in Verbindung mit dem Papst dieses Werk vorantrieb. Sie fanden in den Äbten Cölestin Vogl von St. Emmeram und Gregor Kimpfler von Scheyern gute Hilfe und Unterstützung. Es wäre hier nicht angebracht, etwa von »Machtpolitik« zu sprechen; denn es waren gewichtige Gründe, die für und auch gegen diese Vereinigung sprachen. Erst die Folgezeit konnte den Beweis erbringen, daß die Vorteile die Nachteile überwogen.

Das Jahrhundert vor der Aufhebung der Klöster ist durch vielfältige religiöse und politische Strömungen gekennzeichnet. Wir befinden uns im Zeitalter des Hochbarock, aber auch mannigfacher kriegerischer Wirren, die mit dem Auftreten Napoleons einen Höhepunkt erreichten.

Alle bayerischen Abteien waren geradezu von einer Welle religiöser Begeisterung erfaßt, die durch die Gegenreformation ausgelöst wurde und in dem Bau der prächtigen Barockkirchen und ganzer Klosteranlagen ihren sichtbaren Ausdruck fand. Ohne die tatkräftige Förderung durch die sogenannten »Barockprälaten« wären wohl die Gebrüder Asam, die Feichtmayr und wie alle die vielen Künstler heißen, unbedeutende Menschen geblieben.

Um einen kleinen Einblick in das umfassende religiöse, künstlerische und wissenschaftliche Wirken der Klöster der Bayerischen Benediktiner-Kongregation zu gewinnen, sollen sie hier der Reihe nach skizzenhaft vorgestellt werden.

In *Andechs* wurde unter Abt Bernhard Schütz (1746–1759) die Kirche von Johann Baptist Zimmermann in festlichem Rokoko ausgeschmückt. P. Plazidus Scharl baute eine mineralogische und paläontologische Sammlung auf.

In *Attel* ließ Abt Kajetan Scheyerl (1703–1723) die alte romanische Kirche abbrechen und nach dem Vorbild der St.-Michaels-Kirche in München die noch erhaltene barocke Abteikirche bauen. Ignaz Günther schnitzte dafür eine seiner schönsten Immaculata-Figuren.

Benediktbeuern: Hier wirkten viele namhafte Künstler zusammen, um im Laufe eines Jahrhunderts die herrliche Klosteranlage mit Kirche (eingeweiht 1686), dem Alten und Neuen Festsaal und der Anastasia-Kapelle zu schaffen. Vor allem waren es die Meister Caspar Feichtmayr, Georg Asam und Johann Jakob Zeiller. Die bedeutendste Gestalt in dieser Zeit ist P. Carl Meichelbeck, der mit seiner Historia Frisingensis und dem Chronicon Benedictoburanum der bayerischen Geschichtsschreibung neue Wege wies.

Ensdorf (Landkreis Amberg): Dieses Kloster, etwas abseits gelegen, hat im 18. Jahrhundert einige bedeutende Persönlichkeiten hervorgebracht. Abt Bonaventura Oberhuber (1695–1735) war lange Jahre Generalprokurator der Bayerischen Benediktiner-Kongregation in Rom. Um 1700 erstellte er mit Hilfe des Baumeisters Dientzenhofer die barocke Kirche. Abt Anselm Desing (1761–1772) stand wegen seiner allseitigen Gelehrsamkeit im Mittelpunkt des Geisteslebens seiner Zeit. Er gilt als ein Vertreter einer gemäßigten, kirchentreuen Aufklärung.

In *Frauenzell (Marienzell)* bei Regensburg wirkten besonders die Gebrüder Asam zusammen, um die 1795 eingeweihte barocke Kirche zu erstellen.

In *Mallersdorf* hat sich vor allem Ignaz Günther mit seinem 1768 errichteten Hochaltar ein bleibendes Denkmal gesetzt.

In *Michelfeld* wurde 1695 die Kirche nach den Plänen von Dientzenhofer gebaut und dann durch die Brüder Asam ausgeschmückt. Der letzte Abt des Klosters, Maximilian Prechtl (1799–1803), verfaßte eine Anzahl kirchengeschichtlicher Schriften.

Oberaltaich: Im 18. Jahrhundert blühte in diesem Kloster ein reiches wissenschaftliches Leben. Unter den Patres befinden sich Geschichtsschreiber, Professoren und Mitglieder der bayerischen Akademie der Wissenschaften. Bekannt ist vor allem der Historiker Hermann Schollinger.

Prüfening: Die um 1109 gebaute dreischiffige Pfeilerbasilika ist berühmt durch die herrlichen romanischen Wandmalereien. Im 18. Jahrhundert beherbergte das Kloster einige Male das Kommun-Noviziat. Abt Rupert Kornmann (1790–1803) machte das Kloster zu einem Hort der Wissenschaften.

Regensburg/St. Emmeram: Die um 790 gebaute dreischiffige Basilika wurde in den Jahren 1731–1733 von den Brüdern Asam prunkvoll ausgeschmückt. Sie beherbergt mehrere Kaiser- und Heiligengräber. Bekannte Gestalten sind Abt Cölestin Vogl (1655–1691), der hauptsächliche Gründer der bayerischen Benediktiner-Kongregation, Abt Frobenius Forster (1762–1791), eines der ersten Mitglieder der Bayerischen Akademie der Wissenschaften; Abt Coelestin Steiglehner, Physiker und Historiker (1791–1812), und P. Plazidus Heinrich, berühmt als Meteorologe und Astronom († 1825).

Reichenbach (Landkreis Roding), gegründet 1118 vom Markgrafen Diepold II., 1562 im Zug der Reformation aufgelöst, war 1675 von St. Emmeram aus wieder neu besiedelt worden. Unter Abt Bonaventura Oberhuber, der zeitweilig zugleich Abt von Ensdorf war, wurde die romanische Kirche barokkisiert. 1883–1888 wurde hier durch P. Andreas Amrhein der Grund gelegt zur späteren Missionskongregation von St. Ottilien.

Rott am Inn: Das Kloster wurde gegründet 1081/85 durch den Pfalzgrafen Kuno von Rott. Zur 1763 erbauten Rokoko-Kirche haben beigesteuert die Künstler Franz Xaver Feichtmayr und insbesondere Ignaz Günther mit seinen berühmten Standfiguren. Kurz vor der Aufhebung beherbergte das Kloster das Kommun-Noviziat unter dem eifigen P. Ägidius Jais, dem berühmten Pädagogen aus Benediktbeuern.

Scheyern: Das 1119 gegründete Kloster brachte im 18. Jahrhundert eine Reihe von namhaften Gelehrten hervor, so Ludwig Alteneder (1702–1776), Kartograph und Mathematiker, Thaddäus Siber (1774–1854), Professor für Mathematik und Physik, und Martin Jelmiller (1747–1807), letzter Abt und hervorragender Kenner der orientalischen Sprachen.

Tegernsee: Dieses um 762 gegründete Kloster stand im 18. Jahrhundert zusammen mit St. Emmeram und mit Benediktbeuern an der Spitze des religiösen Lebens der Bayerischen Benediktiner-Kongregation. Ein wertvolles Instrument dafür war die bereits 1573 errichtete Druckerei. Die schon im frühen Mittelalter begründete Musiktradition fand im Barocktheater ihren Höhepunkt.

Thierhaupten: Nach der Überlieferung soll Herzog Tassilo der Gründer des Klosters (um 750) gewesen sein. Einen Höhepunkt in der Klostergeschichte

120 *Krümme des Abtsstabes von Scheyern mit Darstellung der Muttergottes von Andechs (Unteres Gnadenbild). Nach der Säkularisation war es König Ludwig I. gelungen, den Andechser Abtsstab aus Privatbesitz zu erwerben, um diesen dem von ihm 1838 neu errichteten Kloster Scheyern zu schenken*

bedeutete die Zeit unter Abt Benedikt Sartorius (1677–1700), der ein guter Wirtschafter und eifriger Seelsorger war.

Weihenstephan: Die Gründung dieses Klosters wird dem hl. Korbinian, um 725, zugeschrieben. Das 17. und 18. Jahrhundert brachte eine Reihe von bedeutenden Äbten hervor, unter ihnen Ildephons Huber (1705–1749). Der Ruhm dieses Klosters wurde jedoch durch Abt Innozenz Völkl verdunkelt, der nach achtjähriger Regierungszeit 1769 wegen seiner verschwenderischen Amtsführung zur Resignation gezwungen wurde.

Weißenohe: Das um 1626 wieder rekatholisierte Kloster erhielt um 1707 durch den Baumeister Wolfgang Dientzenhofer die noch bestehende Kirche.

Weltenburg: Das bereits um 617 errichtete Kloster gehört mit seiner Kirche zu den Meisterwerken der Brüder Asam.

Wessobrunn: Dieses Kloster wurde um 750 gegründet. Es wurde besonders berühmt durch die dort ausgebildeten Stukkatoren und die 1751 erschienene »Wessobrunner Bibelkonkordanz«.

C Die Scheyerer Äbte

Unter den acht Äbten des 18. Jahrhunderts fallen zwei Persönlichkeiten etwas aus dem Rahmen, nämlich Cölestin Baumann und Plazidus Forster. Die Ansicht, daß es sich hier bereits um Vorboten der kommenden Säkularisation handle, dürfte man jedoch nur mit einer gewissen Vorsicht äußern. Auch in früheren Jahrhunderten waren nicht alle Äbte gleich tüchtig.

41 **Cölestin Baumann**, 1693–1708

Der Chronist berichtet über den 41. Abt mit einer auffallenden lapidaren Kürze, die im Vergleich zu den übrigen Beschreibungen ganz aus dem Rahmen fällt.

»Cölestin, der 41. Abt, mit dem Nachnamen Baumann, aus Isen in Oberbayern, wurde am 1. Dezember 1693 an Stelle Gregors gewählt. Viele Mühe und Kosten verwendete er auf die Verschönerung des Klosters. So hat er den großen viereckigen Kirchturm, wie oben erwähnt ein Werk von Abt Heinrich, mit Blechplatten eingedeckt. Gebrochen schließlich von schweren Kriegswirren und langwierigen Streitigkeiten legte er nach einer Regierung von 15 Jahren die Mitra nieder. Im übrigen soll er sich vor allem der Verehrung der Jungfrau Maria gewidmet haben.«

121 Pontifikalkelch der Abtei Scheyern. Augsburger Silberschmiedearbeit von Johann Georg Herkommer, mit kostbaren Emailmalereieinlagen, um 1738

Im Gegensatz zu dieser knappen Schilderung steht der Text der Totenrotel, der in barocker Überschwenglichkeit auf drei Seiten sich in kaum zu überbietenden Lobeshymnen ergeht.

»Wie eine Rosenblüte im Frühling, wie die glänzende Sonne, so erstrahlte er im Tempel des Herrn...

Geboren ist er am 14. Februar 1661 in Isen... Der sehr gut veranlagte Jüngling studierte in München... Durch die Unschuld seiner Sitten war er die Rose unter den Blüten... 1680 trat er ins Kloster ein und wurde 1687 zum Priester geweiht. Es begannen schwere Jahre, in denen er als Dozent wie eine ›Rose‹ unter den Disteln duftete.

1693 wurde er durch ein einmütiges Votum zum Abte gewählt. Seine äußerst glückliche Regierung setzte er 15 Jahre lang ruhmreich fort. Bis ins hohe Alter nahm er ohne Ausnahme am Chorgebet teil.

Er war ein besonderer Verehrer der schmerzhaften Muttergottes, ein Vater der Armen und eine Zuflucht der Waisen...

Drei Äbten, die ihm nachfolgten, assistierte er bei der Weihe, zwei Nachfolger geleitete er in die Ewigkeit. Als Patriarchengestalt starb er am 15. Mai 1740.«

Die Grabplatte in der Kreuzkapelle ist zwar ebenfalls noch ein Zeugnis barocker Überschwenglichkeit, aber doch etwas verhaltener, mit einem fein angedeuteten Hinweis auf manche Schwierigkeiten:

»Als ein *Baumann* [agricola] hat er die Scheune abgebrochen und eine größere gebaut. Er hat den Weinberg des Herrn vorzüglich besorgt. Von der Arbeit ermüdet hat er ihn einem anderen abgetreten. Was er für seinen Weinberg nicht vollbrachte, konnte er nicht vollbringen...«

Wenn wir diese Angaben überdenken, die noch durch einen hohen Stoß von Akten ergänzt werden, dann ist es schwierig, hier ein sachliches, gerechtes und zutreffendes Bild dieses Mannes zu zeichnen. Mit Sicherheit läßt sich feststellen, daß seine Regierungszeit – ganz im Gegensatz zum Text der Totenrotel – keine glückliche war. Es mag durchaus zutreffen, daß er im hohen Alter den übrigen mit gutem Beispiel voranging und auf diese Weise manchen Fehler wieder gut machte. »Gott kann auch auf krummen Linien gerade schreiben«, sagte schon der heilige Augustinus.

Schon die Wahl dieses Abtes begann mit einer Besonderheit. Von den 20 Stimmen entfielen auf einen 8, auf einen anderen 6, auf den nächsten 3 und auf drei je eine Stimme. Nach dem damals üblichen Wahlsystem wäre mindestens noch ein Wahlgang notwendig gewesen. Aber offenbar war auch der sogenannte »Kompromiß« in Übung. Aufgrund dessen befragte der Präses jeden einzelnen, ob er einen weiteren Wahlgang wünsche, oder ob der als gewählt gelten solle, der beim ersten Wahlgang die meisten Stimmen erhalten habe. Alle stimmten, laut Protokoll, dem letzteren Vorschlag zu.

Dieser Vorgang mag von Anfang an zu einer gewissen Mißstimmung beigetragen haben. Später wurde dann auch – auf dem 7. Generalkapitel 1701 in Prifling [Prüfening] – der Wahlmodus exakter geregelt.

Die ersten Regierungsjahre scheinen gut verlaufen zu sein. Aus dem Visitationsrezeß des Jahres 1701 (15. Juli) können wir indirekt erschließen, daß es Unstimmigkeiten wegen des Chorgebetes gegeben hat, weil der Abt öfters an der Teilnahme verhindert war.

Am 11. November 1701 richtete P. Georg Unertl in seiner Eigenschaft als offizieller Monitor (Mahner) eine Beschwerde an den Heiligen Stuhl, die zu einer außerordentlichen Visitation vom 13. bis 20. Februar 1702 führte. Der Präses und die Visitatoren versuchten die Wogen zu glätten.

Aber am 23. August 1705 brach der Streit von neuem aus. Diesmal war es der Prior Benedikt Meyding, der aus eigenem Antrieb, ohne vorherige Absprache mit anderen Konventualen – um den Schein einer Verschwörung zu vermeiden – einen Rekurs an den Heiligen Stuhl richtete. Die Beschwerdepunkte waren vor allem: ungutes Verhalten des Abtes gegen die Mitbrüder, insbesondere gegen die Kranken, und Besetzung von wichtigen Ämtern mit jungen Leuten, die dazu nicht befähigt waren.

Vermutlich hat der Präses davon erfahren und fühlte sich übergangen. So erschien er unverhofft bereits am 14. September 1705 in Scheyern und führte kurz darauf, am 14. November, die ordentliche Visitation durch, die wegen der Kriegswirren voraussichtlich erst viel später stattgefunden hätte.

Er ermunterte den Konvent zur Einheit, da »zwischen Haupt und Glieder eine Abneigung« bestehe. Mit der Ermahnung an alle Beteiligten – auch an den Abt – zur Regeltreue erklärte er eine Amnestie für die vergangenen Vorfälle.

Damit wäre wohl der Rekurs im Sande verlaufen, wenn nicht der Heilige Stuhl bereits den Nuntius in Luzern, dieser den Weihbischof von Augsburg, und letzterer den Dekan Michael Lesti von Aichach mit der Untersuchung des Falles betraut hätte.

Aber gerade Dekan Michael Lesti war ein entschiedener Gegner einer reinen Beschwichtigungspolitik. Am 23. Dezember 1705 schrieb er an den Nuntius: »Die Art der gegenwärtigen Regierung erzeugt Abneigungen und Bitterkeiten, die nicht leicht zu beseitigen sind... Diese werden sich noch vergrößern, je länger das Heilmittel hinausgeschoben wird...«

So setzte Lesti seinerseits am 30. April 1706 eine Untersuchung an, bei deren Abschluß er glaubte, die gebrochene Einheit wiederhergestellt zu haben. Aber nur 11 der 26 Konventualen, darunter auch der Prior Benedikt, waren gewillt, ein entsprechendes Dokument zu unterzeichnen. Die übrigen verlangten die Aufrechterhaltung des Rekurses, also die Absetzung des Abtes. Als Endergebnis wurde daher die Beschwerde weiter behandelt.

So kam es am 21. November 1706 zu einer Visitation, die der Präses im Auftrag des Apostolischen Stuhles durchführte. Dieser stellte fest, daß in diesem Fall ein Rekurs an den Heiligen Stuhl nicht zulässig gewesen wäre, da die Sache zu geringfügig und durch die Visitation ohnehin bereits abgestellt worden sei. Der Prior wurde daher seines Amtes enthoben und der Abt nochmals zu größerer Liebe ermahnt.

Es kam jedoch zu einer erneuten Beschwerde, diesmal von Seiten des Konventes, die schließlich am 12. April 1708 zur Wiedereinsetzung des P. Benedikt als Prior und am 14. September nochmals zu einer Visitation führte. Im Protokoll wurde dann nur in aller Kürze mitgeteilt, daß der Abt angesichts der Abneigung und Zwietracht und aus Liebe zum Frieden freiwillig sein Amt niederlege. Von den Konventualen werde erwartet, daß sie vollkommene Amnestie über die vergangenen Vorfälle einhalten sollen.

Abt Cölestin überlebte seine Amtsniederlegung um 32 Jahre. Er erhielt außer Verpflegung, Wohnung und besondere Betreuung noch eine zusätzliche Pension von anfänglich 100 Gulden, später etwas mehr. Der Vorwurf, der ihm nachträglich gemacht wurde, er habe eine Schuldenwirtschaft betrieben, ist mit Vorsicht zu beurteilen.

Bis zum Jahre 1703 ist der Haushalt des Klosters – jährlich etwa 20000 Gulden – durchaus ausgeglichen. Erst ab 1704 übersteigen die Ausgaben die Einnahmen, so daß 1708 ein Defizit von 26860 Gulden vorhanden ist. Dies ist aber vor allem durch die damaligen Kriegseinflüsse, durch die erhöhten Abgaben verständlich.

P. Martin Clostermann hat noch zwei Tage vor der Resignation – am 12. September 1708 – eine Verteidigungsschrift für Abt Cölestin verfaßt, in der er seine Verdienste aufzählt. Es ist doch erstaunlich, was damals – trotz schwierigster Zeitverhältnisse – geleistet werden konnte. Unter anderem führt P. Martin auf: Renovierung des ganzen Gotteshauses, Ausstattung der Sakristei mit Kästen und Schränken, Augsburger Arbeit, Anschaffung von zwei Ornaten, Vergrößerung der Orgel, Neuausstattung der Brauerei, Eindeckung des Kirchturms, Anlage eines Gartens im Klosterhof, usw.

Abschließend läßt sich wohl über Abt Cölestin sagen, daß wir es hier sicherlich mit einem sehr intelligenten Mann zu tun haben, der außerdem allein durch seine äußerliche Erscheinung imponieren konnte. Trotzdem sind bei ihm die schwachen Seiten eines Barockprälaten zu sehr in Erscheinung getreten. Eine gewisse Vorliebe für Prunk und eine allgemeine zu große Weltoffenheit waren gepaart mit einer Schroffheit des Charakters, die auf viele abstoßend wirkte. Es zeugt von dem guten Geist, der damals im Konvent herrschte, daß er von sich aus bestrebt war, eine Besserung herbeizuführen.

42 Benedikt II. Meyding 1709–1722

Der 1706 vom Abtpräses abgesetzte, aber dann 1708 wieder in sein Amt eingesetzte Prior Benedikt Meyding wurde am 28. Januar 1709 mit 22 von 29 Stimmen zum Abt gewählt und am 9. Juni in der Propsteikirche zu Fischbachau durch Fürstbischof Ecker geweiht. Er stand im 37. Jahre seines Lebens, im 17. seiner Profeß und im 9. des Priestertums. Die Chronik des Joannis, zu seinen Lebzeiten geschrieben, weiß über ihn zu berichten:

»Der 42. Abt, Benedikt II., genannt Meiding, aus der Steiermark, erlangte durch sein Verdienst die äbtliche Würde, auf die Cölestin im Jahre 1708 freiwillig verzichtet hatte. Weder in der Frömmigkeit, noch im Streben nach Gutem, noch in der Gelehrsamkeit ist er irgendeinem seiner Vorgänger unterlegen.

Obgleich er so reich ist an Tugenden, seinem Scheyern – nicht ohne persönliches Verdienst – viele Privilegien verleiht, und so sehr alle Pflichten eines guten Abtes erfüllt, hält sich der, der einen so hohen Rang innehat, seiner nicht würdig. Dies ist freilich kein geringer Beweis seiner Tugend und Bescheidenheit.

Möge Gott, so bitte ich, diesen Mann behüten und ihn noch viele Jahre bewahren, sowohl für die Seinen, als auch für sein literarisches Werk, dem keine geringe Auszeichnung beschieden ist.«

Der spätere Chronist, P. Joseph Resch – nach 1803 –, faßt sich etwas ausführlicher: »Nach der Bestätigung der Resignation Cölestins wurde auf einhelligem Beschluß der Kapitulare unter glücklichem Vorzeichen Benedikt Meiding zum Abt gewählt.

Er stammte aus der Steiermark. Er war ein Mann von äußerst sanften Umgangsformen, maßvoll in Speise und Trank, streng gegen sich selbst, gegen die Untergebenen aber sehr gütig, ein Vater der Weisen und Armen, ein Tröster der Witwen. Deshalb gab es an seinem Grabe viele Tränen.

Als hervorragender Verwalter sorgte er für die Verherrlichung des Gottesdienstes. Er vermehrte die Zahl der Ordensleute und bereicherte, um die Wissenschaften wieder aufblühen zu lassen, die Bibliothek mit neuen und vorzüglichen Büchern, die er als Bücherliebhaber Tag und Nacht durchwälzte.

Unter hohen Kosten stellte er die schadhaften Wasserleitungen wieder her. Aus dem Tal leitete er das Wasser unter der Erde durch Bleirohre, und verteilte es, wo immer es nötig war, auf wunderbare Weise in alle Wohnstätten und Gebäude des Klosters.

An seine Dogmatik, die er herausgeben wollte, legte er – während das Werk gedieh – letzte Hand. Sie war schon, mit unermüdlicher Feder geschrieben, zum größten Teil vollendet. Aber da ließ er seine Hand vom Tische fallen. Eher nämlich als ein Buch fand sein Leben ein Ende, am 9. Juni 1722.

Unter diesem Abte kamen im Jahre 1719 die Kurfürsten – der Bayerische und der Pfälzische – zusammen. Aus welchem Grunde? Das wird Apollo sagen!«

Die genannte Zusammenkunft zwischen Kurfürst Max Emanuel und seinem Vetter, dem Kurfürsten Karl Philipp, fand nicht 1719, sondern bereits am 27. Juli 1718 in Scheyern statt. Die Hintergründe dafür sind nicht bekannt.

Abt Benedikt war geboren zu Leoben in der Steiermark am Feste des hl. Bernhard, am 20. September 1672, dessen Namen er auch in der Taufe erhielt. Wegen seiner selten schönen Stimme wurde er im Auftrag des Erzbischofs von Salzburg in das dortige Singknabeninstitut gebracht, das sogenannte Kapellhaus, wo er mit höchster Auszeichnung das Gymnasium absolvierte. Nach seiner Profeß 1692 in Scheyern, studierte er in Salzburg Philosophie, und in Prüfening oblag er den theologischen Studien. Wie aus dem Nekrolog hervorgeht, war er ein Mann der Abtötung, der dem gekreuzigten Herrn ähnlich zu werden strebte.

Viele Sorgen bereitete ihm sein Vorgänger Cölestin Baumann, der mit der bewilligten Pension von 100 Gulden nicht zufrieden war, sondern mehr verlangte.

Besonders am Herzen lag Abt Benedikt die Förderung des Lyzeums in Freising, das 1697 von Fürstbischof Johann Franz Ecker gegründet wurde und zu dessen Besetzung mit Lehrkräften sich 1720 ein Verband von 32 benediktinischen Klöstern bildete. Schon Abt Cölestin war ein großer Förderer dieser Anstalt. Scheyern stellte bis 1802 eine Reihe tüchtiger Lehrkräfte zur Verfügung:

Innozenz Noder († 1728); Johann Nepomuk Spitzauer († 1729); Johann Manikor († 1769); Lukas Biderer († 1817); Korbinian Lambacher († 1780); Konrad Muckensturm († 1799); Gabriel Knogler († 1838); Thaddäus Siber († 1854).

Auch Augustin Mayr († 1711), der 1709 zum Abt von Weltenburg gewählt wurde, hatte in Freising gelehrt. Er starb in seinem Mutterkloster, wohin er sich schwerkrank zurückgezogen hatte.

Wie die Rezesse der Visitationen von 1711, 1714, 1717 und 1721 bezeugen, hatte Abt Benedikt eine glücklichere Hand in der Leitung des Klosters als sein Vorgänger. Aber leider wurden seine Kräfte frühzeitig aufgebraucht. Er war eben im Begriffe, seine Dogmatik zu vollenden, als ihn eine Lungenschwindsucht hinwegraffte. Kurz vor seinem Heimgang sang er noch mit der letzten Kraft seiner einst so klangvollen Stimme die Strophe aus dem eucharistischen Hymnus: O salutaris hostia, quae coeli pandis ostium, bella premunt hostilia, da robur, fer auxilium! (Heilbringende Opferspeise, die du das Tor des Himmels öffnest, feindliche Kriege bedrängen uns, gib Kraft, bringe Hilfe!)

43 Maximilian Rest 1722–1734

Abt Maximilian Rest war ein geborener Münchener. Als Prior wurde er am 25. August 1722 im 42. Lebensjahr zum Abte gewählt. Zu Salzburg hatte er in der Philosophie promoviert, war Kooperator in Scheyern, dann Pfarrvikar in Niederscheyern, Subregens im Salzburger Bonifazianum, wo er auch Jus studierte und die Kanzel in Maria Plain versah. Die Chronik von P. Joseph Resch weiß über ihn zu berichten:

»Nach dem Tode von Abt Benedikt, des auf Grund seiner Tugenden und seines Wissens sehr gefeierten Abtes, wird nach seiner eigenen Vorhersage und durch das Verdienst seiner Tüchtigkeit Maximilian Rest aus München zu seinem Nachfolger gewählt.

Er war weder solcher Ehre unwürdig, noch unfähig, die Bürde zu tragen. Um die Wissenschaften unter den Seinen zu vervollkommnen, schickte er seine jüngeren Mitbrüder, deren hervorragende Begabung und beharrlichen Eifer er erkannt hatte, nach Ingolstadt. Im übrigen spornte er zu Hause, durch Verteidigung von verschiedenen Thesen, die Liebe zu den Wissenschaften an.

Die Zehenten, die zum großen Schaden des Klosters anderen zur Pacht überlassen worden waren, zog er zu dessen größtem Nutzen wieder zurück. In Berg im Gau, in Dinzing und in Niederscheyern errichtete er Scheunen. Dort baute er auch eine Mühle. Für Scheyern erwarb er das Recht für eine Gastwirtschaft, Bier auszugeben.

Fischbachau, den ersten Gründungsort des Klosters – seit langer Zeit war er von unseren Mönchen verlassen worden – besetzte er wieder, richtete die Propstei von neuem her und renovierte die Kirche. Deshalb darf man ihn – wenn schon nicht den zweiten Gründer – so doch wenigstens den Erneuerer von Fischbachau nennen.

Er beabsichtigte noch mehr für das Haus Gottes ins Werk zu setzen. Aber am 12. April 1734 kam unerwartet die letzte – und zwar tödliche – Sorge über ihn.«

Die Totenrotel rühmt seinen Geist der Abtötung und seine Herzensgüte. Freilich scheint er in der Wahl seiner Prioren keine glückliche Hand gehabt zu haben. Sie bereiteten ihm viele Mißhelligkeiten.

Auch seine Kräfte waren, wie die seines Vorgängers frühzeitig aufgebraucht. Schon bei der Visitation 1733 fühlte er sein nahes Ende. Am 28. März 1734 empfing der bereits Schwerkranke die Wegzehrung, und am 12. April verschied er in Anwesenheit des ganzen Konvents.

Sehr ausführlich sind in den einschlägigen Urkunden die Trauerfeierlichkeiten beschrieben. Im Anschluß an den Englischen Gruß beim ersten Morgengrauen begann auf den Türmen der Abteikirche und der Pfarrkirche St. Martin das große Trauergeläute, der erwachenden Hofmark mit eherner Totenklage den Hingang ihres Herrn verkündend und die ganze Umgebung zum Gebete auffordernd.

Am 13. April begrub der nunmehr vierundsiebzigjährige Abt Cölestin auch seinen zweiten Nachfolger. Den Siebenten am Montag in der Karwoche (19. April) hielt gleichfalls Altherr Cölestin; das zweite Amt mit gesungener Passion hielt Stiftsprior Leonhard, welcher auch die Zeremonien der Kartage vornahm. Eigenartig war die Feier des Mandatum fratrum [Fußwaschung] im Kapitelsaal am Gründonnerstag. Die eigentliche Fußwaschung unterblieb, weil derjenige, der dabei Christi Stelle zu vertreten hatte, im Grabe ruhte. Doch sang man die herkömmlichen Antiphonen, welche unter diesen Umständen doppelt ergreifend wirkten. Klang es doch wie aus einer anderen Welt herüber, wie Mahnung und Bitte, Segenswunsch und letztes Vermächtnis des heimgegangenen Abtes: »Maneant in vobis fides, spes, caritas, tria haec, maior autem horum est caritas. Ubi caritas et amor, Deus ibi est.« (Es mögen in euch bleiben Glaube, Hoffnung, Liebe, diese drei! Am größten aber ist die Liebe. Wo die Liebe ist und die Güte, da ist Gott.)

Das Pontifikalamt mit Prozession am Kreuzfest (3. Mai) hielt Prälat Innozenz von Indersdorf, beide Vespern Abt Cölestin. Den Dreißigsten am 30. Mai pontifizierte, wie vor zwölf Jahren, wieder Abtpräses Ildefons von Weihenstephan, das Lobamt Abt Cölestin; und zwischen den beiden Pontifikalämtern hielt der Superior der Franziskaner von Pfaffenhofen, P. Laurentius, die Leichenrede.

Mit dem Abt Plazidus Forster begegnet uns nach Cölestin Baumann im 18. Jahrhundert nochmals ein Abt, bei dem innere Schwierigkeiten des Klosters sichtbar werden. Tritt bei Abt Cölestin eine gewisse Laxheit hervor, so fällt Abt Plazidus durch seine allzugroße Strengheit, ja durch sein rigoroses Auftreten auf. Mit großer Offenheit berichtet darüber die Chronik:

»Nach dem Tode Maximilians folgte am 25. Mai 1734 Plazidus Forster aus Königsfeld, den die Uneinigkeit der Brüder zum Abt werden ließ. Dieser wollte bald, zu Recht, eine strengere Zucht einführen und entfaltete dabei ständige Reibereien zwischen ihm und dem Konvent. Um sein Vorhaben durchzusetzen, reiste er im Jahre 1737 nach Rom und eröffnete dem Papst Clemens XII. seine Absicht, im Kloster Scheyern die Disziplin wiederherzustellen und sie mit strengeren Statuten zu festigen.

Da aber die einzelnen Absätze der Reform mit der Regel des heiligen Benedikt und den Statuten der bayerischen Benediktinerkongregation nicht übereinzustimmen schienen, die Scheyerer Mönche sich auch weigerten einer strengeren Regel als der, auf die sie geschworen hatten, zu folgen, wurde ihnen die Priesterweihe verweigert, obwohl sie alle Bedingungen für das Priesteramt erfüllt hatten.

Von Rom kehrte er unverrichteter Dinge nach Scheyern zurück, und traf dort im Jahre 1738 am Fest des heiligen Benedikt unvermutet ein.

Von dieser Zeit an widmete er sich, obwohl er von den Seinen nicht freundlich aufgenommen wurde, unermüdlich der Verschönerung des Klosters.

Davon zeugen zwei silberne und vergoldete Behältnisse für den Kreuzpartikel, die Kreuzkapelle, eine im Kloster wieder aufgebaute Scheune, die Brauerei, die ihm die Entstehung, und die Bibliothek, die ihm ihre Vergrößerung verdankt.

Dieser Abt war nicht nur ein hervorragender Theologe, Rechtsgelehrter und Historiker, sondern auch ein Vorbild mönchischer Lebensweise. Er, der Gott in jeder Hinsicht zu gefallen suchte, starb schließlich am 21. Februar 1757 eines sanften Todes.

Unter diesem Abte besuchte im Jahre 1736 Bayerns Kurfürst Karl Albert das Kloster Scheyern.«

Zu Beginn der Chronik ist die Rede von der »Uneinigkeit der Brüder«. Weil auch drei Wahlgänge keine Entscheidung brachten, sah sich der Abtpräses Ildephons von Weihenstephan dazu veranlaßt, nach Abhaltung einer Andacht die folgenschwere Entscheidung zu treffen und den bisherigen Propst von Fischbachau, P. Plazidus Forster, zum Abt zu ernennen. Der Erkorene, ein Bruder des zukünftigen Fürstabtes Frobenius Forster von St. Emmeram in Regensburg, hatte nur die relativ meisten Stimmen zusammen mit dem Prior P. Leonhard Hollner († 1782), dem eine Regierung von 48 Jahren beschieden gewesen wäre. Erst nach langem Sträuben nahm P. Plazidus die Wahl an.

Der neue Abt stand im 39. Lebensjahr und stammte aus Königsfeld. Er erhielt als Taufpatron den hl. Antonius von Padua, studierte in Freising und Ingolstadt, wo er die Aufnahme in die Gesellschaft Jesu erhielt. Aber er änderte seinen Entschluß und trat in das Kloster Scheyern ein, dem bereits zwei Vettern von ihm, P. Emmanuel Steper und P. Korbinian Gruber, angehörten. Nach der 1713 abgelegten Profeß oblag er zu Salzburg und im Kommunstudium der Kongregation dem Studium der Rechte und der Theologie und wurde 1719 zum Priester geweiht.

Als Abt hatte er keine glückliche Hand in der Leitung des Klosters. Mit Gewalt wollte er bestimmte Reformen durchsetzen. Dazu hatte er eine ausgesprochen melancholische Gemütsanlage, die ein Gelingen seiner Pläne von vorneherein in Frage stellte.

Auch der ihm wohlwollend gesinnte Abtpräses Gregor von Tegernsee mußte unter dem 14. Dezember 1741 an den Heiligen Stuhl berichten. »Wer den Abt kennt und mit ihm verhandeln muß, der zweifelt nicht, daß er vielfach Anstoß erregt hat und noch erregen wird, sei es nun infolge seines, wie er glaubt guten Eifers, sei es infolge übergroßer Ängstlichkeit, sei es ganz allgemein infolge der ihm sozusagen angeborenen Art seines barschen, unhöflichen und unguten Auftretens.«

Unter dem 18. August 1747 erließ der Heilige Stuhl ein sehr strenges Dekret, das für die Rezesse der früheren Visitationen unbedingten Gehorsam verlangte und die Reformvorschläge des Abtes an das Generalkapitel verwies.

Da nun Abt Plazidus sah, daß seine Reformabsichten gescheitert waren, versuchte er wieder normale Beziehungen sowohl mit dem Präses, als auch mit dem Konvent anzuknüpfen. Er ließ die anstehenden Fratres wieder zu Priestern weihen und nahm auch wieder Novizen auf. Wie der Chronist bemerkt, entfaltete er eine umfangreiche Bautätigkeit. Bemerkenswert ist besonders die Errichtung der Kreuzkapelle. Wenn es von der Brauerei heißt, daß sie ihm ihre Entstehung verdankt, so ist damit nur das Gebäude gemeint. Eine Brauerei bestand schon vorher.

Bereits am 29. Dezember 1756 wurde er von einem Schlaganfall getroffen, gleichsam als Vorboten des Todes, der ihn dann am 21. Februar 1757 von seinem Leiden erlöste. Er stand im 62. Jahr seines Lebens, im 44. seiner Profeß und im 38. seines Priestertums. 23 Jahre hatte er in einer sowohl innerlich als auch äußerlich sturmbewegten Zeit die Geschicke des Klosters geleitet; er wurde in der von ihm erbauten Kreuzkapelle begraben.

45 Joachim Herpfer von Herpfenberg 1757–1771

Mit dem nächsten Abt Joachim Herpfer begannen für Scheyern wieder ruhigere und fruchtbare Jahre, die dann durch die Säkularisation im Jahre 1803 jäh beendet wurden. Die Chronik schreibt:

»Nach dem Hinscheiden von Plazidus wählten die Scheyerer Kapitulare einstimmig Joachim Herpfer aus Donauwörth. Und die Wähler, die er ohne Ausnahme väterlich liebte, wurden in ihrer Hoffnung nicht getäuscht. Joachim erfüllte zuvor die Aufgaben eines Professors, Direktors, Priors und

Novizenmeisters, wobei er durch sein liebreiches Wesen die Zuneigung aller gewonnen hatte.

Freudig sahen die Scheyerer, wie der Mann, nachdem er die Leitung des Klosters übernommen hatte, in mehreren Jahren unter großem Kostenaufwand – nämlich 25 000 Gulden – den nahen, beinahe zur Ruine verfallenen Gutshof von Grund auf neu errichten ließ, wie er die unter seinen Vorgängern entstandenen Kriegsschäden verringerte, ja sogar abzahlte. Sie sahen, wie das Kloster mit neuen Gebäuden ausgeschmückt wurde, wie vieles bepflanzt, noch viel mehr bewässert wurde, wie er jede Möglichkeit zum Blühen und Gedeihen des Klosters ergriff.

Deshalb ist es nicht verwunderlich, daß die Nonnen von Kühbach und Hohenwart den wahrlich liebenswerten Abt Joachim zum außerordentlichen Beichtvater wählten. Das berühmte Freisinger Lyzeum bestellte ihn zum Präses, die bayerische Benediktiner-Kongregation zum Visitator; ja selbst Seine Durchlaucht Kurfürst Maximilian III. erkor ihn auf Grund eines Sonderdekrets zum Rat und Kommissar am Landgericht Hirschberg.

Der Vater, der sich ebenso um geistliche wie um weltliche Dinge sorgte, war überaus eifrig darauf bedacht, die Mittel des Klosters zu mehren, die jüngeren Mitbrüder in ihren Studien voranzubringen, besonders aber darauf, die klösterliche Zucht aufrechtzuerhalten. Er wußte zurecht, daß Zierde und Ehre des Klosters ohne strenge Disziplin nicht bestehen können.

Von seiner väterlichen Sorge um das Wohl des Klosters zeugen obendrein die Scheunen, die er, als sie zu eng wurden, abreißen ließ. Er baute daraufhin neue und geräumigere. Davon zeugen aus Silber geformte Heiligenstatuen, Kelche und Leuchter aus demselben Metall, davon zeugen wertvolle Priestergewänder, mannigfacher Kirchenschmuck, alle neuen Altäre der Kirche, besonders der Hochaltar, die Kirche selbst, die zur großen Erbauung des Volkes, zum noch größeren Trost für die Seinen unter hohem Kostenaufwand mit Fresken und Goldarbeiten ausgeschmückt wurde; schließlich auch die Bibliothek, die mit neuen, verschiedenartigen und wertvollen Büchern bereichert wurde.

Gäste jeden Standes nahm er mit einzigartiger Freundlichkeit und Ehrerbietung auf. Die wahrlich goldene, ruhige und sehr fruchtbare Zeit half Joachim dabei, dies alles vollenden zu können.

Dieser des ewigen Andenkens würdige Abt starb, vom Schlage gerührt, am Allerseelentage 1771. Nicht nur die Mitbrüder und Untergebenen, auch die Nachbarn und Auswärtigen betrauerten ihn aufrichtigen Herzens.«

Dieser sehr ausführlichen Chronik ist wenig hinzuzufügen. Er war der letzte Adelige in der Reihe der Scheyerer Prälaten und auch in seinem Charakter ein vollendeter Edelmann. Infolge der inneren Wirren war er erst mit 30 Jahren, im Jahre 1744, zum Priester geweiht worden.

Die Ausstattung der Stiftskirche im barocken Gewand geht im wesentlichen auf Abt Joachim Herpfer zurück. Es ist nur zu bedauern, daß er bereits nach fünfzehnjähriger Regierungszeit, erst 57 Jahre alt, aus diesem Leben scheiden mußte.

46 Judas Thaddäus Rieder 1771–1775

Im Gegensatz zur Chronik des Abtes Joachim, die sehr ausführlich und fast überschwenglich lobend ist, kann der Chronist bei seinem Nachfolger trotz der Kürze seines Berichtes eine gewisse Abneigung nicht verbergen.
Geboren war Judas Thaddäus Rieder am 18. Dezember 1734 in Attenhofen. Der Chronist schreibt über ihn: »Nachdem Scheyerns Mönche den Tod Joachims betrauert hatten, wurde – nach zwei vergeblichen Wahlgängen – Judas Thaddäus Rieder aus Attenhofen durch Kompromiß zum Abt gewählt. Seine jugendliche Leidenschaft – er fing vieles an, brachte aber wenig zustande, ja er ließ sogar alles schlechter werden – brachte ihn in wenigen Jahren, am 11. September 1775 ins Grab.«
Die Bemerkung »jugendliche Leidenschaft« spielt auf die Todesursache an. Er war ein Pferdeliebhaber, stürzte vom Pferde und zog sich eine schwere Gehirnerschütterung zu, die auch bei diesem kraftvollen jungen Mann schon nach drei Tagen zum Tode führte. Die Totenrotel vermerkt, daß er großen Eifer auf die Obstbaumzucht verwendete. In einer gewissen Unbedachtsamkeit verschenkte er unkultiviertes Land zur Bebauung. Dies löste eine Welle von Neid und Mißgunst aus. Diese Tatsache hat vielleicht auch der Chronist mit seiner nachteiligen Bemerkung »er ließ sogar alles schlechter werden« im Sinn.

47 Michael Grillmayr 1775–1793

Etwas ausführlicher ist der Bericht des Chronisten wieder beim nächsten Abt.: »Ihm folgte nach einstimmiger Wahl Michael Grillmayr aus Vilsbiburg. Nachdem er schon fast alle wichtigen Funktionen innegehabt hatte, erwies er sich der höchsten Ehre würdig.
Von diesem Abt muß vor allem berichtet werden, daß er sich als ein hervorragender Förderer der Wissenschaften zeigte. Um sie unter den Seinen zu fördern, schickte er die jungen Mönche unter hohen Kosten teils an die Universität Ingolstadt, teils ins Kloster Sankt Emmeram nach Regensburg. Auch vergrößerte er die Bibliothek durch viele und vorzügliche Bücher.
Das Knabenseminar stand unter ihm in höchster Blüte. Er war auch sehr darauf bedacht, daß die Volksschule emporkam. Diese besuchte er selbst mehrere Jahre hindurch beinahe täglich. Er verschmähte es nicht, die Knaben zu unterrichten, als der Schulmeister wegen seines hohen und gebrechlichen Alters die Amtspflichten nicht mehr länger erfüllen konnte.
Unter der Regierung dieses Abtes wurden die Feldfrüchte wiederholt bald durch Frost, bald durch Hagel vernichtet. Die Ökonomiegebäude in Niederscheyern wurden durch Blitzschlag zerstört. Die Klosterkasse, die mehrere tausend Gulden enthielt, wurde von Dieben, zum größten Teil Hausangestellte, ausgeraubt.
Trotzdem brachte er durch kluge Sparsamkeit das unter seinem Vorgänger stark verringerte Klostervermögen wieder in den besten Zustand. Den gro-

ßen Klosterwald löste er durch Zahlung von 10000 Gulden von der Fessel der Lehensherrschaft. Die Kirche verschönerte er durch Schmuckstücke von hohem Wert. Auch ließ er die durch Brand vernichteten Ökonomiegebäude in Niederscheyern neu erbauen.

Die ungewöhnliche Klugheit und Weisheit dieses Mannes wurde, da sie überall bekannt war, oft bei Aufgaben von großer Bedeutung benötigt. So mußte er, als Apostolischer Kommissär, die Propstei Indersdorf auflösen.

Im übrigen war Michael ein äußerst wachsamer Hüter der klösterlichen Disziplin, ein besonnener Lenker der Seinen, gegenüber den Fremden gastfreundlich und leutselig, gegenüber den Untergebenen sehr gütig und freigebig, und gegen die Armen und von einem Unglück Getroffenen ein wahrer Vater.

Deshalb ist es nicht verwunderlich, daß sein Tod von allen aufrichtigen Herzens betrauert wurde. Er ereilte ihn am 22. März 1793 im 75. Jahr seines Lebens, im 35. seiner Profeß, im 47. des Priestertums und im 18. seiner Regierung.«

Es ist nur sehr bescheiden angedeutet, daß gerade unter diesem Abt das Kloster Scheyern eine umfangreiche wissenschaftliche und künstlerische Tätigkeit entfaltete. Darüber wird in einem gesonderten Beitrag »Bedeutende Mönche des 18. Jahrhunderts« die Rede sein. Der Abt selber hat zwar keine größeren wissenschaftlichen Abhandlungen geschrieben, aber er war ein um so eifrigerer Förderer der Wissenschaften.

Geboren wurde er am 11. Dezember 1718 in Vilsbiburg und war zunächst für das Schneiderhandwerk bestimmt. Aber als Kammerdiener eines Herrn von Doß kam er mit diesem zum Studium nach Tegernsee und München.

Als Neunzehnjähriger legte er mit seinem Herrn in Scheyern im Jahre 1738 Profeß ab. Als Priester war er zunächst sieben Jahre Seelsorger in Fischbachau, dann ein Jahr Pfarrvikar in Niederscheyern und sechs Jahre Pfarrvikar in Scheyern. Schließlich hatte er noch dreizehn Jahre das Amt eines Kastners und ersten Ökonomen inne.

Seine einfache, volkstümliche Natur kam ihm vor allem zustatten als Lehrer und Erzieher sowohl in der Volksschule als auch im Knabenseminar, das damals freilich nur wenige Schüler zählte. Für das letztere setzte er den sehr erfolgreichen P. Otto Enhueber als Direktor und Lehrer ein. Die Volksschule in Scheyern brachte er auf eine solche Höhe, daß selbst der Aufhebungskommissar im Jahre 1803 zugeben mußte: »Die Schull in Scheyern ist sehr wohl bestellt.«

Zu dem Diebstahl der Klosterkasse, mit 11000 Gulden Inhalt an einem Fronleichnamstage, ist zu bemerken, daß damals zum Kloster neben etwa 25 Priestermönchen nur zwei oder drei Laienbrüder zählten. Es mußte daher ein großer Teil der inneren Dienste von weltlichen Angestellten verrichtet werden. Diese hatten selbstverständlich auch Zugang zu den verschiedenen Räumen des Klosters.

Bei der Aufhebung des Klosters Indersdorf handelt es sich um einen der verschiedenen Vorversuche der kurfürstlichen Regierung zu einer eventuellen

Aufhebung der Klöster. Ihr gelang es in diesem Fall, Papst Pius VI. eine Verschuldung des Augustiner-Chorherrn-Stiftes Indersdorf vorzuspielen und dadurch die Aufhebungsbulle zu erschleichen. Die »Ehre«, die dem Abt Michael als Aufhebungskommissar zuteil wurde, war daher eine mehr als zweifelhafte.

Auf seinen Tod wurde er durch eine jahrelange, sehr schmerzhafte Krankheit – die Iliakische Krankheit genannt – vorbereitet, von der er am 22. März 1793, einen Tag nach dem Fest des hl. Benedikt, erlöst wurde.

48   Martin Jelmiller   1793–1803

Mit Martin Jelmiller kommen wir zum letzten Abt vor der Aufhebung des Klosters. Auch von ihm weiß der Chronist nur Gutes zu berichten: »Im Jahre 1793, am 13. Mai, wurde fast einstimmig Martin Jelmüller aus Augsburg gewählt. Er war der erste Abt dieses Namens, in der Reihe der Äbte aber der letzte.

Auf jedem Gebiet der Theologie war er äußerst beschlagen und vor allem in den orientalischen Sprachen kundig. Zur Pflege der Wissenschaften bereicherte er, auf den Spuren der Vorgänger wandelnd, die Bibliothek mit vielen und sehr nützlichen Büchern. Den Studiersaal für Mathematik und Physik stattete er mit wertvollen Instrumenten aus. Die jüngeren Mitbrüder sandte er in die heimatliche Universität, damit diese dort im Studium der Theologie und der Rechte sich weiterbildeten.

Dieser Abt war sehr gebildet, sehr gastfreundlich und leutselig. Er war einer, der die Seinen überaus liebte, ein äußerst milder Herr über die Untergebenen, ein vortrefflicher Wohltäter der Armen. Deshalb hätte er ein besseres Geschick verdient als jenes, das ihm zuteil wurde.

Denn in der Zeit, in der er der Abtei vorstand, wurde das Kloster durch eine nahezu ständige Einquartierung von Soldaten belästigt. Zweimal wurde es von französischen Soldaten in feindlicher Absicht überfallen. Um größeren Schaden abzuwenden, war es notwendig, an sie eine sehr hohe Geldsumme auszuzahlen. Dazu wurde das Kloster neben den gewöhnlichen Steuern mit neuen Auflagen, unentgeltlichen Geschenken und anderen Belastungen drangsaliert.

Deshalb darf man sich nicht wundern, daß der von Abt Michael hinterlassene Klosterschatz von 25 000 Gulden unter Abt Martin – zusammen mit den jährlichen Einkünften – völlig aufgebraucht wurde.

Hinzu kamen noch schlimmere Übel: nämlich die Anklage wegen schlechter Verwaltung. Im Jahre 1800 war sie beim kurfürstlichen Kirchenrat vom arglistigen Mitbruder B.H. in verleumderischer Absicht betrieben worden.

Dazu kam noch die Plünderung der Kirche und das Fortraffen heiliger Gefäße und schließlich die darauffolgende Auflösung des Klosters im Jahre 1803. Nachdem sie streng und hinterhältig durchgeführt worden war, nahm sich der darüber betrübte Martin beim Dorfbäcker eine Wohnung und klagte bitter über das Leid, das ihn traf, solange er lebte.

Dort verwendete er, gegen sich äußerst sparsam, wenigstens drei Teile seines jährlichen Gehalts, das 1600 Gulden betrug, zur Unterstützung und Linderung der Armen und Notleidenden, bis er endlich, selbst ein Armer, der Wassersucht erliegend, am 10. September 1807 aus dem Leben schied, im 60. Jahre seines Lebens, im 43. seiner Profeß, im 36. seines Priestertums und im 15. seiner Abtswürde.

Für die wenigen Fehler, die er beging, möge ihm der Herr Verzeihung schenken, für das viele Gute, das er tat, die Vergeltung, für das schwere Leid, das er ertrug, die ewige Ruhe. Amen.«

Martin Jelmiller (Jelmüller) war geboren zu Augsburg am 10. Dezember 1747. Er studierte zunächst bei den Jesuiten in Augsburg, legte in Scheyern Profeß ab am 21. Oktober 1764 und wurde am 6. Oktober 1771 zum Priester geweiht. Zur Vollendung seiner Studien schickte ihn der Abt nach Michelfeld und St. Emmeram/Regensburg, wo er unter P. Carl Lancelot orientalische Sprachen (Hebräisch, Chaldäisch) hörte. 1783–1792 war er in Rott am Inn Magister des Kommun-Noviziats der Bayerischen Benediktiner-Kongregation. Er verfaßte mehrere Schriften, unter anderem eine hebräisch-chaldäische Grammatik und ein Compendium für den Novizenunterricht.

Die genannten Einquartierungen betrafen die Franzosen und Österreicher, die seit dem Einmarsch der Franzosen in Bayern, im Jahre 1796, im bunten Wechsel einander ablösten.

Besonders schwer wurden die Klöster durch geradezu ungeheuerliche Geldforderungen belastet. Im Jahre 1798 »erbat« sich der Kurfürst Karl Theodor von Papst Pius VI. die Erlaubnis, die geistlichen Stiftungen seines Landes mit einer Abgabe von 15 Millionen Gulden zu belegen. Nur mit Mühe konnte die Summe auf 500000 Gulden reduziert werden. Dazu kam durch den General Moreau eine Abgabe von 6 Millionen Taler, mit der Bayern nach seinem Sieg bei Hohenlinden, 1. Dezember 1800, belegt wurde. Im Rahmen dieser Kontributionen mußte Scheyern, wie alle Klöster alles verfügbare Kirchensilber abliefern, darunter auch die kostbare Kreuzmonstranz. Der Pfarrei gelang es jedoch, letztere um 696 Gulden zurückzukaufen.

Unter diesen Umständen war es für den Senior des Hauses, P. Benno von Hofstetten, ein Leichtes, den Abt wegen »schlechter Wirtschaftsführung« zu verklagen.

Nach der Aufhebung des Klosters bezog Abt Martin eine Wohnung beim Dorfbäcker Furtmayr, wo er die wenigen ihm noch verbliebenen Jahre lebte. Nach seinem Tode wurde er von seinem geistlichen Sohn P. Joachim Furtmayr im Friedhof der Gemeinde beigesetzt. Am 15. Oktober 1858 wurden seine Gebeine in die Stiftskirche übertragen.

Alteneder Ludwig, * 5. Februar 1702 in Braunau am Inn; † 19. Januar 1776; Mathematische Wissenschaften, vgl. Lindner, I 224, 225.

Baumann Cölestin, * 4. Februar 1661 in Isen, † 15. Mai 1740; die Grabinschrift nennt ihn einen »sehr großen Förderer der Wissenschaften«, Abt 1693–1708.

Bayerl Corbinian, * 15. Februar 1757 in Dettenried, † 30. August 1815 als Pfarrvikar in Dettschwang; Professor der Moraltheologie und des Kirchenrechts.

Biderer Lukas, * 13. November 1757 in Sinzing, † 4. November 1817 als Pfarrer zu Kapfelberg, Professor in Freising und Amberg; mehrere gedruckte Schriften; vgl. Lindner, I 230.

Demmelmayr Conrad, * um 1710 in Pfaffenhofen, † 27. Januar 1740; Rezension der Werke Conrads des Philosophen; gedruckt: Chronicon philosophicum; Descriptio Crucis Christi, Tegernsee 1736; vgl. Ziegelbauer, IV, 424.

Enhuber Otto, * 17. November 1738 in Nabburg, † 19. Juli 1808 in Euernbach, Schriften über Witterungsbeobachtungen; vgl. Lindner, I 229.

Feller Bruno, * 28. August 1665 in Schrobenhausen, † 22. Februar 1733; Manuskript über die Anfänge des Klosters Scheyern; Diarium 1693–1727; im Druck erschien »Marianisches Gnadenbrünnlein zu Niederscheyern«; vgl. Ziegelbauer, I 554.

Firbas Simon, * um 1600 in Durchschlacht bei Scheyern, Pfarrvikar in Pfaffenhofen und Scheyern, Professor der Philosophie in Salzburg, † 24. August 1641.

Forster Plazidus, Abt 1734–1757, * 27. August 1695 in Königsfeld, † 21. Februar 1757; Theologe, Jurist, Geschichtskenner, Förderer der Wissenschaften und der Bibliothek.

Gressierer Bernhard, * 19. August 1729 in Niederneuching, † 2. Dezember 1755; 1750 Magister der Philosophie.

Grillmayr Michael, Abt 1775–1793, * 11. Dezember 1718 in Vilsbiburg, † 22. März 1793, handschriftlich viele Predigten, Meditationen und Kapitelreden.

Harter Maurus, * 4. April 1777 in Aichach, † 13. August 1852 in München; Bibliothekar an der Universitätsbibliothek in Landshut und in München; vgl. Lindner I 231–235.

Hauff Rupert, * 2. März 1730 in München, † 2. Januar 1792; Professor der Theologie in Rott am Inn; mehrere gedruckte Schriften, u.a. »Der hl. Kreuzbaum der allerschönste Mayenbaum«, Freising 1762; vgl. Lindner I 227.

Herpfer Joachim, Abt 1757–1771, * 14. Dezember 1714 in Donauwörth, † 2. November 1771; Professor, Seminardirektor, Präses des Lyzeums in Freising.

Hibler Frobenius, * 8. April 1752 in Forstenried, † 12. Oktober 1803; Professor der Philosophie und Mathematik in Amberg, 1781–1786; Kommentar über die »Mathese des P. la Calle« (verlorengegangen!); vgl. Lindner, I 228.

Hofer Columban, »sehr eifriger Prediger des heiligen Glaubens in der Oberpfalz, dort unsterblich durch seine Arbeiten«, † 8. Januar 1629, begraben im
Dorf Kemnath.

Hofstetten Benno von, * 27. Februar 1731 in Straubing, † 10. Juli 1813 in
Wolfratshausen: Geschichte von Scheyern; vgl. Lindner, I 229, 230, und P.
Cölestin Zacherl.

Hollner Leonhard, * 3. September 1699 in Freising, † 2. Februar 1788; 24 Jahre
Prior; Lobrede auf das Birgitinerinnen-Kloster in Altomünster, gedruckt
München 1730; Manuskript: Exhortationes capitulares, 1725–1768; vgl.
Lindner, I 225.

Indersdorfer Joseph, * um 1648 in Gars, † 17. Februar 1708; Professor der Philosophie und Theologie im Kommun-Studium, 1690–1699; mehrere philosophische und theologische Abhandlungen.

Jelmiller Martin, Abt 1793–1803, * 10. Dezember 1747 in Augsburg, † 10. September 1807 in Scheyern; Professor für Theologie und orientalische Sprachen; 1783–1793 Novizen-Magister; mehrere Werke, teilweise nur im Manuskript vorhanden, z.B. Compendium tyrocinii benedictini; vgl. Lindner,
I 228, 229.

Kimpfler Gregor, * um 1625, Abt 1658–1693, Doktor der Theologie und beider Rechte, Professor des Kanonischen Rechts in Salzburg, Förderer der Bayerischen Benediktinerkongregation, † 1693.

Kimpfler Johannes B., * um 1636 in Salzburg, † 30. Juni 1701, leiblicher
Bruder des Abtes Gregor Kimpfler, Professor der Philosophie in Indersdorf,
Rhetorik, Theologie und Jurisprudenz; mehrere philosophische, kirchen-
rechtliche und aszetische Werke.

Knogler Gabriel, * 1. Januar 1759 in Pfaffenhofen, † 5. März 1826 als Pfarrer
in Wemding; Universitätsprofessor für Mathematik und Physik in Ingolstadt
ab 1794, Rector magnificus 1798–99; leitete den Bau des neuen Universitäts-
gebäudes in Landshut; vgl. Lindner, I 230, 231.

Lambacher Corbinian, * 23. März 1738 in Mainburg, † 25. Dezember 1780;
Professor der Philosophie in Freising; gedruckt: Theses ex logica, 1766.

Mayr Augustin, * um 1655 in Neuötting, † 6. Juli 1711; 1709 Abt von Weltenburg, † in Scheyern; Werke: Iudicium mathematicum de cometu anni 1677,
Ingolstadt 1677; »Der von Gott entführte Henoch«, Ingolstadt 1693.

März Angelus, * 14. Februar 1731 in Schlehdorf, † 3. Februar 1784; Mitglied
der Akademie der Wissenschaften in München; Professor der Philosophie
und Theologie; 11 gedruckte Werke, 2 Manuskripte; vgl. Lindner, I 226.

Manikor Johann Ev., * 5. August 1732 in München, † 4. Mai 1769; Professor
der Poesie am Lyzeum in Freising; zwei Predigten über Maria Magdalena und
Mariae Himmelfahrt, gedruckt, 1763; vgl. Lindner, I 224.

Meindl Andreas, * 18. Mai 1754 in Hirschau, † 23. Mai 1792, Professor der
Theologie, Bibliothekar.

*122 Die Stiftskirche Scheyern von Norden. Die Reihung der Fensterjoche läßt auf den
mittelalterlichen Ursprung (Hirsauer Reform) der dreischiffigen Basilika schließen*

Meyding Benedikt, Abt 1708–1722, * 20. August 1672 in Leoben/Steyr, † 9. Juni 1722; Philosoph, Theologe, Historiker; mehrere Werke, unter anderem: Opus de authoritate summi Pontificis, Dogmatica polemica adversus Quesnellum, 10 Bde; Orationes capitulares, nur im Manuskript; vgl. Ziegelbauer, I 550, 554.

Muckensturm Conrad, * 15. Februar 1739 in Wald/Pfalz, † 30. August 1799; Professor der Poesie und des Kirchenrechts zu Freising, sowie Präfekt der dortigen Studienanstalt; Historiograph der Bayerischen Benediktiner-Kongregation; mehrere kleine gedruckte Schriften; vgl. Lindner, I 227.

Niggel Erhard, hervorragender Redner, Professor in Salzburg, Bibliothekar, Seelsorger, † 28. August 1640 (oder 1644) in Auspiz (Mähren).

Noder Innozenz, * um 1681 in Schenkenau, † 8. November 1728; Professor »Humaniorum« in Freising; später Chorregent in Scheyern.

Ranbeck Ägidius, * um 1608 in München, Doktor beider Rechte, Professor des Kanonischen Rechtes in Salzburg, in Scheyern Bibliothekar und Archivar, Generalvikar des Bischofs von Chiemsee, † 11. Oktober 1692.

Rest Maximilian, Abt 1722–1734, * 22. Oktober 1680 in München, † 11. April 1734; Verfasser von »Monasteriologium universale«.

Scheiffele Hieronymus, * 20. November 1769 in Stadtbergen, † 1. Dezember 1853 in Regensburg; nach 1803 Professor der Rhetorik und Religionslehrer in Passau; mehrere aszetische Schriften; vgl. Lindner, I 235, 236.

Siber Thaddäus, * 9. September 1774 in Schrobenhausen, † 30. März 1854 in München; Professor für Mathematik und Physik in Passau und München; Rector magnificus in München 1834/35 und 1839/40; Verfasser vieler Schriften; vgl. Lindner, I 236–238.

Stockhamer Quirin, * um 1678 in Traunstein, † 14. Februar 1726; Professor der Philosophie; eine philosophische Abhandlung gedruckt 1712.

Widmann Romanus, * um 1593, Subprior, Kastner, Kooperator in Pfaffenhofen, Missionar in der Oberpfalz, † 24. September 1649.

Zacherl Cölestin, * 30. März 1776 in Kelheim, † 9. Oktober 1826 als Pfarrer zu Neukirchen bei Miesbach; Klosterchronik; Manuskripte von »Schyra docta« und »Catalogus Monachorum«.

123 Innenraum der Basilika von Scheyern. In den 1920er Jahren wurde die Umgestaltung des Rokokoraumes im nazarenischen Stil (1870er Jahre) wieder rückgängig gemacht

Säkularisation und Wiedererrichtung
1803–1838

Über die Hintergründe und tieferen Ursachen der Aufhebung der Klöster ist schon viel geschrieben worden. Es ist sehr leicht und einfach, darüber ein Urteil zu fällen etwa der Art: »Die Klöster sind aufgehoben worden, weil sie es verdient haben«. Wer die Verhältnisse kennt, weiß, daß ein solches Urteil unzutreffend und ungerecht wäre.

Sicherlich gab es gelegentlich innere Schwierigkeiten. Aber im allgemeinen kann man feststellen, daß der innere Zustand der Klöster intakt war. Allein die regelmäßig abgehaltenen Generalkapitel und die Mitgliederzahlen beweisen dies. Jede mittlere Abtei zählte das ganze 18. Jahrhundert hindurch, bis zum Schluß, 25 bis 30 Konventualen. Der Nachwuchs und das Kommun-Studium waren stets normal. Künstlerisches und wissenschaftliches Schaffen standen in hoher Blüte. Wesentlich trug dazu auch das Kommun-Studium bei.

A   Die wirtschaftlichen und politischen Hintergründe

Die eigentlichen Gründe lagen mehr im äußeren Bereich, in den gesellschaftlichen, wirtschaftlichen und politischen Verhältnissen. Viele Umstände wirkten hier zusammen.

Zunächst ist der Geist der Aufklärung zu nennen, der eine weit um sich greifende antikirchliche und darum auch antiklösterliche Stimmung erzeugte. Diesem Geist erschien es unverständlich, daß Klöster in erster Linie für Gebet und Gottesdienst da sein sollten. Von Seiten der Klöster versuchte man diesem Einwand dadurch zu begegnen, daß man sich stärker auch auf rein weltliche Wissenschaften, wie Mathematik, Physik und Astronomie, verlegte.

Ausschlaggebend waren aber politische Ereignisse. Im Frieden von Campo Formio, 1797, mußte Bayern die linksrheinischen Gebiete abtreten. Als Entschädigung dafür wurde auf dem Frieden von Lunéville, 1801, bestimmt, daß alle erblichen Reichsfürsten, die Besitztümer verloren hatten, vom Reich »entschädigt« werden sollten.

Zur Abwicklung dieser Entschädigung wurde eine »Reichsdeputation« eingerichtet, die ihrerseits im »Reichsdeputations-Hauptschluß«, 1803 in Regensburg, die Aufhebung aller Klöster verfügte. Dabei ließ man sich von überspannten Vorstellungen über die »riesigen Reichtümer« der Klöster leiten. Erst später erkannte man den Irrtum, dem man verfallen war. So kam es dann 1818 zu dem Konkordat zwischen Bayern und dem Heiligen Stuhl, das die Wiedererrichtung einiger Klöster forderte.

Die Aufhebung selber geschah meist unter sehr menschenunwürdigen Begleiterscheinungen. Ungeheuer viel Kulturgut wurde dabei vernichtet.

In *Scheyern* erschien am 5. November 1802 der kurfürstliche Aufhebungskommissär, Reichsedler Simon von Zwackh, und eröffnete dem Abt und dem Konvent, daß das Stift bis auf weiteres in landesherrliche Administration genommen werde. Die Beamten und Diener des Klosters erklärte er aller ihrer Verpflichtungen gegenüber der bisherigen Herrschaft entbunden und vereidigte sie für den Kurfürsten. Archiv, Bibliothek und Sammlungen wurden unter Siegel gelegt, sämtliche Gelder, Papiere und Rechnungen beschlagnahmt.

Obwohl der Kommissär sicher kein Freund der Klöster war, mußte er jedoch in Scheyern eine wohlgeordnete Verwaltung, die vorzügliche Schule und das Verhalten von Abt und Konvent anerkennen. Die ganze Abwicklung der Aufhebung, die er in Scheyern und Kühbach durchzuführen hatte, brachte jedoch eine solche Fülle von Schwierigkeiten mit sich, die er seelisch nicht mehr bewältigen konnte. Bald brach er wegen der Arbeitslast zusammen und verschied bereits 1805 in Aichach.

Die Entschließungen des »Reichsdeputations-Hauptschlusses« vom 25. Februar 1803 wurden dem Konvent – sehr sinniger Weise – am Benediktusfest, am 21. März, eröffnet. Es wurde mitgeteilt, daß das gemeinsame Leben am 1. April zu enden habe. Die 26 Kapitulare des Klosters, von denen sieben den Tag der Wiedererrichtung erleben sollten, zerstreuten sich in alle Welt.

Im Dorf Scheyern ließen sich nieder: Abt Martin Jelmüller, P. Anton Holzer (erster Pfarrvikar von Scheyern), P. Joachim Furtmayr (Nachfolger von P. Anton als Pfarrvikar, bis 1838), P. Frobenius Hibler, P. Martin Gulder, P. Benedikt Feslmayr, P. Markus Enhuber, P. Joseph Resch, P. Florian Höflinger. Einige machten sich als Professoren einen Namen, so P. Thaddäus Siber, in München als Professor für Mathematik und Physik, oder P. Hieronymus Scheiffele als Professor der Rhetorik in Passau. P. Maurus Harter erwarb sich größte Verdienste bei der Ordnung und Aufstellung der aus den aufgehobenen Klöstern kommenden Bücher. Ihm ist es zu verdanken, daß nach der Wiedererrichtung Scheyerns viele wertvolle Bände in die Scheyerer Bibliothek zurückgeholt werden konnten. Die übrigen Konventualen wirkten meistens als Seelsorger in verschiedenen Pfarreien.

Sehr zu bedauern ist, daß die ehemalige Scheyerer Pfarrkirche St. Martin 1805 abgerissen wurde.

Mitbestimmend waren auch die *wirtschaftlichen Verhältnisse*. Die Lehensherrschaft war praktisch längst überholt. Die Bauern bewirtschafteten ihre Anwesen nicht nur als »Grundholden« und »Besitzer«, sondern als »Eigentümer«. Zu dieser Entwicklung hatte vor allem der Dreißigjährige Krieg geführt. Das Obereigentum des Grundherrn war zur reinen Formsache geworden. Darauf konnte man auch verzichten, ohne daß die Wirtschaft beeinträchtigt wurde.

Daher suchte man den Bauern die Verlagerung des Obereigentums auf den Staat durch das Wort von der »Bauernbefreiung« schmackhaft zu machen. Allein das Massenangebot an Gütern, wie z. B. an Kirchengeräten, ließ deren Wert rapide sinken, so daß man froh war, den reinen Materialwert dafür zu bekommen.

B Die Aufhebung der Grundherrschaft – »Bauernbefreiung«

Bereits lange vor der Säkularisation hatte die »Lehensherrschaft« eine Form erreicht, die einem fast völligen Eigentumsrecht der Bauern an Grund und Boden gleichkommt. Schon vor dem Dreißigjährigen Krieg, aber in verstärktem Maße nachher, trieben die Bauern mit Grundstücken, aber auch mit ganzen Anwesen einen regen Handel. Die formelle Erlaubnis des Grundherrn dazu war eine Selbstverständlichkeit. Auf diese Weise konnte die Katastrophe des Dreißigjährigen Krieges bald überwunden werden. Mit der Verleihung der Anwesen auf »Leibgeding«, also auf Lebenszeit, die bereits ab 1266 festzustellen ist, begann allmählich ein faktisch geübtes Erbrecht sich durchzusetzen.

Mit der Aufhebung der Klöster wurden die Bauern nicht von selbst Eigentümer. Das »Obereigentum« ging vielmehr von den Klöstern auf den Staat über. Die Bauern mußten weiterhin jährlich ihre Gilten abliefern. So lieferte der »Haimerl-Hof« von Wolfsberg, der 1697 bis 1803 eine Gilt von 16 Gulden 52 Kreuzer zu entrichten hatte, die gleiche Summe auch 1838 ab. Man erwartete nun, daß die Bauern das Obereigentum des Staates ablösen sollten. Sebastian Hiereth schreibt dazu:

»Mit der Einziehung der Güter der geistlichen Stifte und Klöster durch den Staat, 1803, wurden auch deren Gerichtsrechte aufgehoben. Die geistlichen Hofmarken wurden aufgelöst und ihre Untertanen unter die Landgerichtsuntertanen eingereiht... Im Zuge der Vereinfachung der Abgaben und Dienste der Bauerngüter – oder wie man jetzt kurz sagte, der Grundlasten – wurden 1808 die letzten Reste der Leibeigenschaft beseitigt; die Fallgebühren (Laudemien) mußten beschränkt werden. Die Scharwerksdienste wurden genau bemessen und in eine Geldabgabe umgewandelt. Desgleichen versuchte man langsam die Naturalabgaben zu ›fixieren‹, also in jährlich sich gleichbleibende Naturalabgaben genau festzulegen – während sie bisher nach dem Ertrag wechselten – und sie dann in Geldabgaben umzuwandeln, die man ›Bodenzins‹ nannte. Dieser Prozeß ging Hand in Hand mit der ›Bauernbefreiung‹, die sich über das ganze 19. Jahrhundert hinzog.«

»Schon 1803 hatte man den Grundholden der säkularisierten Klöster die Ablösung des an den Staat übergegangenen Obereigentums ihrer Güter angeboten; es wurde jedoch von dem Angebot infolge der zu hohen Ablösungssumme fast kein Gebrauch gemacht.

1834 wurden den Staatsgrundholden neue Bedingungen vorgeschlagen, unter welchen ihre Grundlasten ›fixiert‹, in Bodenzinse umgewandelt und abgelöst werden könnten. Das Gesetz vom 4. Juni 1848 verfügte neben der Aufhebung der Patrimonial-(=Hofmarks)gerichtsbarkeit die Möglichkeit der Fixierung, Umwandlung und Ablösbarkeit der Grundlasten auch für die Güter der Adligen. Das Gesetz von 1872 brachte die zwangsweise Umwandlung aller Grundlasten in Bodenzinse. Die Ablösung derselben aber konnte das Gesetz nicht erzwingen, selbst als die Ablösungssumme nur noch den sechzehnfachen Betrag der Bodenzinse ausmachte.

Mit dem Gesetz von 1898 nahm der Staat die Ablösung unbhängig vom Willen der Bodenzinspflichtigen selbst in die Hand, indem ein Amortisationsfond gebildet wurde, auf Grund dessen im Jahre 1942 alle Bodenzinse abgelöst sein sollten. Die Inflation nach dem Ersten Weltkrieg beendete den ganzen Prozeß schon zwanzig Jahre früher.

Nachdem der Staat die Ablösung der Grundlasten durch Amortisation der Bodenzinse 1898 übernommen hatte, wurden die noch bodenzinspflichtigen Bauern Eigentümer ihrer Güter und der Kampf, der ein ganzes Jahrhundert um das Eigentum an Grund und Boden geführt wurde, war damit beendet. Seine Krönung fand er in der Sicherung des Grundeigentums durch eine Bestimmung des am 1. Januar 1900 in Kraft getretenen Bürgerlichen Gesetzbuches, welches die Gültigkeit der Grundeigentumsübertragung vom Eintrag in das Grundbuch abhängig machte.«

Noch auf eine Folge der »Bauernbefreiung« muß hingewiesen werden. Während früher nur selten ein Anwesen geteilt wurde, weil die Höfe existenzfähig erhalten bleiben sollten, konnte dies nach der Säkularisation leichter geschehen. Auf diese Weise wuchsen einige Ortschaften sprunghaft. So vergrößerte sich zum Beispiel die Ortschaft Fernhag, vor allem durch Aufteilung des »Mayer«-Hofs bis 1900 von 16 auf 40 Anwesen.

Es ist auffallend, daß die Bauern das Angebot der »Bauernbefreiung« nur sehr zögernd annahmen. Immerhin dauerte es ein ganzes Jahrhundert, bis der Prozeß zum Abschluß kam. Die Bauern konnten mit Recht darauf hinweisen, daß sie alle Rechte, die ihnen nun formell zugebilligt wurden, faktisch schon vorher besaßen. Sie konnten nicht ganz einsehen, daß sie für diese »Befreiung« zusätzlich zahlen sollten.

Selbstverständlich trauert heute keiner mehr der alten Lehensherrschaft nach. Sie war ein notwendiges Durchgangsstadium, das die Bauern im Laufe der Jahrhunderte zu immer größerer Selbstverantwortung heranbildete. Über kurz oder lang wäre sie auch ohne die »Säkularisation« gekommen. Zur Sicherung der Existenz des Klosters bedurfte es später nicht mehr der Unterstützung von 600 Anwesen, die weit verstreut in den Landkreisen Pfaffenhofen, Dachau, Schrobenhausen, Aichach und Rain am Lech waren und sich bis ins Gebirge nach Fischbachau erstreckten. Zudem zeigte es sich, daß die Verwaltung dieser Güter zu einer immer größeren Belastung wurde, so daß keiner mehr die damaligen Zustände herbeisehnt.

C   Abbruch der Pfarrkirche St. Martin*

Zu den empfindlichsten Maßnahmen der Säkularisation zählt der Abbruch der Pfarrkirche St. Martin.

Am 21. März 1803 wurde das Kloster Scheyern aufgehoben und ging mit allen Gebäulichkeiten, Grund und Boden in landesherrlichen Besitz über. Vom 29. März bis 15. April 1803 wurden sämtliche Gebäude des Klosters von Zimmermeister Karl Nigg und Maurermeister Georg Bürkel abgemessen nach Länge, Breite und Höhe und deren »damaliger Wert« und »Wert bei Abbruch« abgeschätzt. Diese Gebäude standen in den kommenden Wochen zum Kauf feil. Die Pfarrkirche wurde nicht abgemessen und auch nicht geschätzt, wohl in der Überzeugung, daß sie vorläufig nicht feilgeboten werde.

Die *Größe der Pfarrkirche* läßt sich aber trotzdem ziemlich genau festlegen durch die Fundamente, die dem Totengräber im Einzelfall sehr zu schaffen machen. Nach seinen Angaben ergibt sich eine Breite von 11 m, bei einer Länge von 22 m. Dem entspricht auch eine Rekonstruktion auf der Basis der Kirchenstuhlordnung von 1774. Danach waren es 256 Männer- und 200 Frauen-Sitzplätze. Sie war also verhältnismäßig geräumig, wenn man vergleicht, daß die damalige Klosterkirche, einschließlich der Marienkapelle, nur 400 Kirchenstuhlplätze aufwies. Die Innenausstattung der Pfarrkirche St. Martin wurde, wohl unter Benedikt Meyding (1709–1722), im Barockstil ausgeführt. Nach dem Abbruch kamen Hochaltar und Kanzel nach Pörnbach, die beiden Seitenaltäre nach Gerolsbach, wo sie später verbrannten. Das Hochaltarbild, den hl. Martin darstellend, befindet sich in der Klosterkirche.

Am 12. Juni 1804 wurde das Angebot des Bierbräuers Stangl protokolliert, das gesamte »Klosterareal« für die Pauschalsumme von 19000 Gulden zu kaufen. Bereits am 14. Dezember 1804 war verfügt worden, alle entbehrlichen *Glocken* an Ort und Stelle öffentlich zu versteigern. Auf diese Weise wurden 1805 durch den Glockengießer Regnand von München »die größeren drei Glocken aus dem hiesigen Klosterkirchturm und die größere aus dem Pfarrkirchturm weggenommen«.

Der Klosterbesitzer Joseph H. Stangl hatte die Pfarrkinder mit dem Versprechen eingeschläfert, er werde für die Erhaltung des Geläutes sorgen; war aber dann am Tage, an dem der Glockengießer kam, eilends abgereist.

Am 7. Oktober 1805 wurde festgelegt, daß die Klosterkirche nunmehr Pfarrkirche werde, während die St.-Martins-Kirche abgerissen werden sollte.

P. Joachim Furtmayr schreibt darüber: »Für die ehemalige Pfarrkirche soll Stangl 600 Gulden bezahlt haben, um welche Summe er sie bald wieder an Simon Thurner, Pfab-Bauer zu Fürholzen, und Anton Schoettner, Bauer zu Oed verkaufte, mit der Bedingniß nämlich, die jetzige Selkapelle stehen zu lassen, das Übrige aber zu demoliren«. Die Bauern wollten am kommenden Tag vom Kauf wieder zurückstehen, was das Landgericht ablehnte.

Den Abbruch des Turmes gab man in Akkord. Er wurde im Herbst 1805 wie ein Baum gefällt. Es war »wie ein kleines Erdbeben, auf eine Stunde hat man ihn gehört, die Gottesackermauer und die Kreuze an den Gräbern wurden zerschlagen«. Im Winter 1805/06 wurde dann die Kirche abgebrochen, die Steine der Kirche fanden beim Neubau der Volksschule in Scheyern im Jahre 1807 Verwendung.

Mit diesen Vorgängen verknüpft sich auch die Frage, wer nun der Eigentümer der früheren Klosterkirche ist, nachdem sie 1805 zur Pfarrkirche erklärt worden war. Nach dem Ausweis des Amtsgerichtes Pfaffenhofen war die ehemalige Klosterkirche nach der Aufhebung des Klosters Eigentum der Pfarrkirchenstiftung Scheyern, und blieb es auch nach der Wiedererrichtung des Klosters im Jahre 1838. Dem Kloster steht andererseits das Recht zu, die Pfarrkirche und die dazugehörigen Räume, auch Turm mit Geläute, zu rein klösterlichen, gottesdienstlichen Zwecken zu benützen.

D   Die Klosterbibliothek und die Säkularisation*

Das Kloster Scheyern besaß im Jahre 1803 etwa 6000 bis 8000 Bücher. Der vom französischen Geistlichen Seigneley, einem Emigranten, in sieben Monaten angefertigte Bücherkatalog, ist nicht mehr auffindbar. Abt Martin Jelmiller hatte sich über die Anfertigung dieses Katalogs sehr gefreut.

Bei der Aufhebung des Klosters wurden alle Bücher beschlagnahmt. Ein Teil sollte staatlichen Instituten zugeführt, der andere Teil vernichtet werden. Vom Samstag 5. November bis Dienstag 8. November 1803 weilten hier einige Herren, um die Auswahl vorzunehmen; nämlich Johann Baptist Bernhart für die Hofbibliothek, Paul Hupfauer für die Universität in Landshut, Thomas Joachim Schubauer für das Lateinische Schulwesen. Freiherr von Aretin war nicht hier. Es wurden ausgewählt:

	Handschriften	Inkunabeln	andere Bände	insgesamt
Hofbibliothek	126	689	707	1522
Universität Landshut	–	–	1640	1640
Lateinisches Schulwesen	–	–	562	562
				3724

Der Rest also etwa 2000 bis 4000 Bände, war für den Papierfabrikanten Andre Kaut von München bestimmt.

»...Das nämliche geschieht mit allen Büchern in der sog. Asketen-Bibliothek, welche alle ohne Unterschied dem erwähnten Fabrikanten gehören.«

Das gleiche galt für die »Tauf- und Profeßurkunden« usw. von Scheyern. »Alles in Scheuren als unnütz ad Caßsandum« (= zu vernichten).

Dem Papierfabrikanten Andre Kaut sind von der »Local-Commission« des aufgehobenen Klosters Scheyern am 17. Februar 1804 25 Zentner und 80 Pfund »zu zernichtende Bücker extradiert worden«, wofür er 17 Gulden und 12 Kreuzer bezahlte.

* Aus: P. Franz Gressierer, Benediktinerabtei Scheyern, 1988

E Die Verwaltung der Klostergüter

Auf Vorschlag des Aufhebungskommissars, des Reichsedlen Simon von Zwackh, wurde zunächst nach Aufhebung des Klosters der bisherige Cellerar P. Matthäus Schweßinger mit der vorläufigen Verwaltung der Klostergüter betraut. Der Kommissar bemühte sich auch um die Versorgung der bisherigen Beamten und Bediensteten des Klosters. Um die Gebäude des Klosters zu erhalten, setzte er sich dafür ein, die staatlichen Ämter von Pfaffenhofen nach Scheyern zu verlegen. Dies wurde ihm jedoch von der Regierung mit dem Bemerken abgelehnt, er habe sich nur um die Gegenwart, nicht um die Zukunft Scheyerns zu kümmern. Die Jahre des Kommissars waren gezählt. Die Aufhebung der Klöster Scheyern und Kühbach, verbunden mit der Beförderung zum Rentamtmann von Aichach, bürdeten ihm eine solche Arbeitslast auf, daß er zusammenbrach und bereits 1805 in Aichach verschied.

Die Beamten und Diener des Klosters waren bereits am 5. November 1802 von ihren Verpflichtungen entbunden worden. Für die Untertanen der Hofmark Scheyern dauerte es fast noch ein Jahr, bis auch sie aus ihrem Verhältnis zum Kloster offiziell gelöst und an das kurfürstliche Landgericht Pfaffenhofen überwiesen wurden. Dies geschah am 18. August 1803.

Die Klosterrealitäten wurden versteigert. Zunächst erwarb sie der Bierbrauer *Joseph Hermann Stängl* aus Pilsting a.d. Isar, der jedoch bereits am 13. September 1809 starb.

Die Witwe vermählte sich mit *Alois von Käser*, der sich am 31. März 1819 wegen finanzieller Schwierigkeiten das Leben nahm.

Im Jahre 1821 kaufte der sächsische Freiherr *Gottfried von Langenthal* den Besitz um 85000 Gulden auf. Aber bereits ein Jahr später konnte er ihn mit Gewinn um 90000 Gulden an seinen Landsmann Baron *Moritz von Taube* abtreten.

Innerhalb von 20 Jahren hatte also das Klostergut viermal den Besitzer gewechselt; ein Zeichen, daß kein Segen auf all diesen Machenschaften ruhte. Jeder versuchte möglichst viel für sich herauszuholen und ließ dabei die zum großen Teil unbewohnten Gebäude verfallen. In wenigen Jahren war Scheyern nicht nur geistig, sondern auch äußerlich zur Ruine geworden.

Auch bei den übrigen Klöstern erwies sich die Aufhebung als ein großer Fehler. Die Staatskasse begann immer leerer zu werden, anstatt sich zu füllen. Bereits nach wenigen Jahren mußte König Max I. Joseph gestehen: »Was sind wir für Esel gewesen, daß wir so mit den Klöstern umgingen!«

124 *Benediktinerabtei Scheyern. Ansicht von Westen mit Knabenseminarbau (jetzt Berufsoberschule)*
125 *Scheyern, Klosterfriedhof*

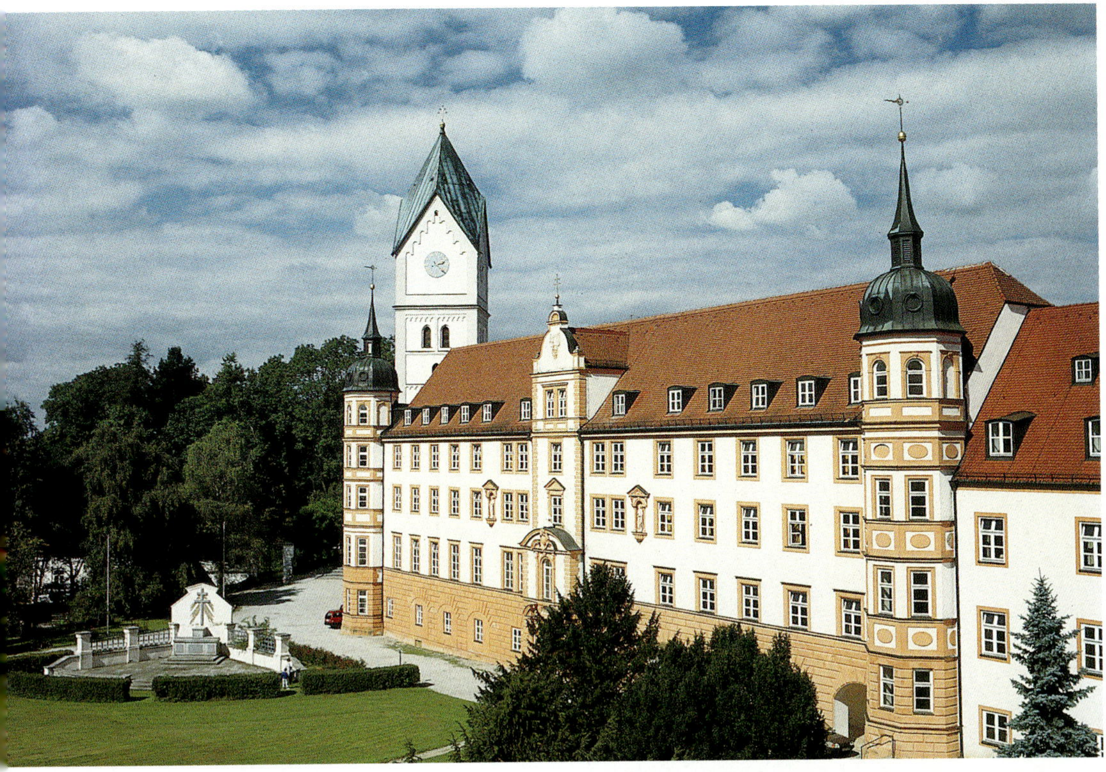

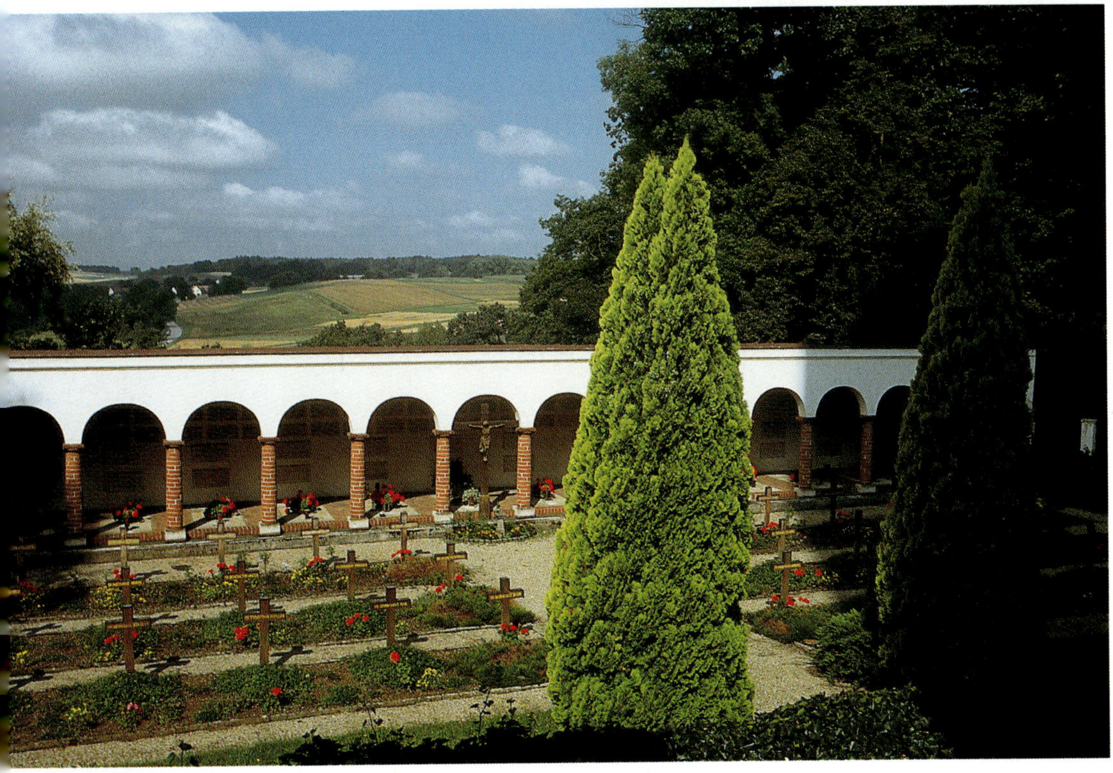

126 Kloster Scheyern, Kapitelkirche (Fürstenkapelle) mit Wittelsbachergrab
127 Kloster Scheyern. Abteikirche. Muttergottesaltar

F   Das Konkordat

Papst Pius VII. (1800–1823) nahm sich sofort nach seinem Regierungsantritt der Sache der Klöster an – war er doch selbst ein Benediktiner –, konnte aber nichts erreichen. Auf dem Wiener Kongreß 1814/15 versuchte er in einem erneuten Vorstoß, den Kaiser, die Fürsten und Staatsmänner für die Klosterfrage zu interessieren, hatte aber leider nur geringen Erfolg. Auf kirchlicher Seite berief man sich darauf, daß der Grund für die Einziehung der kirchlichen Güter weggefallen sei, daß die Fürsten das linke Rheinufer wieder erhalten hätten.

Der Wiener Kongreß wollte aber mit dieser Frage nichts zu tun haben und verwies die kirchlichen Organe an die einzelnen Landesregierungen.

Nach langen Bemühungen gelang es endlich 1817 dem Heiligen Stuhl, mit dem Königreich Bayern ein Konkordat abzuschließen, in das auch der bescheidene Artikel VII über die Klöster aufgenommen wurde, der aber trotzdem von großer Wichtigkeit werden sollte. Er lautet: »Da Seine Majestät weiterhin bedenkt, welchen Nutzen die Kirche und selbst der Staat von den religiösen Orden empfangen haben und auch in Zukunft empfangen können, und um seine Willfährigkeit gegen den Heiligen Stuhl zu beweisen, wird Sie dafür Sorge tragen, daß im Einvernehmen mit dem Heiligen Stuhl einige Klöster monastischer Orden beiderlei Geschlechts mit entsprechender Dotation wiedererrichtet werden. Diese sollen vor allem die Jugend in Religion und Wissenschaft unterrichten und den Pfarrern in der Ausübung der Seelsorge behilflich sein.«

G   Die Anfänge der Wiedererrichtung – König Ludwig I.

Ludwig I. hatte schon als Kronprinz den Entschluß gefaßt, als König einmal gemäß Artikel VII des Konkordats die Orden, vor allem den Benediktinerorden, wieder in seinem Königreich einzuführen. Er war ein sehr begabter Mann und hatte Sinn für alles Wahre, Schöne und Gute.

Sein erster Erzieher, der fromme und gelehrte Priester Joseph Sambuga, übte einen großen Einfluß auf seine Entwicklung aus. Als Ludwig in Landshut studierte, wurde *Johann Michael Sailer* sein Lehrer. Dieser Mann, der eifrig bemüht war, den Klostergedanken wieder wachzurufen, wurde dem jungen Ludwig für sein ganzes Leben Führer und Vorbild. Er lernte bei ihm verstehen, daß nur das Christentum den höchsten Seelenadel verleiht.

Als Ludwig 1825 König von Bayern wurde, unternahm er sofort die ersten Schritte zur Klosterrestauration. Dazu fühlte er sich aus historischen, künstlerischen und religiösen Gründen angetrieben. Er dachte an das Große, was die alten Orden seit den Jahrhunderten ihres Bestehens geleistet, was vor allem die Benediktiner an Kulturarbeit, in Kunst und Wissenschaft vollbracht

128   Kloster Scheyern. Kapitelkirche mit Kreuzigungsrelief des Hans von Pfaffenhofen, 1514

hatten. Darum nannte er die Benediktiner seine Lieblinge. Als ersten Schritt zur Verwirklichung seiner Pläne errichtete er im Ministerium des Innern ein eigenes Amt mit dem Titel »Oberster Kirchen- und Schulrat« und ernannte am 31. Dezember 1825 Eduard von Schenk zu dessen Vorstand.

Eduard von Schenk sollte als Vertrauensmann dem König bei der Restauration der Klöster helfen. Dabei mußte er sich mit dem Innenminister Joseph Ludwig Graf von Armansperg, der zugleich Finanzminister war, auseinandersetzen. Letzterer versuchte jedoch, die Klosterrestauration mit allen Mitteln zu verhindern.

Der König drängte jedoch vorwärts und forderte von den Kreisregierungen einen genauen Bericht über den Verwendungszweck und den Zustand der ehemaligen Klöster. Dieser ergab ein grauenvolles Bild der Verwüstung über das, was die Säkularisation an den heiligen Stätten angerichtet hatte.

Nun verlangte der König von seinem Innenminister einen Antrag, der Vorschläge zur Wiederherstellung von Klöstern enthalten sollte. Armansperg reichte am 30. Juni 1826 diesen Antrag »den Fortbestand und die Wiedererrichtung einiger Klöster betreffend« ein. Beigefügt war eine Liste, angefertigt vom Obersten Kirchen- und Schulrat Eduard von Schenk, in der 67 Klöster aufgezählt wurden, die für die Erhaltung und Wiederherstellung in Betracht kommen konnten. Von diesen Klöstern erschienen dem König 30 genehm, die übrigen klammerte er ein. Als Benediktinerklöster wurden in erster Linie Scheyern, Ettal, das Schottenkloster in Regensburg, Weltenburg und Michelfeld vorgeschlagen.

Ein weiterer Punkt des Antrages ging um die Tätigkeit und den Zweck der Klöster. Solange es sich um die Dotationsfrage handelte, wollte der Minister herzlich wenig vom Konkordat wissen. Nun aber berief er sich sofort darauf. Im Konkordat sei nur von Seelsorge, Unterricht und Krankenpflege die Rede. Von beschaulichen Orden wurde nicht gesprochen.

Der Minister wies daher den Frauenklöstern die Krankenpflege und die Mädchenerziehung, den Bettelorden die Seelsorge und den Prälatenorden Wissenschaft, Unterricht und Erziehung der Knaben an. Auch schlug er vor, bei der Wiedererrichtung nicht mit Scheyern, sondern mit Metten zu beginnen. Er begründete dies damit, daß Johann von Pronath auf Offenberg einen Teil der alten Klostergebäude von Metten kostenlos zum Zweck der Restauration angeboten habe.

Mit dem Signat vom 4. Juli 1826 genehmigte der König den Antrag, nachdem er ihn mit vielen Randbemerkungen korrigiert hatte.

Besondere Schwierigkeiten bereitete noch die Frage der *Dotation*. Nach dem Konkordat sollte der Staat dafür aufkommen, daß die zu errichtenden Klöster mit genügender wirtschaftlicher Sicherheit ausgestattet würden.

Aber der Minister, ebenso auch der Landtag, wollten davon nichts wissen. Sie verwiesen auf die Kirchenstiftungen. Diese waren aber zu gering. Daher faßte der König den hochherzigen Entschluß, die Klöster aus seiner eigenen Kabinettskasse zu errichten und zu dotieren.

Nach der Lösung der finanziellen Frage tauchten sofort neue Hindernisse auf.

Wir können den König nicht genug bewundern, daß er trotzdem den Mut nicht verlor, sondern entschlossen sein Ziel weiter verfolgte.

Die größte Schwierigkeit bereitete die *Personalfrage*. Zwar lebten noch 293 ehemalige Benediktiner; aber nur 11 wollten – wie eine Umfrage ergab – wieder in ein Kloster eintreten. Sie hatten anderweitig Unterkunft gefunden und sich in die neuen Verhältnisse eingelebt. Zudem waren sie alt und gebrechlich geworden und besaßen nicht mehr die Kraft, die Schwierigkeiten eines Neubeginns auf sich zu nehmen. Der König verstand dies zwar nicht ganz, aber er konnte keinen zwingen. Auch P. Joachim Furtmayr, der die Pfarrei Scheyern betreute, war zum Beispiel nicht zu bewegen, das Amt des Priors für das zu errichtende Kloster Scheyern einzunehmen. Wie er lehnten auch seine übrigen noch lebenden Scheyerer Mönche wegen Alter und Krankheit es ab, eine leitende Stellung im Kloster zu übernehmen.« Der Geist ist zwar willig, aber das Fleisch ist schwach«, meinten sie.

H Metten, Scheyern oder St. Stephan als Mutterkloster

Nach den ursprünglichen Plänen des Königs sollte – schon aus rein historischen Gründen – *Scheyern* als erstes Kloster wiedererrichtet werden. Da aber der Besitzer der Klostergebäude, Baron Moritz von Taube, seine Zustimmung versagte, mußte der König Scheyern vorläufig aufgeben und sich *Metten* zuwenden. Denn hier stand das Gebäude bereits zur Verfügung. So konnte schon am 1. Juni 1830 Metten als erstes Benediktinerkloster wieder eröffnet werden. Aber Metten war schwach fundiert. So fand der neue Innenminister Fürst von Oettingen-Wallerstein (ab 1831) wieder eine neue Begründung seiner von Anfang an ablehnenden Haltung gegenüber Metten. Seine Parole lautete: »Weg von Metten, dafür Scheyern oder Ottobeuren, oder beides!«

Es kam zu langwierigen Verhandlungen. Der König wollte, daß die Patres von Metten nach Scheyern übersiedeln sollten. Aber der Besitzer der Güter, Moritz von Taube, war immer noch nicht zum Verkauf zu bewegen. Die endgültige Entscheidung zugunsten Mettens fiel jedoch erst mit einem Brief Pronaths, vom 7. Oktober 1833, an den Minister. Darin betonte er, daß er seine Schenkung zugunsten Mettens gemacht habe.

Im Falle der Auflösung des Klosters und der Versetzung des Konvents nach Scheyern werde er seine Schenkung widerrufen und Ersatz für die bisher gemachten, nicht geringen Aufwendungen verlangen. Somit war Metten gerettet. Für Scheyern mußte man nach neuen Wegen suchen.

Eine neue Möglichkeit tat sich auf, als P. Barnabas Huber, ein Exkonventuale von Ottobeuren, sich bereit erklärte, die Schwierigkeiten einer Wiedererrichtung eines Klosters auf sich zu nehmen. Zunächst war geplant, ihn zum ersten Abt von Scheyern zu ernennen. Aber die Frage der Klöstergüter war immer noch nicht geklärt. Auch stand P. Barnabas Huber diesem Plan mißtrauisch gegenüber. So kam es am 9. Dezember 1834 zu einer Besprechung zwischen Minister Oettingen-Wallerstein, P. Barnabas Huber und Bischof

Riegg von Augsburg. Hier wurde der Vorschlag ausgearbeitet, zunächst St. Stephan in Augsburg als Abtei zu errichten, die alle Bildungsstätten vom Knabenseminar bis zum Lyzeum übernehmen sollte.

Aufgrund eines entsprechenden Antrags des Kirchenrats Deutinger bestimmte der König am 12. Dezember 1834, daß St. Stephan gemäß dem Wunsch der katholischen Bürger von Augsburg als Abtei mit Noviziat zu errichten sei.

Daraufhin fuhren Abt Barnabas Huber und Bischof Riegg nach Österreich und warben für die Abtei. Es gelang ihnen, im Laufe der Zeit 20 Benediktiner aus den verschiedenen Abteien zu gewinnen. So konnte St. Stephan in Augsburg im September 1835 seine Aufgabe beginnen.

I Die Erwerbung Scheyerns

Erst am 30. Juni 1835 konnte Baron v. Kramer, der im Einvernehmen mit dem *Damenstift* in München den Prozeß gegen Taube in die Hand nahm, den bisherigen Besitzer des Klosterguts zum Verkauf veranlassen. Es wurde ein Kauf- und Pachtvertrag über 100000 Gulden abgeschlossen.

Danach sollte Taube lebenslänglich eine in Quartalrenten zu beziehende Leibrente von 500 Gulden und 50 Dukaten Schlüsselgeld bekommen und die ganze Ökonomie auf drei Jahre bis zum 1. August 1838 gegen einen jährlichen Pachtschilling von 3000 Gulden in Pacht nehmen.

Nun begab sich Haberstrumpf, der Administrator des Damenstifts München, am 9. August 1835 nach Scheyern, um sich ein genaues Bild von den Verhältnissen zu machen. In einem Bericht vom 11. Januar 1836 faßte er seine Eindrücke zusammen:

»Das Konventgebäude, das nicht bewohnt ist, wird täglich ruinöser, da für die Erhaltung nichts geschehen ist. Äußerst schadhaft sind die Bedachung und die Fensteröffnungen. Durch Regen und Schnee wird das Faulen der Balken und der Einsturz der Decken verursacht. Teilweise fehlen auch die Dachrinnen. Seit dem Herbst sind weitere Deckenteile heruntergefallen. Wenn das Gebäude künftig verwendet werden soll, muß sofort die Ausbesserung begonnen, sonst soll es abgebrochen werden...«

Da man sich nicht schlüssig wurde, ob die Gebäude repariert oder abgebrochen werden sollten, verzögerte sich die Planung. Am 17. Februar 1837 erschien Oberbaurat Friedrich von Gärtner selbst in Scheyern, um sich ein Bild zu machen. Auch der König wollte Scheyern persönlich in Augenschein nehmen. Er kam am 5. August 1837 nach Scheyern, um nach dem Rechten zu sehen.

Der Ortspfarrer P. Joachim Furtmayr schreibt in seinen Erinnerungen über diesen Besuch:

»Nachdem er jedermann freundlich begrüßt und befohlen hatte, daß ihm außer dem Herrn von Gärtner niemand folgen sollte, begab er sich mit demselben ins Kloster, um alles mit eigenen Augen anzuschauen, alles persönlich anzuordnen und an Ort und Stelle den Plan des Baumeisters für die restaurierende Benediktinerabtei zu genehmigen.«

König Ludwig I. ging zuerst in die Kirche, wohin er auch den Ortspfarrer rief. Dieser mußte ihm alles zeigen und erklären. Der König äußerte sein Wohlgefallen darüber, daß die Kirchengebäude gut erhalten seien. Beim Hinausgehen hatte der König den »unglücklichen Gedanken«, den Kirchturm zu niedrig zu finden. Er gab sogleich Anweisungen, ihn um 20 Schuh höher aufzuführen und die bisherige Laternenkuppel durch eine Spitzhaube zu ersetzen.

Damit war offenbar die Entscheidung zugunsten einer Restaurierung gefallen. Am 12. November 1837 reichte Karl von Abel, der am 4. November zum Ministerverweser im Innenministerium ernannt worden war, einen Antrag für den Wiederaufbau Scheyerns ein, der bereits am nächsten Tag vom König genehmigt wurde. Schon wenige Tage später, am 20. November, kamen von München her 34 Maurer und Zimmerleute, um mit den Aufbauarbeiten in Scheyern zu beginnen.

K   Die Errichtung der Propstei Scheyern

Nachdem nun die Erneuerung der Klostergebäude in vollem Gange war, mußte man daran denken, auch das nötige Personal zu finden. In dieser Angelegenheit setzte sich Karl von Abel mit seinem Freund Bischof Schwäbl von Regensburg in Verbindung. Dieser gab ihm zu verstehen, daß er sich nach Metten wenden müsse. Abel war darüber sehr erfreut.

Am 10. Dezember 1837 war es dann soweit, daß Schwäbl dem Prior von Metten vertrauliche Mitteilung machen konnte, daß Metten dazu bestimmt sei »nach und nach die Mutter aller Benediktinerstifte zu werden«. Zunächst handle es sich um die Übernahme des Klosters Scheyern.

Gleichzeitig beantragte Abel beim König die formelle Wiedererrichtung Scheyerns. Er schlug vor, daß das Priorat Metten im Sommer 1838 drei oder vier Konventualen nach Scheyern schicke. Am 12. Dezember 1837 genehmigte der König diesen Vorschlag. Damit hatte er sein eigenes endgültiges Ja zur Wiedererrichtung Scheyerns ausgesprochen.

Die Gemeinde Scheyern wurde von diesem Entschluß am 22. Dezember durch den Landrichter von Pfaffenhofen in Kenntnis gesetzt. Die Gemeindeväter waren darüber hoch erfreut.

Der Prior von Metten, P. Rupert Leiß, erklärte sich in einem Brief an Bischof Schwäbl grundsätzlich damit einverstanden, die Besiedlung von Scheyern zu übernehmen. Dieser Entschluß fiel nicht leicht. Metten war ja selbst erst im Aufbau begriffen und hatte mit den Anfangsschwierigkeiten zu kämpfen. Um so mehr bewundern wir den Mut und das Gottvertrauen dieser Männer, die persönliche Rücksichten außer Acht ließen und sich ganz in den Dienst der großen Sache stellten.

Anfang 1838 war der Prior von Metten in der Lage, dem Ordinariat und der

Regierung die Namen der Mitbrüder bekannt zu machen, die in Scheyern den Grundstock der Wiedererrichtung bilden sollten. Es waren dies: P. Gregor Scherr als Prior und Pfarrer, P. Franz Sulzbeck als Kooperator, P. Pius Bacherl als Ökonom. Er hoffe, diese dorthin begleiten zu können, um mit ihnen die ersten Tage zu verbringen.

Und so geschah es auch. Am Dienstag, 29. Mai 1838, reiste P. Prior Leiß in Begleitung der genannten drei Mitbrüder in einer Chaise von Metten über Geiselhöring, Rottenburg, Pfaffenhofen nach Scheyern. Um kein Aufsehen zu erregen, fuhren sie um die Stadt Pfaffenhofen herum. Nachmittags gegen fünf Uhr kamen sie in Scheyern an.

»Wir saßen«, schrieb Leiß in sein Tagebuch, »in Mäntelchen gehüllt, still betend auf unserem ärmlichen Wägelchen, vor uns der Auriga [Kutscher] mit zerrissenem Mantel... So dachte ich, fügte es Gott, daß wir zum heiligen Scheyerer Kreuz gelangen sollten, welches auch der Kaiser Heraklius nur mit einem ärmlichen Gewand auf den Kalvarienberg zurückbringen konnte.«

Am Fuß des Berges verließen sie den Wagen, um als Pilger zu kommen. Das Dorf empfing sie unter dem Geläut der Glocken beim oberen Tor.

Tags darauf machten Leiß und Scherr ihre Antrittsbesuche in Pfaffenhofen. Sowohl beim Landrichter als auch bei den Mitgliedern des Komitees, das für die Wiedererrichtung des Klosters gebildet worden war, fanden sie freundliche Aufnahme.

Leiß bekam auch an diesem Tag die Nachricht, daß sich der König die Ernennung des ersten Priors von Scheyern nach geschehener Dotation vorbehalten habe und daß P. Gregor nur provisorischer Prior sei.

Die Pfarrei wurde am 2. Juni von Dechant Furtmayr an P. Gregor übergeben, der vom Ordinariat auch die pfarrliche Jurisdiktion erhalten hatte. Bald kehrte auch P. Rupert Leiß in sein Kloster Metten zurück, und so waren die drei Scheyerer Patres auf eigene Füße gestellt.

Es war ein hartes und bitteres Beginnen. Zwar hatte der Prior von Metten 1000 Gulden vorgestreckt, aber die Ausgaben waren am Anfang sehr groß. Dazu hatten sie an Taube bis zur völligen Übergabe eine Ablösungssumme von 2000 Gulden zu zahlen. Auch war Taube nicht davon abzuhalten, Vieh und landwirtschaftliche Geräte zu veräußern.

Jedoch, abgesehen von Taube, kamen die Leute mit großer Liebe entgegen. Scheibenbogen, der am 5. September 1835 mit dem Bräuhaus auch den Konventgarten gepachtet hatte, überließ den Garten um 100 Gulden.

Am 1. August war die Pachtzeit für Taube abgelaufen, und so konnte in den Morgenstunden dieses Tages mit der Übergabe des Gutes an die Benediktiner begonnen werden. Am 6. August wurde über die Einweisung der Ökonomie ein Protokoll angefertigt.

In den ersten Tagen des September ließ der König seinen Staatsminister Abel wissen, daß er Scheyern zur Propstei erheben wollte. Die feierliche Eröffnung solle am 1. Oktober stattfinden. Da dem König der Prior von Scheyern, P. Gregor, persönlich wenig bekannt war, bestimmte er den Prior von Metten, P. Rupert Leiß, zum Propst von Scheyern. Man hatte ihn als einen Mann von

Talent, Wissenschaft und Frömmigkeit geschildert und als Schüler und Günstling des Bischofs Sailer empfohlen. Leiß nahm die Ernennung zum Propst von Scheyern nur sehr ungern an. Aber da das Konventkapitel von Metten es für ratsam hielt, dem höheren Ruf zu folgen, gab er sich in Gottes Namen darein.

Am 1. Oktober zelebrierte zuerst der Erzbischof Anselm von Gebsattel das Pontifikalamt in der Abteikirche. Danach begab sich der Zug der Festgäste in die Kapitelkirche, zur Gruft der Ahnen des Königs, zur feierlichen Installation. In der Urkunde bestätigte der Erzbischof, daß das Kloster Scheyern von König Ludwig I. wiederhergestellt, zu einer Propstei erhoben und zum ersten Propst der bisherige Prior von Metten, P. Rupert Leiß, ernannt worden sei.

L Das geplante Mausoleum König Ludwigs I. in Scheyern

Bereits kurz nach Aufhebung des Klosters hatte sich der Exbenediktiner Joachim Furtmayr als Pfarrer von Scheyern an den damaligen Kronprinzen Ludwig um Rettung der gefährdeten »Wittelsbacher Gruft« gewandt. Am 5. August 1837 stattete König Ludwig I. den Gräbern seiner Ahnen einen Besuch ab. Tatsächlich stellte der König zur Erneuerung der »Fürstengruft« 200 Gulden bereit. Von da an war Ludwig für Scheyern begeistert. So beabsichtigte er hier eine eigene Familiengrabstätte zu errichten. Daher bestimmte er im *Stiftungsbrief*, vom 20. September 1838, daß in Scheyern ein Mausoleum errichtet werden solle. Er hat folgenden Wortlaut:

WIR LUDWIG VON GOTTES GNADEN KOENIG VON BAYERN
PFALZGRAF BEY RHEIN HERZOG VON BAYERN FRANKEN UND IN SCHWABEN ETC haben beschlossen, eingedenk des großen Nutzens, welchen der Benediktiner-Orden so viele Jahrhunderte lang der Kirche, dem Staate und den Wissenschaften gebracht hat, die von UNSEREM Anherrn Otto III. im Jahre 1113 gestiftete Benediktiner-Abtey SCHEYERN wiederherzustellen, dermal jedoch nur als Probstey (wahrscheinlich werden WIR sie aber später zu einer Abtey erheben).

Wir verleihen durch diese Stiftungsurkunde der Probstey SCHEYERN mit dem ersten Oktober dieses Jahres das Klostergut SCHEYERN, insoweit es gegenwärtig vom Damenstift zur heiligen Anna besessen wird (von dem aus Mitteln UNSERER Kabinetskasse WIR sie käuflich an UNS gebracht haben), das wir von genanntem Tage an derselben als Eigenthum übergeben.

WIR behalten UNS jedoch vor, auf dem vom Kloster nordwestlich gelegenen Hügel worauf gegenwärtig das Brunnenhäuschen steht, und zwar in der Art, daß dieses Brunnenhäuschen als Mittelpunkt betrachtet – der Umkreis aber von dem umgebenden Graben, von der Kirche abwärts bis zum Weiher, dann längst dessen Ufer bis zur jetzigen Klostermauer, oder ehemaligen PISCINA aufwärts, wie WIR solchen bereits haben bezeichnen lassen, gebildet werde, eine Königliche Begräbniß-Stätte erbauen zu können, deren Unterhalt und

Aufsicht den Benediktinern SCHEYERNS obzuliegen hat. WIR legen der Prob-stey auf, für jeden absterbenden Monarchen und dessen Gemahlin MAJESTAE-TEN, von UNS und UNSERER Koeniglichen Gemahlin MAJESTÄT angefangen, sowohl nach dem ersten, als an jedem folgenden Sterbe-Tag ein feyerliches REQUIEM mit dem ganzen OFFICIUM PRO DEFUNCTIS so lange abzuhalten, bis dessen Regierungsnachfolger, und nach Umständen die darauffolgende Koe-nigin das Zeitliche verläßt, wo denn auf gleiche Weise auch für diese derselbe feyerliche Gottesdienst statt haben soll.

Die Gedächtnisfeyer des Tages UNSERES Hinscheidens als des Stifters soll jedoch fortwährend alljährlich gehalten werden.

Wir behalten UNS nicht nur die Ernennung des ersten Probstes, sondern, wenn WIR SCHEYERN zur Abtey erheben, auch die des ersten Abtes vor.

Zur Beurkundung alles dessen haben WIR den gegenwärtigen von UNS Aller-höchst eigenhändig unterzeichneten Stiftungsbrief ausfertigen und demsel-ben UNSER geheimes Kabinetts-Siegel beydrucken lassen.

Gegeben in UNSERER Haupt- und Residenzstadt MÜNCHEN den 20ten Sep-tember im Jahre nach CHRISTI Geburt Eintausend Achthundert Acht und dreißig, UNSERER Regierung im Dreyzehnten.

[Siegel] Ludwig	AUF
STIFTUNGSBRIEF	ALLERHÖCHSTEN BEFEHL
über die Wiederherstellung	v. Kreuzer
des Benediktiner-Klosters	königl. Geh. Rath
SCHEYERN	u. Kabinettssekretär

Für das geplante Mausoleum ließ der König vom Architekten Gärtner ver-schiedene Pläne anfertigen. Er entschied sich schließlich für eine überwölbte achteckige Kapelle in romanischem Stil mit achteckigem Umgang, romani-schem Stufenportal und einer Freitreppe – im Aufbau fast ein Modell der Befreiungshalle –, die allerdings zur polygonalen Form des Achtzehnecks ab-gerundet ist.

Daß der Bau nicht zustande kam, dazu trugen verschiedene mißliche Um-stände bei. Nach dem Stiftungsbrief sollte nämlich nicht nur für den ver-storbenen König, sondern auch für eine verstorbene Königin Requiem und Totenoffizium abgehalten werden. Nun aber war die Gemahlin Ludwigs I. Therese, geborene Prinzessin von Sachsen-Hildburghausen, protestan-tisch.

Der neue Propst Rupert Leiß verhielt sich einstweilen ruhig. Am 18. März

129 *Abtei Scheyern von Westen mit dem dominierenden Hauptturm.*
     Der königliche Architekt Friedrich von Gärtner hatte den barockisierten
     mittelalterlichen Turm umgestaltet und zur »Landmarke« geformt
130 *Abseits vom Dorf Scheyern hatte die alte Abtei Scheyern ihren Wirtschaftshof, den*
     »Prielhof«, der anfangs des 18. Jahrhunderts als Neubau schloßartige Gestalt annahm

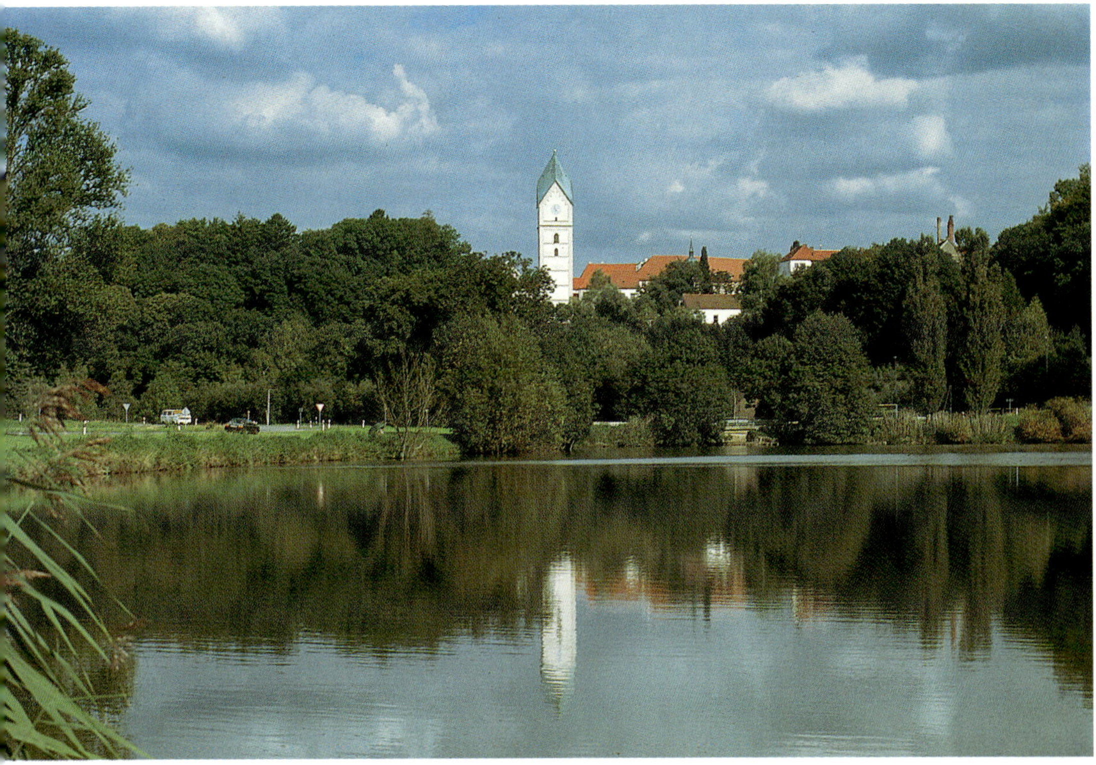

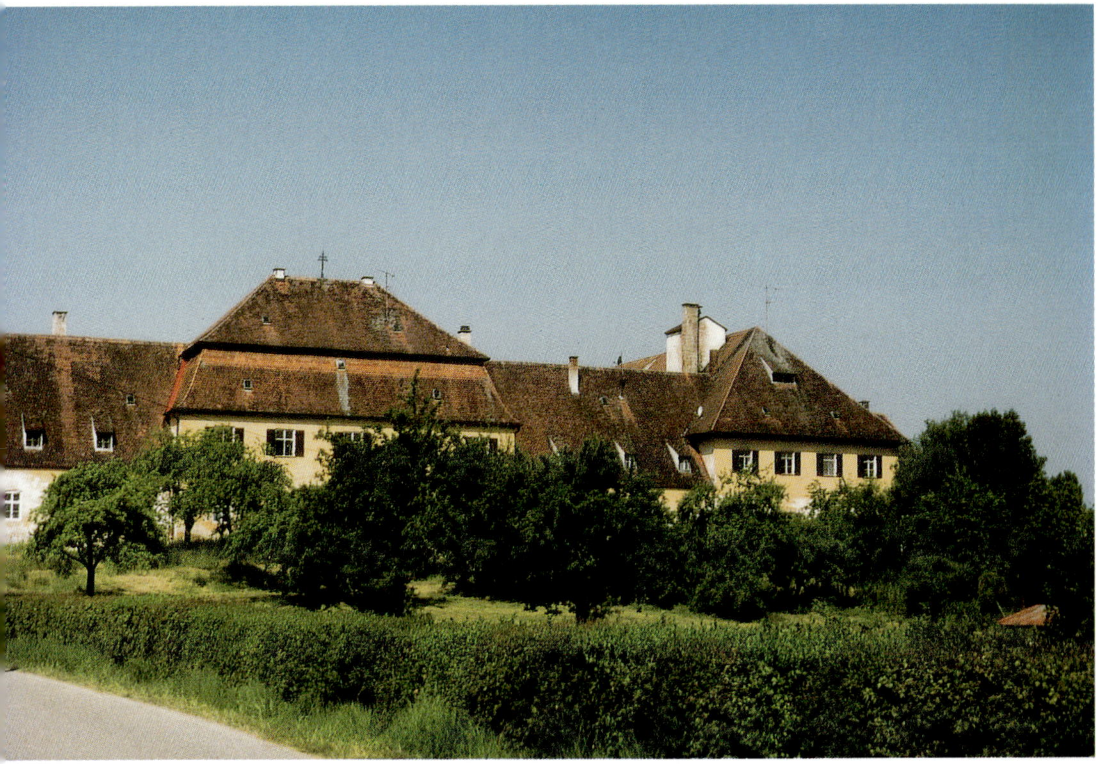

Caput LXIII

DE ORDINE CONGREGATIONIS

ORDINES SUOS IN MONASTERIO ITA CONSERVENT, UT CONVERSATIONIS TEMPUS, UT VITÆ MERITUM DISCERNIT UTQUE ABBAS CONSTITUERIT. QUI ABBAS NON CONTURBET GREGEM SIBI COMMISSUM NEC QUASI LIBERA UTENS POTESTATE INIUSTE DISPONAT ALIQUID, SED COGITET SEMPER, QUIA DE OMNIBUS IUDICIIS ET OPERIBUS SUIS REDDITURUS EST DEO RATIONEM.

63

DIE RANGORDNUNG IN DER GEMEINSCHAFT

DIE RANGORDNUNG IM KLOSTER HALTE MAN SO EIN, WIE SIE SICH AUS DEM ZEITPUNKT DES EINTRITTS ODER AUFGRUND VERDIENSTVOLLER LEBENSFÜHRUNG ERGIBT UND WIE SIE DER ABT FESTLEGT. DER ABT BRINGE JEDOCH DIE IHM ANVERTRAUTE HERDE NICHT IN VERWIRRUNG. ER TREFFE KEINE UNGERECHTE VERFÜGUNG, ALS KÖNNTE ER SEINE MACHT WILLKÜRLICH GEBRAUCHEN, SONDERN ER BEDENKE IMMER, DASS ER ÜBER ALL SEINE ENTSCHEIDUNGEN UND ALL SEIN TUN GOTT RECHENSCHAFT GEBEN MUSS.

131 *Abtei Scheyern. Bibliothek aus der Barockzeit mit Stiegenaufgang (Rokoko)*
132 *Noch heute sind Schreibkunst und Buchmalerei in Scheyern lebendig:*
     Die Benediktusregel, geschrieben von P. Raphael Oberkobler
133 *Kloster Scheyern. Die Sakristei der Abteikirche*

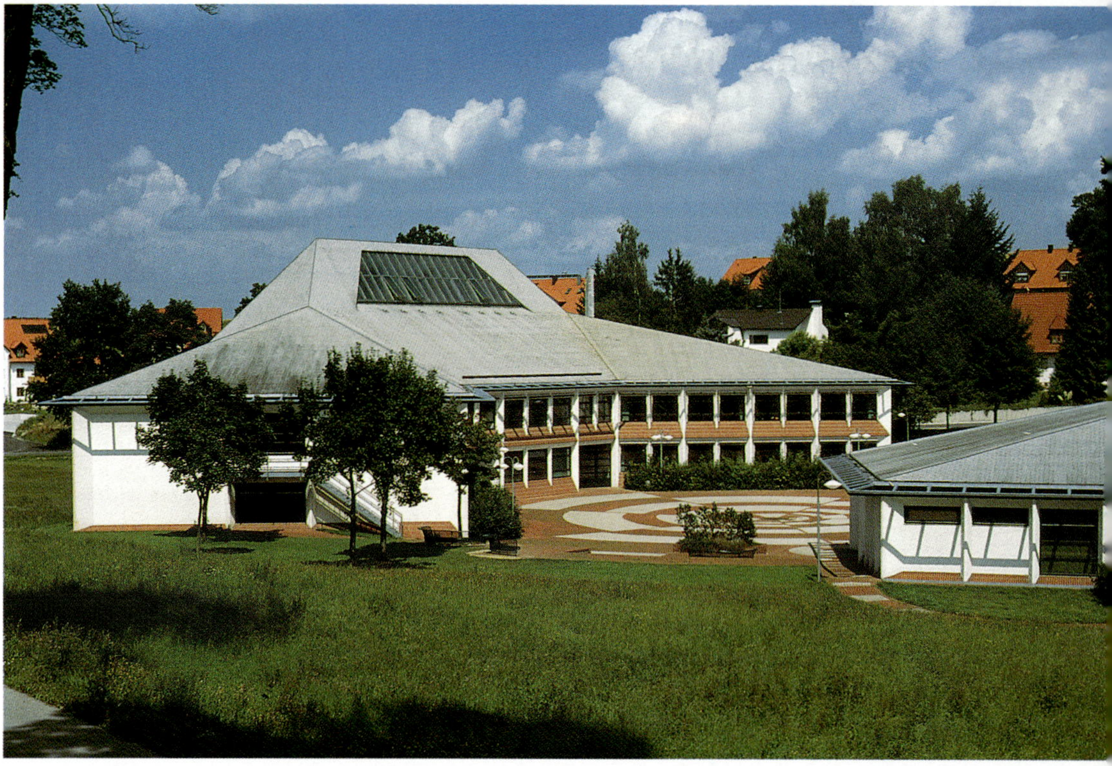

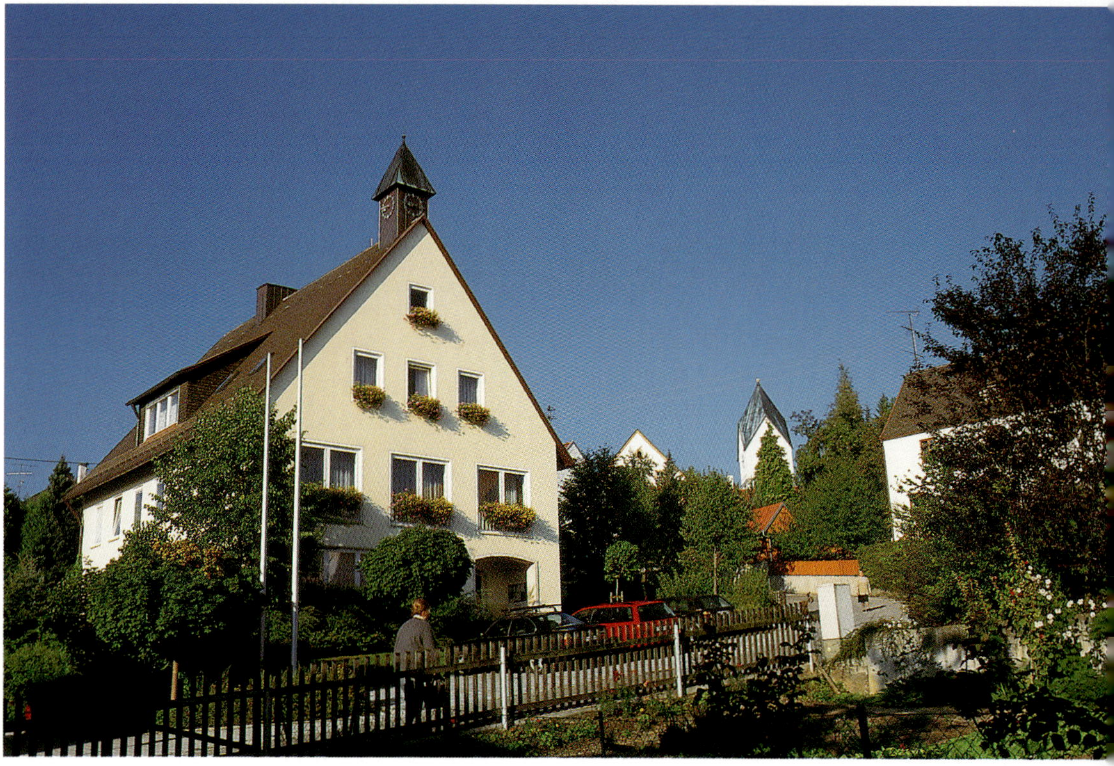

1842 erhob der König mit Zustimmung des Erzbischofs die Propstei Scheyern zur selbständigen Abtei und ernannte den bisherigen Propst zum ersten Abt. In einer Audienz beim König, am 1. April 1842, wurde auch die Begräbnisfrage berührt und vereinbart, daß sich der Abt unmittelbar an den Heiligen Stuhl wenden sollte. Im Antwortschreiben des Heiligen Stuhles vom 9. Juli wurde dem Abt mitgeteilt, daß die Umgehung des kirchlichen Verbotes, für verstorbene Akatholiken eine kirchliche Leichenfeier zu halten, nicht gestattet sei, denn es handle sich um ein schweres Gebot der katholischen Kirche.

Deshalb wandte sich der Abt am 25. Juli in einem Schreiben an den König um Abänderung des Stiftungsbriefes. Es sollten nur die wenigen Worte beigefügt werden – »sofern nicht Religionsverschiedenheit entgegen«. Aber der König beharrte in einem energischen Schreiben vom 5. August auf seiner Forderung.

Daher richtete der Abt nach Rücksprache beim päpstlichen Nuntius und beim Minister v. Abel am 2. September ein zweites Schreiben an den König, in dem er auch mitteilte, daß die Angelegenheit vom Heiligen Vater bereits klar entschieden sei. Er habe dies bei der ersten Vorstellung nicht gewagt, dem König mitzuteilen. Im Antwortschreiben vom 20. September verzichtete der König zwar »in bewußten Fällen« auf Requiem, Vigil und Libera, verlangt aber, daß beim Empfang der Leiche die »gesamte Klostergeistlichkeit im Talar, Chorrock und wenn solchem Trauerakte der König oder ein katholisches Glied Meines Königlichen Hauses anwohnen würde, dann zugleich auch mit der Stola angetan, zugegen zu sein, und die befragliche Trauerhandlung mit aller Feierlichkeit zu begehen habe«.

Der Abt informierte den Heiligen Stuhl über diese Entwicklung. Die Antwort kam erst am 10. Mai 1843. Der Hauptinhalt war: »Die Konventgeistlichkeit Scheyerns mit dem Abt an der Spitze habe im Falle einer akatholischen Leiche aus dem königlichen Hause zu Scheyern in der den Benediktinern allerorts und seit Jahrhunderten für die feierlichen Empfänge aller Könige, Bischöfe und des Papstes vorgeschriebene Kleidung, nämlich der Abt in Mozzetta und die übrige Konventgeistlichkeit in der Cuculla, nicht aber in Chorrock und Stola zu erscheinen.«

Diese Entscheidung teilte der Abt dem König mit. Der König äußerte sich vorerst nicht mehr dazu. Damit konnte der Heilige Stuhl auch die feierlichen Professen bestätigen und die Propstei formell zur Abtei erheben und die Weihe des ersten Abtes erlauben.

Auch nach dieser Entscheidung interessierte sich der König weiter für eine Begräbnisstätte in Scheyern. So besichtigte am 5. Juni 1844 Direktor Gärtner den Platz und bestellte für den Bau 600000 Ziegelsteine. Vier bis fünf Jahre solle der Bau währen, bis 1848, bei einem Kostenvoranschlag von 220000 Gulden.

134 *Gemeinde Scheyern. Neubau der Volksschule*
135 *Gemeinde Scheyern. Rathaus*

Aber wegen der Verlegung der Wasserleitung und Zubereitung der Straßen verzögerte sich der Beginn des Baus. Noch 1847 sprach der König zum Abt von Scheyern »sein andauerndes Vorhaben aus, seine königliche Gruft in Scheyern zu bauen«.

Aber am 21. April 1847 starb Architekt Gärtner, erst 54 Jahre alt. Und 1848 verzichtete der König wegen der Lola-Montez-Affäre freiwillig auf den Thron. Diese beiden Ereignisse mögen den König bewogen haben, »sein Vorhaben, seine königliche Gruft in Scheyern zu bauen«, fallen zu lassen.

Er bestimmte nun die neu erbaute Basilika St. Bonifaz in München zu seiner Begräbnisstätte. Er starb am 29. Februar 1868 und wurde dann am 9. März dort in einem großen Sarkophag in einer Seitenkapelle beigesetzt. Die Königin Theresia war bereits am 26. Oktober 1854 verschieden und wurde vorerst in die Gruft der Theatinerkirche gebracht. Am 20. März 1857 wurde der Sarg in aller Stille mit dem ersten Glockenschlag der Mitternachtsstunde von dort in die Krypta von St. Bonifaz überführt.

Gruftkapelle nach später geänderten Direktiven des Königs.
Feder- und Bleistiftskizze für die Fassade (GS 2170)

Das erste Jahrhundert nach der Wiedererrichtung

A   Die politische und religiöse Lage

Das 19. und das beginnende 20. Jahrhundert waren geprägt von politischen und religiösen Strömungen verschiedener Richtung, die auch auf die Klöster direkt und indirekt einen entscheidenden Einfluß nahmen. Die Aufhebung der Klöster im Jahre 1803 war wesentlich verursacht durch die *Aufklärung*. Diese glaubte, mit Vernunft allein alle Probleme der Menschheit lösen zu können. Begleitet war sie vom *Liberalismus*, der gegen den Absolutismus der herrschenden Monarchen die persönliche Freiheit und Entscheidungsgewalt in demokratisch gewählten Parlamenten forderte.
Sehr bald traten jedoch nicht nur die positiven, sondern auch die negativen Seiten dieser Bestrebungen zutage. Bereits durch die Greuel der *Französischen Revolution* wurden viele Menschen aufgeschreckt. Dazu kamen die Kriege *Napoleons*, die Kulturbarbarei bei der Aufhebung der Klöster und die Entstehung eines Arbeiterproletariats, um nur einige dieser negativen Begleiterscheinungen der Aufklärung und des Liberalismus zu nennen.
Eine weitere Folge dieser geistigen Strömungen ist das Erstarken des Nationalbewußtseins. Dies führte zunächst zu einem Zusammenschluß der vielen Kleinstaaten zu einem großen Deutschen Reich, aber dann auch zu einem überspannten Nationalismus bei fast allen europäischen Nationen. In besonders krasser Form trat dies in Erscheinung beim Nationalsozialismus.
In allen *Industriestaaten* kam es zu starken Klassengegensätzen, die man durch soziale Maßnahmen zu beheben suchte. Der atheistische Kommunismus ist eine extreme Form des Sozialismus, dessen Ziel die »Diktatur des Proletariats« ist.
Der »Deutsch-Französische Krieg« 1870/71 und die beiden Weltkriege wurden hauptsächlich durch einen überspannten Nationalismus verursacht. Auch das Land *Bayern* und die Klöster sind durch diese Ereignisse stark in Mitleidenschaft gezogen worden.

König Ludwig I. (reg. 1825–1848, † 1868) war ein Monarch, der die Schäden der Aufklärung beseitigen wollte und bestrebt war, die Monarchie in einer ausgewogenen Form wiederherzustellen. Dies gelang nicht mehr ganz. In den März-Unruhen von 1848 mußte er im Zusammenhang mit der Lola-Montez-Affäre abdanken. Am 18. Mai 1848 trat in Frankfurt das erste deutsche Parlament zusammen, in das auch 71 bayerische Abgeordnete gewählt wurden.
König Max II. (1848–1864), der Sohn Ludwigs I., gewährte Pressefreiheit, Ver-

sammlungsfreiheit, noch erweiterte Minister-Verantwortlichkeit und löste bei den Adeligen die letzten Reste der Grundherrschaft und der Patrimonialgerichtsbarkeit auf.

Mit 51 Jahren starb der König allzufrüh und hinterließ dem erst 18 Jahre alten *König Ludwig II.* (1864–1886) sein Erbe. Dieser machte anfänglich einen großen Eindruck durch seine fesselnden Augen, die klangvolle Stimme und die Liebenswürdigkeit im Umgang mit den Menschen. Sehr bald trat jedoch seine Weltferne in Erscheinung, in der Schwärmerei für den Komponisten Richard Wagner und im Bau der »Märchenschlösser« von Linderhof, Neuschwanstein und Herrenchiemsee, die schließlich zu seiner Entmündigung führten. Eines Tages wurde er zusammen mit seinem Betreuer, Professor Ott, am Starnberger See tot aufgefunden.

In seine Regierungszeit fiel auch der Krieg, den Österreich zusammen mit Bayern gegen Preußen verlor (1866); ebenso der Deutsch-Französische Krieg und die Kaiserproklamation von Versailles am 18. Januar 1871, durch die die Vormachtstellung Preußens besiegelt wurde.

An Stelle des ebenfalls geisteskranken *Otto I.* (1886–1916) übernahm der Bruder von König Ludwig I., *Prinzregent Luitpold* (1886–1912), die Regierungsgeschäfte, die er als »erster konstitutioneller Monarch« verwaltete. Mit *König Ludwig III.* (1913–1918) nahm die seit 1180 während Herrschaft der Wittelsbacher über Bayern ein Ende.

Nach dem Ersten Weltkrieg (1914–1918) wurde durch den Versailler Vertrag, die Inflation und die Wirtschaftskrise (1930) eine starke Arbeitslosigkeit ausgelöst, die zusammen mit einem überspannten Nationalismus das Unrechtsregime des Nationalsozialismus (1933–1945) begünstigte.

Auf dem *religiösen Gebiet* bemerken wir als Gegenströmung gegen die Aufklärung eine Wiedererrichtung von einigen Klöstern und die Gründung vieler neuer Kongregationen und Ordenszweige. So entstand zum Beispiel in München die Kongregation der Armen Schulschwestern, die bald mehrere tausend Mitglieder zählte und sich nach Amerika ausdehnte. Großen Einfluß auf die Benediktiner übte die Abtei Beuron aus.

Begünstigt wurde diese Entwicklung durch die Romantik, eine Gegenbewegung gegen die rationalistische Aufklärung. Diese betonte wiederum mehr die Natur und das Gefühl. In der religiösen Kunst fand sie ihren Ausdruck im Nazarener-Stil.

Das Erstarken des christlichen, insbesondere des katholischen Geistes, fand den Niederschlag auch in der Stärkung des Primates des Papstes, in den Enzykliken der Päpste, die weltweite Beachtung fanden, insbesondere in dem Rundschreiben »Rerum novarum« von Leo XIII. (1891), das richtungsweisend wurde für die Sozialgesetzgebung. Ebenso bildeten sich politische Parteien, die bewußt auf religiöser Grundlage aufbauten.

B Von Abt Rupert I. Leiß bis Abt Rupert III. Metzenleitner 1838–1922

49 **Rupert I. Leiß** 1838–1872

Propstei, 1838–1843

Nur langsam, unter großen Schwierigkeiten, konnte sich die neuerstandene Propstei unter Rupert Leiß entwickeln. Die größte Sorge bereitete der Nachwuchs an jungen Leuten. Es liefen zwar viele Briefe von Bittstellern ein, aber in Wirklichkeit kamen nur sehr wenige.

Am 8. November 1838 mußte sich P. Gregor nach Metten begeben, da er inzwischen zum dortigen Prior gewählt worden war. Und Anfang Oktober 1839 wurde P. Pius Bacherl nach Metten zurückgerufen. Für kurze Zeit kam dafür als Ersatz P. Bonifaz Wimmer. Aber schon am 22. Mai 1840 trat das ein, was Leiß schon lange vorausgesehen hatte. Gregor Scherr, der inzwischen zum ersten Abt von Metten gewählt worden war, benötigte seine Patres selbst und bat Propst Leiß, die Patres P. Bonifaz Wimmer und P. Xaver Sulzbeck nach Metten zurückzusenden. Propst Rupert Leiß stand nun mit seinen beiden Hilfskräften P. Petrus Lechner und P. Korbinian Schäffler, die inzwischen eingetreten waren, allein da. P. Petrus half dem Propst in der Betreuung der Pfarrei, und P. Korbinian übernahm die Verwaltung der Ökonomie, die unter seinen Händen einen raschen Aufschwung nahm.

Ein kleiner Hoffnungsstrahl war es immerhin, daß zu dieser Zeit das Noviziat zwei Mitglieder zählte, die späteren Patres Benedikt Mahler und P. Ludwig Muggendorfer. Im Sommer 1840 kamen noch Georg Thoma (P. Anselm) und Georg Duschl (P. Maximilian) hinzu.

Es zeugt von einem großen Optimismus, daß trotz der wenigen Leute das Kloster bereits am 24. Oktober 1840 die *Erziehungs- und Studienanstalt* mit 62 Zöglingen eröffnete. Sie bestand nur aus zwei Klassen, in denen Religion, Latein, Deutsch, Arithmetik, Geographie und Musik gegeben wurden. Die ersten Jahresberichte lassen erkennen, daß die Herausbildung einer geeigneten Erziehungsmethode anfänglich große Schwierigkeiten bereitete. Es ist interessant zu lesen, daß P. Ludwig 1842/43 bittere Klage führen mußte, über eine »gewisse Frivolität« und über »Leichtsinn, mit Trägheit vermischt«, der die damalige Jugend kennzeichne. Im Jahre 1840 war Metten zur Abtei erhoben worden. Seit dieser Zeit drängte der König, daß auch seinem »Hauskloster« die gleiche Ehre zuteil werde.

Mit Freuden benützte er den Umstand, daß im Mai 1842 der Priesternovize P. Karl Höbel Profeß ablegen sollte – und damit die vorgeschriebene Zahl von acht Mönchen erreicht war – um seinen längst gehegten Wunsch auszuführen. Am 30. März fuhr Leiß nach München. Er unterrichtete den Apostolischen Nuntius, Viale de Prela, über den Entschluß des Königs, Scheyern zur *Abtei* zu erheben.

Er bat ihn um Rat in der Handhabung der Statuten, der Tageszeiten, der Gültigkeit der Profeß und insbesondere in der so heiklen Frage, ob eine nicht-katholische Königin in Scheyern mit allen kirchlichen Feierlichkeiten beigesetzt werden dürfe. Der König hatte nämlich in seiner Wiedererrichtungs-Urkunde bestimmt, daß er in Scheyern ein *Mausoleum* errichten werde, in der die königliche Familie bestattet werden solle.

Der König war über die ablehnende Antwort des Heiligen Stuhles, die in wohlklingende Worte eingehüllt war, sehr enttäuscht. Auch Leiß drückte seinen tiefen Schmerz darüber aus, falls er den König in dieser Sache betrübt haben sollte. Persönlich wagte er es nicht mehr, vor dem König zu erscheinen. Schließlich verzichtete der König ganz darauf, in Scheyern eine königliche Begräbnisstätte zu errichten.

Nachdem nun die Begräbnisfrage bereinigt war, säumte der Apostolische Stuhl nicht mehr länger, dem Abt von Scheyern und seinen Nachfolgern den Gebrauch der Pontifikalien zu verleihen. Unter dem 5. Juli 1843 wurde das entsprechende Breve ausgestellt und über das Ordinariat München-Freising dem Propst von Scheyern zugeschickt. So konnte am 24. September 1843 der Erzbischof von München, unter Assistenz der Äbte von Metten und St. Stephan, die feierliche *Benediktion des Abtes* Rupert Leiß vornehmen.

Rupert I. Leiß   Abt 1843–1872

Der erste Abt des wiedererrichteten Klosters Scheyern war am 26. Februar 1795 in Kelheim geboren, machte seine Studien in München und Landshut, wo er zu den besten Schülern von Thiersch und Sailer gehört hatte; im Seminar zu Regensburg wurde er durch den heiligmäßigen Regens Wittmann auf die Priesterweihe vorbereitet, die er am 16. September 1819 empfing.

Als Seelsorger wirkte er zuerst in Menning bei Landshut, dann in Kösching bei Ingolstadt und in Altheim bei Landshut. 1827 trat er in die Genossenschaft der Wallfahrtspriester zu Altötting ein und wechselte dann 1832 auf den Rat Sailers in das neuerstandene Kloster Metten über. Zusammen mit Gregor Scherr und Bonifaz Wimmer legte er 1833 die Ordensgelübde ab. Hierauf wurde er Pfarrvikar in Edenstetten, Gymnasialprofessor bei St. Stephan in Augsburg, Prior von Metten und endlich Propst und Abt von Scheyern.

Abt Rupert Leiß war ein frommer, nüchterner und praktischer Mann, dem hochfliegende Pläne fern lagen. Gegen unbewährte Neuerungen war er mißtrauisch. Als er von dem Plan erfuhr, daß die neue Eisenbahn München – Ingolstadt über Jetzendorf – Scheyern führen sollte, ruhte er nicht, bis es ihm und dem Baron von Jetzendorf gelungen war, dieses »Unglück« von ihren Ortschaften abzuwenden. Persönlich benützte er niemals dieses neue Verkehrsmittel und lehnte es auch standhaft ab, ihr fernes Vorbeifahren von den Scheyerer Hügeln aus zu betrachten.

Zum Glück besaß das Kloster in P. Korbinian Schäffler einen überaus tüchtigen, jedem landwirtschaftlichen Fortschritt zugänglichen Cellerar, der in den 34 Jahren seines unermüdlichen Schaffens das Klostergut nach schweren anfänglichen Verhältnissen in die Höhe brachte. 1846 legte er auch einen

»Weinberg« an, und bald darauf eine Seidenraupenzucht. Beides konnte sich jedoch auf die Dauer nicht halten. Geblieben ist nur die terrassenförmige Anlage des Abhanges, der jetzt noch den Namen »Weinberg« trägt.

Im Jahre 1847 wurde P. Petrus Lechner, der erste Prior von Scheyern, nach Nordamerika entsandt, wo P. Bonifaz Wimmer von Metten in St. Vinzenz in Pennsylvanien eine Missionsstation errichtet hatte. 1851 kehrte er wieder nach Scheyern zurück, wo er bis zu seinem Tode 1874 eine Säule und Grundfeste der Ordenszucht war.

Der ehemalige erste Prior von Scheyern und der nachmalige erste Abt von Metten, Gregor Scherr, wurde 1856 zum Erzbischof von München-Freising bestimmt. In dieser Eigenschaft drängte er auch auf den Zusammenschluß der Bayerischen Benediktinerklöster zu einer Kongregation.

Diese war bereits 1683 gegründet worden und wurde nun am 8. Februar 1858 aufs neue von Rom offiziell auch für die wiedererrichteten bayerischen Klöster bestätigt. Abt Rupert Leiß konnte sich erst 1861 dazu entschließen, ihr beizutreten.

Gleichfalls auf Drängen des Erzbischofs wurde mit dem Schuljahr 1859/60 das seit 1840 bestehende Klosterseminar in ein *Erzbischöfliches Knabenseminar* umgewandelt. Der versuchte Ausbau der Lateinschule zu einem Vollgymnasium mußte 1870 wegen Personalmangel wieder aufgegeben werden.

Aus dem gleichen Grunde mußten zahlreiche Angebote zur Besetzung auswärtiger Klöster und Pfarreien abgelehnt werden.

Nach längerem Leiden verschied Abt Rupert I. Leiß am 12. November 1872 im 78. Lebensjahr und im 35. Jahre seiner Regierung als Propst und Abt. Die vier Ältesten seiner Getreuen, P. Petrus, P. Korbinian, P. Benedikt und P. Anselm trugen ihn am 15. November zu Grabe. Das Pontifikalrequiem hielt Abt Benedikt Zenetti von St. Bonifaz in München. Bei seinem Tode zählte der Konvent von Scheyern 27 Religiosen. Die Abtei hatte sich also, trotz der anfänglichen Schwierigkeiten, innerlich und äußerlich gefestigt. Die Grundlagen für die weitere segensreiche Wirksamkeit waren geschaffen.

50 Rupert II. Mutzl 1872–1896

Unter der Regierung des etwas zaghaften Abtes Rupert I. Leiß hatte sich das wiedererrichtete Kloster Scheyern innerlich und äußerlich soweit gefestigt, daß man nunmehr an die Bewältigung größerer Aufgaben herangehen konnte. Dafür war Rupert II. Mutzl gerade der rechte Mann.

Als Sohn des bekannten tüchtigen Philologen und Gymnasialdirektors Dr. Sebastian Mutzl wurde er am 14. Januar 1834 in Landshut geboren, vollendete seine Studien in Eichstätt, legte am 30. August 1857 in Scheyern die Profeß ab und wurde am 4. September desselben Jahres zum Priester geweiht. Er wirkte an der Studienanstalt als Lehrer und in der Pfarrei als Pfarrvikar.

Am 13. Dezember 1872 wurde er mit relativer Stimmenmehrheit zum Abt gewählt, vom Wahlleiter Abt Utto von Metten ernannt und vom erzbischöflichen Kommissär Dr. Michael Rampf, dem späteren Bischof von Passau, bestätigt. Erzbischof Gregor Scherr, ehemaliger Prior von Scheyern und Abt von Metten, erteilte ihm am 10. Februar 1873 die Abtweihe.

Schon am 23. September 1873 wählte ihn das Generalkapitel der Bayerischen Benediktinerkongregation, das in Schäftlarn tagte, zum Präses. Dieses Amt bekleidete er durch sechs Perioden, nämlich von 1873 bis 1885 und von 1891–1897, mit dem ihm eigenen Takt und konservativen Sinn.

Als Abtpräses feierte er 1880 mit vielen anderen Äbten auf Monte Cassino, dem Mutterkloster des Ordens, das 1500jährige Jubiläum der Geburt des hl. Benedikt und wohnte 1893 zu Rom der bedeutungsvollen Äbtekonferenz von San Callisto bei, welche zur Einsetzung eines Abtprimas für den Gesamtorden führte.

In seiner vorletzten Amtsperiode (1891–1894) erlebte er noch die Freude des Anschlusses der Abtei St. Stephan (4. Oktober 1893), zusammen mit dem von ihm abhängigen Priorat Ottobeuren, an die Bayerische Benediktinerkongregation. Dieser war hauptsächlich durch das Bemühen des P. Sigisbert Liebert von St. Stephan, des späteren Priors und Abtes von Schäftlarn, zustande gekommen.

Die ganze Regierungszeit des Abtes Rupert II. Mutzl ist geprägt durch eine Reihe von Baumaßnahmen, die nach der Wiedererrichtung im Rahmen der neu gestellten Aufgaben sich als notwendig erwiesen. Dabei wurde er weitgehend unterstützt durch seinen kunstsinnigen Bruder Sebastian Mutzl, Pfarrer von Enkering.

Die erste und auch bedeutendste Baumaßnahme war die Erweiterung und Restaurierung der Stiftskirche, 1876–1878, im Nazarener-Stil der damaligen Zeit. Dabei wurde die Kirche nach Westen um über 10 Meter verlängert, acht Altäre an den Pfeilern entfernt, ebenso ein Teil der von dem Wessobrunner Ignaz Finsterwalder geschaffenen Stukkaturen. Die von Johann Georg Diefenbrunner im 18. Jahrhundert hergestellten Freskomalereien wurden durch solche von Sebastian Wirsching, einem Schüler Schraudolphs, ersetzt.

Nach damaliger Darstellung (siehe Knitl, Scheyern als Burg und Kloster, S. 213) wurde dadurch das Kirchenschiff »frei und hell gemacht« und »allerliebster Schnörkel im schwerfälligen französischen Stil« entfernt. Heute sehen wir das anders. Nach 1922 hatte man große Mühe, die barocke Form einigermaßen wiederherzustellen.

Weitere Bauten waren:

1879   Herstellung der Verbindungsbauten zwischen Königskapelle und Sakristei
1882–1884   Bau und Ausstattung des neuen Winterchores
1883   Umbau der Studienanstalt: 1860 war ein Erzbischöfliches Knabenseminar errichtet worden, dem eine Lateinschule zugeordnet war – seit 1875 in fünf Klassen.

136   Simon Konrad Landersdorfer, Abt von Scheyern 1922–1936,
dann Bischof von Passau 1936–1968

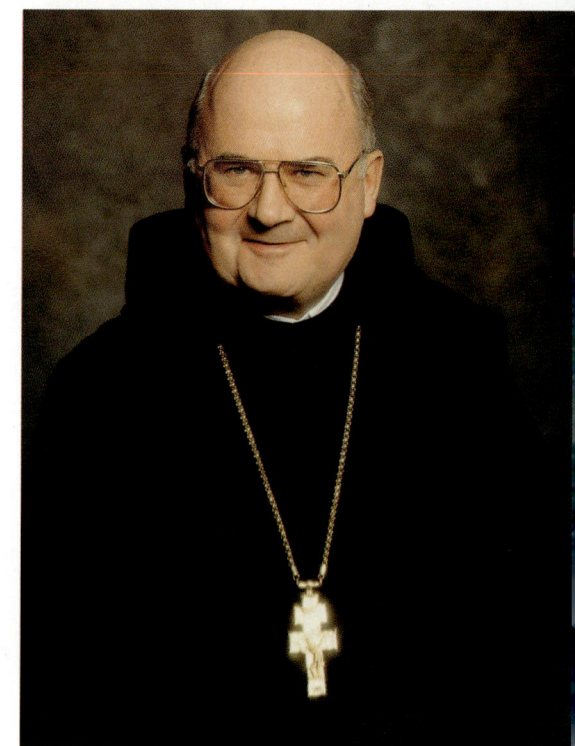

1886–1888	Umbau des Seminars und Neubau der Seminarkirche St. Joseph, welche am 25. Juni 1888 durch Erzbischof Steichele konsekriert wurde
1890–1892	Restaurierung der alten Prälatenkapelle und Ausmalung des Prälatensaales
1892	Erbauung der Turnhalle
1893	Ausmalung der Königskapelle
1894	Restauration der Kapitelkirche

Abt Rupert II. Mutzl war bis in die letzten Wochen seines Lebens von erstaunlicher Frische und Rüstigkeit. Und so verschied er am 21. Mai 1896 nach kurzem Krankenlager plötzlich und unerwartet, jedoch nicht unvorbereitet, im 63. Lebensjahr, im 39. Jahr seiner Profeß und des Priestertums und im 24. Jahre seiner Regierung, tief betrauert wegen seines grundgütigen, wahrhaft väterlichen Herzens.

Wie im Jahre 1421 Abt Konrad V. und Prior Hugo, so lagen auch an Pfingsten 1896 Abt Rupert Mutzl und Stiftsprior Pius Bayerl gleichzeitig auf der Totenbahre. Sie wurden beide am Pfingstmontag begraben, der Abt durch Erzbischof Thoma von München, der Prior durch Abt Braunmüller von Metten.

P. Laurentius Hanser charakterisiert Abt Rupert II. Mutzl mit folgenden Worten: »Von Gestalt eher klein, musikalisch begabt mit einer prächtigen Stimme, voll Feingefühl für alles Harmonische in Kunst und Leben, war der selige Prälat besonders am Altare von unnachahmlicher, auch unter Kirchenfürsten seltener Würde, wahrhaft eine hohepriesterliche Erscheinung.«

51 Rupert III. Metzenleitner 1896–1922

Unter Abt Rupert Metzenleitner erreichte der Personenstand des Klosters einen solchen Höhepunkt, daß nicht nur in Scheyern selber die Zahl der Religiosen sich von 30 auf 60 verdoppelte, sondern außerdem noch die Klöster Ettal und Plankstetten neu besiedelt werden konnten. Er war geboren am 30. März 1849 in Berchtesgaden, studierte in Scheyern und Freising, trat 1873 ins Noviziat ein und wurde am 19. September 1873 zum Priester geweiht. Nach seiner Profeß (11. April 1874) war er fast ständig tätig als Lehrer an der Schule, als Präfekt oder Direktor des Seminars (seit 1883).

Am 2. Juni 1896 wurde er unter dem Vorsitz von Abt Benedikt Braunmüller von Metten zum Abt gewählt und vom erzbischöflichen Wahlkommissär Domdekan Erlenborn bestätigt. Am 26. Juli desselben Jahres erhielt er von Erzbischof Antonius von Thoma unter Assistenz der Äbte Benedikt Braunmüller und Benedikt Zenetti von München die Abtsweihe.

Äbte von Scheyern im 20. Jahrhundert:
137 *Abt Rupert Metzenleitner 1896–1922*
138 *Abt Franz Schreyer 1936–1961*
139 *Abt Johannes M. Hoeck 1961–1972*
140 *Abt Bernhard Lambert, seit 1972*

Da die Ordensberufe nach längerem Personalmangel gegen Ende der Regierung von Abt Rupert Mutzl wieder etwas zugenommen hatten und auch unter dem neuen Abt sich ständig mehrten, lag es nahe, an den *Ausbau* des *Klosters und der Studienanstalt* zu denken. Man dachte bereits an einen Neubau oder eine Vergrößerung der Stiftskirche und des Klosters. Auch wollte man die fünfklassige Lateinschule zu einem neunklassigen Vollgymnasium ausbauen. Dadurch wäre jedoch die Verbindung der beiden Diözesanseminare von Scheyern und Freising aufgehoben worden. Dies wünschte jedoch die Oberhirtliche Stelle nicht. So kam es zum ersten Male in der Geschichte des Klosters zu *Neugründungen.*

Am 6. August 1900 wurde Kloster *Ettal* wieder eröffnet, 1902 das Münchener *Studienhaus* (Veterinärstraße) erworben und 1904 das Kloster *Plankstetten* wieder hergestellt. Das Ettaler Klostergut kaufte Scheyern um 330000 Mark vom Freiherrn Theodor von *Cramer-Klett*, der aber die Summe – neben anderen Zuwendungen – ganz auf den Neubau und die Ausstattung Ettals verwendete und Scheyern auch die Erwerbung des Münchener Kollegs und Plankstettens als Mitstifter ermöglichte.

Mit Ettal wurde 1905 ein Gymnasium und ein Institut verbunden, mit Plankstetten eine landwirtschaftliche Winterschule. Bereits 1907 konnte Ettal und 1917 Plankstetten zur Abtei erhoben werden. In Anerkennung dieser Verdienste verlieh Papst Benedikt XV. Abt Metzenleitner das Privileg der Cappa magna.

Die Neugründungen und später der Erste Weltkrieg mit seinen Nachwirkungen brachten es mit sich, daß im eigenen Haus manches Wünschenswerte und Notwendige unausgeführt blieb. Trotzdem glich man sich auch hier den veränderten Verhältnissen an.

An *Baumaßnahmen* sind zu nennen:

1896   Das Klosterrefektorium wurde verlängert, die Pforte von der bisherigen Lage am Kreuzgang nach Westen verlagert, und die neue Metzgerei neben der Turnhalle eingerichtet.

1897   Erstellung einer Bäckerei, Buchbinderei, Ankauf des »Zellerbauernhauses« (jetzt Sparkasse) als Dienstbotenheim.

1899   Anlage und teilweise Ummauerung eines neuen Klosterparks, Neubau des Wohnhauses auf dem Klostergut in Dummeltshausen.

1901   Verlegung der Abtei in den ersten Stock des Konventbaus, mit anschließender Kapelle, zugleich Krankenkapelle.

1906   Anlage des Elektrizitätswerkes für Licht und Kraft sowie Umbau der oberen Sakristei zum Kapitelsaal.

1907   Erbauung einer großen elektrischen Kirchenorgel und der damit verbundenen Chororgel.

1908   Anlage der neuen Wasserleitung mit der Wasserreserve im Klosterforst; dieser Anlage verdankt das Kloster bei dem gefährlichen Kamin- und Dachstuhlbrand vom 5. September 1910 nächst Gott seine Rettung.

Am 15. April 1912 wurde die Welt durch die Meldung erschüttert, daß die »unsinkbar« geltende Titanic auf ihrer Jungfernfahrt von England nach Amerika infolge eines Zusammenstoßes mit einem Eisberg gesunken ist und dabei über 1500 Menschen umgekommen sind. Dabei haben sich P. Joseph Peruschitz aus Scheyern zusammen mit Pater Byles aus England rühmlich hervorgetan. Eine Gedenktafel im Kreuzgang zu Scheyern erinnert daran, daß P. Joseph Peruschitz freiwillig auf das Besteigen eines Rettungsbootes verzichtet hat.

85 Jahre später, 1997/98, hat dieses Ereignis noch einmal die ganze Weltpresse aufhorchen lassen, als man Reste der gesunkenen Titanic aus der Tiefe heraufholte und der »teuerste Film aller Zeiten« darüber gedreht wurde.

Der Erste Weltkrieg brachte viele Beschwernisse durch Einberufungen mit sich. Die Zeit nachher war gekennzeichnet durch die Revolution und die schwierigen Aufbaujahre der Weimarer Republik. In Scheyern konnte 1921 ein neues Geläute angeschafft werden, nachdem die früheren Glocken während des Krieges abgeliefert werden mußten. Es erklang zum ersten Mal am 25. Juli 1921 zur Feier des 25jährigen Abtjubiläums, das durch ein Glückwunschschreiben des Papstes Benedikt XV. besonders hervorgehoben wurde. Schon nach sieben Monaten, am 22. Februar 1922, verkündeten dieselben Glocken den seligen Heimgang des Abtes Rupert III. Metzenleitner, im 74. Jahre seines Lebens, im 49. des Priestertums und im 26. der Regierung. Am 25. Februar erfolgte die Bestattung durch Kardinal Faulhaber in Anwesenheit des Bischofs von Eichstätt und zahlreicher Äbte. Kein Mensch konnte damals ahnen, daß dem Kloster Scheyern noch schwerere Zeiten bevorstehen würden. Aber durch Gottes Fügung wurden ihm auch bedeutende Männer geschenkt.

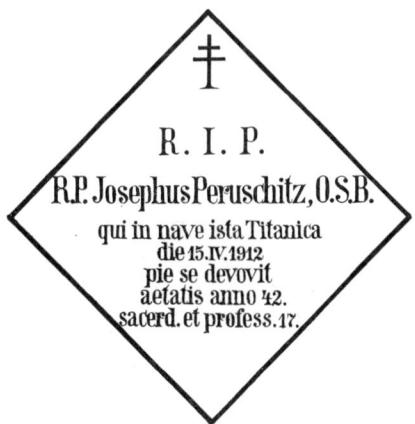

†

R. I. P.

R.P. Josephus Peruschitz, O.S.B.

qui in nave ista Titanica
die 15.IV.1912
pie se devovit
aetatis anno 42.
sacerd. et profess. 17.

141   Gedenktafel im Klosterkreuzgang von Scheyern für P. Joseph Peruschitz OSB, »der auf der bekannten Titanic am 15. April 1912 sich fromm opferte, im 42 Lebensjahr und im 17. Jahr der Priesterweihe und Profeß«

Widerstand gegen dämonische Mächte
Zeit der nationalsozialistischen Herrschaft
1933–1945

A Die politische und religiöse Lage

1 Bis zum Jahre 1933

Kaum eine Zeit hat so nachhaltig auf das Schicksal des Klosters Scheyern eingewirkt wie die nationalsozialistische Herrschaft, deren Ziel es war, nicht nur die Klöster aufzuheben sondern auch die katholische Kirche und das Christentum auszulöschen. Der verlorene Zweite Weltkrieg hat diese Mächte an der vollen Durchführung ihres Zieles gehindert.

Zum Verständnis der politischen Entwicklung müssen wir ausgehen vom verlorenen Ersten Weltkrieg. Der Vertrag von Versailles mit seinen überspannten Reparationsforderungen, die Besetzung des Ruhrgebietes mit der darauf folgenden Inflation und schließlich die Weltwirtschaftskrise nach 1929 führten Deutschland in eine furchtbare Not mit über 6 Millionen Arbeitslosen.

Im Frühjahr 1925 wird der 78jährige Generalfeldmarschall Paul von Hindenburg zum Reichspräsidenten gewählt. Der alte Marschall, durch seine Erfolge im Ersten Weltkrieg zwar sehr populär, ist leider in der politischen Praxis unerfahren.

Im Jahre 1928 wird Hermann Müller, ein Sozialdemokrat, mit der Bildung einer Regierung beauftragt. Wegen der hohen Arbeitslosenzahl kann er im März 1930 eine Beitragserhöhung zur Sozialversicherung nicht mehr verhindern und wird deshalb von seinen eigenen Parteileuten abberufen.

Am 29. März 1930 wird Brüning (Zentrum) mit der Bildung einer Regierung beauftragt. Er kann sich nur auf eine Minderheit stützen. Dies hat zur Folge, daß die für den 14. September angesetzten Reichstagswahlen einen unerwartet hohen Zuwachs für die radikalen Parteien bringen. Die Zahl der Mandate der Kommunisten steigt von 55 auf 76, die der Nationalsozialisten von 12 auf 107. Dadurch wird die Lage nur verschärft.

Auch in dieser für alle gemäßigten Parteien bedrohlichen Lage können die Sozialdemokraten sich nur zu einer Duldung des im Amt bleibenden Kabinetts Brüning entschließen, nicht aber zu einer direkten Unterstützung. Der Reichskanzler Brüning sieht sich daher gezwungen, mit Hilfe von Notverordnungen das Staatsgefüge einigermaßen in Ordnung zu halten.

Bei der Reichspräsidentenwahl im Jahre 1932 erhält Hindenburg, der von den Parteien der Mitte und der Sozialdemokraten unterstützt wird, mit 19,3 Millionen Stimmen zwar die erforderliche Mehrheit, aber Hitler kann einen Achtungserfolg von 13,4 Millionen Stimmen oder 36,8 % erzielen.

Da die Nationalsozialisten, zusammen mit den Deutschnationalen und Kommunisten, jede vernünftige Gesetzesvorlage blockieren, bleibt der Reichstag, der schon seit 1930 ein Schattendasein führt, weiterhin ausgeschaltet. In dieser Lage tritt Papen als Reichskanzler zurück und überläßt Kurt Schleicher dieses Amt.

2 Ereignisse des Jahres 1933

Aber bereits am 30. Januar 1933 wird Hitler als der Führer der stärksten Partei vom Reichspräsidenten zum Reichskanzler ernannt.

Den Brand des Reichstagsgebäudes, am 27. Februar 1933, nimmt Hitler zum Anlaß, vom Reichspräsidenten das »Gesetz zum Schutze von Volk und Staat« zu erwirken (28. Februar), das in der Folgezeit eine entscheidende Rolle spielt.

Der Reichstag wird wiederum aufgelöst. Bei der am 5. März angesetzten Wahl erringt Hitler, zusammen mit den Deutschnationalen, im ganzen Reich die absolute Mehrheit. Im »katholischen« Bayern kommt er nur auf 47,3 % der abgegebenen Stimmen. Eine genaue Wahlanalyse (Jürgen Falter, »Hitlers Wähler«, Beck, München, 1991) zeigt, daß im ganzen Reich von den Katholiken nur 28 % Hitler gewählt haben. Die eindringlichen Warnungen der deutschen katholischen Bischöfe vor der Wahl haben also ihre Wirkung gezeigt.

Bei der feierlichen Regierungserklärung am 23. März 1933 verspricht Hitler – wenn auch in zweideutigen Formulierungen –, daß er sich an die Regeln von Recht und Gerechtigkeit halten werde. Auch in den beiden Konfessionen sehe die »nationale Regierung« wichtige Faktoren der »Erhaltung unseres Volkstums«. Aufgrunddessen mußte auch die Fuldaer Bischofskonferenz vom 28. März 1933 ihre Haltung zur neuen Regierung etwas genauer präzisieren:

»Die Oberhirten der Diözesen Deutschlands haben aus triftigen Gründen, die wiederholt dargelegt sind, in ihrer pflichtmäßigen Sorge für Reinerhaltung des katholischen Glaubens und für Schutz der unantastbaren Rechte der katholischen Kirche in den letzten Jahren gegenüber der nationalsozialistischen Bewegung eine ablehnende Haltung durch Verbote und Warnungen eingenommen, die solange und insoweit in Geltung bleiben sollten, wie diese Gründe fortbestehen.

Es ist nunmehr anzuerkennen, daß von dem höchsten Vertreter der Reichsregierung ... öffentlich und feierlich Erklärungen gegeben sind, durch die der Unverletzlichkeit der katholischen Glaubenslehre und den unveränderlichen Aufgaben und Rechten der Kirche Rechnung getragen, sowie die vollinhaltliche Geltung der von den einzelnen deutschen Ländern mit der Kirche abgeschlossenen Staatsverträge durch die Reichsregierung ausdrücklich zugesichert wird.

Ohne die in unseren früheren Maßnahmen liegende Verurteilung bestimmter religiös-sittlicher Irrtümer aufzuheben, glaubt daher der Episkopat das Vertrauen hegen zu können, daß die vorbezeichneten allgemeinen Verbote und Warnungen nicht mehr als notwendig betrachtet zu werden brauchen...«

Um nicht mißverstanden zu werden folgen nun drei Mahnungen, die jeweils beginnen mit »In Geltung bleibt«. In dieser Kundgebung sind wohl die Bischöfe am weitesten der neuen »nationalen Regierung« entgegengekommen. Eine schroffe Haltung hätte sicher den Nazis einen billigen und willkommenen Vorwand geliefert, gegen die katholischen Verbände und Organisationen sofort genau so radikal vorzugehen wie gegen die Kommunisten. Die Aktionen gegen die Kommunisten, die zum aktiven Widerstand aufgerufen hatten, liefen parallel dazu auf Hochtouren. Trotzdem ist die *reservierte Haltung* der Bischöfe aus jedem Satz herauszulesen.

Grundsätzlich vertrat man damals unter den Bischöfen die Ansicht: »Der Episkopat durfte das unerwartete Friedensangebot nicht zurückstoßen. Die neue Regierung ist rechtmäßig – nach demokratischen Prinzipien – in den Besitz der Gewalt gekommen, und damit müssen die Grundsätze der christlichen Staatslehre auch der neuen Regierung gegenüber gelten.«

Trotzdem haben die Bischöfe von Anfang an wiederholt gegen unrechte Maßnahmen der Regierung sowohl in amtlichen Schreiben als auch öffentlich protestiert.

Bereits am 10. März richtete Kardinal Bertram ein Schreiben an den Reichspräsidenten Hindenburg, in dem er seine »ernstesten Sorgen« wegen der vielen Verhaftungen vortrug. Und in einer Kundgebung vom 12. April wandte der Kardinal sich auch in der Öffentlichkeit gegen diese ungerechten Maßnahmen.

Das Reichskonkordat

Am 20. Juli 1933 wurde zwischen dem Heiligen Stuhl und dem Deutschen Reich, bzw. zwischen Papst Pius XII. und dem Deutschen Reichspräsidenten das Reichskonkordat abgeschlossen. Nach einer Entscheidung des Bundesverfassungsgerichtes vom 26. März 1957 hat es grundsätzlich auch heute noch Gültigkeit. Es war bereits seit Jahren vorbereitet. Zur großen Überraschung weiter Kreise machte Hitler das Angebot, dieses mit geringfügigen Änderungen zu übernehmen.

Beide Seiten drängten nun auf den Abschluß des Konkordats. Hitler erhoffte einen Prestigegewinn. Kardinal Bertram meinte dazu: »Erst mit der Ratifikation gewinnen wir die Möglichkeit gegen zahlreiche antikirchliche Aktionen bestimmter vorzugehen«. Der Kardinalstaatssekretär Pacelli sagte dazu: »Wenn die Deutsche Regierung das Konkordat breche – und das würde sie bestimmt tun – hätte der Vatikan einen Vertrag, um darauf einen Protest zu stützen.«

Was den *Inhalt* des Konkordates betrifft, so regelt es die Beziehungen zwischen der Kirche und dem Staat in ähnlicher Weise, wie dies bereits vorher in den Länderkonkordaten gemacht wurde. Die Konzessionen gegenüber der Regierung bewegten sich in einem erträglichen Rahmen. Die wichtigsten sind folgende:

1. Geistliche Ordensobere, die innerhalb des Deutschen Reiches ihren Amtssitz haben, müssen deutsche Staatsangehörigkeit besitzen.
2. An Sonntagen und gebotenen Feiertagen wird ein Gebet für das Wohlergehen des Deutschen Reiches und Volkes eingelegt.
3. Für Geistliche und Ordensleute ist die Tätigkeit und Mitgliedschaft in politischen Parteien ausgeschlossen.

Die letzte Bestimmung hatte insofern eine günstige Wirkung, als katholische Geistliche sich jeglichem Ansinnen von Parteiorganen widersetzen konnten, in die Nazi-Partei einzutreten. Wenn sie jedoch manchmal in dem Sinne ausgelegt wurde, daß christliche Parteien verboten seien, so widerspricht dies dem Text.

Parallel zu den Konkordatsverhandlungen liefen die Aktionen der Nazis zur Ausschaltung der Parteien und die Verhaftungen vieler ihrer führenden Männer. Schon im Mai 1933 waren die Gewerkschaften aufgelöst worden. Bis zum Ende des Jahres 1933 konnte der Arbeitsminister Dr. Ley alle Arbeiter und Angestellten in der Deutschen Arbeitsfront vereinigen.

Die Mitglieder der konfessionellen Arbeitervereinigungen, denen man vorerst noch eine Doppelmitgliedschaft zubilligte, wurden bald mit vielerlei Schikanen bedrängt, aus ihrem religiösen Verein auszutreten.

In ihren Hirtenschreiben und sonstigen Kundgebungen waren die Bischöfe besorgt, ihrer religiösen Argumentation treu zu bleiben, um den Nazis keine billige Handhabe zu liefern, sie völlig mundtot zu machen. Einen gewissen Abschluß des Jahres 1933 bildeten die Adventspredigten von Kardinal Faulhaber »Judentum – Christentum – Germanentum«, in denen er besonders die Bedeutung des alttestamentlichen Judentums für das Christentum und Germanentum herausstellte. Sie machten ihn mit einem Schlag zu einem der von den Nazis am meisten gehaßten Leute. Dies wurde ihm deutlich vor Augen geführt durch das auf ihn verübte Attentat am 27. Januar 1934.

3 Gegen den Totalitätsanspruch des Staates 1934–1936

Auf dem Gebiet der Politik war Hitler zunächst bestrebt, im Innenbereich seine Macht zu festigen durch die Überwindung der Arbeitslosigkeit und Beseitigung vermuteter Feinde, wie nach dem sogenannten »Röhm-Putsch«. Durch spektakuläre Erfolge in der Außenpolitik, wie in der für ihn erfolgreichen Saarabstimmung und im reibungslosen Einmarsch in die Rheinlandzone, gelang es ihm, die Stimmung der Bevölkerung zu heben. Auch durch die glänzende Durchführung der Olympiade 1936 konnte er sein internationales Ansehen erheblich verbessern.

Gleichzeitig führte die Reichsregierung einen zielstrebigen Kampf gegen die

Kirchen, insbesondere gegen die katholische Kirche. Dabei bediente sich Hitler einer Doppelstrategie. In öffentlichen Reden und persönlichen Verhandlungen versicherte er der Kirche seinen Schutz. Andererseits erließen die ausführenden Ministerien immer schärfere Bestimmungen, welche die öffentliche Tätigkeit der Kirche mehr und mehr einschränkten und sie auf den rein innerkirchlichen Bereich verwiesen.

Die Verhandlungen über die katholischen Vereine wurden ergebnislos abgebrochen. Auch im Kampf um die Bekenntnisschule ging es der Kirche darum, sich gegen den Totalitätsanspruch des Staates zur Wehr zu setzen. Im Zusammenhang damit stand die Vertreibung der Ordensleute aus den Volksschulen. In einer *Denkschrift* vom 20. August 1935 legten die Bischöfe klar: »Wir sind nach dem 4. Gebot zum Gehorsam gegen die staatliche Obrigkeit verpflichtet... Aber es gibt ein objektives, ewiges, göttliches Sittengesetz, das die Gewissen der Katholiken bindet; und wo eine solche Bindung der Gewissen vorliegt, müssen wir die Diktatur über die Gewissen ablehnen...«

Diese Denkschrift wurde nur in der Weise beantwortet, daß Faulhaber zu einer Unterredung mit Hitler auf den Obersalzberg eingeladen wurde. Diese fand am 4. November 1936 statt. Sie versteifte sich aber, trotz einiger Gesten der Einlenkung, an der Forderung Hitlers, die Kirche müsse ihren Kampf gegen die Rassengesetzgebung aufgeben. In diesem Punkt konnte aber Faulhaber nicht nachgeben.

4 Offener Kampf gegen die Kirche 1937–1939

Der offene Kampf gegen die katholische Kirche entbrannte nach der Enzyklika von Papst Pius XI. »Mit brennender Sorge«, vom 14. März 1937, in der offen die antichristliche und naturrechtswidrige Haltung der Nazis angeprangert wurde. Die Erwartungen, dadurch den »Frieden zwischen Staat und Kirche wiederherzustellen«, wurden bitter enttäuscht.

Die weitere Verbreitung der Enzyklika wurde verboten und die Druckereien, die sie gedruckt hatten, wurden entschädigungslos enteignet.

Eine Hetzkampagne ohnegleichen gegen katholische Geistliche und Ordensangehörige, wegen »Devisenschieberei« und »Sittlichkeitsverbrechen«, sollte einen Keil zwischen Volk und Klerus treiben. Dies gelang jedoch nur in einem ganz geringen Ausmaß. Daher sahen sich die Parteistellen veranlaßt, ihre Taktik zu ändern. Durch harmlos klingende Verfügungen wurden alle katholischen Schulen und fast alle Theologischen Hochschulen aufgehoben und die Ordensleute aus den Schulen vertrieben.

Die vielen schriftlich eingereichten Beschwerden, die öffentlich verkündeten Hirtenbriefe und die Predigten ließen an Deutlichkeit und Schärfe nichts zu wünschen übrig. An Stelle der Bischöfe wurden viele Geistliche verhaftet und wanderten in die KZ-Lager.

Die Unterdrückungsmaßnahmen gegen die Kirche, die auf ihre völlige Verdrängung aus der Öffentlichkeit und schließlich auf ihre Vernichtung hinausliefen, vollzogen sich hinter der Kulisse großer außenpolitischer Erfolge, wie dem Anschluß Österreichs und des Sudetenlandes an das Reich. In den Augen vieler patriotisch gesinnter Deutschen bedeuteten sie die restlose Überwindung des Versailler Vertrages und die Voraussetzung für einen dauerhaften Frieden in Europa.

Nur wenige Eingeweihte konnten wissen, daß dahinter der dämonische Vernichtungswille des von Größenwahn besessenen Führers steckte, der zielbewußt auf einen Krieg zusteuerte.

5 Dämonischer Vernichtungswille 1939–1945

Der Politik Hitler liegt die sogenannte »Nationalsozialistische Weltanschauung« zugrunde. Danach ist die Welt nicht die Schöpfung eines persönlichen Gottes, sondern das Ergebnis einer *Entwicklung* aus einem unpersönlichen Welt-Urgrund. Das Bessere setzt sich dabei im »Kampf ums Dasein« gegen das Mindere, das Krankhafte durch. So muß sich auch das edlere Blut, die bessere Rasse und das höhere Volk – verkörpert vor allem in der nordischen Rasse – gegen das Mindere, wie es besonders im »jüdischen Bolschewismus« in Erscheinung tritt, durchsetzen.

Als Folgerungen aus dieser Weltanschauung legte Hitler im August 1936 die Grundlinien seiner Politik in einer *Denkschrift* nieder, die er einem engen Kreis von Vertrauten vorlegte.

Danach müsse sich Deutschland auf die geschichtliche Auseinandersetzung mit dem Bolschewismus vorbereiten. Um aber abwehrfähig zu sein, brauche das »übervölkerte Deutschland« einen neuen *Lebensraum*. Daher müsse Deutschland in vier Jahren kriegsfähig sein.

Um diese von Anfang an auf einen *Angriffskrieg* ausgerichtete Politik durchzuführen, bediente sich Hitler wiederum einer Doppelstrategie. In verschiedenen Abkommen und Verhandlungen beteuerte er seinen Friedenswillen. Gleichzeitig besprach Hitler in geheimen Unterredungen seine Eroberungspläne, die dann auch stückweise verwirklicht wurden.

Am 15. März 1939 marschierten deutsche Truppen in der Tschechei ein; und am 23. August unterzeichneten die Außenminister Deutschlands und der Sowjetunion in Moskau einen »Nichtangriffspakt«. Die beiden Seiten verpflichteten sich dabei, »sich jeden Gewaltakts, jeder aggressiven Handlung und jeden Angriffs gegeneinander ... zu enthalten«. In einem geheimen Zusatzprotokoll kamen Hitler und Stalin überein, in den von ihnen besetzten Gebieten ein Schreckensregime zur Unterdrückung der Polen, ihrer Kultur und ihres nationalen Eigenlebens einzuführen. Auch wurden beiderseitige »Interessensphären« abgesteckt. Jeder Partner wollte die Ausgangsbasis schaffen für die Eroberung Europas, nur in entgegengesetzter Richtung.

Gestützt auf diesen Vertrag konnte Hitler am 1. September 1939 Polen angreifen und den Westteil von Polen einverleiben, während Stalin den Ostteil des Landes besetzte.

Am 10. Mai 1940 fielen die deutschen Truppen unter Umgehung der Maginot-Linie in Frankreich ein und konnten innerhalb von sechs Wochen die alliierten Truppen niederzwingen. Beim Waffenstillstand, im Wald von Compiègne, am 22. Juni 1940, konnte Hitler seinen größten Triumph feiern. Bereits am 31. Juli 1940 gab Hitler in einer geheimen Führerbesprechung seine Absicht bekannt, sich Rußlands zu bemächtigen, um der »dortigen Judenherrschaft« ein Ende zu bereiten.

Andererseits gab auch Stalin seine Pläne der »Welteroberung« nicht auf. Darum beobachtete Hitler die Besetzung von Estland, Lettland, Litauen und Bessarabien, durch die sowjetischen Truppen, mit argwöhnischen Augen. Auch sonst waren die Strategie und die umfassenden Truppenbewegungen der Sowjets auf Angriff ausgerichtet. Sie waren daher auf eine Verteidigung nicht vorbereitet.

Am 22. Juni 1941 starteten die deutschen Truppen den Großangriff auf die Sowjetunion und konnten in mehreren Kesselschlachten große Erfolge erzielen. Aber der weitere Vormarsch bis kurz vor Moskau durch zähen Schlamm und Morast gelang nur unter großen materiellen Verlusten. Als am 5. Dezember der entscheidende Ansturm auf Moskau beginnen sollte, sank die Temperatur auf fast 40 Grad unter Null. Alles erstarrte in Frost und Kälte. Da die Truppen keine eigene Winterbekleidung besaßen, gab es enorme Ausfälle an Erfrierungen. Unter großen Verlusten mußten sich die sieggewohnten deutschen Truppen langsam zurückziehen.

Von da an war die Schlagkraft der deutschen Truppen gebrochen. Im Sommer 1942 stießen sie zwar noch bis zum Kaukasus vor. Aber dann wurde die 6. Armee bei Stalingrad eingekesselt. Es begann ein stetiger Rückmarsch an allen Fronten. Am 6. Juni 1944 landeten die Alliierten mit einer riesigen Streitmacht in der Normandie. Damit war das Schicksal Hitlers besiegelt, dessen Leben am 30. April 1945 durch Selbstmord endete. Am 7. Mai 1945 unterzeichneten General Jodl von deutscher Seite und die Vertreter der Siegermächte im Hauptquartier von General Eisenhower – in Reims – die Urkunde der bedingslosen Kapitulation.

Das *Ergebnis* der größenwahnsinnigen Idee Hitlers – mitverursacht auch durch die Welteroberungspläne von Stalin – ist erschreckend.

Die Zahl der Wehrmachtstoten, mit Einschluß der in Kriegsgefangenschaft Verstorbenen wird auf etwa 4 Millionen geschätzt. Dazu kommen noch etwa 1 Million Opfer der Luftangriffe und 2 Millionen, die durch die Vertreibung ums Leben kamen. Die Anzahl der Juden, die Hitler ermorden ließ, wird mit etwa 5 Millionen angegeben. Hier müssen auch noch die Opfer bei der Zivilbevölkerung und den Soldaten in Rußland genannt werden. Sie betragen etwa 20–30 Millionen.

In einem Hirtenwort vom 28. Juni 1945 haben die bayerischen Bischöfe einen kurzen Rückblick gegeben über die Zeit der Nazi-Herrschaft. Darin führten sie unter anderem aus:

»Ein Teil der Menschheit, und darunter leider in führender Rolle die herrschenden Geister und Gewalten in unserem Vaterlande, haben in der Vergangenheit einen Krieg auf Leben und Tod geführt gegen den wahren Gott und Vater im Himmel und vor allem gegen seinen eingeborenen Sohn, unsern Herrn und Heiland Jesus Christus, dessen Namen sie aus den Herzen der Menschen reißen und aus der Geschichte des deutschen Volkes auslöschen wollten.«

Schon im Jahre 1937 hat der Heilige Vater Pius XI. im Rundschreiben »Mit brennender Sorge« überzeugend dargetan, was der Nationalsozialismus in Wirklichkeit war: »der hochmütige Abfall von Jesus Christus, die Verneinung seiner Lehre und seines Erlösungswerkes, der Kult der Gewalt, die Vergötzung von Rasse und Blut, die Unterdrückung der menschlichen Freiheit und Würde.

Wir deutschen Bischöfe haben, wie ihr selber wißt, von Anfang an vor den Irrlehren und Irrwegen des Nationalsozialismus ernstlich gewarnt und immer wieder hingewiesen auf die unglücklichen Folgen, die der Kampf gegen Glaube, Christentum und Kirche, gegen Recht, Freiheit und Wahrheit mit sich bringen muß.

Wir Bischöfe waren wegen unserer pflichtmäßigen Ablehnung der Irrtümer und Gewalttaten des Nationalsozialismus, zugleich mit unserem Klerus, schärfster Anfeindung und Bekämpfung ausgesetzt...«

Der größte Teil des katholischen Volkes in Deutschland hat unter dem Kampf gegen Christus, Glaube und Kirche, unter der Vergewaltigung der Gewissen, unsagbar schwer und immer schwerer gelitten und das Ende dieses Glaubenskampfes nicht weniger herbeigesehnt wie das Ende des Krieges.«

In diesem Zusammenhang sei hier erwähnt, daß in der ganzen Erzdiözese München, mit 1660 Diözesanpriestern, nachweislich mit Strafmaßnahmen irgend welcher Art betroffen wurden 609 Priester, das sind 36,7 %; von 509 Priestern ist nachgewiesen, daß sie nicht betroffen waren, von 542 Priestern weiß man nicht, ob sie betroffen waren oder nicht (Schwaiger, Bd. I, 402 bis 488).

Nach einer Untersuchung von Ulrich von Hehl »Priester unter Hitlers Terror« (Kommission für Zeitgeschichte, A 37) wurden, von 1933 bis 1945, von 22 703 Geistlichen im Altreich 8021 Geistliche von den Nazis mit verschiedenen Strafen belegt, davon 418 mit Konzentrationslager (KZ), und 2059 mit Freiheitsstrafen aller Art (Zuchthaus, Gefängnis); die übrigen mit Geldstrafen, Schulverbot und ähnlichem.

Im Konzentrationslager Dachau befanden sich 2770, hauptsächlich katholische Geistliche (polnische, deutsche und andere). Es wurden 130 Geistliche hingerichtet, davon etwa die Hälfte deutsche. Dazu kommen noch viele tausend Ordensleute, deren Schulen aufgehoben oder die von ihren Klöstern vertrieben wurden.

Dabei ist zu bedenken: Fast genau so schlimm, wie die Strafmaßnahmen und Verhaftungen selber, war die dauernde Furcht vor der Verhaftung, die viele Leute hegen mußten. Im ganzen Reich gab es damals 67 Staatspolizeistellen. Bei jeder Stelle gab es Beamte, die ausschließlich mit der Bekämpfung der Kirchen befaßt waren. Ihnen standen rund 30000 ehrenamtliche Mitarbeiter zur Verfügung, sogenannte V-Leute (Verbindungs-Leute oder Vertrauens-Leute), denen es zum Teil gar nicht bewußt war, daß sie für die »Gestapo« (Geheime Staatspolizei) arbeiteten.

Nach diesem Überblick über die weitgreifenden politischen und kirchlichen Ereignisse wenden wir uns wieder dem Kloster Scheyern zu.

B Ereignisse im Kloster Scheyern

52 Simon Landersdorfer 1922–1936

Mit Simon Landersdorfer, Abt von Scheyern 1922 bis 1936, der sich als Bischof von Passau (1936–1968) den Beinamen Konrad beilegte und der am 21. Juli 1971 im Alter von 91 Jahren starb, haben wir eine sehr markante Persönlichkeit vor uns, die bereits von Jugend auf für die späteren Aufgaben in der Schule Gottes vorbereitet wurde. Ähnlich wie Abt Stephan Reitberger ist auch er in eine schwere Zeit hineingeboren und mit ihr gewachsen.

Josef Landersdorfer (so hieß er mit dem Taufnamen) wurde geboren am 2. Oktober 1880 als Sohn der Bauerseheleute Lorenz und Elisabeth, geborene Haberthaler, in Neutenkam bei Geisenhausen an der Vils. Durch den Kooperator Fuchs der Pfarrei Holzhausen wurde er für die Aufnahmeprüfung in die 2. Klasse des Gymnasiums Scheyern vorbereitet, die er Ende Juli/Anfang August 1891 – wegen einer durchgestandenen Diphterie mit Verspätung – mit einem »noch genügend« bestanden hat.

Der Anfang war also nicht ermutigend. Es waren wohl die Nachwirkungen der durchgemachten Krankheit, die erschwerend dazutraten. So lesen wir im ersten Weihnachtszeugnis die wenig schmeichelhafte Bemerkung: »Ein sehr schwacher Schüler, der nur durch angestrengten Fleiß vorwärtskommen kann«. Aber dank seines Fleißes und der sich bessernden Gesundheit holte er rasch auf und konnte 1899 mit einem sehr großen Erfolg in Freising die Reifeprüfung ablegen.

Der Direktor des Freisinger Knabenseminars war es, der ihn auf den Gedanken brachte, in Scheyern um Aufnahme nachzusuchen. Hier wurde er am 28. Oktober 1899 eingekleidet und erhielt den Namen Simon, offensichtlich mit Rücksicht auf den Direktor Simon Spannbrucker, den auch Abt Rupert sehr schätzte. Sein Novizenmeister war P. Gregor Danner (am 3. März 1904 zum Abt von St. Bonifaz gewählt), der zeitweise 10 Novizen zu unterrichten hatte, die aber teilweise schon Priester waren oder für Ettal bestimmt wurden.

Gerade in den nächsten Jahren zeigten sich die außerordentlichen Fähigkeiten von Fr. Simon, der nach Ablegung der ersten Profeß, am 28. Oktober 1900, bereits nach zwei weiteren Jahren, am 31. August 1902, mit besonderer Dispens die Feierliche Profeß ablegen durfte. Bereits am 19. Dezember 1903 empfing er die Priesterweihe, auch wieder mit Dispens, aufgrund der ausgezeichneten Leistungen beim philosophischen und theologischen Studium, das er in Eichstätt absolvierte.

In den Jahren 1904 und 1905 war er in Plankstetten als Kooperator und in Scheyern als Präfekt eingesetzt. Dann studierte er in München von 1905 bis 1908 klassische Philologie (Latein und Griechisch) und nebenbei noch orientalische Sprachen, wie Babylonisch, Assyrisch, und andere. Diese Studien konnte er mit dem Staatsexamen und dem Dr. phil. summa cum laude abschließen.

In den folgenden Jahren, 1908 bis 1917, sehen wir P. Simon in dem neugegründeten Ettal, zuerst als Lehrer am Gymnasium, dann als Direktor des Internats. Nebenbei schrieb er eine Reihe von Artikeln in verschiedenen Zeitschriften über seine umfangreichen Studien auf dem Gebiet der orientalischen Sprachen. 1917 promovierte er als Doktor der Theologie in Freiburg. 1920 erging an ihn der Ruf nach S. Anselmo in Rom als Professor für orientalische Sprachen und für Altes Testament. Diese Lehrtätigkeit dauerte jedoch nicht lange. Denn am 3. März 1922 wurde er als Nachfolger des am 22. Februar verstorbenen Abtes Rupert gewählt.

Das erste Unternehmen des *neugewählten Abtes* war die gründliche Restaurierung der Pfarr- und Klosterkirche. Sie war von Abt Rupert Mutzl, 1876/78, nach dem damaligen Geschmack romanisiert und mit Nazarenerbildern versehen worden. Nun sollte die 1768/69 geschaffene Ausstattung im Barockstil möglichst wiederhergestellt werden, was freilich nur teilweise gelingen konnte.

Da der Zuwachs an Personal auch nach dem Weltkrieg andauerte, konnte man an eine Erweiterung des Betätigungsfeldes denken. Auf weite Sicht war geplant, die bestehende Lateinschule zu einem Vollgymnasium auszubauen. Zu diesem Zweck wurden mehrere Patres an die Universität München geschickt, um die notwendigen Fachstudien mit einem Staatsexamen zu absolvieren.

Am 7. April 1926 faßte der Konvent den Beschluß, die fünfklassige Lateinschule zunächst in ein sechsklassiges *Progymnasium* mit Öffentlichkeitsrecht umzuwandeln. Dann ging man 1929 an den Bau des Gymnasiums, der jedoch nur halb ausgeführt wurde, da die Erzdiözese in Traunstein ein drittes Knabenseminar für den Rupertigau errichtete und damit die nötige Schülerzahl für Scheyern nicht mehr gewährleistet war.

Im Rahmen dieser Maßnahmen wurde 1928 der *Sportplatz* »Schöneck« angelegt und eine eigene *Metzgerei* gebaut, die bisher im Schulgebäude untergebracht war. 1936 kam dazu noch der Ausbau des Badeweihers.

Um Raum für ein vergrößertes Seminar zu schaffen, wurde 1929 auch noch die *Brauerei*, außerhalb des Klosterhofs, neu gebaut. Es zeugt von einem großen Optimismus, daß die Mehrheit der genannten Bauten während der damaligen großen Wirtschaftskrise durchgeführt wurde.

Alle diese Neubauten hatten große Summen verschlungen, so daß weitere Planungen liegen bleiben mußten, zumal mit dem Jahre 1933 eine düstere Zukunft die Existenz des Klosters bedrohte. Es konnte 1936 nur noch ein neuer Friedhof in Angriff genommen werden, den erst der Nachfolger einweihte.

Die Tätigkeit des Abtes Simon Landersdorfer stand jedoch während der ganzen Regierungszeit auch im *Dienst des Ordens.*

Als es 1924 darum ging, im Anschluß an die Salzburger Benediktiner-Universität ein Studienhaus für die Benediktiner in Salzburg zu errichten, war Abt Simon einer der eifrigsten Förderer. Er wurde auch als Vertreter der Bayerischen Benediktiner-Kongregation in den Vorstand gewählt.

Der nächste Auftrag ging vom Apostolischen Stuhl aus. Abt Simon wurde im Juli 1926 zum Administrator apostolicus für die Kinderfreund-Benediktiner in Volders-Innsbruck ernannt, und blieb es, bis dieses Priorat nach Niederaltaich verlegt und dort 1930 Dr. Gislar Stieber zum Abt gewählt wurde.

Die schwierigste Aufgabe mußte er 1928 zusammen mit Abt Laurentius Zeller von Trier übernehmen, und die österreichischen Benediktinerklöster visitieren. Da dabei einige Äbte zur Resignation veranlaßt wurden, erhielt er den Beinamen »Simon mit der Säge«.

Es liegt auf der Hand, daß bei dieser vielfältigen Beanspruchung die wissenschaftliche Tätigkeit in den Hintergrund treten mußte. Als größeres Werk erschien 1927 nur noch die Bearbeitung des »Buches der Könige« im Rahmen der »Bonner Bibel«. Dazu kamen noch kleine Artikel in verschiedenen Zeitschriften.

Trotz der Ungunst der Zeit, sowohl in wirtschaftlicher als noch mehr in politischer Hinsicht, erreichte der *Personalstand* unter Abt Simon einen nie dagewesenen *Höhepunkt.* Am Wahltag zählte der Konvent 58 Mitglieder. Beim Abschied des Abtes, als Bischof von Passau, im Jahre 1936, waren es 77 Mitbrüder, davon 24 Patres, 2 Kleriker, 48 Brüder und 3 Novizen.

Nach dem Tod des langjährigen Passauer Oberhirten Sigismund Felix Freiherr von Ow-Felldorf ernannte Papst Pius XI. durch eine Bulle vom 11. September 1936 Abt Simon Landersdorfer zum *Bischof von Passau.* Die Weihe erhielt er am 28. Oktober 1936 durch Kardinal Faulhaber. In Verehrung des 1934 heiliggesprochenen Kapuzinerbruders Konrad von Parzham legte er sich noch den Beinamen Konrad zu.

Trotz des Konkordats, das zwischen dem Heiligen Stuhl und dem Deutschen Reich 1933 abgeschlossen war, bekämpften die Nationalsozialisten das Christentum, und vor allem die katholische Kirche, mit allen Mitteln. Deshalb wandte sich Simon Landersdorfer sowohl als Abt und noch mehr als Bischof von Passau in vielen Predigten, Hirtenbriefen und Ansprachen vor allem gegen die Rassentheorie und christentumsfeindlichen Einflüsse der damaligen Machthaber. Da Verhaftungen zu befürchten waren, ließ er es sich nicht nehmen, die Enzyklika »Mit brennender Sorge«, vom 14. März 1937, persönlich von der Kanzel zu verlesen.

Wenn es galt, das Leben seiner Geistlichen zu schützen, stellte er sich mutig vor sie mit dem Hinweis, daß sie nur ihre Pflicht erfüllt hätten. Nach Beendigung des Krieges galt seine Hauptsorge der Behebung des Priestermangels und dem inneren religiösen Aufbau der ihm anvertrauten Diözese.

Seine umfassende Kenntnis auf allen theologischen Gebieten stellte er noch einmal in den Dienst der Kirche beim *Zweiten Vatikanischen Konzil.* Er gilt als einer der Bahnbrecher der Liturgiereform. Mit Recht durfte er die Verabschiedung der Liturgiekonstitution, am 4. Dezember 1963, als die Krönung seines Lebens betrachten.

Am 27. Oktober 1968 legte er als »Altbischof von Passau« das Amt in die Hände seines Nachfolgers Dr. Antonius Hofmann. Es waren ihm noch drei Jahre des Ruhestandes vergönnt, bis er am 21. Juli 1971, durch einen sanften Tod die Ernte eines erfüllten und von Gottes Vorsehung – in schwerer Zeit – gelenkten Lebens einbringen durfte.

53   Franz Seraph Schreyer   1936–1961

Es war sicher ein Risiko, als am 26. Oktober 1936 der damalige Pfarrvikar von Scheyern, P. Franz Seraph Schreyer, zum Nachfolger des zum Bischof von Passau ernannten Simon Landersdorfer gewählt wurde. Denn der neue Abt war dem damaligen Nazi-Regime von Anfang an ein Dorn im Auge. Schließlich hatte er Schulverbot.

Auch hatte am 5. August 1936 die Partei ein Schreiben an den damaligen Abt gerichtet, »man möge im Interesse der Befriedung der Bevölkerung P. Franz als Pfarrvikar zurückziehen und ihn, wenn auch vorübergehend, versetzen«.

Abt Simon konnte jedoch damals erwidern, daß im Gegenteil »die Entfernung des Pfarrvikars P. Franz von seinem Amte voraussichtlich in der Bevölkerung große Aufregung auslösen würde«.

Die Folgezeit zeigte auch, daß die Wahl P. Franz zum Abt richtig war und daß es ihm gelingen konnte, das Kloster durch die Wirren der Nazizeit und des Zweiten Weltkrieges in eine friedvollere Zukunft hinüberzuretten.

Franz Xaver Schreyer (so hieß er mit dem Taufnamen) war geboren am 21. Juni 1890 in Freystadt in der Oberpfalz. Schon mit zwei Jahren verlor er seine Mutter und wurde dann seiner Tante zur Pflege anvertraut. Nach dem Tode seines Vaters (2. Februar 1902) gaben die Pflegeeltern die Einwilligung zum Studium am Gymnasium in Eichstätt. Nach gut bestandener Reifeprüfung (11. Juli 1911) trat Franz Xaver Schreyer zum Studium der Philosophie in das Klerikalseminar in Eichstätt über. 1913 bat er um Aufnahme in das Kloster Scheyern. Noch konnte er am 30. August 1914 die einfache Profeß ablegen, dann mußte er als Infanterie-Soldat einrücken.

Rasch hintereinander wurde der Soldat Schreyer zum Gefreiten und Unteroffizier befördert und im Juni 1915 zu einem Ausbildungskurs für Offiziers-

Aspiranten nach Grafenwöhr geschickt. Im August 1915 kam er an die Front nach Frankreich und wurde am 21. November zum Offizier befördert. Dann lag er »in der Hölle von Somme«, wo er am 16. August 1916 schwer verwundet wurde und in Französische Gefangenschaft geriet, aus der er am 11. Februar 1920 wieder entlassen wurde.

Am 15. August 1920 konnte er in »hellster Freude« seine feierliche Profeß ablegen und wurde am 29. Juni 1921 in Eichstätt zum Priester geweiht. Bis 1925 war er nun in Plankstetten in der Seelsorge als Kooperator tätig, bis er dann nach Scheyern übersiedelte, um dort nach kurzer Wirksamkeit im Progymnasium am 2. September 1927 das Amt des Pfarrvikars zu übernehmen.

Nun entfaltete P. Franz eine rege und segensreiche Tätigkeit. Zunächst wurde das *Vereinsleben* gefördert. Die »Oblaten des hl. Benedikt« erfuhren eine Neugründung, und die »Jungfrauen-Kongregation«, der »Burschenverein« und der »Jugendverein« wurden neu gestärkt. 1929 konnte der Krankenfürsorgeverein gegründet und die ambulante Krankenpflege eingerichtet werden.

Ein weiteres Vorhaben war die Renovierung des *Kirchturms*. Zum letzten Mal war er vor fast 100 Jahren – bei der Wiedererrichtung des Klosters im Jahre 1838 – renoviert worden, und wies darum kein ansehnliches Äußeres mehr auf. Es bedurfte einer langen und geduldigen Aufklärung, bis 1932 ein *Leichenhaus* erstellt werden konnte. Die letzte bauliche Maßnahme war ein *Kindergarten*, der 1936 »dem göttlichen Kinde« geweiht wurde. In diesem Fall hat sogar die politische Gemeinde das Unternehmen wohlwollend unterstützt, was sonst jedoch – in der Nazizeit – nicht der Fall war.

Alle diese sehr umsichtig durchgeführten Baumaßnahmen haben das Ansehen des Pfarrers Schreyer sehr stark gefördert und ihn auf diese Weise indirekt in seinem *Kampf gegen das Nazi-Regime* unterstützt.

Bereits vor 1933 hatte er bei allen Wahlen die Gläubigen seiner Pfarrei in flammenden Aufrufen aufgefordert, »christlich zu wählen«. So schrieb er 1932 auf ein Flugblatt: »Warum lehnen wir den Nationalsozialismus ab? Weil sämtliche Bischöfe ihn ablehnen. Sie haben erklärt: Der Nationalsozialismus enthält Irrlehren, weil er wesentliche Punkte der katholischen Kirche ablehnt oder schief auffaßt und weil er nach der Erklärung seiner Führer eine neue Weltanschauung an Stelle des christlichen Glaubens setzen will...«

Dank dieser intensiven Aufklärung waren die Wahlergebnisse in der Pfarrei jedesmal zufriedenstellend. Bei der entscheidenden Wahl am 5. März 1933, als Hitler zusammen mit den Deutschnationalen im gesamten Reich die absolute Mehrheit errang, erhielt er in der Pfarrei Scheyern nur 28,4 %, während die Bayerische Volkspartei auf 63,8 % der Stimmen kam. Freilich war der Pfarrer über den Sieg Hitlers sehr enttäuscht und wagte es deshalb noch in den Pfarrboten zu schreiben: »Leider hat gerade das Landvolk gezeigt, daß es den Mut hat, seinen himmlischen Brotvater zu verlassen und daß ihm das Wort irgendeines Menschen mehr wert ist als das Wort der Bischöfe. Darum weiß ich auch, daß es von dieser Wahl keinen Segen hat«.

Es war zu erwarten, daß die Partei die nächstbeste Gelegenheit abwartete, um seiner habhaft zu werden und sich zu rächen. Zunächst hielt sie sich noch zurück, um die Bevölkerung nicht vor den Kopf zu stoßen. Als aber 1936, am 18. Mai, verschiedene Eltern aus Protest gegen eine Zusammenlegung von Mädchen- und Knabenschule ihre Kinder nicht zur Schule schickten, bekam der Pfarrer P. Franz sofort ein Schulverbot, obwohl ihm nicht die geringste Beteiligung an diesem Streik nachgewiesen werden konnte. Nur mit knapper Not entging er der Einlieferung in das Konzentrationslager Dachau.

Es zeugt von der guten Einstellung der Konventualen des Klosters, daß sie ihn trotz der vorausgegangenen Ereignisse am 26. Oktober 1936 zum Abt von Scheyern wählten. Als Wahlspruch wählte Abt Franz Schreyer das Gebet »Vater unser«, um auf diese Weise das Vertrauen auf Gott auszudrücken, das in dieser Zeit besonders notwendig sei.

Abt Franz begann seine Regierung damit, daß er den bereits begonnenen Klosterfriedhof vollendete, der schließlich am 15. August 1937 eingeweiht wurde. Jede weitere Bautätigkeit wurde durch die innen- und außenpolitische Lage unterbunden. Gerade in den Jahren 1936 bis 1939 nahm der Kampf der Nazi-Regierung gegen die Kirche so heftige Formen an, daß man mit jedem Tag nicht nur mit der Schließung der Schule, sondern auch mit der Aufhebung des Klosters rechnen mußte. Es kam jedoch nur zur Aufhebung der Schule im Jahre 1940.

In der Zwischenzeit war der unselige Zweite Weltkrieg ausgebrochen, bei dem auch viele Patres und Brüder eingezogen wurden. Nach der Aufhebung der Schule kam es zu einem zähen Ringen zwischen Partei und Wehrmacht, wer in die leergewordenen Räume einziehen konnte.

Daß hier die Wehrmacht Sieger blieb, stellte sich nachträglich als Rettung des Klosters heraus. Denn die Wehrmacht ließ den eigentlichen engeren Bereich der Klosteranlage unberührt, so daß die verbliebenen Patres und Brüder unbehelligt ihr klösterliches Leben weiterführen konnten.

In den ehemaligen Schul- und Seminarräumen wurde zuerst eine Zahlmeisterschule eingerichtet, durch die bis 1943 ungefähr 5600 Mann in 28 Kursen durchgeschleust wurden. Am 1. Januar 1944 wurden alle Gebäude vom Luftgaukommando VII München übernommen, das kurz vor Kriegsende fluchtartig Scheyern verließ. Einen gewissen Schutz für das Kloster bedeutete auch die Einlagerung von sechs wertvollen Sammlungen in den Räumen des Klosters. Es waren hier gesichert: Der »Thesaurus Linguae Latinae«, ein Teil der Münchner Glyptothek, etwa 100 Kisten der Bayerischen Staatsbibliothek, die Model der Nymphenburger Porzellanmanufaktur und auserlesene Werke der Graphischen Sammlung.

Als am 29. April die Amerikaner erschienen, wurden sie nicht als Feinde, sondern als Freunde und Befreier begrüßt. Sie erklärten auch, daß selbstverständlich im Kloster nichts angetastet würde. Im Laufe des Jahres 1945 wechselten mehrere amerikanische Einheiten einander ab, welche die Schulgebäude belegten. Erst am 14. Februar 1946 konnte man mit den Aufräumungsarbeiten beginnen.

Nach Beendigung der drückenden Nazi-Herrschaft ging man mit einem großen Optimismus daran, die Schäden auszubessern und die unterbrochene Tradition wieder aufzugreifen. Freilich zeigte es sich bald, daß eine zwölfjährige antichristliche Beeinflussung und Erziehung in der Mentalität der Bevölkerung ihre Spuren hinterlassen hatte. Man konnte nicht einfach da weitermachen, wo man vorher aufgehört hatte. Es mußte in vieler Beziehung ein Neuanfang gewagt werden.

Zuerst ging es um den Wiederaufbau der *Schule*. Bereits am 27. März 1946 wurde das Progymnasium mit 42 Schülern wieder eröffnet, das dann bereits am 15. April 1947 zu einem Vollgymnasium mit 9 Klassen erhoben wurde. Da die dazu nötigen Patres noch fehlten, mußten viele weltliche Lehrer eingestellt werden. Als Ergänzung zur Schule baute man die an das Seminar angrenzende alte Brauerei für Seminarzwecke um. Gleichzeitig liefen die *Erneuerungsarbeiten* im übrigen Klosterbereich.

1947   Neuanlage des Klosterhofs mit einem Freialtar für Pilgergottesdienste.
1949   Renovierung des Refektoriums und der Konventgänge.
1950   Erstellung eines neuen Waschraums im Seminar.
1959   Zentralheizung im Klostergebäude und fließendes Wasser.

Die *Sorge um den Bestand des Klosters* in diesen schweren Jahren, die wohl zu den gefahrvollsten der ganzen Klostergeschichte gehören, mußte allein schon die ganze Kraft eines Mannes in Anspruch nehmen. Dabei vergaß Abt Franz nicht die Sorge um das geistliche Wohl der ihm anvertrauten Familie. Die noch erhaltenen Kapitelansprachen legen Zeugnis davon ab, wie sehr ihm dies am Herzen lag. Im Laufe des Krieges waren jeweils 10 bis 20 Mitbrüder im Felde, die Abt Franz durch P. Canisius betreuen ließ. Auf den sehr ausführlichen Feldpostbriefen fügte er meist noch eigene Bemerkungen und Grüße hinzu. Sehr schmerzlich war es für ihn, daß er im Laufe seiner 25jährigen Regierungszeit 45 Mitbrüder zu Grabe geleiten mußte, während nur ein kleiner Teil davon durch Neuzugänge ersetzt wurde.

Abt Franz betrachtete sich stets als Vater der Kloster-*Angestellten*, für die er sehr viel tat. Den Geistlichen des Dekanats hielt er 1927–1947 bei ihren Zusammenkünften in Scheyern jeweils einen Vortrag. Er war ordentlicher Beichtvater der hiesigen Armen Schulschwestern (1936–1966), der Seminarschwestern (1946–1955), und der Niederbronner Schwestern (1955–1966); ebenso außerordentlicher Beichtvater der Pfaffenhofener und Ilmmünsterer Schulschwestern.

Zeitweilig hatte er auch das Amt des Pfarrkirchenchor-Leiters und des Zellerars inne. Ständig war er bemüht um die Verherrlichung Gottes in der Liturgie, im Choral und im Chorgebet. Seine Tätigkeit fand auch äußere Anerkennung durch die Ernennung zum Erzbischöflichen Geistlichen Rat (1953) und durch die Verleihung des Bayerischen Verdienstordens (1961).

Die Unmenge Arbeit für Kloster, Pfarrei und Umgebung verbrauchten allmählich die Kräfte des Abtes Franz Schreyer, so daß er sich am 13. Juli 1961 entschloß, zu resignieren. Er war immerhin bereits 71 Jahre alt. Abtpräses Johannes Ruland teilte dies den Äbten der Bayerischen Benediktiner-Kongregation mit folgenden Worten mit: »Der Hochwürdigste Abt kann mit gutem Gewissen und innigen Dank gegen Gott auf ein an Leistung reiches Leben zurückschauen«.

Er hat die Leitung des Hauses übernommen in einer Zeit, als sich schon die Wolken der Verfolgung und des Zweiten Weltkrieges zusammenzogen. Nach den Zeiten der Not konnte er das Haus auf Hochglanz bringen.

Am 8. Dezember 1961 durfte er sein 25jähriges Abtjubiläum und am 8. Dezember 1964 zusammen mit seinem ehemaligen Mitnovizen P. Bernhard Walcher sein 50jähriges Profeßjubliäum begehen.

Die letzten Lebensjahre waren von Krankheit gekennzeichnet, die er im Glauben an die erlösende Kraft des Kreuzes ertrug. Sein Vertrauen auf Gottes Güte und Barmherzigkeit war, getreu seinem Wahlspruch »Pater noster« – Vater unser – schier unbegrenzt.

Besonders verehrte er die Mutter des Herrn. Ihr zu Ehren führte er den Fatima-Rosenkranz ein. Die letzten Wochen seines Lebens verbrachte er im Krankenhaus zu Schrobenhausen, wo er am 2. Januar 1968 von seinen Leiden erlöst wurde.

Die Beerdigung des Abtes Franz Schreyer gestaltete sich zu einer sehr eindrucksvollen Trauerfeier. In seinem Personalakt hatte der Verstorbene gebeten, ihn nicht in Pontifikalgewändern, sondern im Ordenskleid zu begraben. »Als Brustkreuz gebe man mir mein Sterbekreuz, das ich im Krieg 1914–1918 auf der Brust getragen habe, desgleichen meinen ehemaligen Kriegsrosenkranz. Bitte keinen Ring – keine Leichenrede!«

Dementsprechend begnügte sich P. Albert mit der Bekanntgabe der Lebensdaten. Sehr warme Worte fand der evangelische Pfarrer Emil Reuther von Pfaffenhofen: »Noch bevor es offiziell eine Ökumenische Bewegung gab, hat Abt Franz den Geist der Una Sancta gelebt...«

Zusammenfassend läßt sich über Franz Schreyer sagen: Entscheidenden Einfluß auf seinen Charakter hatte die Kindheit, die er selber als »sehr schwer« bezeichnete. Er mußte sich selber behaupten und durchsetzen, und war gezwungen, sich bald ein selbständiges Urteil über die Menschen und die Welt zu bilden. Sein Charakter weist darum einen selbstsicheren Zug auf, der ihm positiv in den vielfältigen Unternehmungen zugute kam. Auch seine Standfestigkeit und unbeirrbare Konsequenz gegenüber dem Hitler-Regime und seine mutige und zielbewußte Wiederaufbauarbeit nach dem Kriege lassen sich daraus erklären. Getragen wurde diese Haltung von einem intensiven religiösen Innenleben, wofür auch sein Wahlspruch »Pater noster« ein Hinweis ist. Seine Regierungszeit fiel in eine der schwersten Zeiten der Geschichte des Klosters Scheyern. Aber gerade für diese Zeit war Abt Franz Seraph Schreyer mit seinem tiefen Gottvertrauen der rechte Mann.

C Das Kloster Scheyern in der Zeit des »Dritten Reiches«

Gerade wegen der Bedeutung dieser Jahre auch für das Kloster Scheyern seien hier die Ereignisse ausführlich und im Zusammenhang dargestellt.

1 Die Wahlkämpfe des Jahres 1932/33

Wir müssen uns nochmals die schwere wirtschaftliche Not in der Zeit nach dem Ersten Weltkrieg vergegenwärtigen. Da viele Menschen bei der großen Arbeitslosigkeit nach einem starken Mann verlangten, mußte die Kirche vor allem religiöse Motive gegen Hitler ins Feld führen. Leider lag damals vielen Deutschen das Hemd näher als der Rock. Sie schauten in erster Linie auf ihre materielle Not und kümmerten sich weniger um Einwände allgemeinmenschlicher und moralischer Art. Aber wie die Wahlausgänge beweisen, haben doch diese religiösen Motive beim Großteil der Katholiken zu einer Ablehnung von Hitler geführt.

Im Jahre 1932/33 mußten die Bürger sechsmal zur Wahl gehen. Den Auftakt bildete die Wahl zum Reichstagspräsidenten am 13. März 1932. Der damalige Pfarrer Franz Schreyer ließ vor der Wahl an alle Haushaltungen Flugblätter verteilen, die eine eindringliche Warnung vor Hitler zum Inhalt hatten:

»Warum lehnen wir den Nationalsozialismus ab? Weil sämtliche Bischöfe ihn ablehnen. Sie haben erklärt: Der Nationalsozialismus enthält Irrlehren, weil er wesentliche Lehrpunkte der katholischen Kirche ablehnt oder schief auffaßt und weil er nach der Erklärung seiner Führer eine neue Weltanschauung an Stelle des christlichen Glaubens setzen will. Sie lehnen die Offenbarung des Alten Testaments und sogar die mosaischen zehn Gebote ab. Sie lassen den Primat des Papstes nicht gelten und spielen mit dem Gedanken einer deutschen Nationalkirche...«

Da Hindenburg beim ersten Wahlgang die erforderliche absolute Mehrheit nicht erhielt, mußte am 10. April nochmals gewählt werden. Wiederum ließ der Pfarrer ein Flugblatt verteilen:

»Die am 13. März aufgewandte Kraft darf im neuen Kampf nicht erlahmen, sie muß im Gegenteil gesteigert werden. Jede Stimme, die am 10. April Hindenburg gegeben wird, ist ein Schutz gegen die religionsfeindlichen Bestrebungen der Hitlerpartei...«

Die überzeugenden Wahlaufrufe hatten einen sichtbaren Erfolg. Die Wahlbeteiligung in der Pfarrei betrug 91,3 %. Hindenburg erhielt 90,7 % der Stimmen, Hitler nur 8,2 %. Am 24. April war ein dritter Wahlgang für den Bayerischen Landtag fällig. Aufgrund ähnlicher Wahlaufrufe ist das Ergebnis in der Pfarrei Scheyern: Bayerische Volkspartei 76 %, Bauernbund 10,2 %, Sozialdemokratie 2,8 %, Hitler 9,4 %, Kommunisten 0,6 %.

Am 31. Juli 1932 ist eine Reichstagswahl fällig, da Hindenburg den bisherigen Reichskanzler Brüning abberuft und Papen einsetzen möchte. Die Natio-

Grundsätze für die Pfarrei
am Wahltag — 13. März 1932

Wir wählen Hindenburg, aber nicht Hitler,
den Führer der Nationalsozialisten.

Warum lehnen wir den
Nationalsozialismus ab?

Weil ihn sämtliche Bischöfe ablehnen. Sie haben erklärt: „Der Nationalsozialismus enthält Irrlehren, weil er wesentliche Lehrpunkte hat nach der Erklärung seiner Führer eine neue Weltanschauung an Stelle des christlichen Glaubens setzen will. Sie lehnen die Offenbarungen des Alten Testamentes und sogar die mosaischen zehn Gebote ab. Sie lassen den Primat des Papstes nicht gelten und spielen mit dem Gedanken einer deutschen Nationalkirche."

Der Nationalsozialismus lehnt
die Kirche ab, die Sakramente
und das Christenkreuz.

Hitler sagt: „Wenn ich einmal zur Macht gekommen bin, wird die kath. Kirche nichts zu lachen haben, um aber an die Macht

Grundsätze für die Pfarrei
am Wahltag — 31. Juli 1932

Wir müssen zur Wahl gehen, denn Hitler zwingt uns. Es war ihm seine Wähler-zahl zu gering, um eine Diktatur aufrichten zu können, er will, daß die neunzehn Millionen Hindenburg-Wähler im Staate nichts mehr zu sagen haben, er will, daß seine Partei ganz allein über Deutschland herrsche. Das will er am 31. Juli erreichen. Es ist ihm ge-

Du kannst mit gutem Gewissen
dein Kreuzlein ✕ nur in
den Kreis der Nummer
Bayerische 9 Volkspartei schreiben.

Grundsätze für die Pfarrei am Wahltag
6. November 1932

Worum handelt es sich bei dieser Wahl?

1. Ein politischer Radikalismus will keine Volksvertretung mehr neben der Regierung dulden.

2. Man will eine neue Verfassung, eine Reichsreform

Das Sinnbild der national-sozialistischen Bewegung ist das Hakenkreuz, ein Kreuz, das in all seinen vier Armen abgebogen ist. Es wurzelt weder im Boden, noch hebt es sich senkrecht von der Erde zum Himmel. Es breitet die Arme nicht aus, um alle zu sich zu rufen, es ist keine Heilsbotschaft für die Mühseligen und Beladenen, sondern eine Herrenmenschen. Der Nationalso-Erneuerung der Idee des zialismus ist wohl die größte Welle der Gegenwart, aber auch die lauteste und oberfläch-lichste. Sie ist nicht Geist, sondern Leidenschaft, sie ist nicht Religion, sondern Fanatismus und Lüge, denn er gibt allen alles. Es geht über die Brücke des Nationalsozialismus langsamer oder schneller dem Kommunismus zu.

Darum kann es für den 6. November nur die eine Parole geben: Seit 1919 war noch keine Wahl von so grundlegender Bedeutung. Die Verantwortung kommender Jahrzehnte verpflichtet dich, zur Wahl zu gehen, und dich für die christliche Mitte der Bayer. Volkspartei [Nr. 6] zu entscheiden.

Wählst du nicht, so versagst du der Religion deine Hilfe. Wir wollen eine Politik der christlichen Tat, wir wollen eine Politik, die uns die Jugend nicht verdirbt und wir wollen eine Politik der sozialen Gerechtigkeit.

Gruß von deinem Seelsorger   P. Franz

---

142   Wahlzettel des Pfarrers von Scheyern, P. Franz Schreyer, von 1932.
P. Franz wurde im Jahre 1936 als Nachfolger von Abt Simon zum Abt gewählt

nalsozialisten drängen jedoch auf eine Neuwahl des Reichstags. Die Lage ist sehr kritisch geworden. Der energische und leidenschaftliche Aufruf des Pfarrers spiegelt die Situation wieder.

»Das Sinnbild der nationalsozialistischen Bewegung ist das Hakenkreuz, ein Kreuz, das in all seinen vier Armen eingebogen ist. Es wurzelt weder im Boden, noch hebt es sich senkrecht von der Erde zum Himmel. Es breitet die Arme nicht aus, um alle zu sich zu rufen. Es ist keine Heilsbotschaft für die Mühseligen und die Beladenen, sondern eine Erneuerung der Idee des Herrenmenschen...« Zum Schluß fordert der Pfarrer, keiner revolutionären Partei die Stimme zu geben.

Auch diesmal ist der Erfolg erfreulich: Bayerische Volkspartei 79,8 %, Sozialdemokratie 2,7 %, Hitler 12,0 %, Kommunisten 1,3 %, Bauernbund 4,0 %.

Im Reich kommt Hitler von 107 auf 230 Sitze und damit auf 37,8 % der Stimmen. Da die Nazis noch nicht am Ziel sind, stellen sie sofort einen Mißtrauensantrag und erreichen damit eine erneute Auflösung des Reichstags. So muß am 6. November 1932 nochmals gewählt werden.

Im Wahlaufruf gibt der Pfarrer die Stimmung vieler Wähler wieder, die über die Nazis wegen ihrer Machenschaften verärgert sind. Er schließt mit den Worten: »Seit 1919 war noch keine Wahl von so grundlegender Bedeutung. Die Verantwortung kommender Jahrzehnte verpflichtet dich, zur Wahl zu gehen, und dich für die christliche Mitte der Bayerischen Volkspartei, Nr. 6, zu entscheiden.« Das Ergebnis in der Pfarrei: Bayerische Volkspartei 75,1 %, Hitler 12,9 %, Sozialdemokratie 2,4 %.

Im Reich sinkt die Zahl der Mandate Hitlers von 230 auf 195 Sitze. Aber trotzdem bleibt die Gesamtlage sehr unsicher. In dieser Situation kommt es nun zu dieser fatalen Entscheidung Hindenburgs am 30. Januar 1933, Hitler als den Führer der stärksten Partei zum Reichskanzler zu ernennen. Da aber Hitler die absolute Mehrheit der Stimmen im Reichstag anstrebt, drängt er nochmals zu einer Wahl, die am 5. März 1933 stattfindet. Der Wahlaufruf des Pfarrers gibt einen Einblick in die fast aussichtslose Situation:

»Am 5. März müssen wir wieder zur Wahl gehen. Ich werde mich auf wenige Sätze beschränken, um die Pfarrangehörigen an ihre Pflicht zu erinnern. Die Lage ist so klar geworden, daß nur mehr die Mahnung genügt: *Wählt christlich!*

Man fürchtet diesmal, die Christen wählen nicht mehr christlich, oder sie gehen überhaupt nicht zur Wahl. Was ist doch das für eine Verantwortung gegen den Glauben! Wir sollten unsere Lage heute doch genau erkennen: Wir sind bis auf das letzte Bollwerk zurückgedrängt, wir haben nur mehr einen Ring zu verteidigen, und wenn dieser verloren ist, dann ist alles verloren.

Wir sind auch die Letzten und Einzigen, die noch auf ihrem Posten aushalten, unser Häuflein ist klein, und täglich fallen auch noch von diesen viele. Und doch könnte man uns nicht erstürmen, wenn wir das Letzte einsetzten. Ist unser Glaube dieses Einsatzes nicht wert? Er zwingt uns diesen Kampf für unseren Glauben auf, damit sich unsere Treue bewähre. Anders verdienen wir keine besseren Zeiten.

Jetzt ist die Zeit der Prüfung. Wir in Bayern können, wenn wir unsere Pflicht tun wollen, nicht anders wählen, als Nr. 6!

Seid einig und treu! Wenn ihr wüßtet, was auf dem Spiele steht, ihr würdet euch nicht zweimal mahnen lassen. Wir können unsere Glaubensgrundsätze nicht preisgeben. An Gottes Segen ist alles gelegen.«

Das Ergebnis ist sehr aufschlußreich: Bayrische Volkspartei 63,8 %, Sozialdemokraten 2,6 %, Hitler 28,4 %, Kommunisten 1,04 %, Bauern-Bund 4,2 %.

Die Hitler-Partei konnte also den Stimmenanteil von 12 auf 28 % steigern. Dies entspricht ziemlich genau dem Stimmenanteil, mit dem im ganzen Reich Katholiken Hitler gewählt haben. Obwohl das Ergebnis innerhalb der Pfarrei für den Pfarrer sehr betrüblich war, zeigt es doch, daß Hitler nicht mit Hilfe der Katholiken an die Macht kam.

Der Kommentar des Pfarrers ist zwar vorsichtig, aber doch deutlich gehalten (Pfarrbote Nr. 12, 1933):

»Die vergangene Wahl hat an Ernst und Bedeutung noch nie gesehen... Ich möchte allen getreuen Schäflein im Namen Gottes von ganzem Herzen danken, daß sie um Gottes Willen zur Wahl gegangen sind und daß sie aus Liebe zu ihrem Glauben katholisch gewählt haben.

Leider hat gerade das Landvolk in dieser Wahl gezeigt, daß es den Mut hat, seinen himmlischen Brotvater zu verlassen und daß ihm das Wort irgendeines Menschen mehr wert ist als das Wort seiner Bischöfe. Darum weiß ich auch gewiß, daß es von dieser Wahl keinen Segen hat.«

Im Jahre 1933 konnte sich der Pfarrer dieses Wort noch leisten. Später hätte es zu einer sofortigen Verhaftung geführt.

Schlußbemerkung zu den Wahlen!

1. Die Wahlaufrufe des Pfarrers haben einen sichtlichen Erfolg gezeigt. Auch in der Wahl vom 5. März, die massiv von den Nazis beeinflußt und keine freie mehr war, konnten die Nazis in der Pfarrei nur 28 % der Stimmen gewinnen. Dies entspricht auch für das ganze Reich dem Stimmenanteil, mit dem Katholiken die Nazi-Partei gewählt haben.

2. Da die mißliche wirtschaftliche Lage und die Mehrheitsverhältnisse des seit langem ausgeschalteten Reichstags für Hitler sprachen, mußten die Bischöfe – und auch der Pfarrer – vor allem religiöse Gründe gegen den Nationalsozialismus anführen.

3. Die Bischöfe – und mit ihnen viele weitsehende Menschen – haben klar vorausgesehen, daß ein Regime, das bewußt gegen die Grundwerte des Menschen verstößt, zu einer Katastrophe führen muß.

2 Verhaftungen in Scheyern während der Nazi-Zeit

Bereits kurz nach der sogenannten »Machtergreifung« kam es in der Pfarrei Scheyern zu drei Verhaftungen, die einiges Aufsehen erregten und die anfänglich noch vorhandene Begeisterung einiger Nazi-Leute erheblich dämpften.

Zu denjenigen, die dauernd mit der Verhaftung rechnen mußten, zählten die Geistlichen und auch die ehemaligen führenden Männer der Bayerischen Volkspartei. Pfarrer Franz Schreyer konnte sich im Jahre 1936 der Verhaftung nur durch eine zeitweilige Flucht entziehen (siehe Bericht über den »Schulstreik«). Zwei Verhaftungen gingen einigermaßen glimpflich ab. Die Betroffenen saßen nur drei Wochen im Gefängnis in Pfaffenhofen.

Korbinian Schrank von Scheyern sagte einmal im Spaß: »Heil Moskau – Morgen kommst aufs ›Dach-nau‹!« (= nach Dachau!). Er wurde angezeigt und am 28. November 1933 in »Schutzhaft« genommen. Der »Schutzhaftbefehl« lautet:

»Auf Grund des § 1 der VO des Reichspräsidenten zum Schutze von Volk und Staat vom 28. 2. 1933 ... wird in Schutzhaft genommen: Korbinian Schrank ... Scheyern. Gegen die Verhängung der Schutzhaft steht dem Verhafteten kein Beschwerderecht zu... Er wird vorläufig in das Amtsgerichtsgefängnis Pfaffenhofen untergebracht.«

Zusammen mit Schrank wurde noch *Jakob Fröschl*, Oberschnatterbach, verhaftet, der ebenfalls eine abfällige Bemerkung gegen das Regime gemacht hatte. Beide wurden jedoch am 19. Dezember 1933 wieder auf freien Fuß gesetzt. Es wurde ihnen zugute gerechnet, daß sie ihre Äußerung »im angeheiterten Zustand« gemacht hätten.

Schlimmer erging es *Anton Forster*, Scheyern. Er hatte einmal geäußert: »Wegen dem hergelaufenen Bazi [Hitler] soll ich meine Kraxen nehmen und mit meiner Familie gehen!«

Forster war von Beruf Glaser, der mit seiner »Kraxen« von Haus zu Haus ging und die Fenster verglaste. Er kam ins Konzentrationslager nach Dachau und dann nach Landsberg am Lech. Nur durch Vermittlung seiner Tochter Ursula wurde er bereits nach einem halben Jahr wieder auf freien Fuß gesetzt. Seine Tochter war in Berlin Angestellte beim Kunstmaler Kanoldt, der wiederum in der Reichskanzlei des »Führers« tätig war.

Aber Anton Forster hatte die strenge Weisung, über seine Erlebnisse im Konzentrationslager Dachau nichts zu erzählen. Selbst den eigenen Familienangehörigen gegenüber vermied er jegliche Äußerung.

Drei weitere Verhaftungen von Geistlichen, die sehr eng mit Scheyern verbunden sind, haben ebenfalls große Unruhe hervorgerufen.

Josef Roßberger, Seminardirektor des Freisinger Knabenseminars, wurde am 8. Januar 1934 zu acht Monaten Gefängnis verurteilt. Er war 1913–1925 Musikpräfekt und Chordirektor in Scheyern und blieb seitdem aufs engste mit Scheyern verbunden.

Am 30. Oktober 1933 hatte sich der Seminardirektor Roßberger mit seinen Präfekten gemütlich unterhalten über die politischen Zustände. Dabei meinte er in Hinblick auf den damals gerade schwelenden Prozeß um den Reichstagsbrand: »Die Regierung soll doch endlich zugeben, daß sie den Reichstag selbst angezündet hat, dann ist der Prozeß gleich gar!«

Kurz darauf wurde Roßberger in »Schutzhaft« genommen. Der Präfekt Albert Hartl hatte die Sache dem Ersten Bürgermeister von Freising erzählt, der sie der Polizei überbrachte.

So kam es zum Gerichtsverfahren des Sondergerichts am 2. Januar. Die übrigen Präfekten drückten sich in ihrer Zeugenaussage geschickt herum und es blieb nur noch die Aussage des Präfekten Hartl als belastend übrig, der außerdem noch zusätzliches Beweismaterial lieferte.

Roßberger mußte seine Strafe bis auf 16 Tage – durch eine allgemeine Amnestie – absitzen und wurde dann Chordirektor und Benefiziat an der Heilig-Geist-Kirche in München. Am 15. Dezember 1936 verunglückte er tödlich bei einem Verkehrsunfall.

Albert Hartl bekam auf diesen Vorfall hin eine Fülle von Briefen, die ihn des Verrats beschuldigten. Allgemein beschimpfte man ihn als »Judas«. Er war bereits vorher heimlich bei der Partei. Er ging zur SS, trat aus der Kirche aus und stellte sich an einflußreicher Stelle dem Reichssicherheitshauptamt der SS zur Verfügung. Er wurde Leiter des berüchtigten Kirchenreferats und starb im Jahre 1982 in Ludwigshafen. Albert Hartl war in den Jahren 1914–1919 Schüler in Scheyern gewesen, war aber sicher kein Freund Scheyerns. Von allen Studiengenossen wurde er als Verräter betrachtet.

In diesem Zusammenhang muß eine weitere Persönlichkeit genannt werden, die mit Scheyern eng verbunden war: Prälat Dr. *Michael Höck* († 31. 5. 1996), der Bruder des Scheyerer Abtes Dr. Johannes Höck. Michael Höck war Schüler in Scheyern in den Jahren 1915–1920. Später, 1931–1934, war er Präfekt im Studienseminar in Freising, zusammen mit Albert Hartl, unter dem Seminardirektor Roßberger.

Kurz nach der Verhaftung Roßbergers wurde Dr. Michael Höck mit der schwierigen Aufgabe betraut, die Redaktion der Münchener Kirchenzeitung zu übernehmen. Höck berichtet darüber: »Ein Schüler des Seminars schrieb damals nach Hause: ›Unser Präfekt ist unter die Presse gekommen‹. Das war ein kleiner Prophet. So war's auch.

Da haben sie mich zitiert und haben Verbote erlassen gegen einzelne Nummern der Kirchenzeitung, gegen Beiträge, die ich eingebracht habe, und schließlich haben sie mich bewacht, beobachtet, meine Korrespondenz durchgeschaut, meine Telefonnummer überwacht. Das hat man merken können, weil das immer reduziert war in der Tonstärke; und bei der Post hab' ich's ebenfalls feststellen können, daß die Kuverts wieder zugeklebt waren...«

Im Oktober 1940 bekam Michael Höck einen Strafbefehl. Der Grund war ganz allgemein: »Widersetzlichkeit seiner Tätigkeit«. Der Prozeß endete zwar mit Freispruch, aber dieser wurde ihm offiziell nie mitgeteilt. Die Kirchenzeitung mußte das Erscheinen einstellen. Höck spürte jedoch, daß er auf Schritt und Tritt bespitzelt wurde. Am 23. Mai 1941 wurde er in »Schutzhaft« genommen. Den Grund hat er niemals erfahren.

Er kam zunächst nach Berlin und dann ins Konzentrationslager Sachsenhausen. Im Juli 1941 wurde er, zusammen mit Domkapitular Neuhäusler und Pastor Niemöller auf einem Sondertransport nach Dachau gebracht. Die Un-

Hart auf hart.....

VON WALDL

...und was dabei herauskommt, wenn der „Osservatore" eine Lanze für die Juden bricht

terbringung im sogenannten Kommandatur-Arrest geschah in Form einer »milderen Zellenhaft«. Trotz dieser milderen Haft waren die drei Häftlinge dauernd von einer quälenden Angst geplagt, weil man »keinen Tag wußte, was ihnen morgen einfallen« würde. Wenige Wochen, bevor die amerikanischen Truppen das Konzentrationslager befreiten, wurde Michael Höck, im April 1945, unerwartet entlassen.

Zusammen mit Michael Höck war auch *Johannes Neuhäusler* im Konzentrationslager in Dachau. Auch er war ein Schüler von Scheyern, der sich zeit seines Lebens mit Scheyern eng verbunden gefühlt hat. Als Zeichen dafür hat er sich nach dem Krieg dafür eingesetzt, daß die Kirche auf dem Petersberg bei Eisenhofen wieder instandgesetzt und dort ein Bildungszentrum errichtet werde. Er war geboren am 27. Januar 1888 in Eisenhofen und ist am 14. Dezember 1973 in München als Weihbischof gestorben. Ab 1932 war er Domkapitular in München und wurde 1933 von Kardinal Faulhaber beauftragt den kirchlichen Widerstand gegen den Nationalsozialismus zu organisieren. Über den bayerischen Botschafter beim Vatikan, Josef Müller, lieferte er viel Material nach Rom. Es fand ausgiebig Verwendung in dem 1940 in London erschienen Buch »Die Verfolgung der Katholischen Kirche im Dritten Reich«. Neuhäusler wurde 1941 verhaftet und ins Konzentrationslager nach Dachau eingeliefert, wo er zusammen mit dem evangelischen Pastor Niemöller und Michael Höck in Sonderhaft gelegt wurde.

Nach dem Krieg wurde er einer der geistigen Führer der ehemaligen KZ-Häftlinge von Dachau. Bereits 1946 verfaßte er die Dokumentensammlung »Kreuz und Hakenkreuz, Der Kampf des Nationalsozialismus gegen die katholische Kirche und der kirchliche Widerstand«. Darin wendet er sich vor allem – unter Hinweis auf eine Fülle von Dokumenten –, gegen den Vorwurf, daß die katholische Kirche nicht genügend Widerstand geleistet habe.

Aus seiner Feder erschienen noch eine Reihe anderer Schriften, wie »Saat des Bösen, Kirchenkampf im Dritten Reich«, 1964; »Wie war es in Dachau? Versuch der Wahrheit näher zu kommen«, 1961; und andere.

143   *Hetzkarikaturen auf die Katholische Kirche, weil sie sich nicht gegen die Juden mobilisieren ließ. Aus der Zeitschrift »Das Schwarze Korps«*

Hier muß auch ein weiterer »Scheyerer« genannt werden, Kaplan *Hermann Wehrle*, der vom 15. Oktober 1937 bis 17. August 1938 als Novize in Scheyern weilte. Wegen »Mangel an Berufung zum Ordensstand« schied er jedoch wieder aus und studierte dann Theologie in St. Ottilien und Freising. Am 6. April 1942 wurde er von Kardinal Faulhaber in Freising zum Priester geweiht.

Am 18. November 1942 trat er die Stelle eines Kaplans in München-Bogenhausen, in der Pfarrei Heilig-Blut, an. Hier traf er mit Pater Alfred Delp SJ zusammen und wirkte vor allem als ausgezeichneter Prediger und Beichtvater.

Im Dezember 1943 bekam Kaplan Wehrle Besuch von einem gewissen Ludwig von Leonrod, der ihn unter dem Siegel des Beichtgeheimnisses fragte, ob das Wissen um ein geplantes Attentat auf eine führende Persönlichkeit Sünde sei. Wehrle gab zur Antwort, daß es Lehre der Kirche sei, daß kein privater Bürger ohne öffentlichen Auftrag einen Tyrannen töten dürfe. Davon zu unterscheiden sei das Wissen um einen geplanten Tyrannenmord. Das sei auf keinen Fall Sünde.

Bei den Prozessen des Volksgerichtshofs, im Zusammenhang mit dem Attentat vom 20. Juli 1944, unter dem Vorsitz von Roland Freisler wurde auch dieses Gespräch aufgedeckt. Hermann Wehrle wurde daraufhin zum Tode verurteilt, mit der Begründung: »Hermann Wehrle beruhigte als Priester das Gewissen eines Verratsmitwissers, der von ihm wissen wollte, ob er seine Kenntnis vom Mordplan melden müsse: solche Mitwisserschaft sei keine Sünde. Er ließ also den Verrat reifen und bewahrte den Plan vor der Gefahr aufgedeckt zu werden. So wurde auch er Mitverräter.« Die Vollstreckung des Urteils fand noch am gleichen Tag, 14. September 1944 statt. Wehrles letzte Worte, aufgeschrieben auf einen kleinen Zettel, den seine Schwester in der zurückgeschickten Kleidung fand, lauteten: »Ich bin eben zum Tode verurteilt worden. Welch schöner Tag – heute ist Kreuzerhöhung«. Auch hier klingt die geistige Verbindung mit dem Kloster zum Heiligen Kreuz in Scheyern durch.

Dementsprechend lautet die Gedenktafel, die an der Kirche St. Georg/Bogenhausen angebracht ist:

Wir aber müssen uns rühmen im Kreuze unseres Herrn Jesus Christus.
In ihm ist für uns das Heil, das Leben, die Auferstehung.
DR. HERMANN JOSEF WEHRLE
Stadtkaplan bei Hl. Blut-Bogenhausen 1942/44, geb. 26. Juli 1899,
hingerichtet 14. September 1944, am Feste Kreuzerhöhung.
Als Beichtvater zum Tode verurteilt starb er in Treue
zu seinem priesterlichen Amte. R.I.P.

Wenn von Strafmaßnahmen gegen katholische Geistliche die Rede ist, darf nicht unerwähnt bleiben die Schließung sämtlicher Ordensschulen, durch die über die Ordensleute indirekt ein Schulverbot verhängt wurde. In Scheyern waren davon 12 Patres betroffen.

Wenn auch äußerlich scheinbar in den ersten Jahren der Nazi-Zeit eine Beruhigung eintrat, so gärte es unterschwellig weiter. So kam es, daß bei einem scheinbar geringfügigen Anlaß die Empörung sich Luft verschaffte.

In Scheyern wurden die Kinder vor 1936 in getrennten Häusern unterrichtet, die Mädchen von den Schulschwestern in der sogenannten »Mädchenschule«, und die Knaben in der »Knabenschule«. Ohne daß die Eltern befragt wurden, erging am 18. Mai 1936 die Anordnung, daß ein Teil der Mädchen in der Knabenschule, und umgekehrt ein Teil der Knaben in der Mädchenschule unterrichtet werden sollten. Die Absicht war sofort klar: Man wollte die Mädchen vom Unterricht durch die Schulschwestern allmählich lostrennen. Von dieser Anordnung hatten selbst die Lehrerinnen keine Ahnung. Nur ein Teil der Eltern hatte davon gehört.

So versammelten sich am 18. Mai um 8 Uhr einige Frauen und Männer und es kam zu turbulenten Szenen, bei denen die Eltern ihrem ganzen Unmut freien Lauf ließen. Dabei fiel auch das Wort vom Streik. Der herbeigeeilte Oberamtmann antwortete darauf: »Mit Streiks sind wir immer fertig geworden... Die Zeit ist vorbei, wo man das Volk nach seinen Wünschen frägt!«

Am 19. Mai waren mehrere Kinder streikend abwesend, darunter geschlossen die ganze Ortschaft Fernhag. Dort wurde im »Kreis herum« die Meldung verbreitet, daß die »Schule ausfällt«. Am nächsten Tag gingen die Kinder jedoch wieder zur Schule, vor allem weil die Schulschwestern die Eltern dringend baten, ihre Kinder zur Schule zu schicken, um schlimmeres Übel zu verhindern. Damit war aber der Fall nicht erledigt. Die Oberin der Schulschwestern, M. Lorenzo, wurde als Folge des Streiks versetzt, obwohl ihr nicht im geringsten eine Mitschuld nachgewiesen werden konnte. Pfarrer Franz Schreyer erhielt am 23. Mai ein Schulverbot, weil er angeblich den Schulstreik veranlaßt habe. Dies traf jedoch in keiner Weise zu.

Am 25. Mai erhielt der Abt Simon Landersdorfer eine geheime Mitteilung, daß man beabsichtige, P. Franz nach Dachau einzuliefern. P. Franz fuhr deshalb noch am gleichen Tag mit dem Auto nach München an einen unbekannten Ort.

In der Zwischenzeit versuchte der Abt, die Angelegenheit beim Innenministerium zu klären. Offenbar hatte er Erfolg. Denn am 29. Mai konnte P. Franz wieder heimkehren.

Außerdem wurden etwa 40 Personen verhört. Sie sollten angeben, warum sie gestreikt beziehungsweise sich beschwert hätten. Vor allem wollte die Polizei verdächtige Hinweise auf den Pfarrer und die Schulschwestern herausbekommen.

Da diese Verhöre nicht den von der Polizei gewünschten Erfolg hatten, wurden eines Tages viele Eltern mit dem Lastauto nach München vor das Landgericht gefahren, wo ihnen schwere Geldstrafen über 100 Mark diktiert wurden.

Als den Urheber des Streiks fand die Polizei Matthias Schwarzbauer von

Fernhag heraus. Da er aber Vater von 11 Kindern war, wagte man es nicht ihn in die beabsichtigte »Schutzhaft« nach Dachau zu nehmen. Er ließ sich aber seitdem nicht mehr in der Öffentlichkeit sehen.

Große Unruhe rief die Einführung der *Gemeinschaftsschule* hervor. Damals bedeutete diese Schule in den Augen der Bevölkerung zugleich Erziehung im nationalsozialistischen Sinn. Durch das Konkordat war aber die *Bekenntnisschule* zugesichert. Trotzdem wollten die Nazis die Gemeinschaftsschule mit Gewalt durchdrücken.

Zu diesem Zweck wurden im Bereich von Scheyern, teilweise in Begleitung von Polizisten, die Lehrer von Haus zu Haus geschickt, um Unterschriften für die Gemeinschaftsschule zu sammeln. Die Lehrer versicherten, daß dies eine reine »Formsache« sei, die Religionslehrer und auch die Schulschwestern würden so bleiben wie bisher. So unterschrieben zwangsweise die Eltern.

Am nächsten Sonntag ließ der Pfarrer, P. Maurus Dick, Zettel austeilen für die Bekenntnisschule. Mit nur geringen Ausnahmen unterschrieben alle Anwesenden. Trotzdem wurde die Gemeinschaftsschule eingeführt. Auch die Schulschwestern wurden sehr bald von allen Schulen entfernt.

4 Stufenweise Aufhebung der Schule 1938–1940

Die Enzyklika von Papst Pius XI. »Mit brennender Sorge«, vom 14. März 1937, rief bei den Nazis helle Empörung hervor, die sich vor allem in einer Hetzkampagne gegen katholische Geistliche und Ordensleute wegen »angeblicher Devisen- und Sittlichkeitsvergehen« entlud. Da diese jedoch nicht den gewünschten Erfolg hatte, ging man zu einer »lautlosen Methode« über. Durch harmlos klingende Erlasse wurden schrittweise alle klösterlichen Lehranstalten aufgehoben.

Der Anfang wurde gemacht durch einen Erlaß des Staatsministeriums für Unterricht und Kultus vom 29. Dezember 1937. Dieser trägt die Überschrift: »Neugestaltung des höheren Schulwesens« und beginnt mit der harmlos klingenden Bemerkung: »Mit dem Beginn des kommenden Schuljahres wird in Bayern das höhere Schulwesen neu gestaltet. Im Zusammenhang damit wird das Netz der höheren Schulen neu verteilt... Für die dortige Schule kann kein Bedürfnis anerkannt werden...«

Daraufhin erhob sich aus den Reihen der Bischöfe, Klöster und Ordinariate ein Sturm der Entrüstung. Man sprach von »Vertragsbruch« und »rücksichtsloser Diktatur«. In dem Hirtenschreiben der bayerischen Bischöfe vom 4. September 1938 heißt es:

»Indem wir an die feierlichen Vertragsversprechen erinnern, fragen wir Euch, geliebte Diözesanen, ob die Massenentlassung von über 1200 Ordensschwestern, der Abbau sämtlicher höheren männlichen und weiblichen Ordensschulen, die Ausweisung der Ordensleute aus allen Erziehungs- und Unterrichtsanstalten – angefangen von den Kindergärten – vereinbar sind mit diesem eindeutigen Konkordatsversprechen, vereinbar sind mit deutscher

Vertragstreue, mit dem Wohl des deutschen Volkes, mit dem Rechte der Kirche und Eltern auf eine christliche Erziehung der Jugend?«
Aber all die vielen öffentlichen und privaten Protestschreiben halfen nichts. Es wurde lediglich ein stufenweiser Abbau zugebilligt. Wenn im Schuljahr 1937/38 noch 184 Schüler das Progymnasium besuchten, so schrumpfte die Zahl im nächsten Schuljahr 1938/39 auf 109 Schüler in 4 Klassen zusammen. Im Schuljahr 1939/40 schließlich waren es 66 Schüler in 3 Klassen.
Am 5. Februar 1940 kam der Erlaß zur endgültigen Schließung der Schule: »Das im Abbau befindliche Progymnasium der Benediktiner in Scheyern wird samt dem Schülerheim mit dem Ende des Schuljahres 1939/40 geschlossen.«
Trotz eines letzten Versuchs des Ordinariats München vom 11. März 1940, die Schule zu retten, kam am 26. März 1940 der endgültige Bescheid des Staatsministeriums: »Die Schließung des Schülerheims in Scheyern war eine notwendige Folge der Schließung des dortigen Progymnasiums. Einen Aufschub des Vollzugs der ME. vom 5. 2. 1940 bedauere ich nicht bewilligen zu können. i. A. gez. Dr. Friedrich.«

5   Schule und Internat nach der Aufhebung

Über die Veränderungen, Lehrplanänderungen, neuen Lehrbücher im Geiste des »Dritten Reichs« ist an unserer Schule das *Aktenmaterial* endgültig verloren. Denn auf Grund eines Runderlasses des RMfWEV (Reichs-Ministerium für Wissenschaft, Erziehung und Volksbildung) vom 4. November 1941 mußten die Akten der aufgelösten privaten Schulen entweder unmittelbar an die Reichsstelle für das Schulwesen in Berlin oder an die Unterrichtsverwaltungen eingesandt werden. Am 1. Oktober 1946 erhielt man auf eine entsprechende Anfrage den Bescheid, daß diese Akten verbrannt seien.
Die *leergewordenen Räume* des Seminars und der Schule sollten alsbald ein Zankapfel zwischen Militär und Partei werden.
Schon im September 1939 erfolgte eine Besichtigung der beiden Gebäude wegen Eignung als Kriegslazarett. Es wurde auch sofort mit der Einrichtung begonnen.
Schon am 16. September 1939 war das Lazarett im Seminar fertig, auch Pflegepersonal war schon vorhanden (7 Rote-Kreuz-Schwestern und 7 Tutzinger Schwestern). Weil aber keine Verwundeten kamen, wurde am 30. Oktober 1939 das Lazarett »auf Widerruf« aufgelöst.
Am 15. Dezember 1939 sprach eine Kommission vom Landratsamt vor und beschlagnahmte vier Räume des Gymnasiums als Volksschule. Schon am nächsten Tag erschien wieder eine Militärkommission und besichtigte das Gymnasium zwecks Beschlagnahme. Dieses Tauziehen setzte sich im Januar und Februar 1940 schriftlich und mündlich fort.
Ende Mai wurden alle Räume des Gymnasiums von der Lazarettverwaltung verlangt. Die sieben Tutzinger Schwestern wurden wieder zurückgerufen. Am 1. Juni 1940 trafen die ersten Verwundeten ein. Aber schon im September

lief ein Befehl des Landrats ein, im Auftrag des Ministeriums im Gymnasium vier Schulräume der Volksschule zu überlassen. Diese waren dann in Benützung bis 4. Juli 1942.

Die Partei wollte am 12. September 1942 die Seminar-Räume mit Flüchtlingen aus Bessarabien belegen. Dies wurde jedoch glücklich abgebogen durch das Militär, das statt eines Lazaretts eine *Zahlmeisterschule* nach Scheyern verlegte.

Es kam dabei zu einem erbitterten Ringen zwischen Militär und Partei, wie die Einträge im Tagebuch des Abtes melden:

»20. 9. 40. Es wird telefonisch gemeldet; die Zahlmeisterschule wird errichtet.«

»Am 24. 9. äußert sich der Landrat entrüstet über die Beschlagnahme des Seminars durch das Militär.«

»25. 9. Der Kampf zwischen Militär und Partei in Berlin ist entschieden. Das Militär siegt. Aber das Kloster muß dafür den Prügelknaben machen und für 100 Bessarabier andere Räume zur Verfügung stellen.« Diese blieben bis zum 21. Mai 1941 und wurden in den Gymnasiumsräumen untergebracht. Im Dezember kamen Mädchen aus Hamburg, die es bis Ende Februar 1942 aushielten.

Inzwischen hatte die Zahlmeisterschule am 22. Oktober 1940 ihren Betrieb mit Lehrgängen von je etwa 200 Mann aufgenommen, die durchschnittlich einen Monat dauerten. Vom 4. Juli 1942 an wurden dann sämtliche Räume auch des Gymnasiums – mit denen des Seminars und der Klosterschenke – vom Militär in Anspruch genommen. Im ganzen fanden bis zum 5. November 1943 mit insgesamt 5600 Mann 28 solche Kurse statt.

Dann tauchte ein neuer »Gast« auf, das »Luftgau-Kommando VII« mit drei Generälen, etwa 700 Offizieren, 700 Mann, 300 Nachrichtenhelferinnen und 200 Stabshelferinnen, deren Unterbringung erhebliche bauliche Veränderungen sowohl des Seminars als auch des Gymnasiums und anderer Räume mit sich brachte. Auf dem Sportplatz »Schöneck« wurden drei große Baracken aufgestellt.

Wegen der häufigen Luftangriffe auf die umliegenden größeren Städte kam am 1. Mai 1944 ein Feuerlöschkommando und stationierte im Klosterhof und Umgebung 150 Wagen ein.

Im sogenannten Prälatengarten wurde ein großes Löschbassin ausgehoben. Sämtliche Mauern wurden mit Tarnfarben getüncht, so daß sie aussahen wie eine ausgebrannte Ruine.

Auch die neue Volksschule, die in den ersten Kriegsjahren erbaut worden war, angeblich als Gegenburg gegen das Kloster, wurde nicht als Schule in Gebrauch genommen, sondern zuerst als Wehrertüchtigungslager verwendet und schließlich dem Luftgaukommando zugesprochen. Sie blieb bis Kriegsende in dessen Hand, von wo sie in den Besitz der Besatzungstruppen überging. Nach deren Abzug ging sie an die deutsche Bundeswehr über, bei der sie bis 1993 blieb.

Wegen der sich mehrenden feindlichen Luftangriffe wurde vom Luftgau-

Kommando schließlich unter dem Sportplatz Schöneck mit dem Holz aus dem Klosterforst ein Schutzstollen gebaut, wofür über 1500 Festmeter Holz verbraucht wurden.

Gegen Ende des Krieges, offiziell am 20. April 1945, setzte sich der Luftgau allmählich ab. Aber es blieben immer noch Teile hier. Es zogen sogar Fronttruppen durch, die sich immer weiter nach Süden absetzten. Zu guter Letzt kehrte noch die SS und die Feldgendarmerie bei uns ein. Dem Vernehmen nach soll es sich sogar um eine Einheit der berüchtigten »Aufhängekommandos« gehandelt haben, die in den Wäldern der Umgebung nach flüchtigen Soldaten suchte.

6 Gefährdete Existenz des Klosters

Trotz der Beschlagnahme der Schulräume durch das Militär und der verschiedenen Einlagerungen der Glyptothek, des Thesaurus Linguae Latinae und anderer Institute, stand die Existenz des Klosters lange Zeit auf des Messers Schneide. In einem Eintrag des äbtlichen Tagebuchs heißt es: »Wir standen nach dem Geständnis eines Gestapobeamten wenige Tage nach dem Fall von St. Ottilien [April 1941] auch vor der Aufhebung«.

Vorsichtshalber bekam jeder der Mönche einen Koffer und eine Kiste aus der Schreinerei »für den Fall eines Abtransportes durch die Gestapo«.

Am 25. August 1941 kam über den Landrat eine Anfrage über die Zahl der Klosterinsassen »zwecks Erfassung«.

Am 13. November 1942 kam ein Domänenbesitzer aus Norddeutschland und gab an, daß er aus sicherer Quelle wisse, daß Scheyern in einem Jahr nicht mehr existieren werde. Er wolle darum das Klostergut Dummeltshausen kaufen. Am 24. August 1943 wird aus dem Ministerium Rosenberg angefragt, ob das Kloster belegt sei. Sie wollen 20 Zimmer.

Zusammenfassend heißt es am 16. Dezember 1944 im Tagebuch: »Die Aufhebung des Klosters war offenbar ständig beabsichtigt. Man ließ uns nie aus dem Auge, um bei günstiger Gelegenheit diese Absicht zu verwirklichen. Gott ließ es nicht zu. Auch das Militär war offenbar unser Schutzengel.«

Schon Ende 1941 schließt das äbtliche Tagebuch:

»Das Jahr ist zu Ende. Bei allem, was die Menschen aus ihm machen wollten, ist Gott der Herr geblieben. Viele Klöster sind nicht mehr, der Sturm gegen das Kreuz in den Schulen und öffentlichen Ämtern hat seinen gotteslästerlichen Höhepunkt erreicht. Das Blut floß in Strömen. Die Katastrophe des Heeres ist besiegelt. Herr schütze die Deinen, wir vertrauen, auch wenn wir vernichtet werden!«

7 Die letzten Tage des Krieges

Die Eintragungen ins Tagebuch des Abtes lassen die Dramatik dieser letzten Kriegstage erahnen.

24. April 1945. Die Nächte sind im Klosterhof sehr unruhig, da sie zum Abtransport des Militärinventars benützt werden.

144   *Gymnasium Scheyern im Jahre 1907: eine 34köpfige Klasse mit sieben Lehrern.*
Stehend links P. Ulrich Ahr, rechts P. Salvator Durner. Sitzend von links:
P. Rupert Datz, P. Raphael Barth, P. Anselm Neubauer, P. Joseph Peruschitz
(der fünf Jahre später beim Untergang der Titanic ums Leben kam),
P. Konrad Pfaffenzeller

145 Beim Abschied vom bisherigen Abt und neuen Bischof von Passau, Simon Konrad Landersdorfer, am 12. Oktober 1936 ließ sich der Konvent von Scheyern 70köpfig fotografieren. 28 Patres und Fratres und 42 Laienbrüder repräsentierten einen blühenden Konvent in schwerer Zeit. Von den Patres und Fratres seien genannt: mittlere 2. Reihe:
Johannes, Leopold, Clemens, Bonifaz, Richard, Bernhard, Franz, Albert, Godehard,
Augustin, Beda, Thomas, Plazidus, Hildebrand, Vinzenz, Eberhard, Maurus, Willibald,
Hugo. Untere 1. Reihe: Canisius, Salvator, Anselm, Bruno, Bischof Simon, Stephan,
Rupert, Gregor, Alfons

146 Lehrer am Scheyerer Gymnasium im Jahre 1936, stehend: P. Richard, Ernst Hauser,
P. Hugo, P. Andreas, P. Gregor, Veit Johann, P. Vinzenz, Wappmannsberger, P. Bernhard,
P. Johannes. Sitzend: P. Salvator, P. Stephan, P. Plazidus, P. Canisius, P. Rupert

147 Musik und Theater hatten an der Scheyerer Schule immer einen hohen Stellenwert:
hier an Fastnacht 1929 Bühne und Personal für Schillers »Wilhelm Tell«

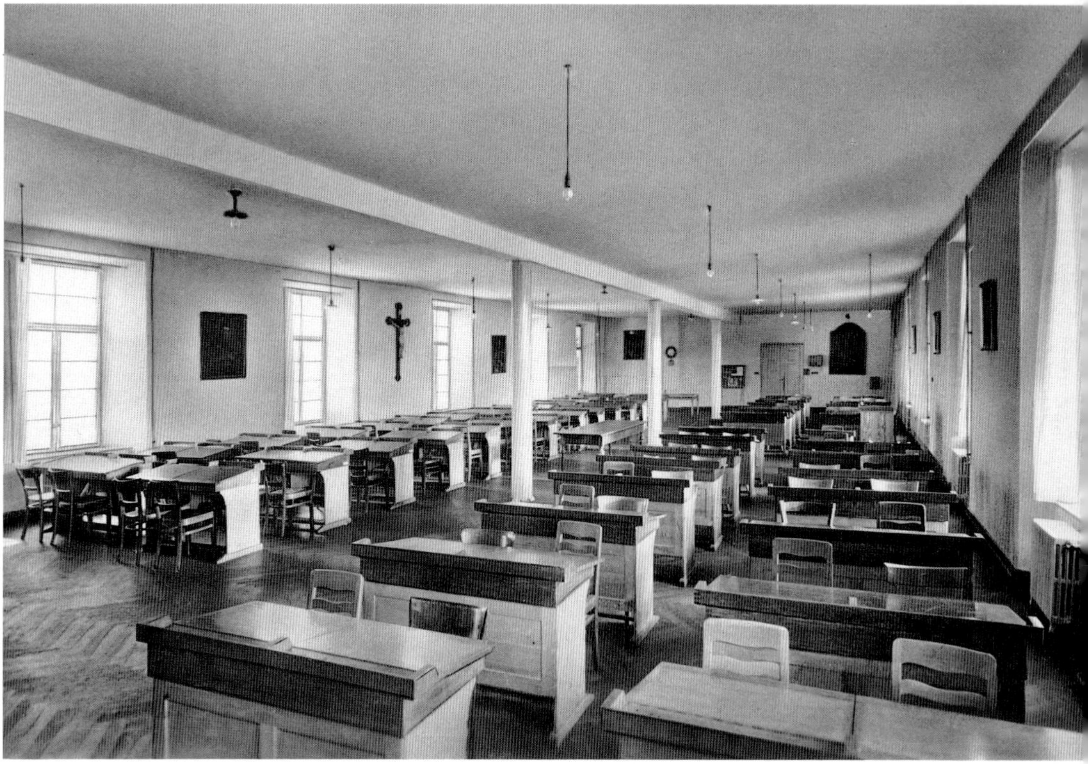

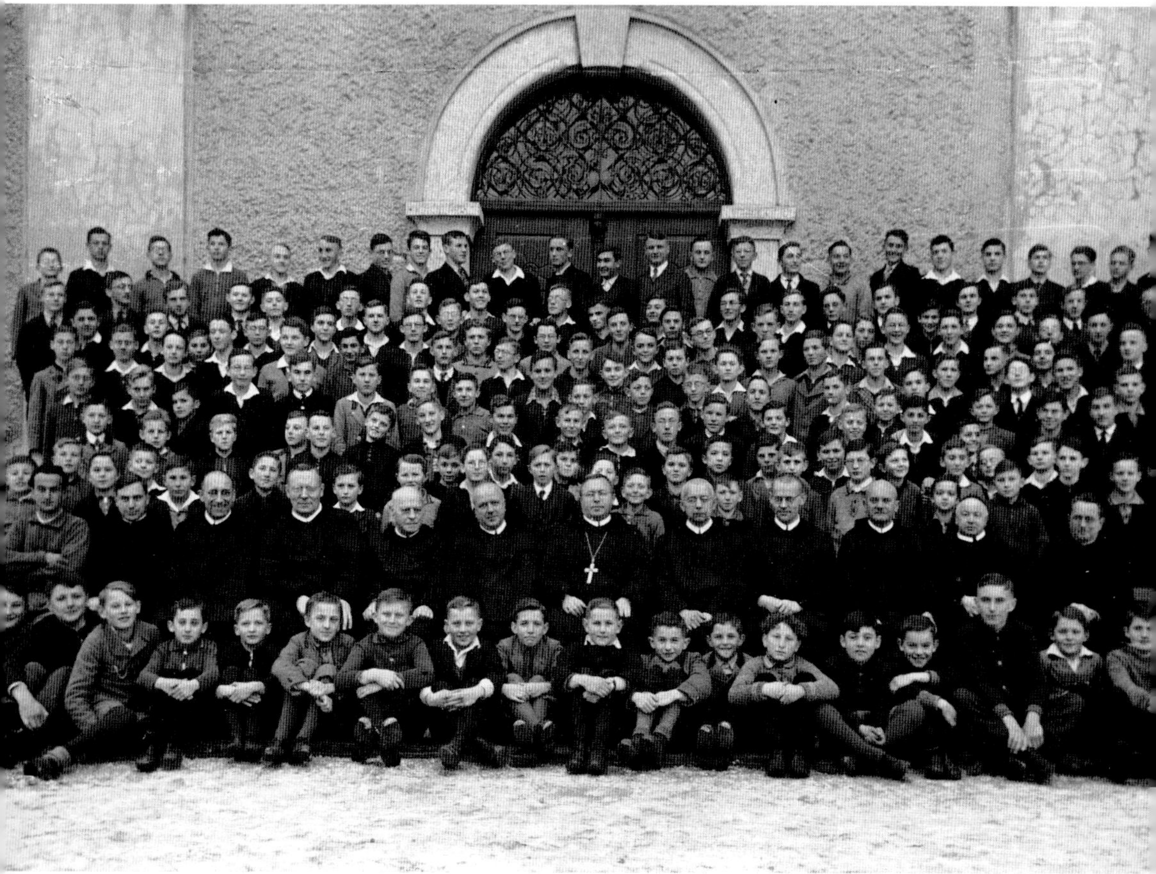

148 *Studienseminar Scheyern. Großer Studiensaal, um 1950*

149 *Gymnasium Scheyern: Alle Schulklassen haben sich hier im Dezember 1937 versammelt um ihre Lehrer und Abt Franz Schreyer*

150 *Die Elisabethenkapelle wurde am 19. November 1583, dem Fest der hl. Elisabeth von Thüringen, durch den Suffraganbischof von Freising, Bartholomäus Scholl, konsekriert. Sie war bereits unter Abt Georg II. Neubeck (1558–1574) als eine der spätesten gotischen Kapellen im bayerischen Raum errichtet worden. Im Rahmen der umfassenden Renovierung des Wohnheims der Berufsoberschule, um 1975, wurde auch diese Kapelle restauriert und dabei der Altarraum der liturgischen Erneuerung entsprechend neu geformt. Die Taube, als Symbol des Heiligen Geistes, und der Tabernakel wurden nach dem Vorbild der Kapelle des Exerzitienhauses Schloß Fürstenried von Max Faller, München, gestaltet*

151 Die 2. Klasse zum Schuljahresabschluß im Juli 1949 mit Klaßleiter P. Albert Siegmund:
Der künftige Abiturjahrgang 1956 mit (obere Reihe): Lötz, Rager, Widmann, Lindner,
Goldbrunner, Zierl Hubert, Kroth Erich, Elfinger, Wackerl, Heupel Norbert, Maier Hel-
mut, (zweite Reihe von oben): Neubauer, Gumann, Gruber, Kraus, Schlosser, Mayr
Sylvester, Kaindl, Drahtmüller, Hintermeier, Fink, Schrag, Stedele, Seidl Josef, (zweite
Reihe von unten): Leonhard, Frank, Junker, Kurzeder, P. Albert Siegmund, Schöffel,
Bawiedemann, Graf, Bäuml, Hufnagel, (untere Reihe, im Schneidersitz): Griebl,
Schlehuber, Zeilhofer, Lohner, Traut, Medele, Rothbauer, Zimmermann

152 Turnhalle in Scheyern bei einer Musikfeier, vermutlich im Jahre 1938
153 Scheyerer Lehrerkollegium im Herbst 1956. Hintere Reihe: P. Godehard, Georg Hader,
P. Ambrosius, Martin Hackl, Franz Schopka, Albert Lechner, P. Eberhard, Wilhelm
Prehn, P. Willibald, Ignaz Kumpf, Wolfgang Schuh, Oswald Sauer. Vordere Reihe:
P. Augustin, P. Bernhard, P. Plazidus, P. Albert, Michael Bauer

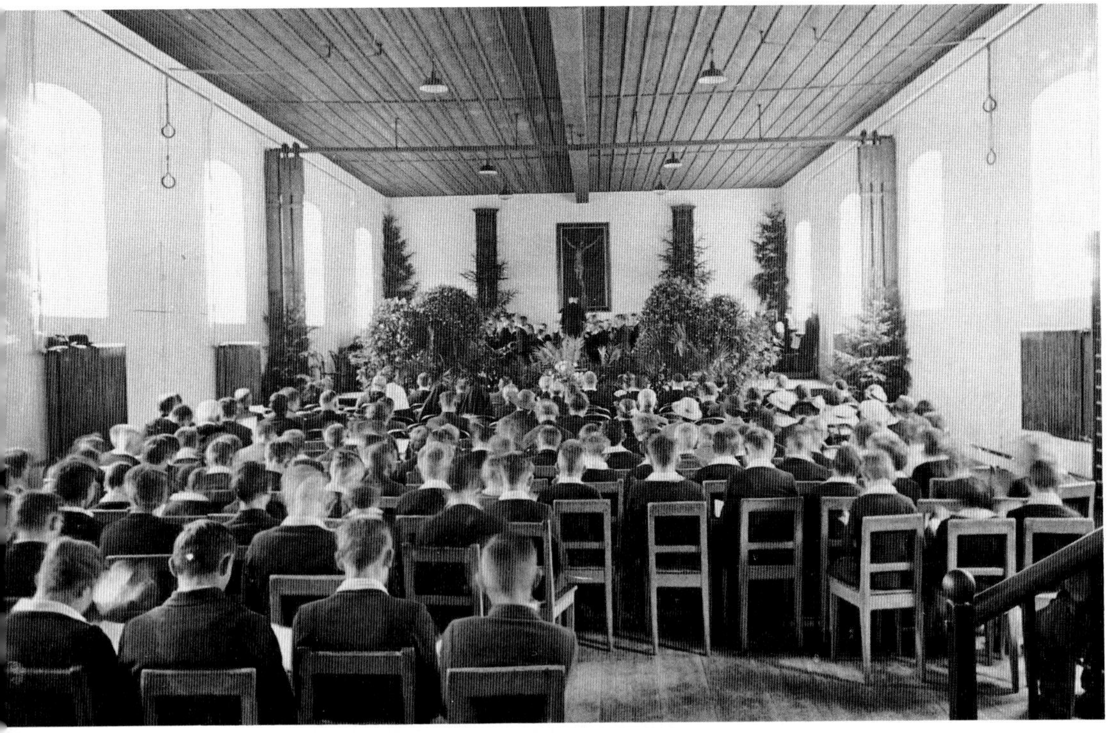

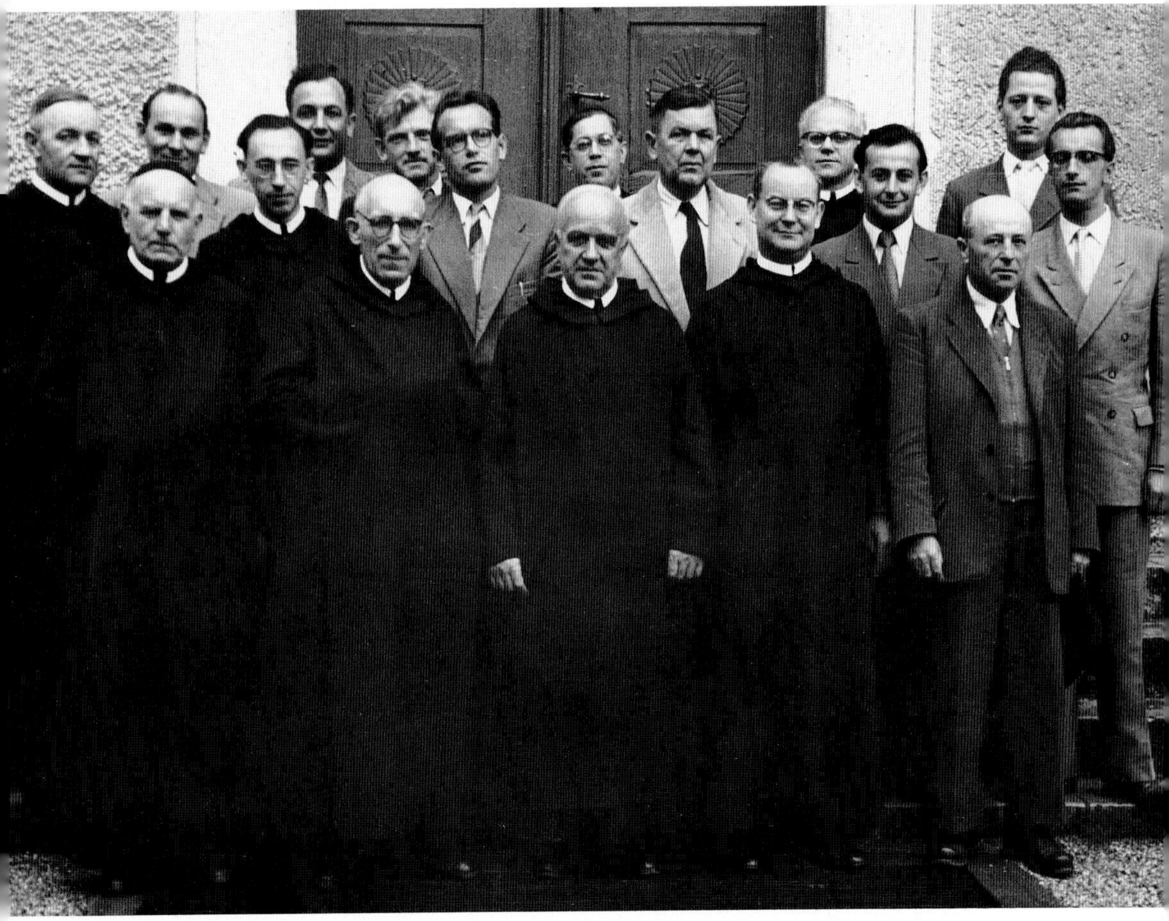

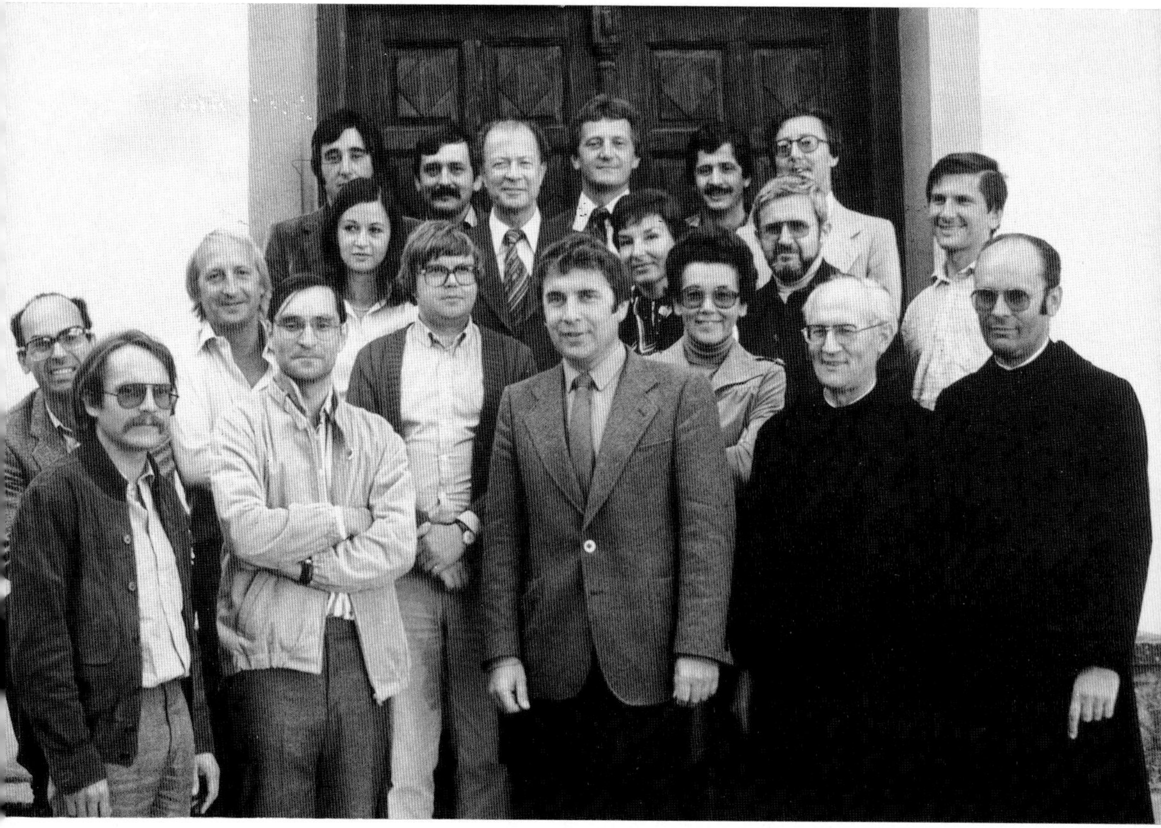

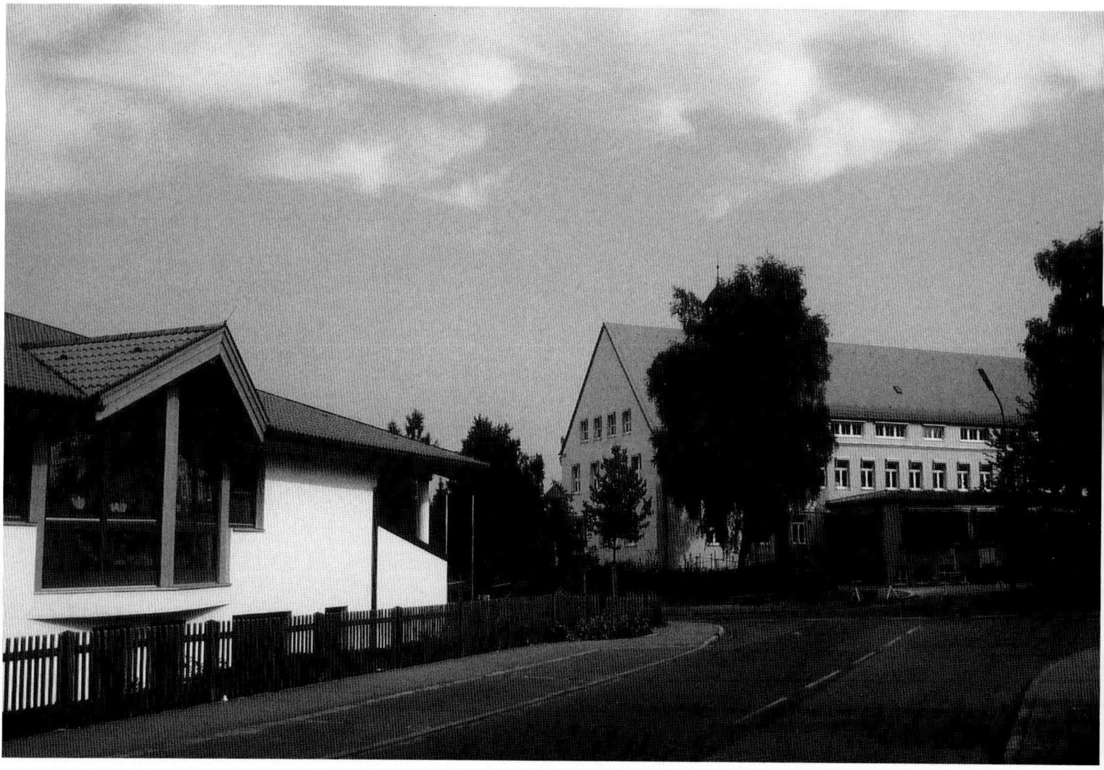

154   *Berufsoberschule Scheyern, Lehrerkollegium, 13. September 1979.*
Obere Reihe: Max Förstl, Karl-Martin Sedlmeier, Alfred Langer, Helmut Gully, Mathias
Kornprobst, Hans Dietrich. Mittlere Reihe: Herbert Pölzl, Klaus Herber, Dorothea
Weber, Günther Nöllgen, Brigitte Schneider, Anna Geibl, Herbert Ullmann, Georg
Ruland. Untere Reihe: Norbert Hauß, Karl-Heinz Söndermann, Holger Ringholz,
P. Anselm, P. Engelbert

155   *Gemeinde Scheyern 1997: Kindergarten, Volksschule*

156   *Abtei Scheyern, Konvent bei der Installation des neuen Abtes Johannes M. Hoeck am*
1. September 1961:
Obere Reihe: Emmerich, Benno, Joseph, Wunibald, Alto, Gabriel, Korbinian, Kilian,
Heinrich, Alois, Ulrich, Fridolin, Anton, Epiphanius, Laurentius, Lukas, Tiburtius,
Emmeran, Nonnosus. Mittlere Reihe: Plazidus, Karlmann, Leopold, Willibald, Joa-
chim, Anselm, Dominicus, Ambrosius, Beda, Hugo, Ildefons, Albert, Raphael, Augu-
stin, Godehard, Ansgar, Pius, Benedikt, Eberhard, Engelbert, Chrysostomus. Untere
Reihe: Rupert, Bernhard, Abt Johannes von Augsburg St. Stephan, Abt Johannes Hoeck,
Abt Franz, P. Franz, Barnabas

157 Einzug der Konzilsväter zum II. Vatikanischen Konzil in Rom zur Eröffnung am
     11. Oktober 1962. Vorn, erste Reihe, in der Mitte, Abt Johannes Hoeck von Scheyern
158 Abtei Scheyern, Konvent 1995. Obere Reihe: Benedikt, Jakob, Thomas, Franz, Stephan,
     Matthäus, Ulrich, Andreas, Wunibald. Untere Reihe: Markus, Leopold, Lukas, Abt
     Bernhard, Ansgar, Raphael, Petrus, Engelbert, Kilian, Anton, Dominikus, Nonnosus,
     Angelus, Anselm
159 Berufsoberschule, um 1980

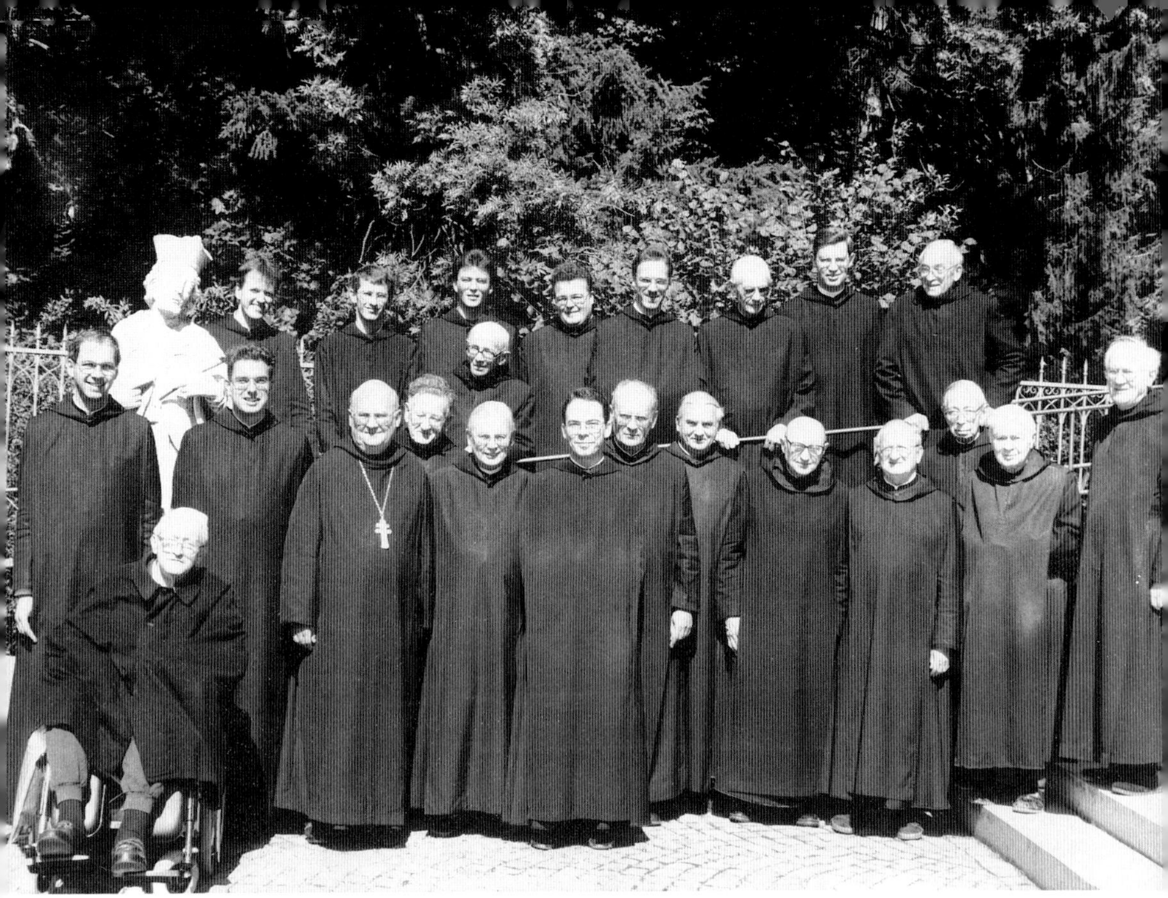

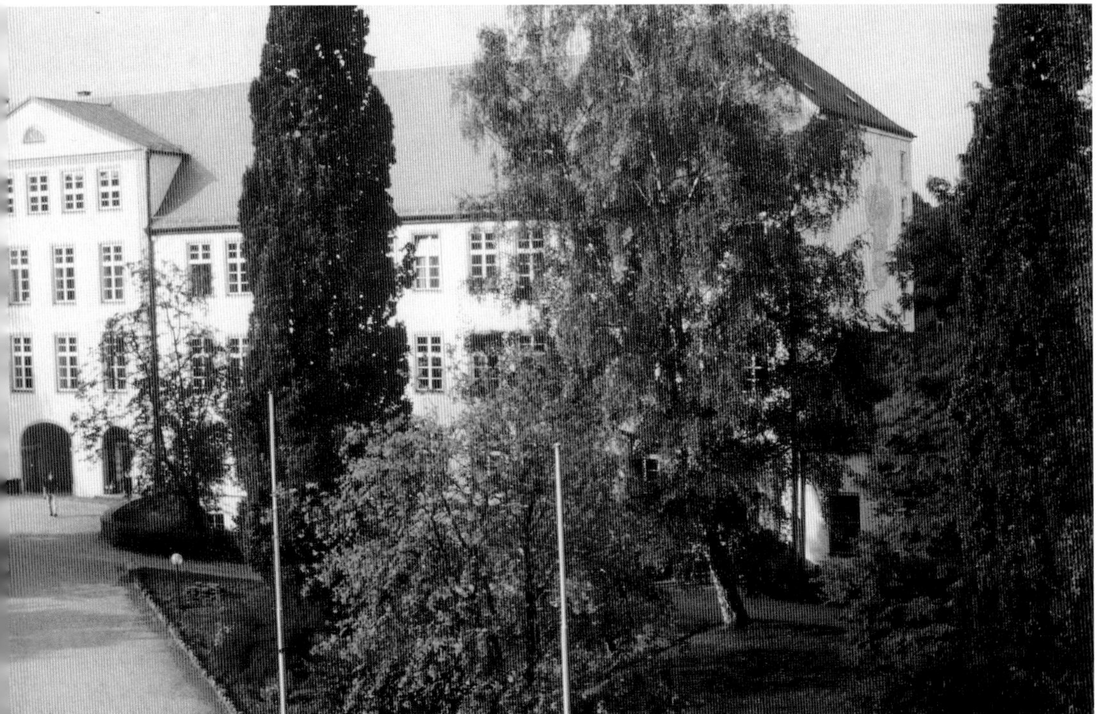

160   *Scheyern um 1740: Der Graf von Dachau (mit Knappe und Wappenschild) überbringt (um 1180) den Mönchen von Scheyern den Kreuzpartikel. Emailmalerei am Fuß der Kreuzmonstranz*

25. April. Auch heute wieder den ganzen Tag fliehende Truppen im Kloster-hof und Prielhof. Der Kanonendonner von Ingolstadt her wird immer intensiver.

26. April. Mittags um ½12 Uhr der erste Angriff der amerikanischen Luft-waffe auf Scheyern. 12 Flieger machten Gebrauch von ihren Bordwaffen beim Angriff auf die »Adolf-Hitler-Schule« und zerfetzten das Dach und die Fassade; ihr eigentliches Ziel war ein Öltankwagen vor dem Hause, den sie in Brand schossen.

27. April. Karfreitag. Abends um 5 Uhr kam eine Meldung, die im Gymnasium und im Seminar einquartierte Feldgendarmerie und SS-Mannschaft bestünde aus etwa 60 Mann. Die letztere sei das Standgericht mit sofortiger Vollzugsgewalt durch den Strang oder jede beliebige andere Todesart. Es war eine Raubmörder- und Plünderungsbande, militärisch organisiert und getarnt, ausgesprochene Verbrecherfiguren. Es war auch bereits verraten, daß sie in der kommenden Nacht einen Plünderungszug auf das Kloster planten.

Man richtete sich im Kloster darauf ein, verschloß aufs genaueste Tür und Tor, stellte Wachen auf, räumte das Wichtigste in Schlupfwinkel und stellte namentlich in der Küche den einen oder anderen Köder an Eßmitteln auf in unauffälliger Weise. Da es diesen Leuten gegenüber einen Widerstand nicht gibt, vereinbarte man, ihnen das Haus zu überlassen, wenn sie offen oder geheim sich dem Kloster nähern sollten. Der Konvent würde in diesem Augenblick auf ein Glockenzeichen hin sich in die lichtlose Kirche zur Anbetung begeben und alles übrige Gott überlassen.

Die Räuber hatten tagsüber ein Wein- und Schnapslager von den abgezogenen Offizieren erwischt und hielten im oberen Stock des Seminars ein wüstes Saufgelage ab unter Gejohl und Geschrei.

Plötzlich um 12 Uhr nachts erreichte die Zecher von der eigenen nahen Front die Drahtnachricht, daß der Amerikaner 3 km entfernt auf der Höhe von Pfaffenhofen angekommen sei, und daß er sich im raschen Anmarsch befinde.

Dies hatte zur Folge, daß sie ihre Stubenlichter zum Auslöschen brachten und an Flucht dachten. Im Kloster deutete man das Erlöschen der Lichter als den Zeitpunkt, wo die Räuber zum Sturm auf unser Haus übergingen. Dem Konvent wurde durch ein Glockenzeichen des Priors bedeutet, sich in die Kirche zu begeben.

Als man dort ankam, war bereits durch Freunde hereingesagt worden, daß die SS die Flucht ergriffen habe. Der Dank gegen Gott für diese unerwartete Wendung war groß. Man hatte das Gefühl, einem Karfreitag entgangen zu sein. Tatsächlich erschienen in dieser Nacht viele fliehende Truppen im Kloster-hof.

28. April. Karsamstag. Diesen Tag erwartete man den Durchzug bzw. den Angriff der Amerikaner auf Scheyern, wenn verteidigt werden sollte. Dünne SS-Schützenketten zogen sich von der Viether Höhe durch den Schnatter-bach-Wald zurück, ständig von den Amerikanern verfolgt.

Die Ortschaften hätten alle gern die weiße Fahne gehißt. Man fürchtete jedoch sich vor den SS-Truppen und vor den Werwolfleuten, da die Parole ausgegeben wurde: Wer die weiße Fahne hißt, dessen Sippe wird ausgerottet.

In Pfaffenhofen marschierten die Amerikaner um 2 Uhr nachmittags ein. Nachmittags von 2 bis 8 Uhr waren heftige Kämpfe in Hettenshausen, östlich von Scheyern.

In Scheyern war am Samstag mittags der Höhepunkt. Vom abgezogenen Luftgau waren noch zwei Feldwebel, Eckerlein und Sachart, mit 2 Mann zurückgelassen worden, um eine Nachrichten-Vermittlungsstelle im Hochparterre des Gymnasiums beim Herannahen der Amerikaner zu sprengen. Diese Leute waren aber bereits in Zivil und hatten sich zum Schutz des Klosters bereitgestellt. Sie hatten bereits eine weiße Fahne an die Pforte gebracht, um sie im gegebenen Moment zu hissen.

Der Abt ließ dies jedoch nicht zu, da dies schlecht ausgelegt werden konnte. Dies war Sache des Bürgermeisters, der auch tatsächlich die weiße Fahne auf dem Knabenschulhaus anbringen ließ.

Abends um 5 Uhr hatte man das Gefühl, daß die Amerikaner Scheyern überhaupt nicht angehen wollten, obwohl die ganze Gegend schon von ihren Truppen besetzt war. Wir waren tatsächlich eingekesselt. Und Besseres konnte man sich nicht wünschen, da dann eine direkte Kampfaktion unserem Ort erspart blieb.

29. April. Ostersonntag. Die Kirchenstühle sind schwach besetzt. Und doch ist, ohne daß wir es ahnen, für uns der Krieg schon vorbei. Und dabei ist kein Ziegel, und keine Fensterscheibe verletzt.

P. Hugo feiert Namenstag. Während des Mittagskaffees kommt der Pförtner und meldet, daß in der Ortskanzlei zwei Amerikaner erschienen seien. Sie machten also nach Tisch eine gemütliche Sonntagsfahrt in ihrem Auto und verlangten nach dem Bürgermeister, der ihnen die Gemeinde Scheyern zu übergeben habe. In erster Linie forderten sie von ihm die Auslieferung aller Waffen in den Häusern.

30. April. Ostermontag. Es treten zunächst Tage ein, die unter dem Eindruck der Furcht stehen. Die ganze Bevölkerung leidet darunter, daß noch keine amerikanische Besatzung nachrückt. Ihr Vormarsch ist so schnell, daß sie das rückwärtige Gebiet nur allmählich besetzen. Um so unheimlicher hat die Bevölkerung unter der Tatsache zu leiden, daß sich Hunderte von SS-Leuten in den Wäldern noch verstecken und besonders bei Nacht sich plündernd herumtreiben; desgleichen versprengte und desertierte Soldaten, die von den SS-Leuten erschossen und verfolgt werden; auch ausgebrochene Häftlinge aus dem Konzentrationslager Dachau – es handelt sich um 10000. Darunter sind auch kriegsgefangene Russen, Polen, Franzosen und dergleichen, die jetzt auf freien Fuß gesetzt sind. Sie verlangen von den Leuten vor allem Fahrräder, um heimfahren zu können und zwar unter Androhung mit dem Revolver.

1. Mai. Man tritt im Kloster das Erbe an, das der Krieg geschaffen hat. Der Eindruck kann nicht beschrieben werden: Ein Bild der Verwüstung, der Entartung, wie es die Hunnen und Vandalen nicht schrecklicher hätten zurücklassen können.

Die Möbel sind aufgerissen; sie stehen wirr im Raume, Schreibtische, Eichentische und Schränke, Öfen, Bettstellen, Telefonapparate, Leitzordner, Schreibmaterial, Kannen, Weinflaschen, usw.

Das Volk betrachtete die Hinterlassenschaft der Luftwaffe bei ihrem Weggang als herrenlos, und es begann in Gemeinschaft mit den zurückgebliebenen Soldaten und SS-Leuten ein wüstes Rauben und Plündern. Man schlug Fenster und Türen ein... So trieben sie es vom Samstag bis Dienstag. Es war ein Bild furchtbarster Entartung und Verrohung, Sonntagsschändung und Mißachtung des Eigentums anderer.

Wir im Kloster können von jetzt ab jede Nacht wieder die beiden Tore schließen, was seit Jahren nicht mehr möglich war. Es liegt bei Nacht wieder der selige Friede auf unserem Klosterhof. Man hat das Gefühl: Er gehört uns wieder.

Am heutigen Tag erschien der amerikanische Kommandant, ein Oberleutnant, der seinen Sitz in Pfaffenhofen hat, mit seinem Dolmetscher in der Abtei, um sich sozusagen vorzustellen. Nicht als Feinde, sondern als Freunde kämen sie beide.

Es war tragisch, wenn ihnen der Abt sagen mußte: »Wir betrachten das Blut der amerikanischen Soldaten als für unsere Sache vergossen; wir haben Ihre Ankunft auf die Minute sehnlichst erwartet und begrüßen Sie voll Freude als Freunde.«

Sie erklärten ferner, daß es von amerikanischer Seite allgemeine Vereinbarung war und ist, von den Klostergebäuden nichts zu besetzen.

Nachträglich ließen sie den Abt ersuchen, er möchte ihnen fünf Männer vorschlagen, die in der Gemeinde Vertrauen verdienen, als Bürgermeister und bürgerliche Polizeiorgane. Der Abt ließ ihnen außerdem erklären, daß das Kloster sich selbstverständlich nie vom Geist der Rache oder der Vergeltung für die seit 13 Jahren erlittenen Bosheiten und Unbilden leiten lassen dürfe; und daß es als Priestergemeinde sich nie an einer Aktion beteiligen würde, die den Charakter der Wiedervergeltung an Parteimitgliedern an sich tragen würde. Sie verstanden es und achteten es.

Den gleichen Gedanken trug der Abt dem Konvent am vergangenen Sonntag vor: Wir wollen uns weder auf der Kanzel, noch bei Krankenbesuchen, noch im Geschäftsverkehr mit den Leuten verfehlen durch Anspielungen oder Schadenfreude oder gar Drohungen gegen die Feinde in der Vergangenheit. Wir wollen es, wie es in der Communio der Tagesmesse heißt, dem Hl. Geist überlassen, die Welt zu überzeugen, daß es eine Sünde, eine Gerechtigkeit und ein Gericht gibt. Damit ist nicht gesagt, daß wir Schädlinge und neue Unruhestifter dulden werden.

Nachdem die beiden Männer noch um ein Andenken baten, gab der Abt jedem zwei Scheyerer Kreuze aus Neusilber und Kupfer. Hierauf verabschiedete man sich, wie man sich begrüßt hatte, mit einem dankbaren Händedruck.

Hoffnungsvolle Erneuerung – Wiederaufbau nach dem Zweiten Weltkrieg 1945–1997

A   Politische Entwicklung

Nach der bedingungslosen Kapitulation, 7./9. Mai 1945, durch Großadmiral Dönitz, wurde ganz Deutschland von den alliierten Armeen besetzt. In der »Berliner Viermächteerklärung« vom 5. Juni 1945 übernahmen die Siegermächte (USA, UdSSR, Großbritannien, Frankreich) die oberste Regierungsgewalt in Deutschland. Unter Abtrennung des Gebietes des Deutschen Reiches jenseits von Oder und Lausitzer Neiße (Oder-Neiße-Linie), sowie der nach dem 31. Dezember 1937 einverleibten Gebiete (Österreich, Sudetenland) besetzten die vier Siegermächte eine der ihnen vertraglich zugesprochenen vier Besatzungszonen und einen der vier Sektoren Berlins.
Als gemeinsames Regierungsorgan konstituierte sich der Alliierte Kontrollrat. Im Potsdamer Abkommen entwickelten die Alliierten gemeinsame Grundsätze für die Behandlung Deutschlands: Verbot der NSDAP (National-Sozialistische Deutsche Arbeiter Partei) und aller ihrer Gliederungen, Entnazifizierung der deutschen Bevölkerung, Entmilitarisierung, Reparationen und demokratischer Wiederaufbau Deutschlands bei Einhaltung seiner wirtschaftlichen Einheit. Die leitenden Personen des nationalsozialistischen Deutschland wurden im Rahmen des »Internationalen Militärtribunals« in Nürnberg und an anderen Orten verurteilt.

Bald jedoch zeigten sich große Unterschiede zwischen der UdSSR und den Westmächten bei der Umsetzung der gemeinsamen Ziele. So sicherte sich in der Sowjetischen Besatzungszone die SED (Sozialistische Einheitspartei Deutschlands) die alleinige politische Führung. In den westlichen Besatzungszonen bildeten sich dagegen verschiedene Parteien, wie z.B. SPD, CDU, CSU, FDP usw. Im Westen entstand die Bundesrepublik Deutschland, in der 1949 das Grundgesetz verabschiedet wurde. Durch die Berliner Blokkade (1948/49) wollte die Sowjetunion ganz Berlin der Besatzungszone einverleiben, was aber nicht gelang.
Am 5. Mai 1955 erhielt die Bundesrepublik Deutschland die Unabhängigkeit. Der Bau der Berliner Mauer vertiefte die Spaltung zwischen den beiden Teilen. Die Bundesrepublik hielt an der Nichtanerkennung der DDR (Deutsche Demokratische Republik) fest. Sie anerkannte sie 1969/70 nur als Staat im Rahmen der weiterbestehenden einen deutschen Nation. Im Jahre 1990 begann der Zerfall der kommunistisch beherrschten Staaten, und so konnte ein einheitliches Deutschland geschaffen werden.

B Kirchliche Entwicklung

Nach den vorausgegangenen politischen Wirren zeichnete sich eine Neubesinnung auch im kirchlichen Bereich ab. Und so begannen bereits unter dem Pontifikat von Papst Pius XII. die Vorbereitungen für das II. Vatikanische Konzil, das dann von Papst Johannes XXIII. 1962 eröffnet wurde. Es verabschiedete 16 Dokumente, unter ihnen über: Offenbarung, Liturgie, Kirche in der Welt von heute, Ökumenismus, Ordensleben, Verhältnis zu den nichtchristlichen Religionen. Das wichtigste ist die »Dogmatische Konstitution« über die Kirche, in der die Kollegialität des Bischofskollegiums, die »hierarchische Ordnung« der Kirche und ihre Eigenschaft als »Volk Gottes« hervorgehoben werden.

Das II. Vatikanische Konzil stellt den Versuch dar, durch Rückbesinnung auf die Ursprünge das geschichtliche Erbe neu zu formulieren, damit es in die Gegebenheiten der Menschen von heute glaubwürdig weitervermittelt werden kann. Nach den Worten von Papst Johannes XXIII. sollte es einem »Aggiornamento«, einer Öffnung zur Welt dienen, ohne jedoch in »Verweltlichung« auszuarten. Wörtlich betonte er: »Diese sichere und beständige Lehre der Kirche, der gläubig zu gehorchen ist, muß so erforscht und ausgelegt werden, wie unsere Zeit es verlangt.«

Die innerkirchliche Diskussion um die rechte Auslegung der Konzilsbeschlüsse dauert heute noch an. Dies war zu erwarten, wie ein Rückblick auf die Geschichte der Konzilien zeigt. Vor allem geht es um das rechte Verständnis dieser »Öffnung zur Welt«, die man auch als Verweltlichung mißverstehen könnte. Weitere Themen der Auseinandersetzung sind die rechte Zuordnung von »Hierarchie« und »Volk Gottes«, wie sie in den Konzilsdokumenten festgelegt ist, und die Rolle der Frau in der Kirche.

Ein Ergebnis dieser Diskussion ist auch »Der Katechismus der Katholischen Kirche«, der im Jahre 1993 erschien. Nach dem Wunsch der Bischofssynode vom 25. Januar 1985, welche die Erstellung eines solchen Katechismus anregte, soll er folgende Aufgaben haben: »Sehr einmütig wird ein Katechismus bzw. ein Kompendium der ganzen katholischen Glaubens- und Sittenlehre gewünscht, sozusagen als Bezugspunkt für die Katechismen bzw. Kompendien, die in den verschiedenen Regionen zu erstellen sind. Die Darlegung muß biblisch und liturgisch gehalten sein, die rechte Lehre bieten und zugleich dem heutigen Leben angepaßt sein«. Eine weitere Frucht der innerkirchlichen Auseinandersetzung ist die lange vorbereitete Enzyklika Papst Johannes Pauls II. »Splendor veritatis«, die ebenfalls 1993 herausgegeben wurde. In ihr werden die Grundlagen der Moral dargelegt.

C Hoffnungsvolle Erneuerung in Scheyern

54 Johannes Maria Hoeck 1961–1972

Nach der Resignation von Abt Franz Schreyer (13. Juli 1961) postulierte der Konvent von Scheyern den ehemaligen Prior von Scheyern und nunmehrigen Abt von Ettal, *Johannes Maria Hoeck*, zum 54. Abt des Klosters. Am 29. Juli erfolgte die Bestätigung durch den Heiligen Stuhl.

Abt Johannes war in Scheyern kein Unbekannter. Geboren wurde er in Inzell, im Berchtesgadener Land, am 18. Mai 1902, und begann 1914 seine Studien als Lateinschüler in Scheyern. Nach Vollendung seiner Gymnasialstudien in Ettal (1918–1922) trat er als Novize in Scheyern ein und legte am 6. Mai 1923 die heiligen Gelübde in die Hände von Abt Simon Landersdorfer ab. Das Studium der Philosophie, Theologie und der Klassischen Philologie führte ihn nach Rom in die Benediktinerhochschule S. Anselmo und nach München, wo er sich auch in der Byzantinistik ausbildete. Abschließend schrieb er eine Doktorarbeit über »Nikolaos-Nektarios von Otranto, Abt von Casole – Beiträge zur Geschichte der ost-westlichen Beziehungen unter Innozenz III. und Friedrich II.« (1932).

Bereits am 24. Juli 1927 war er in Scheyern durch den damaligen Weihbischof Buchberger zum Priester geweiht worden. Ab 1933 wirkte er als Lehrer am Progymnasium. Unter Abt Franz Schreyer wurde er zum Novizenmeister und Prior bestellt. Als solcher stand er dem Abt in der Zeit der nazistischen Verfolgung, während der auch sein Bruder Michael vier Jahre im Konzentrationslager Dachau inhaftiert war, hilfreich zur Seite.

Nach der Aufhebung der hiesigen Schule entstand auf seine Initiative hin das *Byzantinische Institut*, das sich neben der allgemeinen Erforschung der ostkirchlichen Theologie die Herausgabe der Werke des Kirchenlehrers Johannes Damascenus zum Ziel gesetzt hat. Dazu begab er sich zu dem international bekannten Kirchenhistoriker Albert Ehrhard, um mit ihm das Projekt zu besprechen. Es ging vor allem darum, das Werk des letzten großen für die Westkirche wie für die Ostkirche bedeutenden Theologen neu zu erschließen. Als der Prior Johannes nach Ettal berufen wurde, ist die Edition in die Hände von P. Bonifaz gelegt worden, der bis zu seinem Tod, im Jahre 1987, fünf Bände dieser großen Aufgabe vorlegen konnte. Auch nach dem Tod von P. Bonifaz hat er mit die Voraussetzungen dafür geschaffen, daß weiterhin in Scheyern gearbeitet wurde.

Am 24. Juli 1951 wurde Dr. Johannes Hoeck zum *Abt von Ettal* gewählt. Zehn Jahre leitete er das Kloster unter dem Wahlspruch »Zuerst das Reich Gottes«. In diesem Sinne galt seine Sorge der würdigen Feier des Gottesdienstes und dem Dienst an den Mitmenschen. Wenn seine Mittel versagten, dann konnte der Bittsteller sicher das Wort des hl. Benedikt erleben: »Ein gutes Wort geht über die beste Gabe«. So kam es, daß er bald zu den bekanntesten Persönlichkeiten des Werdenfelser Landes um Garmisch-Partenkirchen gehörte.

Auf dem 11. Internationalen Byzantinischen Weltkongreß 1958 in München leitete er, damals Abt von Ettal und Vorstand des dort 1951 von ihm errichteten Byzantinischen Instituts, die Sektion Theologie und Kirchengeschichte mit.

Als er am 20. Juli 1961 zum Abt des Heimatklosters *Scheyern* postuliert wurde, setzte er seine Fähigkeiten nicht nur in den Dienst des eigenen Klosters, sondern auch der Kongregation und des ganzen Benediktinerordens. Viele Jahre (1961 bis 1968) hatte er das Amt eines Präses der Bayerischen Benediktiner-Kongregation inne. In dieser Eigenschaft nahm er auch am II. Vatikanischen Konzil teil. Großes Aufsehen erregte er damals durch seine Intervention über die »Patriarchalstruktur der Kirche als Angelpunkt der Wiedervereinigung«. Auch hatte er als Mitglied der Konzilskommission für die Orientalischen Kirchen entscheidenden Einfluß auf das »Dekret über die Katholischen Ostkirchen«, zu dem er auch den amtlichen deutschen Kommentar schrieb. In diesem gibt er auch die Schwierigkeiten an, die sich der Patriarchalverfassung für die Gesamtkirche noch entgegenstellen. Er nennt vor allem die neuentdeckte Kollegialität der Bischöfe und die patriarchalischen Hierarchien auch für die kleinen orientalischen Splitterkirchen. Aber trotzdem hält er es für notwendig, daß dieses Ziel für die erstrebte Einheit in irgendeiner Form verwirklicht wird.

Auch nach dem Konzil hat er Vorträge über »Stand und Aufgaben der Damascenus-Forschung« und über die »Patriarchalverfassung auch in der Lateinischen Kirche« gehalten. Er nahm aktiv an den ersten Regensburger Ökumenischen Symposien teil, die sich den Dialog mit den Orthodoxen Kirchen zum Ziel setzten. In der Osterwoche 1967 begleitete er als Sachverständiger den Regensburger Bischof Dr. Rudolf Graber, der als Beauftragter der deutschen Bischofskonferenz für Kontakte mit den orthodoxen Kirchen eine erste Reise zu den Patriarchen von Konstantinopel, Sofia und Belgrad unternahm.

Im innerklösterlichen Bereich war es die Hauptsorge des Abtes Johannes, die benediktinische Tradition weiterzuführen und sie den notwendigen Erfordernissen der heutigen Zeit im Sinne des II. Vatikanischen Konzils anzupassen.

Ein Herzensanliegen war ihm die Neugestaltung der Liturgie und des Stundengebetes, für das er durch die Neugestaltung der *Johanneskirche*, der Grablege der Wittelsbacher, einen würdigen Rahmen schuf. Durch seine Initiative wurde das Gymnasium in Scheyern an das Schyren-Gymnasium in Pfaffenhofen angeschlossen.

Auf ihn gehen auch die ersten Pläne für den grundlegenden Umbau des *Internats* zurück. Wenn Mitte September 1976 die neue Berufsoberschule ihr Tore öffnen konnte, so hat auch für diese Entwicklung Abt Johannes die Wege bereitet.

Mit Vollendung des 70. Lebensjahres legte er gemäß unseren Statuten sein Amt nieder. Es war ihm noch ein reicher Lebensabend vergönnt, den er in Scheyern und Ettal verbrachte. Bis in die letzten Lebenstage nahm er interessiert am Gemeinschaftsleben teil. Er war aufgeschlossen für alles, was sich in Kirche und Welt ereignete; mit großem Interesse verfolgte er die Arbeit der Patristischen Kommission und der Bayerischen Benediktinerakademie. Trotz der Gebrechen des hohen Alters widmete er sich in gewinnender Weise besonders den jungen Mitbrüdern.

Nach einem Schwächeanfall wurde er Mitte März 1995 in das Kreiskrankenhaus nach Pfaffenhofen gebracht. Nun bot sich Kloster Ettal an, ihn aufzunehmen, weil dort eine bessere Pflege möglich war. Hier verschied er im Kreis seiner ehemaligen Mitbrüder am Morgen des 4. April 1995 selig im Herrn.

55 Bernhard Maria Lambert   seit 1972

Am 29. Juni 1972 wurde Bernhard Lambert, aus der Abtei Steenbrugge/Belgien, einstimmig zum Abt postuliert. Nach seiner Bestätigung durch Rom am 9. Juli konnte er in sein Amt eingeführt werden. Am 19. August erhielt er von S. Eminenz Julius Kardinal Döpfner, in einem festlichen Rahmen und unter Anwesenheit vieler prominenter Gäste, die Abtweihe.

Bernhard Lambert, geboren in Brügge am 29. Juli 1931, widmete sich nach seiner Priesterweihe (1956) an der Universität Nimwegen (Niederlande) dem Studium der lateinischen altchristlichen Literatur. Nach dessen Vollendung entfaltete er im Kloster Steenbrugge eine mannigfache Tätigkeit als Gastpater, Bibliothekar, Novizenmeister, Kurat der Pfadfinder und als Fachmann für Ehespiritualität. Daneben setzte er seine wissenschaftlichen Arbeiten fort und schrieb mehrere Abhandlungen über die Werke des hl. Hieronymus. Diese Forschungen führten ihn nach Scheyern, wo er sich 1971/72 öfters aufhielt. Auf diese Weise lernten ihn die Mönche von Scheyern kennen und schätzen.

Wenn daher die Bestellung eines Belgiers zum Abt von Scheyern für viele unerwartet kam, so war sie doch nicht unvorbereitet. Für die katholische Kirche, die universal ist, bedeutet dies nichts Ungewöhnliches. Schließlich waren die ersten Äbte von Scheyern für die damaligen Verhältnisse auch »Ausländer«, sie stammten aus Hirsau im Schwarzwald. Auch gehörten Bayern und Belgien im Laufe der Geschichte mehrmals zusammen als politische Einheit.

Als erste Aufgabe sah es Abt Bernhard an, die bereits geplante Renovierung des »Seminartraktes« durchzuführen. Man kam überein, keinen Neubau aufzuführen, sondern die alten Gebäude in ihrer Substanz zu erhalten und zu sanieren. Im ersten Bauabschnitt, 1975/76, wurden in den Trakt zwischen den beiden Türmchen moderne Ein- und Zweibettzimmer eingebaut und zu einem Wohnheim für Berufsoberschüler umgestaltet. 1982/83 erfolgte dann die gründliche Renovierung des Internats und der weitere Ausbau des BOS-Wohnheims. In dem ehemaligen Gebäude des Gymnasiums war noch bis 1975 ein Teil des Schyren-Gymnasiums ausgelagert, dann aber wurde es renoviert, damit der Unterrichtsbetrieb in der neu geschaffenen Staatlichen

Berufsoberschule aufgenommen werden konnte. Diese Schule ist überregional für ganz Bayern. Ihr zugeordnet ist ein Wohnheim, in dem ein Teil der Schüler untergebracht ist.

Staatliche Berufsoberschule

Zum Schuljahresbeginn 1976/77 öffneten die Staatliche Berufsoberschule (BOS) und das BOS-Wohnheim der Benediktiner-Abtei Scheyern ihre Tore. Etwa 1700 Schülerinnen und Schüler haben in den ersten 20 Jahren an der BOS-Scheyern in den Ausbildungsrichtungen Technik und Wirtschaft das Abitur erworben. Bereits kurz nach der Gründung erfreute sich die BOS, die mit der Berufs- und Berufsaufbauschule in Pfaffenhofen ein berufliches Schulzentrum bildet, großer Beliebtheit bei den Schülern aus dem gesamten bayerischen Raum. Denn mit der Eröffnung der Berufsoberschule wurden durch die Benediktiner-Abtei auch Wohnheimplätze modernster Prägung angeboten. Hinter der beeindruckenden, barocken Fassade des Wohnheims finden sich Einzelzimmer, jeweils mit Naßzelle und Anschlüssen für Telefon und Fernsehgerät versehen. Zahlreiche Gemeinschaftsräume, wie Bibliothek, Hobbyräume, Turnhalle, Fotolabor usw. stehen zur Verfügung.

Bereits fünf Jahre nach der Gründung besuchten jährlich nahezu 200 Schüler/innen die BOS; in manchen Jahren hatte das Wohnheim über 100 Plätze belegt. Zunehmend zeigten sich auch Schüler aus dem nördlichen Teil des Landkreises Pfaffenhofen und den Nachbarlandkreisen am Wohnheim interessiert, da sich die unmittelbare Schulnähe und die Lern- und Arbeitsatmosphäre unter Mitschülern als Vorteil erwies. In den Schuljahren 1988/89 bis 1992/93 sprengten die Anmeldungen die Kapazitäten der Schule. Deshalb mußten sogar Klassen ausgelagert werden.

Das Bildungsangebot, in nur zwei Jahren nach einer mittleren Reife und einer abgeschlossenen Berufsausbildung über die BOS den Zugang zur Universität zu erreichen, spricht viele junge Erwachsene an.

Sie treten in die Berufsoberschule ein mit eigenen Arbeitswelterfahrungen und einer gewissen Selbständigkeit in ihrer Lebensführung.

Sehr viele Schülerinnen und Schüler konnten so, in Fortführung ihres Ausbildungsberufes, in nur zwei Schuljahren die fachgebundene Hochschulreife erwerben und damit in die Universität eintreten. Der technische Zeichner kann so z.B. Maschinenbau, die Speditionskauffrau z.B. Betriebswirtschaft studieren und als Diplom-Ingenieur bzw. Diplom-Betriebswirtin abschließen.

In den letzten Jahren zeigte sich verstärkt der Wunsch nach einem Wechsel des Tätigkeitsbereiches. Der gelernte Chemielaborant will z.B. Medizin, die Justizassistentin Anglistik studieren. Dazu muß die allgemeine Hochschulreife erworben werden. Diese setzt das Bestehen einer Prüfung in einer zusätzlichen Fremdsprache, wie Latein oder Französisch, voraus. In den vergangenen letzten Jahren haben an unserer BOS etwa ein Viertel der Absolventinnen und Absolventen diese Qualifikation erreicht.

Nach dem Stand vom Jahre 1996 fördert der Staat die grundlegende Ausbildung an Berufsoberschulen unabhängig von Vermögen und Einkommen der Eltern mit monatlich bis 785 Mark. Dieser Betrag braucht nicht zurückgezahlt zu werden.

Nach der Schließung des Humanistischen Gymnasiums, im Jahre 1969, wurde das *Internat* noch einige Jahre in der bisherigen Form für die Schüler des Schyren-Gymnasiums weitergeführt. Vom Schuljahr 1969/70 wurde es umgestaltet zu einem Schülerheim auch für Volksschüler, Realschüler und Gymnasiasten. Direktoren des Schülerheims waren bis 1983 P. Raphael Oberkobler und 1983–1991 P. Andreas Seidler. Wegen der geringen Schülerzahl wurde das Schülerheim 1991 aufgelöst, so daß seitdem nur noch das BOS-Wohnheim weiterbesteht.

Leiter des BOS-Wohnheims waren: 1976–1983 P. Engelbert Baumeister, 1983–1988 P. Anselm Reichhold, 1988–1994 P. Paulus Heiß und ab 1994 P. Andreas Seidler.

Die *Ökonomie*, mit etwa 150 ha Ackerland und Wiesen, ist seit Herbst 1991 für 15 Jahre an die Landwirtschaftliche Hochschule Weihenstephan verpachtet. Sie versucht vor allem im sogenannten »Integrierten Landbau« umweltschonender und zugleich ökonomischer zu produzieren. Ein Bericht von Sybille Kettembeil, einer Angehörigen der FAM, verdeutlicht ihre Ziele:

FAM-Versuchsanstalt im Klostergut Scheyern
Seit dem Jahre 1990 befindet sich der FAM, der Forschungsverbund **A**grarökosysteme **M**ünchen, auf dem Scheyerer Klostergut. Um die nachteiligen Folgen der modernen Intensivlandwirtschaft zu mildern, ist dieses Versuchsgut gegründet worden. Schwere Maschinen verdichten den Boden. Pflanzenschutzmittel belasten das Grundwasser. Das Erdreich wird durch Erosion abgetragen. »Unkräuter« und Tiere verschwinden.

Um diese Veränderungen stoppen zu können, muß erst einmal festgestellt werden, in welcher Weise sie von der Fläche, von der Fruchtfolge und der Nutzungsart abhängen. Dazu ist der genannte Forschungsverbund gegründet worden.

Getragen wird die FAM von der Technischen Universität München-Weihenstephan, Fakultät für Landwirtschaft und Gartenbau. Beteiligt sind auch das GSF-Forschungszentrum für Umwelt und Gesundheit in Neuherberg und das Fachgebiet Naturschutz der Universität Marburg.

Vom Kloster war bisher das Gut konventionell bewirtschaftet worden, mit den typischen Folgen: Bodenerosion, Bodenverdichtung, Grundwasserbelastung und Artenarmut. Unter FAM-Obhut wurde die gesamte Fläche zunächst zwei Jahre lang konventionell bewirtschaftet, um annähernd gleichartige Ausgangsverhältnisse zu schaffen.

Im Herbst 1992 wurden dann zwei getrennte Einzelbetriebe eingerichtet, von denen einer nach den Kriterien des »Ökologischen«, der andere nach denen des »Integrierten« Landbaus wirtschaftete.

Der Ökologische Betrieb mit 71 Hektar Landbau ist Mitglied in den Verbänden »Bioland« und »Naturland«. 1995 war die Umstellung auf ökologischen Anbau abgeschlossen. Seitdem dürfen die Erzeugnisse, etwa Kartoffeln, als »ökologisch erzeugte Produkte« verkauft werden.

Die siebenjährige Fruchtfolge besteht aus Kleegras, Kartoffeln, Winterweizen, Sonnenblumen, Lupinen, Winterweizen und Winterroggen. Unerwünschte Kräuter werden mechanisch entfernt. Den organischen Dünger liefern 32 Mutterkühe mit ihren Kälbern und der dazugehörige Bulle. Hier wird also, seltene Ausnahme bei Rindern, Nachwuchs noch auf natürliche Weise gezeugt. Im Sommer sind die Tiere auf der Weide. Im Winter beziehen sie einen neuen Streuschichtstall, in dem sie sich frei bewegen dürfen. Der anfallende Mist wird bis zum Ausbringen im Frühjahr kompostiert. Gemolken wird nicht. Die Kälber dürfen solange bei ihrer Mutter trinken, bis der Milchfluß versiegt. Im Alter von einem Jahr werden sie geschlachtet.

Beim »Integrierten Pflanzenbau« wird nicht prophylaktisch gespritzt, wie beim konventionellen Anbau, sondern erst wenn durch Krankheiten und Unkräuter die ökonomische Schadensschwelle erreicht ist.

Die einst bis zu 25 Hektar großen Felder des Klosterguts boten weder Deckung für Tiere noch Nischen für Wildkräuter. Die Flur ist jetzt völlig neu eingeteilt. Zum Teil wurden junge Sträucher und Bäume gepflanzt, die aber erst einmal einige Jahre wachsen müssen, ehe sie Tieren Unterschlupf bieten können. Zusätzlich wurden sogenannte Benjeshecken aus Schnittholz aufgeschüttet, das beim Beschneiden von Obst- oder Straßenbäumen anfällt.

Nach und nach entstehen aus solchen Gestrüpphaufen Naturhecken; so mancher Zweig schlägt aus, vor allem aber tragen Vögel Samen herbei, aus denen Bäume und Sträucher heranwachsen.

Wie sich schon jetzt zeigt, profitiert gerade die Vogelwelt von den Maßnahmen: Erstmals seit 20 Jahren brütet wieder ein Rebhuhnpaar auf dem Gelände.

Die Feldgrößen auf dem 700 Jahre alten Prielhof werden nach der Breite der Arbeitsgeräte bemessen, um überflüssiges Herumfahren und die damit verbundene Verdichtung des Bodens zu vermeiden. Deshalb sind die Gefährte auch mit monströsen Superbreitreifen ausgestattet: 1,10 Meter messen sie und verringern damit den Bodendruck gegenüber normalen Reifen in der obersten Bodenschicht auf ein Sechstel; in 50 cm Tiefe immerhin noch auf ein Drittel, wie der Lehrstuhl für Bodenkunde herausgefunden hat. Passend zu den gewaltigen Maschinen ist der Stadel, in dem sie untergebracht sind: die Benediktiner hatten ihn 1910 nach den biblischen Maßen der Arche Noah erbauen lassen.«

Dem Naturschutz dient auch die Verpachtung der vier Weiher entlang des Weges: Ökonomiegebäude – Scheyerer Forst: Inselweiher, Sauweiher, Badeweiher und Teufelsweiher. Im »Sauweiher« wächst die bekannte »Wassernuß«, die »trappa natans«. Scheyern ist der einzige Ort, wo die hiesige Form in Natur vorkommt. Zu ihrem Schutz mußte mit einem hohen Kostenauf-

wand ein Wassergraben gezogen werden, um die von den Äckern kommenden schädlichen Abflüsse abzuleiten.

Parallel dazu verläuft der innere Aufbau der Abtei nach dem Wahlspruch des
Abtes: »Per ducatum Evangelii« – unter Führung des Evangeliums. Da durch
den Wegfall der Schule, deren Leitung in staatlichen Händen ist, die äußeren
Tätigkeiten eingeschränkt sind, bleibt mehr Zeit für die eigentliche Aufgabe
des Mönchtums, das gemeinsame Chorgebet, die Feier der Liturgie und für
das kontemplative Leben. Gebe Gott, daß auch für den eingeengten Bereich
immer genügend Nachwuchs vorhanden ist.

161   Gemeindegebiet der Gemeinde Scheyern nach der Gebietsreform 1972/1978

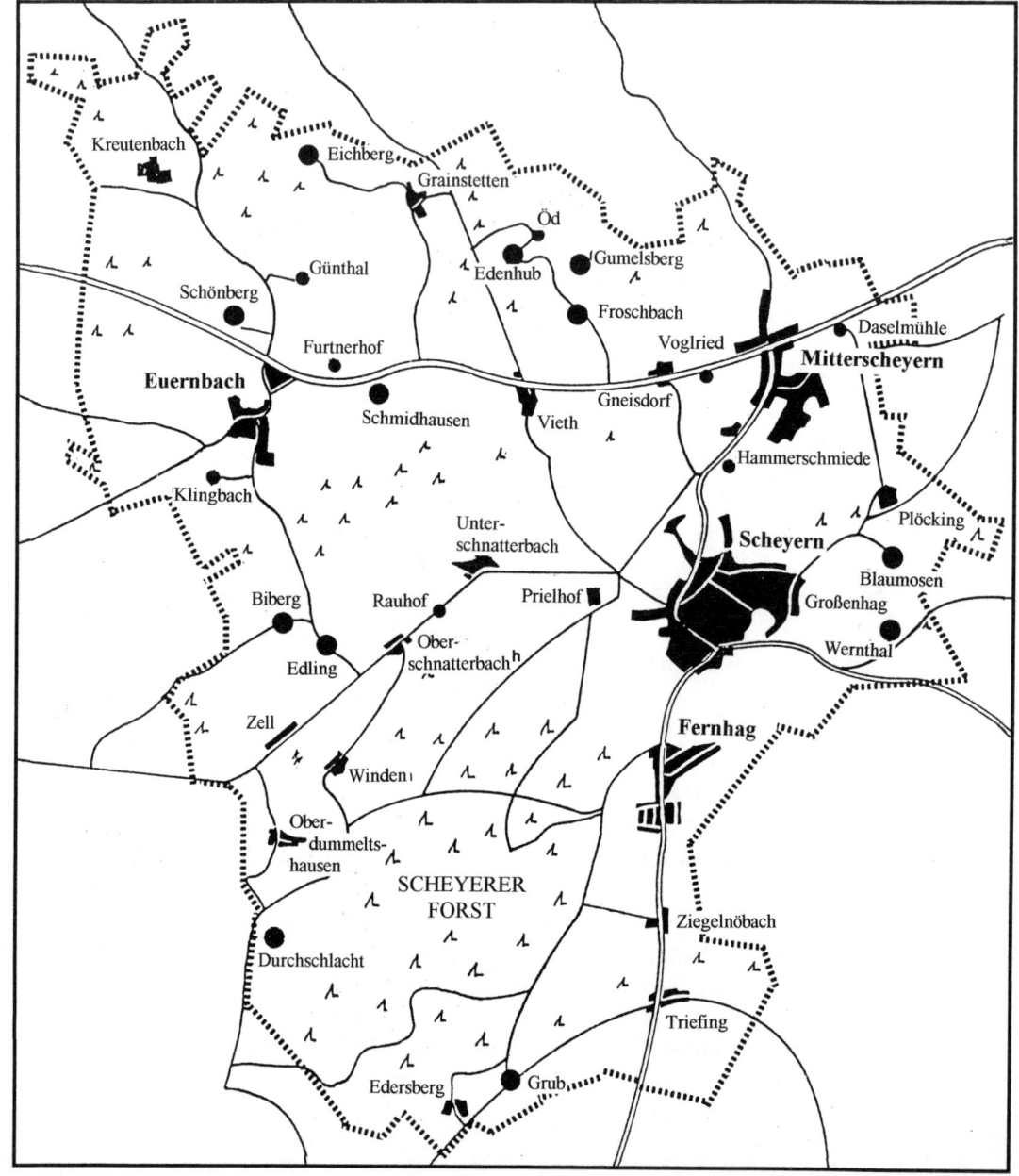

D   Neuaufbau der Gemeinde Scheyern

I   Errichtung der Gemeinden in der ehemaligen Hofmark Scheyern

Im Jahre 1974 erfolgte die Gebietsreform mit einer Neubildung der Gemeinden. Daher wollen wir einen kleinen Rückblick auf die Entwicklung der Gemeinde Scheyern werfen.

Mit einer Entschließung vom 24. März 1802 der Bayerischen Regierung wurde, im Rahmen der Säkularisation, eine Neugliederung eingeleitet. In den Jahren 1808 bis 1810 erfolgte die Einteilung in Steuerdistrikte. Am 17. Mai 1818 erging ein »Gemeindeedikt«, nach dem die politischen Gemeinden gebildet werden sollten (siehe dazu Historischer Atlas, S. 191 ff.).

Im Bereich der ehemaligen Hofmark Scheyern ergaben sich folgende Zuweisungen:

Gemeinde Scheyern: Scheyern, Großenhag, Fernhag, Blaumosen, Wernthal
Zur Gemeinde Hettenshausen: Washof, Webling, Posthof
Zur Gemeinde Ilmmünster: Unterdummeltshausen
Zur Gemeinde Kreutenbach: Grainstetten, das 1952 zu Vieth kam
Gemeinde Mitterscheyern: mit Daselmühle, Edenhub, Froschbach, Gneisdorf, Gumelsberg, Mitterscheyern, Voglried. 1952 kamen noch hinzu Oed und Hammerschmiede
Gemeinde Niederscheyern: mit Höflmaier, Niederscheyern, Plöcking, Radlhöfe
Zur Gemeinde Paindorf: Gurnöbach und Kerum
Zur Gemeinde Sulzbach: Ebenhof, Fürholzen, Holzried, Menzenpriel, Pernzhof, Satzlhof, Schabenberg, Sulzbach, Wolfsberg
Gemeinde Triefing: Edersberg, Grub, Habertshausen, Triefing, Ziegelnöbach
Gemeinde Vieth: mit Schmidhausen, Vieth; 1952 kamen hinzu: Eichberg, Grainstetten, Wiedenberg
Gemeinde Winden: mit Biberg, Durchschlacht, Edling, Oberdummeltshausen, Oberschnatterbach, Rauhof, Unterschnatterbach, Winden, Zell

Die Bürgermeister der Gemeinde Scheyern:[1]

1821–1839	Kirmayr Damasus	1906–1933	Scherrer
1840–1844	Kölbl Anton	1933–1937	Stegmüller Hans
1845–1851	Lutz G.	1937–1945	Reiner Max
1852–1853	Kirmayr Hubert	1945	Delagera Josef
1854–1862	Walter	1945–1953	Grabmair Paul
1862–1875	Kirmayr Hubert	1953–1978	Müller Rupert
1876–1881	Diemayr Josef	1978–	Reimer Rudolf
1882–1905	Stelzer Matthias		

---

[1]   Vitzthum, 145

II Gebietsreform vom Jahre 1974

Im Rahmen der Neugestaltung des gesamten Staatswesens nach dem Zweiten Weltkrieg erfolgte im Jahre 1974 eine umfassende Gebietsreform. Dadurch sollten kleinere Gemeinden aufgelöst und die Verwaltung zentralisiert werden. Es wurden die ehemaligen Gemeinden Scheyern, Winden, Vieth, Mitterscheyern, Triefing und Euernbach zur Gemeinde Scheyern zusammengeschlossen. Die Ortschaft Habertshausen ging jedoch verloren, ebenso die ehemalige Gemeinde Sulzbach. Im Jahre 1997 umfaßte die Gemeinde Scheyern 38,29 qkm und 4300 Einwohner.

III Die Schulen in Scheyern[2]

Schon seit der Gründung des Klosters gab es in Scheyern auch eine eigene Schule, zunächst nur für den innerklösterlichen Bereich, die vornehmlich für den eigenen Nachwuchs gedacht war, aber in bescheidenem Umfang auch für andere offen blieb[3]. Erst mit der Errichtung der Ortschaft Großenhag wurde das Problem einer Volksschule aktuell. Es ist anzunehmen, daß bald nach 1400 ein eigener Lehrer bestimmt wurde, der neben seiner handwerklichen Tätigkeit auch die Kinder des Dorfes unterrichtete.

Die erste direkte Erwähnung eines Schulraumes, der sich in einem Anwesen befand, haben wir um 1492. Hier lesen wir bei einem Anwesen Nr. 26 »Glasjocherl«: »Schull« und daneben den Namen des Schulmeisters Corbinian. Genauer können wir dies aus dem Steuerbuch um 1507 entnehmen, in dem unter dem Namen Corbinian Pader auch das »Schulhauß« zusammen mit dem »Schusterhauß« erwähnt wird. Dieser Corbinian Pader war also Schuster und zugleich Lehrer.

Mit der Verlegung des Schwerpunktes der Ortschaft Großenhag-Scheyern in Richtung Klosterberg, in der Mitte des 16. Jahrhunderts, entstand auch das Bedürfnis nach einer Verlegung der Schule. So wird es verständlich, daß in einer Urkunde vom 2. Juli 1572 dem Schulmeister Andre Woller für dreizehnjährige getreue Dienste die 64. Hofstatt als Schulmeisteranwesen leibgedingsweise verliehen wird.

Im Jahre 1641 geschah dann die Erweiterung des Schulmeisteranwesens zu einem eigentlichen Schulmeisterhaus, das direkt dem Kloster unterstellt war und somit keine Abgaben zu entrichten hatte.

Die Äbte haben die Schule stets in besonderer Weise gefördert. So besuchte Abt Michael Grillmayr (1775–1793) mehrere Jahre hindurch fast täglich die Volksschule und erteilte auch selber Unterricht in den Fächern Lesen, Schreiben, Rechnen, Christenlehre und Biblische Geschichte. Die Schulprüfungen fanden damals um Ostern öffentlich in der Kirche statt. Bei der Auf-

---

[2] Vor allem aus »Geschichte der Pfarrei Scheyern« von P. Bernhard Walcher, und »Haus- und Familiengeschichte von Scheyern«.
[3] Über diese Klosterschule auch Kap. VII »Allgemeine Bildung«.

hebung des Klosters im Jahre 1803 mußte der Kommissär Simon Reichsedler von Zwackh gestehen: »Die Schull in Scheyern ist sehr wohl bestellt, und es gereicht den Herrn Prälaten und seinen Religiosen zum besonderen Verdienst, eine sehr gute Landschule etabliert zu haben, welche wenig ihresgleichen finden wird.«

Es widerspricht also den Tatsachen, wenn Joseph Hazzi um die gleiche Zeit, 1803, in seinem mehrbändigen Werk »Aufschlüsse über das Herzogtum Baiern«, III, 48 schreibt: »Ausser den sehr mittelmäßigen Schulen zu Pfaffenhofen und in den zwei Märkten [vermutlich Wolnzach und Geisenfeld] trifft man sonst keine an.«

Um die Zeit der Aufhebung machte sich besonders Lehrer Johann Kloiber um die Schule verdient. Er war selber in der Klosterschule als Lehrer und Musiker ausgebildet worden und erst 17 Jahre alt, als er selber Unterricht erteilen mußte. Da um diese Zeit auch der Staat die Schule stärker förderte, wurde das Schulhaus erweitert. Bis dahin waren etwa 150 Kinder unterrichtet worden. Nun mußte Raum für etwa 150 Kinder geschaffen werden. Trotz dieser Förderung mußte sich 1814 ein Visitator über den mangelhaften Schulbesuch beklagen, da »einigen Eltern mehr am Vieh liegt als an den Kindern«.

Besonders verdient gemacht hat sich um die Volksschule P. Joachim Furtmayr, der nach der Aufhebung des Klosters von 1805 bis 1838 Pfarrer von Scheyern war. Aus eigenen Mitteln zahlte er 173 Gulden für Schulgeld und Schulbücher und gründete einen Schulfond, der bis 1860 durch weitere Stiftungen auf 2896 Gulden anwuchs. Andreas Furtmayr, ein Neffe des P. Joachim, war 30 Jahre lang, von 1841 bis 1871, Leiter der Volksschule.

Die Kinder waren zunächst alle in einem einzigen Raum untergebracht. 1828 erhielt das Schulhaus ein zweites Klaßzimmer, denn es mußten 181 Schüler betreut werden. Im Jahre 1846 erweiterte man das Gebäude noch einmal. Aber auch dies konnte den gestiegenen Ansprüchen nicht gerecht werden. Eine Entlastung brachte 1852 die Unterbringung der Mädchen im ehemaligen Richterhaus bei den Schulschwestern. 1873 wurde das Knabenschulhaus in der Form und Größe gebaut, wie es heute noch steht.

Diesem Bau folgte 1903/1906 ein Mädchenschulhaus, in der Nähe des Hauses der Schulschwestern. Die Kongregation der »Armen Schulschwestern«, gegründet von Theresia von Jesu Gerhardinger (1797–1879), hatte am 18. November 1851 ihre Tätigkeit in Scheyern begonnen. Seit dieser Zeit haben sie bis 1948 eine überaus segensreiche Tätigkeit in Scheyern entfaltet. Während der Nazi-Zeit wurden sie aus dem Schuldienst entfernt, konnten aber nach dem Zweiten Weltkrieg ihr Wirken fortsetzen, bis der eigene Mangel an Nachwuchs sie zum Wegzug aus Scheyern zwang. Von 1851 bis 1984 wirkten in Scheyern 78 Schulschwestern als Volksschullehrerinnen, 25 als Handarbeitslehrerinnen und 14 als Kindergärtnerinnen. Über 4000 Kinder sind von ihnen betreut worden.

Ein bedeutendes Ereignis in der Geschichte der Volksschule bildet der Bau der »Johann-Andreas-Schmeller«-Grund- und Hauptschule, die am 8. März 1982 feierlich eingeweiht und am 24. November 1985 den jetzigen Namen erhielt. Dazu hatte das Kloster 40000 Quadratmeter Grund und Boden zum günstigen Preis von 22,– DM pro Quadratmeter abgetreten. Die Kosten des bis dahin größten Bauwerkes der Gemeinde Scheyern betrugen 10 Millionen DM.

Bereits 1939 war schon einmal eine große Volksschule gebaut worden, die aber dann nach der Fertigstellung als Wehrertüchtigungslager diente. Ab Dezember 1943 war hier die Kommandozentrale des aus München evakuierten Luftgaukommandos VII.

Nach dem Zweiten Weltkrieg ging das Gebäude in die Hände der Amerikaner über. Diese erweiterten den Gebäudebestand um eine Turnhalle und ein Mannschaftsheim. 1955 wurden die Gebäude an die Bundesrepublik Deutschland verkauft. Die Amerikaner blieben bis 1957 in Scheyern. Am 15. April 1958 rückte eine Luftabwehreinheit der Bundeswehr ein, die 35 Jahre blieb und sich am 17. September 1993 verabschiedete.

Die Gemeinde erwarb den Gebäudekomplex mit dem dazugehörigen Gelände von 55000 qm um 3 Millionen DM. Es entsteht dort ein neues Ortszentrum mit mehreren Gebäuden. Das wichtigste ist das ursprünglich als Schule errichtete Hauptgebäude, in dem beginnend mit Herbst 1997, der Betrieb der Grundschule aufgenommen wurde. Außerdem baute man dort einen gemeindlichen Kindergarten, nachdem der kirchliche Kindergarten St. Martin, der neben der Hauptschule errichtet war, sich allmählich als zu klein erwies. Gleichzeitig entstand dort auch ein neues Einkaufszentrum »Neukauf«, nachdem im Ort selber alle Lebensmittelgeschäfte ihren Betrieb aufgegeben hatten.

Ab Herbst 1997 ist die »Johannes-Andreas-Schmeller-Volksschule Scheyern« in zwei Gebäuden untergebracht: die Hauptschule, 5.–9. Klasse, an der Marienstraße 29 und die Grundschule, 1.–4. Klasse, im neuen Ortszentrum. Am 1. Oktober 1996 besuchten die Volksschule 434 Schüler, davon 314 Schüler aus der Gemeinde Scheyern, 13 Schüler aus Fürholzen, 1 Schüler aus Webling, 106 Schüler (5.–9. Klasse) aus Gerolsbach.

Das ehemalige Mädchenschulhaus ist an die Waldbauernschule verkauft. Im sogenannten Knabenschulhaus wurden bis Herbst 1997 noch einige Grundschulklassen unterrichtet.

Leiter der Volksschule waren:

1872	Peter Keilberth	1945	Maria Seidl
1886	Friedrich Schleid	1950	Georg Griebl
1912	Ludwig Preisenberger	1962	Erwin Hellinger
1934	Alois Bihlmayer	1989	Josef Mack
1935	Hans Ehrhardt		

162 *Seminar und Lehranstalt Scheyern: Direktoren 1840–1940*

P. Benedikt Mahler   P. Ludwig Muggendorfer   P. Martin Joseph
1840–1841   1841–1849   1849–1872

P. Stephan Riederer   P. Maurus Liebl   P. Rupert Metzenleitner   P. Gregor Danner
1872–1876   1876–1883   1883–1897   1897–1899

P. Anselm Neubauer   P. Canisius Pfättisch   P. Plazidus Sattler
1899–1934   1934–1940/1946–1948   1927–1940/1946–1953
† 1948   † 1948   † 1963

437

P. Michael Höbel
† 1870

P. Anselm Thoma
† 1884

P. Petrus Lechner
† 1874

P. Heinrich Eisenschenk
† 1883

P. Gregor Schlicker
† 1883

P. Gabriel Reiner
† 1878

P. Pius Bayer
† 1896

P. Karl Zeller
† 1896

P. Paul Sixt
† 1894

P. Plazidus Bernhard
† 1906

P. Heinrich Trimpl
† 1914

P. Raphael Barth
† 1912

P. Alois Prand
† 1892

P. Joachim Fischer
† 1873

P. Bonifaz Popp
† 1892

P. Anton Sanktjohanser
† 1916

Pr. Alois Hartl
† 1923

P. Benno Marx
† 1916

P. Joachim Stumfall
† 1897

P. Lukas Widenbauer
† 1893

162/163   *Seminar und Lehranstalt Scheyern. Lehrer und Erzieher 1840–1940*

| P. Petrus Altinger | P. Bernhard Schmid | P. Korbinian Keller | Pr. Kaspar Loibl | P. Leo Stüdlein |
| † 1914 | † 1912 | † 1918 | † 1930 | † 1902 |

| P. Ulrich Ahr | P. Maurus Ilmberger | Pr. Konrad Pirngruber | P. Josef Peruschitz | P. Bonifaz Quaring |
| † 1928 | † 1918 | † 1945 | † 1912 | † 1902 |

| P. Martin Aignherr | P. Wolfgang Eiba | P. Heinrich Dieringer | P. Salvator Durner | P. Paul Eble |
| † 1917 | † 1927 | † 1908 | † 1942 | † 1936 |

| P. Stephan Kainz | P. Laurentius Hanser | P. Rupert Datz | P. Michael Ehegartner | P. Johannes Pfättisch |
| † 1954 | † 1929 | † 1965 | † 1906 | † 1929 |

P. Dominikus Gasser
† 1925

P. Bruno Graßl
† 1945

P. Konrad Pfaffenzeller
† 1935

P. Alfons Lallinger
† 1954

P. Gregor Echetsperger
† 1943

P. Vinzenz Straßmair
† 1956

Pr. Korbinian Aigner
† 1966

Pr. Joseph Roßberger
† 1936

P. Franz S. Götz
† 1944

Pr. Joseph Felsner
† 1969

P. Richard Hilpoltsteiner
† 1948

P. Bernhard Walcher
† 1970

P. Augustin Geisenfelder
† 1980

P. Hugo Mayr
† 1973

Pr. Joh. Wappmannsberger
† 1983

Pr. Johann Veit
† 1978

P. Johannes M. Hoeck
† 1995

P. Andreas Wittmann
† 1963

Pr. Leopold Ellner
† 1975

Pr. Joh. Thanbichler
† 1984

Oberinnen der Schulschwestern und damit auch meistens Leiterinnen der Mädchenschule:

1851	Katharina Wilhelm	1904	Addolorata Decker
1854	Regina Schrohenloher	1916	Isaia Mayer
1861	Micheline Gisübel	1936	Generosa Riedl
1863	Pacificia Kübler	nach 1946	Eustasia Vonhausen
1876	Utto Schwäbl		Lioba Lausch
1877	Honorata Wagner		Theresia Dufter

Für die Schulschwestern wurde 1966 ein eigenes Schulschwesternhaus erstellt, das 1986/87 in ein Altenheim umgewandelt wurde und von der Caritas-Stelle der Erzdiözese München-Freising betreut wird.

Im Jahre 1979 wurde die ehemalige Gastwirtschaft Harter/Stegmüller in eine *Waldbauernschule* umgewandelt, die einzige dieser Art in Deutschland.

Seit 1976 ist die einstige Lateinschule, ab 1929 Progymnasium und ab 1946 Vollgymnasium, eine Staatliche Berufsoberschule geworden. Der Unterrichtsbetrieb begann mit 24 Schülern unter dem ersten Oberstudiendirektor Holger Ringholz. 1996 konnte die Schule, unter dem neuen Oberstudiendirektor Willihard Kolbinger, das zwanzigjährige Bestehen feiern. Bei den Ansprachen wurde betont, daß bei den Benediktinern schon immer geistige und körperliche Tätigkeit eng verbunden gewesen seien. Durch diesen Schultyp, deren Schüler erst nach abgeschlossener Berufsausbildung die fachgebundene Hochschulreife erlangen, werde das geistig-körperliche Grundelement einer »Allgemeinen Bildung« wieder verdeutlicht.

All diese grundlegenden Veränderungen im gesamten Schulsystem, vor allem bei der Volksschule, erfolgten im Rahmen einer Neugestaltung des gesamten Bildungswesens in allen Ländern der Bundesrepublik. Grundlegend war der Gedanke, die Zwergschulen aufzulösen, in denen mehrere Klassen in einem einzigen Raum unterrichtet wurden. Durch die verbesserten Verkehrsbedingungen und Einführung von Schulbussen konnten die Schüler auch weitere Anfahrtswege zurücklegen. Auf diese Weise wurde es möglich, größere Klassen zu bilden, die in einem eigenen Raum, von einem oder von mehreren Lehrern betreut werden.

Die Gebietsreform und die Errichtung der Johannes-Andreas-Schmeller-Volksschule müssen gesehen werden im Rahmen der Siedlungswelle nach dem Zweiten Weltkrieg. Die Anzahl der Häuser des Dorfes Großenhag/Scheyern stieg von 150 sprunghaft innerhalb von 40 Jahren auf über 400. Bedingt durch die neuen Verkehrsmöglichkeiten setzte eine regelrechte »Stadtflucht« von München aus ein.

Infolge dieses Wachstums wurde 1962 ein eigenes Rathaus errichtet. 1967 entstand eine Raiffeisenbank, zu der sich bald eine Zweigniederlassung der Pfaffenhofener Sparkasse gesellte.

In Fernhag war die Zahl der Häuser im 19. Jahrhundert von 16 auf 41 angewachsen. Sie vergrößerte sich bis zum Jahre 1990 auf etwa 150 Häuser. Ähnlich erfolgte die Entwicklung in Mitterscheyern und Niederscheyern. In Mitterscheyern wurde ein Gewerbegebiet geschaffen, auf dem sich zehn Betriebe angesiedelt haben. Niederscheyern, einst ein ländliches Dorf mit 20 Häusern, ist rasch gewachsen und wurde der Stadt Pfaffenhofen eingegliedert. Bei den übrigen Ortschaften ist die Anzahl der Anwesen im wesentlichen gleich geblieben. Einzelne Teile der Gemeindeflur, wie das Gebiet zwischen Prielhof und Forst und die Windener Gemeinde, stehen unter Landschaftsschutz.

E Lateinschule und Gymnasium Scheyern

Der hl. Benedikt geht in seiner Regel auch auf die Erziehung der männlichen Jugend ein. So ist es verständlich, daß auch in Scheyern von Anfang an eine Schule, wenn auch in bescheidenem Umfang, vorhanden war. Viele bedeutende Scheyerer Codices aus dem 13. Jahrhundert sind auf den Schulbetrieb abgestimmt (siehe dazu das Kapitel über die »Allgemeine Bildung«). Schon in der Urzeit des Klosters in Fischbachau, schreibt der Chronist Conradus, seien dem Abt Erchimbold um 1100 »mehrere adelige Söhne« zur Erziehung anvertraut worden.

Immer wieder tauchen in den Urkunden vereinzelte Hinweise auf eine bestehende Schule auf. So heißt es im Visitationsrezeß des Nikolaus von Kues vom Jahre 1452, daß »Schüler das Officium der Messe, wenn es die Notwendigkeit erfordert, ohne die Mitbrüder an einem geeigneten Ort singen können«. Im Visitationsrezeß von 1560 wird ein Ludimagister Andreas Wallner mit Namen genannt. Dieser unterrichtete neben dem klösterlichen Nachwuchs auch 20 weltliche Schüler in Latein.

Ausführlicher sind die Nachrichten aus dem 18. Jahrhundert. Als Inspektoren des Seminars werden genannt: P. Johann Manikor, †1769; P. Ludwig Alteneder, †1776; P. Angelus März, †1774; P. Bernhard Felsmayr, †1807; P. Otto Enhueber, †1803; P. Augustin Vogl, †1809. Die Schülerzahl bewegte sich zwischen 6 und 21. Am Ende des Jahrhunderts sind wir genau unterrichtet durch die Autobiographie von P. Thaddäus Siber, der 1784–1786 an der Schule war. Nach der Aufhebung wurde er Professor für Physik an der Universität München und hatte zweimal das Amt eines Rector magnificus inne. Er beschreibt genau die Tagesordnung, den Lehrplan und die Lehrbücher. Sein Urteil faßt er kurz zusammen: »Ich bin zwar den Seminarien nicht hold; aber von dem unsern muß ich gestehen, daß es alles Lob verdiente.« Er hat offenbar sehr viel in dieser Schule gelernt. Bereits mit 11 Jahren konnte er sich mit dem Fürstabt Frobenius Forster von St. Emmeram in Regensburg völlig lateinisch unterhalten. Kurz vor der Säkularisation (1796) weilte auch der berühmte Sprachforscher Andreas Schmeller an der Schule. Er war ein ähnliches Genie wie Thaddäus Siber.

Bei der Wiedererrichtung der Klöster durch König Ludwig I. war die Gründung einer Schule eines der Hauptmotive. So wurde bereits zwei Jahre nach der Eröffnung des Klosters Scheyern, die im Jahre 1838 erfolgte, eine Schule eingerichtet. Dies geschah am 24. Oktober 1840 durch Propst Rupert Leiß mit zwei Klassen und insgesamt 53 Schülern. Der Andrang war anfangs sehr stark. Der Direktor klagte, daß »viele Schüler an die Anstalt kamen, die von vornherein nicht für die humanistische Laufbahn bestimmt waren, sondern bloß auf einige Jahre eine Mittelschule besuchten wollten«.

Wegen der drängenden Schülerzahl wollte man die Lateinschule sehr bald zu einem Vollgymnasium ausbauen. Aber es fehlten die nötigen Patres als Lehrer. So kam erst 1845 eine dritte und 1850 eine vierte Klasse hinzu. Dabei blieb es vorerst. Im Jahre 1860 setzte eine neue Periode ein, als der damalige Erzbischof von München-Freising, Gregorius von Scherr, hier ein erzbischöfliches Knabenseminar errichtete. Gregorius von Scherr war bei der Wiedererrichtung des Klosters Scheyern dessen erster Prior.

So wurde im Jahr 1860/61 zu den bestehenden vier »Latein«-Klassen eine erste Gymnasialklasse hinzugenommen. Dieser folgten 1861/62 eine zweite und 1862/63 eine dritte. Aber dann stockte es. Nur einmal, 1867/68, wurde eine Oberklasse des Gymnasiums unterrichtet, die das Abitur in Freising machte. Dann beschränkte man sich wieder auf die vier Unterklassen. Dieser wurde 1875 eine 5. Lateinklasse angefügt. Bei dieser Form der »Lateinschule« blieb es bis 1927. Nach Abschluß der »Lateinschule« mußten sich die Schüler einer Aufnahmeprüfung für das Gymnasium in Freising unterziehen. Dazu fuhren sie für gewöhnlich mit dem Leiterwagen von Scheyern nach Freising.

Nach dem Umbau des Seminars und dem Neubau der Schule (1883–1885) war die Kapazität etwa 180 Schüler. Die Lehrer waren fast nur Patres, dazu noch ein oder zwei Weltpriester, die zugleich Präfekten im Seminar waren. Die damalige Schule erfreute sich eines großen Ansehens. Aus ihr sind viele bedeutende Männer hervorgegangen. Sie zählt sieben Bischöfe, drei Staatsminister, und viele Hunderte von Geistlichen.

Es ist verständlich, daß man auch in dieser Periode den Ausbau zum Vollgymnasium anstrebte. Aber diesmal scheiterte der Plan an der oberhirtlichen Stelle. Und doch wäre es, rein menschlich gesehen, der günstigste Moment gewesen, bevor Scheyern noch größere Projekte in Angriff nahm, nämlich die Gründung der Tochterklöster Ettal und Plankstetten.

Ein weiterer Versuch unter Abt Simon Landersdorfer (1922–1936) führte zwar dazu, daß die Schulräume für ein Vollgymnasium erstellt wurden; aber die Schule wurde trotzdem ab 1927 nur als Progymnasium mit sechs Klassen geführt. Der Neubau wurde bewußt so ausgeführt, daß er bei Bedarf noch weiter nach Norden, über die Turnhalle, verlängert werden konnte. Aber nachdem man in Traunstein ein neues Knabenseminar eröffnet hatte, konnte sich auch diesmal die oberhirtliche Stelle nicht zur Genehmigung eines vollausgebauten Knabenseminars entschließen. Auch gemahnten die politischen Verhältnisse zur Zurückhaltung.

Die sieben Jahre, in denen die Schule unter der Herrschaft der Nazis noch bestehen konnte, waren vor allem für die Lehrer sehr bedrückend. Der Unterricht konnte im allgemeinen mit den bisherigen Stoffplänen durchgeführt werden. Es wurde nur erhöhter Wert gelegt auf Sport, Biologie, Deutsch und Geschichte.

Studiendirektor P. Plazidus Sattler verstand es, bei den vorgeschriebenen nationalen Feiern den Ansprachen einen allgemein »völkischen« Charakter zu geben, ohne Anerkennung der nationalsozialistischen Weltanschauung. So wurde vom Schaffen der deutschen Missionare in Afrika, oder vom Kampf der katholischen Kirche gegen den Bolschewismus in Spanien berichtet. In der Kunsterziehung konnte P. Hugo Mayr die Schüler auf das »Winterhilfswerk«, auf das Basteln von Segelflugzeugen und andere neutrale Aktionen ablenken. Sehr viel Zeit verwendeten die Schüler zur Einübung von Theaterstücken, die fast jedes Jahr aufgeführt wurden.

Im Jahresbericht 1934/35 lesen wir die einleitenden Bemerkungen: »Bei den schulischen Veranstaltungen, wie überhaupt im gesamten Schulbetrieb, kam dem Programm des neuen Reiches gemäß, das nationale und völkische Element in verstärktem Maße zur Geltung. Die Schüler besuchten die monatliche Schulfunkstunde. Da wiederholt starke Geräusche störten, mußte die Anlage durch Anbringung einer Silberantenne verbessert werden.«

Jeder aufmerksame Leser von damals wußte, was mit den »störenden starken Geräuschen« gemeint war. Schon in den ersten Jahren der Nazi-Zeit tobte ein erbitterter Kampf um die katholische Schule. Zuerst wurde die vom Reichskonkordat garantierte »Bekenntnisschule« allmählich beseitigt. Dann vertrieb man die Schulschwestern aus den Volksschulen. Schließlich wurden mit dem Schuljahr 1939/40 alle Ordensleute aus dem Unterrichtsbetrieb verbannt. Es begann mit der harmlos klingenden Weisung des bayerischen Kultusministers vom 29. Dezember 1937:

»Mit Beginn des kommenden Schuljahres wird in Bayern das höhere Schulwesen neu gestaltet. Im Zusammenhang damit wird das Netz der höheren Schulen neu verteilt. Bei jeder einzelnen Anstalt muß geprüft werden, ob und in welcher der neuen Schulformen sie belassen werden kann. Für die dortige Anstalt kann kein Bedürfnis anerkannt werden. Sie ist daher zu schließen, und zwar in der Weise, daß von nächstem Schuljahr an keine Schüler mehr aufgenommen werden dürfen…«

Davon waren in Bayern allein 84 klösterliche Schulen betroffen. Von den Behörden wurde zusätzlich erklärt, »daß man weder gegen die persönliche Ehrenhaftigkeit und die berufliche Tüchtigkeit der abgebauten Ordensleute etwas einwenden könne«. Aber aus dem heutigen Unterrichts- und Erziehungswesen müßten sie deswegen ausgeschaltet werden, »weil sie infolge ihrer Ordensgelübde die weltanschaulichen Forderungen des heutigen Staates an die Jugenderziehung nicht erfüllen können…«.

Und so wurde die Schule – trotz heftiger Proteste – zum Schuljahresende 1939/40 geschlossen.

Nach dem Zweiten Weltkrieg wurde der Schulbetrieb mit viel Zuversicht und mit großem Elan Ende März 1946 mit zwei Klassen wieder aufgenommen. Auch diesmal war der Andrang sehr stark. Die 1. Klasse des Jahres

1946/47 war die überhaupt stärkste Klasse, die in Scheyern jemals geführt wurde.

Es waren 80 Schüler in einer Doppelklasse. Auch einige Mädchen hatten in die Schule Aufnahme gefunden. Dank des guten Einvernehmens zwischen Schuldirektor P. Plazidus Sattler und Kultusminister Dr. Dr. Alois Hundhammer, einem einstigen Schüler von Scheyern, erfolgte am 15. April 1947 die ministerielle Genehmigung zum Ausbau der Schule in ein Vollgymnasium. Von erzbischöflicher Seite wurde jedoch das »erzbischöfliche Knabenseminar« aufgehoben.

Von 1952 bis zum Schuljahresende 1969 hatte die Schule 318 Absolventen. Davon ergriffen 25 den geistlichen Stand. Zwei Absolventen konnten für das Maximilianeum vorgeschlagen werden.

Leider mußte die Schule zum Ende des Schuljahres 1968/69 wieder geschlossen werden. Die Gründe waren mannigfaltig. Der Hauptgrund war der neue Schulentwicklungsplan des Kultusministeriums. Dadurch wurde es vielen Kindern auf dem Lande möglich, von zu Hause aus eine Höhere Schule zu besuchen. Gerade auf dem Lande erstanden sie so zahlreich, daß es sich erübrigte, ein Schülerheim zu errichten.

Dazu kamen noch die verschiedenen Zweige des Gymnasiums. Im Zusammenhang und im Trend der ganzen Zeit stand eine Verkümmerung der streng humanistischen Bildung mit der Betonung der alten Sprachen.

Zu diesen mehr von außen kommenden Gründen kamen entscheidende Gründe von innen her, die zu einer Änderung zwangen. Der erhoffte Nachwuchs für die klösterliche Familie aus der eigenen Schule ist fast völlig ausgeblieben. Dadurch war vorauszusehen, daß der Lehrkörper von Seiten des Klosters bald zum Erliegen kommen würde. Wenn auch durch das Privatschulleistungsgesetz ein beträchtlicher Zuschuß gewährt wurde, so mußte er völlig für die Besoldung der wachsenden Zahl der weltlichen Lehrkräfte verwendet werden. Das entstehende Defizit für die eigenen Lehrkräfte und für den Sachbedarf konnte auf die Dauer dem Kloster nicht zugemutet werden.

Bei der Abschiedsrede am Ende des Schuljahres 1968/69 legte P. Albert Siegmund als Oberstudiendirektor die genannten Gründe eingehend dar und dankte allen Lehrern für die geleisteten Dienste. Die Lehrer wurden, soweit es möglich war, vom neugebildeten »Schyren-Gymnasium« in Pfaffenhofen übernommen. Bis zum Jahre 1975 war ein Teil der Klassen des Schyren-Gymnasiums nach Scheyern ausgelagert. Dann mußten die Gebäude freigemacht werden, um die Vorbereitungsarbeiten zu ermöglichen, die für die neu gegründete Staatliche Berufsoberschule notwendig waren.

Die Staatliche Berufsoberschule konnte mit Beginn des Schuljahrs 1976/77 den Unterrichtsbetrieb aufnehmen. Erster Oberstudiendirektor war Holger Ringholz. Bei der Feier des 20jährigen Bestehens der Schule, am 22. November 1996 konnte der neue Oberstudiendirektor Willihard Kolbinger feststellen, daß bereits über 1700 Schüler seit dem Bestehen die Berufsoberschule besucht hatten.

F Lehrkräfte und Erzieher

1. Direktoren 1840–1940

P. Benedikt Mahler 1840–1841
P. Ludwig Muggendorfer 1841–1849
P. Martin Joseph 1849–1872
P. Stephan Riederer 1872–1876
P. Maurus Liebl 1876–1883
P. Rupert Metzenleitner 1883–1897
P. Gregor Danner 1897–1899
P. Anselm Neubauer 1899–1927; Seminar 1928–1934
P. Canisius Pfättisch Seminar Präf.-Direktor 1927–1940
P. Plazidus Sattler Studiendir. 1927–1940

2. Direktoren des Seminars und des Gymnasiums 1946–1990

Dr. P. Plazidus Sattler Studiendirektor/Oberstudiendirektor 1946–1953
Dr. P. Bernhard Walcher Oberstudiendirektor 1953–1958
Dr. P. Albert Siegmund Oberstudiendirektor 1958–1969
Dr. P. Canisius Pfättisch Seminardirektor 1946–1947
Dr. P. Albert Siegmund Seminardirektor 1948–1957
P. Eberhard Höckmayr Seminardirektor 1957–1965
P. Raphael Oberkobler Seminardirektor 1965–1983
P. Andreas Seidler Seminardirektor 1983–1991; BOS-Wohnheim 1994–heute
P. Engelbert Baumeister, BOS-Wohnheim 1976–1983
P. Anselm Reichhold BOS-Wohnheim 1983–1988
P. Paulus Heiß BOS-Wohnheim 1988–1994

3. Lehrer und Erzieher 1840–1900
(mindestens zwei Jahre Tätigkeit, nicht aufgeführt sind Äbte und Direktoren)

Barth P. Raphael Klaßl/Ma 1870–1896
Bayer P. Pius Klaßl 1854–1870
Bernhard P. Plazidus Kal 1864–1887
Hiermer P. Martin Mu/Kal 1853–1879
Höbel P. Michael Mu/Chor 1840–1870
Keller P. Korbinian Präf/Lehrer 1890–1898
Lettner P. Johannes Mu 1845–1852
Popp P. Bonifaz Naturk 1873–1892
Reiner P. Gabriel Klaßl/Kal 1844–1873
Rues P. Andreas Klaßl 1859–1864
Loibl Kaspar Mu/Rel 1890–1898
Sankjohanser P. Anton Lehrer 1873–1876
Schlicker P. Gregor Klaßl/Fr 1843–1871
Schmid P. Bernhard Rel 1886–1890
Sixt P. Paul Klaßl/Präf 1862–1869
Stumfall P. Joachim Lehrer/Präf 1881–1896
Thoma P. Anselm Klaßl 1841–1870
Trimpl P. Heinrich Klaßl 1867–1869
Widenbauer P. Lukas Lehrer 1883–1894
Zeller P. Karl Ma/Ge/Ek 1858–1880

4. Lehrer und Erzieher 1900–1969

(mindestens zwei Jahre Tätigkeit, nicht aufgeführt sind die Äbte)

Ahr P. Ulrich Naturk/Tu/KR 1891–1917
Aigner Korbinian Zei/Tu 1912–1916
Bauer Michael La/Gr 1952–1969
Baumeister P. Engelbert Bi/KR/La 1962–1969
Chrometzka Gertrud Ch/Bi/Ek 1965–1969
Datz P. Rupert De/La/Gr/Kal 1902–1910, 1929–1937
Deil Georg Sekretär 1946–1951
Dierkes P. Chrysostomus De/Eng/Fr 1960–1969
Durner P. Salvator Mu 1901–1937
Eberl Hans De/La/Ge/Ek 1951–1953
Echetsperger P. Gregor La/De/Ge 1910–1940
Ellner Leopold Präf/Ek/Tu 1936–1939
Felsner Josef Präf/Zei/Tu 1916–1926
Fernberg Fritz Tu/Zei 1928–1932
Fruth Dr. Fr. Pius Sekr 1961–1969
Futschik Josef De/Eng 1965–1967
Gasser P. Dominikus Präf/De/Ek 1904–1921
Gegenfurtner Xaver De/La/Eng 1956–1962
Geisenfelder P. Aug. De/Ma 1922–1929, 1950–1964
Götz Fr. Ulrich Präf 1959–1968
Grandinger P. Godehard Mu 1938–1940, 1947–1956
Gressierer P. Franz Präf 1948–1953
Gruber Erich Gr/La/De 1965–1969
Hackl Martin Eng/Fr 1955–1957
Hader Georg Bi/Ek/Ch 1951–1963
Hanser P. Laurentius De/Ge 1901–1906, 1922–1924
Hauser Ernst Tu/Ma 1936–1939
Heinz P. Paul Präf/Ma/Phy 1952–1954
Hermann Dr. Josef Eng/Bi/Fr 1949–1953
Herzinger Andreas Mu/Zei 1897–1904
Hilpoltsteiner P. Richard Naturk 1918–1937, 1946–1947
Höckmayr P. Eberhard De/Ge 1950–1965
Jenke Hermann De/Phy/Ma 1948–1952
Kainz P. Stephan La/Gr/De 1916–1940, 1946–1954
Kehrer P. Ansgar Präf/Ma 1955–1966
Kotter Dr. P. Bonifaz Präf/Gr 1947–1951
Krandauer Josef Steno 1936–1940
Lachner Albert De/La/Gr 1953–1966
Lallinger P. Alfons Präf/Zei 1907–1912, 1927–1936
Lechner Dr. Kilian La/Ge/Gr 1949–1951
Leikam Alfred La/Eng 1967–1969
Luckhaus Eduard Tu/Rus 1958–1969
Marner Johannes Präf 1966–1969
Marx P. Benno Klaßl 1876–1890, 1898–1903
Mayr P. Hugo Zei/Tu 1926–1940, 1946–1951
Merz Alfons Organist 1925–1927
Michaelis Helmut De/Ge/Ek 1961–1963
Neubauer P. Anselm La/Gr 1896–1934
Oberkobler P. Raphael La/De 1957–1983

Pechmann Heinrich De/Ge 1961–1969
Peruschitz P. Josef Präf/Ma 1895–1912
Pfaffenzeller P. Konrad Präf/La/Gr 1905–1935
Pfättisch P. Canisius Präf/Ma 1922–1940, 1946–1948
Pfättisch P. Johannes Präf/Klaßl 1904–1909
Pirngruber Konrad Präf/De/Zei 1894–1897
Prehn Wilhelm Tu/Ku 1951–1969
Reichhold P. Anselm Ma/Ph/KR 1958-1988
Rohrmann Dietrich La/Gr/Ge 1965–1969
Rosenberger P. Emmeram Sekr 1951–1953
Roßberger Josef Mu/Präf 1913–1925
Sauer Oswald Mu 1956–1969
Sattler P. Plazidus La/Gr/De/Ge 1912–1940, 1946–1953
Schleid Friedrich Mu 1885–1890
Schmid P. Ambrosius Präf/KR 1954–1969
Schopka Franz Ma/Phy 1952–1969
Schreyer P. Willibald La/KR 1949–1961
Schuh Wolfgang De/Ge 1955–1958
Seidler P. Andreas KR 1983–1991
Siegmund P. Albert La/Gr/De 1946–1969
Söndermann Karl-Heinz Mu 1977– heute
Stadtmüller Georg De/Ge 1949–1951
Straßmair P. Vinzenz La/De 1912–1940, 1946–1954
Stüdlein P. Leo Präf/Klaßl 1891–1902
Thanbichler Johann Präf/KR 1937–1940
Thum Nikolaus Gr/La/Ge 1958–1969
Törkell Bruno Mu 1915–1920
Veit Johann Präf/KR 1926–1936
Walcher P. Bernhard La/Gr/Ge 1922–1940, 1946–1958
Walter Max Mu 1921–1925
Wappmannsberger Joh. Mu/Präf 1925–1940
Weinberger Max Chorreg. 1928–1931
Weixler Martin Mu/Chor 1931–1940, 1946-1955
Werner Wilhelm Tu/Steno 1932–1936
Wittmann P. Andreas De/Ge 1935–1940
Zeiselmair Manfred De/Ge/Ek 1966–1969

5. *Berufsoberschule – Lehrkräfte von September 1976 bis September 1996*
(nur Lehrkräfte mit mindestens zwei Jahren Tätigkeit)

Alber Gerda De 1988–1990
Bardorf Beate Eng 1987–1989
Baumeister Anton La/KR 1984–1989
Baumeister P. Engelbert KR 1976–1983
Bergmann Horst KR/Eng 1990–1996
Bezaud-Kiermair Cécile Fr 1987–1993
Bulheller-Meyer Maria Eng/Fr 1984–1993
Buhn Ilona La 1989–1996
Clays Günter Ev/R 1980–1984
Dietrich Hans Wi/Eng 1977–1983
Egloffstein Götz von Ev/R 1979–1980

Eller Reinhard Ev/R 1990–1993
Ewendt-Wastl Elke De/Ge/Sk 1992–1996
Firsching Dr. Karl De/Ge/Sk 1988–1993
Förstl Max Ph 1979–1980
Geibl Anna La 1977–1980
Gottschling Helmut Ev/R 1994–1996
Göppinger Ulrich Ma/Ph/Inf 1986–1996
Grießhammer Paul De/Ge 1989–1993
Gruber Erich La 1980–1993
Gully Helmut Inf/Ma/Al 1976–1982
Heiplik Reinhard La 1993–1996
Hauß Norbert Stellv. 1983–1996, Met/Ch 1977–1996
Heiß P. Paulus KR 1987–1994
Hipp Klaus Ku 1990–1996
Hofmann Wolfgang Ma/Ph/Inf 1981–1996
Holler-Sauer Renate De/KR 1993–1995
Höra Helga De/Eng 1982–1985
Janu Wolfgang Ma/Ph/Inf 1982–1996
Kolbinger Willihard Leitg 1996, Wi/Eng/Ge/Sk ab September 1996
Kornprobst Matthias Ma/Ph 1978–1980
Kuhlmann Annemarie Fr 1980–1982
Lang-Reck Norbert Sk 1981–1985, 1989–1993
Langer Alfred Leitg. 1976–1979
Löbermann Rüdiger Ev/R 1977–1979
Ludolph Claudia De/Sk 1989–1996
Maier Sebastian Ge/Eng 1980–1991
Menges Winfried Wi/KR 1990–1996
Meyer Franz Xaver De/Ge/Ek 1980–1993
Moll-Farny Gertrud Ch 1976–1978
Monz Rainer Eng/Ge 1988–1996
Nieberle Gerhard Ma/KR 1988–1990
Nix Alan Eng/Fr 1982–1996
Nöllgen Günther De/Ge/Ek 1978–1981
Nöth Hans-Hubert Sport 1983–1996
Oberkobler P. Raphael La 1976–1978
Otto Heinz-Dieter Ev/R 1980–1982
Pausch Dimka Eng/Ge 1990–1996
Plötz Albert Sport 1981–1983
Pölzl Herbert Ma/Ph 1977–1989
Pscheidl Werner Inf/Al 1982–1990
Reichhold P. Anselm Stellv. 1979–1983, Ma/Phy/KR 1976–1987
Ringholz Holger Leitg/De/Eng 1976–1996
Römer Claudia Wi 1987–1988, 1992–1996
Ruland Georg Sk 1976–1980
Schaal Otmar BHo/Ma 1990–1996
Schlemmer Gerhard Al 1990–1992
Schneider Brigitte Fr 1976–1981
Schneider Johann Ma/Ph 1980–1985
Schöller Silvia Maria De/Eng 1983–1990
Schuller Petra Wi 1992–1994
Schwinn Ursula De/Eng 1990–1996

Sedlmeier Karl Martin Al 1979–1980
Seibt Sigrid Eng/Fr 1987–1996
Selbach Reinhard Ma 1990–1992
Söndermann Karl-Heinz Mu 1977–1996
Stängl Marion De/Ge/Sk 1981–1996
Stelling Norbert Wi 1990–1995
Stieglbauer Theresia Ma/Ch 1988–1996
Thron Lutz Al 1990–1992
Trüdinger Martin Wi/Ge 1983–1994
Ullmann Herbert De/Eng/Ge 1977–1988
Weber Dorothea De/Ge/Sk 1977–1982
Wechslberger Sebastian BHo/Ma 1988–1996
Weichselbaumer Thomas Wi/Inf 1980–1982
Wenger Reinhold Ph 1987–1989
Wiedemann Anton Ma/Ph 1983–1989
Witty Thomas El/Al 1980–1996
Wössner Friedrich Ma/Ph 1989–1996

Abkürzungen

Al	Arbeitslehre	La	Latein
BHo	Bau- und Holztechnik	Leitg	Leitung
Bi	Biologie	Ma	Mathematik
Ch	Chemie	Met	Metall
De	Deutsch	Mu	Musik
Ek	Erdkunde	Naturk	Naturkunde
El	Elektro	Ph	Physik
Eng	Englisch	Präf	Präfekt
Eth	Ethik	Rel	Religionslehre
Ev R	Evangelische Religionslehre	Rus	Russisch
Fr	Französisch	Sekr	Sekretär
Ge	Geschichte	Sk˙	Sozialkunde
Gr	Griechisch	Stellv.	Stellvertretende Leitung
Inf	Informatik	Steno	Stenographie
Kal	Kalligraphie	Tu	Turnen
KR	Katholische Religionslehre	Wi	Wirtschaftsfächer
Klaßl	Klaßleiter	Zei	Zeichnen
Ku	Kunst		

G Prielhof und Scheyerer Forst

Der *Prielhof* wird erstmals erwähnt um 1186. Im »Traditionsbuch« (Clm 1052, 48) lesen wir: »Ein gewisser Tiemo, Ministeriale des Pfalzgrafen von Wittelsbach, übergab sein Gut, die Pryle genannt, nachdem er von den Brüdern von Scheyern 5 Talente empfangen hatte.«

Der Name »Pryle«, oder »Brühl« bedeutet dabei eine sumpfige, mit Buschwerk bewachsene Wiese. Das Anwesen steht am Inselweiher bzw. am unteren Flachweiher mit angrenzenden sumpfigen Wiesen.

Schon bald nach Übergabe scheint dieser »Prielhof« in klostereigene Verwaltung übergegangen zu sein. Nur gelegentlich war er an einen Grundholden verliehen, der entsprechende Abgaben zu entrichten hatte. Daraus können wir entnehmen, daß es zunächst ein Hof mittlerer Größe war.

Um 1440 werden neun Angestellte genannt, die beim »Prüllhoff« beschäftigt sind. Um 1487 sind es bereits 15 Angestellte. Die Anbaufläche ist also sehr stark vergrößert worden. Die Bedeutung des Prielhofes wird um 1500 unterstrichen durch eine eigene »Ordnung für Dienstleute«, die Abt Paulus Preu 1493 verfaßte.

Aus irgendeinem Grund wurde dieser Prielhof um 1574 wieder an einen Grundholden verstiftet. Er hat jährlich abzugeben: 12 Pfund Pfennige, 11000 Eier, 32 Hühner, 200 Pfund Schmalz. Er hatte also die drei- bis vierfache Größe eines gewöhnlichen Hofes.

Veranlaßt durch die unsicheren wirtschaftlichen Verhältnisse nahm Abt Stephan Reitberger den Prielhof am 26. März 1619 wieder in eigene Bewirtschaftung.

Offenbar war jedoch die Lage wegen des nahen Wassers ungünstig. Deshalb verlegte Abt Joachim Herpfer 1758 den Prielhof an seine jetzige Stelle und ließ ihn in großzügiger Form ausgestalten. Die Kosten betrugen 25000 Gulden. Unter Abt Rupert Metzenleitner wurde 1905 der äußere Kuhstall umgebaut. 1910 ließ er den großen Getreidestadel, nach den Maßen der Arche Noah, errichten.

Im Jahre 1990 wurde die Landwirtschaft für 15 Jahre vom FAM (**F**orschungsverband **A**grarökosystem **M**ünchen) gepachtet. Der Getreidestadel dient als Abstellraum für die landwirtschaftlichen Maschinen. Vom eigentlichen Prielhof ist nur ein Teil der Gebäude belegt. Da er unter Denkmalschutz steht, muß er erhalten bleiben. Es ist erfreulich, daß auch die Öffentlichkeit an einer Renovierung interessiert ist. Gerade am Prielhof und an der ökologisch eingestellten Landwirtschaft wird eine Aufgabe der Benediktinerabtei Scheyern sichtbar, sich für die Erhaltung der Natur einzusetzen.

Der Scheyerer Forst

Bereits unter Abt Benedikt Prumer (1574–1610) wurden einige Bemerkungen zum Scheyerer Forst gemacht, die hier zusammenfassend ergänzt sein sollen. Die Geschichte des Scheyerer Forstes ist eng verknüpft mit der allgemeinen Geschichte von Scheyern. Nur zögernd haben die Grafen von Scheyern und ihre Nachkommen, die Wittelsbacher, sich von diesem Erbe getrennt.

Einen kleineren, nördlichen Teil übereignete bereits 1141 Graf Arnold von Dachau dem Kloster Scheyern. Aber der größere südliche Teil verblieb zunächst bei den Wittelsbachern. Kaiser Ludwig der Bayer hatte diesen im Jahre 1339 dem Chunrat Mürringer verliehen. Noch vor 1600 ging dieses Besitzrecht über an Georg Lindauer, der es 1598 an das Kloster Scheyern um 9400 Gulden abtrat. Aber das Obereigentumsrecht hatten immer noch die Wittelsbacher, bzw. »Kurbayern« inne. Es konnte erst von Abt Michael Grillmayr (1775–1793) um 10000 Gulden abgelöst werden. Die einzelnen Urkunden bieten einen Einblick in die verschiedenen Besitzverhältnisse.

Um 1142/43: Graf Arnold III. von Dachau überträgt seinen Anteil des Scheyerer Forstes dem Kloster (Clm 1052, 39).

Aus dieser Urkunde wird auch ersichtlich, daß der Scheyerer Forst zuerst gemeinsames Eigentum der verschiedenen Linien der Grafen von Scheyern war. Darum wird er auch »Scheyerer« Forst genannt, d. h. Forst der »Scheyerer« Grafen.

1206: »Ludwig I., Herzog von Bayern [Ludwig der Kelheimer] übergibt dem Kloster Scheyern den Wald, genannt ›Schyrere Vorst‹ und sein Gut in Liuchental, unter dem Vorbehalt, daß er von seinem Feldzug nach Apulien nicht mehr zurückkehren sollte.«

Die beabsichtigte Schenkung unterblieb, da der Feldzug nicht stattfand und der Herzog weiterhin am Leben blieb. Da bereits der nördliche Teil Eigentum des Klosters war, hat es sich dabei nur um den südlichen Teil gehandelt.

1339, 4. April: »Kaiser Ludwig der Bayer verleiht den Scheyrer Vorst dem Chunrad, dem Sohn seines Jägers Chunrat Mürringer, zu Lehen.«

1444, 25. Juli: »Propst, Dechant und Konvent des Klosters Undensdorf gehen mit dem Abt Johanns und Konvent des Klosters Scheyern einen Tausch ein, wobei sie ihren Anteil an dem Forst zu Scheyern hingeben gegen 2 Höfe zu Westerholzhausen...«

1461, 23. Februar: »Johannes und Sigmund, Gebrüder, Pfalzgrafen bei Rhein, Herzöge in Ober- und Niederbayern, bestätigen, daß sie ... den Scheyrer Vorst dem Lienhart und Martin Mürringer zu rechten Lehen verliehen haben.«

Um 1500 ging das Besitzrecht auf Georg Lindauer über, der es an das Kloster Scheyern verkaufte. So lesen wir in einer Urkunde:

1598, 29. August: »Georg Lindauer, Bürger zu München ... verkaufen mit Genehmigung von Wilhelm Pfalzgraf bei Rhein, Herzog in Ober- und Niederbayern, vom 10. März 1598, vier Viert-Thayl des Scheyrer Forsts samt aller Recht und Gerechtigkeit an demselben..., dem Abt Benedikt, Prior Kaspar und dem Konvent von Scheyern um 9400 Gulden und 300 Gulden Leykauf.«

Dieser Kauf wird in zwei weiteren Urkunden von der oberhirtlichen Stelle in Freising genehmigt. Als Dank dafür erhält die Familie Lindauer einen Jahr-

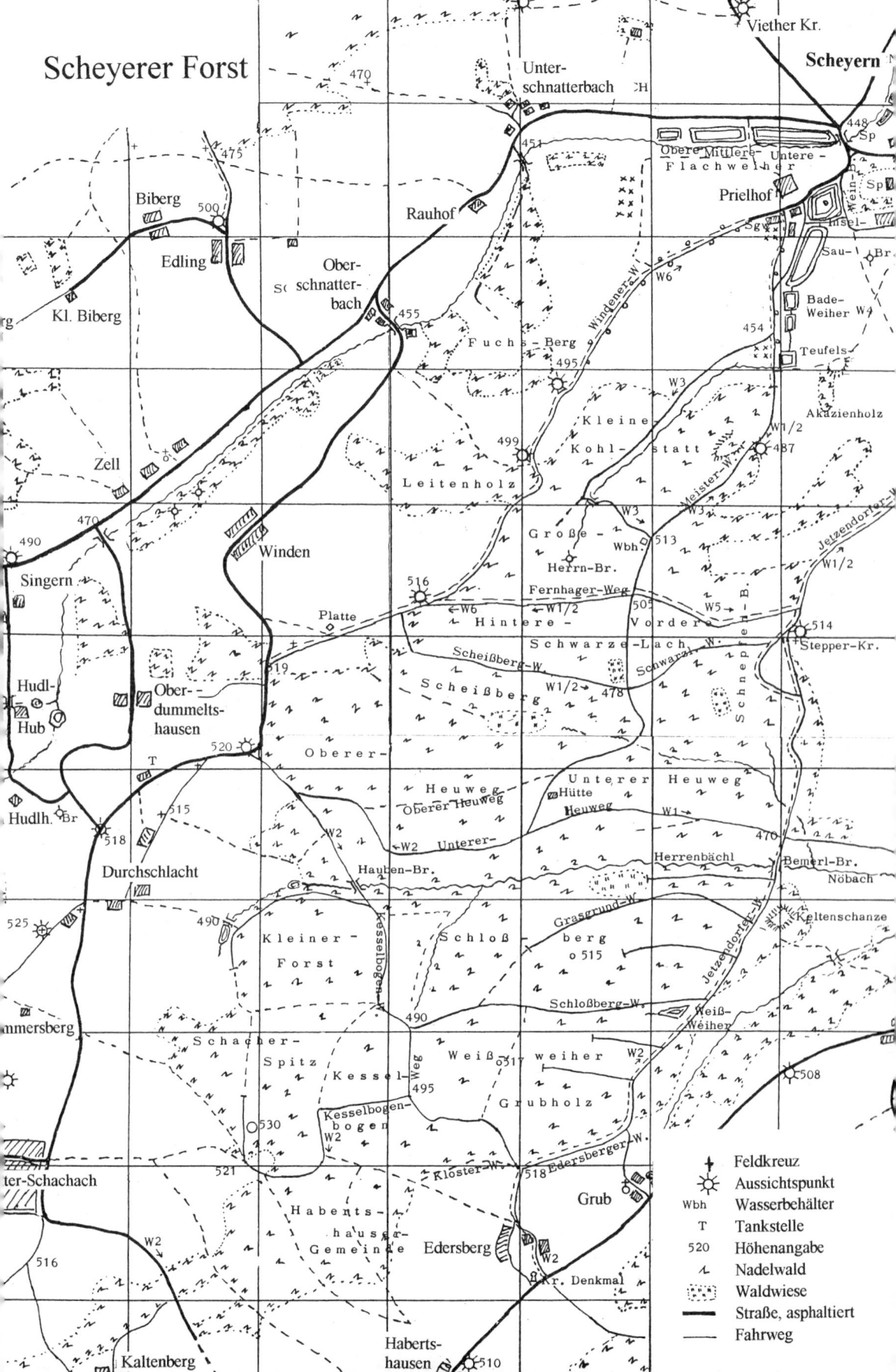

Scheyerer Forst

tag, der am 22. Mai 1600 bestätigt wird. Die genannten »Vier Viertel« beziehen sich nur auf den südlichen »Lindauer Forst«.

Mit diesem »Kauf« des Scheyerer Forstes von Georg Lindauer hatte das Kloster jedoch nur das »Besitzrecht« erworben, jedoch nicht das Eigentumsrecht, das weiterhin bei den Wittelsbachern, bzw. bei »Kurbayern« blieb. Dieses Besitzrecht mußte von Zeit zu Zeit erneuert werden. Daher lesen wir in der Urkunde vom 10. September 1652:

»Corbinian, Abt zu Scheyern, bevollmächtigt den Dr. Ambrosius Sartorius, Hofgerichtsadvokat zu München, an seiner Statt, die anläßlich des Hauptfalls notwendige Neubelehnung mit dem Lindauer Forst zu empfangen.« Dieses Lehensverhältnis wurde erst um 1780 abgelöst.

Nach der Säkularisation ging der Forst auf den Bayerischen Staat über, der ihn veräußerte. Bei der Wiedererrichtung des Klosters, im Jahre 1838, erwarb König Ludwig I. den Gesamtbesitz und übertrug das volle Eigentumsrecht an das wiedererrichtete Kloster Scheyern.

Der Forst hat eine Größe von etwa 430 ha oder 1290 Tagwerk. Er besteht zu 90 % aus Nadelholz und zu 10 % aus Laubholz. In letzter Zeit hat man versucht, die Verjüngungen in den Fichtenbeständen durch Laubhölzer naturnah zu gestalten. In den früheren Jahrhunderten diente der Forst vor allem zur Deckung des eigenen Bedarfes an Brenn- und Bauholz. Noch Anfang des 20. Jahrhunderts verbrauchte man allein zur Heizung im Klosterbereich an die 1000 Ster Holz. Eine intensivere Bewirtschaftung des Waldes mit einer vermehrten Erzeugung von Stammholz setzte erst Mitte des 18. Jahrhunderts ein. Zur Zeit können jährlich etwa 4500 Kubikmeter Holz geschlagen werden.

In der ganzen Geschichte von Scheyern erkennen wir, daß der Wald stets geschützt war. Nur in Ausnahmefällen, und wenn es die Umstände erlaubten, durfte gerodet werden. Schon immer hat man seine Bedeutung für den Wasserhaushalt, Bodenschutz und allgemeinen Naturschutz erkannt. Auch heute wird der Wald wieder neu geschätzt, auch als Erholungsraum und als Zufluchtsort für die bedrohte Tier- und Pflanzenwelt.

H Aus der Klosterchronik 1996/97

Am Schluß unserer »Chronik von Scheyern« werfen wir einen Blick auf das Kloster und den Konvent von Scheyern, nach dem Stand vom 1. Oktober 1997. Dann lassen wir, als lebendige Beispiele, einige Ereignisse aus den Jahren 1996 und 1997 an uns vorüberziehen.

Im Jahre 1997 zählte der Konvent Ende September 21 Mitglieder. Es sind 11 Priester- und 10 Laienmönche. Davon sind 7 Mönche unter 32 Jahre und 8 Mönche über 70 Jahre alt. Drei haben erst im September 1997 die Feierliche Profeß abgelegt.

Ein Blick in den Katalog der Bayerischen Benediktinerkongregation ergibt einen kleinen Einblick in die vielfältigen Tätigkeiten und Aufgaben des Konvents.

Lambert, Abt Bernhard Maria: geb. 29. 7. 1931 in Brügge, Belgien, Priesterweihe 25. 7. 1956, aus der Abtei Steenbrugge in Belgien zum 55. Abt von Scheyern postuliert am 29. 6. 1972, Moderator des Commun-Noviziats, Vorsitzender der Salzburger Äbtekonferenz; Mitglied der Bayerischen Benediktiner-Akademie.

Baumeister, P. Engelbert: geb. 16. 10. 1935 in Scheyern, Priesterweihe 3. 7. 1960, Klaustralprior, Kantor, Custos des hl. Kreuzes, Verwalter der Meßstipendien, Pfarrer der Pfarrei Scheyern mit der Filiale Niederscheyern.

Herold, Fr. Kilian: geb. 24. 7. 1937 in Dipbach/Diözese Würzburg, Subprior, Profeß 25. 6. 1956, 2. Zellerar, Elektromeister, Heizer, Hausmeister, Bauleiter.

Popp, Fr. Nonnosus: geb. 15. 1. 1905 in Wippenhausen, Profeß 13. 9. 1932, Senior, Krankenpfleger.

Bubendorfer, Fr. Angelus: geb. 23. 6. 1910 in Wald a.d. Alz (Diözese Passau), Profeß 15. 2. 1935.

Beslmüller, P. Leopold: geb. 25. 12. 1915 in Isen, Priesterw. 29. 9. 1946, † 11. 4. 1998.

Gressierer, P. Franz Ser.: geb. 17. 8. 1916 in Rinding, Priesterweihe 21. 3. 1943, Geistlicher Rat, Bibliothekar, Archivar, Mitglied der Bayerischen Benediktiner-Akademie.

Oberkobler, P. Raphael: geb. 27. 12. 1920 in Holzkirchen, Priesterweihe 5. 8. 1951, Gastmeister.

Reichhold, P. Anselm: geb. 3. 9. 1920 in Unterschnatterbach, Priesterweihe 3. 8. 1952, Schriftleiter der Zeitschrift »Der Scheyerer Turm«, Kirchenführer, Mitglied der Bayerischen Benediktiner-Akademie.

Kehrer, P. Ansgar: geb. 18. 1. 1926 in Fehrbach (Diözese Speyer), Priesterweihe 29. 6. 1954, Kaplan in Scheyern.

Brielmair, P. Dominikus: geb. 29. 9. 1928 in Grucking, Priesterweihe 12. 9. 1954, Mitglied des Covi (Consilium vigilantiae), Zellerar, Pfarrvikar in Hirschenhausen.

Klebl, Fr. Wunibald: geb. 17. 7. 1932 in Mörsdorf (Diözese Eichstätt), Profeß 4. 8. 1952, Imker, Gärtner.

Götz, Fr. Ulrich: geb. 13. 9. 1917 in Pfaffenhofen/Ilm, Profeß 25. 6. 1956, Schneider, Gastmeister.

Seidler, P. Andreas: geb. 22. 4. 1950 in Dachau, Priesterweihe 21. 3. 1976, Kantor, Kapitelsekretär, Chronist, Hausmeister, Leiter des Berufsschul-Wohnheims.

Beczkowiak, Fr. Matthäus: geb. 29. 7. 1967 in Derching (Diözese Augsburg), Profeß 2. 10. 1989, Diakon, Obstgärtner.

Köhler, P. Thomas: geb. 20. 8. 1968 in Rehau (Diözese Bamberg), Priesterweihe 11. 7. 1996, Student der Theologie in Rom-S. Anselmo.

Tyroller, Fr. Jakobus: geb. 21. 12. 1969 in Schrobenhausen, Profeß 14. 9. 1990, Förster.

Völlinger, Fr. Stephan: geb. 30. 11. 1968 in Venningen, Profeß 20. 3. 1993, Buchbinder, Refektoriar.

Eller, Fr. Markus: geb. 13. 6. 1966 in Wangen im Allgäu, Profeß 17. 9. 1994, Student der Theologie in Salzburg.

Wirth, Fr. Lukas: geb. 31. 3. 1970 in München, Profeß 17. 9. 1994, Student der Theologie in Salzburg.

Friedrich, Fr. Benedikt: geb. 16. 3. 1965 in Fulda, Profeß 17. 9. 1994, Student der Theologie in Rom-S. Anselmo.

Ein Überblick über die Chronik der Benediktinerabtei Scheyern vom Jahre 1996 vermag uns den Eindruck vermitteln, daß ein Kloster, obwohl es ein Ort der Stille ist, sich auch zum Dienst an den Mitmenschen verpflichtet weiß.

Die Einmaligkeit unserer Lebenszeit und die Unwiederbringlichkeit eines jeden Tages verleiht auch dem vermeintlich Kleinen seinen besonderen Wert. Gerade im Blick auf die gesamte Chronik spüren wir um so deutlicher, daß sich auch eine über Jahrhunderte erstreckende Geschichte aus vielen Alltäglichkeiten zusammensetzt. Außerordentliche Ereignisse sind selten.

Das tägliche Chorgebet und die Feier der Liturgie war die Mitte unseres Gemeinschaftslebens. Die Johanneskirche bildet einen würdigen Rahmen für das Gotteslob, an die auch Gäste und Angehörige der Pfarrei teilnehmen können. Bisweilen fanden sich auch Pilgergruppen zur Mittagshore und zur Vesper ein.

An Sonn- und Festtagen feierten wir die Liturgie in unserer Basilika. An den Hochfesten sorgte der Kirchenchor und das Orchester unter der Leitung von Karl-Heinz Söndermann für die musikalische Gestaltung.

Unserem Herrn Abt fielen eine Reihe von Aufgaben außerhalb der eigenen Klostergemeinschaft zu. Von März bis Juli war er oft in der Erzdiözese unterwegs, um im Auftrag des Erzbischofs das Sakrament der Firmung zu spenden. Als Vorsitzender der Salzburger Äbtekonferenz, der Vereinigung der deutschsprachigen Abteien, leitete er die beiden Vorstandssitzungen in Salzburg. Mit der Regelkommission arbeitete er bei mehreren Zusammenkünften weiter am Kommentar zur Benediktusregel.

Im September 1996 waren alle Benediktineräbte zum Äbtekongreß nach Rom eingeladen. Nach einem Gedenkgottesdienst für Abtprimas Jerome Theisen, der am 11. September 1995 verstorben war, wurde Abt Marcel Rooney von der Conception Abbey, USA, zum neuen Abtprimas gewählt.

Seit vielen Jahren engagiert sich Abt Bernhard für die monastischen Gemeinschaften in der Dritten Welt, die durch die A.I.M. (Aide Internationale Monastique) Unterstützung erhalten.

Ein besonderes Ereignis für Abt Bernhard war die Teilnahme an den ökumenischen Kolloquien der »Gruppe Chevetogne«. Man tauschte sich über Themen der monastischen Spiritualität in der West- und Ostkirche aus.

Nachdem sie im Jahre 1996 in Grodno/Weißrußland getagt hatten, versammelten sie sich zu unserer großen Freude vom 9. bis 11. September 1997 hier in Scheyern. Die Beiträge behandelten das Thema »Aufnahme von Gästen in unseren Klöstern«. Es erschienen an die 30 Personen, vor allem Äbte, Äbtissinnen und Mönche aus verschiedenen Klöstern Europas. Großes Interesse fand besonders der Beitrag des Archimandriten Joseph Poustooutov von Moskau über die Aufnahme von Gästen in den Klöstern Rußlands.

Die Wallfahrt zum Heiligen Kreuz in Scheyern ist immer noch lebendig. Anfang Mai und Mitte September finden die Kreuzfeste statt, zu denen jedesmal mehrere Tausend Pilger herbeiströmen. Auch sonst kommen Wallfahrer, entweder einzeln oder in Gruppen, um sich den Segen des Heiligen Kreuzes zu erflehen.

Der Umfang der Pfarrei Scheyern ist durch die Gebietsreform nicht beeinträchtigt worden. Nach wie vor zählen die Filiale Niederscheyern und die Ortschaften um Wolfsberg und Fürholzen zur Pfarrei, obwohl sie von der Stadt Pfaffenhofen eingemeindet wurden. P. Prior Engelbert Baumeister, P. Ansgar Kehrer und Gemeindereferent Johannes Seibold ist die Seelsorge der Pfarrei anvertraut.

Darüber hinaus gibt es neben dem Pfarrgemeinderat viele wertvolle Mitarbeiter und Mitarbeiterinnen, die eine rege Aktivität in der Pfarrei entfalten. Für das Jahr 1996 seien hier nur folgende Veranstaltungen genannt: die monatliche Jugendvesper in der Johanneskirche, ein Besinnungswochenende in der Oase Steinerskirchen, die Einführung eines monatlichen Taize-Gebetsabends in der Elisabethenkapelle, ein Fortbildungskurs für Ministranten und eine Weiterbildung für Lektoren. Der Arbeitskreis »Kleinkindergottesdienste« gestaltet jeden ersten Samstag im Monat einen Gottesdienst für Kinder.

In einem engen Zusammenhang mit der Pfarrei stehen verschiedene musikalische Veranstaltungen in der Basilika. Für das Adventskonzert hatte Karl-Heinz Södermann die »Christnacht« von Joseph Haas gewählt. Georg Brunner entdeckte in der Scheyerer Klosterbibliothek »Simfonische Raritäten aus dem 18. Jahrhundert«, von denen einige am 12. Oktober 1996 aufgeführt wurden.

Damit sind wir am Ende unserer Chronik angelangt. Gerade die letztgenannte Aufführung zeigt die enge Verflechtung mit der Geschichte des Klosters. Die Gegenwart muß immer wieder aus der Vergangenheit schöpfen, um sinnvoll die Zukunft gestalten zu können. Am Ende des 2. Jahrtausends haben wir einen Blick geworfen auf Ereignisse, die sich im Laufe von über tausend Jahren hier in Scheyern und Umgebung abgespielt haben. Neben den Grafen von Scheyern waren es vor allem Äbte und Mönche, die sich für die Mitmenschen in der Umgebung verantwortlich fühlten, damit – wie der hl. Benedikt sagt – »in allem Gott verherrlicht werde«.

Rückblick

Blicken wir noch einmal zurück auf die 900 Jahre Geschichte des Klosters Scheyern, auf das »Ge-schehen«, das sich innerhalb der Klostermauern im Rahmen der politischen und kirchlichen Entwicklung vollzog.

Es war ein *wechselvolles Geschehen*, das schon sehr früh den Chronikschreiber Abt Konrad I. Luppburg (1206–1226) und andere »Chronisten« veranlaßte, es aufzuzeichnen, weil sie darin das Walten und den Willen Gottes erblickten. Diese »Chronik«, diese »Zeitbeschreibung«, wurde dann bis zur Aufhebung, 1803, fortgesetzt.

Es begann damit, daß auf dem Höhepunkt des sogenannten »Investiturstreits«, im Jahre 1077, die edle Gräfin *Haziga* bei der »Zelle« am Wendelstein, dem späteren *Bayrischzell*, ein Klösterlein gründete und es mit Mönchen aus dem Reformkloster *Hirsau* besiedelte. Beschwerliche Wegeverhältnisse und sonstige Bedingungen führten um 1085 zur Verlegung nach *Fischbachau*, sodann um 1105 auf den *St. Petersberg* bei Eisenhofen und schließlich um 1119 zur endgültigen Bleibe in *Scheyern*, wo nach dem Willen der Stifter die Mönche an der Grablege der Wittelsbacher für die Seelenruhe der Vorfahren, ihrer selbst und ihrer Nachkommen beten sollten.

Um ihre Freiheit zu wahren, haben sich die Mönche dem Schutz des Papstes unterstellt, der sie vor jeglicher Einmischung von weltlichen Herrschaften, insbesondere durch Vögte, sichern sollte. Aber dies konnte nur soweit gelingen, als die Autorität des Papstes anerkannt wurde. Und so wurde diese Freiheit nur teilweise verwirklicht. Denn die Vögte waren zugleich die Stifter und Wohltäter des Klosters, die es, stets in bester Absicht, behüten und beschützen wollten. So wird es verständlich, daß sie in den ersten beiden Jahrhunderten die Äbte zwar »frei« wählen ließen, aber dann viele wieder absetzten. So wurde die »schützende« Hand oft eine »drückende« Hand.

Mit der Verleihung der »Niederen Gerichtsbarkeit« im Jahre 1315 durch Kaiser Ludwig den Bayern trat eine spürbare Erleichterung ein. Das Kloster konnte sich freier entfalten. Aber ganz haben die Wittelsbacher ihr »Hauskloster« nie aus dem Auge verloren. Immer wieder kommt es zu massiven Eingriffen in das innere Gefüge.

Das 15. Jahrhundert war gekennzeichnet durch die politischen Wirren der bayerischen Erbfolgekriege und durch die Reformbestrebungen innerhalb der Kirche. Auch Scheyern war am Anfang des Jahrhunderts einige Male am Bankrott. Aber dann erhielt es durch die Melker Reform neuen Aufschwung, so daß es die Zeit der Reformation, der Bauernkriege und sogar den verheerenden Dreißigjährigen Krieg gut überstehen konnte. Hervorragende Gestalten waren hier die Äbte Paul Preu, Johannes Turbeit und Stephan Reitberger.

Das 18. Jahrhundert begann mit einer Krise unter Abt Cölestin Baumann, der 1708 resignieren mußte. Aber hernach erreichte das Kloster eine mäßige Blüte, die sich in einer umfassenden kulturellen und wissenschaftlichen Tätigkeit manifestierte. Der objektive Beobachter kann nur feststellen, daß die *Säkularisation*, im Jahre 1803, nicht von innen verursacht, sondern von außen aufgezwungen wurde.

In der Zeit von der Gründung des Klosters, um 1077, bis zur Aufhebung, im Jahre 1803, litt es unter einem Zwiespalt. Gemäß der Hirsauer Reform sollte es vor allem den feierlichen Gottesdienst und das gemeinsame Chorgebet pflegen. Die Mönche konnten daher nur wenige äußerliche Tätigkeiten verrichten. Zu ihrem Lebensunterhalt waren sie auf Schenkungen von Gütern angewiesen, die aber verwaltet werden mußten. Dies führte bei einigen Mönchen zu einer gesteigerten äußeren Tätigkeit.

Das Kloster besaß über 700 Güter, weitverstreut zwischen Rain am Lech und Bayrischzell. Deren Betreuung führte eine Fülle von wirtschaftlichen Verpflichtungen mit sich. Es erwies sich dabei als vorteilhaft, daß der hl. Benedikt in seiner Regel auch sehr praktische Anweisungen gibt. Diese Ordnungsfunktionen konnte man auf die äußeren Güter übertragen. Auf diese Weise haben die Klöster, mit einer gerechten Behandlung der Abgaben, einen wesentlichen Beitrag zum *Frieden* geleistet und zugleich die Menschen zu einem verantwortungsvollen Umgang mit den Gütern erzogen.

Nach der Wiedererrichtung des Klosters Scheyern, im Jahre 1838, durch König Ludwig I., erhielt es die äußeren Besitzungen nicht mehr zurück. Sie hatten sich ohnehin in zunehmenden Maße als drückender Ballast herausgestellt. Es mußte mit dem Prielhof und dem dazugehörigen Forst allein auskommen.

Auch das wiedererrichtete Kloster stellte sich den Gottesdienst und das gemeinsame Chorgebet als Hauptaufgabe. Nebenbei unterhielt es jedoch zunächst eine Lateinschule, dann ein Progymnasium, das nach dem Zweiten Weltkrieg zu einem Vollgymnasium ausgebaut wurde. In der Zeit des Nationalsozialismus erwies sich das Kloster als ein sehr starkes Bollwerk gegen den Ansturm der Mächte der Finsternis. Gerade in dieser Zeit erreichte es auch, unter Abt Simon Landersdorfer, dem späteren Bischof von Passau, einen personellen Höchststand von 78 Mitgliedern.

Als Folge des Zweiten Weltkrieges, aber auch durch innerkirchliche Krisen nach dem II. Vatikanischen Konzil, hat die Mitgliederzahl wieder abgenommen, so daß 1969 die Schule aufgegeben werden mußte. Es verblieben nur noch wenige Bereiche äußerer Tätigkeit, wie Pfarrei, BOS-Wohnheim und Aushilfen, so daß wieder mehr Zeit für die Hauptaufgaben besteht.

Das Kloster Scheyern, dessen äußeres Kennzeichen der massive Kirchturm ist, hat im Vertrauen auf Gottes Führung im Verlaufe der Geschichte viele Schwierigkeiten und Krisen überwunden. Wir hoffen, daß dies auch in der Gegenwart und in der Zukunft der Fall sein wird.

Verzeichnis der Äbte*

1a Otto, Propst in Zell 1077–1087
1b Erchimbold, Abt in Fischbachau und Eisenhofen 1096–1111
2a Wolfhold, gewählter Abt in Eisenhofen 1111, später Abt in Admont
2b Bruno, Abt in Eisenhofen und Scheyern 1111–1127
3   Ulrich I. 1127–1128
4   Ulrich II. 1128–1130
5   Marquard 1130–1131
6   Gozzold 1131–1135
7   Ulrich III. 1135–1160
8   Eberhard 1160–1171
9   Baldemar 1171–1203
10 Hartmann 1203–1206
11 Konrad I. von Luppburg 1206–1226
12 Heinrich 1226–1259
13 Rudolf 1259–1260
14 Ludwig I. von Graisbach 1260–1269
15 Arnold von Kolbach 1269–1281
16 Friedrich von Heidenheim 1281–1297
17 Ulrich IV. Perchtinger 1297–1313
18 Konrad II. Montanus 1313–1326
19 Udalschalk 1326–1327
20 Ulrich V. von Leutzenau 1327–1334
21 Konrad III. von Leutzenau 1334–1348
22 Wolfgang von Larsbach 1348–1354
23 Ulrich VI. von Marsbach 1354–1375
24 Ulrich VII. von Minnenbach 1375–1400
25 Konrad IV. von Mur 1400–1413
26 Konrad V. von Tegernbach 1413–1421
27 Ludwig II. Walch 1421–1427
28 Konrad VI. Weickmann 1427–1436
29 Johann I. von Tegernbach 1436–1449
30 Wilhelm von Kienberg 1449–1467
31 Georg I. Sperl 1467–1489
32 Paulus Preu 1489–1505
33 Johannes II. Turbeit 1505–1535

*nach P. Franz Gressierer

34   Andreas Gaishofer 1535–1547
35   Johannes Chrysostomus Hirschbeck 1548–1558
36   Georg II. Neubeck 1558–1574
37   Benedikt I. Prumer 1574–1610
38   Stephan Reitberger 1610–1634
39   Korbinian Riegg 1634–1658
40   Gregor Kimpfler 1658–1693
41   Coelestin Baumann 1693–1708
42   Benedikt II. Meyding 1709–1722
43   Maximilian Rest 1722–1734
44   Plazidus Forster 1734–1757
45   Joachim Herpfer 1757–1771
46   Judas Thaddäus Rieder 1771–1775
47   Michael Grillmayr 1775–1793
48   Martin Jelmiller 1793–1803

      1803–1838 Säkularisation – Aufhebung des Klosters

49   Rupert I. Leiß 1838–1872
50   Rupert II. Mutzl 1872–1896
51   Rupert III. Metzenleitner 1896–1922
52   Simon Landersdorfer 1922–1936, Bischof von Passau 1936–1968
53   Franz Seraph Schreyer 1936–1961
54   Johannes Evangelist Maria Hoeck 1961–1972
55   Bernhard Lambert 1972–heute

Klosteranlage Scheyern

Die Kloster-Anlage von Scheyern wird verständlich, wenn wir daran denken, daß hier ursprünglich eine Burg stand. Eine Burganlage muß ans Gelände angepaßt sein; daher die unregelmäßige Form. An die Burg erinnert vor allem noch die Ruine des Burgturms im Klosterpark. Die beiden kleineren Türme deuten ebenfalls darauf hin. Bei der Errichtung des Klosters im Jahre 1119 wurde der Nordteil der Burg abgerissen und Kirche und Kloster genau nach dem Hirsauer Plan, wie wir ihn auch in Alpirsbach finden, gebaut. Den übrigen Teil der Burg benützte man für Handwerker-Betriebe. Die Bibliothek (18) stand vermutlich ursprünglich frei. Später wurde sie mit dem übrigen Konventtrakt verbunden. Ebenso wurde die Abtei (12) nach Westen angefügt und dafür südlich der Kreuzkapelle (5) ein Freihof (19) geschaffen.

1	Burg-Ruine	40	Turm/	70	Eingang, Schenke
2	Klosterpark		BOS-Wohnheim		BOS-Speiseraum
3	Friedhof	41	BOS-Wohnheim	71	BOS-Speiseraum
4	Martini-Kapelle	42	Gewölberaum	72	2. Nebenzimmer
5	Kreuzkapelle	43	Garagen	73	1. Nebenzimmer
6	Basilika	44	Direktorat	74	Gästestube
7	Sakristei	45	Hausmeister	75	Küche
8	Königskapelle	46	Ost-Tor, Seminartor	76	Eingang, Schenke
9	Johanneskirche/	47	Garagen-Einfahrt	77	Eingang, Schenksaal
	Kapitelkirche/	48	Eingang	78	Schenksaal
	Fürstenkapelle		BOS-Wohnheim		
10	Vortragsraum			80	Oberer Eingang,
11	Kreuzgang	50	Eingang Tagungsstätte		Berufsoberschule
12	Abtei	51	Tagungsstätte,	81	Berufsoberschule,
13	Pforte/Bücherladen		Seminargebäude		Gymnasium
14	Eingang, Abtei, Pforte	52	Kleiner Speiseraum	82	West-Tor
15	Küche	53	Küche		Tor bei der Verwaltung
16	Speisesaal	54	Seminarkapelle		Tor–Berufsoberschule
17	Konventgebäude	55	Großer Speiseraum	83	Eingang, Verwaltung
18	Bibliothek			84	Verwaltung,
19	Freihof	60	Eingang Pfarrlokal		Berufsoberschule
		61	Pfarrlokal	85	Unterer Eingang,
30	Turm beim Pfarramt	62	Kinderstube		Berufsoberschule
31	Pfarramt	63	Jugendheim	86	Turnhalle
32	1. Stock, Prälatensaal	64	Wäscherei	87	Stiegenhaus
33	Pfarramt, Eingang	65	Eingang, Wäscherei	90	Eingang, Schreinerei
34	1. Stock,			91	Schreinerei
	Elisabethenkapelle			92	Wasserbassin
35	Eingang/			93	Freialtar
	Elisabethenkapelle				
	Prälatensaal				
	BOS-Wohnheim				

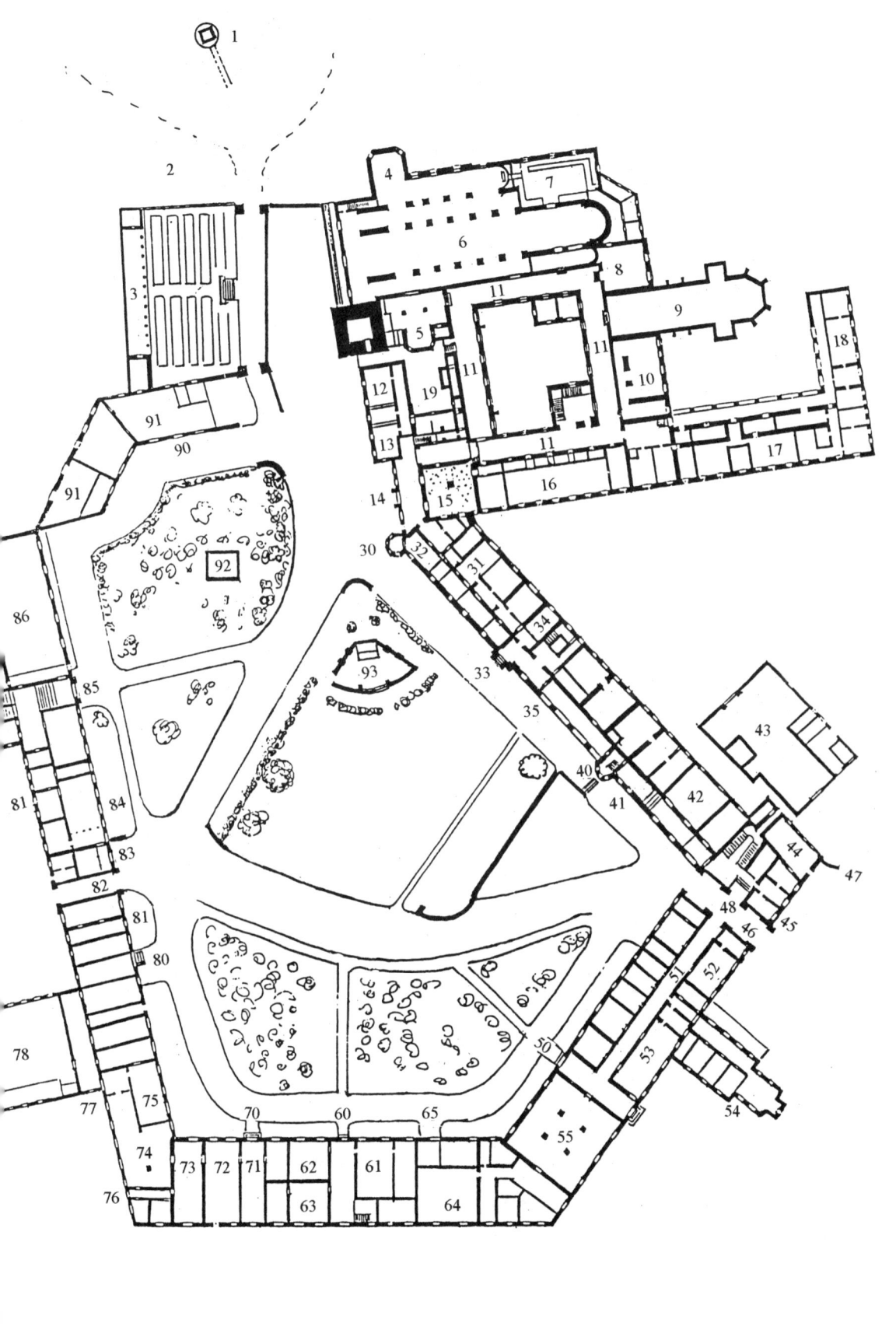

Quellen

Für unsere Untersuchung sind alle notwendigen Quellen fast lückenlos vorhanden. Den geschichtlichen Rahmen beschreibt eine Chronik, die von den ersten Anfängen bis zum Jahre 1803 reicht. Die wirtschaftlichen Verhältnisse lassen sich vor allem entnehmen aus den Urbaren und Salbüchern, die ebenfalls ein ziemlich vollständiges Bild liefern. Dazu kommen noch etwa 1500 Urkunden und andere verstreute Quellen. Es seien hier nur die wichtigsten aufgeführt.

Abkürzungen

Clm	Codex latinus monacensis (Handschrift der bayerischen Staatsbibliothek, lateinisch)
Cgm	Codex germanicus monacensis (Handschrift der bayerischen Staatsbibliothek, deutschsprachig)
HStAM	Hauptstaatsarchiv München
StAM	Staatsarchiv München
KL	Klosterliterale, ohne weiteren Zusatz: Klosterliterale von Scheyern, im HStAM
KA	Klosterarchiv Scheyern
BP	Brief-Protokoll
MB	Monumenta Boica
MG	Monumenta Germaniae Historica
KU	Klosterurkunde, ohne weiteren Zusatz: Klosterurkunde von Scheyern, im HStAM, davon eine Kopie im KA
StBM	Staatsbibliothek München
s.	saeculum (Jahrhundert)

I. *Bayerische Staatsbibliothek München*

Clm	1011	Necrologium Schirense (Clm 17419, Schir. 19), membr. 2°, s. XVII, 15 fol.
Clm	1052	Liber primae fundationis (Buch der ersten Grundausstattung), 1209/10 (Clm 17420, Schir. 20), membr. 4, s. XIV, 73 fol.

    a) fol. 1, Catalogus Abbatum (Katalog der Äbte), 1097–1210, Nachträge bis 1574

    b) fol. 12, Ecclesiae monasterio Sch. attinentes (Verzeichnis der zum Kloster Scheyern gehörenden Kirchen)

    c) fol. 14, Conradi monachi chronicon Schirense (Scheyerer Chronik des Mönches Konrad)

    d) fol. 224, Privilegia (Urkunden von Päpsten, Kaisern und Bischöfen)

    e) fol. 39, Reditus et praedia monasterii (Einkünfte und Besitzungen des Klosters)

    f) fol. 61, Officium praepositi de montanis etc. (Dienstleistung des Propstes im Gebirge)

    g) S. 117–136, Traditionen und Urkunden, Nachträge bis 1330

Clm	1211	(Teg) 2°, s. XVI, 266 (413) fol., 62–64 Abbates Schyrensis cenobii
Clm	1328	(St. Crucis Augustae) 2°, s. XVI–XVII, 75 fol., fol. 49 Chronica Schyrensis ab anno 766–1285.

Clm	1456	2°, s. XVII, 95 fol. Necrologium Schyrense
Clm	1457	2°, s. XVIII, 192 fol. Necrologium Schyrense, cui praemissum est calendarium, s. XVI.
Clm	1470	2°, s. XVI, 217 fol., fol. 95 Joannis Annales Schyrenses (a. 1517)
Clm	1719	(= Clm 362), 2°, s. XVI, 15 fol., Joannis Aventini Annales Schyrenses autographi
Clm	1800	4°, anno 1522, 119 pag. et 177 fol.
		p. 29, Joannis Aventini Annales Schirenses
		p. 52 eiusdem catalogus abbatum Schirensis cenobii
Clm	2300	8°, a. 1693–1727, 90 pag. Brunonis Feller Benedictini Schirensis Diarium
Clm	7021	2°, s. XIV, XV, 231 fol., fol. 225/226 Chronik von Scheiern, (cfr. Abh. der historischen Classe, d. k. Akademie … IX, p. 271)
Clm	9711	(Ob Alt 211), 2°, s. XV, 322 fol.
		fol. 156, Ein Auszug der Chroniken von Scheyern
Clm	14944	(Em Nr. 1) 8°, s. XV, Consuetudines et ceremoniae … in Scheirn, a. 1427
Clm	17401	Liber matutinalis (Matutinal-Buch), 1216–1220, StBM
	a)	fol. 1, Epilogus ex regula canonicorum et coenobitarum (Epilog aus der Kanoniker- und Zönobiten-Regel)
	b)	fol. 2, Catalogus pontificum Rom., imperatorum et regum, qui fuerunt ab initio mundi usque ad Honorium IV et Imp. Fridericum II. (Katalog der Päpste, Kaiser und Könige, vom Anfang der Welt bis Honorius IV. und Kaiser Friedrich II.)
	c)	fol. 4–6, Annales Chounradi Schir. (Annalen des Konrad von Scheyern)
	d)	fol. 8, 8 Particulae ex Gotfridi Viterb. Pantheo (Legenden in Gedichtform)
	e)	fol. 10, Recensio redituum monasterii Schirensis (Einkünfte des Kl. Scheyern)
	f)	fol. 14–19, Bilderzyklus, »Die Apokalyptische Frau« und andere Bilder
	g)	fol. 20–473, Matutinale, Calendarium, 1 Seite Bilderzyklus, Liturgischer Text
Clm	17402	Catholicon, Heinrich Molitor, geschrieben 1458, 312 Blätter, Heinrich Molitor, geb. in Dillingen, wohnhaft in Augsburg, mit farbigen Initialen
Clm	17403	Glossarium Salomonis

Mater verborum, 1241, Pergament, 244 Blätter, 54×37 cm

Der Text dieses »Mater verborum« wurde früher einem gewissen Salomo von Konstanz zugeschrieben. Er stellt eine ausführliche Beschreibung von schwierigen Wörtern der lateinischen Bibel (Vulgata) dar. Im Werk kommen auch teilweise deutsche Übersetzungen vor. Texte, wie auch Miniaturen sind aus einer Vorlage von Prüfening kopiert, die dort um 1160 geschrieben wurde.

fol. 1–7 Bilder aus Medizin, Musik, Biblische Geschichte

7–217 Mater verborum ›Lexikon aus allen Gebieten, umfassende Darstellung des damaligen Wissens‹

218 Glossae, Erklärungen zum Alten und Neuen Testament

235 Instrument des Patriarchen von Jerusalem über den nach Scheyern gebrachten Kreuzpartikel und andere Reliquien

235–238 Privilegien von Fischbachau und Scheyern

239–242 Bilder und Erklärungen von Heilpflanzen (45 an der Zahl), mit Angabe der Heilkräfte; Hausmittel und Rezepte gegen Flöhe, Mücken usw.

243 Lateinisch-deutsches botanisches Wörterbuch

244 Medizinische Angaben; Schluß: Hic locus est, mete, fratres, sine fine valete, Amen (dieser Ort ist furchterregend, auf Wiedersehen ohne Ende. Amen)

238: Eintrag (ca. Ende des 13. Jahrhunderts) »Der hl. Bonifatius weihte in Scheyern eine Kirche zu Ehren der Gottesmutter«

Clm 17404   Conradus Schirensis, Flavius Josephus, Jüdische Altertümer und Jüdischer
Krieg
Großfolio, 51×35 cm, Pergamenthandschrift mit 303 Blättern
Folio 1 a, ganzseitige Darstellung des Stammbaumes Christi. Auf einem Bett
ruht Jesse; aus den Lenden des Ruhenden wächst der Stamm hervor, der sich
in Form einer Mandorla teilt. In dieser thront Maria mit dem segnenden
Kinde. Auf fol. 1 b ist eine Rankeninitiale mit dem segnenden Christus; fer-
ner die Krönung Mariens.
Fol. 2 a–202 Prolog des Josephus zu den »Jüdischen Altertümern«, und der
Text selber
Fol. 203 b, einige Bilder, Festungsturm, Erstürmung einer Burg; Darstellung
der vier Jahreszeiten
Fol. 205 a–301 b, Jüdischer Krieg
Fol. 302 a, Gedicht, »Gerechtigkeit und Frieden küssen sich«
Zum Schluß: »Wer dieses Buch geschrieben hat, hat viel geschwitzt und ge-
seufzt, es möge ihm Gott und die fromme Jungfrau Maria gnädig sein.«

Clm 17405   Petrus Comestor, *Historia Scholastica* kurz vor 1241, Pergament, 230 Blätter, 45×30 cm
In diesem Werk ist die zwischen 1169 und 1173 verfaßte Weltgeschichte des
Petrus Comestor enthalten, der an der Kathedrale von Notre Dame in Paris
gelehrt hat. Dem Text sind hier Bilder vorangestellt. Der Schreiber stellt sich
auch hier als Mönch Conrad vor. Sehr beachtenswert sind die Darstellungen
der »Artes liberales« der »Sieben Freien Künste«.
Es werden mit Bildern versehen: die ein Instrument rührende Musik; die
nach oben weisende Astronomie; die rutenschwingende Grammatik; die
überzeugende Rhetorik mit ihren Lieblingen Georgias und Cicero; die haar-
spaltende Dialektik mit ihrem tiefen Denker Aristoteles; die ernstblickende
Philosophie mit Plato und Sokrates; die bärtige, ein Zahlbrettchen haltende
Arithmetik und die in Kreises Studium sich vertiefende Geometrie.
NB. Die Darstellung der Astronomie hat auch eine geschichtliche Bedeutung. Das Fernrohr ist bereits verschiebbar dargestellt. Schon Mabillon be-
wunderte das Bild, als er in Scheyern war. Im Jahre 1803 machte P. Maurus
Harter die Aufhebungs-Kommission auf dieses Bild aufmerksam.

Clm 17406   Antiphonale, Heinrich Molitor, geschrieben mit Initialen, Mitte des 15. Jahrhunderts; 200 Blätter, auf S. 1 schöne Initiale mit Bild des hl. Andreas. NB (In
der Bayerischen Staatsbibliothek befinden sich 6 Handschriften von Heinrich Molitor)

Clm 17425   Devotionale, Andachtsbuch, Gebetbuch
15. Jahrh. 169 Blätter, Französische Buchmalerei des 15. Jahrh. mit Initialen
und 13 Miniaturen, Holzdeckel mit braunem Leder und Goldpressungen

Clm 17509   (Schir. 109), 4°, x. XVI, 25 f.
a)   fol. 1, Chronica comitum Schyrensium, germanicae, incipit: »Da man zalt
von Cristus gepürd in dem 776. jar.«
b)   fol. 7, Aventini annales Schyrenses, a. 1528, (cf. Aretin, Beyträge 6, 101, Wi-
demann Joh. Turmair genannt Aventinus, p. 311, et Clm 1800)

Clm 19310   Breviarium cum calendario, Tegernsee, 1310, 15. Jahrh. 344 Blätter

Cgm 227, 4, 211–214, Fürstentafel von Scheyern (abgedruckt, H. Graf Hundt, Abhandlungen d. hist. Cl. d. K. Bayer. Ak. d. Wiss., Bd. 9 (1866), S. 270, J. v. Hefner, Obb.
Archiv 2 (1840), 181–202)

Cgm 246, 165–167, Fürstentafel von Scheyern, vgl. Cgm 227,4

Cgm 5747, und Cgm 5748, Tabula perantiqua

II. Andere Bibliotheken und Archive

1. Domus Boiariae Origo ... fundatio Coenobii nostri Schyrensis ..., P. Bruno Feller, 1710, 4°, 333 f. Universitäts-Bibliothek, München
2. Formulariensammlung von ca. 1420–1550, Kl. Bibl. Scheyern
3. Kloster-Urkunden Scheyern, ca. 1500 Urkunden von 1102–1810, AStA München, davon 1 Fotokopie in der Kl. Bibl. Scheyern
4. Kloster-Literalien Scheyern, 1–222, Salbücher, Grund- und Güterbeschreibungen, Stiftsregister, usw. HStAM
5. KL Scheyern, Akten von 1552–1830, Auflösung des Klosters, HStAM
6. 54 Urkunden von 1342–1910
   Ausstandsregister (Zehnt) 1670–1701, Verhörprotokoll des Gerichts ... 1622
   Salbücher der Kirche St. Martin, 1730/31, Hauptrechnung des Klosters, 1717–1734
   Coelestin Zacherl, verschiedene Fragmente zur Geschichte Scheyerns
   Abt Martin Jelmiller, Ein Katalog der Scheyerer Mönche des 17. Jh.
   Continuatio annalium almae ... Congregationis B. B. 1734–1748
   Breviarium decretorum Cap. exemptae Congr. Ben. Bavar. (1. Ausgabe 1734)
   Continuatio abbatum Schyrensium a Coelestino usque ad extinctionem monasteriorum, Chronik von Scheyern 1708–1803, Handschrift von P. Joseph Resch, Klosterarchiv Scheyern

III. Abdrucke von Quellen und Chroniken

Monumenta Germaniae Historica (MG), Bd. XVII, 613–633, Chronik und Annalen des Konrad von Scheyern.
   MG IX, 569, und 577, Wolvold, wird Abt von Admont.
   MG XI, 42, Gesta Archiep. Salisburg, Wolvold Abt von Admont.
   MG XII, 463, Vita Theogeri, Wolvold Nachfolger von Theoger.
Monumenta Boica (MB), Bd. X, S. 381–436, Chronik des Konrad von Scheyern, Traditionen (ohne die Reichnisse), Privilegien und Urkunden, bis 1607.

Die Chronisten des Klosters Scheyern
1. Chunrad von Scheyern (Abt Konrad von Luppburg (?), um 1220) enthalten in »Liber primae fundationis«, f. 14–24.
   a) Gründungsbericht: Bayrischzell, Fischbachau, Eisenhofen, Scheyern um 1119.
   b) Äbtekatalog: Von den Anfängen bis um 1220 (auch enthalten in den Monumenta Germaniae Historica).
   c) Erweiterung des Äbtekatalogs, 1357–1610, durch sechs unbekannte »Hände«.
2. Aventin, Annales Schirenses mit Äbtekatalog, fortgeführt bis 1517, K. Akademie der Wissenschaften, München 1880, Bd. 1, S. 1–24.
   Aventin (1477–1534); Johannes Turmair von Abensberg Vater der bayerischen Geschichtsschreibung; beginnt seine ›Bayerische Geschichte‹ mit der Chronik von Scheyern. Er wurde von Abt Johannes Turbeit (1505–1535) sehr gefördert.
   a) Annalen von Scheyern, Geschichte der Fürsten von Scheyern und Wittelsbach, beginnend mit dem Jahre 508 (von den »Schyren«) bis Herzog Otto den Erlauchten (†1253). In diesem Teil gibt er weitgehend die Quellen an.
   b) Äbtekatalog, beginnend mit dem ersten Abt Erchimbold (ab 1097) bis zum Jahre 1517. Es werden keine Quellen mehr angegeben. Weitgehend kopiert er die Vorlagen – Chronicon Schyrense – wortgetreu und bringt nur teilweise schärfere Wendungen.
3. Bruschius Caspar, †1559, Monasteriorum Germanae Praecipuorum ac maxime illustrum, Centuaria Prima, Ingolstadt, 1551.
   Bruschius Kaspar (*1518, †1559 bei Rothenburg o.T.).
   In seinem »Chronologiae monasteriorum Germaniae« (Chronik der deutschen Klöster) bietet er S. 185–189 den Text aus den Annalen von Aventin, mit einigen Erläuterungen.

Er ergänzt ihn um die Äbte Andreas Gaishover (1535–1547) und Chrysostomus Hirschbeck (1548–1558).

4. Wigulius Hund(t), † 1588, Metropolis Salisburgensis, David Sartor, Ingolstadt, 1581. Hund(t) Wigulius von und zu Lauterbach (* 1514, † 1558 in München).
   S. 290–294 die Chronik von Scheyern, fast wörtlich von Bruschius abgeschrieben, aber bis Benedikt Prumer (1574–1610) erweitert.

5. Reitberger, Abt Stephan, Chronicon Originis et Fundationis Monasterii Scheirn, Ingolstadt 1623.
   Chronik des Konrad von Scheyern, Äbtekatalog, fortgeführt bis Stephan Reitberger, Privilegien, Traditionen und Urkunden, Tabula perantiqua Schirensis.
   Seine Chronik, die 296 Seiten umfaßt, ist wieder ein selbständiges Werk. Er lehnt sich zwar an die früheren Chronisten an, bietet aber einen eigenen Text, kritische Bemerkungen zu Aventin.

6. Georg Christian Joannis, Chronicon Schirense, 256 S., gedruckt bei Dulssecker, Straßburg, 1716; Abschrift der Chronik von Reitberger, Fortsetzung bis 1716.
   Eine umfassende Chronik von Scheyern, die 256 Seiten umfaßt, gedruckt bei Joannes Dulssecker von Straßburg. Sie ist zunächst eine wortgetreue Abschrift von Reitberger, aber dann ergänzt bis Abt Cölestin Baumann (1708).

7. P. Joseph Resch (1803) Chronik von Scheyern. Diese nur handschriftlich überlieferte Chronik umfaßt die Zeit von 1708 bis 1803. KA.

8. P. Laurentius Hanser, Scheyern einst und jetzt, Scheyern 1927.

IV. Urbare, Salbücher, Ausstandsregister, Steuerbücher

Vor allem in: Kloster-Literale Scheyern (KL), Nr. 1–257, Urbare und Salbücher, Ausstandsregister, Grund- und Güterbeschreibungen, Stiftsregister, usw., HStAM

1. Clm 1052, 1209–1210, Liber primae fundationis, Buch der ersten Grundausstattung, enthält auch ein lückenhaftes Güterverzeichnis, StBM.

2. Clm 17401, 1216–1220, Liber Matutinalis, Matutinalbuch, enthält eine lückenhafte Beschreibung der Güter. StBM.

3. KL 54, um 1309–1315, Reichnisse und Einkünfte, Kloster Scheyern, erstes vollständiges Urbar.

4. KL 55, um 1347, Urbar, Buch der Einkünfte, Kloster Scheyern. Ähnlich aufgebaut wie KL 54, nur steht statt »habet geriht« (hat zu reichen) die Wendung »pro jugalibus habet« (hat für eine Hochzeit bereitzuhalten), ein Hinweis, daß der Wechsel des Besitzers oft mit einer Hochzeit verbunden war.

5. KL 56, um 1420–1430, Urbar, aufgebaut wie KL 55, jedoch Angabe der Größe der Felder.

6. KL 57, um 1494, Urbar, Buch der Abgaben für das Kloster Scheyern, von Abt Paulus Preu, zusammenfassende alphabetisch geordnete Übersicht über alle Güter. Viele Güter sind jedoch doppelt aufgeführt.

7. KL 77, 1339–1363, Sal- und Stiftsregister, teilweise Textverlust, trotzdem sehr aufschlußreich für das 14. Jh.

8. KL 78, 1413–1420, Sal- und Stiftsregister.

9. KL 79, 1436–1448, Sal- und Stiftsregister, mit einem Anhang: Conventiones servorum monasterii, Übereinkünfte mit den Dienern des Klosters.

10. KL 80, 1450–1466, Sal- und Stiftsregister, mit Anmerkungen über Wein- und Fischrechnungen.

11. KL 81, 1467–1483, Sal- und Stiftsregister, mit Angaben über Zehnten und Einkünfte des Zellerars.

12. KL 82, 1484–1489, Sal- und Stiftsregister, mit »Übereinkünfte mit den Dienern«.

13. KL 83, 1497–1506, Sal- und Stiftsregister, mit »Gehälter der Angestellten«.

14. KL 121, 1480–1535, Harnaschbuch, Aufzählung aller Hausbesitzer der »Grafschaft« Scheyern (= Hofmark Scheyern), mit Angabe der bereitzuhaltenden Waffen.

15. KL 19½, 1507–1516, Steueranlage des Gerichts Scheyern.
16. KL 86, 1525–1534, Sal- und Stiftsregister.
17. KL 65, 1574–1578, »Saalbuch«, ausführliche Darstellung der Besitzveränderungen und der noch nebenbei bewirtschafteten Grundstücke.
18. KL 6, 1629–1632, Salbuch, ausführliche Beschreibung der Besitzveränderungen.
19. KL 8, 1643–1650, Salbuch, ausführliche Beschreibung der Besitzveränderungen nach dem Dreißigjährigen Krieg, erstmals Numerierung der Anwesen.
20a. KA Ic 10, 1678–1687, Ausstandsregister, »Kirchentracht«, KA (wie Salbuch).
20b. KA Ic 11, 1697–1701, Stifts- und Ausstandsregister, KA.
21. KL 15, 1730–1742, Ausstandsregister, wie Salbuch, nur größerer Zeitraum.
22. KL 17, 1762–1802, Ausstandsregister, wie Salbuch.
23. KL 115, 1490, Grundbeschreibung einzelner Ortschaften um Scheyern, mit Angabe der Größe der Felder.
24. St. 320, 1671, Steuerbeschreibung, Schätzung des Gutes, Viehbestand, usw., StAM.
25. B 28, Pfleggericht Pfaffenhofen, 1773, Anlags-Buch, Besitzer, Hof-Fuß, Fourage-Anlage, Vorspann-Anlage, Herdstätten-Anlage, Einfache Grundsteuer, StAM.
26. KL 93, 1560–1803, Gilt- und Stiftbuch, Ortschaft Großenhag-Scheyern, Übersicht über die Neuverstiftungen.
27. KL 94, 1500–1802, Gilt- und Stiftbuch, »Grafschaft« Scheyern, zuverlässige Übersicht über die »Neuverstiftungen«, teilweise erst ab 1640.
28. KL 109, KL 110, KL 111, KL 112, »Gründt- und Registratur-Buch der Güter«, die zum Kloster Scheyern gehören, im Landgericht Pfaffenhofen. 29 Brief-Protokolle (BP), 1643–1804, 75 Bände Amtgericht Pfaffenhofen, Nr. 458–529 c, StAM.
30. Kloster-Aufhebungs-Protokolle, KA 658.
31. Kataster, Amtsgericht Pfaffenhofen
   Häuser- und Rustikal-Steuerkataster 1808, Pfaffenhofen 17387
   Besitzfassionen, 1788–1802, Pfaffenhofen 17386
   Rustikal- und Dominikal-Steuerkataster, 1814, Pfaffenhofen 17388
   Dominikal-Steuerkataster, 1814, Pfaffenhofen, 17740
   Grundbuch, Bodenzins, 1848–1877, Pfaffenhofen 17401

   Grundsteuerkataster 1864
      Repertorium für Plan- und Hausnummern, Pfaffenhofen 17393
      Scheyern/Großenhag, Haus Nr. 1–63, Pfaffenhofen 17394
         Haus Nr. 64–Ende, Pfaffenhofen 17395
      Umschreibeheft, Haus Nr. 1–100, Pfaffenhofen 17396
         Haus Nr. 101–Ende, Pfaffenhofen 17397
      Umschreibeverzeichnis, Pfaffenhofen 17398

   Grundsteuerkataster 1864
      Mitterscheyern, Pfaffenhofen 17038
      Niederscheyern, Pfaffenhofen 17111
      Triefing, Pfaffenhofen 17525
      Vieth, Pfaffenhofen 17566
      Winden, Pfaffenhofen 17657
      Sulzbach, Pfaffenhofen 17493
      Fernhag, Wernthal, Scheyern, Pfaffenhofen 17395
      Winden, Pfaffenhofen 17649
32. Matrikel-Bücher der Pfarrei Scheyern, Pfarrarchiv Scheyern
      1639–1939   Taufbücher, 10 Bände
      1639–1939   Trauungsbücher, 8 Bände
      1619–1926   Sterbebücher, 9 Bände
      1598–1906   Taufbücher, Index, 7 Bände
      1800–1939   Familienbücher, 10 Bände
      1706–1897   Seelenstandsbeschreibung (status animarum)
      1691–1825   Sterbebuch der Filiale Niederscheyern
      1691–1825   Trauungsbuch der Filiale Niederscheyern
      1635–1690   Taufbuch, Trauungsbuch der Filiale Niederscheyern

Literatur

Angerer, Joachim: Die Bräuche der Abtei Tegernsee unter Abt Kaspar Ayndorffer 1426 bis 1461, verbunden mit einer textkritischen Edition der Consuetudines Tegernseenses (Studien und Mitteilungen zur Geschichte des Benediktiner-Ordens. 18), Augsburg 1968

Benediktinerabtei Scheyern 1077–1988, vor 150 Jahren wiedererrichtet [Anselm Reichhold…], Weißenhorn 1988

Bezirksamt Pfaffenhofen (u. a.), in: Die Kunstdenkmäler von Oberbayern. Erster Band, bearb. von Gustav v. Bezold. München 1895, 98–102; 136–140

Bischoff, Bernhard: Die südostdeutschen Schreibschulen und Bibliotheken in der Karolingerzeit, T. l. Die bayerischen Diözesen. Wiesbaden ²1980, 169 f

Boeckler, Albert: Zur Conrad von Scheyern-Frage, in: Jahrbuch für Kunstwissenschaft 1 (Leipzig 1923), 83–102

Brooke, Christopher N.: Die große Zeit der Klöster: 1000–1300, Freiburg 1976

Brückl, Josef: Ampertshausen, ein Dorf in der Hallertau. Agrarhistorische Betrachtungen eines altbayerischen Bauerndorfes durch ein Jahrtausend, Kleve, München 1985

Brunhuber, Josef: Chronik des oberen Leizachtales, Fischbachau 1928

Bruschius, Caspar: Chronologia Monasteriorum Germaniae praecipuorum, Sulzbach 1682, 667–678

Bruschius, Caspar: Supplementum Bruschianum sive Gasparis Bruschii chroniconsive centuria secunda, Wien 1692

Bucelin, Gabriel: Germania topo-chrono-stemmato-graphica sacra et profana, Augsburg ²1862, 266–268

Burghard, Georg: Die Baulast an der Pfarrkirche zu Scheyern. Diss. jur. München 1952; Schrobenhausen 1951

Brunner, Sebastian: Ein Benediktinerbuch. Geschichte und Beschreibung der bestehenden und Anführung der aufgehobenen Benediktinerstifte in Österreich-Ungarn, Deutschland und der Schweiz, Würzburg 1880

Chronik der Bayerischen Benediktiner-Kongregation, Metten 1948

Damrich Johannes: Ein Künstlerdreiblatt des XIII. Jahrhunderts aus Kloster Scheyern (Studien zur deutschen Kunstgeschichte, 52), Straßburg 1904

Demmel, Karl: Die Hofmark Maxlrain. Ihre rechtliche und wirtschaftliche Entwicklung (Südostbayerische Heimatstudien, 18), Hirschenhausen 1941 (zugl. München, Univ., Diss.)

Deutinger, Martin von: Die älteren Matrikeln des Bistums Freysing. München I, (1849), II (1849), III (1850), vor allem I, 193–195

Faußner, Hans Constantin: Zur Frühzeit der Babenberger in Bayern und Herkunft der Wittelsbacher, ein Kapitel bayerisch-österreichischer Geschichte aus rechtshistorischer Sicht (Studien zur Rechts-, Wirtschafts- und Kulturgeschichte, 15), Sigmaringen 1990

Fichtl, Franz Xaver: Versuch einer historisch-topographisch-statistischen Beschreibung des Kgl. Bayer. Landgerichts Pfaffenhofen im Regierungsbezirke Oberbayern, mit besonderer Rücksicht auf das Kloster Scheyern, Neuburg a. d. D. 1851

Flohrschütz, Günther: Machtgrundlagen und Herrschaftspolitik der ersten Pfalzgrafen aus dem Hause Wittelsbach, in: Wittelsbach und Bayern I,1, S. 42–110

Fried, Pankraz: Die Herkunft der Wittelsbacher, in: Wittelsbach und Bayern I,1, S. 29 ff

Fried, Pankraz (Hrsg.): Die Chronik des Abtes Konrad von Scheyern (1206–1225) über die Gründung des Klosters Scheyern und die Anfänge des Hauses Wittelsbach, in deutscher Übersetzung mit einem Facsimile-Abdruck und der von Philipp Jaffé besorgten Edition hrsg. von Pankraz Fried, Weißenhorn 1980

(Fried, Pankraz): Die Wittelsbacher im Aichacher Land. Gedenkschrift der Stadt Aichach und des Landkreises Aichach-Friedberg zur 800-Jahr-Feier des Hauses Wittelsbach (Heimatmuseum Aichach: Schriftenreihe, 3), Aichach 1980

Glaser, Hubert: Die Zeit der frühen Herzöge. Von Otto I. zu Ludwig dem Bayern, in: Wittelsbach und Bayern I,1, S. 151–163

Gressierer, Franz: Äbteliste von Scheyern, 1980. Handschriftlich in der Klosterbibliothek Scheyern, mit kritischen Untersuchungen

Gressierer, Franz: Die Äbte- und Konventsiegel des Klosters Scheyern, in: Benediktinerabtei Scheyern, Festschrift 1988

Gressierer, Franz: Die verstorbenen Scheyerer Mönche seit 1838 bis zur Gegenwart, in: Benediktinerabtei Scheyern, Festschrift 1988

Gressierer, Franz: Pfarrei und Pfarrkirche Scheyerns in der ersten Hälfte des 19. Jahrhunderts, in: Benediktinerabtei Scheyern. Festschrift 1988

Haffter, Heinz: Der Thesaurus Linguae Latinae in Kloster Scheyern, in: Der Scheyerer Turm 12, 1964, 27–29

Hanser, Laurentius: Scheyern einst und jetzt. Bd. 1: Geschichtlicher Überblick, Scheyern 1927

Hanser, Laurentius: Rechtsgeschichtliche Forschungen über das Kloster Scheyern, in: Deutinger, Martin: Beiträge zur Geschichte … des Erzbistums München und Freising, 13. – München 1921, S. 1–167 – dass.: München, Univ.Diss. 1919

Hanser, Laurentius: Kloster Scheyern, Rechtsgeschichtliche Forschungen zur Gedächtnisfeier des achthundertjährigen Bestandes der Abtei (1120–1920). München 1920

Hartig, Michael: Kunstgeschichte des Benediktinerstiftes Scheyern in der Zeit der Gotik, in: Jahrbuch des Vereins für Christliche Kunst in München. 2 (1913–1914), S. 1–32

Hartig, Michael: Die Kunstpflege des Benediktinerstiftes Scheyern in der Zeit der romanischen Kunst, in: Jahrbuch des Vereins für Christliche Kunst in München. 3 (1915 bis 1916), S. 1–24

Hartig, Michael: Die oberbayerischen Stifte, die großen Heimstätten deutscher Kirchenkunst. 1. Die Benediktiner-, Cisterzienser- und Augustiner-Chorherrenstifte. München 1935

Hefner, Joseph von: Über die literarischen Leistungen des Klosters Scheyern, über den Mönch Conrad, genannt Philosophus, und die Fürstengruft jener Abtei, München 1840

Heiß, Paulus: Dem Kloster Scheyern zugeordnete Pfarreien und Kirchen, in: Benediktinerabtei Scheyern, Festschrift 1988

Hemmerle, Josef: Die Benediktinerklöster in Bayern. Germania benedictina. 2. St. Ottilien 1970

Hiereth, Sebastian: Die bayerische Gerichts- und Verwaltungsorganisation vom 13. bis 19. Jahrhundert (Historischer Atlas von Bayern, Teil Altbayern. 1). München 1950

Hiereth, Sebastian: Moosburg. Rechtsentwicklung, Rechtsprechung und Verwaltung in einem niederbayerischen Landgericht (Studien zur bayerischen Verfassungs- und Sozialgeschichte, 12) München 1986

Hilble, Friedrich: Landkreis Pfaffenhofen an der Ilm (Historisches Ortsnamenbuch von Bayern. Oberbayern. 4). München 1983

Hund von Sulzemoos, Wiguleus: Metropolis Salisburgensis. Continens fundationes et erectiones monasteriorum et ecclesiarum collegiatarum etc. per Boiariam ac loca quaedam vicina, accesserunt notae Christophori Gewoldi. Ratisbonae 1719

von Hundt, Friedrich Hektor Graf: Bayerische Urkunden aus dem XI. und XII. Jahrhundert. Die Schirmvögte Freisings. Seine Bischöfe bis zum Ende des XII: Jahrhunderts. Beiträge zu Scheyern-Wittelsbachschen Regesten, München 1878

von Hundt, Friedrich Hektor Graf: Kloster Scheyern, seine ältesten Aufzeichnungen, seine Besitzungen. Ein Beitrag zur Geschichte des Hauses Scheyern-Wittelsbach, München 1865 – dass. München 1862

Hubensteiner, Benno: Bayerische Geschichte. Staat und Volk, Kunst und Kultur, München 1980

Huschberg, Johann Ferdinand: Älteste Geschichte des durchlauchtigsten Hauses Scheyern-Wittelsbach... München 1834

Kainz, Stephan: Die Consuetudines Schyrenses (Studien und Mitteilungen OSB, Würzburg 1882–1910, später St. Ottilien, ab 1911). 19 (1903–1905)

Knitl, Max: Scheyern als Burg und Kloster, ein Beitrag zur Geschichte des Hauses Scheyern-Wittelsbach sowie zur Geschichte des Benediktiner-Ordens, Freising 1880

Knitl, Max: Scheyerns Stellung in der Kulturgeschichte, Jena, Univ.Diss. 1880

Kotter, Bonifaz: Das Byzantinische Institut von Scheyern, in: Benediktinerabtei Scheyern, Festschrift 1988

Kreuzer, Ildephons: Die Wiedererrichtung der Benediktinerabtei Scheyern (Studien und Mitteilungen OSB. 71/72.) St. Ottilien 1960, 189–234; 1961, 69–152

Koch-Sternfeld, Josef Ernst Ritter von: Über die Abstammung der Gräfin Haziga, München 1863

Lang, Johann, und Franz Anton Max Blondeau: Außerlesene historisch-bayrische Alt und Neue Nachrichten von allerhand gesammelt und mit Notis beleuchtet, zusammengetragen von Joanne Langio und Franc. Ant. Max Blondeau. München 1751–1753 – Relation 1–17 (Kloster Scheyern)

Lindner, Pirmin: Die Schriftsteller und die um Wissenschaft und Kunst verdienten Mitglieder des Benediktiner-Ordens im heutigen Königreich Bayern, vom Jahre 1750 bis zur Gegenwart. 1.2. Regensburg 1880

Lindner, Pirmin: Monasticon metropolis Salisburgensis antiquae: Verzeichnis aller Aebte und Pröbste der Klöster der alten Kirchenprovinz Salzburg. Salzburg 1880, 188–192

Mabillon, Jean: Iter Germanicum, Hamburgum 1717, 53–55

Mabillon, Jean: Annales ordinis S. Benedicti, in quibus non modo res monasticae, sed etiam ecceliasticae historiae non minima pars continetur, Lutetiae Parisiorum 1739. V, 124, 464; VI 43a, 43b

Mayer, Anton: Statistische Beschreibung des Erzbisthums München-Freising, nach amtlichen Quellen bearbeitet. I München 1874; II, III Regensburg 1880, 1884, vor allem: III, 73–81

Meichelbeck, Carl: Historia Frisingensis. Augustae Vindelicorum I, 1,2 (1724); II, 1,2 (1729)

Münsterer, Hanns O.: Die doppelbalkigen Partikelkreuze von Scheyern, Wiblingen und Donauwörth, in: Bayerisches Jahrbuch für Volkskunde, Regensburg 1952, 50–64

Meuer, Michael: Die gemalte Wittelsbacher Genealogie der Fürstenkapelle zu Scheyern (Miscellanea Bavarica Monacensia, 59), München 1975. Zugl. Diss.

Nagel, Anton: Notitiae origines domus Boicae saeculis X. et XI. illustrantes, in: Neues historische Abhandlungen der baier. Akad. d. Wiss. München 1804

Neubauer, Anselm: Seminar und Studienanstalt im Benediktinerstifte Scheyern. Geschichtlich und statistisch dargestellt. München [2]1938

Oberkobler, Raphael: Das geplante Mausoleum König Ludwigs I. in Scheyern, in: Benediktinerabtei Scheyern, Festschrift 1988

Pez, B.: Thesaurus Anecdotorum novissimus, Augustae Vindelicorum, 1721–1729, Tom. I, pp. XXVII–XXXI

Quoika, Rudolf: Musik und Musikpflege in der Benediktinerabtei Scheyern (Studien und Mitteilungen OSB, 16), München 1958

Regesta Pontificum Romanorum / Germania Pontifica. 1,2 Provincia Salisburgensis II et episcopatus Tridentinus. Berlin 1911, 343–347

Reichhold, Anselm: Haus- und Familiengeschichte der Pfarrei und Hofmark Scheyern. 1–4. Scheyern 1987, 1991

Reindel, Kurt: Die bayerischen Luitpoldinger 893–989, Sammlung und Erläuterung der Quellen (Quellen und Erörterungen zur bayerischen Geschichte, Neue Folge, 11), München 1953 (zugl. München Univ.Diss. 1949)

Reindl, Josef: Hallertauer Skizzen. Kulturgeschichtliche Aufsätze, Mainburg 1926

Scheglmann, Alfons Maria: Geschichte der Säkularisation im rechtsrheinischen Bayern, III,1: Die Säkularisation in den 1803 definitiv bayerisch gewesenen und gewordenen Gebieten; Teil 1: Die Säkularisation der Fürstbistümer und Benediktinerabteien, Regensburg 1906, 740–764

Schnith, Karl: Die Geschichtsschreibung im Herzogtum Bayern unter den ersten Wittelsbachern (1180–1347), in: Wittelsbach und Bayern I,1, S. 359–368

Seefried, Johann Nepomuk: Aus der Verwandtschaft, dem Leben und Wirken der Gräfin Haziga... (Studien und Mitteilungen OSB, 24), Würzburg 1903, 124–134; 416–426

Seefried, Johann Nepomuk: Graf Berthold von Burgeck. Der Mitstifter des Benedictinerklosters Eisenhofen an der Glon 1104, ein Schyre und kein Lechsgemünder und die Genealogie der Grafen von Scheyern des XI. Jahrhunderts (Studien und Mitteilungen OSB, 22) Würzburg 1901

Seefried, Johann Nepomuk: Pater Konrads des Älteren von Scheyern Leben und Wirken (Literarische Beilage der Augsburger Postzeitung Nr. 29–36), Augsburg 1905

Siegmund Albert: Das letzte Vierteljahrhundert in Scheyern, in: Der Scheyerer Turm Nr. 1, 8–15; Nr. 4 8–17

Siegmund, Albert, und Franz Genzinger: Zur Scheyerer Tabula Perantiqua, in: Wittelsbach und Bayern I,1, S. 151–163

Stengel, Carl: Monasteriologia in qua insignum aliquot monasteriorum familiae S. Benedicti in Germania, I/II, Augustae Vind. 1619, 1638, I, n. 17.

Stephan, Michael: Die Traditionen des Klosters Scheyern (Quellen und Erörterungen zur Bayerischen Geschichte, Neue Folge, 36,1), München 1986 (zugl. München Univ.-Diss. 1983/84)

Stephan, Michael: Die Urkunden und ältesten Urbare des Klosters Scheyern (Quellen und Erörterungen zur Bayerischen Geschichte, Neue Folge, 36,2), München 1988

Trotter, K.: Die Grafen von Scheyern, in: Otto Dungern, Genealogisches Handbuch zur bairisch-österreichischen Geschichte, Graz 1931

Tyroller, Franz: Genealogie des altbayerischen Adels im Hochmittelalter (Genealogische Tafeln zur mitteleuropäischen Geschichte, Lfg. 4), Göttingen 1962

Tyroller, Franz: Die Ahnen der Wittelsbacher. Beilage zum Jahresbericht des Wittelsbacher Gymnasiums München für das Schuljahr 1950/51. Freising 1958 (Xerokopie)

Vitzthum, Werner: Scheyern. Benediktinisches Land im Schutze des Heiligen Kreuzes, Pfaffenhofen (Ilm) 1983

Volckamer, Volker von: Das Landgericht Pfaffenhofen und das Pfleggericht Wolnzach (Historischer Atlas von Bayern, Teil Altbayern 1.14) München 1963 (zugl. München Univ.Diss. 1957: Landesherr, Adel und Kirche als Gerichts- und Grundherren im Raume der einstigen Grafschaft Scheyern)

Volkert, Wilhelm: Die Bilder in den Wappen der Wittelsbacher, in: Wittelsbach und Bayern I,1, S. 13–28

Wagner, Rudolf: Graf Berthold und die Civitas Burgeck, in: Zeitschrift des Historischen Vereins für Schwaben, 71 (Augsburg 1977), 89–108

Wenig, Michael: Historico-topographica Descriptio. Das ist: Beschreibung deß Chorfürsten- und Hertzogthums Ober- und Nidern Bayern So von Michael Wening... in Loco delinirter ins Kupffer gegeben worden. München 1701–1726 (Band I (1701), 163)

Ziegelbauer, Magnoald: Historia Rei Literariae Ordinis S. Benedicti. I. Augustae Vindelicorum 1754, 448, 550–554 (Schyrenis Bibliotheca)

Wittelsbach und Bayern, hrsg. von Hubert Glaser. Ausstellungskatalog. Band I,1: Die Zeit der frühen Herzöge: von Otto I. zu Ludwig dem Bayern. Beiträge zur Bayerischen Geschichte und Kunst 1180–1350. Band I,2. Katalog der Ausstellung auf der Burg Trausnitz in Landshut. München 1980

Sonstige Literatur

Adlzreitter, Joannis, Annales Boicae Gentis… Annalium Boicae Gentis partes III, quibus historia a primum Bojorum origine usque ad annum MDCI, quo Maximilianus Elector decessit, continetur. Frankfurt am Main 1710.
I, 331, 431, 432, 494, 524; III, 72, 119, 215

Bauerreiß, Romuald: Kirchengeschichte Bayerns St. Ottilien, Augsburg I (1949); II (1950); III (1951); IV (1953); V (1955); VI (1965); VII (1970)

Bosl, Karl: Adel, Bistum und Klöster in Bayern im Investiturstreit, *in*: Festschrift für Hermann Heimpel, I, II, III. Göttingen 1971–1972. (II: 1121–1146)

Brackmann, Albert: Zur Geschichte der Hirsauer Reformbewegung im 12. Jahrhundert (Preußische Akademie der Wissenschaften [Berlin]. Phil.-Hist.Klasse: Abhandlungen, 1927,2). Göttingen 1928

Buchberger, Michael (Hrsg.): Lexikon für Theologie und Kirche, Freiburg 1930 ff (neu bearbeitet 1957 ff und 1993 ff)

Falckenstein, Johann H. von: Vollständige Geschichten der alten, mittlern und neuern Zeiten des großen Herzogthums und ehemaligen Königreichs Bayern, in drey Theilen verfasset. München, Ingolstadt, Augsburg, 1763. III, 1–38

Germania Benedictina, 5: Die Benediktinerklöster in Baden-Württemberg, bearb. von Franz Quarthal. Augsburg 1975

Hallinger, Kassius: Gorze-Kluny. Studien zu den monastischen Lebensformen und Gegensätzen im Hochmittelalter (Studia Anselmiana…), Rom und Graz, I (1950), II (1951)

Hergott, Marquard: Constitutiones Hirsaugienses, *in*: Vetus disciplina monastica, Paris 1726, 375–570

Migne, J. P.: Patrologia Latina. Patrologiae cursus completus sive biblitheca universalis… omnium SS. Patrum…, Parisiis 1844 ff

Mathäser, Willibald: Chronik von Tegernsee. Nach alten Dokumenten, aus neueren Quellen, mit persönlichen Bemerkungen zu Vergangenem und über Gegenwärtiges. München 1981

Mettler, Adolf: Kloster Hirsau (Deutsche Kunstführer, 16), Augsburg 1928

Riezler, Sigmund: Geschichte Baierns (Allgemeine Staatengeschichte, 1, …), Gotha 1878 ff; neu bearbeitet 1927 ff

Schreiber, Wilhelm: Geschichte Bayerns in Verbindung mit der deutschen Geschichte. Freiburg 1889, 1891

Spindler, Max, und Andreas Kraus: Handbuch der bayerischen Geschichte. 2. Band München 1969

Verwendete Maße

Ein besonders schwieriges Problem ist die Frage nach den verwendeten Maßen, insbesondere bei den Getreide- und Flächenmaßen. In den Salbüchern lesen wir zum Beispiel, daß der einzelne Besitzer so und so viel »modii«, bzw. »Mitl« an Getreide abgeben mußte. Aber über deren Größe sind wir zunächst auf Vermutungen angewiesen. Ähnlich ergeht es bei den Flächenmaßen. In den ersten Urbaren werden verschiedene Bezeichnungen für die einzelnen Güter verwendet, wie »Hof«, »Hube«, »Lehen« usw.

In einem Urbar (KL 56) sind auch Angaben über die Größe von Grundstücken enthalten. Felder wurden in Juchart (jugum) gemessen, und Wiesen in Tagwerk (dieta). Wie diese Flächenmaße festgelegt wurden, erfahren wir erst um 1600, bei einer allgemein durchgeführten Grundstücksvermessung.

Auch in der Geldwährung sind mehrere gebräuchliche Einheiten erkennbar. Die wichtigsten sind: Pfennig, Taler, 1 Pfund Pfennige und Gulden.

Längen- und Flächenmaße

Um der Unsicherheit in den Flächenangaben abzuhelfen, wurden um 1613–1637 die einzelnen Güter vermessen. Als Einheitsmaß diente der »Schritt«. Bei jedem Feld wurden Länge und Breite gemessen, vermutlich durch Abschreiten. Bei rein rechteckigen Flächen ergab Länge mal Breite die Fläche in »Quartschritten«. Wenn sie nicht ganz rechteckig waren, nahm man eine mittlere Länge bzw. mittlere Breite her.

10000 »Quartschritte« ergaben 1 Juchart. Auch die Wiesen wurden auf diese Weise vermessen; nur rechnete man dann um in Tagwerk, wobei 1 Juchart 2 Tagwerke zählte.

Zur Umrechnung auf unser jetziges metrisches Maß gehen wir aus von der Länge eines bayerischen Schuhs. 1 Schuh = 29,185 cm.

1 Tagwerk = 40000 Quadrat-Schuhe
1 Tagwerk = 3407 m^2; 1 Juchart = 2 Tagwerke = 6814 m^2
1 Juchart = 10000 Quadratschritte; 1 Schritt = 82,55 cm

Zusammenstellung – Abgeleitete Einheiten
1 bayerischer Schuh (oder Fuß) = 12 Zoll = 144 Linien = 29,185 cm
1 Zoll = 2,43 cm; 1 Linie = 2,03 mm
1 Tagwerk = 40000 Quadrat-Schuhe = 3407 m^2
1 Juchart = 2 Tagwerk = 6814 m^2
1 Juchart = 10000 Quadrat-Schritte; 1 Schritt = 82,55 cm
1 Klafter = 6 Fuß = 1,75 m; bzw. 1 Klafter als Raum-Maß; 1,75×1,75 m = 3,06 m^2
1 bayerische Elle = 83,3 cm.

Außer Joch (bzw. Juchart) und Tagwerk waren noch gebräuchlich:
Pifang (auch Pifling), Einsätz und Gern.
Normalerweise ergaben 30 (1 Schilling) Pifang 1 Joch. Es gab jedoch lange und kurze Pifang, und somit war »Pifang« kein eindeutiges Flächenmaß.
1 Einsätz ist meist ½ Tagwerk. Gelegentlich wird jedoch 1 Einsätz gleich 1 Tagwerk gesetzt. Ein Gern ist ein Eckstück.
Außerdem taucht manchmal der Begriff »großes« Joch auf (z.B. KL 115,6). Damit wollte man genau verdeutlichen; da an anderen Orten 1 Tagwerk als »kleines« Joch bezeichnet wurde.

Geldwährung

Bei der Geldwährung ist neben der Grundeinheit von 1 Pfennig (1 denarius) zunächst 1 Pfund Pfennig = 240 Pfennige die meistgebräuchliche größere Einheit. Diese wird allmählich durch den Gulden (= 210 Pfennige) verdrängt.

Dabei gab es noch Unterschiede zwischen dem Münchener Pfennig und Regensburger Pfennig. Hier setzte sich der Regensburger Pfennig durch.

Neben dem Pfennig war stets auch der Heller (2 Heller = 1 Pfennig) gebräuchlich. Dazu gab es noch den Kreuzer (1 Kreuzer = 7 Heller). Auffallend ist auch, daß man den Wert der »Stiftmaß« (= 1 Maß Wein) fast durchwegs – trotz dauernder Geldentwertung – mit 14 Pfennigen angab. Nun aber ist 1 Batzen = 14 Pfennige. Daher kommt die übliche Bezeichnung »Stift-Batzen«. In den Scheyerer Salbüchern wird stets 1 Kreuzer = 7 Heller gleichgesetzt, ohne Rücksicht darauf, daß anderswo ein Kreuzer 8 Heller zählte.

Um 1500 verwendete man für die Festlegung der Steuern die Einheit »Pfund Pfennige«. Dies erleichterte die Berechnung. Denn $\frac{1}{30}$ des gesamten Vermögens ergab die Steuer, die man als Art »Vermögenssteuer« bezeichnen könnte; und $\frac{1}{8}$ des Dienstbotenlohns ergab die »Dienstboten-Steuer«. Bei einem Vermögenswert von 22 Pfd. Pfg. 7 Schillinge (= 183 Schillinge) errechnete sich die Steuer auf 183 Pfg. Wenn der Dienstbotenlohn 2½ Pfd. Pfg. betrug, mußte dafür 2½ Schillinge Steuer bezahlt werden.

1 Pfund Pfennige (1 libra, 1 lb) = 240 Pfennige = 8 Schillinge
1 Schilling (1 β – 1 solidus) = 30 Pfennige
1 Kreuzer (1 X) = 7 Heller (7 hl) = 3½ Pfennige
1 Pfennig (1 denarius, 1 dn) = 2 Heller (2 hl)
1 Gulden (1 florentinus, 1 fl) = 210 Pfennige = 7 Schillinge
1 Batzen = 4 Kreuzer = 14 Pfennige; 1 Taler = 72 Kreuzer = 252 Pfennige

Getreidemaße

In den Urbaren und Salbüchern wird vom 12. bis 16. Jahrhundert die abgelieferte Menge an Getreide angegeben in »modii« (von modius = Maß). Dabei wird die Größe dieses »Maßes« als allgemein bekannt vorausgesetzt. Im Urbar des Herzogtums Bayern (Urbarium ducatus Baiuwariae, MB 36) werden drei verschiedene Bezeichnungen für die Maßeinheiten gebraucht, wie sie eben von Ort zu Ort gebräuchlich waren, nämlich »mutte«, »modius« und »schaf«.

Nach der abgelieferten Getreidemenge zu schließen, waren sie der Größenordnung nach ungefähr gleich. Trotzdem ergab sich immer mehr die Notwendigkeit, ein einheitliches Maß einzuführen. Von etwa 1500 an verwendete man statt der lateinischen Bezeichnung »modius« das deutsche Wort »Mitl«. Und Ende des 16. Jahrhunderts ging man dazu über, sich an den landesüblichen »Schäffel« anzugleichen.

Schon hier wird ersichtlich, daß der bayerische Schäffel etwas größer ist als das bisherige »Mitl«, bzw. »modius«, denn statt 7 Mitl Roggen mußte man nunmehr 6 Schäffel Roggen abgeben, um nur ein Beispiel zu nennen.

Da an anderen Orten noch die alten Maßeinheiten gebräuchlich waren, ergab sich die Notwendigkeit von Umrechnungstabellen. Eine solche findet sich im Klosterliterale KL Scheyern 6, S. 197.

Sie bezieht die bisher in der Umgebung üblichen Getreidemaße auf das »Münchener Maß«, d.h. auf den Münchener Schäffel (bzw. Scheffel). Die Tabelle unterscheidet noch zwischen Korn- und Weizenmaß und Fesen- und Habermaß.

Während das Pfaffenhofener Mitl bei Korn 5 Metzen enthält, faßt es bei Haber 7 Metzen. In den Salbüchern finden sich keine direkten Hinweise, daß man für Haber ein anderes Maß verwendete. Nur gelegentlich wird die Bemerkung »mit dem Übermaß« hinzugefügt. Möglicherweise ist dies eine Andeutung, daß man zwar das übliche »Korn-Maß« gebrauchte, aber zum Ausgleich beim Haber noch dieses »Übermaß« hinzufügte.

Bei der nachfolgenden Tabelle sind nur die Getreidemaße in der Umgebung von Scheyern aufgeführt, dagegen nicht die von Bad Aibling.

Diese Tabelle bezieht alles auf das Münchener Maß: (1 bayerischer Schäffel = 222,35 Liter)
1 bayerischer Schäffel = 6 Metzen; bei Haber: 1 Schäffel = 7 Metzen
1 Metzen = 2 Strich = 4 Vierling = 32 »Dreißiger«
(Danach ergibt sich: 1 Metzen = 37,06 Liter; 1 Strich = 18,53 Liter; 1 Vierling = 9,26 Liter;
1 Dreißiger = 1,15 Liter)
Tabelle in KL 6, 197: (am Rande befindet sich die Umrechnung in Liter)

Korn und Weizen-Maß
1 Pfaffenhofener Mitl = 5 Metzen = 185 Liter
1 Rhainer Sack = 7 Münchener Metzen = 259 Liter
1 Rhainer Metzen = 3½ Vierling = 32,4 Liter
1 Dachauer Mitl = 4½ Metzen, ein halb Vierling ein halb Dreißiger = 174 Liter
1 Schrobenhauser Sack = 1 Schäffel 3 Vierling = 250 Liter
1 Schrobenhauser Strich, wovon 10 auf 1 Sack gehen, hat am Münchener Maß 1 Strich
   1 halb Vierling 1½ Dreißiger = 25 Liter
1 Lauterbacher Mitl = 3½ Münchener Metzen = 131 Liter

Fesen- und Habermaß (auf Münchener Kornmaß gefächt)
1 Pfaffenhofener Mitl = 7 Münchener Metzen = 259 Liter
1 Dachauer Mitl = 5 Metzen 1 Strich 3 Dreißiger = 207 Liter
8 Schrobenhauser Strich, wovon jeder 3½ Vierling enthält, = 1 Sack und am Münchener
   Kornmaß 7 Metzen = 259 Liter
1 Rhainer Habermaß = 8 Münchener Kornmetzen und 3 Vierling = 324 Liter
1 Rhainer Habermetzen = am Münchener Maß 1 Metzen und ½ Vierling = ⅛ Habermaß =
40,5 Liter

Abkürzungen zu den folgenden Registern

Orte – Landkreise
Länder

A	Augsburg
AIC	Aichach-Friedberg
AM	Amberg
AÖ	Altötting
BGL	Berchtesgaden
CHA	Cham
CW	Calw
DAH	Dachau
DEG	Deggendorf
DON	Donau-Ries
EBE	Ebersberg
ED	Erding
EI	Eichstätt
FDS	Freudenstadt
FS	Freising
GAP	Garmisch-Partenkirchen
IN	Ingolstadt
K	Köln
KEH	Kelheim
LA	Landshut
LL	Landsberg
LM	Limburg
M	München
MB	Miesbach
MYK	Mayen-Koblenz
N	Nürnberg

ND	Neuburg Schrobenhausen
PAF	Pfaffenhofen
R	Regensburg
RO	Rosenheim
SAD	Schwandorf
SK	Saalkreis-Halle
SR	Straubing-Bogen
STA	Starnberg
TÖL	Bad Tölz
TR	Trier
TS	Traunstein
UL	Ulm
WM	Weilheim
WUG	Weißenburg
By	Bayern
EU	Euernbach
Lk	Landkreis
Nby	Niederbayern
Oby	Oberbayern
Schy	Scheyern, Pfarrei, Gemeinde
Wba	Wittelsbach

Personen

B	Bischof
Bgf	Burggraf
Bü	Bürgermeister
Eb	Erzbischof
Gf	Graf

Ggf	Gaugraf
Hz	Herzog
K	König
Kf	Kurfürst
Ks	Kaiser
Le	Lehrer
Lgf	Landgraf
Mgf	Markgraf
P	Pater
Pf	Pfarrer
Pgf	Pfalzgraf
Pp	Papst
Ri	Richter

Sonstige Abkürzungen

G.	Gemeinde
St.	Stadt
Pf.	Pfarrei
S.	Seite
J.	Jahr
hl.	heilig
i.	in, im
a.	an, am
b.	bei
f.	für
z.	zu
vh	verheirat mit
St.	Sankt (bei Personen)

Ortsregister

Ortschaften und Örtlichkeiten, Gegenden, Länder

Aarberg Berg, G. Feilnbach RO 276
Abeltzhausen Abeltshausen PAF 273
Abensberg bei Kelheim, KEH 15 16
Abtei Wiedererrichtung, 1843 370
Abtei-Gebäude 119
Ach Trach, G. Fischbachau MB 276
Achrain Ahrain, G. Irschenberg MB 276
Adda Fluß in Norditalien 14
Admont Kloster, Österreich 62 85
Affalterbach PAF 273
Aibling Landgericht RO 271 276
Aichach Amt, um 1303 115
Aichach Landgericht, AIC 220 270 272 274 347
Ainau Schloß b. Geisenfeld 53
Alling b. Fürstenfeldbruck FFB 275
Alpirsbach Kloster FDS 117 119 Abb. 53
Alpweg am Wendelstein MB 57
Altenfurt St. Schrobenhausen ND 274
Altmühl b. Eichstätt EI 15 17
Altomünster Kloster gegr. um 750 DAH 17 44
198 205
Altötting Grab von Ks Karlmann 21
Amersdorf Ammersdorf, St. Erding ED 56
Amertal Hz, Ammerthal, G. Amberg, AM 16
Ammersdorf ED 272
Anckhofen Angkofen PAF 273
Andechs Generalkapitel STA 315
Andechs i. J. 1248 44
Andechs Kloster südl. München STA 16 198 308
315 321
Andechs Kloster, um 1208, Reichsacht 103 146
Andechs-Dießen Grafschaft, Lk Starnberg STA
78
Angkofen Inkorporierte Pf. PAF 269 Abb. 93
Antenzhofen Handenzhofen DAH 274
Apotheke in Scheyern 119
Aresing ND 274
Argentina Straßburger Franziskaner-Provinz 198
Arnhofen G. Weyarn MB 57
Arnoldts-Mühle bei Scheyern 118
Arnperg Ehrenberg PAF 273
Asenhausen Assenhausen, St. Dachau DAH 274
Attel Kloster RO 315 321
Attenhofen bei Kelheim KEH 335
Au b. Elbach, G. Fischbachau MB 189 276
Au Lk Rosenheim RO 191 271 276
Aufhaim Aufham PAF 275
Aufhausen G. Schiltberg AIC 274
Augsburg St. Georg A 198
Augsburg St. Stephan, Wiedererrichtung A 357
374
Augsburg St. Ulrich A 198
Aurach G. Fischbachau MB 276

Azelin-Mühle bei Scheyern 118
Ärnberg/ Arnberg G. Altomünster DAH 274
Äschlsried Aschelsried, ND 273

Bad Aibling b. Rosenheim RO 17 220 272
Bamberg Bistum 38
Bayern Herzogtum Abb. 26
Bayrischzell MB, Inkorp. Pf. Kloster 10 17 48 54
55 81 210 271 299
Benedikt St. Fischbachau Abb. 11
Benediktbeuern Kloster, 742, hl. Bonif. TÖL 62
205 308 315 321
Benevent Dekret d. Pp, 21.11.1102 59
Berbling Inkorporierte Pf. RO 271
Berbling Lk Rosenheim RO 64 80 107 115 182
276
Berbling St. Bad Aibling Abb. 99
Berbling Besitzungen RO 276
Berg Berg im Gau ? 56
Berg i. Gau Lk Neuburg-Schr. ND 87 105 107
190 210 274 330
Berg i. Gau Patronatsrecht ND 92
Berg i. Gau Abb. 82, Abb. 87
Berg i. Gau Inkorporierte Pf. ND 270
Bergen Kloster b. Neuburg/Donau ND 22
Berghofen G. Erdweg DAH 197
Besatzungszonen 424
Biberg G. Gerolsbach Schy 198 239 242
Biberkor G. Berg b. Starnberg STA 57
Biburg Kloster Reformation verlassen KEH 293
Blaumosen Pf. Schy 239 242
Blaumoser-Hube 227
Blumenthal b. Aichach, 1438 AIC 193 271
Bozen in Tirol, Weinberge 56 124 272
Brandenburg nach Ks Ludwig d. Bayern 176 178
Brandstatt G. Irschenberg MB 276
Brixen Südtirol, Bistum 36
Brunn G. Bayrischzell ? MB 57 58
Brunnen Inkorporierte Pf. ND 270
Brüssel 133
Burgeck b. Berg im Gau ND 25
Burgstall PAF 277 281

Chalons sur Marne Frankr. 30
Cham Mgf, Opf, CHA 16
Chevetogne Frankreich 456
Chiemsee Chorherren RO 198
Chitinrein Wendelstein 54 55
Petersberg Abb. 67
Cluny Kloster 48
Croatien Hz, Kroatien a. Adria 16

Dachau Lgf, bei München, DAH 16 270 272 347
Dachau, Landgericht Besitzungen, Verz. 274
Dalmacien Hz, Dalmatien a. Adria 13 14 16
Damenstift München 358
Daselmühle Pf. Schy 239 242
Dasing Tausch, 1253 AIC 105
Deggendorf Grafschaft, DEG 78
Deimhausen G. Hohenwarth PAF 273

Deising Inkorporierte Pf. b. Vohburg 269

Dienzzentenpach Gießenbach, b. Kiefersfelden RO 55

Dieperzkirchen Lippertskirchen, G. Au RO 276

Diessen Mgf, am Ammersee, LL 16

Dietfurt a. Altmühl, bei Eichstätt, EI 15

Dillingen Lk Dillingen, DLG 38

Dinzing Dünzing b. Vohburg PAF 330

Dnjestr Fluß i. Schwarzes Meer 13

Dolenberg b. Mammendorf FFB 274

Donauwörth Kloster, hl. Kreuz, 1550 DON 133 296

Dorf G. Bayrischzell MB 276

Dorfen, Landger. Besitzungen, Verz. ED 275

Dorfen/Kothingdorfen G. Schwindegg MÜ 275

Drau Österreich 15

Durchschlacht G. Scheyern PAF 188 198 239

Dünzing Inkorporierte Pf. b. Vohburg PAF 269

Dürrhaim Thierham b. Hohenwart PAF 273

Ebersberg Grafen, Kloster EBE 20 25 39 198

Eberstetten St. Pfaffenhofen PAF 273

Eching b. Landsberg LL 210

Eck bei Paunzhausen Johanneck, G. Paunzhausen FS 275

Eckersberg G. Haimpertshofen PAF 273

Eckhofen G. Erdweg DAH 274

Ed (Öd) Pf. Schy 239 243

Edelshausen Ink. Pf. 1195 ND 90 269

Edelshausen Lk Neuburg-Schr. ND 190 195 210 269 274 Abb. 89

Edenhub, Ödenhub Schy 239 243

Edersberg G. Scheyern PAF 198 239 244

Edling G. Scheyern PAF 273 277 284

Eggen Siebenecken PAF 273

Egkhenhofen Eckhofen, G. Erdweg DAH 274

Ehingen b. Nordendorf, Augsburg A 271

Ehingen Eching a. Ammersee LL 188

Eichberg Pf. Schy 239 246

Eichstätt Bistum 36

Eisenhofen G. Erdweg DAH 59 85 86 295 297 Abb. 12, Abb. 18 Abb. 24

Eittenhofen Eitershofen, St. Aichach AIC 274

Eixendorf G. Marzling, b. Freising ? FS 58

Elbach Inkorporierte Pf. MB 271 Abb. 83

Ellbach b. Fischbachau MB 58 188 189 276

Ellbach, Elbach Schwierigkeiten, um 1421 191

Elsendorf a. Abens, bei Kelheim KEH 23 62

Emmeram St. Regensburg, Grab Ks Arnulf 21

Engelmannsberg b. Göbelsbach PAF 278 279

Enns Enns a. d. Donau, Erzbistum 36

Enns Fluß in Österr. 15

Ensdorf Kloster AS 63 315 321

Entfelden Entfelden, G. Reit im Winkl TS 276

Eppertshofen G. Berg im Gau ND 274

Erding Besitzungen, Verz. ED 275

Erdweg Lk Dachau DAH 297

Eschelbach PAF 281

Eschling G. Burgheim ND 274

Ettal Kloster, gegr. 1330 GAP 178 378 388 426

Etting b. Rain/Lech (?) DON 193

Etzenhausen Lk Dachau DAH 126

Euernbach Anwesen PAF 282 284 300
  Bürgermeister 290
  Chronik PAF 277 279 281 282
  Gemeinde PAF 277 290
  Häuserchronik PAF 281
  Kirche PAF 286
  Kirche Abb. 102
  Pfarrei PAF 277 289
  Schloß PAF 280 Abb. 101
  Schloßbauer PAF 285 Abb. 103
  Wildenwarter, um 1482 198

Eya G. Gundamsried PAF 273

Fagn Vagen, G. Feldkirchen RO 276

Faistenau b. Fischbachau, 1224 MB 92 276

Farnbach Vornbach, Kloster b. Passau PA 299

Feilenforst Lk Pfaffenhofen PAF 31

Feilnbach Bad Feilnbach RO 276

Fernhag G. Scheyern PAF 46 125 236 237 239 244

Finkenzell b. Gerolsbach PAF 31

Fischbachau Abb. 11 Abb. 24 Abb. 84 Abb. 86
  Chronik 10 56 59 276 309 331
  Ort, allgemein MB 276
  Gründung Abb. 7
  Hofmark, 1315 MB 182
  Hofmark, Besitzungen 276
  Hofmark, Gerichtsbark. 1315 MB 115
  Inkorporierte Pf. MB 271
  Kirche, Grabplatte 309
  Kloster MB 117 145
  Martinskirche, 1105 MB 82
  Ort, Kloster 48 57
  Patrone 166
  Propst 201
  Verlegung Abb. 12 69
  Weihe d. Kirche, 1110 MB 58

Formpach Vornbach b. Passau ? PA 198

Forst im Jahre 1206, Schenkung 91

Forst Scheyerer Schy 220 238 297

Förnbach St. Pfaffenhofen PAF 273 281

Frankreich 385

Frauenzell Kloster bei Regensburg R 315 321

Freinhausen G. Hohenwarth PAF 273

Freising Dompropstei, Bistum FR 31 36

Froschbach Pf. Schy 239 244

Furtenbach, bei Durach OA 297

Fürholzen Pf. Schy 239 245

Fürstenfeld Kloster, gegr. um 1256 FFB 42 79

Gachenbach Lk Neuburg-Schr. ND 57

Gallenbach St. Aichach AIC 274

Garching b. München M 275

Garten Pf. Schy 239

Gebelsbach Göbelsbach PAF 279

Gebertshausen Garbertshausen PAF 274

Geisenfeld Kloster PAF 25 53

Geisenfeld Kloster, um 1030 PAF 277

Geisenhausen PAF 273

Gemeindegebiet Scheyern PAF 432 433
Gemeinschaftsschule 405
Gempfing St. Rain DON 274
Germaning Germering, G. Schleching RO 276
Germaring Germering FFB 275
Gern G. Fischbachau MB 276
Gerolfing St. Ingoldstadt IN 278
Gerolzhausen Geroldshausen PAF 273
Gerstetten G. Brunnen ND 274
Giebing Otto u. Heinrich, um 1234 DAH 221
Giessenbach Giesenbach, G. Kranzberg 55
Gindelkofen Gündlkofen, G. Bruckberg LA 275
Gintal Günthal, Euernbach PAF 273
Gissibl G. Schillwitzried PAF 275
Glaneck b. Eisenhofen DAH 59
Glickstatt Glückstatt, G. Fischbachau MB 276
Glonn Fluß mündet in die Amper 59
Glonn/Mühle Lk Dachau DAH 125
Gneisdorf Lk Pfaffenh. PAF 105 236 239 245
Gollenhofen bei Aichach AIC 194
Gosseltshausen PAF 273
Gottschalling G. Bad Feilnbach RO 276
Göbelsbach LK Pfaffenhofen, um 1226 105 277
  279 281
Götting G. Bruckmühl RO 57
Graben Gröben, G. Bad Aibling RO 276
Grablege Wittelsbacher Abb. 17
Grafing Lk Pfaffenh. 1342, Schenkung PAF 185
Grafing Lk Pfaffenhofen PAF 56 272 273
Grafing, Obesser PAF 234
Grafrath G. Grafrath, b. Fürstenfeldbr. FFB 31
Grafschaft Scheyern, Titel, 1607 298
Grainstetten G. Scheyern Schy 46 236 239 246
  277
Grassauer Tal Südtirol, um 1598 TIR 298
Gräßlswinden Lohwinden, G. Wolnzach PAF
  273
Grinthof Gründholm PAF 273
Großenhag G. Scheyern Schy 46 125 238 247
Grub Grubanger, G. Au i. Hallertau FS 275
Grubhof Pf. Schy 239 246
Guggenberg G. Erdweg DAH 274
Guggenpichler Guggenbichl, G. Fischbachau MB
  276
Gumelsberg Pf. Schy 239 247
Gumpersdorf PAF 273
Gundamsried Lk Pfaffenhofen 88 273
Gundilehofen Gündlkofen, G. Bruckberg LA 88
Gurnöbach G. Scheyern PAF 208 241 257
Günthal Häuserchronik PAF 277 284
Gymnasium 442 443

Haag, Großenhag ? PAF 58
Habertshausen G. Scheyern PAF 46 62 185 236
  239 248
Hag G. Scheyern 31 46 247
Hag Haag a. Amper FS 275
Hag, Hube Großenhag, um 1226 PAF 105
Haging b. Ebersberg EBE 56
Hardt b. Hohenwarth PAF 273

Harlanden Inkorporierte Pf. b. Vohburg 269
Harreß b. Strobenried PAF 273 277
Harthausen G. Bad Aibling ? RO 58
Harthausen Lk Friedberg AIC 273
Hartheim Inkorporierte Pf. b.Vohbg. 269
Hartwighausen G. Markt Indersdorf DAH 275
Haselbach b. Ebersberg ? 58
Haselkreit Haselreuth, G. Hörgertshausen FS
  275
Haunstetten Lk Pfaffenhofen PAF 56 57
Hauptschule Scheyern 436
Hausen St. Rain DON 274
Haushausen b. Wolnzach PAF 273
Haußhofen Kienaden, G. Bergkirchen DAH 274
Haziga Stiftergrab Abb. 6
Heberstorf b. Nandlstadt, oder Dietfurt ? 189
Heidelberg Herzogsstadt, um 1253 79
Heißmanning Stadt Pfaffenhofen PAF 273
Helfenprun Helfenbrunn, G. Kirchdorf FS 275
Helingerswenga Bayrischzell 54 56 81
Herrenchiemsee RO 370
Hiendorf Inkorporierte Pf. b. Vohburg PAF 269
Hinterholzen Hinterholz, G. Irschenberg MB
  276
Hirsau Baustil CW 116
Hirsau Kloster, Schwarzwald 81 126
Hirsau Klosteranlage CW 117
Hirsau Konstitutionen 123
Hirsau Laienbrüder 123
Hirsau Lk Calw, Württembg. CW 125
Hirsau Maßverhältnisse 119
Hirsau Tagesordnung 123
Hirsawgie Hirsau, i. Schwarzwald 56
Hirsperg Hirschberg b. Beilngries EI 31
Hochreit Hochkreit, G. Bayrischzell MB 276
Hofmark Scheyern Besiedlung 204 236 237 239
Hofstetten Benno P, um 1800 338
Hohenburg Grafschaft, b. Amberg AM 78
Hohenpercha Percha b. Feldkirchen ? RO 58
Hohenprun Hohenbrunn M 275
Hohenwart Mgf, Lk Pfaffenhofen, PAF 16 198
Holland z. Bayern, um 1300 176
Holling G. Rohrdorf RO 276
Holzhausen G. Schiltberg AIC 274
Holzkirchen Inkorporierte Pf. ND 269
Holzkirchen Lk Neuburg-Schr. ND 190 210 274
Holzried G. Scheyern PAF 125 237 238 249
Höchstädt a. d. Donau, bei Dillingen DLG 319
Höfelhof Höflmaier, Pf. Schy PAF 241 273
Högling b. Bad Aibling RO 56
Högling G. Bruckmühl RO 272

Illickdorf Illdorf, G. Burgheim ND 274
Ilmmünster Lk Pfaffenh. PAF 198 273
Imvelden Immenfeld, G. Irschenberg MB 276
Inchenhofen AIC 274
Indersdorf Auflösung, um 1775 DAH 336
Indersdorf Kloster DAH 63 336
Indersdorf Kloster um 1444 DAH 298
Ingolstadt Herzogsstadt, um 1253 79

Ingolstadt nach Ks Ludwig d. Bayern 178
Inkorporierte Pfarreien, Verzeichnis Schy 260
Inn 15
Innviertel Abtretung, 1779 319
Intzenmoß Großinzemoos, G. Röhrmoos DAH
    274
Isterreich Mgf, Istrien, a. Adria 16
Italien die Skiren in Italien 14
Jettenbach b. Mühldorf/Inn MÜ 281
Johanneck Marquard von FS 271
Johanneskirche 427

Kalabrien Süditalien 24
Kapitelkirche Grablege Abb. 17
Karlsberg bei Aichach 194
Kastl südwestlich von Amberg 54
Kärnten Österreich 15 22 23
Kelhaim Bgf, Kelheim 16
Kelheim, Landgericht Besitzungen, Verz. KEH
    275
Kelsgau Gau um Kelheim 25
Kemmoden PAF 62 273
Khrining Krinning, G. Irschenberg MB 276
Kienhof Marwoltswinden PAF 273
Kirche Hochaltar Abb. 16
Kirchsteig G. Irschenberg MB 276
Kirchturm 359
Klenau Inkorporierte Pf. PAF 269
Klenau Lk Pfaffenh. PAF 210 274
Klenau b. Gerolsbach PAF Abb. 97
Klingbach G. Euernbach, Chronik PAF 277 287
Kloo G. Bayrischzell MB 57
Kloobach G. Bayrischzell MB 57
Kochprunn Köckbrunn, G. Bad Aibling RO 276
Kolbach Kollbach, G. Petersh. DAH 198 275
Kolbach Lk Pfaffenh. PAF 198
Kolbach Seyboltsdorfer, 1483 198
Konstantinopel Eroberung, 1453 293
Köln Stadt 133
Kranzberg, Landg. Besitzungen, Verz. 275
Kreit G. Fischbachau MB 276
Kreit Ried, G. Bruckberg LA 275
Kreit bei Eck Kreuth, G. Paunzhausen FS 275
Kreitenbach PAF 277
Kremsmünster Kloster Österr. 198
Kreut G. Reichertshausen PAF 273
Kreutenbach Häuserchronik Euernb. PAF 287
Kreuzigungskirche um 335 129
Kummerslachen Wiese b. Hohenwarth PAF 273
Kumpfkreut G. Pörnbach PAF 273
Kutternelling Kutterling, G. Feilnbach RO 276
Kühbach Kloster bei Aichach AIC 20 25
Küttenrain Kutterling, G. Feilnbach ? RO 276

Laber Bgf, Laaber, südl. Kelheim, KEH 16
Lamersdorf Lammerhof, G. Fischbachau ? MB
    276
Lampertshofen G. Berg im Gau ND 274
Landmansdorf G. Adelzhausen AIC 275
Landshut Herzogsstadt, um 1253 66 79

Langenmosen ND 274
Lanquat, Langwaid PAF 273
Lappach G. Maisach FFB 274
Lateinschule 443
Laufen am Neckar 21
Laurentius Abt von Mariazell, 1452 196
Laushaim, Lausham PAF 273
Lauterbach b. Altomünster DAH 210 274
    Abb. 98
Lauterbach Inkorporierte Pf. AIC 270
Lauterbach Niederlauterbach PAF 273
Lauterbach Oberlauterbach ? ND 278
Lechen Lehermühle, G. Fischbachau MB 276
Lechenpoint G. Fischbachau ? MB 276
Leitten Unterleiten, G. Bruckmühl RO 276
Leizach Leitzachtal b. Fischbachau MB 57
Lendingen Pfalz ? 88
Lettengrub, bei Engelmannsberg, PAF 278
Leuten, Leiten Entrischenbrunn PAF 273
Lewarn Leberwiese b. Scheyern 88
Lichtenau b. Weichering (?) ND 281
Limburg Limburg a. d. Lahn, Kreuzpart. 133
Lindach G. Hohenwarth PAF 273
Lindauer Forst, um 1500 91
Linden/Randelzriedt St. Schrobenhausen ND
    274
Linderhof bei Ettal GAP 370
Lindhof G. Jetzendorf PAF 273
Lothringen Herzöge, 15. Jahrh. 130
Ludwigsburg in München, Hz Ludwig II. 79
Lunéville im Dep. Meurthe et Moselle Frankr.
    344
Lündten Linden, G. Bruckmühl RO 276
Lyzeum Freising, um 1720 330

Maiersdorf Lk Kelheim KEH 124
Mainburg, Landg. Besitzungen, Verz. KEH 275
Mainwolf Hof/Bayrischzell MB 276
Mainz Belagerung, 953 38
Mallersdorf Kloster bei Straubing SR 295 315 321
Mamendorf Mammendorf FFB 274
Manching b. Ingolstadt PAF 275
Marbach G. Fischbachau MB 56 57 58 276
Margarethenzell Bayrischzell Lk Miesb. 54 166
Maria Laach b. Andernach 133
Marienzell Frauenzell b. Regensbg. R 321
Martin St. Fischbachau Abb. 11
Martinskirche Scheyern 91
Martinskirche Scheyern, Abbruch 345 348
Martinskirche Scheyern, Weihe 205
Martinskirche um 1144 206
Mausoleum Scheyern 361 372
Maxlrain b. Bad Aibling, Freiherr RO 279
Mayrstorf Maiersdorf, G. Attenhofen KEH 275
Mädchenschulhaus 441
Menching Manching ? PAF 38
Menzenbach PAF 277
Menzenpriel Freistifthof, um 1681 224 239 249
Meran Hz, Meran a. Etsch, Südtirol 16
Merkenberg b. Haushausen PAF 273

Metten Kloster um 1830 DEG 308 315 357
Michelfeld b. Auerbach AS 315 321
Milau Mühlau, G. Fischbachau MB 276
Milbertshofen b. Dachau DAH 56 274
Mittelstetten St. Rain DON 274
Mittermarbach G. Fischbachau MB 276
Mitterscheyern G. Scheyern, »Schyren« PAF 105
Mitterscheyern Pf. Schy PAF 17 44 88 236 237
    239 249
Moldau Gebiet in Rumänien 13
Monte Cassino Kloster, gegr. um 529 n. Chr. 144
Moosburg, Landger. Besitzungen, Verz. 275
Mosach Moosach, St. München M 275
Moßhaim Moosham b. Mainburg KEH 275
Mur Österreich 15
Mühlthal G. Prutting RO 276
München Besitzungen, Propstei 274
 – Herzogsstadt um 1253 79
 – Michaelskirche, 1597 293
 – nach Ks Ludwig d. Bayern 178
 – Nymphenburg, Schloß 294
 – Residenz, Maximilianeum, 1606 293
 – Scheyerer Haus, um 1467 197
 – St. Bonifaz 368
 – Theatinerkirche 294
Münchsanger G. Irschenberg MB 276
Münchsmühle b. Hohenwarth PAF 273
Münchsmünster Kloster, Lk Pfaffenh. PAF 31
    198 293

Nanried Gericht Kranzberg 275
Natterberg Natternberg, G. Bad Aibling RO 276
Nähernhag Großenhag Schy 46 237
Nähernhag Otto von, um 1329 Schy 227
Neufahrn b. Freising FS 275
Neumarkt St. Veit, Landger. MÜ 275
Neuschwanstein 370
Neustraßberg G. Schillwitzried PAF 275
Niederaltaich b. Deggendorf DEG 23 198
Niederbayern nach Ks Ludwig d. Bayern 178
Niederbayern Teilung Abb. 34
Niederburg Kloster in Passau 40
Niedergeroldshausen bei Wolnzach, PAF Abb. 94
Niedergeroldshausen Inkorporierte Pf. Woln-
    zach 269
Niederhofen G. Bayrischzell MB 276
Niederlande nach Ks Ludwig d. Bayern 178
Niederlande um 1777 319
Niederlauterbach PAF 277
Niedermünster Regensburg 18
Niederscheyern Abb. 92 Abb. 95
 – G. Scheyern PAF 182 185
 – G. Scheyern, Schenkungen PAF 185
 – Gericht, Sandizeller 210
 – Hof, Übergabe, 1317 182
 – Inkorporierte Pf. PAF 260
 – Kirche, 1142 210
 – Mühle um 1724 226
 – Ort Pf. Schy PAF 17 44 236 237 239 250 330
 – Sandizell 182

Nitenau Bgf, Nitenau b. Roding, CHA 16
Nordgau Ernst I. Mgf 21
Nordgau nördl. der Donau 18
Noricum östlich d. Inn 13

Oberacher Trach, G. Fischbachau MB 276
Oberaltaich Kloster SR 198 308 315 321
Oberbayern nach Ks Ludwig d. Bayern 79 178
Oberbayern Teilung Abb. 34
Oberdummeltshausen Pf. Schy 240 251
Oberlauterbach ND 274 277
Obermarbach G. Fischbachau MB 276
Obermarbach G. Petershausen DAH 275
Oberpfalz Missionierung 307
Oberpuchrain Buch a. Buchrain ED 275
Obersalzberg Faulhaber-Hitler, 1936 BGL 384
Oberschnatterbach Lk Pfaffenh. PAF 198 240
    278
Oberstainach Obersteinach, G. Bad Aibling RO
    276
Osterhoven Osterhofen, G. Bayrischzell MB 276
Otting Etting, St. Rain DON 274
Ottobeuren Kloster bei Memmingen MM 374
Öd Lk Pfaffenh. PAF 198
Ödlkofen Edlkofen G. Bruckberg LA 275
Ökonomie 430
Österreich Herzogtum 15 385

Pachern Bachern, G. Bergkirchen DAH 105 274
Paindorf PAF 273
Pappenheim b. Weißenburg-Gunzenhausen
    WUG 31
Parsperg Parsberg, St. Miesbach MB 276
Passau Bistum 36
Patronatsrecht 260
Pättershausen Badershausen PAF 274
Pellheim Pelheim, St. Dachau DAH 56 57 274
Perckhofen Berghofen, G. Erdweg DAH 274
Perg bei Kranzberg Berg, G. Kranzberg FS 275
Pernhausen Bärnhausen, G. Langwaid PAF 273
Pernzhof Pf. Schy 241 258
Pertenstein G. Traunreut TS 281
Petersberg b. Dachau DAH 48 401
 – Basilika Abb. 18
 – Basilika Fresken Abb. 19
 – Basilika Innenraum Abb. 19
 – Christus Abb. 19
 – Inkorporierte Pf. DAH 270
 – Kirche, um 1544 DAH 296
 – Patron hl. Petrus 166
 – St. Petrus Abb. 12 Abb. 19 Abb. 85
Petershausen FS 62 275
Pettersdorf Petersdorf AIC 274
Pfaffenhofen Besitzungen PAF 220 273
 – Inkorp. Pf. 182 187 269
 – Kirche, Abb. 33 Abb. 100
 – Pfarrei, Stiftung Abb. 15
 – um 1434, Haus u. Hofstatt 193
 – Waffenstillstand, um 1796 320
 – Ort, allgemein PAF 189 272 273 347

482

Pfaffenwiesen Puch b. Pörnbach PAF 273
Pfaffing G. Irschenberg MB 276
Pfalz bei Rhein 18
Pfarrei/Schy 204 ff. 204
Pfarrhof Scheyern 203 211
Pfarrkirche St. Martin 348
Pichel Bichl, G. Fischbachau MB 276
Pienhardt Unterpindhart, b. Geisenfeld PAF 275
Pienzenau Großpienzenau, G. Weyarn MB 58
Pischelsdorf G. Reichertshausen PAF 185
Pischelsdorf PAF 273
Plankstetten b. Berching, Kloster NM 378
Plöcking G. Scheyern PAF 125 237 238 240 251
Pobenhausen b. Karlskron ND 273
Pola, Bistum Porec-Pola, Istrien 55
Polen 385 386
Posthof Lk Pfaffenh., Pf. Schy 105 241 258
Pörnbach Hofmark PAF 281
Pöttenbach Amper-Pettenbach DAH 274
Pöttmes Gumppenberg AIC 279
Prambach PAF 273
Praundorf Pfraundorf, b. Rosenheim RO 276
Präntlhube b. Erding ED 275
Preitlach Brautlach b. Oberstimm PAF 275
Prielhof um 1757 Schy 334
Prielhof Schy 238
Prielhof, Forst Schy 451
Prifling, Prüfening 322
Progymnasium Scheyern 443
Pruckberg Bruckberg LA 275
Prunn Brunn/Bayrischzell MB 276
Pruth Fluß i. Schwarzes Meer 13
Prüfening Prüfening/Regensburg R 198 315 322
Puch b. Holzkirchen ND 274
Puch Buch, b. München ? M 275
Pulach b. Mietraching RO 276
Purbach/Kremshof G. Volkersdorf PAF 273
Pustertal Wein, Südtirol 124
Putzger-Atlas Abb. 2
Püburg Biberg, G. Tuntenhausen ? RO 276
Püchl Bichl, G. Fischbachau ? RO 276

Radlhöfe G. Scheyern PAF 208 241 258
Raichersheim Reicherstein ND 274
Rain a. Lech Lk Donau-Ries DON 115 220 270
  272 274 347
Raitbach b. Pörnbach PAF 273
Ratzenhofen Gf, bei Mainburg, KEH 16
Rauhof Pf. Schy 240 251
Ravenna in Norditalien Italien 13 14
Regensburg Belagerung, 953 38
– Bgf R 15 16
– Bistum 36
– Burggraf 16
– Kloster S. Jacob 16
– Niedermünster 18 22 38
– St. Emmeram 22 32 322
– Regensburg Abb. 22
Reichenbach Kloster, Opf. bei Regensburg CHA
  315 322

Reichersdorf G. Irschenberg MB 57 58
Reichertshofen Besitzungen PAF 273 275
Reisensburg a. Donau, b. Günzburg GZ 23
Reisgang b. Pfaffenh. um 1434 193 273
Reitberg PAF 277
Reitterwinkel Südtirol, um 1598 TIR 298
Rennhof G. Bergkirchen DAH 274
Reussen Hz, Reußen, Thüringen, SK 16
Ried G. Fischbachau MB 276
Riederzhofen Riedenzhofen, G. Röhrmoos DAH
  275
Riedt bei Elbach Ried, G. Fischbachau MB 276
Riedt bei Getting Geitau, G. Bayrischzell MB
  276
Rietenburg Bgf, Riedenburg b. Kelheim KEH 16
Ritterswörth PAF 281
Rohr, Rohr bei Rohrbach PAF 124
Rom S. Anselmo 389
Ror Bgf, Rohr südl. Kelheim, KEH 16
Rosenheim RO 276
Rotinpach Fennbach, G. Hausham MB 57
Rott am Inn Kloster RO 299 302 315 322
Rotteneck Rottenegg PAF 273
Rumeltshausen Lk Dachau 88 210 275 Abb. 90
Rumeltshausen Inkorporierte Pf. DAH 270 271

S. Croce Rom 133
Salmperg Sallingberg, G. Rohr KEH 275
Salzburg Erzbistum 36 63
Samhof b. Pfaffenhofen PAF 273
Sandelshausen G. Mainburg KEH 56
Sandicell Ortolf, 1335 ND 221
Sandpichel Sandbichl, G. Fischbachau MB 276
Satzlhof Pf. Schy 240 254
Sau Fluß Österreich 15
Schabenberg G. Scheyern PAF 188 240 253
Schachach G. Gerolsbach PAF 274
Schauenburg Schaumburg ? LA 25
Schäftlarn b. München 374
Schernberg G . Jetzendorf PAF 274
Schernbuch bei Eck G. Paunzhausen FS 275
Scheyern Abtei 118
– Abteikapelle 377
– Allerheiligenkapelle 91 119
– Alter 17
– Ansicht um 1730 Abb. 14
– Ansicht um 1740 Abb. 160
– Ansicht von Westen Abb. 124 Abb. 129
– Ansicht, Ertl Abb. 4
– Ansicht, Stengel Abb. 5
– Ansicht, Wening Abb. 91
– Auditorium 117
– Azelin-Mühle 118
– Bad 197
– Bäckerei 378
– Berufsobersch. Lehrer 1979 Abb. 154
– Berufsoberschule 429 445
– Berufsoberschule, 1980 Abb. 159
– Besitzungen 247
– Bestätigungsurkunde, 1124 64

Scheyern

- Bibliothek 119 301 332 349 Abb. 131
- Brand, 1171 und 1183 89
- Brauerei 197 296 389
- Brunnen 118
- Buchmalerei Abb. 132
- Burg 18 21 22 34 39 46 Abb. 10
- Byzantinisches Institut 426
- Chronik 20
- Dormitorium, um 1574 299
- Dreikönigskapelle 119
- Elisabethenkapelle Abb. 150
- Forst 238 451
- Frauenschiff 119
- Garten 118
- Gemeinde 433
- Gemeindegebiet 1972 Abb. 161
- Gerichtsherr 215
- Grafschaft 18 298
- Grundherr 215
- Gründung 166
- Hammerschmiede 118
- Hofmark 115 182 204 215 242
- Inkorp. Pfarreien 260
- Inkorp. Kirchen, Clm 17401, 10 207
- Johanneskapelle 119 197
- Kapitelkirche 117 119 300 377 Abb. 126
- Kapitelsaal 117
- Karte, 1850 Abb. 81
- Katharinenkapelle 104 119
- Kindergarten 392
- Kindergarten, 1997 Abb. 155
- Kindheit-Jesu-Kapelle 119
- Kirche 91 117 204 207 374 389 Abb. 16
- Kirche Bonifatius, gew. 746 44
- Kirche Nazarenerstil 374
- Kirche von Norden Abb. 122
- Kirche Barock 334
- Kirche Eigentümer 349
- Kirche Inneres Abb. 123
- Kirche Ziborium um 1224 104
- Kirchturm 392
- Kloster 308 315 322
- Klosteranlage 462 463 Abb. 54 Abb. 55
- Klosterbrand 90
- Klosterfriedhof Abb. 125
- Klostergebäude 393
- Klostergüter 350
- Knabenseminar 373
- Knabenseminar, um 1775 335
- Konventbau 300
- Kornspeicher 104
- Königskapelle 377
- Krankenhauskapelle 104 378
- Kreuzgang 197 300
- Kreuzigungsrelief Abb. 128
- Kreuzkapelle 119 332
- Küche 118
- Lazarett 406
- Leichenhaus 392

Scheyern

- Martinikapelle 119
- Martinskirche 91 204 207
- Metzgerei 389
- Museum 301
- Muttergottesaltar Abb. 127
- Mühle 118
- Name 13
- Ort 17
- Ort um 1300 Abb. 80
- Ort, ad Scirun 30 44
- Ortschaft 237
- Pfarrei 204 208 215 240
- Pfarrhof 211
- Pforte 118
- Prälatensaal 377
- Prielhof 301 302 Abb. 130
- Prielhof, um 1505 201
- Rathaus Abb. 135
- Rosenkranzkapelle, um 1658 311
- Sakristei 117 119 193 Abb. 133
- Scheune 104
- Schmerzhafte Kapelle 193
- Schule 126 389
- Schule 1907 Abb. 144
- Schule, Aufhebung 406
- Schule, Lehrer 1936 Abb. 146
- Schule, Lehrer, 1956 Abb. 153
- Schulklassen 1937 Abb. 149
- Schulklasse, 1949 Abb. 151
- Schulräume 393
- Seminarkirche 377
- Seminartor 203
- Speisesaal 118 301
- Sportplatz 389
- Studienanstalt 371 378
- Studiersaal, 1950 Abb. 148
- Tafernwirtschaft 296
- Taselmühle 118
- Teiche 118
- Teufelsweiher 22 34
- Torbogenhaus 199
- Turm 104 119
- Turnhalle 377 Abb. 152
- Versuchsanst. FAM 430
- Volksschule Abb. 134
- Wasserleitung 329
- Weinberg 373
- Wintergang 119
- Wirtschaftsgebäude 118
- Zellerbauernhaus 378

Scheyrhof Schaibmaierhof PAF 273
Scheyrn b. Rohr G. Rohr KEH 275
Schirnbrunn b. Tirschenreuth, Opf, TIR 15
Schirndorf b. Burglengenfeld, Opf, SAD 15
Schleißheim Schuldentilgung, um 1467 M 197
Schleißheim Unterschleißheim M 275
Schliersee am Schliersee MB 58
Schmidhausen b. Euernbach PAF 273 277 288
Schnatterbach G. Scheyern 46 251

Schneckenhof Posthof PAF 105 258 273
Schottenkloster Wien, 1452 196
Schönberg G. Euernbach PAF 277 288
Schrobenhausen Besitzungen, Verz. 220 274
Schrobenhausen ND 270 272 274 347
Schulen in Scheyern 434
Schütt Teich bei Vohburg, 1456 196
Schyren-Gymnasium 427 445
Scierstat in Regensburg 15
Scira Scheyern b. Abensberg KEH 15
Scirun ad Scirun 30
Seeon Kloster TS 57 308
Seiboltsdorf ND 279
Sempt Fürstengeschlecht EBE 25
Siglfing St. Erding ED 275
Sigmarshausen Sigmertshausen, G. Röhrmoos
    DAH 275
Sittenpach b. Odelzhausen DAH 298
Sizilien 476/477 13
Skira Scheyern b. Abensberg KEH 15
Skirelinga Schierling südl. Regensburg, R 15
Skytien Gebiet in Osteuropa 34
Snaterpach Schnatterbach Schy 88 188
Snaterpeckh Hans von 187
Speck Speckhof G. Petersh. DAH 275
Speckmühle PAF 273
Sperberseck , Ort i. d. Pfalz ? 88
Speyer um 1135 88
St. Emmeram Kloster Regensbg. R 32 198 315
St. Emmeram Regensbg. Prior 1281 107
St. Georg im Schwarzwald 86
St. Ottilien Kloster LL 408
St. Bonifaz/München M 368
Stainkirchen Steinkirchen PAF 273
Staphaning Bgf, Stefling b. Cham, CHA 16
Starchersried Stachusried, G. Markt Indersdorf
    DAH 275
Starkertshofen Lk Pfaffenh. PAF 56 57
Steenbrugge Abtei Belgien 428
Steiermark Österreich 15
Steinach Obersteinach, G. Bad Aibling? RO 276
Steinkirchen Lk Pfaffenh. 88 210
Steten Stetten, G. Schwabhausen DAH 275
Stift Abgabe 227
Stiftergrab, Zeichnung, 1590 Abb. 6
Stocka Stockach, G. Pfaffenhofen/Glonn DAH
    275
Strassbach G. Markt Indersdorf DAH 57
Straubing Herzogsstadt, um 1253 SR 79
Straubing nach Ks Ludwig d. Bayern 178
Streitperg Streitberg, G. Entrischenbrunn ? PAF
    275
Strobenried ND 274 277
Sulzbach Inkorporierte Pf. AIC 270 271
Sulzbach Pf. Schy PAF 241 273
Sulzbach St. Aichach AIC Abb. 88
Sulzemoos Hube, um 1128 DAH 87
Sulzpach Sulzbach b. Amberg Mgf AM 16
Sulzrain G. Hebertshausen DAH 275
Sünzhausen FS 275

Tafernwirtschaft 226
Tailmühle b. Rain DON 274
Taselmühle b. Scheyern PAF 118
Tauern Österreich 15
Tegernbach St. Pfaffenhofen PAF 88 124 273 279
    281
Tegernsee Abt Ludwig v. Graisbach MB 106
Tegernsee Kloster MB 109 110 308 315 322
Teittenhoven Deutenhofen, G Altomünster
    DAH 274
Teufelsberg G. Altomünster DAH 274
Teufelshofen b. Euernbach PAF 277
Teufelsweiher Scheyern 34
Teusing Deising,b. Vohburg PAF 188
Thalhof PAF 273
Thann Thann/Bayrischzell MB 276
Thierhaupten Kloster b. Augsburg A 105 315 322
Tiemenhusen Deimhausen b. Hohenwarth PAF
    221
Tiershofen Dirschhofen, G. Berg im Gau ND 274
Tirol Besitzungen Tirol 185 220
Tirol Güter, Verkauf, um 1574 299
Tirol z. Bayern, um 1300 176
Törring b. Tittmoning TS 281
Traunstein TS 279
Trausnitz Trausnitz/Landshut, Burg 66
Triefing G. Scheyern Schy 46 187 198 230 236
    240 253
Trins b. Innsbruck Tirol 272
Troyes Frankreich 30
Truns an der Etsch 56
Tschechei 385

Ungarn Stephan-Gisela Abb. 21
Unholdental Washof Schy 255
Unter-Valdepp Valepp b. Parsberg, ? MB 276
Unter-Walichen b. Kutterling, G. Feilnbach RO
    276
Unteracher Trach, G. Fischbachau MB 276
Unterdummeltshausen Pf. Schy 241 259
Unterpachern Unterbachern, G. Bergkirchen
    DAH 274
Unterpichel G. Fischbachau MB 276
Unterschnatterbach Pf. Schy 237 238 240
Ursprinch b. Kiefersfelden 54
Usenhofen Eisenhofen 59

Vachpach Fappach, b. Sulzemoos DAH 275
Valey, Valley Lgf, Valley bei Miesbach, MB 16 43
    46 74
Veldgeding Feldgeding DAH 275
Venustis Präfektur, Grafsch. in Tirol 36
Verona in Norditalien Italien 13
Veroneser Klause b. Verona, Norditalien 66
Viechpach Viehbach, b. Fahrenzhausen DAH
    275
Viehhausen Lk Dachau DAH 88
Vieth Pf. Schy 46 236 237 240 254 277
Vindelicum röm. Provinz westl. Inn 15
Voglried Pf. Schy 240 245

Vohburg Grafen 43
– i. J. 1204 44
– Inkorporierte Pf. PAF 187 269
– Kirche Abb. 33
– Lk Pfaffenhofen 187 189
– Mgf PAF 16
– Pfarrei, Stiftung Abb. 15
Volkersdorf Lk Pfaffenhofen PAF 56
Volksschule v. Scheyern 335 349 436
Walchshofen b. Aichach AIC 56

Waldbauernschule Scheyern 441
Walkersbach PAF 273
Walkersbuch Satzlhof, Pf. Schy 240 254
Walkertshofen G Erdweg DAH Abb. 96
Walkertshofen Inkorporierte Pf. DAH 270
Walkertshofen Lk Dachau 210 296
Walkerzhofen Walkertshofen, G. Erdweg DAH 275
Wallenberg Wallenburg MB 276
Waltenhofen Lk Fürstenfeldbruck, 1225 FFB 92 275
Waltershofen G. Egenhofen FFB 275
Wartburg Martin Luther 291
Washof Pf. Schy 240 255
Wasserburg Grafschaft, am Inn RO 78
Webling Pf. Schy 241 258
Wechtering Wächtering, St. Rain DON 274
Weickerzhofen Unterweikertshofen DAH 275 298
Weihenstephan Kloster FS 198 315 325 430
Weilenbach G. Aresing ND 274
Weilerau G. Gerolsbach PAF 274
Weingarten G. Ainhofen DAH 275
Weissenohe südöstl. Forchheim FO 315 325
Weltenburg Kloster KEH 315 325
Wendelstein 81
Weng G. Bayrischzell MB 57
Wengen bei Pruckh Weng G. Fahrenzhausen FS 275
Wenigmünchen G. Egenhofen FFB 275
Wergenthal Wernthal Pf. Schy PAF 105

Wernthal Pf. Schy 240 255
Wessobrunn Kloster WM 315 325
Wessobrunn Reform d. Paulus Preu Abb. 51
Westerholzhausen Lk Dachau DAH 298
Weyarn b. Miesbach MB 58
Wichfritshofen Weikertshofen, Lk Fürstf. FFB 88
Widenzhausen Wiedenzhausen DAH 275
Widmaß Ober-Witmazz, G. Fischbachau MB 276
Wiedenberg PAF 277
Wien Belagerung, Türken, 1529 293
Wildenwart Feste RO 278
Willing Berbling, RO 17 54 55 272
Willingan Willing, Berbling RO 56
Willingen Berbling RO 271
Wiltzpurch Wülzburg, Lk Weißenburg WUG 184
Winden Beigelswinden PAF 273
Winden G. Scheyern PAF 46 57 187 240 255 277
Winkl G. Fischbachau MB 276
Winklsass G. Neufahrn LA 56
Wittelsbach b. Aichach AIC 15 16 20 43 63 75
Wittelsbach um 1208, Reichsacht 103 146
Wittelsbacher Grablege Abb. 17
Wohnheim 428 429
Wolfratshausen Mgf, südl. München, TÖL 16
Wolfsberg G. Scheyern PAF 46 236 240 256 346
Wolfsberg G. Scheyern, um 1253 PAF 105
Wollbach Unterwohlbach, G. Hohenkammer FS 275
Wolnhofen b. Reichertshofen PAF 273
Wolvenhoven Wolnhofen, Lk Pfaffenh. 88
Wüsterberg Wüstersberg, G. Gerolsbach PAF 274

Zanckhen Zanken/Wörnsmühle MB 276
Zell b. Scheyern PAF 31 240 256
Zell Bayrischzell MB 81 276
Zell a. Paar PAF 273
Ziegelnöbach G. Scheyern PAF 125 240 257
Zillertal Tirol 56 272
Zuchering Stadt Ingolstadt IN 124
Zweckhof PAF 273
Zwiefalten bei Reutlingen RT 88
Zwiefalten Ortlieb, um 1135 RT 221

Personenregister

Personen Gemeinschaften

Siehe auch Stammtafeln S. 27 28 29 47

Abecherle Franz Josef, EU 289
Abel Karl von Minister 359 367
Abendroth Herbert, EU 289
Abraham B v. Freising, † 994 39
Abschlag Walter, EU 289
Abtprimas 374
Adalbert († 906) 28
Adalbert B v. Prag, 956–997 40
Adalger Sohn d. Haunwolf, Hz i. J. 456 14 15
Adelais vh Otto Lgf v. Stephaning 47
Adelger Hz d. Skiren 17
Adelheid Äbtissin v. Kühbach AIC 24 27
Adelheid Tochter von Arnulf I. 27 32
Adelheid v. Geisenhausen (b. Landshut ?) LA 22
Adelheid v. Sachsen Schwester Kg Heinrich I. 21 27
Adelpreht Einsiedler, Bayrischzell 81
Adelpreht v. Bayrischzell, Mönch 55
Adler Johannes Pfarrer 209
Aetheria Pilgerin, um 400 128 130
Agnes Frau von Kaiser Arnulf 18
Agnes Gemahlin von Hz Arnulf I. 18 22 27
Agnes Hz Otto I., † 1191 44 66
Agnes vh Albrecht II. von Eberstein 29
Agnes v. Pfalz vh Hz Otto II. 76
Agricola Johannes, Abt Rott, † 1639 302
Ahr Ulrich, P 447
Aigner Korbinian, Le 447
Alber Gerda, Le 448
Alber Peter Pfarrer 208
Alberich Raubritter, Veroneser Klause 66
Albero v. Hettenshausen 105
Albert Eb v. Lorsch 38
Albert Hz Bayern, um 1505 199
Albert Oheim v. hl. Ulrich 38
Albert III. (IV.) d. Großherzige, Hz, † 1550 293
Albert v. Bogen Gf vh Ludmilla v. Böhmen 75
Albrecht II. Ks 1438–1439 177
Albrecht III. Hz 1438–1460 196
Albrecht IV. Hz 1465–1508 177 178
Albrecht V. Hz 1550–79 293
Alexander III. Pp 1156–1181 52
Alexander IV. Pp 1254–1261 88 106
Alexander V. Pp 1409–1410 176 189
Altdorfer Albrecht, Maler, 1480–1538 180
Alteneder Ludwig P, † 1776 322 339 442
Altötting Grab von Ks Karlmann 21
Amelbert Edelmann v. Bayrischzell 56 81
Amrhein Andreas P, um 1883–88, St. Ottilien 322
Amtmann 215 216
Andreas Gaishofer, Abt, 1535–47 10 291 294 461

Andreas II. Kg v. Ungarn, um 1217 130
Angestellte d. Klosters 222
Angi-Skiren 14
Angisus Brabant, † 679 47
Anna, † 1271 v. Schlesien-Glogau, Herzogin 79
Anonymus Haserensis Ungenannter v. Herrieden 25
Ansbert, (†) 579 47
Anselm Gebsattel Eb 361
Anthemius Ks, Westrom 14
Apokalyptische Frau Matutinalbuch, Clm 17401 144 145
Appl Sebastian, Ri 217
Aquilea Patriarch 55
Araber 13
Aribert Kg Langobarden, † 661 47
Aribo Pgf Nachkomme v. Hz Eberhard 28
Aristoteles Philosoph, 384–322 v. Chr. 143 168
Arius Häretiker, † 336 147
Armansperg Joseph Ludwig, Gf, um 1825 356
Arnold, siehe auch Arnulf !
Arnold Arnulf I. Hz 18 32 40
Arnold Gf v. Dachau 40 88
Arnold Ks † 899 28
Arnold v. Kolbach, Abt, 1269–1281 107 460
Arnold I. v. Dachau, † 1123 54
Arnold I. Dachau vh Beatrix († n. 1124) 29
Arnoldus Hz Brabant, † 601 47
Arnulf Gf Dachau, vh Beatrix, um 1079 47
Arnulf Gf Lengenfeld, † 891 47
Arnulf Ks † 899 16 17 18 21 47 205 22
Arnulf I. Hz d. Böse, † 937 16 18 21 22 26 27 28 32 34 35 36 37 40 44 47 205
Arnulf II. Pgf † 954 16 19 22 23 26 27 28 37 38 47
Arnulf III. Gf v. Dachau 25 27 44
Arnulf IV. Gf Sohn von Arnulf III. 27 44
Arnulf IV. v. Dachau, † 1124 44
Arnulf V. Gf Dachau, † 1185 297
Arnulph Franken, Hausmeier, † 640 47
Asam Georg, um 1686 321
Asam – Gebrüder Künstler 321
Asklepiades Philosoph, † 60 vor Chr. 170
Askuin Gf, Sohn v. Gf Berthold II. 23 27
Assassine 1231, Mord an Hz Ludwig 77
Atlas griechische Sagenfigur 168
Attila Kg der Hunnen, † 453 14 30
Augilobert Egilbert (1006–1039) B v. FS 39
Augustin Mayr, Abt/Weltenburg 340
Augustus Ks 16
Aventin Chronist, 1477–1534 10 15 18 30 32 34 36 81 144 201
Avitus v. Vienne um 500 133
Äbern Volksst. 15
Äbte-Verzeichnis 460

Babenberger Fürstengeschlecht 18 20 25
Babo Bgf Regensburg 23
Babo Gf Sohn von Mgf Heinrich 26 28
Babo I. Gf Vogt von Freising 23 27
Babo I. Bruder v. Berthold II. 23

Babo II. Gf v. Abensberg, 32 Kind. KEH 24 27 47
Babo Lgf Sohn v. Mgf Heinrich 26
Bacherl Pius, P 360 371
Baldemar Abt, 1171–1203 89 119 460
Baldvin Burghauptmann 103
Bardorf Beate, Le 448
Barth Raphael, P Pfarrer 209 446
Bauer Michael, Le 447
Baumann, Abt Cölestin, 1693–1708 319 325 461
Baumeister Anton, Le 448
Baumeister Engelbert, P 209 430 446 447 448 455
Bayerl Corbinian P, † 1815 339
Bayerl Pius P 377 446
Beatrix Gräfin/Dachau 34
Beatrix vh Arnold I. v. Schy, † 1124 44
Beatrix verm. m. Berthold I. 18 22 27
Benedikt hl. Benedikt, Monte Cass. 529 144
Benedikt I. Prumer, Abt, 1574–1610 11 298 461
Benedikt II. Meyding, Abt, 1709–1722 11 328 343 461
Benedikt XII. Pp, 1334–1342 195 314
Benedikt XIII. Pp, 1394–1423 176 189
Benedikt XV. Pp, 1914–1922 378 379
Benedikta v. Wörth vh Otto IX, Gf 29
Benediktinerkongreg. Bayerische 321
Berchtold Hz † 917 28
Bergmann Horst, Le 448
Berhammer Leonhard, EU 290
Bernard Kg Italien, † 818 47
Bernard Gf von Lengenfeld, um 885 47
Bernhard Gf, um 1078 272
Bernhard Lambert, Abt 428 461
Bernhard Plazidus, P 446
Bernhard v. Clairveaux, † 1153 53
Bernhard I. Gf Sohn d. Haziga, † 1104 27 29 44 54 55 56 59
Bernhard I. Gf v. Scheyern, † um 1103 42
Bernhard II. Gf Sohn von Otto III. 27 34
Bernhard II. Domherr Freising, um 1139 29
Bernhart Sohn d. Bernhart († 1101) 28
Berthold B Freising, 1381–1410 271
Berthold Babenberger, Mgf im Nordgau 28
Berthold Gf Burgeck 27
Berthold Gf von Reisensburg 20 19 26
Berthold Mgf im Nordgau, † 980 26 28
Berthold Pgf Scheyern, † 982 47
Berthold v. Burgeck, Gf um 1103 59 62 85 92
Berthold v. Regensburg 79
Berthold I. Hz, † 947 18 21 22 27 28 34 35 37 47
Berthold II. († 955?) 23 27 28
Berthold III. Gf 25
Berthold III. Mgf, † 982 23 26
Berthold III. Mgf, Sohn v. Berthold II. 23 25 26 27
Berthold III. Mgf vh m. Luitbirga, †982 27
Berthold IV. v. Burgeck bei Berg im Gau ND 25
Berthold v. Burgeck Gf um 1107 236 270
Bertram Kardinal, 1959–1945 382
Berufsoberschule Lehrer, Verzeichnis 448
Beslmüller Leopold, P, EU 289
Besold Karl, EU 289

Beszkowiak Matthäus, Fr 455
Bettelorden 53
Beuren Volksstamm 15
Bezaud-Kiermair Cecile, Le 448
Biderer Lukas P, † 1817 330 339
Bihlmayr Alois, Le 436
Biletrud/Wiltrud vh mit Berthold Hz (†947) 28
Blatt Dominikus Abt, Plankst., † 1677 313
Boetius, Boethius christl. Philosoph, 480–524 171
Bonifatius Eb v. Mainz † 754 17 44 117 204
Bonifaz IX Pp, 1389–1404 271
Boso Thussien, um 947 47
Braunmüller Abt Metten 377
Brielmair Dominikus, P 455
Brudy Wilhelm, EU 289
Bruno Abt v. Eisenhofen/Scheyern 34 86 460
Bruno B v. Augsburg, 1006–1029 27 28 32 40
Bruno Urenkel v. Hz Arnulf I. 32
Bruschius Caspar, † 1559 Chronist 10
Brüning Reichskanzler, um 1930 380 396
Bubendorfer Angelus, Fr 455
Buchard Mgf Schwiegersohn v. Arnulf I. 28
Buhn Ilona, Le 448
Bulheller-Meyer Maria, Le 448
Burchard Hz v. Schwaben, † 994 28 35
Burger Leonhard Landhut, Kreuzmonstranz 140
Bürgermeister Scheyern 433
Bürkel, Maurer 348
Byles Pater, Titanic 379

Calixt II. Pp, 1119–1124 34 63
Carl Eugen Württemb. Devotionale, Clm 17425 175
Caspar B. Augsburg von Andramyth um 1654 281
Chonrad Chronicon Schyrense, um 1225 10 91
Chonrad Gf v. Valey 39
Chounrad Eb v. Salzburg, um 1110 58
Christian IV. v. Dänemark um 1627 292
Chrometzka Gertrud, Le 447
Chrysostomus hl. † 407 130
Chunigunde vh Kg Konrad 27
Cicero Scheyern, Schule 126
Clays Günter, Le 448
Clemens II. Pp, 1046/1047 51
Clemens IV. Pp, 1265–1268 106
Clemens XII. Pp, 1730–40 332
Clostermann Martin P, um 1708 328
Cluniazenser Cluny, Saone et Loire Frankr. 51
Cluny Ulrich von, um 1075 123
Coelestin Abt 461
Comestor Petrus Schulgeschichte, um 1179 167
Cölestin Baumann, Abt, 1693–1708 319 325 339
Cölestin Vogl, Abt, Regensburg, um 1684 315 320
Cramer-Klett Theodor von 378
Cranach Lukas Maler, 1473–1553 180
Cues Nikolaus v. Kues, Kard. † 1464 176
Custos Scheyern 126

Danner Gregor, P 446
Danner, Abt Gregor, 1904 388
Datz Rupert, P Pfarrer 209 447
David Kg von Juda, um 1000 v. Chr. 171
Dechand Lorenzo, Le 404
Decker Addolorata, Le 441
Deil Georg, Le 447
Delagera Josef, Bü 433
Delp Alfred 403
Demmelmayr Conrad P, † 1740 339
Desing Anselm , Abt, Ensdorf, 1761–72 321
Deutinger Kirchenrat 358
Deutsch-Orden Blumental, um 1438 193
Dick Maurus, P Pfarrer 209 405
Diefenbrunner Fresko-Maler 374
Diemayr Josef, Bü 433
Dientzenhofer Baumeister-Familie, um 1700 321
Dientzenhofer Wolfgang Baumeister Weißenohe um 1707 321 325
Diepold II., Mgf um 1118, gegr. Reichenbach 322
Diepolder Dr. Johann, EU 289
Dierkes Chrysostomus, P 447
Dieth I. Hz 15 17
Dieth II. Hz 15
Dietrich Hans, Le 448
Dietrich von Bern Theoderich der Große 15
Direktoren Verzeichnis 446
Dirr Philipp um 1620 279
Dominicus hl., † 1221 53
Dominikus Blatt Abt, Plankstetten, † 1677 313
Don Juan d'Austria Held von Lepanto, 1571 293
Dorfer Johannes Pfarrer 208
Droll Gallus P, † 1634 307
Dufter Theresia, Le 441
Durner Salvator, P 447
Duschl Max, P Pfarrer 209 371
Dürer Albrecht Maler, 1471–1528 180

Eberhard Abt 1160–1171 88 89 460
Eberhard Fürst , Sohn v. Arnulf I. 47
Eberhard Hz Bruder von Arnulf II. 22 23 26 27 28 36 37
Eberhard v. Ebersberg 38
Eberhard v. Franken 36
Eberl Hans, Le 447
Ebersberg Fürsteng. 25
Ebersberger/Kühbach. um 950 26
Echetsperger Gregor, P 447
Eck Leonhard Gelehrter , um 1508 203 293
Eckhard d. Bundschuh 41 42
Eckhard Gf, um 1078 272
Eckhard Johann Pfarrer 208
Eckhard Mönch, † 1131 41
Eckhard I. Gf Sohn von Otto II. 27 42 55 56 59
Eckhard I. Gf v. Scheyern, † 1088 41
Eckhard I. Gf v. Scheyern, † um 1091 29 44 47 54
Eckhard II. Gf Scheyern, um 1116 29
Eckhard II. Gf Sohn von Otto III. 27
Eckhard III. Gf Scheyern, † n. 1183 29

Eckhard III. Gf Sohn von Eckhard I. 27
Edika Vater d. Odoaker 14 30
Egloffstein Götz von, Le 448
Ehrhardt Hans, Le 436
Eigenleute 221
Ekbert B v. Bamberg, um 1208 76
Ekkehard Gf Eckhard II. 34
Ekkehard Mönch Schy, um 1140 88
Ekkehart († 1088), vh Richgard 28
Ekkehart Sohn d. Bernhart († 1101) 28
Ekkhard Vogt v. Scheyern 57
Ellenhard B von Pola um 1077 53 55 271
Ellenhard v. Pola geb. Ainau-Geisenfeld 53
Eller Markus, Fr 456
Eller Reinhard, Le 449
Ellner Leopold, Le 447
Embrico Gf v. Scheyern 31
Emicho B Freising, 1283–1311 109
Emmerich Ungarn, Sohn v. Kg Stephan 41
Enhuber Markus, P 345
Enhueber Otto P, um 1775 336 339 442
Erchanger Hz v. Schwaben, † 917 28
Erchimbold Abt v. Fischbachau, 1096–1111 10 58 59 62 82 460
Ernst Eb Freising, 1566–1612 298 299 301
Ernst Hz 1397–1438 193 225
Ernst I., † 865 Mgf im Nordgau 16 21 27
Ernst II. Mgf Nordgau, † 889 21 27
Erzieher Verzeichnis 446
Etzel Attila, Kg der Hunnen 30
Euernbach Pfarrer, Verzeichnis 289
Eufemia um 1182 29
Eugen III. Pp 1145–1153 88
Ewendt-Wastl Elke, Le 449

Faulhaber Michael, Eb München, 1869–1952 379 383
Faußner Chronist 18 21 25 26
Feichtmayr Caspar, um 1686 321
Feichtmayr Franz X. Rott/Inn, Kirche, um 1763 322
Feller Bruno P, † 1733 339
Felsmayr Bernhard, P 442
Felsner Josef, Le 447
Ferdinand Kf † 1669 293
Ferdinand I. Ks 1503–1564 292
Ferdinand II. Ks 1619–1637 292
Ferdinand III. Ks 1637–1657 292
Ferdinand Maria Kf 1651–1679 294
Fernberg Fritz, Le 447
Ferrer Ämilian, P Pfarrer 209 308
Feslmayr Benedict, P 345
Feurer Johannes Weltpr 208
Finsterwalder Stuckateur 374
Firbas Simon P, † 1641 301 308 310 311 339
Firsching Dr. Karl, Le 449
Fischbachau Patrone: Maria und Martin 166
Fischbachau Propst 201
Forster Anton 400

Forster Plazidus, Abt, 1734–1757 140 325 332 461
Forster Frobenius Abt v. St. Emmeram 322
Fotinus, Photeinos B von Sirmium, † 376 147
Förstl Max, Le 449
Franck Johannes Maler, St. Ulrich, † 1472 174
Franken 14
Franz Ecker Fürstb , 1695–1727 329
Franz I. Kg v. Frankreich, 1494–1547 291
Franz Seraph Schreyer, Abt, 1936–61 391 461
Franz v. Assisi hl., † 1226 53
Fraunhofen Freiherr SR 279
Freiberger Dekan, um 1418 190
Freising Vogt 26
Freisler Roland 403
Freser Matthias Pfarrer 209
Fried Dr. Pankraz 12 19 62
Friedrich Benedikt, Fr 456
Friedrich Hz, v. Landshut, um 1380 188
Friedrich Mgf, † 1017 26
Friedrich v. Heidenheim, Abt, 1281–1297 80 107 116 460
Friedrich d. Dumme Gf, † 1158, ehelos 47
Friedrich d. Schöne Hz, Habsburger 80 177
Friedrich I. Gf Sohn von Arnulf III. 27
Friedrich I. Ks 1125–1190 42 52 64
Friedrich II. Gf, Laienbruder Indersdorf (†) 1198 63
Friedrich II. Ks , 1212–1250 76 78
Friedrich II. Pfg Wörth, Lengenfeld, †1198 29 42
Friedrich III. Gf, um 1176 29
Friedrich III. Ks, 1440–1493 177
Friedrich v. Sachsen Kf um 1521 291
Friedrich Wilhelm von Preußen 1640–1688 293
Fröschl Jakob 400
Fruth Dr. Pius, P 447
Fulcherius Patriarch, Jerusalem, 1146–1157 127 134
Furtmayer Josef, EU 290
Furtmayer Martin, EU 290
Furtmayr Joachim, P Pfarrer 209 338 345 348 357 358 435
Futschik Josef, Le 447
Fürbass Simon, P Pfarrer 209

Gaishofer, Abt Andreas, 1535–47 291 461
Garibald I. Kg, † 592 47
Garibald II. Fürst, um 600 47
Gasser Dominikus, P 447
Gauthinger Volksstamm 15
Gärtner Architekt 358 367
Gärtner Ignaz, EU 289
Gebhard B. Eichstätt 25
Gebhard v. Menzingen, um 1226, Gneisd. 105
Gebsattel Lothar Anselm, Eb Freising, 1821–46 361
Gegenfurtner Xaver, Le 447
Geibl Anna, Le 449
Geisenfelder Augustin, P 447
Geisenvelder Pater um 1427 192

Georg Abt, 1467–1489 119
Georg Christian Joannis, 1716 11
Georg d. Reiche Hz, † 1503 178
Georg I. Sperl, Abt, 1467–1489 172 197 278 461
Georg II. Neubeck, Abt, 1558–74 11 296
Gerbirg Äbtissin, in Geisenfeld 53
Gerbirg vh Arnulf I. 22 27
Gerbirga Tochter der Königin Gerbirga 37
Gerbirga vh Ludwig Kg der Franken 37
Gerbirgis Herzogin 36
Gereon Soldat des Ks 38
Gerhard Eb v. Lorsch 36
Gerhardinger Schulschwester 435
Gerichtsherr 204 ff. 204
Gerold B Freising, 1220–1230 270
Geuta Judith, Herzogin 36 38
Giebing Otto u. Heinrich, um 1234 DAH 221
Gisalbert Hz v. Lothringen 36 37
Gisela Gemahlin von Kg Stephan, Ung. 18 22 28 32 40
Gisübel Micheline, Le 441
Gleixner Herbert 12
Gotefried v. Admont 86
Goten Volksstamm 13
Gotschalk B v. Freising, 994–1005 40
Gottfried von Bouillon, Hz, Kg, Lothr. 1099 42 129 130
Gottschling Helmut, Le 449
Gozzold Abt v. Scheyern, 1131–1135 64 87 460
Göppinger Ulrich, Le 449
Götz Ulrich, Fr 455
Götz Ulrich, P 447
Grabmair Paul, Bü 433
Grabmann Sebastian, Ri 217
Graisbach, Ludwig v. Abt 106 460
Grandinger Godehard, P 447
Gräß Heinrich, Ri 217
Gregor Abt v. Tegernsee, um 1741 333
Gregor Danner, Abt 388
Gregor Kimpfler, Abt, 1658–93 211 291 311 312 313 320 340 461
Gregor Scherr, Abt, Eb 360 443
Gregor Pp, hl. um 540–604 171
Gregor VII. Pp 1073–1085 41 51 52
Gregor XII. Pp, 1406–1415 176 189
Gressierer Bernhard P, † 1755 339
Gressierer Franz, P 12 209 455
Griebl Georg, Le 436
Griessmair Georg, P Pfarrer 209
Grießhammer Paul, Le 449
Grillmayr, Abt Michael, 1775–1793 335 461
Grimold II. Fürst d. Bayern, um 718 47
Grimoldus I. Fürst d. Bayern, † 695 47
Gruber Erich, Le 447 449
Gruber Korbinian, P, um 1734 333
Grundbuch Abt Paul Preu 201
Grundherr 204 ff. 204
Grundholden 224
Gulder Martin, P 345
Gully Helmut, Le 449

Gumppenberg G. Pöttmes AIC 279
Gumppenberg Georg von, 1542 AIC 279
Gundekar B Eichstätt EI 25
Gundoald Fürst i. Bayern, um 630 47
Gunibert Kg Langobarden, † 703 47
Gurr Tyebold, Ri 217
Gustav Adolf Schweden um 1630 292
Gutenberg Buchdrucker,1400–1468 177 197
Günther Ignaz um 1724–75 321 322
Gürtner Josef, EU 290

Haberstrumpf Administrator 358
Hacker Ulrich, P 299
Hackl Martin, Le 447
Hader Georg, Le 447
Hadrian Ks, 76–138 129
Hainrich Heinrich, Mgf , † 1017 26
Haler Volksst. 15
Hamerthaler Franz, Ri 217
Hanser Laurentius P 11 21 23 30 31 209 447
Hanser P Laurentius Rechtsgesch. Forschungen
    62 63
Harter Maurus, P 345
Harter Maurus P, † 1852 339
Hartl Albert 401
Hartmann Abt, 1203–1206 90 460
Hartmann B Augsburg, 1248–1286 107
Hartwig I. Pgf Nachk. v. Hz Eberhard 28
Hartwig II. Pfg 28
Hauff Rupert P, † 1792 339
Haunen Volksstamm 15
Haunwolf Hz, der »Scheirer« 14 17
Hauser Ernst, Le 447
Hauß Norbert, Le 449
Haziga Erbtochter, Mgf Heinrich ? 26
Haziga Gräfin, vh Otto II. Scheyern 17 18 20 25
    26 27 28 46 48 59 60 81 82 116 172 205 272
Haziga Witwe d. Hermann v. Kastl 29 53
Haziga Gräfin, † 1101 oder 1103 25 54
Haziga Herkunft 55
Haziga Tochter v. Babo ? 26
Hazzi Joseph 435
Häretiker Photinus, † 376 147
Hedwig, hl. v. Schlesien, um 1220 76
Hegler Anselm P, † 1673 311
Hehl Ulrich von Strafen f. Priester 387
Heidenheim von, Abt Friedrich, 1281–1297 107
    460
Heinrich Abt, 1226–1259 104 119 460
Heinrich B Freising, 1098–1137 117
Heinrich B v. Augsburg, † 982 24 28
Heinrich B v. Augsburg, vor hl. Ulrich 22
Heinrich d. Löwe, 1129–1195 134
Heinrich Gf Scheyern, † 989 36 47
Heinrich Hz Bayern, † 994 47
Heinrich Kg v. Böhmen, um 1311 115
Heinrich Mgf im Nordgau, † 1017 26 28
Heinrich Plazidus P, † 1825 322
Heinrich Sohn v. Hz Arnulf I. 954 28 32
Heinrich v. Preising 108

Heinrich d. Löwe, Sohn: Otto IV. Braunschweig
    52
Heinrich I. Gf a.d. Pegnitz, um 1021–1043 26
Heinrich I. Hz, † 955 18 21 23 27 36 37
Heinrich I. Ks 876–936 35 36
Heinrich II. B Regensburg, um 1285 108
Heinrich II. Hz, der Zänker †995 23 27 32 18 28
Heinrich II. Ks † 1024 18 21 22 24 27 32 38 40 41
    47
Heinrich III. Hz † 989 27 28
Heinrich III. Ks, 1017–1056 25 51
Heinrich IV Hz, Ks Heinrich II. † 1024 18 27 28
    40
Heinrich IV. Ks 1050–1106 48 51 52 58 59
Heinrich IV. Mgf, von Istrien/Andechs 76
Heinrich V. Ks 1081–1125 52 86
Heinrich VI. Ks 1165–1197 52 75
Heinrich X. Hz von Bayern, um 1135 88
Heinrich XII. Hz d. Löwe, 1129–95 42
Heinrich XIII. Hz, von Niederbayern 79
Heinrich, Abt, 1210–1250 126
Heinrich, Domherr v. Augsburg, Patriarch Aqu.
    56
Heinz Paul, P 447
Heiplik Reinhard, Le 12 449
Heiß Paulus, P 430 446 449
Helena Kaiserin, um 320 129 133
Helicha vh Konrad III. 29
Hell Kaspar P, um 1610 301
Hellinger Erwin, Le 436
Hemma vh Kg Ludwig d. Deutschen 28
Heraklius Ks, um 628 129
Heraklius Patriarch Jerusalem, 1180–1191 43
    127 134 140
Herbert Bruder v. Pipin, um 885 47
Herigold v. Bogen Tochter von Ernst II. Mgf 21 27
Herkommer Georg v. Augsburg, Kreuzmonstr.
    140
Hermann B Augsburg, 1096–1133 87
Hermann Dr. Josef, Le 447
Hermann Pfg 37 38
Hermann Sohn d. Gf. Otto V. Wittelsb. 29
Hermann Sohn v. Arnulf I. Hz 953/954 22 27 28
    47
Hermann v. Kastel Abt, 1322–1356 54
Hermann v. Kastl Gf vh Haziga AS 25 26 28 53 54
    55
Herold Bruder d. Luitpold , Mgf , 907 28
Herold Eb v. Salzb., Enkel v. Herigold 21
Herold Kilian, Fr 455
Herpfer, Abt Joachim, 1757–1771 333 461
Herzinger Andreas, Le 447
Hewß Johannes Pfarrer 208
Hezilo Heinrich III. Hz Bayern 976 989
Hibler Frobenius P, † 1803 339 345
Hiereth Verwaltungsorganisation 224 346
Hiermer Martin, P 446
Hildebert Archidiakon von Berg/Gau 87
Hildegard Tochter v. Mgf Ernst I. 21 27
Hildegard vh mit Heinrich III. Hz († 989) 28

Hilpoltsteiner Richard, P 447
Hindenburg Reichspräsident, um 1930 380 382
Hipp Claus, Le 449
Hirsau Offizialen 125 126
Hirsau Wilhelm, Abt, um 1075 123
Hirschbeck Johannes Abt 1548–58 295 461
Hitler 380 381
Hoeck, Abt Johannes, 1961–1972 426 461
Hofer Columban P, † 1629 307 340
Hofmann Antonius B Passau 391
Hofmann Wolfgang, Le 449
Hofstetten Benno von P, † 1813 338 340
Holbein Hans Maler, 1470–1524 180
Holler-Sauer Renate, Le 449
Hollner Leonhard P, † 1782 (†1788?) 332 340
Holzapfel Pfarrer, EU 290
Holzer Anton, P Pfarrer 209 345
Holzinger Michael, Ri 217
Horaz Scheyern, Schule 126
Hospitaliter d. hl. Lazarus, seit 1120 130
Hospitarius Hirsau 126
Höbel Karl, P 371
Höbel Michael, P 446
Höck Michael 401
Höckmayr Eberhard, P 446 447
Höflinger Florian P, 345
Höra Helga, Le 449
Höß Franz, EU 289
Hubensteiner Historiker 62
Huber Josef, EU 290
Huber Simon, EU 289
Huber Barnabas Abt v. Stephan/Augsburg 358
Huber Ildephons Abt Weihenstephan, 1705–49 325
Hueber Johannes Fr, † 1633 308
Hueber Martin, Ri 217
Hugo Hz Lothringen, † 885 47
Hugo Kg Italien, † 947 47
Hugopert Fürst d. Bayern, um 718 47
Hugopert um 563 47
Hundhammer Alois 445
Hundt Wigulius, † 1588 11
Hunnen Volksstamm 14 30
Huosi Fürstengeschlecht 21
Hus, Reformator 1370–1415 176
Huschberg Chronist,1834 15 16
Hylderich hl. Ulrich, B v. Augsburg 39

Ildephons Abt Weihenstephan, um 1734 332
Illuminatenorden 319
Ilmberger Johann, EU 290
Ilmberger Wendelin, EU 290
Indersdorfer Joseph P, † 1708 340
Innozenz II. Pp 1130–1143 88
Innozenz III. Pp 1198–1216 76 270
Innozenz IV. Pp, 1243–1254 78
Innozenz Prälat Indersdorf 331
Innozenz XI. Pp, 1676–89 315 320

Jais Ägidius P, um 1800 322
Janner Ferdinand Chronist 108
Janu/ Wolfgang, Le 449
Jäger Johannes, P Pfarrer 209
Jelmiller Abt 461
Jelmiller, Abt Martin, 1793–1803 11 322 337
Jene Ämilian P, um 1658 310
Jenke Hermann, Le 447
Joachim Herpfer, Abt, 1757–1771 333 339 461
Joannes Januensis Verf. v. Catholicon, Clm 17402 172
Jodl General 386
Johann I. v. Tegernbach, Abt, 1436–1449 186 193 460
Johann IV. B Freising, 1443–1473 196
Johannes Hoeck, Abt 426 461
Johannes Chrysost. Hirschbeck, Abt, 1548–58 10 295 461
Johannes II. Turbeit, Abt, 1505–1535 10 140 176 201 460
Johannes XXIII. Pp 1958–1963 425
Johannes, P Pfarrer 208
Josef Martin, P Pfarrer 209 446
Judas Thaddäus Rieder, Abt, 1771–1775 335 461
Judith vh Heinrich I. Hz † um 985 18 22 23 27 28 32 36 37 47
Judith vh Ks Ludwig d. Fromme 778–840 28
Jungkholzer Anton, Ri 217
Justinos II. Ks, um 569 133
Justitia vh Otto v. Wolfratshausen 47
Juta Tuta 25

Kainz P. Stephan, um 1930 134 447
Kalden Marschall von, um 1209 76
Kalixt II. Pp, 1119–1124 133
Kanoniker v. hl. Grab, um 1114 133
Karl Hz Lothringen, † 993 47
Karl Hz, † 871 47
Karl Kg der Deutschen, † 811 47
Karl Kg v. Frankreich, † 926 47
Karl Ks der Große, 742–814 16 21 35 47
Karl Kg v. Burgund, † 858 47
Karl Albrecht Kf, 1726–45 319
Karl d. Kahle Ks, † 877 47
Karl Eugen Hz v. Württemberg, um 1790 175
Karl IV. Ks, 1316–1378 177
Karl Martell Franken, † 741 47
Karl Philipp Kf, 1718 329
Karl Theodor Kf, Pfalz 1777–1799 319 338
Karl V. Ks, 1519–1556 177 291
Karl VI. Ks, 1685–1740 319
Karlmann Kg Bayern, † 880 47
Karlmann Kg d. Franken, † 771 47
Karlmann Kg Frankreich, † 884 47
Karlmann Ks, † 880 18 21
Karolinger Fürsteng. 21
Kaspar Aindorfer Abt, Tegernsee 195
Kastner Johann, Ri 217
Kaut Andre Papierfabrikant 349
Kämmerer Hirsau 126

Käser Alois von 350
Kehrer Ansgar, P 447 455
Keilberth Peter, Le 436
Keller Korbinian, P 446
Kempho Werner von Edelmann, um 1225 126
Keym Johannes Augsburg, Schreiber, 1464 172
  173 196
Kienberger Wilhelm, Abt, 1449–1467 195 196
  460
Kimpfler Gregor, Abt, 1658–93 291 311 312
Kimpfler Johannes P, † 1701 340
Kirmaier Damasus, Scheyern, 1801 140 433
Kirmayr Hubert, Bü 433
Klebl Wunibald, Fr 455
Kloiber Johann 435
Klosterleute Rechtliche Stellung 219
Knitl, Historiker 374
Knogler Gabriel P, † 1826 330 340
Kolbach Seyboltsdorfer, 1483 198
Kolbach von, Abt Arnold 107 460
Kolbinger Willihard, Le 449
Kolumbus Christoph Amerika entd. 1492, 1451
  bis 1506 177 180
Konrad B Freising, 1258–1279 106
Konrad Eb Mainz, Salzburg, † um 1158 47
Konrad Eb v. Salzburg, um 1183 75
Konrad Gf in Alemenien/Burgund,† n. 862 28
Konrad Gf v. Dachau 34
Konrad Hz v. Worms 39
Konrad Kanoniker 127 134
Konrad v. Dachau, Mönch, † 1158 42
Konrad Eb Mainz, † 1200 29 41
Konrad I. Abt v. Tegernsee, um 1130 64
Konrad I. Gf Sohn von Arnulf III. 27
Konrad I. Hz v. Dachau, † n. 1130 29 42 44
Konrad I. Eb Salzburg 1106–1147 58 59 85 117
Konrad I. Ks † 918 22 35
Konrad I. Abt v. Luppburg 1206–1226 († 1245) 10
  34 39 42 54 76 91 92 104 126 134 144 146 207
  460
Konrad II. Hz Meranien-Dachau † 1159 29 43 66
  134
Konrad II. Ks, 990–1039 41 79
Konrad II. Montanus, Abt, 1313–1326 176 182
  460
Konrad III. Hz Dachau, † 1180 29 43 90 134 140
Konrad III. Ks, 1093–1152 42
Konrad III. v. Leutzenau, Abt, 1334–1348 183
Konrad IV. Ks, 1250–1254 78
Konrad IV. v. Mur, Abt, 1400–1413 189 460
Konrad V. v. Tegernbach, 1413–1421 189 377 460
Konrad VI. Weickmann, Abt, 1427–1436 192 460
Konrad, Kanoniker um 1155 134
Konstantin Ks , um 320 129
Scheyern Konvent-Verzeichnis, 1997/98 455
Kopernikus Domherr, 1473–1543 180
Korbinian Riegg, Abt, 1634–58 309 461
Korbinian hl. B Freising 31
Kornmann Rupert Abt, Prüfening, 1790–1803
  322

Kornprobst Matthias, Le 449
Kotter Bonifaz, P 447
Köhler Thomas, P 456
Kölbl Anton, Bü 433
Krafft Adam Bildhauer, 1455–1508 180
Kramer Baron 358
Krandauer Josef, Le 447
Krapf Linharddt, Ri 217 295
Kreuzer von, Kabinettssekretär 362
Kriechen Griechen 18
Kuhlmann Annemarie, Le 449
Kunigunde vh Berthold II. 23 27
Kunigunde vh mit Luitpold Mgf, † 907 28
Kuno von Rott, Pfg gründet um 1081 Rott/Inn
  322
Kübler Pacificia, Le 441
Küchenmeister Hirsau 126
Kyrillos v. Jerusalem († 387) 130

Lachner Albert, Le 447
Laienbrüder 123
Lallinger Alfons, P 447
Lambacher Korbinian P, † 1780 330 340
Lambert, Abt Bernhard, seit 1972 428 455 461
Lancelot Carl P, St. Emmeram, um 1771 338
Landersdorfer Simon Konrad B Passau, 1936–68
  388 391 461
Lang-Reck Norbert, Le 449
Langenthal Gottfried von 350
Langer Alfred, Le 449
Larsbach, Wolfgang von, Abt, 1348–1354 186
  460
Laurentius Zeller, Abt/Trier 390
Laurentius P Franziskaner, Pfaffenh. 1734 331
Lausch Lioba, Le 441
Lechner Dr. Kilian, Le 447
Lechner Petrus, P Pfarrer 209 371 373
Lehemann Hermann, Ri 217
Lehrkräfte Verzeichnis 446
Leibeigene 220
Leikam Alfred, Le 447
Leinberger Hans Bildhauer, um 1480–1530 180
Leiß Rupert I. Abt, 1838–72 359 361 461
Lelius Kg d. Ungarn 39
Leo VII. Pp 36
Leo XIII. Pp, 1878–1903 370
Leoben, Steiermark Abt Benedikt , geb. 329
Leobricus um 1079 47
Leonhard Miller Fiecht 203
Leonrod Ludwig von 403
Leopold I. Ks 1658–1705 292 319
Leopold II. Mgf Österreich, † 988 47
Lesti Michael Dekan 327
Lettner Johannes, P 446
Leutenbeck 277
Leutzenau von, Abt Konrad III., 1334–48 184 460
Leutzenau von, Abt Ulrich V., 1327–1334 183
  460
Ley Arbeitsminister 383
Liebert Sigisbert Abt St. Stephan 374

Liebl Maurus, P 446
Lindauer Georg, Bürger München, um 1598 220 298
Lipold Hz v. Bayern, von d. Franken 34
Lipold Luitpold II. Mgf, † 907 18
Litholf Hz v. Schwaben 38 39
Liutkart Nachkomme von Poppo 28
Liutpald Gf um 806–827 28
Liutpald (II.) um 814–846 28
Liutswinda vh Karlmann Ks 21 27
Loibl Kaspar, Le 446
Lola-Montez -Affäre 368 369
Lorenzo Schulschwester 404
Lothar Gf vh mit Bertha, um 885 47
Lothar Kg Italien um 932 47
Lothar Kg Lothringen, † 869 47
Lothar Ks † 855 47
Lothar III. Ks 1133–1137 88
Lothar IV. Kg Frankreich, † 986 47
Lothringen Herzöge, 15. Jahrh. 130
Löbermann Rüdiger, Le 449
Lödl Adalbert P, † 1679 311
Lucanus Scheyern, Schule 126
Luckhaus Eduard, Le 447
Ludmilla v. Böhmen vh Hz Ludwig I., 1170–1240 29 75
Ludolph Claudia, Le 449
Ludwig Abt v. Tegernsee 106
Ludwig Abt v. Weihenstephan 106
Ludwig d. Brandenburger, um 1354 186
Ludwig Gf Schy um 1146 47
Ludwig Hz v. Frankreich/Bayern,†899 47
Ludwig Hz, Bayern um 1539 294
Ludwig Kg d. Franken, um 937 36
Ludwig Kg Frankreich, um 955 47
Ludwig Ks, der Bayer, 1282–1347 80 115 176 177 182 185 214 278 298 299
Ludwig Sohn v. Arnulf I., † n. 974 27 28
Ludwig v. Aiterhofen b. Straubing SR 22
Ludwig d. Deutsche Kg, † 876 16 21 47
Ludwig d. Fromme Kg † 840 47
Ludwig d. Kind Ks, 893–911 22 47
Ludwig d. Stammler Ks, † 879 47
Ludwig d. Strenge Hz 1253–1294 42 79 105 107
Ludwig I. d. Kelheimer, Hz 1183–1231 29 42 75 92 105 116 146 298
Ludwig I. Kg, 1825–48, † 1868 217 355 361 369
Ludwig I. um 1256 Abt Weihenstephan 106
Ludwig I. Hz, 1183–1231 92
Ludwig I. Graisbach Abt Tegernsee, 1273–1286 106
Ludwig I. Graisbach Abt, 1260–1269 106 460
Ludwig II. Ks, † 875 47
Ludwig II. Kg, 1864–1886 370
Ludwig II. Walch, Abt, 1421–1427 190 460
Ludwig III. Kg, 1913–1918 370
Ludwig III. Ks 882–928 35
Ludwig IV. Kg Frankreich, † 955 47
Ludwig IV. Ks, † 912 47
Ludwig V. Kg Frankreich, † 987 47

Luitbald od. Leopold Gf Lengenfeld, † 907 47
Luitbert Langobarden, um 768 47
Luitbirga vh Berthold III. 24 27
Luitpold Mgf, † 907 28
Luitpold Prinzregent, 1886–1912 370
Luitpold I. Ggf, 788–837 16 21 27
Luitpold II. Mgf, † 907 16 21 27
Luitpoldinger Fürstengeschlecht 18 19 20 26
Luitswinda vh Ks Karlmann, um 860 28
Luppburg, Abt Konrad I. siehe Konrad I. 91 460
Luther Martin 177 291
Lutz Georg, Bü 433

Mack Josef, Le 436
Mahler Benedict, P 371 373 446
Maier Sebastian, Le 449
Majus Claudius P, Prior, um 1633 308
Makarios B Jerusalem, um 320 129
Mamelzhauser Wolfgang P, † 1634 302
Mandel Leonhard v. Schleißheim 197
Manikor Johann P, † 1769 330 340 442
Maria v. Brabant Herzogin, † 1256 42 79
Marienzyklus Matutinalbuch, Clm 17401 145
Marner Johannes, Le 447
Marquard Abt v. Schy, 1130–1131 64 87 460
Marquard B Augsburg, 1348–1365 186
Marsbach, Abt Ulrich VI. 1354–1375 187 460
Marschalk Hofbeamter 37
Marthan Hanns, Ri 217
Martin Jelmiller, Abt, 1793–1803   11 319 322 337 340 345 461
Martin Behaim Globus, 1459–1507 180
Marx Benno, P 447
Mathild Mutter v. Ks Otto 38
Mathilde Tochter v. Berthold II. 23 27
Matthias Ks 1612–1619 292
Maurus Fr. Eichstätt Schreiber, † um 1502 172 173 196
Max Emanuel Kf, 1718 329
Max II. Kg 1848–1864 369
Maximilian Rest, Abt, 1722–1734 330 343 461
Maximilian I. Hz, Kf 1598–1651 293 298 302
Maximilian I. Ks, 1493–1519 177
Maximilian I. Kf † 1651 293
Maximilian II. Kf 1679–1726 294 319
Maximilian II. Ks 1564–76 292
Maximilian III. Jos. Kf, 1745–77 319 334
Maximilian IV. Jos. Kf, Kg, 1799–1825 320
Mayer Isaia, Le 441
Mayer-Westermayer Chronist 31
Mayr Hugo, P 444 447
Mayr Plazidus P, † 1634 302
Mayr Simon P 208
Mayr Augustin Abt, Weltenburg, 1709–1711 313 330
Mayr Sebastian P um 1596 299
Mändl Johann, Ri 217
März/ Angelus P, † 1784 340 442
Mechtild Herzogin, v. Habsburg, um 1271 79 115
Meginhard Gf Reichersbeuren 25 29

Meginward B v. Freising, 1078–1098 57 58
Meichelbeck Carl P, um 1700 321
Meindl Andreas P, † 1792 340
Menges Winfried, Le 449
Merbod v. Pachen Ober-Unterbachern LK Dachau 105
Merkl Winden 214
Merz Alfons, Le 447
Metzenleitner, Abt Rupert III. Abt 1896–1922 30 377 446 461
Meurl Cristoff, Ri 217
Meyding Benedikt II. Abt, 1709–1722 11 328 461
Meyer Franz Xaver, Le 449
Michael Grillmayr, Abt 1775–1793 298 335 339 434 461
Michaelis Helmut, Le 447
Miller Anton, EU 289
Minnenbach von, Abt Ulrich VII. 1375–1400 188 460
Molitor Hainrich, † um 1480 172 173 174 175 196
Moll-Farny Gertrud, Le 449
Montanus Konrad II. Abt, 1313–1326 176 182 460
Monz Rainer, Le 449
Moreau General, um 1800 140 338
Moritz v. Sachsen um 1552 292
Motzl Volpert P, † 1679 311
Muckensturm Conrad P, † 1799 330 343
Muennenpeck Hanns, Ri 217
Muennenpeck Wernher, Ri 217
Muggendorfer Ludwig, P Pfarrer 209 371 446
Mur von Konrad IV. Abt 1400–1413 189 460
Mutzl Dr. Sebastian 374
Mutzl, Abt Rupert II., 1872–1896 209 373 461
Müller Josef 402
Müller Rupert, Bü 433
Müller Hermann Reichskanzler, um 1928 380
Münster Seb. Cosmographia, 1541 16
Mürringer Familie, Forst, 1339 91 298

Nagel Stephan, Ri 217
Napoleon Kaiser 320 369
Neidhart Dichter, um 1240 77
Nenpach Hofmark Scheyern Schy 237
Neubauer Anselm, P 446 447
Neubeck, Abt Georg II. Abt, 1558–74 296 461
Neufeld EU 290
Neuhäusler Johannes Weihbischof 297 402
Neumayer Gurnöbach 214
Niderfreinberger Cristoff, Ri 217
Nieberle Gerhard, Le 449
Niederlechner Paul, EU 290
Niemöller Pastor 402
Nigg Karl Zimmerer 348
Niggl Erhard P, † um 1640 229 302 311 343
Nikolaus von Kues Kardinal, um 1451, 1401 bis 1464 195 196 210
Nix Alan, Le 449
Noder Innozenz P, † 1728 330 343

Norbert hl, 1082–1134, Prämonstrat. 53
Northofer Johannes, P Pfarrer 208
Nöllgen Günther, Le 449
Nöth Hans-Hubert, Le 449

Oberhuber Bonavent. Abt, Ensdorf, 1695–1735 321 322
Oberkobler Raphael, P 12 430 446 447 449 455
Odoaker Kg Skiren, † 15.3.493 13 14 17 30
Oettingen-Wallerstein, Fürst, um 1831 357
Orestes Heermeister, Westrom um 476 14
Ostermair Andre, Ri 217
Ostgoten 13
Otto B Bamberg um 1124 63
Otto Heinz-Dieter, Le 449
Otto Hz Lothringen, † 1004 47
Otto Nummerierungen sind verchieden
Otto Pfg v. Donauwörth 75
Otto v. Bayrischzell, 1077–87 55 81 460
Otto v. Dachau 34
Otto I. Gf v. Scheyern († um 1037–40) 24 25 29 47
Otto I. Hz Bayern, † 1183 42 44 66 89
Otto I. Kg Bayern, 1886–1916 370
Otto I. Ks d. Große, 912–973 16 20 23 26 28 37 38 39
Otto I. Pfg (Gf Otto III.) † 1123 28
Otto I. Vogt/Freising 39
Otto I. B Freising, 1137–1158 19 23 34 64 87 88 117 206 210 271
Otto I. Gf Sohn von Berthold III. 27
Otto I. Gf v. Scheyern 28
Otto I. Hz, † 1183 19 90
Otto I. Pfg 19 20
Otto II. B Freising, 1185–1220 91
Otto II. d. Erlauchte 79
Otto II. Gf Scheyern, Pfg, † 1079 47
Otto II. Gf Schy vh Haziga, † um 1078 25 26 27 29 39 55 205
Otto II. Gf um 1050 54
Otto II. Gf vh Haziga 18 55
Otto II. Hz, der Erlauchte, 1231–1253 77 107
Otto II. Pfg (Gf Otto IV.) † 1156 28 47
Otto II. Ks 955–983 23
Otto II. Sohn d. Bernhart († 1101) 28
Otto III. Gf Schy, † 1121/22, Sohn v. Haziga 20 27 29 42 44 54 56 57 62 82 85
Otto III. Gf, um 1078 272
Otto III. Ks, 980–1002 42
Otto III. Pgf Scheyern, † 1103 (?) 47
Otto III. v. Dachau 42
Otto IV Pgf, Scheyern, † 1156 64
Otto IV. Gf Schy, † 1146 47
Otto IV. Gf Sohn von Otto III. 27
Otto IV. Gf v. Scheyern 34
Otto IV. Gf v. Valley, † 1138 29
Otto IV. Gf, Pgf (Otto V.) 86
Otto IV. Ks, 1198–1215 76
Otto IV. Pfg, † 1146 206
Otto IV. v. Braunschweig, 1198–1215 52

Otto IV. Welfe, Ks 76
Otto IV. Gf, Pfg Otto I. 19
Otto IX. Pgf (III.) † 1189 29
Otto V. Gf Sohn von Eckhard I. 27
Otto V. Gf v. Valley, Sohn v. Arnulf III. 27
Otto V. Hz, der Große, † 1183 47
Otto V. Pfg 34
Otto V. Pfg, Otto IV., † 1156 29 42 63 87 88
Otto VI. Gf Scheyern, † n. 1130 29 42
Otto VI. Pfg, Hz Otto I. 66
Otto VII. Pfg, um 1172 42
Otto VIII. Otto I. Hz, v. Bayern, † 1183 29
Otto VIII. Pfg 75
Otto XII. Pfg (IV.) † 1209, Königsmörd. 29 47 52
    104
Ottokar v. Böhmen 79
Oudalrich Ulrich, B von Augsburg 20

Pabo Vogt/Freising 39
Pacelli Pp Pius XII. 1939–1958 382
Pachmayr Michael, Ri 217
Papen Reichskanzler 381 396
Papo Nachkomme von Poppo 28
Pappenheim Leonhard, Chronist WUG 31
Parzinger Beda, P 12 209
Paschalis II. Pp 1099–1118 59 63 82 166
Paßer, Pasler Eustachius Pfarrer 208
Patriarchalkapitel Jerusalem, 1114 133
Paulus Preu, Abt, 1489–1505 199 272 460
Pausch Dimka, Le 449
Pechmann Heinrich, Le 448
Perchtinger Abt, Ulrich IV., 1297–1313 109 460
Peripatetiker v. Aristoteles 143
Pertharicus Kg Langobarden, † 690 47
Perthold d. Weiße Göbelsbach, um 1226 105
Peruschitz Joseph, P 379 448
Petrus Comestor Historia scholastica 144
Petrus I. B Augsburg 172
Pfab EU 290
Pfaffenzeller Konrad, P 448
Pfarrherr 204 ff. 204
Pfarrkirche Weltpriester 207
Pfättisch Canisius, P 446 448
Pfättisch Jakobus, P Pfarrer 209
Philipp v. Schwaben, Kg, † 1208 75 52 146
Philipp II. v. Spanien, um 1556 292
Piligrim Priester zu Willingan 55
Pindar v. Theben, Sänger, †446 v. Chr. 168
Pipin Herbert, um 885 47
Pipin Hz † 849 47
Pipin Hz Brabant, † 714 47
Pipin Kg Italien, † 814 47
Pipin Kg v. Frankreich, † 768 47
Pipin, Lengenfeld um 875 47
Pirngruber Konrad, Le 448
Piscator Jakob P 208
Pius II. Pp 1458–1464 192 193
Pius VI. Pp 1775–1799 337 338
Pius VII. Pp, 1800–1823 355
Pius XI. Pp, 1922–39 384

Pius XII. Pp, 1939–1958 382 425
Platon Philosoph, 427–347 v. Chr. 143 169
Plazidus Forster, Abt, 1734–1757 140 332 339
    461
Plectrudis Brabant, um 708 47
Plinius Chronist 16
Plöckl Josef, EU 290
Plötz Albert, Le 449
Popp Bonifaz, P 446
Popp Nonnosus, Fr 455
Poppo vh Willibirg/Ebersberg 26 28
Porphyrius syrischer Philosoph um 300 v. Chr.
    168
Pöckl Johann G., EU 289
Pölzl Herbert, Le 449
Prämonstratenser Orden 53
Prechtl Maximilian Abt, Michelfeld, 1799–1803
    321
Prehn Wilhelm, Le 448
Preisenberger Ludwig, Le 436
Preu, Abt Paulus, 1489–1505 199 460
Prew Leonhard Pfarrer 208
Priester Verfolgung 387
Prinz Eugen v. Savoyen, um 1683 293
Pronath auf Offenberg, um 1825 356
Prumer, Abt Benedikt, Abt 1574–1610 299 461
Pscheidl Werner, Le 449
Ptolemäus Astronom, 87–165 n. Chr. 168 180
Puechler Heinrich Ilmmünster 185
Pythagoras 571–497 v. Chr. Mathematiker 171

Rabini Joseph, EU 289
Radegundis hl. um 569 133
Rain/Lech um 1437 DON 193
Ranbeck Ägidius P, † 1692 311 343
Rapoto Propst, Ilmmünster, um 1209 270
Rath Gf v. Andechs 31
Regensburg Burggraf 16
Reginswinda Tochter von Mgf Luitpold I. 21
Reichart Grainstetten 214
Reichhold Anselm, P 430 446 448 449 455
Reimer Rudolf, Bü 433
Reindel Historiker, 1953 26
Reindl Josef, Ri 217
Reiner Gabriel, P 446
Reiner Max, Bü 433
Reitberger, Abt Stephan, 1610–34 11 81 300 309
    307 461
Renner Dominikus P, † 1691 311 313
Resch Joseph P, 1803 11 329 345
Rest Maximilian Abt, 1722–1734 330 461
Richter 115 217
Rieder, Abt Judas Thaddäus, 1771–1775 335 461
Riederer Stephan, P 446
Riedl Generosa, Le 441
Riegg B Augsburg 358
Riegg, Abt Korbinian, 1634–58 309 461
Riemenschneider Tilman, 1460–1531 180
Riezler Historiker 19 62
Rikimer Heermeister, Westrom 14

Rinckheimer Michael, Ri 217
Ringholz Holger, Le 449
Risinsbach Ulrich von 270
Ritterorden v. Heiligen Grab, seit 1335 130
Robert Pfg v. Rhein, 1505 199
Robert von Molesmes Gründer d. Zisterz., 1098
  53
Rohault v. Fleury, Kreuzrel., um 1870 133
Rohrbach Wolfgang von, um 1475 PAF 279
Rohrbach Veit von, um 1538 PAF 279
Rohrbacher 279
Rohrmann Dietrich, P 448
Romulus Augustus Ks 13 14
Rosenberger Emmeram, P 448
Roßberger Josef, Le 400 448
Römer Claudia, Le 449
Ruckhaber Jacob, Ri 217
Rudolf Abt, 1259–1260 105 460
Rudolf Graber B Regensburg 427
Rudolf I. d. Stammler, Hz 1294–1317 80
Rudolf II. Ks 1576–1612 292
Rudolf/Welfe, † 866 28
Rues Andreas, P 446
Rugier Volksstamm, um 487 13
Ruland Georg, Le 449
Rupert I. Leiß, Abt, 1838–1872 359 361 371 372
  461
Rupert II. Mutzl Abt, 1872–1896 373 461
Rupert III. Metzenleitner, Abt, 1896–1922 11
  371 377 461
Ruprecht I. 1352–1410, Kg ab 1400 177

Sabellius Häretiker, um 217 147
Sailer Michael, B, 1751–1832 355
Salomo, Abt, St. Gallen, Universallexikon 170
Saltzhuber Oswaldt Pfarrer 208
Salzburger Äbtekonferenz 456
Salzburger Akademie 313
Sandizell Ortolf, 1335 ND 221
Sandizeller P Stephan, † 1461 172 196
Sanktjohannser Anton, P Pfarrer 209 446
Sarolta v. Ungarn, Mutter d. Kg Stephan 41
Sartorius Benedikt P, 1677–1700 325
Sartorius Benedikt Abt. v. Thierhaupten 325
Sattler Plazidus, P 444 446 448
Sauer Oswald, Le 448
Schaal Otman, Le 449
Scharl Plazidus P, Andechs 321
Schauenburg Gf, um 1216, Schauenburg KS 270
Schäffler Korbinian, P 371 373
Scheibenbogen Pächter 360
Scheier Kg, um 100 vor Chr. 30
Scheiern Geschichte 15
Scheiffele Hieronymus P, † 1853 343 345
Scheirer König d. Scheirer 16
Scheirer Volksstamm 15 16
Schenk Eduard von, um 1825 356
Schernitzer Volksst. 15
Scherr Gregor, Abt, Metten 209 360 371
Scherrer Bü 433

Scheurer Ulrich Pfarrer 208
Scheyerl Kajetan, Abt Attel, 1703–23 321
Scheyern Berufsobersch. Lehrer 1979 Abb. 154
  Bibliothekar 126
  Burghauptleute um 1208 103
  Grafen 20
  Konvent 1936 Abb. 146
  Konvent 1961 Abb. 156
  Konvent 1995 Abb. 158
  Offizialen 125
  Pfarrer 208 209 215
  Richter 215
  Schule Lehrer 1936 Abb. 146
  Schule Lehrer 1956 Abb. 153
  Schulkl. 1907 Abb. 144
  Schulkl. 1937 Abb. 149
  Schulkl. 1949 Abb. 151
  Schulmeister 126
  Schulschwestern 404 435
  Theater Wilhelm Tell Abb. 150
  Weltpriester 211
  Zehentrechte um 1142 64
Schiren Heermeister d. Karolinger 15 16
Schleicher Reichskanzler 381
Schleid Friedrich, Le 436 448
Schlemmer Gerhard, Le 449
Schlicker Gregor, P 446
Schlittbacher Johann von Melk, 1452 196
Schmeller Andreas 442
Schmid Ambrosius, P 448
Schmid Bernhard, P 446
Schmid Johann B., EU 289
Schmid Josef, EU 289
Schneider Brigitte, Le 449
Schneider Johann, Le 449
Schober Grainstetten 214
Schollinger Hermann P, Oberaltaich,18.Jh. 321
Schopka Franz, Le 448
Schöller Silvia Maria, Le 449
Schöttner Anton 348
Schöwerl Rudolf um 1269 107
Schrank Korbinian 400
Schreiber Historiker 62
Schreyer Willibald, P 448
Schreyer, Abt Franz Seraph, 1936–1961 209 391
  404 461
Schrohenloher Regina, Le 441
Schuh Wolfgang, Le 448
Schuller Petra, Le 449
Schütz, Abt Andechs, 1746–59 321
Schwab Marian P, † 1664 302 311
Schwäbl B Regensburg, um 1837 359
Schwäbl Utto, Le 441
Schweßinger Matthäus, P 350
Schwinn Ursula, Le 449
Sedlmair Andreas Weltpriester 209 211
Sedlmeier Karl Martin, Le 450
Seibt Sigrid, Le 450
Seidl Maria, Le 436
Seidler Andreas, P 430 446 448 455

Selbach Reinhard, Le 450
Sempt-Ebersberg Fürstengeschlecht 25
Sibenhärl Heinrich, Ri 217
Siber Thaddäus P, † 1854 322 330 343 345 442
Sibotenes um 1259 106
Siegfried III. B Augsburg, 1208–1227 105
Siegmund Albert, P 446 448
Sigismud Kg , 1410–1437 177
Silvester I. Pp, 314–335 133
Simon Landersdorfer, Abt, 1922–1936 388 461
Simon Konrad B Passau, 1936–68 391
Sixt Paul, P 446
Skiren Herkunft - nach d. Atlas 24
Skiren Fürstengeschlecht 21 30
Skiren Name, Volksstamm 9 13 14 15 17
Snaderpeck Ulrich, Ri 217
Snaterpeckh Hans, 1354 187
Sokrates griechischer Philosoph 469–399 vor
    Chr. 169
Sonntag Karl, EU 289
Sophia vh Theodorich VI, Holland 47
Söndermann Karl-Heinz, Le 448 450
Spannbrucker Simon Freising, Direktor, um
    1900 388
Sperl Georg I., Abt 1467–1489 119 197 460
Spindler Max Historiker 19 62
Spitzauer Johann N. P, † 1729 330
Stadtmüller Georg, Le 448
Stangl-Bierbrauer 348
Stängl Joseph Hermann 350
Stängl Marion, Le 450
Stefan Hz, um 1392 221
Steger Josef, EU 290
Steger Kaspar, EU 290
Steger Peter, EU 290
Stegmüller Hans, Bü 433
Steiglehner Cölest. Abt, St. Emmeram, 1791 bis
    1812 322
Steirer Volksstamm 15
Stelling Norbert, Le 450
Stelzer Matthias, Bü 433
Steper Emmanuel P, um 1734 333
Stephan Dr. Michael 12
Stephan Kg d. Ungarn, 996–1038 18 27 40 41
Stephan Reitberger, Abt 1610–1634 11 87 182
    185 277 300 309 461
Stephan Dr. Michael Kreuzreliquie, Beschr. 1988
    134
Stieglbauer Theresia, Le 450
Stockhamer Quirin P, † 1726 343
Stoß Veit Bildhauer, 1445–1533 180
Straßmair Vinzenz, P 448
Straßmayr Johann, Ri 217
Strauß Caspar, P 299
Stumfall Joachim, P 446
Stüdlein Leo, P 448
Sulpicius Severus Chronist 133
Sulzbeck Franz P Pfarrer 209 360
Syrius Kg d. Ungarn 39
Szántó Chronist 40

Tannhäuser Dichter, um 1240 77
Tassilo III. Hz, † 794 16 47 322
Tato von Willing, Berbling 17
Taube Moritz von 350 357
Tegernbach von, Abt Johann I., 1436–1449 193
    460
Tegernbach von, Abt Konrad V., 1413–1421 189
    460
Tempelritter v. Jerusalem 134
Thanbichler Johann, Le 448
Thassilo Hz † 598 47
Thassilo II. Kg d. Bayern, † 650 47
Thassilo III. Kg d. Bayern, † 787 (?) 47
Theobald Bruder d. hl. Ulrich 38
Theoderich d. Große Ostgoten 13 14 15 17
Theodo Dieth, Hz 15
Theodo I. Hz, † 511 47
Theodo II. Hz , † 535 47
Theodo III. Hz , † 565 47
Theodo IV. Hz Bayern, † 630 47
Theodo V. Fürst, um 695 47
Theodo VI. Fürst d. Bayern, † 708 47
Theodo VII. (†) 718 47
Theodomar Eb v. Salzburg 34
Theodopert (†) 577 47
Theodopert II. Noricum, um 650 47
Theodopert III. Fürst d. Bayern um 695 47
Theodowalda bayer. Fürst, † 567 47
Theoger v. Admont 85
Theophilus-Legende Matutinalbuch, Clm 17401
    145
Theotmar Eb Salzburg 21
Thoma Anselm, P 371 373 446
Thoma Antonius von, Eb Freising 377
Thron Lutz, Le 450
Thum Nikolaus, Le 448
Thumann Fürholzen 214
Thurner Simon 348
Tilly Rain am Lech, 1632 292 308
Törkell Bruno, Le 448
Törring bei Laufen, Freiherr TS 279
Trimpl Heinrich, P 446
Trinkgeld Johann, EU 289
Trotter Historiker Stammtafel 29 54
Truchsessen v. Waldburg welfisch-stauf. Mini-
    sterialien 31
Trüdinger Martin, Le 450
Turbeit Johannes II. Abt, 1505–1535 176 201 211
    460
Tuta Gemahlin v. Otto I. 25 39
Tycho Brahe Astronom, 1546–1601 180
Tyroller Jakobus, Fr 456

Udalrich I. Sohn v. Eckhard I., † n. 1130 29
Udalschalk Abt, 1326–27 183 460
Udalschalk Sohn v. Gf Otto IX. 1158/72 29
Udalschalk v. Elsendorf, Sohn v. Babo I. 23 27
Udo B Freising 21
Uldalrich Propst Innichen, um 1179 29
Ullmann Herbert, Le 450

Ulrich Pfg Schy, um 1146 47
Ulrich v. Cluny 123
Ulrich hl. B von Augsburg 23 32 34 38 39
Ulrich I. Abt v. Schy, 1127–1128 64 87 460
Ulrich I. Gf Sohn von Eckhard I. 27
Ulrich II Abt, 1128–1130 87 460
Ulrich III. Abt, 1135–1160 64 88 89 206 460
Ulrich IV. Perchtinger, Abt, 1297–1313 81 109 460
Ulrich IV. v. Weihenstephan, um 1354 FS 188
Ulrich V. Aquilea, geb. Ainau-Geisenfeld 53
Ulrich V. v. Leutzenau, Abt, 1327–1334 183 460
Ulrich V. v. Thierhaupten, 1366–1372 A 188
Ulrich VI. v. Marsbach, Abt, 1354–1375 187 460
Ulrich VII. v. Minnenbach, Abt, 1375–1400 188 460
Ulschalch Udalschalk, B Augsburg 1184–1202 90
Unertl Georg P, um 1701 327
Ungarn Einfall unter Ks Arnulf 21
Ungarn Stephan-Gisela Abb. 21
Ungarn Volksstamm 36
Urban VI. Pp, 1378–1389 188
Urban VIII. Pp, 1623–1644 308
Utilo Kg d. Bayern, † 745 47
Utilo I. Fürst d. Bayern, † 530 47
Uto v. Ötting, † 555 47
Uttenberger Benedikt P, um 1690 313
Überreiter Hofmark Scheyern 215 216

Valamer Onkel d. Theoderich 14
Vandalen Volksstamm 13
Veit Johann, Le 448
Venantius Fortunatus 133
Viktor II. Pp, † 1057 25
Vincentius v. Burgund, Speculum hist. 174
Vischer Peter Rotgießer, 1460–1529 180
Vitus Adam Eb Freising ,1618–1651 302
Vitus Kreitmayr Pfarrer in Walkertsh.,1727–37 297
Vitztumer Statthalter 78
Vogl Augustin, P 442
Vogl Cölestin Abt, St. Emmeram, 1655–1691 322
Vonhausen Eustasia, Le 359
Vögte v. Scheyern 48 62 81
Völkl Innozenz Abt Weihenstephan um 1769 325
Völlinger Stephan, Fr 456

Wagner Honorata, Le 441
Walch, Abt Ludwig II. Abt, 1421–1427 190
Walcher Bernhard, P Pfarrer 12 209 446 448
Waldburg, Truchseß welfisch-staufische Ministerialien 31
Wallenstein Feldherr 292
Wallner Andreas 442
Walram u. Jülich Grafen von, 1215 76
Walter Bü 433
Walter Max, Le 448

Wanckh Mathias P, † 1643 302 311
Wappmannsberger Johann, Le 448
Wartburg Martin Luther 291
Weber Dorothea, Le 450
Weber Joseph, EU 289
Wechslberger Sebastian, Le 450
Wehrle Hermann 403
Weichselbaumer Thomas, Le 450
Weickmann, Abt Konrad VI., Abt 1427–1436 192 460
Weihenstephan Abt Johann, um 1459 196
Weinberger Max, Le 448
Weiss Peter, EU 290
Weixler Martin, Le 448
Welf Gf, um 825 28
Welf I. Hz v. Bayern, † 1101 42
Welf VI. Hz, um 1152 42
Welfen Fürstengeschlecht 21
Wenger Reinhold, Le 450
Wenzel IV. 1361–1419, Kg 1378–1400 177
Werffer Leonhard, Ri 217
Werner Wilhelm, Le 448
Werner, oder Babo I. Gf Scheyern, † 1010 47
Wernher Berthold , Hz † 947 18 40
Wernher Gf, Berthold v. Reisensburg 20 39
Wernher v. Kempho 126
Wernher/Berthold Hz 205
Westgoten 13
Wibmer Gregor Pfarrer von Walkertshofen 297
Widenbauer Lukas, P 446
Widman Roman P, † 1649 307 343
Widmann Adam Mesner 212
Wiedemann Anton, Le 450
Wieland Marquart, Ri 217
Wigburg Tochter von Eberhard Hz 28
Wigilius Hund Historiker PAF 277
Wildenwarter Ritter 277
Wilhelm Abt v. Hirsau, 1069–1091 CW 51 56 57 58 81 82 116
Wilhelm Hz um 1416 225
Wilhelm Katharina, Le 441
Wilhelm v. Kienberg, Abt, 1449–1467 172 196 460
Wilhelm v. Kienberg, Speculum hist. um 1464 173
Wilhelm II. (V.) Hz † 1626 293
Wilhelm IV. Hz v. Bayern, 1508–1550 203 293
Wilhelm V. Hz 1579–98 293
Wilhelm, P Pfarrer 208
Willbirgis v. Ebersberg, um 1030 277
Willibirg Äbtissin i. Geisenfeld 53
Willibirg vh Poppo 26
Wiltrud vh Berthold I. 22 27
Wimmer Bonifaz P 371 373
Winden Volksstamm 15
Winhard v. Rohrbach, um 1234 PAF 124
Wirsching Fresko-Maler 374
Wirth Lukas, Fr 456
Wittelsbacher Ursprung 13 18 66
Wittmann Andreas, P 448

Wittmann Regens, B, Regensbg., um 1820 372
Witty Thomas, Le 450
Wolfgang hl. B von Regensburg 34
Wolfgang v. Larsbach, Abt, 1348–1354 186 187 460
Wolfgang Weltpriester 208
Wolfhold Prior, Abt, um 1111, † 1137 62 85 460
Wolfker Patriarch v. Aquileja, um 1220 91
Wolfram Gf Abensberg um 1079 47
Wössner Friedrich, Le 450

Zacharias B v. Säben 21 34
Zacherl Cölestin P, † 1826 343
Zäch Heinrich, Abt v. Wessobrunn 201
Zächerl Balthasar, Ri 217
Zeiller Jakob um 1686 321
Zeiselmair Manfred, Le 448
Zeller Karl, P 446
Zenetti Benedict Abt St. Bonifaz 373
Zeno Ks, Ostrom 13 14
Zisterzienser 53
Zwackh Simon v. Zwackh 345

Sachregister

Ereignisse, auch mit Orten verbunden
Zustände, Einrichtungen

A.I.M. Aide Internationale Mon. 456
Abgaben Formen, Höhe d. Abgaben 219 230 231
Abteierhebung 367
Abtstab Abb. 120 323
Aichach Amt, um 1303 115
Akademie v. Athen, bis 529 n. Chr. 143 144
Allgemeine Bildung 143
Andechs Generalkapitel STA 315
Anfall bei Abgaben 227
Angriffskrieg Zweiter Weltkrieg 385
Annalen Turbeit 202
Annales Schyrenses 10
Antiphonale Clm 17 406 174
Arithmetica Abb. 77 164
Arithmetik Freie Kunst 143
Arzt Clm 17403 Abb. 74 161
Astronomia Abb. 76 163
Astronomie Clm 17405 143 168
Aufklärung um 1779 320 369
Augsburg Reichstag, 1209 76
Augsburg Reichstag, 1530 291
Augsburg Religionsfriede, 1555 292
Ausgaben 233
Äbtekatalog 10
Ärztliche Behandlung Mater verb. Clm 17403 170

Babylonische Gef. in Avignon, 1309–1376 176
Barock 320
Basel Konzil, 1431–1449 176 186 192 195 314
Bauernkrieg um 1524/25 291 293
Bayerische Ben.-Kongregation 307 313
Befreiungskriege 1813–1815 214
Bekenntnisschule 405 444
Benedictina, Bulle v. J. 1336 195 314
Benevent Dekret d. Pp, 21.11.1102 59
Berufsoberschule Lehrer, Verzeichnis 448
Berufsoberschule 428 429 445
Besitzungen Auswärtige 260 272
Bildhauerei in der Zeit der Gotik 180
Bildung Allgemeine 143
Bischofskonferenz v. 1933 381
Bodenzins 347
Bolschewismus 385
Briefprotokolle 216
Buchmalerei Scheyern, um 1220 91 172
Byzantinisches Institut 426

Campo Formio Dorf bei Udine, Friede Italien 319 344
Canossa Gang nach C. i. J. 1077 52
Catholicon Handschr. Clm 17402 172

Chastagnol Odoacre 13
Chronicon Originis et Fund. Monasterii Scheirn
 11
Chronicon Schyrense Clm 1052, 14 20 62
Chronik Scheyern, Reitberger, 1623 300
Chronik Scheyern Conrad I. Luppburg, Abt
 Abb. 46 112
Circumspecta Bulle 320
Clm 17 401 Häretiker Abb. 64 151
Clm 17 401 Initialen Abb. 69 156
Clm 17 401 Kindheitsgeschichte Abb. 66 153
Clm 17 401 Kreuzigung Christi Abb. 63 150
Clm 17 401 Matutinalbuch 144 148
Clm 17 401 Seligpreisung Abb. 65 152
Clm 17 402 Catholicon 172 173
Clm 17 403 Arzt Abb. 74 161
Clm 17 403 Musik Abb. 73 160
Clm 17 403 Tugend Abb. 71 158
Clm 17 404 Jüdischer Krieg Abb. 75 162
Clm 17 405 Hist. scholastica 167
Clm 17 405 Historia sc. Freie Künste Abb. 76 163
Clm 17 405 Historia sc. Freie Künste Abb. 77 164
Clm 17 406 Antiphonale 174
Clm 17 413 Leben Christi 1. 175
Clm 17 414 Leben Christi 2. 175
Clm 17 416 Speculum 1. Bd. 173
Clm 17 417 Speculum 2. Bd. 173
Clm 17 418 Speculum 4. Bd. 173 174
Clm 17 422 Missale Monasticum 174
Clm 17 425 Devotionale 175
Clm 17 426 Liber horarum 175
Clm 17 456 Eucharistie 175
Clm 17 474 Regel d. hl. Benedikt 175
Clm 17 480 Homilien d. Väter 175
Cluniazenser Reform Cluny, Frankreich 52 53
 124
Consuetudines Schyrenses, um 1452 196
Convenciones Übereinkünfte, um 1487 222
Cosmographia Münster Seb. 1541 16
Crépy Friede, 1544 291

Damiette Kreuzfahrt 42
Denkschrift – 1935 Bischöfe 384
Deutsch-Franz. Krieg v. J. 1871 370
Devotionale Handschrift Clm 17425 174
Dialektik Freie Kunst, Redekunst 143 168
Dienstleute/Ordnung von Abt Paulus Preu 200
Doppelkreuz 130
Doppelstrategie v. Hitler 384
Dreißigjähriger Krieg, 1618–1648 212 292 308
 310
Dulssecker Verlag, Straßburg, 1716 11

Eggmühl u. Wagram Schlacht, b. Schierling R
 320
Einnahmen Lehensherrschaft 233
Entwicklungslehre Evolution 385
Enzyklika »Mit brennender Sorge«, 1937 405
Erbrecht Lehensherrschaft 225 229
Erneuerung nach dem Zweiten Weltkrieg 424

Eucharistie Handschrift Clm 17456 175
Euernbach Chronik PAF 277 279 281 282
Existenz Nazi-Zeit, gefährdet 408
Exkommunikation Hz Otto II. um 1265 107

FAM Versuchsanstalt Schy 430 451
Fideikommiß Törring 281
Fischbachau Chronik 10 56 59 276 309 331
Fischbachau Weihe der Kirche, 1110 MB 58
Fortitudo Leonina i. J. 1715 Abb. 3 33
Franz. Revolution um 1789 320 369
Freising Traditionen, 804–806 17
Freistift Lehensherrschaft 224
Frühgeschichte Scheyern 13
Frühgeschichtl. Überlieferungen 30

Gebetsverbrüderung um 1400 191 198 313
Gebietsreform 433
Gegenreformation 291
Geometria Freie Kunst Abb. 77 164
Geometrie Freie Kunst 143
Gerichtsbarkeit Niedere, 1315 182 214
Geschichte allgemein 9
Geschichtsschreibung in den Klöstern 144
Gewohnheiten von Scheyern, 1452 196 210
Glocken Scheyern 202
Goldbyzantiner um 1285 108
Gotik Baukunst 178
Grammatik Freie Kunst 143
Grundherrschaft Lehensherrschaft 218 346
Güterbeschreibung um 1311 110

Handschrift Clm 17403 Mater verborum 117 170
 204
Hattin in Galiläa, Schlacht, 1187 129
Herkommer Pontifikalkelch Abb. 121 324
Herrengunst Lehensherrschaft 224
Hirsau Reform 48 116 313
Hirsau Speisen/Getränke 124
Historia scholastica Handschrift Clm 17 405 144
 167
Historischer Atlas v. J. 1752 282
Hohenlinden b. Ebersberg, Schlacht, 1800 140
 214 338
Homilien d. Väter Handschrift Clm 17480 175
Höchstädt Schlacht, 1705 319

Inflation 380
Initialen Clm 17401 Abb. 69 156
Inkorporation v. Pfarreien 210
Interdikt um 1285 108
Interdikt unter Hz Otto II. 78
Investiturstreit 51
Judenverfolgung u. Kath. Kirche Abb. 143 402
Jüdischer Krieg Clm 17 404 Abb. 75 162
Jülich Gf, Gefangenschaft d. Hz 92

Kahlenberg Schlacht, 1683 293
Kairo, Vorstoß Kreuzzug, 1221 77
Kapitulation nach dem Zweiten Weltkrieg 386

Kastl Reform AS 314
Katalaunische Felder Frankr. b. Chalons sur Marne 14 30
Katechismus 425
Kindheitsgeschichte Clm 17 401 Abb. 66 153
Kirche Schutz u. Freiheit 48
Klosterchronik 1996/97 455
Kommunismus 369
Kongregation Bayer. Benedikt., 1627 307
Konkordat v. J. 1818 345 355
Konstanz Konzil, 1414–1418 176 186
Konstanz Konzil, 1431–1439 195
Konstanz Konzilien CH 314
Konstanz Reichstag, 1183 75
Konzentrationslager 387
Konzil Abt Johannes Hoeck Abb. 157 418
Konzil II. Vatikanisches, 1962/65 425 427
Kreuz Daxberger P. Joseph, 1753 Abb. 61 141
Kreuzauffindung 129
Kreuzerhöhung 129
Kreuzfahrt um 1225 92
Kreuzigung Christi Clm 17 401 Abb. 63 150
Kreuzmonstranz gotisch, Bernhard Burger um 1511 140 133
Kreuzmonstranz Rokoko um 1738 140 202 338
Kreuzmonstranz Rückkauf, 1801 140 214
Kreuzmonstranz 332 Abb. 56 131
Kreuzreliquie allgemein 127
Kreuzreliquie Auffindung, um 320 128 129
Kreuzreliquie Avitus v. Vienne, um 500 133
Kreuzreliquie Beschreibung 129 134
Kreuzreliquie Erhöhung 128
Kreuzreliquie Fassung Abb. 57 60 132 136
Kreuzreliquie Form, Geschichte 43 130 133
Kreuzreliquie Größe 133
Kreuzreliquie Hymnus Vexilla Regis um 600 133
Kreuzreliquie i. J. 1180 90 127
Kreuzreliquie Klauber-Stich Abb. 61 141
Kreuzreliquie Lebensbaum Abb. 61 141
Kreuzreliquie Schenkung Abb. 160 420
Kreuzreliquie Scheyern, Verehrung 127 128
Kreuzreliquie Sulpicius Severus † 420 133
Kreuzreliquie Urkunden 1156, 1180 Abb. 13 134 70 88
Kreuzzug 1147–49 Abb. 28 97
Kreuzzug, 1221 77
Kriegsende Zweiter Weltkrieg 408 421 422 423
Kurverein von Rense, 1338 177
Künste Sieben freie 143 144

Landflucht 221
Landshut Erbfolgekrieg, um 1505 201 211 212
Lateinschule 442
Lebensraum 385
Lechfeld b. Augsburg, Schlacht 955 20 23
Lehensherrschaft allgemein, Kl. Scheyern 217 345 346
Lehnswesen 218
Leibgeding Lebenszeit, Verleihung, 1327 183 190 225

Leibgeding um 1285 109
Leipzig Völkerschlacht L 320
Lepanto Seesieg v. J. 1571 293
Liber horarum Handschrift CLM 17426 175
Liberalismus 369
Liga katholisch 292
Liturgiekonstitution B Landersdorfer 391
Luftgau-Kommando 407
Lunéville Friede, 1801 320 344
Lübeck Friede i. J. 1627 292
Lyon Konzil, 1245 78

Mater verborum Handschrift Clm 17403, um 1241 17 44 126 134 144 170
Matutinale Handschrift Clm 17401 91 104 144 148 272
Maximilian Rest Abt 1722–1734, Rotel Abb. 10 66
Medizin Allgemeinbildung 144 170
Melk Reform in Scheyern 196
Melk Reform um 1426, um 1440 172 191 195 196 210 314
Melker Gewohnheiten Provinzkapitel 195
Melker Reform unter Wilhelm v. Kienberg Abb. 50 113
Metropolis Salisburgensis, 1582 11
Mirakelbücher Niederscheyern 212 213
Missale Monasticum Clm 17422 174
Mißwirtschaft Beispiele 228
Mit brennender Sorge Enzyklika 384
Mittelalter spätes, Malerei 176 180
Monasteriorum Germ. Praecipuorum 10
Monstranz für Kreuzreliquie Abb. 56 131
Monumenta Germaniae 9
Monumenta Boica X, 380 Abb. 60 136
Musica Abb. 76 163
Musik Clm 17 403 Abb. 73 160
Musik Freie Künste 143 167 171
Mühldorf Schlacht, 1322 80 177

Napoleonische Kriege, 1796–1809 213
Nationalismus 369
Nationalsozialismus 369 380
Nazizeit Kath. Kirche Abb. 143 402
Nicäa, Konzil, 325 147
Nichtangriffspakt 385
Niedere Gerichtsbarkeit, i. J. 1315 115 214
Nürnberg Religionsfriede, 1532 291

Obersalzberg Faulhaber-Hitler, 1936 BGL 384
Oblai-Amt Hirsauer Reform 105
Ordensschulen 406
Ortsnamenbuch Hilble 45
Österreichischer Erbfolgekrieg, 1742/45 212 213 319
Ötting am Inn Schlacht, 913 22

Pandurenjahre 319
Papstwahldekret i. J. 1059 51
Paris Kreuzpartikel 133

Personalfrage 357
Pest um 1647 212
Pfaffenhofen Waffenstillstand, um 1796 320
Pfälzer Erbfolgekrieg, um 1692 319
Philosophie Freie Kunst 169
Pisa, Toskana Ital. Konzil, 1409 195
Pontifikalien Bulle v. 1260 88 106
Pontifikalkelch Abb. 121 324
Potsdamer Abkommen nach 1945 424
Prag, Friede von 1635 292
Pragmatische Sanktion, 1713 319
Primogeniturgesetz i. J. 1506 178
Propstei v. J. 1838–43 359 371
Provinzkapitel Melker Gewohnh. um 1426 195
Psalterium 105

Rabenschlacht i. J. 490 14
Rain a. Lech Schlacht, 1632 292
Reformation Martin Luther 291
Regelkommission 456
Regensburg Reichstag, 1623 Abb. 39 102
Reichsdeputations-Hauptschluß, 1803 320 344
Reichskonkordat v. J. 1933 382
Reichstagsbrand v. J. 1933 381
Rense Rhens b. Koblenz MYK 177
Restitutionsedikt v. J. 1629 292
Rhetorik Freie Kunst 143
Ried, Vertrag vom J. 1813 320
Rom Kreuzpartikel 133
Romantik 370
Röhm-Putsch v. J. 1934 383
Rußlandfeldzug 386
Rückblick 458

S. Croce Kreuzpartikel 133
Salbuch um 1311 110
Salzburger Bibel Clm 15701, um 1430 172
Säkularisation Vorboten 338 344
Scharwerk Lehensherrschaft 231
Scharwerkstreit um 1642 312
Scheyern Einkünfte, Bier 1209 125
Scheyern Gerichtsbarkeit 182 214
Scheyern Glocken 379
Scheyern Grundbuch, um 1500 200
Scheyern Grundherr 217
Scheyern Harnaschbuch, 1492 200
Scheyern Hopfen, um 1209 125
Scheyern Orgel 378
Scheyern Orte, Beschreibung 133
Scheyern Urbar 57, 200 201
Scheyern Vereinsleben 392
Scheyern Vertrag - 1532 293
Scheyern Visitation, 1452 196
Scheyern Wasserreserve 378
Scheyern Weinberge 124
Scheyern »Scheyern einst u. jetzt« 11
Scheyern, Schule 126
Scheyern-Vertrag im Jahre 1532 203
Schlesien Krieg, um 1756 319
Schließung der Schule 444

Schmalkaldischer Krieg, 1546 292
Scholastica historica 105 126
Schulstreik i. Nazi-Zeit 393 404
Schwedisch-franz. Krieg, 1635–48 292
Seligpreisung Clm 17401 Abb. 65 152
Sieben Freie Künste 143
Siebenjähriger Krieg, 1756–63 319
Sozialgesetzgebung 370
Spanischer Erbfolgekrieg, 1701–14 212 213 319
Speculum hist. von Vincentius v. Burgund, um
  1464 173
Speculum historiale Clm 17416, 17417, 17418
  173 174
Speyer Reichstag, 1525 291
St. Ulrich u. Afra Augsburg, Visitation 172
Stalingrad Schlacht 386
Statuten d. Bayerischen Benedikt.-Kongr. 315
Steuerbuch 1672 281
Steuern Lehensherrschaft 231
Stiftermesse 187
Stiftmaß Stifthenne, um 1480 224
Stiftungsbrief 227
Sutri, Synode ital. Stadt, Provinz Viterbo 51

Tabula perantiqua 14. Jahrh. / Reitberger 18 43
Tarent Süditalien Kreuzfahrt 42
Tegernsee Kloster, 1426, Melker Reform 195
Theophiluslegende Matutinale, Clm 17401 146
Titanic P. Joseph Peruschitz 379
Totenroteln 191
Törring Salbücher 281
Traditionen Codex Clm 1052 272
Traditionen Freising, 804–806 17
Trient Trento, Konzil, 1545–63 291 293 314
Trier Kreuzpartikel 133
Tugend Clm 17403 Abb. 71 158
Türkengefahr Ausbreitung, 1453–1683 291 293
Türkenkriege um 1738/39 319
Türkenzehent um 1285 108

Ungarn Schlacht 907, 955 21 39
Union protestantische 292
Universallexikon Mater verb. Clm 17403 170
Urbar KL Scheyern 54, um 1311 110 115
Urbar KL Scheyern 55, 1347 185
Übereinkünfte f. Diener, um 1487 222
Venedig Kreuzpartikel 133
Verhaftungen Nazi-Zeit 399 400
Versailles Vertrag 380
Visitation v. J. 1449 210
Visitation um 1524 211
Vita Christi Handschr. Clm 17413, Clm 17414
  175
Viztümer 78
Vogt Aufgaben 37
Völkerwanderung 13

Wahlen Nazi-Zeit 392
Wahlkämpfe Nazi-Zeit 396 398
Wahlverhalten Katholiken 396

Wahlzettel Franz P Schreyer Abb. 142 397
Warenzoll 294
Wassernuß 431
Wein Südtirol 124
Weltkrieg, 1. 370
Weltkrieg, 2. 380
Wessobrunn Bibelkonkordanz, 1751 325
Westfälischer Friede v. J. 1648 292
Wiblingen b. Ulm, Kreuzpartikel 133
Widerstand gegen d. Nazi-Regime 380 392
Wiederaufbau 394 424
Wiedererrichtung allgemein 345 355 369
Wiedererrichtung Begräbnisfrage 367
Wiedererrichtung Dotation 356

Wiedererrichtung Stiftungsbrief 361
Wien Belagerung, Türken, 1529 293
Wiener Kongreß im J. 1814/15 320
Wilhelm Kienberger Visitation 210
Wirtschaftskrise v. J. 1930 370
Wittelsbach um 1208, Reichsacht 103 146
Wittelsbacher Bilder Abb. 8 Abb. 9 Abb. 78
    Abb. 79 61 65 179 181
Worms Reichstag i. J. 1521 291
Wormser Konkordat i. J. 1122 51 52

Zahlmeisterschule 393 407
Zehent 231
Zollfreiheit um 1497 201

Bildnachweis

Bayerische Staatsbibliothek 62–77 – Josef Daxberger, Fernhag 122 – Joachim Feist 120 121 160
Anton H. Konrad 1–17 58–61 78–101 – P. Bonifaz Kotter 151 153 156 161 – P. Hugo Mayr
146–149 152 – Gregor Peda 56 – Rauch Scheyern 123 – P. Anselm Reichhold 20–55 102–119
124–144 154 155 158 159 – Klosterarchiv Scheyern 145 150 157 162–164 – P. Andreas Seidler 57
Dr. Johannes Steiner 18 19

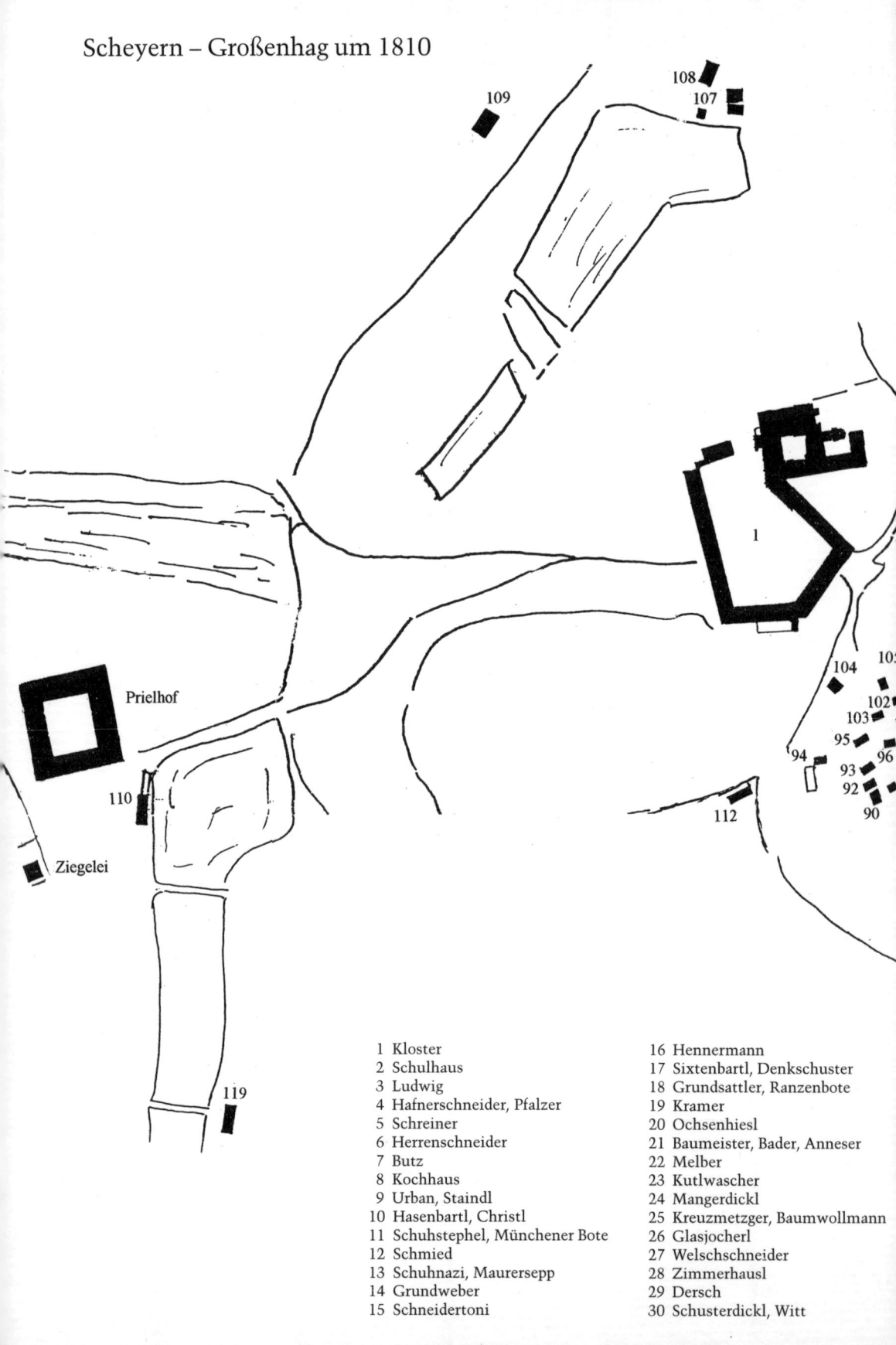

Scheyern – Großenhag um 1810

109
108
107
1
Prielhof
104   10?
102
103
95   96
94
93   96
92
110   90
112
Ziegelei
119

1 Kloster	16 Hennermann
2 Schulhaus	17 Sixtenbartl, Denkschuster
3 Ludwig	18 Grundsattler, Ranzenbote
4 Hafnerschneider, Pfalzer	19 Kramer
5 Schreiner	20 Ochsenhiesl
6 Herrenschneider	21 Baumeister, Bader, Anneser
7 Butz	22 Melber
8 Kochhaus	23 Kutlwascher
9 Urban, Staindl	24 Mangerdickl
10 Hasenbartl, Christl	25 Kreuzmetzger, Baumwollmann
11 Schuhstephel, Münchener Bote	26 Glasjocherl
12 Schmied	27 Welschschneider
13 Schuhnazi, Maurersepp	28 Zimmerhausl
14 Grundweber	29 Dersch
15 Schneidertoni	30 Schusterdickl, Witt